LES ESPIONS DU VATICAN

Du même auteur, chez Nouveau Monde éditions

Mémoires d'espions en guerre, 1914-1945, 2018 ; réédition coll. « Chronos », 2019

Le livre noir de la CIA. Les archives dévoilées, nouvelle édition coll. « Chronos », 2021

Les dossiers noirs de Donald Trump (dir.), 2017

Histoire secrète de la corruption sous la Ve République (codirection avec Jean Garrigues), poche, 2016

Les guerres secrètes du Mossad, poche, 2014

Histoire secrète du XXe siècle. Mémoires d'espions de 1945 à 1989, coll. « Chronos », 2021

Sexus economicus. Le grand tabou des affaires, 2010

Comment devient-on espion ?, 2009

1979, guerres secrètes au Moyen-Orient, 2009 ; coll. « Chronos », 2019

Correction : Catherine Garnier
Maquette : Farida Jeannet

44, quai Henri-IV – 75004 Paris
ISBN : 9782380941562
Dépôt légal : avril 2021
Imprimé par CPI Bussière (2057050)

Yvonnick Denoël

LES ESPIONS DU VATICAN

De la Seconde Guerre mondiale à nos jours

nouveau monde
ÉDITIONS

Introduction

Les espions qui n'existaient pas

Les rares visiteurs autorisés au troisième étage du palais apostolique peuvent découvrir la secrétairerie d'État, le cœur battant de l'administration vaticane. Au début du règne de Jean-Paul II, elle fonctionne avec une centaine d'employés, répartis en deux sections principales : d'un côté le bureau central du service des affaires étrangères pontificales, également appelé section des affaires extraordinaires ; de l'autre la section des affaires ordinaires, qui gère tous les aspects de la vie interne de l'Église. L'ensemble occupe une vingtaine de bureaux bondés, encombrés de paperasse, qui donnent sur la cour Saint-Damase. Le cardinal Villot dirige alors la secrétairerie, où il passe parfois tout ou partie de la nuit. Le nouveau pape Jean-Paul II l'a maintenu à son poste. Pour les initiés, le bureau du cardinal dispose d'une salle de bains contiguë, ornée d'œuvres « délicatement licencieuses » du peintre Raphaël...

Deux hommes se présentent un matin de la fin 1978 pour « effectuer un devis sur la réfection des installations électriques ». Les *minutanti* (chefs de bureau) ne les croient qu'à moitié, parce qu'il n'est pas logique qu'ils soient accompagnés par Camillo Cibin, mais leur métier requiert la discrétion, alors ils ne font aucun commentaire. Cibin est le patron de l'Ufficio centrale di Vigilanza, le service de sécurité intérieure du Vatican. C'est un homme massif aux tempes grisonnantes, pas du genre à badiner ni à perdre son temps. Il est en contact permanent avec tous ses hommes, mais aussi avec les *carabinieri* et d'autres services de sécurité italiens. Il peut en cas de besoin mobiliser rapidement des centaines de policiers et boucler la place

Saint-Pierre. De façon moins officielle, il est en liaison constante avec l'antenne romaine de la CIA.

Les visiteurs-venus-pour-un-devis vont passer pendant une semaine d'un bureau à l'autre, examiner en détail leurs moindres recoins. Ils visiteront également les bureaux du gouvernorat, l'administration qui gère la Cité du Vatican. C'est vraiment beaucoup de travail pour un simple devis… Comme souvent, le bouche-à-oreille se met en marche à la curie, jusqu'à ce qu'une conviction prenne forme : les deux hommes appartiennent aux services secrets italiens. Ils sont venus, à la demande de Cibin, pour vérifier la présence éventuelle de surveillance électronique.

Le dernier jour, ils s'enferment avec Cibin et le cardinal Villot, dans le bureau de ce dernier. Soignant leurs effets, ils restent muets et sortent lentement de leur sacoche des petits objets qu'ils posent sur la table de réunion. Il s'agit de onze micros, explique Cibin calmement. Visiblement, il était déjà informé.

« Ceux-ci sont des modèles soviétiques, détaille le plus gradé. Ce sont des modèles différents… sans doute placés sur plusieurs périodes, peut-être par différents services de l'Est.

– Et les autres ?

– Ah, les autres… Hem, Éminence, les autres sont américains ! »

Villot reste assis, blême, silencieux. Il écoute vaguement les explications techniques prodiguées par Cibin. Il va falloir parler au pape. D'urgence.

La machine à fantasmes

Le Vatican est une formidable machine à fantasmes, même pour les puissants de ce monde. C'est peut-être à cause de son histoire très ancienne, de son goût du secret, de la concentration exceptionnelle de pouvoirs entre les mains du souverain pontife, mais aussi d'un statut très particulier. Il combine le temporel et le spirituel, la direction d'un micro-État et d'une des plus grandes religions au monde, qui compte 1,3 milliard de fidèles. À tort ou à raison, les papes sont souvent crédités d'une influence exceptionnelle sur la marche de la planète. Bien des responsables de services secrets tiennent sérieusement le Vatican pour une « grande puissance » du renseignement, que ce soit pour le craindre ou s'en féliciter. « Une grande puissance peut envoyer 10, 20, voire 50 espions dans un pays donné, alors que l'Église a au minimum des centaines de prêtres dans le moindre État », commente un ancien des services américains, admiratif. « Deux fois par an, chaque curé décrit la situation de sa paroisse, les notables, l'état des finances, le climat politique, la situation sociale. Chaque diacre reporte à l'évêque qui reporte au nonce apostolique qui envoie ses rapports à la secrétairerie d'État à Rome… » Cette fois-ci, c'est un ancien espion du bloc de l'Est, le colonel polonais Tomasz Turowski, qui commente avec envie la puissance qu'il fut chargé d'espionner dans les années 1970[1]. Il n'a pas complètement tort : tout nonce a accès à des sources privilégiées de renseignements, qui feraient pâlir de jalousie bien des services secrets. Les évêques et le clergé local ont forcément une très bonne connaissance de ce qui se passe dans leur pays. Il faut aussi compter avec les prêtres missionnaires et les sœurs, déployés partout dans le monde, même dans des régions où la religion catholique est très minoritaire. Enfin, le nonce est également, en théorie, une source de renseignements précieuse sur le comportement du clergé local. Lorsque des fidèles ont à se plaindre d'un prêtre, c'est en principe au nonce qu'ils doivent s'adresser.

Cette vision d'un renseignement omniprésent, sinon omnipotent, a été la mieux partagée qui soit au XXe siècle, aussi bien par Hitler, Mussolini, Staline, Roosevelt que plus récemment par Reagan et Andropov. Ces chefs d'État ont tous consacré des moyens démesurés à faire espionner le microscopique Vatican. Leur vision était caricaturale, nous aurons maintes occasions de le vérifier : bien entendu, la plupart des prêtres ne sont pas des espions ! Ils n'ont jamais été formés pour cela. Le mensonge n'a en principe pas sa place dans la

1. Cf. Jan Peter, « Les dossiers secrets du Vatican », RBB et Arte, 2015.

pratique pastorale. Les prêtres opèrent dans des lieux de culte connus de tous, dans des tenues fort peu discrètes. S'ils recueillent des secrets en confession, il leur est théoriquement interdit de les rapporter.

D'un autre côté, il nous semble difficile de soutenir que le Vatican ne s'est jamais occupé de renseignement. Et pourtant, c'est à peu de choses près la version officielle du Saint-Siège : *le Vatican n'a pas de service secret !* Institutionnellement, c'est exact. Il y a bien les gardes suisses et une gendarmerie, qui s'occupent de la protection du pape et de la sécurité intérieure… mais c'est tout. De fait, aucun de nos interlocuteurs de diverses nationalités n'a pu nous dessiner un organigramme du renseignement du Vatican. Leur connaissance se limitait à celle du prélat en charge des relations avec tel ou tel service.

Au XXe siècle, il est pourtant indéniable que le Saint-Siège a été enrôlé, *volens nolens*, dans le « Grand Jeu », comme on appelle l'affrontement secret des puissances mondiales. Le Vatican a constitué la cible de maintes opérations pendant la Seconde Guerre mondiale, puis durant la guerre froide. Il s'est engagé, très nettement, dans la lutte contre le communisme, acceptant au passage de collaborer avec des organisations et des figures bien éloignées des valeurs catholiques. Il a dû combattre l'infiltration d'agents étrangers, les manœuvres de déstabilisation ou d'intoxication ; mais aussi échanger des informations et se coordonner avec divers services secrets, mener des négociations officieuses en dehors des canaux diplomatiques, financer et ravitailler des mouvements clandestins, recueillir et transmettre du renseignement en milieu hostile… Il a dû gérer et élucider des affaires criminelles de droit commun, des assassinats politiques, des affaires de corruption... Enfin, comme l'Église n'est pas un bloc uniforme, mais compte en son sein des organisations et des mouvances très diverses, il y a eu parfois de véritables guerres intestines à affronter.

Toutes ces facettes, qui affectent la sécurité de l'État pontifical, constituent la dimension sécuritaire de la gestion de l'Église. Cette dimension existe dans n'importe quel État, et il faut bien que quelqu'un la prenne en charge.

D'où viennent les « espions du Vatican » ?

L'histoire sécuritaire de l'Église catholique remonte loin, au moins au XVIe siècle. Selon plusieurs auteurs[1], Antonio Ghislieri – le pape Pie V (1566-1572) – serait le grand fondateur de l'espionnage du Vatican. Pour contrer l'hérétique Elizabeth Ire d'Angleterre et soutenir les prétentions de la catholique Marie Stuart, Pie IV confie pour tâche à Ghislieri, alors jeune prêtre, de recueillir des renseignements sur tous ceux que l'Inquisition est appelée à juger. Ses agents se montrent d'une redoutable efficacité avec dans la première année 1 200 dossiers d'accusation qui produiront 200 condamnations. En 1551, Ghislieri est promu général de l'Inquisition. Il met en place un large réseau d'espions qui quadrillent Rome, s'infiltrent dans la domesticité des nobles, dans les tavernes et même dans les maisons closes. Il constitue ainsi un vaste fichier sur la population romaine qui lui vaut le surnom de « pape de l'ombre ». Il anime une sorte de police secrète capable d'enlever en pleine rue toute personne soupçonnée d'hérésie et de la torturer à volonté. Ghislieri est nommé cardinal par Paul IV. Mais à la mort de ce dernier en 1559, la population romaine se révolte et pourchasse ses espions. Le palais de l'Inquisition est pris d'assaut par la foule. Ghislieri prend la fuite de justesse avec ses archives secrètes. Sept ans plus tard, il tient sa revanche en devenant pape. L'époque est à la mobilisation contre la Réforme protestante et son profil semble le plus adapté. Devenu Pie V, il développe un service d'espionnage qu'il baptise la « Sainte-Alliance » et dont la mission principale est de lutter contre les intrigues de la cour « schismatique » de Londres.

Avec les époques, la réalité de l'espionnage, pour ou contre le Vatican, a fortement varié. Quelques auteurs contemporains continuent à utiliser le terme de « Sainte-Alliance », ce qui est anachronique. Le XIXe siècle est la période qui nous est la mieux connue jusqu'ici, grâce aux travaux de l'universitaire américain

1. Voir par exemple Diego Pirillo, « Espionage and Theology in the Anglo-Venetian Renaissance », *Mediterranean Studies*, vol. 25, n° 1, 2017.

David Alvarez[1]. Il a pu travailler avec le jésuite Robert Graham, un praticien du contre-espionnage qui a lui-même publié plusieurs articles de recherche sur des affaires anciennes. Face au bouillonnement des révolutions nationales, la papauté a besoin au XIXe siècle d'un solide service de renseignement pour neutraliser les menaces et conspirations. Ses services infiltrent des taupes au sein des mouvements révolutionnaires ou nationalistes. Ils collaborent avec les services d'autres régimes conservateurs comme le royaume de Naples ou l'Autriche. Ils surveillent aussi les dissidents au sein de l'Église.

En 1870, la révolution lancée par Garibaldi prive le pape des États pontificaux. Cette perte porte un rude coup aux capacités de renseignement du pape, ne serait-ce que par la faiblesse du réseau de nonciatures. Les services de police du Vatican sont réduits à une poignée d'agents en uniforme. Le royaume d'Italie le place sous surveillance avec un réseau d'indicateurs à tous les niveaux (domestiques, fonctionnaires), qui ont pour mission de surveiller la santé du pape et de s'assurer qu'il ne prenne pas la fuite. Dans le premier tiers du XXe siècle, les Italiens sont les seuls à mettre des moyens pour espionner le Vatican.

Sous le pontificat de Pie X (1903-1914) est créé un nouveau réseau d'espionnage politique, la Sapinière[2] (*Sodalitium Pianum* en latin, la communion de Pie). Son chef, Umberto Benigni, journaliste provincial et prêtre traditionaliste, est nommé en 1906 sous-secrétaire chargé des affaires ecclésiastiques extraordinaires à la secrétairerie d'État. Il est chargé de débusquer les agents du « modernisme » au sein de l'Église, pour préserver l'ordre traditionnel. Il recrute des agents secrets sur tous les continents : interception de courrier, filatures, transcription de sermons et conférences… tous les moyens sont mobilisés. En accord avec le service des postes italiennes, le

1. David Alvarez, *Les espions du Vatican. De Napoléon à la Shoah*, Nouveau Monde éditions, 2009. rééd. coll. « Chronos », 2021 sous le titre *Espionnage au Vatican*.

2. Nina Valbousquet, *Catholique et antisémite. Le réseau de Mgr Benigni, 1918-1934*, Paris, CNRS éditions, 2020.

courrier des prêtres et évêques soupçonnés de libéralisme politique ou théologique est surveillé. Des professeurs d'universités catholiques perdent leurs postes, des prêtres sont sommés de se soumettre, ou mutés vers des paroisses lointaines, voire suspendus, des auteurs sont mis à l'Index… Cela va jusqu'à l'excommunication pour les plus rebelles. Benigni tisse sa toile partout, ose même infiltrer la curie romaine et les appartements du pape. Il recrute aussi des agents dans les nonciatures.

En 1911, la presse libérale commence à dénoncer Benigni qui quitte son poste mais poursuit ses activités en coulisses. Son mouvement ne sera dissous qu'en 1921. À la secrétairerie d'État, le remplaçant de Benigni est un certain Mgr Eugenio Pacelli, qui tiendra la vedette de nos premiers chapitres sous le nom de Pie XII. Certains auteurs ont continué à utiliser le terme de « Sapinière » pour désigner les réseaux d'espionnage du Vatican au XXe siècle, ce qui là encore est aberrant.

Pendant la Première Guerre mondiale, le chambellan particulier et confident du pape Benoît XV s'avère être un agent des services allemands : il s'agit du prêtre bavarois Rudolf Gerlach. Pendant la période où l'Italie reste neutre, il transfère des sommes importantes pour soutenir la propagande allemande dans des journaux vénaux. Il utilise la valise diplomatique pontificale pour correspondre avec les services allemands. La perspective d'un scandale conduit à étouffer l'affaire : Gerlach est reconduit à la frontière suisse. Il sera condamné *in absentia* à la prison à perpétuité[1]. Ce succès initial du renseignement allemand ne sera pas oublié pendant la Seconde Guerre mondiale : ni côté allié, où l'on trouvera parfois Pie XII trop modéré envers Hitler, ni côté allemand, où l'on déploiera de grands efforts pour l'enrôler, puis le menacer…

À l'issue de la Première Guerre mondiale, le Vatican reste une puissance négligeable sur le plan du renseignement. C'est à partir de 1929 qu'il va remonter en puissance. Les accords du Latran,

1. Cf. David Alvarez, *Espionnage au Vatican*, *op. cit.*

conclus avec le régime de Mussolini, rendent une réalité temporelle au Saint-Siège : territoriale, mais aussi financière. Nous verrons qu'il ne s'agit nullement d'un cadeau de Mussolini au pape, mais d'un accord d'intérêts bien compris. Ce n'est pas le fait du hasard si c'est seulement à partir de 1929-1930 que le Vatican commence à mener une politique offensive vis-à-vis de la Russie communiste, avec un volet d'action clandestine. L'attentisme et la prudence des années 1917-1929 n'ont pas permis d'enrayer la restriction des libertés religieuses en Russie et la persécution du clergé catholique. Ce constat d'impasse se fait au moment où des marges de manœuvre réapparaissent. Les années 1930 constituent donc le point de départ de notre histoire, qui est en premier lieu celle d'un combat de trois quarts de siècle entre l'internationale catholique et l'Internationale communiste. Certes, dans les premières années 1940, la lutte contre le nazisme passera au premier plan, encore plus lorsque Rome sera occupée par l'armée allemande après la chute de Mussolini. Mais à l'échelle de notre longue histoire, c'est un intermède tragique qui ne détourne pas longtemps le Vatican de son objectif principal : la lutte contre le communisme.

À bien des égards, cette histoire est celle d'une lutte inégale entre un empire totalitaire aux services secrets hypertrophiés et un petit État bien moins aguerri à l'action secrète… mais ce petit État fera preuve d'une étonnante résistance aux coups et trouvera avec Jean-Paul II le chef capable de renverser la situation et de contribuer à la victoire. Une victoire incontestable, mais obtenue au prix de lourdes compromissions, offrant un héritage épineux…

Vatican, mode d'emploi

Si l'importance et le rôle du renseignement varient d'un pape à l'autre, et qu'il n'existe pas un service de renseignement pérenne et unifié au sein du Vatican, comment, alors, identifier ceux qui, ponctuellement ou non, traitent du renseignement ? Il importe avant tout de comprendre le rôle du pape et l'organisation de la curie. Le terme

« curie » provient de la Rome antique, où il désignait le siège du sénat. Les papes du Moyen Âge entretenaient une cour de quelques centaines de clercs et quelques dizaines de prélats, que l'on appela à son tour la curie. Le nom est resté pour désigner le gouvernement et l'administration du Vatican. Pour être précis, c'est le Saint-Siège qui gouverne l'Église catholique pour le pape, pas le Vatican, lieu qui accueille le Saint-Siège. Mais on a pris l'habitude d'utiliser indifféremment les deux termes.

Le pape est évêque de Rome. Il délègue la charge directe de son diocèse à un vicaire. Il est le gouverneur suprême et le législateur de l'Église. Il définit la politique, la doctrine théologique, la liturgie, nomme les évêques, décide de l'emploi des ressources caritatives et gère les finances, les personnels, l'enseignement religieux, etc. À l'extérieur, il est le porte-parole de l'Église, le chef de la diplomatie et l'interlocuteur des autres religions. Un pape est à la fois un homme politique, un diplomate, un théologien, un manager, une star des médias et une autorité morale. Aucun pape ne peut exceller dans tous ces rôles. Les circonstances dictent les profils. Il se trouve qu'au XXe siècle plusieurs papes ont voulu ou ont dû se mêler de près au renseignement et à l'action clandestine. La curie est l'instrument bureaucratique par lequel est administré le Saint-Siège. Les jésuites ont leur propre curie pour administrer leur ordre. La curie contemporaine se compose d'une secrétairerie d'État, de 9 congrégations, 3 tribunaux, 11 conseils et divers bureaux spécialisés. On utilise parfois le terme de dicastère pour désigner tout type de département ou congrégation.

Le véritable centre nerveux du Vatican est la secrétairerie d'État (environ 120 personnes). Elle constitue le pouvoir central : elle a autorité sur tous les autres. Le secrétaire d'État voit le pape au moins une fois par jour et lui soumet toutes les affaires urgentes. Il joue donc un rôle de filtre, mais aussi de relais. Comme on l'a vu, la première section, dirigée par le substitut, gère les affaires internes de l'Église. Elle est structurée en bureaux à spécialités linguistiques. La deuxième section gère les relations avec les États. Elle est organisée en bureaux régionaux. Les lumières y restent allumées jusque tard dans la soirée, notamment pour ceux qui travaillent directement avec le pape. Les bureaux sont assez spartiates, construits après la Seconde Guerre mondiale au-dessus de l'aile sud-ouest de l'édifice Renaissance qui abrite la résidence du pape. Les effectifs assurent le secrétariat du pape, l'aident à préparer ses allocutions publiques, à les traduire et prennent en charge toutes les missions spéciales qu'il leur assigne. Depuis Pie XII la secrétairerie est devenue une super-agence qui surveille et supervise tous les dicastères.

La curie est un système où tout s'emboîte et où certains fonctionnaires appartiennent à plusieurs unités en même temps et siègent dans leurs commissions mutuelles. 450 personnes vivent en permanence au Vatican dans les années 1980, dont un peu moins de 300 citoyens du Saint-Siège. 4 000 personnes au total travaillent au sein de la Cité : administratifs, bibliothécaires, artisans, jardiniers, chauffeurs... Les congrégations sont des commissions de cardinaux auxquelles s'ajoutent, depuis Vatican II, quelques évêques cooptés, qui se réunissent une fois par semaine pour examiner les affaires en cours.

Les prêtres qui travaillent à la curie ont une formation supérieure et parlent souvent plusieurs langues. Mais ils évoluent d'un poste à l'autre moins en raison d'une quelconque expertise qu'en fonction de leur loyauté, de leur pedigree ecclésiastique ou de leur compatibilité avec leur patron. Il ne faut donc pas s'étonner de voir nommer à des fonctions gestionnaires des prêtres que rien n'a préparés à leurs nouvelles fonctions. Ni de voir des prêtres sans expérience du renseignement se lancer dans des opérations risquées. Cette absence de spécialisation (moins vraie à l'heure actuelle) est source de forces, mais aussi de faiblesses.

Malgré l'internationalisation de la curie lancée par Paul VI puis Jean-Paul II, le poids des Italiens y reste très important. Ils occupent nombre de postes-clés à plein temps. L'italien reste la langue de travail principale. La foi partagée et le dévouement n'excluent pas un certain goût du potin, voire de l'intrigue : tout le monde adore échanger des ragots sur ce qui se passe dans le palais, les relations du pape avec son entourage, deviner qui va être nommé à tel poste... Mais les « vrais » secrets, notamment financiers, sont bien gardés. Et l'entourage direct du pape prend soin (en principe) de ne pas parler à tort et à travers.

Par ordre d'importance, la congrégation la plus importante est celle pour la doctrine de la foi (que l'on appelait jusqu'en 1908 la Sainte Inquisition), qui a toujours pour but de débusquer les hérétiques, et exerce donc à certaines périodes des fonctions de renseignement intérieur. En revanche, son pouvoir de coercition est au XXe siècle plus réduit que par le passé : elle peut « simplement » réprimander, réduire au silence, excommunier selon des procédures souvent opaques. Des théologiens importants comme Teilhard de Chardin ou Hans Küng en ont fait l'expérience. Tout document produit par la curie et qui comporte des implications doctrinales doit être approuvé par cette congrégation avant diffusion.

Pendant la guerre froide, la Congrégation pour les Églises orientales (i.e. de l'Est) occupe une place particulière. La Congrégation pour les évêques gère les nominations et la supervision des évêques. La Congrégation pour l'évangélisation des peuples gère les ordres missionnaires. La Congrégation pour le clergé a en charge la formation et la discipline cléricale.

Le concile Vatican II a ajouté aux structures existantes de nouvelles entités parfois appelées « nouvelle curie », souvent mal vues des départements plus anciens car coûteuses et plus modernes dans leur fonctionnement. L'utilisation que le pontife fait de la curie change avec chaque pape. Partisane d'un pouvoir fort, la curie cherche en fait à accentuer son propre pouvoir. Elle s'est attiré beaucoup de ressentiment de la part des évêques et cardinaux, ressentiment exprimé à l'occasion de Vatican II qui a libéré leur parole. On lui reproche pêle-mêle sa lenteur, sa désinvolture, son ignorance des situations locales.

Depuis le XVIe siècle, les nonces (ambassadeurs) représentent le Vatican auprès des gouvernements et des Églises locales. La plupart des nonces sont diplômés de l'Académie pontificale ecclésiastique, une école d'élite créée au début du XVIIIe siècle. En l'absence de nonce, il arrive qu'on envoie un délégué apostolique. Enfin, certaines congrégations jouent à l'occasion un rôle politique ou diplomatique. Les nonces représentent le pape auprès des gouvernements étrangers et des clergés locaux. Ils sont parfois vus par la hiérarchie locale comme des espions du pape chargés de les espionner et intriguant dans leur dos. En 1945, le Saint-Siège entretenait des relations diplomatiques à part entière avec 41 pays et se faisait représenter par des délégués apostoliques dans 20 autres pays. En 2018, il comptait 183 représentations diplomatiques.

L'espionnage, combien de divisions ?

Dans ce tableau d'ensemble, qui s'occupe de renseignement ? On peut passer rapidement sur les gardes suisses, dont la seule mission est la protection directe du pape. La Vigilanza partage avec eux cette mission, mais a des attributions bien plus larges. Elle est issue de la gendarmerie pontificale, créée au XIXe siècle. Elle compte environ 120 agents aux missions les plus diverses : patrouiller au sein de la cité vaticane et vérifier les papiers des visiteurs, assurer un contact étroit avec la police italienne, enquêter sur les vols, les cambriolages et autres délits. Une brigade en civil a été organisée dans les années 1970, dans un contexte de montée des attentats et des menaces physiques contre le pape. La Vigilanza peut arrêter sur le territoire du Vatican des suspects et les présenter au pouvoir judiciaire. Le Saint-Siège peut juger lui-même les auteurs d'un délit commis au Vatican. Il peut aussi demander à l'Italie de le faire à sa place. Dans les faits, on verra que l'institution mène des tâches plus officieuses. Il arrive qu'elle effectue des écoutes téléphoniques et qu'elle enquête sur des personnes suspectes : cette unité rend compte directement au secrétaire d'État, ce qui en fait sur le papier le patron du renseignement.

En théorie, le secrétaire d'État concentre entre ses mains le renseignement diplomatique envoyé par les nonciatures, les enquêtes de la Vigilanza, mais aussi des réseaux d'émissaires officieux qui travaillent sous sa responsabilité. Cela constitue un premier cercle, sous contrôle direct. On trouve ensuite un deuxième cercle, beaucoup plus large, dans lequel évoluent des individus rattachés soit à des ordres (jésuites[1], dominicains, franciscains...), soit à des mouvements laïcs plus récents (Opus Dei, Légionnaires du Christ, Communion et Libération, Sant'Egidio...), soit encore à des ONG caritatives, associations, think tanks catholiques, etc. Même s'ils sont très différents les uns des autres, tous ont la volonté d'aider l'Église, de mettre leurs réseaux à disposition pour des actions discrètes que le Vatican pourra prétendre ignorer. Leur action peut être coordonnée par leur institution d'appartenance, ou par un prélat de la curie, mais il est très rare que la secrétairerie les « traite » en direct, puisqu'ils ne sont pas censés agir à la demande du Saint-Siège. Parfois, ces petits groupes ou réseaux prennent de manière autonome des initiatives qui surprennent même le Vatican. Il arrive qu'on les rappelle à l'ordre ; il arrive aussi qu'on les laisse faire, à leurs risques et périls.

Le seul dicastère qui ne rapporte pas directement à la secrétairerie et dispose d'une réelle capacité de renseignement est la Congrégation pour la doctrine de la foi, qui a précisément pour tâche de combattre les « déviances » doctrinales et doit donc enquêter partout dans le monde. Dans une moindre mesure, la Congrégation pour l'évangélisation des peuples peut aussi remonter du renseignement d'origine missionnaire.

Et puis, il arrive que le pape gère directement certains dossiers et missions, le plus souvent par l'entremise de son secrétaire personnel : l'importance de ce dernier n'a pas été suffisamment identifiée jusqu'à présent, même si elle varie évidemment d'un pape à l'autre. Le secrétaire personnel évolue au plus proche du pape, voit passer tous les dossiers sur son bureau, assiste à beaucoup d'audiences. Mais il peut aussi, sans être remarqué, disparaître quelques jours pour une

1. Ce sont de loin ceux qui ont la réputation la plus flatteuse en matière d'espionnage dans la première moitié du XXe siècle. Nous verrons en quoi elle est justifiée ou pas, puis comment ils vont la perdre.

mission discrète. Peu connu du public, il ne court pas grand risque d'être repéré.

La thèse de ce livre est que le pape est réellement celui qui définit, de manière consciente ou non, la place du renseignement et de l'action secrète sous son pontificat. C'est pourquoi elle peut varier considérablement en l'espace de quelques années. Mais les personnages principaux ne disparaissent pas pour autant : ils se contentent de reprendre leurs activités gestionnaires ou pastorales, en attendant d'être « réactivés ». Certains poursuivent même leur activité à bas bruit, persuadés d'œuvrer pour la grandeur de l'Église. Surtout, des années 1930 aux années 1980, le combat contre le communisme a constitué un impératif supérieur, qui a prévalu sur toute autre considération. Et qui a justifié beaucoup d'entorses à la morale et de dérives…

C'est donc non pas en dizaines de milliers, mais en centaines que se chiffrent les « espions du Vatican », dans les périodes les plus intenses. Peut-on, avec un tel dispositif, évoluer dans la cour des grandes puissances du renseignement et peser sur le cours de l'histoire ? Peut-on résister au rouleau compresseur des services secrets du bloc communiste et garder son autonomie face au géant de l'espionnage américain ? C'est tout le sujet de cette enquête, qui s'attachera aussi bien à ceux qui espionnent le Vatican qu'aux prêtres qui les combattent ou mènent des actions secrètes.

L'histoire qui suit met en scène des hommes d'Église et des espions (ce sont parfois les mêmes), sans volonté a priori de les condamner ni de les célébrer. Ce n'est pas vraiment une histoire religieuse. Elle prend racine dans l'histoire politique et géopolitique du XXe siècle, parfois dans l'histoire italienne. Mais c'est aussi une histoire très humaine, étonnamment riche en trahisons, en sacrifices, en froids calculs, en coups tordus, en compromissions, et parfois en meurtres… Elle ne raconte cependant qu'une petite partie de l'histoire de l'Église. Elle ne s'intéresse ni à la vie pastorale, ni aux débats théologiques, ni à l'histoire institutionnelle ; par conséquent elle laisse de côté une large majorité d'hommes d'Église et leur action. Elle n'a d'autre propos que de mettre en lumière une dimension peu connue de l'histoire contemporaine, qu'il est temps de regarder en face.

I
PACELLI

1
Un pape de crise

« Enfin, le vieil entêté est mort ! » soupire Mussolini devant son gendre le comte Ciano à l'annonce de la mort du pape Pie XI. Dans son *Journal politique*, Ciano témoigne de l'indifférence que lui inspire le prochain conclave, chargé de désigner le successeur du pape Ratti : « Le conclave ne l'intéresse pas le moins du monde. Si le nouveau pape est italien, tant mieux. S'il est étranger, mieux encore[1]. »

Bien entendu, tant Mussolini que Hitler, qui se préparent à la guerre en Europe, feignent l'indifférence, mais ils suivent en réalité de près ce qui se trame au Vatican. Le chef d'État fasciste est bien placé pour cela… Les services d'espionnage italiens sont depuis longtemps en pointe dans la surveillance du Vatican[2]. Cela passe par la surveillance du courrier, qui transite par les postes italiennes. La police italienne a également mis sur écoutes les lignes qui courent le long des murs du Vatican et les lignes privées des prélats et hauts fonctionnaires résidant à Rome. Pendant la négociation des accords du Latran en 1929, cela a permis à Mussolini de voir dans le jeu de son interlocuteur et de savoir quelles propositions étaient acceptables pour le pape. Cette surveillance, assez efficace, se double d'un recrutement permanent d'agents : des petits fonctionnaires de l'administration vaticane, des journalistes et aristocrates affairistes désireux de compléter leurs revenus « au noir ».

Beaucoup d'informateurs sont cependant peu fiables ou peu productifs. Ainsi l'« agent 96 », monsignore Enrico Pucci, est une sorte de porte-parole officieux du Saint-Siège. Il publie un bulletin régulier

1. Cité par Pierre Milza in *Pie XII*, Fayard, 2014.
2. David Alvarez, *Espionnage au Vatican*, *op. cit.*

sur les activités du Vatican et pige pour divers journaux comme « expert » des questions vaticanes. On le voit traîner dans les bureaux de la secrétairerie d'État, avec les gardes suisses, dans les cafés… pour des résultats incertains. Il a été recruté en 1927 par la police italienne, qu'il alimente en potins sur la santé du pape, rumeurs de la secrétairerie d'État, etc. Il communique directement ses rapports les plus importants au bureau de Mussolini… et se fait un surcroît d'argent de poche en revendant ses informations à plusieurs ambassades étrangères ! Sans doute protégé par un « monsignore » (car au Vatican chacun se doit d'être l'affidé d'une éminence), Pucci restera en activité après la guerre…

Un autre informateur, laïc cette fois, travaille au service du chiffre : Stanislas Caterini a fourni à l'OVRA, la police politique fasciste[1], des informations sur les codes secrets du Saint-Siège. Il a été démasqué et congédié en 1931. La majeure partie des gendarmes du pape sont en fait recrutés dans les services de police italiens et conservent des contacts fréquents avec leurs anciens collègues, ne serait-ce que pour organiser la protection du pontife lors de ses déplacements. Il est donc facile d'infiltrer ce service de la gendarmerie. En 1939, le commandement de la gendarmerie papale est attribué à Nicolas Canoli, un agent de l'OVRA. Il retrouve un vieux camarade, Giovanni Fazio, directeur de la section spéciale de la gendarmerie. Ce militant fasciste gère une petite unité en civil de la gendarmerie italienne mise à la disposition du Vatican. Mais il manque de discrétion, ce qui est un péché mortel chez les espions. Démasqué, il sera congédié en 1942.

La gendarmerie est donc pendant la guerre en situation de surveiller de l'intérieur les faits et gestes des délégations diplomatiques retranchées dans la Cité du Vatican. La plupart des diplomates sont logés dans le même foyer. Les gendarmes pontificaux y laissent pénétrer discrètement des hommes de l'OVRA que des domestiques corrompus emmènent dans les bureaux déserts de diplomates. Là,

1. Les historiens ont beaucoup varié dans l'interprétation de l'acronyme : il semble qu'il a été inventé par Mussolini comme un dérivé de *piovra* (pieuvre).

ils peuvent ouvrir leurs coffres-forts et photographier documents et livres de codes.

L'homme qui coordonne l'espionnage italien au Vatican et parle à l'oreille de Mussolini se nomme Arturo Bocchini. Il a été nommé en 1933 patron de l'OVRA et de l'ensemble des services secrets. Cela en fait l'un des hommes les plus puissants du régime fasciste. C'est l'homologue italien de Himmler, qui aurait pris exemple sur son travail pour organiser la Gestapo. Mais ses biographes actuels le créditent d'une certaine dose d'humanité, qui aurait permis d'adoucir des mesures imposées par les Allemands[1]. Il meurt à la fin 1940. Karl Wolff, général adjoint de Himmler, et Reinhard Heydrich assistent aux obsèques.

Toutefois, il ne faut pas surestimer le niveau de pénétration du Vatican. La secrétairerie d'État est une organisation horizontale avec peu de niveaux hiérarchiques. On y cultive le goût du secret, même entre bureaux. Les dépêches et rapports arrivent vite entre les mains des deux secrétaires adjoints, Tardini (affaires étrangères) et Montini (affaires ordinaires). Les deux lisent tout et rédigent les réponses si nécessaire. Le secrétaire d'État Maglione se charge en personne des dossiers les plus sensibles. Après sa mort en août 1944, Pie XII choisira de ne pas le remplacer. Le nombre de personnes qui manipulent les documents les plus sensibles est donc très réduit.

En sens inverse, le Vatican dispose d'une source précieuse au sein du pouvoir fasciste. Francesco Babuscio Rizzo est « conseiller de l'ambassade d'Italie auprès du Saint-Siège ». C'est un ami de Tardini ; il transmet à la secrétairerie d'État des documents en principe réservés au ministère des Affaires étrangères. L'administration du Vatican se garde bien d'en indiquer la provenance pour ne pas trahir sa source. On ne sait pas s'il agit de son propre chef ou sur ordre de son supérieur. En tout cas, ces fuites se font sans l'aval du ministre.

1. Pietro Zerella, *Arturo Bocchini e il mito della sicurezza (1926-1940)*, Benevento, 2002. Sur l'OVRA : Mauro Canali, *Le spie del regime*, Il Mulino, 2004.

Outre son propre réseau diplomatique, la secrétairerie reçoit aussi des informations du personnel diplomatique présent au Vatican. Elle n'a pas de service du courrier en propre. Après l'entrée en guerre de l'Italie, le pape accepte l'offre du ministère suisse des Affaires étrangères d'inclure la correspondance diplomatique du Vatican dans sa propre valise diplomatique. La secrétairerie utilisera aussi un peu plus tard les services britanniques (pour la correspondance à destination de l'empire) et ceux des Américains (on sait aujourd'hui que le FBI en profitera pour prendre copie des messages). Les Italiens, eux, continuent d'ouvrir la correspondance dès qu'ils en ont l'occasion. Cependant les codes chiffrés du Vatican (renforcés en 1940) résistent mieux que d'autres.

Les Allemands sont moins bien placés pour suivre ce qui se passe au Vatican et s'informer sur le conclave. Un informateur du SD (Sicherheitsdienst), le service de sécurité du Reichsführer-SS Taras Borodajkewycz, est bien dépêché sur place pour suivre les événements, mais il ne fournit aucune information valable. Les Allemands, moins familiers du folklore romain, ont du mal à estimer la valeur des sources potentielles. Un escroc propose ainsi à l'ambassade d'acheter l'élection d'un candidat proallemand moyennant 3 millions de marks (!). Hitler refuse…

Le 1er mars 1939, 62 cardinaux se réunissent à l'abri des oreilles indiscrètes pour un conclave qui sera le plus rapide de la première moitié du XXe siècle : seuls trois tours de scrutin seront nécessaires. Secrétaire d'État et camerlingue (celui qui gouverne pendant l'interrègne), Eugenio Pacelli fait d'emblée partie des favoris. Preuve de ses qualités de diplomate, il ne suscite guère d'opposition frontale parmi les grandes puissances européennes. Il est italien et germanophone, a mis en place des concordats en Italie et en Allemagne, et s'est toujours abstenu de condamner les régimes fasciste et nazi. Voilà de quoi encourager les puissances de l'Axe. C'est un anticommuniste notoire, très apprécié du précédent pape, qui ne dissimule pas aux Français et aux Britanniques les critiques que lui inspirent les dictatures. Il est donc soutenu par le Quai d'Orsay et le Foreign Office. Bref, chacun voit en lui ce qu'il a envie de voir. Au sein de l'Église, le positionnement de Pacelli est tout aussi fédérateur, d'autant qu'il promet de prendre comme secrétaire d'État son concurrent le plus sérieux, le cardinal Maglione. Pour comprendre un tel triomphe, il est nécessaire de revenir sur un parcours quasi sans faute…

Un brillant sujet très protégé

La carrière ecclésiastique d'Eugenio Pacelli, né en 1876, a débuté sous les meilleurs auspices possible. La famille Pacelli est identifiée à la « noblesse noire », l'aristocratie catholique romaine de tendance contre-révolutionnaire. Marcantonio Pacelli, le grand-père d'Eugenio, était un juriste laïc de la papauté, diplômé en droit canonique, qui fut nommé à l'instigation de Pie IX sous-secrétaire d'État au ministère de l'Intérieur. À ce poste, il mena avec succès la traque des révolutionnaires italiens, ce qui lui valut d'être anobli. Il fut également un des fondateurs du quotidien du Vatican *L'Osservatore Romano*.

Cousin du jeune Eugenio, Ernesto Pacelli était de son côté le conseiller financier du pape Léon XIII. Il avait fondé en 1880, avec d'autres membres de la noblesse catholique, la Banco di Roma dont il assura la présidence jusqu'au début de la guerre. Ami de plusieurs ministres italiens, Ernesto contribua à réduire les tensions entre le Vatican et le gouvernement italien. Il convainquit aussi le pape d'entrer au capital de plusieurs banques régionales, en dépit de sa répugnance envers la finance, pour permettre aux catholiques d'avoir des lieux de confiance où placer leur argent. En 1913, les dividendes reçus de Banco di Roma représentaient la moitié des recettes du Vatican. Ce financier de l'ombre eut un rôle-clé pour aider l'Église à récupérer une partie des biens dont elle avait été spoliée lors de la perte des États pontificaux et pour négocier les accords du Latran en 1929. Toutefois son influence devait par la suite décliner. Ses trois fils allaient à leur tour jouer un rôle discret mais de plus en plus important dans les finances du Vatican sous le règne de leur oncle Pie XII.

Le jeune Eugenio a été formé au lycée, puis au séminaire du collège Capranica, point de passage obligé des futures éminences de la curie. Contre les usages, il fut autorisé à résider dans sa famille pour raisons de santé : signe que sa famille disposait d'amis puissants au Vatican. Il fut ordonné prêtre à 24 ans. En 1901, il entra comme apprenti dans une congrégation romaine, appuyé par de solides recommandations et fut bientôt placé à la secrétairerie d'État, chargé de décrypter des télégrammes chiffrés. Âgé d'à peine 25 ans, il fut envoyé à Londres auprès du nouveau roi Edouard VII pour présenter les condoléances du pape suite au décès de la reine Victoria. Dès 1903, il devint chef de bureau (*minutante*), chargé de rédiger des projets de dépêches pour la secrétairerie d'État. Il fut donc « élevé » et formé au cœur de la machine vaticane, là où se préparent les grandes décisions.

En 1906 il collabora avec Pietro Gasparri, en charge des affaires diplomatiques, notamment sur l'épineux dossier de séparation de l'Église et de l'État en France. Le Saint-Siège avait rompu les relations diplomatiques avec la France en 1904, mais maintenu à Paris un agent secret, Mgr Carlo Montagnini, « pour tout ce dont aura besoin le Saint-Siège ». Il fut placé sous surveillance par la police française et expulsé en mesure de rétorsion suite à la publication d'une brochure antirépublicaine par un curé parisien. Ses archives saisies par la police fuitèrent dans la presse parisienne à l'instigation du ministre Clemenceau, ce qui déclencha un beau scandale.

Nommé secrétaire en 1914, Eugenio participa à la négociation du concordat avec la Serbie, son baptême du feu diplomatique. Son ascension professionnelle se fit dans une ambiance lourde : le Vatican était alors marqué par un antimodernisme radical qui se traduisait par un véritable espionnage du personnel ecclésiastique. Le pape disposait d'un prélat fanatique, voué à la cause de l'épuration : Mgr Umberto Benigni était officiellement secrétaire adjoint de la Congrégation pour les affaires ecclésiastiques extraordinaires… mais en sous-main il dirigeait l'organisation secrète *Sodalitium Pianum* (parfois appelé la Sapinière). Parmi ses cibles, notons le jeune Mgr Roncalli, futur pape Jean XXIII, qui conservera une solide méfiance des réseaux d'espionnage du Vatican.

Si Pacelli traversa sans encombre cette nouvelle forme d'inquisition, c'est qu'il était jugé fiable et peu suspect de libéralisme[1]. Certains observateurs vont plus loin et se demandent si le jeune Pacelli n'a pas fait partie du *Sodalitium Pianum.* Les archives manquent pour trancher, mais la correspondance du responsable de ce réseau en Belgique[2] le laisse penser… Une telle hypothèse expliquerait en tout cas le goût manifesté ensuite par Pie XII pour l'intrigue et l'action secrète. Quoi qu'il en soit, après la mort de Pie X en 1914, l'ambiance changea avec le nouveau pape Benoît XV qui nomma comme secrétaire d'État le cardinal Gasparri, mentor de Pacelli. Benigni poursuivit ses activités à titre privé avant de se mettre au service de l'OVRA : pour autant, il ne semble pas qu'il ait fait beaucoup de dégâts pendant la guerre car la curie le tenait à l'écart.

Et Pacelli devint… le remplaçant du sulfureux Mgr Benigni ! Il négocia le virage en douceur et prit subtilement ses distances avec les ultraconservateurs, moins appréciés du nouveau pape.

Consécration de son parcours à la secrétairerie, Pacelli fut nommé au printemps 1917 nonce en Bavière, avec résidence à Munich[3]. Mince, le teint pâle, le port majestueux d'un prince de la Renaissance, il faisait forte impression à la bonne société allemande. Une chroniqueuse mondaine citée par Marie Levant le décrivit ainsi : « De contenance ascétique, ses traits évoquent ceux d'un profil sculpté sur

1. Devenu pape, il fit d'ailleurs canoniser Pie X en 1953.
2. Cf. David Alvarez, *Espionnage au Vatican*, *op. cit.* Sur le Sodalitium Pianum et Mgr Benigni, voir Nina Valbousquet, *Catholique et antisémite. Le réseau de Mgr Benigni, 1918-1934*, CNRS éditions, 2020.
3. Sur cette période, la référence est Marie Levant, *Pacelli à Berlin. Le Vatican et l'Allemagne, de Weimar à Hitler (1919-1934)*, PUR, 2019.

un camée antique, et ce n'est que rarement que l'ombre d'un sourire fugace anime ce visage. »

Après la révolution spartakiste, il fut décidé d'ouvrir une nonciature à Berlin, en 1920, mais Pacelli resta à cheval sur les deux nonciatures jusqu'en 1925, le temps d'achever les négociations pour un concordat avec la Bavière. Le Saint-Siège fut la première puissance étrangère avec laquelle la jeune république allemande noua des relations diplomatiques. De ce fait, Pacelli devint malgré son jeune âge le doyen du corps diplomatique. Sa grande mission, après la répétition générale du concordat de Bavière, fut de négocier un nouveau statut pour l'Église catholique en Allemagne dans le contexte complexe de l'après-guerre.

Le Vatican jugeait sévèrement le sort réservé à l'Allemagne par ses vainqueurs de 1918. La diplomatie vaticane menée par Gasparri s'employait à alléger le montant des réparations infligées au vaincu (20 milliards de marks-or). Cette politique faisait de son représentant à Berlin un ami de l'Allemagne, d'autant que le Saint-Siège soutenait l'intégrité territoriale du Reich. En échange de son soutien, le Vatican espérait des avancées concrètes sur le statut et les avantages des institutions ecclésiastiques. Pacelli tenait à boucler avant toute chose les négociations bavaroises. Il faut dire que le catholicisme bavarois est plus traditionnel et majoritairement intégriste que dans le reste du pays.

En 1922 s'éteignit Benoît XV, et l'érudit cardinal Ratti lui succéda sous le nom de Pie XI, conservant Gasparri à son poste. En 1923, les troupes franco-belges occupèrent la Ruhr en représailles pour le non-versement des réparations de guerre. Elles y entretinrent des mouvements séparatistes. À Munich, Pacelli obtint en mars 1924 un accord très favorable à l'Église (liberté de nomination aux sièges épiscopaux, financement généreux de l'État à l'Église catholique, instruction religieuse obligatoire dans les écoles...). Il allait désormais s'installer à Berlin pour quatre années et obtenir un concordat avec la Prusse, ce qui lui vaudrait le chapeau de cardinal en 1929. Ces années munichoises ont donc été essentielles dans la trajectoire du futur pape. C'est également à cette époque que cet homme au caractère méfiant a rencontré ceux qui vont constituer son premier cercle, admis à suivre les dossiers les plus sensibles.

Le cercle rapproché

À Munich, Pacelli rencontre un homme qui va devenir son secrétaire et jouera un rôle-clé sous son pontificat. Bavarois de petite taille et asthmatique, le père jésuite Robert Leiber est d'abord le professeur d'allemand du nonce Pacelli avant de devenir l'un de ses plus proches conseillers. Ses attributions sont et resteront toujours floues : il ne figure pas dans l'organigramme officiel mais lit presque tout ce qui passe sur le bureau de son patron et le voit plusieurs fois par jour. Il ne se confie à personne. Félix Morlion, prêtre et agent de renseignement au service des Américains, décrira pendant la guerre le père Leiber comme l'homme des tâches secrètes dont les échecs peuvent être désavoués si nécessaire puisqu'il n'a aucune fonction officielle au Vatican. C'est sans doute par Leiber que Pacelli apprendra à connaître et apprécier le supérieur général des jésuites, Vladimir Ledóchowski, et à s'en faire un allié. Issu d'une famille aristocratique polonaise exilée par le tsar au XIXe siècle, Vladimir est le neveu d'un cardinal devenu préfet de la Congrégation pour la propagation de la foi. Lui-même a été élu supérieur général des jésuites en 1915. L'un de ses jésuites, envoyé en mission en Russie, le décrit ainsi : « C'était un homme petit et frêle au visage mince et ascétique, aux joues caves, au front dégagé et aux yeux les plus limpides que j'aie jamais vus. Il avait une manière de parler très décidée et presque abrupte, tout en étant fort aimable et excellent interlocuteur[1]. »

1. Walter J. Ciszek, *L'espion du Vatican*, Salvator, 1968. Le très secret Ledóchowski attend toujours son biographe. Voir Philippe Chenaux, « Father Włodzimierz Ledóchowski (1866-1942): Driving Force behind Papal Anti-Communism during the Interwar Period », *Journal of Jesuit Studies*, n° 5, 2018.

C'est lui que Pie XI a chargé de mettre en place l'Institut pontifical oriental et le collège russophone Russicum. On y parle russe et on s'y habille comme les prêtres orthodoxes. Les futurs prêtres missionnaires y sont formés pour faire vivre la foi catholique entre la Baltique et la mer Noire, au péril de leur vie.

Conservateur et farouchement anticommuniste, Ledóchowski lancera en 1934 dans une lettre à tous les jésuites le signal d'une lutte sans merci contre l'athéisme moderne. On peut citer parmi ses agents l'Allemand Karl Stark, établi à Zurich, qui anime un réseau opérant en Allemagne et en France, ou encore le père français Joseph Ledit, qui s'est déjà rendu en URSS et tisse sa toile dans les pays de l'Est, avec un chef de réseau dans chaque pays. En France, le père jésuite Joseph Robinne répond à l'appel en créant l'office Unitas en septembre 1934. Quand Pacelli devient secrétaire d'État, il sait déjà que les jésuites sont l'une des forces sur lesquelles il peut compter.

C'est également à l'époque de la nonciature que Pacelli noue une amitié improbable avec une jeune religieuse allemande, la sœur Pascalina Lehnert, de dix-huit ans sa cadette. Il fait sa connaissance lors d'un séjour dans la maison de repos pour ecclésiastiques Stella Maris de Rorschach, dans les Alpes suisses, où elle travaille. Elle devient son intendante à la légation de Munich et le suivra jusqu'à sa mort. Il est exceptionnel que Pacelli ait pu la prendre à son service au regard des règles ecclésiastiques. Le code de droit canonique proclamé par Benoît XV enjoignait à tous les clercs d'éviter la cohabitation avec des femmes dont la présence risquait d'attiser les soupçons, et de leur préférer une personne de la famille ou une femme âgée de « mœurs vertueuses ». Le personnage de sœur Pascalina a fait couler beaucoup de salive et d'encre au sein de l'Église et encore plus au-dehors. Pourtant leur relation n'a semble-t-il jamais été scandaleuse : si cela avait été le cas, les ennemis de Pacelli puis les services secrets étrangers n'auraient pas manqué de la monter en épingle. En revanche, son caractère rugueux et son influence supposée sur « son » grand homme ne manqueront pas de faire fantasmer, jusqu'à lui valoir à la fin de sa vie le surnom de « popessa[1] », largement exagéré. Si son témoignage doit toujours être confronté aux autres sources, il apporte parfois une fenêtre inédite sur l'intimité du futur pape.

C'est grâce à elle que l'on connaît les tragiques événements de 1919, qui ont contribué à façonner le caractère de Pacelli : en février, les foules communistes prennent Munich d'assaut et proclament la nouvelle république soviétique de Bavière. Presque tous les diplomates s'enfuient. Le personnel de la nonciature est évacué. Seuls demeurent Pacelli, Pascalina et Robert Leiber. En avril 1919, les bolcheviques prennent d'assaut le bâtiment. Les fenêtres volent en éclats sous le feu des balles. Alors que les assaillants défoncent la lourde porte d'entrée, Pacelli leur fait face du haut de l'escalier et sœur Pascalina se place à son côté. Malgré les invectives, ils tiennent tête à la foule hostile, qui cherche l'argent et la nourriture que le prélat est soupçonné de dissimuler. Le pouvoir communiste souhaiterait voir le nonce quitter la ville. Quelques jours plus tard, la Garde rouge en armes et uniforme suivie d'une foule déchaînée refera irruption dans la nonciature. Leurs exigences ? Ils sont venus saisir sa voiture ! Le nonce fait ouvrir le garage… mais la voiture refuse de démarrer. Nombre d'auteurs attribuent à ces événements l'origine du farouche anticommunisme de Pacelli. Quoi qu'il en soit, ils ont évidemment renforcé son prestige à Rome. La république ne durera pas longtemps. Le 3 mai, elle est renversée par les corps francs et un gouvernement provisoire est mis en place sous la direction du général Ludendorff, chef des armées allemandes pendant la guerre.

Autre anecdote livrée par sœur Pascalina[2], celle-là invérifiable : Munich est la ville où Adolf Hitler démarra son ascension, cultivant son mouvement sur le terreau favorable de la crise économique. Un soir, le jeune Adolf Hitler, encore peu connu, se serait présenté à la résidence de l'archevêque Pacelli, muni d'une lettre de recommandation de Ludendorff, qui exaltait sa bravoure comme caporal ayant servi sous ses ordres. Hitler se présenta comme un croisé de

1. Cf. Paul I. Murphy et René Arlington, *La Popessa*, Lieu commun, 1987.
2. Aux auteurs de *La Popessa*, *op. cit.*

l'anticommunisme. Séduit, Pacelli lui aurait remis (toujours selon sœur Pascalina) une somme d'argent pour aider son combat. Une telle rencontre, si elle a eu lieu, ne signifie évidemment pas que Pacelli serait devenu pour autant pronazi.

Un troisième personnage va bientôt se joindre au curieux duo formé par Leiber et sœur Pascalina. En 1911 débarquait à Rome un jeune Américain, Francis Spellman, tout juste diplômé de l'université Fordham de New York. Il souhaitait embrasser la prêtrise mais à la différence de ses camarades, il avait choisi pour séminaire le prestigieux collège américain de Rome, situé dans le charmant quartier de la via dell'Umilta. Ses condisciples comprirent très vite qu'il était l'un des plus ambitieux du séminaire : il se fit remarquer (et critiquer) pour sa propension à aborder et flatter tous les *monsignori* qu'il croisait. Le jeune homme se montrait avide de comprendre les rouages du pouvoir au sein du Vatican : les coteries, les oppositions et les amitiés invisibles n'eurent bientôt plus de secret pour lui[1].

Une fois prêtre, Spellman fut envoyé en 1916 à Boston, un diocèse placé sous les ordres du puissant cardinal O'Connell. Ce dernier n'admettait pas que quiconque se mette en avant. Il prit vite Spellman en grippe et lui fit subir une avalanche de vexations pendant neuf ans. Spellman avala toutes les couleuvres, accepta toutes les corvées, mais parvint enfin à se faire rappeler à Rome pour y rejoindre l'équipe de la secrétairerie d'État. Il allait consacrer toute son énergie à y développer ses réseaux. Il exerça tout d'abord la fonction peu en vue de traducteur, mais il devint aussi l'assistant d'Edward Hearn, commissaire européen de l'ordre des Chevaliers de Colomb. Peu connu du grand public, cet ordre de chevalerie regroupait de riches catholiques qui assuraient des levées de fonds pour financer les activités de l'Église dans le monde entier. Or, en 1925 les finances du Saint-Siège étaient au plus bas. Plongé dans un univers

1. La majorité des éléments biographiques sur Spellman sont tirés de John Cooney, *The American Pope. The Life and Times of Francis Cardinal Spellman*, Times Books, 1984.

dont il ignorait tout jusqu'alors, Spellman comprit vite qu'il avait trouvé sa voie : il allait devenir un financier du Vatican, et un homme de missions secrètes. Son patron Hearn l'introduisit dans un cercle de financiers et d'hommes d'affaires, dont il entreprit méthodiquement de faire la conquête.

Spellman s'appliquait à multiplier les petites attentions en direction des riches visiteurs du Vatican. Il soignait les personnalités politiques américaines de passage à Rome, grâce à un réseau d'informateurs parmi les concierges d'hôtels de luxe, qui l'informaient en primeur des arrivées de notables. Il se montrait assidu aux audiences papales et, doué pour la photographie, se proposait pour immortaliser les événements. Ce qui lui offrait l'occasion de revoir les riches visiteurs pour leur remettre ses clichés, et, pourquoi pas, leur faire visiter la ville. Il se rendit ainsi incontournable dans le petit milieu des riches Américains catholiques qui passaient leurs hivers dans les milieux aristocratiques romains. Spellman devint ainsi l'ami de Nicholas et Genevieve Brady, des magnats américains des travaux publics. Mme Brady s'enticha du jeune prêtre au point de devenir son premier mécène, finançant son train de vie et l'invitant à ses événements mondains.

Le premier coup d'éclat de Spellman lui permit de s'attirer les faveurs du secrétaire d'État Gasparri. Le jeune prêtre suggéra à M. Brady d'offrir au cardinal… une limousine ! Peu après Brady fut intronisé chevalier de l'ordre suprême du Christ, et son épouse duchesse papale. L'histoire fit le tour du Vatican et ne manqua pas de venir aux oreilles de Pie XI. Le pape remarqua à voix haute devant le jeune *minutante* que son secrétaire d'État avait bien de la chance… Le message était passé. Spellman sollicita un autre riche Américain pour lui suggérer d'offrir à Sa Sainteté pas moins de… trois voitures ! L'ordre de préséance était ainsi rétabli[1].

Jalousé par la plupart des prêtres de la secrétairerie, Spellman se rendit en peu de temps indispensable à sa hiérarchie. Dès 1926, il fut

1. John Cooney, *The American Pope*, *op. cit.*

promu *monsignore*. Pie XI le surnommait « monseigneur Précieux ». Son train de vie et son patrimoine progressaient à vue d'œil, au point qu'en 1929 il acheta pour 54 000 dollars d'actions du studio hollywoodien Warner. Il arrivait désormais à éclipser son patron Hearn, qui fut remplacé par le comte Enrico Galeazzi, un fonctionnaire du Vatican qui allait devenir son affidé. Spellman avait l'œil à tout et sur tous au Vatican. Il prit soin de cultiver l'amitié de l'homme qui montait, le nonce à Berlin monsignore Pacelli. Il eut pour cela l'habileté de se placer dans les bonnes grâces de la sœur Pascalina, qui trouvait elle-même peu d'alliés au Vatican. Lorsque Pacelli deviendrait pape, Spellman ferait partie du tout petit cercle de ses hommes de confiance.

Au cœur du pouvoir

L'histoire s'accélère en 1929. Le frère d'Eugenio, l'avocat Francesco Pacelli, conseiller du Vatican, est le principal agent de liaison du pape avec le pouvoir fasciste. Il entretient des rapports personnels suivis avec Mussolini. Il l'informe des évolutions du Vatican et, en retour, il tient le pape informé des projets du gouvernement italien. Son influence indispose les responsables de la secrétairerie qui se sentent marginalisés.

Le 11 février, un accord est signé au palais apostolique du Latran par Mussolini et le secrétaire d'État Gasparri. Il comprend trois volets. Un traité diplomatique met fin à la « question romaine » en reconnaissant la souveraineté du Saint-Siège sur la Cité du Vatican ainsi que divers édifices lui appartenant dans Rome et la résidence de Castel Gandolfo. Le concordat fait du pontife une personne « sacrée et inviolable », l'équivalent d'un monarque de droit divin. En retour le Vatican reconnaît la souveraineté de la Maison de Savoie sur le royaume d'Italie. Le volet financier attribue au pape, en compensation de ses États annexés, une indemnité de 750 millions de lires et des titres de rente à 5 % sur un capital d'un milliard de lires. Ce qui équivaut à près de 1,5 milliard de dollars de nos jours.

Enfin, le concordat fait du catholicisme une religion d'État, garantissant l'autonomie et la protection de la religion catholique : le mariage religieux aura valeur civile et les écoles accueilleront l'enseignement religieux.

Mussolini a besoin de l'autorité morale du pape pour asseoir son régime. Peu après son accession au pouvoir, il a donc mis de côté ses discours antireligieux pour courtiser le Vatican. Il a accepté de sauver la Banco di Roma qui était alors en crise : en cas de faillite, le Vatican risquait d'y perdre son investissement en capital. En retour, l'Église s'est engagée à ne plus financer le Parti populaire italien et les syndicats catholiques.

Un an plus tard, Gasparri ayant démissionné, Eugenio Pacelli devient le nouveau secrétaire d'État. On attribue à Francesco une influence déterminante dans la nomination de son frère.

Sa personnalité correspond au profil recherché par Pie XI : réservé et discret, scrupuleux, grand travailleur... Son expérience des négociations concordataires, ses amitiés aussi bien du côté intégriste que du côté « libéral » le rendent incontournable.

Le poste de secrétaire d'État, équivalent d'un Premier ministre, permet de se faire beaucoup d'amis spontanés et de démultiplier ses réseaux. Le comte Della Torre, rédacteur en chef de *L'Osservatore Romano*, devient un des informateurs du futur Pie XII. Il fait partie de ces proches dont les diplomates en poste à Rome cultivent la compagnie, pour pouvoir faire passer des informations, vraies ou fausses. Plusieurs dossiers délicats attendent le nouveau secrétaire d'État. Premier sujet d'inquiétude, les relations avec le régime de Mussolini sont loin d'être aussi paisibles que promis par les accords du Latran. Au cœur du contentieux, l'Action catholique et les autres organisations catholiques font l'objet d'agressions et d'intimidations récurrentes de la part du régime et de ses affidés. En 1931, Pie XI veut répliquer par une encyclique (*Non abbiamo bisogno / Nous n'avons pas besoin...*) pour dénoncer les prétentions totalitaires du régime sur l'éducation des jeunes. Mais sa publication en Italie sera bloquée par les services secrets du Duce.

Spellman trouve alors l'occasion d'accomplir sa première « mission secrète » pour la secrétairerie d'État. Il est chargé par Pacelli d'aller en remettre une version traduite en anglais au bureau de l'Associated Press à Paris. Dans le train, il est surveillé par la police secrète, qui n'ose pas l'arrêter. L'histoire d'un émissaire du pape obligé de franchir clandestinement la frontière pour publier une encyclique fait le tour du monde et propulse le prestige de Spellman à de nouvelles hauteurs. Les services de renseignement fascistes ont été incapables d'anticiper ce coup d'éclat, malgré tous leurs agents infiltrés au Vatican. Mussolini pensait être renseigné sur les moindres faits et gestes du pape ; il est surpris par l'encyclique et furieux contre ses services secrets. Pacelli entre alors en scène et joue l'apaisement : il négocie avec le régime un laborieux compromis permettant aux cercles de jeunesse de continuer leurs activités en toute discrétion. De part et d'autre, on a intérêt à ce que les accords du Latran tiennent.

Deuxième dossier prioritaire, celui des rapports avec la Russie soviétique. La révolution bolchevique a porté un coup dur au catholicisme russe. Le 23 janvier 1918, un décret du Conseil des commissaires du peuple a interdit l'instruction religieuse, supprimé les subventions aux églises, interdit les dons des fidèles. Les biens de l'Église russe ont été nationalisés quelques mois plus tard. Mais après la défaite allemande de 1918, la Russie communiste s'est retrouvée privée d'allié à l'ouest. La France et la Grande-Bretagne soutenaient les manœuvres des Russes blancs contre le pouvoir communiste, ainsi que la guerre polonaise contre la Russie.

Éprouvée par sa séquence révolutionnaire, ses guerres internes et externes, la Russie cherchait l'apaisement. Lénine a introduit la NEP, nouvelle politique économique, signé un accord commercial avec la Grande-Bretagne, et tendu la main à l'Allemagne et au Vatican.

Le pape Benoît XV avait objectivement intérêt à protéger la foi catholique en Russie.

Un accord a donc été trouvé pour une mission papale d'aide humanitaire en mars 1922. La même année, l'accord de Rapallo a permis la reprise des relations diplomatiques entre l'URSS et l'Allemagne de Weimar. Les deux États ont mis sur pied une collaboration militaire secrète, qui inquiète la France. Ce qui a ouvert la voie à des négociations entre Moscou et Rome, hébergées à Berlin. L'organisation est assurée par le nonce à Berlin, Eugenio Pacelli. Mais les rencontres tournent au dialogue de sourds.

Cela n'a servi qu'à cautionner les persécutions, comme l'a reconnu le futur pape dans un courrier de la fin 1927 : « Ce serait une illusion d'espérer arriver à un accord avec le gouvernement actuel de Moscou qui n'a d'autre objectif que la destruction de toute croyance religieuse dans ce pays malheureux et opprimé [...] Bien que nul ne puisse aujourd'hui prévoir humainement quand ni comment s'effondrera l'abominable régime bolchevique[1]. » Désabusé, Pacelli s'est donc converti à une attitude plus agressive... encore faut-il en avoir les moyens.

Le Vatican manque de sources d'information sur la Russie : les évêques sont en prison ou en exil, les prêtres sous haute surveillance. La censure postale empêche toute communication normale avec Rome. Un grand nombre de prêtres arrêtés par les services soviétiques sont envoyés à la prison de Solovki. Il s'agit en fait d'un monastère fondé en 1420, planté au cœur d'une île de la mer Blanche. Les prisonniers y sont surtout employés à couper du bois. Dès le début des années 1920, cette prison a accueilli les premiers prêtres déportés, qu'ils soient catholiques ou orthodoxes. À l'été 1928, quelques détenus ont réussi par une nuit d'orage une évasion miraculeuse sur un radeau, en se servant de leurs manteaux comme de voiles. Au bout de quatre jours en mer, un bateau norvégien les a recueillis et déposés en Angleterre. Peu après, les prisonniers ont publié un livre dévoilant leur calvaire : *L'île des tortures et de la mort*. En réaction, le pouvoir soviétique a aussitôt dépêché à Solovki l'écrivain officiel du régime, Gorki, chargé de rédiger un reportage flatteur sur cette « prison modèle »[2].

1. Lettre citée par Pierre Milza in *Pie XII*, Fayard, 2014.
2. Antoine Wenger, *Rome et Moscou, 1900-1950*, Desclée de Brouwer, 1987.

Il est donc jugé prioritaire de mettre sur pied une organisation clandestine. Il faut pouvoir nommer des évêques pour assurer une autorité légitime et structurer l'Église. Au milieu du XIXe siècle, période de persécution du catholicisme par les tsars, le Vatican a envoyé en Russie des prêtres déguisés en marchands ambulants pour remplacer le clergé emprisonné. Pourquoi ne pas recommencer? À l'automne 1925, moment de relatif dégel, Pie XI envoie Michel d'Herbigny, un jésuite français, en Union soviétique, pour un séjour d'études sur invitation d'un prélat orthodoxe russe. Selon son rapport de voyage[1], la situation est plus grave encore qu'on ne l'imagine.

Le 21 avril 1926, à Moscou, des inconnus se faufilent avant le lever du soleil dans la petite église de Saint-Louis-des-Français à l'ombre de la Loubianka, le quartier général de l'OGPU (également appelée Guépéou), l'ancêtre du KGB. Un étranger de grande taille se présente à eux: Michel d'Herbigny, émissaire secret du pape Pie XI, revient pour mettre sur pied une hiérarchie clandestine de l'Église catholique en Russie. Juste avant son départ, il a été consacré évêque par Pacelli, afin de pouvoir en nommer d'autres à son tour. Sur place, les candidats ne sont pas légion.

Le père Pie Eugène Neveu, en poste dans le bassin du Donets, est l'un d'entre eux: il exerce en Russie depuis 1907 comme prêtre d'une communauté d'ingénieurs des mines français et belges. Il est resté malgré la révolution de 1917 qui a chassé les ingénieurs et a fait face avec courage et ruse aux persécutions de la police: il a le profil d'un évêque clandestin. On a donc demandé à l'ambassadeur français de convoquer Neveu à Moscou sous un prétexte quelconque. À peine arrivé à l'église Saint-Louis-des-Français, Neveu apprend qu'il sera le premier évêque secret et qu'il va être consacré sur-le-champ. D'Herbigny redoute d'être expulsé si on découvre ses activités.

Malgré cela, il se rend ensuite avec Neveu à Kharkov, puis seul à Odessa, Kiev et Leningrad pour sacrer quatre évêques en toute

1. Paul Lesourd, *Entre Rome et Moscou. Le jésuite clandestin. Mgr Michel d'Herbigny*, Lethielleux, 1976.

tranquillité. Malheureusement, même en cette époque héroïque, les opérations clandestines sont un métier qui exige une formation de base et une solide paranoïa. Or les deux lui font visiblement défaut. Depuis son arrivée à Moscou, la Guépéou l'a repéré, surveillé et le laisse aller à sa guise pour identifier l'ensemble du réseau. Après son départ, la police commence à arrêter les évêques clandestins. Seul Mgr Neveu, le plus visible et le plus protégé par sa nationalité française, est laissé en liberté. Il ne peut qu'informer d'Herbigny du désastre via l'ambassade de France. Sans qu'on ait tiré les leçons de cet échec, d'Herbigny sera envoyé par le Vatican pour un troisième voyage, tout aussi surveillé, tout aussi inutile.

En 1933, le dernier évêque catholique d'URSS, Mgr Frison, qui était déjà assigné à résidence, se voit accusé de perversion de mineurs. L'accusation de mauvaises mœurs est alors une des préférées de la Guépéou. Tout bien réfléchi, Mgr Frison est finalement jugé pour « espionnage » pour le compte de l'Allemagne. Le père Braun rapporte qu'il a été fusillé en juin 1937. De 1917 à 1939, près d'un millier de prêtres catholiques résidant en territoire russe ont été arrêtés. La majeure partie d'entre eux sont morts en prison, dans les camps de concentration ou en travaux forcés. Toutes les institutions religieuses sont fermées. Les publications à caractère religieux sont interdites.

Le simple fait d'avoir réussi à collecter des informations sur place, à mettre en place des réseaux et à revenir vivant vaut à d'Herbigny une solide reconnaissance de la secrétairerie d'État. En 1930, il est nommé président de la commission pour la Russie, ou « Pro Russia », avec rang de préfet de congrégation. Cette ascension lui vaut tout de même de solides inimitiés à la curie.

La Guépéou envoie ses espions à Paris et à Rome. On soupçonne qu'elle infiltre la commission pro Russia. Le 28 mars 1930, Neveu écrit : « On dit à Moscou que nos détectives auraient essayé de s'emparer des archives de la commission Pro Russia. » *La Croix* du 28 avril affirme que cette rumeur est sans fondement. À Rome, d'Herbigny est entouré d'espions. En novembre 1932 éclate au Vatican l'affaire

Alexandre Deubner. Ce dernier est le fils du père Jean Deubner[1], un martyr catholique emprisonné de 1923 à 1932, puis assassiné en 1936. Sa sœur a épousé le fils d'une des vedettes de la révolution bolchevique, Clara Zetkine. Né en 1899, Alexandre a fait ses études cléricales chez les assomptionnistes et est devenu prêtre en 1926. On lui confie le ministère des russes-catholiques de Nice et Cannes. D'un tempérament instable, il se rallie à l'Église orthodoxe, puis exprime ses regrets et se présente à Rome, repentant. D'Herbigny le charge de travaux de traductions. On a tôt fait d'accuser Deubner d'être un agent de la Guépéou et d'avoir emporté des documents permettant de faire arrêter des prêtres en URSS. En Pologne, on grossit l'affaire pour discréditer d'Herbigny. Le père Ledóchowski, le tout-puissant supérieur général de l'ordre jésuite, supporte de moins en moins la stature de ce prêtre qui lui fait de l'ombre dans le gouvernement des jésuites et a l'oreille du pape.

Les services secrets soviétiques montent contre lui – ou exploitent – une « affaire de femme » qui va causer sa chute. Ledóchowski saute sur l'occasion et le fait reléguer dans un monastère sans qu'il puisse réellement se défendre auprès du pape[2]. A-t-il été abusé par la désinformation soviétique ou a-t-il profité du scandale pour écarter un d'Herbigny jugé trop imprudent pour les fonctions qu'il exerçait ? Toujours est-il que Ledóchowski pousse d'autres pions, comme le père Joseph Ledit qui a accompagné d'Herbigny en URSS. Il explore aussi des alliances possibles à l'extérieur de l'Église.

Par exemple avec l'Entente internationale anticommuniste (EIA), une sorte d'anti-IIIe Internationale, fondée par un avocat genevois protestant, Théodore Aubert, et un exilé russe, le médecin-chef militaire Georges Lodygensky. Dans les années 1920 et 1930, Aubert s'est illustré dans « l'affaire Conradi » dans laquelle il a obtenu l'acquittement pour le meurtrier d'un délégué soviétique à la conférence de Lausanne en mai 1923 (ce qui a provoqué un grave

1. Il s'agit d'un enfant né avant que Jean Deubner embrasse la prêtrise.
2. Sur les aventures et le destin tragique de Michel d'Herbigny, voir David Alvarez, *Espionnage au Vatican*, *op. cit.* et Paul Lesourd, *Entre Rome et Moscou*, *op. cit.*

incident diplomatique avec Moscou). Auréolé de sa victoire, Aubert a créé à Paris une organisation internationale destinée à unir tous les « patriotes européens » dans la lutte contre le Komintern. Issue dans un premier temps du protestantisme, l'EIA s'est cependant rapprochée de plus en plus du catholicisme.

Fin 1929, le Saint-Siège a durci son attitude à l'égard de l'URSS. La voie était entrouverte pour un rapprochement avec la curie. Le Vatican, prudent, ne lui transmettait rien directement, préférant passer par des tiers laïcs. L'aile syndicale de l'EIA, le Mouvement des travailleurs chrétiens russes (MTCR), proposait d'acheminer par voie navale des colis en URSS via la frontière finlandaise, grâce à des marins amis.

À partir de 1933, l'EIA et ses correspondants créent une commission informelle d'inspiration religieuse, Pro Deo, sous la houlette du Russe Georges Lodygensky. Composée à parts égales de laïcs et d'ecclésiastiques issus des trois confessions chrétiennes – catholiques, protestants, orthodoxes –, elle développe un programme d'aide aux croyants en Russie (envoi d'icônes, de textes, utilisation de la radio) et se dote d'ambassadeurs. Elle débute une collaboration officieuse avec les jésuites employés à la guerre secrète contre le communisme.

Ledóchowski regarde Lodygensky comme un auxiliaire plus qu'un partenaire à part entière. En 1936, l'Associated Press annonce que le Vatican est en train de former une organisation internationale incluant des catholiques et des protestants, basée sur les comités Pro Deo existant dans divers pays. Cela provoque la colère de la secrétairerie d'État qui se sent tenue de publier un démenti, précisant que Pro Deo est une organisation laïque agissant de sa propre initiative. Les ponts sont alors officiellement coupés… mais les jésuites ont eu le temps de récupérer les contacts les plus utiles du mouvement[1].

1. En 1940, Lodygensky se rend en Finlande entrée en guerre contre la Russie communiste. Il doit revenir face à l'avancée des troupes russes. Pendant la guerre, il s'établit en France, où il collabore avec la Milice et la police allemande. En août 1944, il retourne en Suisse. Il sera contraint à l'exil au Brésil en 1947. À la fin de la guerre, les apports matériels se tarissent et les soutiens politiques se font plus rares pour l'EIA. La Suisse, qui établit des relations diplomatiques avec l'URSS en 1946, est embarrassée. L'EIA ne retrouve pas son dynamisme

Après l'affaire d'Herbigny, Staline qui exerce les pleins pouvoirs considère l'Église comme dangereuse et ne cessera de suivre le dossier de près. Dans les années 1930-1940, les services russes considèrent la papauté comme le centre nerveux d'une internationale d'espionnage frontalement opposée à l'Internationale communiste.

Enfin, le troisième grand dossier de la secrétairerie dans les années 1930 va être l'Allemagne, et l'objectif d'un concordat national. Réputé germanophile, Pacelli semble l'homme de la situation, en raison des liens qu'il a su tisser avec les élites du pays, en particulier avec les dirigeants du parti catholique. Dès son arrivée au pouvoir en janvier 1933, Hitler demande à son vice-chancelier von Papen d'ouvrir des pourparlers avec le leader du parti chrétien Zentrum, Mgr Kaas, pour négocier les termes d'un concordat. À ce stade Hitler a besoin du pape pour légitimer son régime, tout comme Mussolini avant lui… Le pape et son secrétaire d'État, aveuglés par les rodomontades antimarxistes du Führer, tombent dans le panneau et acceptent le principe d'une « dépolitisation » du clergé allemand en échange d'un concordat d'autant plus généreux qu'il ne sera pas respecté… Sans doute croient-ils encore que les conservateurs sauront encadrer Hitler qui n'a pas encore verrouillé son emprise, pour normaliser peu à peu le régime. L'affaire est rondement menée et la cérémonie de signature intervient le 20 juillet 1933. Le Zentrum et le parti catholique bavarois se dissolvent immédiatement. Les catholiques allemands sont rassurés sur la compatibilité de leur foi avec le national-socialisme. Le clergé désormais muselé, Hitler a les mains libres de ce côté. Au moment de la « Nuit des longs couteaux » en juin 1934, des dirigeants catholiques sont assassinés. Un véritable harcèlement va frapper les dignitaires de l'Église et les organisations catholiques.

et sera liquidée en 1950. Mais l'un des participants occasionnels aux réunions de Pro Deo dans les années 1930, le père Félix Morlion, va fonder une organisation homonyme dont on reparlera. Cf. Stéphanie Roulin, *Un credo anticommuniste*, Antipodes, 2010.

Malgré la ratification du concordat en septembre 1933, les critiques des prélats indépendants ne diminuent pas. Le cardinal Faulhaber, archevêque de Munich, prononce une série de sermons antihitlériens. Il est considéré par les services de Himmler comme le « chef spirituel de la résistance catholique à l'État national-socialiste ». Le cardinal est dénoncé par le *Völkischer Beobachter*, journal du parti national-socialiste, comme le dirigeant d'une « centrale du vice et de la pourriture[1] ». Il est loin d'être unanimement suivi. La curie de l'entre-deux-guerres héberge des courants très hétérogènes. À l'autre extrémité du spectre politique, l'Autrichien Alois Hudal, recteur de l'église allemande de Rome Santa Maria dell'Anima, est proche des idées nazies qu'il juge compatibles avec l'Église. En 1936, il publie un livre qui fait scandale à la curie : *Les fondements du national-socialisme*.

Début 1937, le pape est désireux de marquer le coup contre les actions violentes envers les organisations catholiques et les campagnes de presse contre le Saint-Siège. La tension entre Berlin et Rome est telle que le souverain pontife est en train de perdre la face. Une conférence secrète est organisée à Rome réunissant les hauts prélats allemands en janvier.

En mauvaise santé, Pie XI se montre néanmoins combatif et décide de rédiger dans le plus grand secret une encyclique contre le nazisme. Pacelli est le seul collaborateur qui travaille avec lui sur ce document. *Mit Brennender Sorge* (*Avec une brûlante inquiétude*), daté du 14 mars, est imprimé clandestinement, expédié par porteurs circulant en dehors des routes et contrôles de police, pour être remis en mains propres aux 26 évêques allemands. Le document doit être lu partout en Allemagne lors de l'office du 22 mars, pour éviter toute censure. Le ton est modéré mais le fond vaut condamnation très ferme des violations du concordat et stigmatise l'incompatibilité du national-socialisme avec les valeurs du catholicisme.

1. David Alvarez, *Espionnage au Vatican*, *op. cit.*

Gros effet de surprise et fureur du régime! La Gestapo saisit immédiatement tous les exemplaires de l'encyclique. Hitler vitupère dans un discours du 1er Mai qu'il ne tolérera aucune contestation de son autorité. Goebbels fait imprimer un livret de propagande dénonçant les scandales financiers et sexuels du Vatican. Le mot d'ordre est clair: il faut saper l'image de l'Église. Dès 1935 ont été lancés plusieurs procès et campagnes de presse contre les ordres religieux, accusés d'infractions financières: ils ont placé leur patrimoine dans des emprunts d'État aux États-Unis, ce qui est une infraction à l'interdiction d'exporter des capitaux. Le procès des sœurs de Saint-Vincent de Paul de Cologne, en mai, fait les gros titres de la presse: on apprend que les sœurs auraient sorti du pays des liasses de billets dissimulées sous leurs vêtements.

Ce type de procès se traduit par des condamnations à de fortes amendes et même par une peine de travaux forcés pour la secrétaire provinciale de l'ordre, sœur Wernera. L'année suivante, une campagne de presse encore plus embarrassante est menée autour du procès de Coblence, lors duquel 276 franciscains sont accusés d'« outrage aux mœurs ». On stigmatise l'homosexualité des religieux et on les accuse d'actes pédophiles contre les enfants confiés à leur enseignement. Le procès est aussi expéditif que ceux qui se tiennent au même moment à Moscou. Il semble qu'on y pratique l'amalgame généralisé à partir de quelques affaires réelles.

En 1937, les affaires judiciaires reprennent donc de plus belle. 1 100 prêtres sont arrêtés en Allemagne, dont 304 seront déportés à Dachau. Aux yeux des nazis, l'Église catholique n'est plus seulement un dossier de sécurité intérieure mais devient une force internationale à surveiller de près. Les services de renseignement allemands, à l'image des russes, sont persuadés que le pape est à la tête d'un réseau de renseignement tentaculaire, implanté dans le monde entier. Ils considèrent l'Église comme une immense organisation secrète dont chaque membre joue un rôle articulé au plan d'ensemble orchestré par le Vatican. Les ordres religieux, en particulier les jésuites, sont considérés comme les plus dangereux.

Quelques jours après *Mit Brennender Sorge*, le 19 mars, Pie XI signe une nouvelle encyclique, *Divini Redemptoris* (*Le Divin R*édempteur), qui dénonce cette fois-ci le communisme athée. Façon de tenir, pour un temps, la balance en rejetant d'un même mouvement les deux totalitarismes.

L'année suivante, l'ambiance devient crépusculaire. L'Autriche tombe sous le joug allemand en 1938 ; en novembre la « Nuit de Cristal » a fait basculer la population juive allemande dans l'horreur des violences antisémites (119 synagogues incendiées, plus de 100 morts et 20 000 déportés). Pie XI finit par mettre de côté toute considération diplomatique pour condamner enfin ouvertement la politique antisémite nazie. Début 1939, il travaille avec l'aide d'un jésuite américain à une nouvelle encyclique. Les échos en parviennent au sein du clergé allemand. Or les services secrets nazis ont eu le temps de recruter des sources au sein de ce clergé.

De tous les belligérants de la Seconde Guerre mondiale, l'Allemagne nazie est sans doute celui qui compte le plus de services de renseignement concurrents : on en trouve au ministère de l'Air, à la Marine, au ministère des Affaires étrangères… et bien sûr à la Wehrmacht et à la SS. Leurs efforts contre le Vatican ne sont pas plus coordonnés que sur les autres objectifs. Que le meilleur gagne l'estime du Führer !

Dès 1933, le Sicherheitsdienst (SD) a créé une petite unité d'espionnage antireligieux, transférée à Berlin en 1934 et reprise en mains par Albert Hartl, un prêtre défroqué qui n'a pas hésité à dénoncer son supérieur. À chaque nomination d'un évêque ou d'un cardinal, c'est son équipe qui rédige les informations demandées par un ministère ou le parti. Son élément le plus précieux se nomme Joseph Roth, un prêtre défroqué qui a côtoyé Hitler avant son accession au pouvoir.

L'équipe de Hartl recrute au sein du clergé en jouant sur les faiblesses de certains prêtres, accessibles au chantage, ou tout simplement effrayés par la menace implicite de représailles. Conrad Gröber, archevêque de Fribourg, coopère ainsi avec les SS, selon Hartl, par peur de voir étalée au grand jour sa liaison avec une maîtresse juive.

Selon les interrogatoires de Hartl après-guerre, son service aurait recruté entre 20 et 30 informateurs dans l'ensemble des diocèses, ce qui n'est pas énorme à l'échelle de l'Allemagne. Surtout, à en croire les notes de remontrances envoyées par sa hiérarchie, ces sources n'ont guère livré d'informations capitales : les prêtres pris pour cible cherchaient surtout à se tirer d'affaire en multipliant les informations anodines, mélangées à quelques rumeurs[1].

Plus précieux pour Hartl est le recrutement d'un informateur à la nonciature de Berlin, qui reçoit tous les comptes-rendus des évêques allemands : il s'agit vraisemblablement du père Werhun, un conseiller du nonce Orsenigo. Hartl lance enfin ses filets sur les universités catholiques. Il recrute notamment un prêtre de la faculté de théologie de Paderborn, le professeur Josef Meyer, qui accepte de rédiger une étude établissant que l'euthanasie des handicapés ne serait pas incompatible avec la pensée théologique (!).

Pour améliorer ses revenus tout en faisant œuvre utile, Hartl publie également sous pseudonyme des ouvrages violemment anticatholiques qui rencontrent un certain succès.

Mais son étoile ne brille pas très longtemps. En 1939, son service, le SD, a été fondu avec la Gestapo dirigée par Heinrich Müller, qui a déjà son propre service de surveillance des ecclésiastiques dirigé par le SS-Sturmbannführer Erich Roth. Müller apprécie peu Hartl dont il trouve les rapports trop intellectuels. Ce dernier se signale par une série d'aventures féminines au sein du personnel du RSHA, dont le prêtre défroqué a la maladresse de se vanter auprès de ses collègues. Il franchit la ligne rouge en faisant dans un train des avances lourdes à une jolie femme… qui se trouve être l'épouse d'un haut dignitaire SS. Il est alors muté en Ukraine.

Quels que soient leurs déboires, les services allemands sont informés de la genèse de l'encyclique *Humani Generis Unitas,* grâce à

1. Cf. Robert Graham et David Alvarez, *Papauté et espionnage nazi*, Beauchesne, 2000.

leurs sources au sein du clergé allemand. Un premier jet de ce texte est transmis par le pape au supérieur général des jésuites, le père Vladimir Ledóchowski, qui en confie la relecture au rédacteur en chef du journal jésuite *La Civiltà Cattolica,* le père Enrico Rosa. Le plus troublant de cette affaire est que Rosa est alors bien connu pour ses positions antisémites ! Et alors que la santé du pape décline à vue d'œil, le moins que l'on puisse dire est que le père ne se montre guère pressé de finir son travail. Il est bien possible que Ledóchowski ait voulu rendre service à son ami Pacelli qui figurait parmi les favoris pour succéder à Pie XI sur le trône de saint Pierre. Nul doute qu'une fois publiée, cette encyclique rendrait durablement conflictuelles les relations entre l'Église et le régime nazi, ce que ne voulait pas le secrétaire d'État. Après la mort du pape Ratti, il semble que Pacelli ait fait promptement disparaître les brouillons de l'encyclique pour les enfouir dans le secret des archives vaticanes, ou qu'on l'ait fait pour lui être agréable.

La stature de Pacelli dans l'Église, la confiance que lui a manifestée Pie XI jusqu'au bout, sa fonction de camerlingue, son expérience diplomatique : tout se conjugue pour lui permettre d'être facilement élu dès le 3e tour du conclave. La crise politique a engendré un pape politique. Les cardinaux élisent Pacelli parce qu'ils le jugent habile et diplomate expérimenté. Il parle plus de langues que tous ses prédécesseurs. Mais il n'est pas sans défaut : c'est une personnalité secrète et timide, pour ne pas dire timorée. Devant ses proches, il se montre parfois très émotif. Son tempérament confine parfois à la paranoïa. Avant de confirmer tel ou tel responsable du Vatican, il commande d'ailleurs des enquêtes sur eux. Et il est le premier pape à mettre une partie du Vatican sur écoutes. Dès les premiers jours de son pontificat, il décide de faire équiper sa bibliothèque, où il reçoit les visiteurs de marque, d'un système d'enregistrement sonore. Même la secrétairerie l'ignore… Seuls le père Leiber, le patron de Radio Vatican et une poignée de techniciens sont informés. Ces derniers opèrent dans une antichambre mitoyenne de la bibliothèque. La pose des micros est assurée par Guglielmo Marconi, l'inventeur de la TSF, qui a déjà construit en 1931 le central téléphonique du Vatican et une liaison radio avec la résidence d'été de Castel Gandolfo[1].

À peine nommé, Pie XII est confronté à la course à la guerre : l'occupation de la Tchécoslovaquie par Hitler conduit les Français et Britanniques à abandonner la politique d'apaisement et à offrir leur assistance aux pays menacés d'agression. Pie XII est partisan de tenter une nouvelle conciliation avec Hitler : il se veut le « pape de la paix ».

À l'insu du reste de la curie, Robert Leiber est autorisé à prendre les contacts les plus aventureux. Il rencontre ainsi un douteux trafiquant de matériel militaire, fournisseur du IIIe Reich, l'industriel suédois Birger Dahlerus. La Luftwaffe dépend de ses fournitures, interdites par les vainqueurs de 1918. Dahlerus obtient l'accord de Goering pour aller à Londres discuter la paix sur les bases d'un plan italo-Vatican. Mais pendant que Goering rend compte à Hitler, tombe la déclaration de guerre de l'Angleterre[2]…

Dès le 5 mai 1939, Pie XII propose aux principaux gouvernements d'organiser une conférence de paix. Initiative qui n'aura guère d'écho. Pragmatique, il estime n'avoir pas d'autre choix que de travailler avec Hitler puisque ce dernier est au pouvoir. Sa modération envers le régime nazi irrite les services secrets français et britanniques… et même certains prélats.

1. Mark Riebling, *Le Vatican des espions. La guerre secrète de Pie XII contre Hitler*, Tallandier, 2016.
2. *Ibid.*

2

Face aux nazis : doubles jeux et faux-semblants 1940-1943

« Votre Sainteté, nommez-moi à la tête d'un diocèse français !

– Ça suffit, Tisserant ! Il n'en est pas question, ce serait une provocation, vous ne bougerez pas d'ici ! »

L'échange est tendu. Le pape Pacelli n'a pas l'habitude qu'on élève la voix devant lui ni qu'on lui tienne tête. Physiquement et moralement, le massif et barbu cardinal Eugène Tisserant est son exact opposé. Depuis plusieurs années, le Français est une cible privilégiée des espions fascistes. Il faut dire qu'en cette année 1940, il ne dissimule guère son hostilité au régime de Pétain ni sa sympathie pour le général de Gaulle. Ses allées et venues, ses rencontres et ses propos privés font l'objet de rapports réguliers transmis au sommet de l'État fasciste. De taille robuste, la barbe poivre et sel, le cardinal à la voix de stentor, gros fumeur de havanes, n'a pourtant rien d'un espion passe-muraille. À la curie, on chuchote que « fort heureusement le pape s'en méfie », le jugeant trop imprudent. Et l'on fait des gorges chaudes de ses accrochages avec la sœur Pascalina qui lui voue une solide détestation (la réciproque est aussi vraie).

« Un intrigant nuisible et un provocateur »

Né en 1884, Tisserant a longtemps suscité bien des fantasmes, ce qui ne veut pas dire qu'il n'ait joué aucun rôle dans les « réseaux du Vatican ». Il est originaire de Nancy, ville occupée par les Allemands pendant la guerre de 1870 et libérée seulement en 1873. Très bon élève, il entre au séminaire de Nancy en 1900 et devient prêtre en 1907. Il manifeste un véritable don pour les langues rares, ce qui le conduit à se spécialiser dans les études orientalistes appliquées à la Bible. Au sortir du séminaire, il séjourne à Jérusalem et étudie l'arabe. En 1907, il est invité au Vatican pour venir enseigner l'assyrien et gérer le fonds des manuscrits orientaux de la Bibliothèque vaticane. Il y rencontre Mgr Achille Ratti, un cardinal érudit qui devient son protecteur. Arrive la Première Guerre mondiale : Tisserant est d'abord mobilisé par l'armée française pour la défense de la région de Nancy. Fin 1914, guéri après une blessure, il est affecté au ministère de la Guerre, auprès du lieutenant-colonel Jules Hamelin, chef de la section Afrique de l'État-major général de l'Armée. Ce dernier souhaite créer un bureau d'Orient, pour lequel Tisserant a le profil idéal. Pour informer ses supérieurs des mouvements de troupes ottomanes, Tisserant mobilise ses réseaux religieux. Il collabore avec le 2e Bureau, mais n'en fait pas vraiment partie[1].

Selon son biographe Étienne Fouilloux, Eugène Tisserant s'occupe de toutes questions relatives à la Turquie (renseignements, projets d'opérations, préparation des effectifs) mais son champ d'action s'étend peu à peu à l'ensemble du théâtre méditerranéen. Ce passage par l'État-major de l'Armée française marque fortement le futur cardinal, qui y développe un réseau d'amitiés et de contacts. Il y acquiert un goût pour la stratégie politique et militaire qui lui servira tout au long de sa carrière. Enfin, selon sa correspondance privée c'est pendant cette période qu'il adopte une profonde méfiance pour la personnalité de Pétain, ce qui l'aidera à rejeter le régime de Vichy.

De retour à Rome il retrouve son protecteur Mgr Ratti, préfet de la Bibliothèque vaticane, qui est bientôt envoyé en Pologne.

1. Étienne Fouilloux, *Eugène cardinal Tisserant, 1884-1972, une biographie*, Desclée de Brouwer, 2011. Cet auteur qui a pu avoir accès aux archives de Tisserant se montre critique envers le portrait dressé par Roger Faligot et Rémi Kauffer dans *Éminences grises*, Fayard, 1992.

Avant son départ, Ratti s'assure que Tisserant devienne auxiliaire de son remplaçant. Auréolé de ses réussites militaires, le Français est orienté vers des fonctions d'administrateur. Peu à peu, il devient une personnalité influente de la communauté française de Rome. En 1923, il est désigné pour accomplir une mission en Orient pour le compte de l'Institut pontifical oriental. Officiellement consacrée à l'achat de manuscrits et livres anciens, elle comporte aussi un volet secret de renseignement sur l'état du christianisme en Orient au lendemain de la Grande Guerre. D'autres voyages vont suivre, avec à chaque fois un motif officiel et un autre plus confidentiel. En novembre 1929, Tisserant fait partie d'une délégation diplomatique en Éthiopie pour rencontrer le prince héritier et futur empereur Hailé Sélassié, que l'on dit séduit par le catholicisme. La raison ? Il est l'un des rares, sinon le seul au Vatican, à maîtriser l'éthiopien. Officiellement la mission a pour but de présenter des cadeaux du pape au futur empereur. Officieusement, il s'agit de voir si un rapprochement est possible entre le catholicisme et le christianisme copte, qui domine alors dans le pays. En 1930, Tisserant devient « pro-préfet » de la Vaticane, c'est-à-dire son véritable administrateur au quotidien.

Sa situation implique de faire un peu de politique. La bibliothèque abrite alors de jeunes opposants au régime de Mussolini, figures de la démocratie-chrétienne en déroute depuis les accords du Latran. On pense en particulier à Alcide De Gasperi, emprisonné par les fascistes en 1927-1928 et qui trouve refuge à sa libération comme catalogueur des imprimés. Il restera à l'abri du Vatican jusqu'à la fin de la guerre, avant devenir le premier président du Conseil italien (1945-1953). Pendant la guerre, la bibliothèque accueillera aussi des savants juifs, comme le grand rabbin Umberto Cassuto.

Tisserant est connu pour son franc-parler qui l'amène parfois à tenir des propos fort peu diplomatiques au pape, qui ne semble pas lui en tenir rigueur. Personne ne trouve surprenante sa promotion au cardinalat par Pie XI en 1936. En revanche les services de Mussolini le placent sous étroite surveillance : on trouve pas moins de 58 rapports le concernant de 1930 à 1943 dans ses archives : un record[1].

Pie XI lui confie la charge des Églises catholiques de rite oriental. Ce qui est logique puisqu'on le considère alors comme le meilleur orientaliste du Vatican. Cette nomination le place aux avant-postes de la lutte anticommuniste pour les deux décennies suivantes. L'Église orientale est le plus récent des dicastères romains, créé en 1917. Cette congrégation n'a toutefois pas autorité sur la commission pro Russia dirigée par le jésuite français Michel d'Herbigny, qui accomplit des missions d'infiltration en Russie (voir le chapitre précédent). Huit mille prêtres veillent sur un peu plus de 8 millions de fidèles, dont 5 millions de Ruthènes d'Europe centrale, un million et demi de Roumains, 500 000 Indiens. À cela s'ajoutent les maronites et melkites du Liban et plusieurs plus petites communautés du Proche-Orient. Un vrai manteau d'Arlequin : chaque Église a ses particularités locales.

Tisserant se sent parfaitement en phase avec le mot d'ordre de Pie XI en 1937-1938 : ni nazisme ni bolchevisme. Il déplore la lente germanisation de l'Italie et s'inquiète pour les Juifs allemands employés à la Bibliothèque vaticane. La mort de Pie XI dans la nuit du 9 au 10 février 1939 est pour lui un vrai choc.

Des prélats proches de Tisserant ont révélé après sa mort qu'il avait émis des soupçons sur les causes naturelles de ce décès. Il aurait craint que la mort du pape Ratti, déjà en mauvaise santé, n'ait été hâtée sur ordre de Mussolini qui craignait son discours à venir pour le vingtième anniversaire des accords du Latran. Comment un tel complot aurait-il été possible ? Il se trouve que l'un des médecins du Saint-Siège, le Dr Francesco Petacci, n'était autre que le père de Clara, la fameuse maîtresse de Mussolini. Beaucoup de fantasmes ont été exprimés sur cette théorie, et sur des archives privées que Tisserant aurait soustraites du Vatican à l'approche de sa mort. La

1. Archivio Centrale dello Stato, Ministero dell'Interno, Direzione Generale di Pubblica Sicurezza, Divisione Politica, Serie B, busta 25. Cf. Carlo Fiorentino, *All'ombra di Pietro. La chiesa cattolica e lo spionaggio fascista in Vaticano, 1919-1939*, Florence, 1999.

volumineuse correspondance privée qu'Étienne Fouilloux a examinée n'en porte pas trace. Ce qui n'est pas une preuve en soi, ni dans un sens ni dans l'autre. Toutefois, dans certains courriers Tisserant se pose des questions : la veille du décès il avait eu une séance de travail productive avec Pie XI. Le lendemain, à 6 h 20, il reçoit un coup de fil de la secrétairerie d'État, lui annonçant que le pape est dans un état grave. En réalité, apprendra-t-il plus tard, le souverain pontife était déjà décédé, vers 5 h 30. Aucune preuve n'est jamais venue étayer son soupçon d'un empoisonnement par le Dr Petacci. En cas de mort d'un pape, seuls le doyen du Sacré Collège et le camerlingue sont réellement au cœur du dispositif. Tous les autres sont informés a posteriori. Même si Tisserant était très ami avec Pie XI, il est donc normal qu'on ne l'ait pas informé de la dégradation de l'état de santé du Saint-Père. Reste qu'il en a conservé des soupçons pendant toute sa vie, partagés avec certains de ses proches. Si tant est qu'un tel complot ait pu être possible, ce dont on ne trouve aucune trace dans les archives de l'État fasciste, il n'aurait pas altéré le cours de l'histoire vaticane car le pape Ratti était de toute façon condamné.

Avec Pie XI, Tisserant a perdu son plus grand ami et son mentor. Avec Pacelli, il aura de fréquents désaccords sur ce que doit être l'attitude du Vatican vis-à-vis du nazisme. Mais, légitimiste, il se montrera toujours loyal une fois exprimés ses points de vue. Ses communications avec les Églises catholiques de rite oriental sont pour la plupart interrompues par la guerre. Confiné au Vatican, Tisserant reste en liaison avec ses amis officiers français connus au ministère de la Guerre pendant le premier conflit mondial.

Brûlant de rejoindre sa patrie menacée, il se propose comme on vient de le voir pour prendre la charge d'un diocèse français (le pape refuse). Sonné par la victoire allemande, il refuse d'admettre la défaite française et de reconnaître toute légitimité au régime de Vichy. Et il tempête contre les cardinaux trop maréchalistes. Malheureusement pour lui, une de ses lettres au cardinal Suhard, dans laquelle il fustige notamment le cas du cardinal Gerlier, tombe entre les mains de la police allemande. Elle remonte jusqu'à Reinhard Heydrich, chef des services de police du Reich, qui la transmet à son homologue italien et au comte Ciano. Les Italiens répondent que Tisserant est « reconnu depuis longtemps par le gouvernement italien comme un intrigant nuisible et un provocateur et qu'on le surveillait ». Dès lors, il est catalogué comme un espion français et son courrier est surveillé de très près. Sans parler de lettres anonymes lui intimant l'ordre de retourner en France.

Le cardinal, qui ne peut plus quitter le Vatican, devient le point de ralliement de quelques résistants français de la première heure qui se réunissent dans une petite pièce du couvent Sainte-Marthe. En juillet 1941, c'est au tour du nouvel ambassadeur français envoyé par Vichy, Léon Bérard, de dénoncer auprès de la secrétairerie d'État des propos tenus par Tisserant dans une lettre à sa sœur. Agacé par l'*agit-prop* de Tisserant, le pape Pie XII va le traiter sévèrement en 1941-1942, avant que le sens de l'histoire lui fasse redécouvrir certaines de ses vertus…

Proanglais, farouchement opposé au régime de Vichy, Tisserant devient naturellement gaulliste, ce qui est une exception au sein du clergé français. Le lien avec la France libre sera assuré par Pierre de Leusse, un diplomate révoqué par Vichy et résidant en Suisse, dont le père connaît Tisserant[1]. Cette connexion peut être utile à de Gaulle comme au Saint-Siège, à condition de rester secrète : au fur et à mesure qu'elle redresse la tête, la France combattante administre de vastes territoires, en particulier en Afrique. Autre contact engagé de Tisserant, le colonel Henri Navarre, qui anime un réseau de résistance militaire, l'ORA (Organisation de résistance de l'Armée). Initialement antigaulliste, l'ORA finira par fusionner avec d'autres mouvements au sein des FFI. Pour tous les Français résistants qui naviguent entre le Sud-Est, la Suisse et l'Italie, le nom de Tisserant devient un point de ralliement.

Très remonté contre le cardinal français, Heydrich se laisse convaincre en 1941 de l'existence d'un « plan Tisserant », qui

1. Cf. Claude Faure, *Aux services secrets de la République, du BCRA à la DGSE*, Fayard, 2004.

prévoirait d'envoyer dans le sillage de l'armée allemande des prêtres du Russicum et des aumôniers militaires allemands et italiens pour convertir les populations « libérées » du joug communiste. En réalité, le Vatican cherche simplement à retrouver le contact avec ses ouailles ruthènes. Et Alfred Rosenberg, ministre nazi des territoires conquis, n'entend pas y laisser la moindre parcelle d'autorité aux prêtres. Par conséquent, l'action secrète du Vatican, coordonnée par le général des jésuites Ledóchowski, par le patron de la commission pro Russia Mgr Tardini et par Tisserant, se limite à la diffusion d'images pieuses et d'une brochure antibolchevique (à quelques centaines d'exemplaires...) par une poignée de prêtres et aumôniers.

Les silences et murmures du pape...

Par contraste avec son bouillant cardinal, Pie XII offre une figure plutôt rassurante aux forces de l'Axe. Son premier acte officiel est de courtiser Hitler. Il s'en explique devant une sœur Pascalina indignée : « Il y a des millions de croyants catholiques dont l'esprit est capturé par Hitler. Et ces âmes aveuglées seraient perdues pour notre sainte mère l'Église si nous agissions ouvertement ou de façon extrême. Pour sauver ces âmes, le Saint-Père doit agir avec discrétion. Bien sûr, l'hitlérisme doit être détruit, mais nous devons le faire subtilement[1]. » Mais son attitude conciliante est vouée à l'échec.

L'invasion allemande de la Pologne coupe les communications entre le Vatican et l'Église polonaise. Pendant deux ans, les nazis cherchent à éradiquer méthodiquement l'institution catholique polonaise. La Pologne doit servir de laboratoire pour l'ensemble des pays occupés par le Reich. Sur les six évêques du territoire, il n'en reste bientôt plus qu'un seul. Plusieurs centaines de prêtres sont condamnés aux travaux forcés ou déportés. Quatre cents religieuses sont enfermées dans un camp de travail aux conditions extrêmes. Les résidences des évêques sont saisies et pillées ; les séminaires vidés.

1. *La Popessa*, *op. cit.*

Certaines églises sont détruites à l'explosif. Le Saint-Siège hésite pourtant à émettre une condamnation publique, par crainte de fournir un prétexte pour aggraver encore les persécutions.

L'est de la Pologne est quant à lui incorporé de force à l'URSS. L'archevêque de Lemberg, Mgr Sheptytsky (ou Szepticki), y voit une opportunité missionnaire : puisque son territoire fait désormais partie de la Russie, il se sent investi du droit de nommer et d'envoyer des évêques et des prêtres sur tout le territoire ! Le père jésuite américain Walter Ciszek et un jésuite russe, Nestrow, se font recruter comme ouvriers et entament un voyage pour l'Oural, munis de faux papiers. À la lumière de son expérience des années passées, Pie XII n'aurait pas autorisé une telle aventure. Lorsqu'un message de Sheptytsky informe le Vatican, le cardinal Tisserant, préfet de la Congrégation pour l'Église orientale, répond froidement que cette opération n'est pas opportune. Il est trop tard…

Un autre prêtre va prendre tous les risques pour informer le Vatican. Le père Moskwa, né en Suisse en 1910, diplômé en philosophie de l'université de Cracovie, est venu étudier la théologie à l'université jésuite grégorienne de Rome. Ordonné prêtre de rite oriental, il a effectué son noviciat en Pologne puis est devenu recteur d'un séminaire en Ukraine. Devant l'invasion soviétique fin 1939, il quitte la robe et adopte la vie d'un ouvrier du pétrole. Après bien des aventures, il parvient à gagner Rome en 1940, transmet au pape les salutations de l'évêque métropolite de Lvov (Lviv), Andrei Sheptytsky, et lui remet un rapport détaillant les persécutions religieuses en Pologne sous occupation soviétique. Il estime que les bolcheviques ont déjà déporté plus de 500 000 Ukrainiens, sans parvenir à entamer la ferveur religieuse de la population qui continue à se rendre dans les églises. Moskwa accepte de retourner en Pologne, où il va de fait servir d'agent infiltré[1]. En février 1941, le nonce en Hongrie informe le Vatican que le père Moskwa est parvenu à passer la frontière polonaise avec l'aide d'un guide, puis s'est rendu à Lviv.

1. Cf. Johan Ickx, *Le Bureau. Les Juifs de Pie XII*, éditions VdH/Michel Lafon, 2020.

Deux mois plus tard, le nonce indique que « les réfugiés polonais se trouvant en Hongrie ont mis au point une radio clandestine grâce à laquelle ils peuvent communiquer avec [l'archevêque] de Lviv[1] ». Mais le 30 juin, retournement de situation : la curie apprend que Moskwa a été arrêté en territoire russe, près de la frontière hongroise. Emprisonné et torturé, il ne dévoile pas aux Russes sa qualité de prêtre et affirme être un agent du renseignement hongrois. Cette version protège le Vatican mais le condamne à mort : il est exécuté dans la prison de Kiev le 7 juillet 1941.

Ce n'est pas pour autant la fin des activités de renseignement en Pologne. Dès décembre 1940, le nonce Rotta proposait de s'appuyer sur un prêtre venu proposer ses services pour organiser un courrier clandestin entre la Pologne et la Hongrie. Mais cette offre de services a été rejetée car ce dernier avait été expulsé de l'ordre des jésuites en 1938. À sa place, c'est le père franciscain Peter Wilk-Wilkoslawski qui a été désigné pour une nouvelle « mission pastorale » auprès des Polonais déportés en Hongrie. Celui-ci découvre très vite que les nazis ont déformé une encyclique de Pie XII pour faire croire aux Polonais que le pape était en accord avec l'idéologie nazie !

En 1946, les services du Vatican mettront la main sur deux valises de documents ayant appartenu à Mgr Antoni Kwiatkowski, un ancien prêtre d'Union soviétique, puis ex-employé de Radio Vatican devenu agent de l'armée polonaise en fuite. Elles contiennent un trésor d'archives du NKVD détaillant plusieurs opérations, arrestations, méthodes d'interrogatoire, sans compter la logistique de déportation de prisonniers politiques, photos à l'appui. De sa propre initiative, Kwiatkowski avait entrepris une vaste enquête sur le communisme. Le mystère demeure sur ses allégeances, puisqu'en 1950 un journal communiste polonais l'a accusé d'avoir été un agent de la Gestapo. À la fin de la guerre, il disparaît et on signale sa trace en Grande-Bretagne. Quoi qu'il en soit, son « legs » d'archives offrira une source

1. ASRS, AA.EE.SS., Stati Ecclesiastici 688a, F309, cité par Ickx, *op. cit.*

de renseignements incomparable sur le fonctionnement du NKVD aux services du Vatican.

Au printemps 1942, plusieurs archives montrent que le pape est informé de l'extermination de masse des Juifs d'Allemagne, de Pologne et d'Ukraine. Mgr Sheptytsky lui écrit ainsi de Lvov que le régime nazi est encore pire que le communiste et que plus de 100 000 Juifs ont déjà trouvé la mort en Ukraine. Entre juillet et octobre 1941, un groupe mobile d'extermination aidé de partisans chrétiens a massacré 18 000 Juifs de Kovno, dont 5 000 enfants. Un rapport de la résistante catholique Margarete Sommer circule parmi les évêques d'Allemagne mais ne parvient pas au Vatican car il est bloqué par le nonce à Berlin, Mgr Orsenigo. Quelques mois plus tard, l'officier SS Kurt Gerstein, qui a des problèmes de conscience, demande à l'évêque auxiliaire de Berlin, un antinazi, de transmettre son témoignage à Rome[1]. Ce sera fait, mais le rapport est enterré. Fin 1942, l'ambassadeur anglais Osborne remet au pape un rapport conjoint des Alliés sur les massacres de Juifs. À cette époque, le Saint-Siège reçoit des messages et rapports concordants de pas moins de neuf pays. Il devient impossible de plaider l'ignorance, mais ces rapports restent à Rome ; ils ne circulent pas en direction des évêques. Osborne plaide en vain pour une dénonciation publique des atrocités. Dans son message de Noël 1942, Pie XII se contente de quelques phrases très allusives qui ne dérangent nullement les Allemands.

Sans disposer des mêmes réseaux d'information, le groupe de résistance français Témoignage chrétien, au contraire, affirme dès la fin 1942 dans ses Cahiers d'informations que des centaines de milliers de Juifs ont été mis à mort dans les chambres à gaz. Il est probable que cette publication, tirée à 25 000 exemplaires et distribuée par des volontaires dans tous les évêchés, a joué un rôle non négligeable dans la courageuse dénonciation du sort fait aux Juifs de France par une poignée d'évêques. La lettre pastorale de l'archevêque

1. Cf. Saül Friedlander, *Kurt Gerstein. L'ambiguïté du bien*, Nouveau Monde éditions, 2009.

de Toulouse Mgr Saliège, lue en chaire le 23 août 1942 par les curés de son diocèse, est la plus spectaculaire manifestation de la résistance chrétienne sous Vichy (position qui ne représente qu'une minorité du clergé français de l'époque). Les hauts prélats dans la France de Vichy refusent de voir que la rafle du Vélodrome d'Hiver annonce une politique d'extermination.

En mai 1943 la secrétairerie d'État produit une note lucide sur la situation en Pologne :

« Juifs. Situation épouvantable. En Pologne, ils étaient environ 4 500 000 avant la guerre ; on évalue à présent leur nombre à moins de 100 000, en comptant tous ceux qui sont venus d'autres pays occupés par les Allemands[1]. »

Autre source d'horreur et de confusion : les massacres commis par le nouvel État croate antisémite, antiserbe et procatholique du parti oustachi. Il voit le jour au printemps 1941, sous l'occupation allemande qui a entrepris de démembrer la Yougoslavie. Le nouvel homme fort du régime, Ante Pavelić, est un ancien avocat et député nationaliste, fondateur du parti oustachi. On lui doit de nombreuses actions terroristes menées depuis l'Italie mussolinienne, notamment l'assassinat à Marseille du roi Alexandre de Yougoslavie et du ministre français des Affaires étrangères Louis Barthou, en octobre 1934[2]. Pavelić, proclamé chef de l'État avec la bénédiction des Italiens et des Allemands, met en place un régime totalitaire menant une politique d'extermination contre tout ce qui n'est pas croate et catholique, c'est-à-dire la moitié du pays.

L'accord entre Hitler et Pavelić, scellé au cours d'une rencontre au Berghof à l'été 1941, offre à l'Allemagne un droit de tirage quasi illimité sur les matières premières du nouvel État satellite. Et ce dernier appliquera une politique antijuive calquée sur celle des nazis. Au départ les dirigeants de l'Église croate se réjouissent de cette nouvelle donne qui va permettre d'arrêter l'érosion du catholicisme

1. Johan Ickx, *Le Bureau. Les Juifs de Pie XII*, *op. cit.*
2. Cf. François Broche, « Un roi assassiné à Marseille », *Sang-froid thématique*, n° 2, « Meurtres d'État », 2019.

dans la région. Mgr Stepinac, archevêque de Zagreb et primat de Yougoslavie, organise même une audience avec le pape pour Ante Pavelić, qu'il présente comme un champion de la chrétienté. Toutefois Pie XII reste prudent et évite de reconnaître l'État croate.

Dès leur arrivée au pouvoir en avril 1941, les Oustachi lancent un véritable génocide. À partir de juin 1941, l'armée allemande est occupée par l'opération Barbarossa contre l'URSS et laisse les mains libres à ses alliés croates. Ceux-ci commettent alors des massacres à grande échelle. Des villages entiers sont rasés, les Serbes tués au couteau ou pendus vifs à des crocs de boucher, les yeux arrachés. À la fin de l'été, on compte au moins 100 000 victimes. Les Oustachi n'ont cure de dissimuler leurs crimes : ils veulent terroriser les Serbes survivants pour les forcer à se convertir[1].

Branko Bokun, un jeune fonctionnaire du ministère des Affaires étrangères yougoslave, a quitté son pays après l'invasion allemande de 1941. À la demande de sa hiérarchie, il gagne Rome et essaie d'alerter le pape sur les massacres commis par les Oustachi, muni d'un dossier accablant. Les atrocités sont documentées par des photos prises non pas clandestinement mais de façon tout à fait officielle, comme il le raconte : « Sur la première photo je découvre une église orthodoxe, dans le village de Glina. Devant se trouve un tas de cadavres au sommet duquel deux Oustachi s'apprêtent à jeter le corps d'un pope. À gauche, un prêtre catholique contemple la scène. Sur la photo suivante, un oustachi, la hache levée, est sur le point de décapiter un pope. D'autres Oustachi rient à l'arrière-plan. Le troisième cliché figure un oustachi brandissant un couteau qui dégouline de sang. À ses pieds gisent les cadavres de plusieurs femmes et enfants. Mon regard se fixe sur le corps nu, au premier plan, d'un garçonnet qui ne doit pas avoir plus de trois ans[2]. »

Branko dépose son dossier à la secrétairerie d'État. Contre toute attente, il ne sera pas reçu : le contre-espionnage italien a reçu une lettre de dénonciation anonyme (vraisemblablement rédigée au

1. Michael Phayer, *L'Église et les nazis*, Liana Levi, 2001.
2. *Un espion au Vatican, 1941-1945*, Payot, 2014.

sein de l'ambassade de Croatie, tenue informée par une source au Vatican) qui l'accuse d'être un agent provocateur communiste et affirme que les crimes dénoncés dans son dossier ont été commis par des communistes. Cette intervention suffit à faire classer son dossier. Le jeune homme adhère alors à la Croix-Rouge de Rome et va notamment aider des Juifs (en leur procurant faux papiers, argent et planques) en lien avec le représentant du gouvernement yougoslave en exil et l'ambassadeur anglais D'Arcy Osborne.

Après une période de silence gêné, l'archevêque Stepinac se décide à condamner les exactions des Oustachi, et ceux des prêtres catholiques qui y sont mêlés. Le franciscain Miroslav Filipović-Majstorović est ainsi surnommé le « démon de Jasenovac », un camp de concentration où 40 000 Juifs et Serbes sont assassinés. Plusieurs correspondants de presse étrangers corroborent l'implication de prêtres dans le génocide. Le premier à s'élever contre ce dévoiement est l'évêque de Mostar, Mgr Misić, qui convainc Mgr Stepinac de condamner les exactions contre les Juifs. Cela n'a aucun effet. À l'automne 1941, même les responsables allemands restés sur place trouvent que Pavelić en fait trop et songent à le remplacer.

En novembre, un synode des évêques croates critique poliment l'afflux de conversions forcées de Serbes et appelle Pavelić à traiter humainement les Juifs. Sans plus de résultat. Au total, on estime le nombre de tués par le régime entre 300 000 et 400 000.

Le Saint-Siège reste obstinément silencieux, ne souhaitant pas se fâcher avec un gouvernement procatholique. En mars 1942, Mgr Montini convoque un représentant oustachi pour demander des explications. Ce dernier rétorque qu'il s'agit de pures « rumeurs » sans fondement. Le mois suivant, Mgr Stepinac lui-même remet au Vatican un mémo de neuf pages détaillant les exactions du régime Pavelić. Au printemps 1942, le Vatican ne peut plus plaider l'ignorance. Il tient à jour une liste d'ecclésiastiques qu'il faudra punir le moment venu pour leur participation aux massacres. Certains cardinaux comme Mgr Tisserant ont bien pressé Pie XII de dénoncer le génocide au moyen d'une encyclique. Sans résultat. Le pape laisse

Stepinac se débrouiller sans lui donner de directives. À partir de juillet 1943, ce dernier fait dénoncer fermement le génocide par des messages lus en chaire dans tout le pays. Le régime commence à arrêter les prêtres qui relaient fortement son message.

Négociations secrètes

Dans le même temps, Pie XII joue une autre partition. Des officiers allemands antihitlériens (dont le général Ludwig Beck, ancien chef d'état-major de l'armée) ont envisagé dès l'automne 1939 de renverser Hitler et de conclure une paix séparée. Avant de se lancer dans l'aventure périlleuse, qui peut déboucher sur une guerre civile, ils voulaient obtenir l'assurance que les démocraties occidentales ne chercheraient pas à profiter de la situation. Pie XII leur est apparu comme un tiers de confiance capable de les aider à obtenir ces garanties. Ils ont donc désigné pour le sonder un avocat catholique antinazi séjournant à Rome, Josef Müller, lui-même en contact avec le père Leiber.

Mark Riebling le décrit ainsi : « Josef Müller était un avocat autodidacte aux robustes origines paysannes, un Bavarois amateur de bière aux yeux d'un bleu d'azur, et un héros de la Grande Guerre, décoré de la croix de fer[1]. » Dès le début 1934, il figurait sur des listes de catholiques antinazis établies par la SS. Arrêté par la Gestapo cette année-là et interrogé par Himmler en personne, il revendiqua ses convictions. Peut-être impressionné par son courage, ou le jugeant inoffensif, Himmler décida de le relâcher.

Müller avait été sollicité par le cardinal Faulhaber de Munich pour sauver une entreprise de presse catholique en difficulté. Il était en liaison avec le secrétaire politique et homme de confiance de Faulhaber, Mgr Johannes Neuhäusler. Ce dernier prit l'habitude de confier à Müller la garde de dossiers délicats, ce qui en faisait de facto un agent clandestin. Le concordat à peine signé, il apparut nécessaire

1. Mark Riebling, *Le Vatican des espions*, *op. cit.*

d'en recenser les violations. Le cabinet d'avocat de Müller devint le lieu de centralisation des rapports. Pour vérifier les incidents rapportés, Müller recrutait à son tour des agents, amis et collègues fréquentant des responsables nazis.

Müller multiplia les allers-retours entre Berlin et Rome pour rencontrer Leiber, à qui il transmettait les récits détaillés des persécutions subies par les catholiques au sein du Reich. En 1939, les communications devinrent autrement plus importantes. Les services du prêtre défroqué nazi Hartl, en dépit du concordat, surveillaient de près le courrier des évêques et cardinaux. Il fallait donc envoyer des messagers. Le secrétaire du cardinal de Munich, Neuhäusler, fit appel à une catholique peu conventionnelle (mais à la guerre comme à la guerre) : Ida Franziska Schneidhuber, auteure de livres pour la jeunesse et critique de cinéma, était une « divorcée et lesbienne mais dévouée à la foi ». Après tout, qui était Neuhäusler pour la juger ?... Un prêtre jésuite déposait donc les rapports chez elle et elle se chargeait de les acheminer à Rome. Le système fonctionna jusqu'à l'arrestation d'Ida et sa déportation en 1942. Müller assurait aussi en personne des livraisons parmi les plus importantes : pilote amateur, il profitait de vols de loisir pour se poser à Merano dans le nord de l'Italie : là, un émissaire de Leiber arrivait pour les récupérer.

En septembre 1939, Müller est convoqué par le bureau de l'amiral Canaris. Son interlocuteur, le colonel Hans Oster, lui fait comprendre que ses faits et gestes sont connus du service et que sa famille pourrait subir les conséquences de son jeu dangereux. Toutefois, un arrangement est possible : l'amiral Canaris souhaite disposer d'un canal de communication avec le Vatican. Müller refuse. Oster lui révèle alors que des cadres dirigeants de l'Abwehr sont favorables, avec d'autres hauts gradés de l'armée, au renversement de Hitler... Y compris par un assassinat. L'armée n'écartera Hitler que si elle est sûre de trouver une paix honorable avec les Alliés. Les officiers allemands antihitlériens ont besoin d'un intermédiaire respecté pour entamer les discussions. Müller accepte la proposition et rend compte à Rome. Il revient avec l'accord de principe du pape pour ouvrir les discussions. Leiber sera son seul intermédiaire avec le pape. En cas de malheur, Pie XII doit pouvoir affirmer ne jamais avoir rencontré Müller. On a souvent décrit Pie XII comme prudent à l'extrême, et il l'est assurément. Il prend pourtant un risque non négligeable en ouvrant ce canal de négociations secrètes avec l'opposition clandestine. Il est probable que la personnalité des comploteurs corresponde à son souhait : une Allemagne conservatrice et bien tenue, qui ne chercherait pas à attaquer ses voisins.

Canaris a réussi son coup de poker. Il va désormais couvrir les agissements de l'avocat bavarois de la façon la plus simple qui soit : en le recrutant ! Il s'agit d'être au plus près de la vérité : l'Abwehr le charge de dénicher les agents pacifistes italiens et allemands qui chercheraient à contacter le Vatican pour comploter. La Gestapo est informée très officiellement de ce recrutement. Müller a maintenant un motif en béton pour aller et venir entre l'Allemagne et l'Italie. En trois ans, il va effectuer pas moins de 150 déplacements à Rome.

Mais un autre service d'espionnage, l'unité II/B de la SS, s'interroge sur ses multiples allées et venues. Plus exactement, l'agent Hermann Keller. Cet ex-moine bénédictin a été exilé en Palestine suite à une tentative de truquer l'élection du prieur de son abbaye. À son retour en Allemagne, il a été recruté par Hartl. Lors d'une mission en Suisse, il renoue avec des amis prélats qui ignorent tout de sa reconversion, et qui parlent trop… Leurs indiscrétions lui font entrevoir l'existence d'un complot contre Hitler, auquel le Vatican serait associé. Très excité, Keller rédige un rapport qui remonte jusqu'à Heydrich.

C'est un coup de tonnerre du côté de l'Abwehr. Il faut réagir, très vite, avant qu'une enquête plus approfondie soit ordonnée. Pour parer le coup, Canaris fait rédiger à Müller un rapport de renseignement confidentiel, soi-disant émis par le Vatican, qui développe un projet fantaisiste de coup d'État militaire. Le document présente comme chefs du complot un général tué récemment en Pologne et un autre, fanatique partisan de Hitler. Müller y est présenté comme un second couteau. Canaris fonce pour présenter le premier « son » rapport à Hitler, qui le parcourt et n'y croit pas une seconde en lisant le nom du général dévoué. Puis, faussement penaud, Canaris s'en va expliquer à Heydrich que Hitler s'est montré furieux des rumeurs de complot militaire, qui sont à l'évidence une grossière « intox » et qu'il vaut mieux ne pas revenir à la charge sur le sujet…

Keller, sûr de son scoop, ne désarme pas et envoie d'autres espions à Rome : un moine bénédictin qui tente sans succès de tirer les vers du nez du père Leiber, un journaliste suédois, Gabriel Ascher, qui contacte Kaas sans plus de succès, etc. Keller se rend lui-même à Rome et se vante ouvertement de ses liens avec le renseignement allemand. Ces indiscrétions, rapportées à Heydrich, lui valent une mutation à Paris.

Janvier 1940 : le pape reçoit l'ambassadeur britannique D'Arcy Osborne en privé et lui annonce pour le mois suivant une grande offensive militaire allemande contre la Hollande.

Les généraux comploteurs sont prêts à renverser le gouvernement s'ils ont l'assurance d'une paix « juste » avec la Grande-Bretagne. Dans ce cadre, ils conserveraient l'Autriche mais évacueraient la Pologne et la Tchécoslovaquie.

Les Anglais se montrent très sceptiques à cause de « l'affaire de Venlo » dans laquelle ils se sont ridiculisés en novembre dernier en croyant entrer en contact avec des opposants à Hitler[1].

Le pape fait aussi prévenir l'ambassadeur belge et le français d'une attaque allemande imminente, puis insiste à plusieurs reprises auprès de l'ambassadeur anglais. Ce dernier est convaincu de la sincérité du pontife. Finalement un dialogue s'ouvre au mois de mars.

Le colonel Oster donne des questions à Müller qui transmet à Pie XII via Leiber. Le pape soumet à Osborne, via Kaas, qui câble

1. Croyant recruter un officier allemand, deux officiers des services anglais se sont rendus à un rendez-vous conspiratif aux Pays-Bas, près de la frontière allemande… Ils ont été capturés par un commando du SD : il s'agissait d'un piège. Qui plus est ces agents imprudents avaient sur eux des documents confidentiels. Si tôt après une affaire aussi cuisante, on conçoit que les Britanniques renâclent.

à Londres. Finalement les Britanniques édictent les conditions suivantes :

– Assassinat de Hitler

– Rétablissement d'un régime de droit en Allemagne

– Engagement de ne mener aucune guerre à l'ouest

– Évacuation de la Pologne

– Autodétermination des autres territoires occupés (l'Autriche pouvant rester allemande)

– Armistice négocié via le pape

Le problème est que les officiers se montreront incapables de mener à bien leur projet d'éliminer Hitler. Certains, qui ont l'occasion de le rencontrer en étant armés, pourraient l'abattre (avec la quasi-certitude de mourir eux-mêmes dans la foulée), mais aucun n'a ce courage une fois en situation. C'est tout le paradoxe des officiers allemands : ils ont été trop bien dressés à l'obéissance absolue !

Fin avril, nouvelle alerte : l'attaque repoussée plusieurs fois aura lieu début mai. Désabusée, l'équipe de Canaris fait savoir au pape que les généraux comploteurs sont incapables d'agir, mais que l'invasion est imminente. Le 7 mai, le pape missionne son sous-secrétaire d'État Mgr Montini pour avertir l'ambassadeur Osborne et le diplomate français Jean Rivière : il fournit des renseignements tactiques précis sur l'offensive à venir et avertit de l'emploi de parachutistes et d'opérations de sabotage[1]. Hélas les chancelleries concernées ne croient pas du tout à ce nouveau message, alors que les précédentes annonces pour février et mars n'ont pas été suivies d'effet. Elles ont tort…

Les victoires éclairs de l'Allemagne, vite rejointe par l'Italie, contre la Hollande, la Belgique et la France, isolent le Vatican. Pie XII accueille les diplomates alliés entre les murs de la cité-État, ce qui la fait qualifier par un Mussolini dédaigneux de « nid d'espions ». La police vaticane renforce son dispositif et crée une section de contre-espionnage. Les gardes suisses étoffent leurs effectifs au fil des mois :

1. François Charles-Roux, *Huit ans au Vatican, 1932-1940*, Flammarion, 1948.

de 600 au début de la guerre, ils seront 2 000 en 1944. Ils constituent des stocks d'armes et de masques à gaz. On bâtit à la hâte des abris antiaériens et une crypte blindée pour héberger les manuscrits anciens les plus précieux.

Mais un autre service allemand, celui des écoutes du ministère de l'Air, intercepte deux câbles de l'ambassadeur belge au Vatican qui détaillent les plans de guerre allemands. Ils évoquent une source qui « a quitté Berlin le 29 avril et est arrivée à Rome le 1er mai ». Cette indication, trop précise, risque fort d'incriminer Josef Müller, qui est la source en question. Canaris fait une nouvelle fois preuve de sang-froid : il décide de le renvoyer à Rome pour… enquêter sur l'auteur de la fuite ! Plus c'est gros, plus ça passe… Pour cela Müller réclame avant son départ une liste des agents secrets allemands à Rome. Il s'empresse de la transmettre au père Leiber une fois sur place. Elle comprend des personnages déjà soupçonnés, mais aussi le père Joachim Birkner, une recrue de Hartl aux archives secrètes du Vatican. À son retour à Berlin, Müller affirme avoir localisé la source en la personne d'un jésuite belge, lequel ne risque pas grand-chose puisqu'il vient de partir en mission au fin fond de l'Afrique !

Cependant, un officier du contre-espionnage de l'Abwehr, qui ne fait pas partie du complot, ne croît pas en cette fable et soupçonne plutôt Müller. Il renvoie à Rome le journaliste suédois Ascher, qui rentre avec un rapport accablant, bien que dépourvu de preuve matérielle. Canaris écarte le dossier qu'il juge « peu concluant ». Pendant les mois qui suivent, c'est le *statu quo*. Churchill arrivé au pouvoir en Angleterre, toute perspective de négociation avec l'Allemagne est désormais écartée. Il faudra attendre l'entrée en guerre des Américains pour que Müller reprenne du service.

Les « silences » de Pie XII sur les atrocités nazies, dont il était bien informé, ont fait couler beaucoup d'encre et ce n'est pas notre propos de trancher la controverse. Ses négociations secrètes avec les opposants à Hitler, bien réelles, sont présentées par ses défenseurs pour prouver qu'il n'était pas le « pape de Hitler » que certains ont voulu décrire. À chacun de juger. Mais on peut verser au dossier le témoignage crucial de celui qui a coordonné une bonne partie des actions de renseignement et opérations secrètes du Vatican à cette époque : comme le rapporte l'historien américain Michael Phayer[1], le père Leiber a confié bien des années plus tard que Pie XII rêvait de tenir le rôle de diplomate pacificateur, sauveur de l'Europe occidentale. Pour garder son crédit, le pape devait préserver le statut neutre de la Cité du Vatican. Il avait en tête le rôle de Benoît XV à la fin de la Première Guerre mondiale. Mais il s'est trompé lourdement dans ses négociations avec les résistants allemands : il espérait une Allemagne puissante, débarrassée de Hitler, mais avec ses frontières de 1933. Il sous-estimait les ambitions des militaires allemands, certes opposés au régime nazi mais pas à ses conquêtes territoriales. De leur côté, les Alliés refusaient une paix négociée et ne voulaient entendre parler que d'une capitulation sans condition. Donc, conclut Phayer, Pie XII s'est leurré sur ce qu'il pouvait accomplir et a sacrifié une partie de son crédit moral sur l'autel de ses ambitions diplomatiques.

Les prêtres qui résistent… et les espions qui les ciblent

De son côté, le clergé allemand est partagé entre les « prudents » et ceux qui veulent résister au nazisme. Pie XII lui-même juge son nonce à Berlin complaisant avec le national-socialisme. Il préfère utiliser certains ordres comme les jésuites et les dominicains pour communiquer avec le clergé. Le 26 mai 1941, une conférence à Berlin réunit la hiérarchie des deux ordres. Ils constituent un groupe officieux de sept agents secrets qu'ils baptisent le « Comité des ordres ». Ceux-ci sont dispensés de vivre selon les règles de leur ordre et devront s'habiller de vêtements civils. Ils utilisent un langage codé au téléphone et vivent dans une semi-clandestinité. Le père Rösch en est le coordonnateur : il tisse un réseau à travers tout le pays, recrutant messagers, secrétaires, opératrices téléphoniques et même des

1. In *L'Église et les nazis*, *op. cit.*

officiers. Les renseignements recueillis par les sept émissaires sont centralisés au QG jésuite de Munich.

Le Comité s'étoffe et recrute en avril 1942 un prêtre jésuite, Alfred Delp, qui sera un de ses agents les plus brillants. Selon la description de Riebling, il « portait des habits séculiers, un costume et une cravate, ce qui lui donnait des airs de hibou tout fripé, et il se montrait rarement sans un cigare à la main, la tête couronnée d'un nuage de fumée. Au sein de la résistance, il acquit le statut d'une sorte de tribun du peuple. Les paroissiens notaient ses sermons en abrégé, se les échangeaient sur un bout de papier plié, de la taille d'un dé à coudre, pour éviter de se faire repérer[1] ». Müller continue d'assurer la liaison avec le Vatican, même si Rösch est aussi en contact avec Leiber.

Il n'entre pas dans notre propos de recenser tous les religieux qui d'une façon ou d'une autre ont résisté au nazisme. En revanche ceux qui ont animé des réseaux depuis l'intérieur du Vatican, quand bien même ils l'auraient fait de leur propre initiative, entrent dans le cadre de notre histoire, ne serait-ce que parce qu'on les a laissés faire. Nous retrouvons ici le cardinal Tisserant qui, marginalisé au début de la guerre, devient peu à peu un personnage incontournable. Une filière résistante s'est nouée entre Fribourg et Rome, en lien avec le réseau Témoignage chrétien. Le 3 avril 1943, Robert de Leusse écrit à Tisserant : « Le général de Gaulle a été très heureux de savoir que j'étais en contact avec Vous, et il m'a prié d'être son intermédiaire auprès de Votre Éminence pour lui exprimer sa gratitude[2]. » À compter de ce jour, Tisserant sera le représentant officieux de De Gaulle auprès du pape.

À partir de 1943, l'occupation allemande de Rome accroît les demandes d'hospitalité de Juifs et d'opposants politiques. Tisserant est de ceux qui s'engagent nettement. Témoin ce courrier du 28 avril 1945 cité par É. Fouilloux :

1. Mark Riebling, *Le Vatican des espions*, *op. cit.*
2. Courrier cité par Étienne Fouilloux, *Eugène cardinal Tisserant, 1884-1972, une biographie*, *op. cit.*

« J'ai donné l'hospitalité à un Juif italien, le Comm. Cesare Verona, représentant de la machine à écrire Remington, que je connaissais depuis 1933, et à un sénateur français, M. Musso, de la Corse, que les Italiens avaient emmené en captivité et retenu à l'île d'Elbe ; il avait réussi à se sauver en traversant Piombino, tandis que les Allemands procédaient au transfert des Corses et autres otages retenus par les Italiens dans leurs camps [...] J'ai eu encore de un à trois des membres de la famille Perrone, propriétaires du journal romain *Il Messagero* [...] Un jour j'ai été menacé de perquisition, le jour où les Allemands ont installé leur tribunal militaire dans la maison voisine de la mienne ; mais j'ai pu téléphoner assez vite au cardinal Maglione d'une maison voisine, après avoir fait sortir mes deux hôtes (heureusement nous n'en avions plus que 2 le 6 mai) sans que les Allemands se doutent de leur départ. Je me suis occupé en outre d'une quantité d'autres individus se trouvant dans le besoin : Juifs et Juives, prisonniers anglais épars dans la campagne, Yougoslaves, Grecs, et même Russes. »

Une autre figure se détache au sein de la prêtrise. C'est un Irlandais grand et massif, ancien boxeur, quadragénaire. Fils d'un policier, Mgr Hugh O'Flaherty[1] est né à Cork en 1898. Aîné de quatre frères, il a été élevé dans la campagne irlandaise et été formé chez les pères. Il fréquente le Vatican depuis 1922 : il y a été étudiant puis vice-recteur d'une université pontificale. Il détient des doctorats en droit canon et philosophie. Envoyé en poste à Haïti et en Tchécoslovaquie, O'Flaherty est revenu à Rome en 1938. Il est connu pour ses talents de golfeur et croise parfois sur le green le comte Galeazzo Ciano, ministre italien des Affaires étrangères, ou encore l'ambassadeur britannique sir D'Arcy Osborne. Ce dernier représente la quintessence du gentleman britannique : manières exquises, charmant, toujours tiré à quatre épingles, obstinément célibataire... Comme la plupart des ambassadeurs britanniques au Vatican, Osborne est protestant : Londres ne veut pas prêter le flanc aux accusations de

1. Stephen Walker, *Hide and Seek. The Irish Priest in the Vatican who Defied the Nazi Command*, Harper Collins, 2011.

partialité. Contre toute attente, O'Flaherty l'Irlandais et Osborne le Britannique sont devenus amis. La clandestinité les rapproche. Avec l'aide financière de l'ambassadeur, le prêtre monte un service secret d'assistance aux prisonniers de guerre évadés. Il habite et travaille, cela ne s'invente pas, au sein du collège allemand, le Teutonicum, qui n'est pas sur le territoire du Vatican mais bénéficie de la même protection. C'est sans doute l'endroit le plus improbable de Rome pour animer un réseau d'espions antinazis !

Au début de la guerre, le Vatican a proposé d'héberger les diplomates des pays ennemis de l'Axe, en tant qu'État neutre. Le Foreign Office s'est montré réticent car il sera compliqué de garantir la confidentialité des communications avec son ambassadeur dans ses conditions. Osborne sait que ses dépêches sont lues par les services italiens et pratique la désinformation. Il reçoit bientôt un émetteur radio secret. Il est logé à l'hospice Sainte-Marthe, où il dispose de quatre chambres pour se loger et abriter sa secrétaire et son valet de pied. Comme on l'a vu, il est une cible de choix pour les services secrets italiens qui le soupçonnent d'être resté dans le seul but d'espionner.

À compter de 1941, des dizaines de milliers de soldats alliés sont prisonniers dans des camps à travers toute l'Italie. En accord avec les conventions internationales, le pape veut envoyer des émissaires visiter ces camps. Il nomme comme nonce monsignore Borgoncini Duca, mais comme ce dernier ne parle pas anglais, il lui adjoint comme interprète Mgr O'Flaherty. Ce dernier, plus sensible au sort des prisonniers visités, accepte de prendre en note des messages qui seront lus par Radio Vatican et permettront à leurs familles de savoir qu'ils sont en vie. Il se démène également pour faire parvenir aux prisonniers des colis de la Croix-Rouge et des livres. Petit à petit O'Flaherty devient le meilleur avocat de ces prisonniers au sein du Vatican et son zèle irrite les militaires italiens, qui tentent sans succès d'obtenir son retrait.

Mais ce n'est que peu de chose à côté de la haine que va développer à son égard le SS-Obersturmbannführer (= lieutenant-colonel)

Herbert Kappler qui dirige la Gestapo[1] de Rome. Sûr de lui, les yeux bleus, les cheveux blonds, et une cicatrice sur la joue, Kappler préfigure les personnages d'officier SS qu'affectionnera le cinéma hollywoodien. Il arbore une bague à tête de mort, à l'intérieur de laquelle est gravée la mention : « pour Herbert, de la part de son Himmler ». Au 20 de la via Tasso, il règne sur le QG de la Gestapo qui fait également office de prison. On y interroge et on torture des résistants, des Juifs, et aussi les Italiens qui ont le malheur d'abriter des soldats ennemis. Malheureux dans son mariage, Kappler multiplie les conquêtes dans la bonne société italienne, sans compter une jeune Hollandaise qui devient un de ses agents. Kappler n'a pas eu de fils avec son épouse, mais il a adopté un jeune garçon issu du programme Lebensborn[2], Wolfgang, dont il s'occupe assidûment. Dès l'automne 1942, Kappler a reçu ordre de Himmler de surveiller de près l'ambassadeur britannique Osborne et le chargé d'affaires américain Tittman (représentant personnel du président Roosevelt), tous deux hébergés à Sainte-Marthe. Il n'a pas attendu pour tenter de pénétrer le Vatican. Parmi ses cibles privilégiées, on trouve aussi le père jésuite Robert Leiber et Mgr Ludwig Kaas, ancien dirigeant du Zentrum. Le point stratégique pour cela est la résidence Teutonicum. Kappler réussit sans trop de mal à en recruter le vice-recteur, qui a des sympathies nazies. Mais sa surveillance des résidents est par trop voyante : Mgr Kaas obtient du cardinal Faulhaber de Munich de faire rappeler le vice-recteur indiscret au pays…

Début 1942, Kappler reçoit le renfort d'un officier, Helmut Loos. Celui-ci s'est illustré en recrutant en 1940 un noble catholique allemand, Alfred von Kageneck, qui avait facilement accès au père Leiber, un ami de sa famille. Une première visite de Kageneck à

1. En 1944, le SD, service de sécurité de la SS et du parti nazi, a été fusionné avec la police d'État. La nouvelle structure sera connue sous le nom de cette dernière, la Gestapo. Selon la date, le terme « Gestapo » désigne donc des réalités différentes.

2. Lebensborn est un programme social mis en œuvre dès 1935 par Himmler : il s'agissait au départ de foyers dans lesquels des SS devaient concevoir des enfants avec leur épouse légitime. On y fit ensuite venir des femmes « aryennes » pour être fécondées par des SS inconnus, puis accoucher anonymement et remettre leur nouveau-né à la SS.

Rome en mai 1940 lui permet d'obtenir des informations sur les sentiments du pape à l'égard de Hitler et sur le poids des évêques et cardinaux allemands à l'intérieur du Saint-Siège. Le rapport enchante la direction du RSHA et propulse Loos au rang de vedette. Il va renvoyer régulièrement Kageneck à Rome dans les mois qui suivent. Malheureusement pour lui, Loos est victime d'une habile désinformation. Dès sa première visite chez Leiber, Kageneck a confessé d'emblée sa véritable mission. Après avoir consulté son supérieur et le pape, Leiber a servi à Kageneck des informations taillées sur mesure pour ses commanditaires.

En mai 1942 la police militaire italienne perquisitionne un appartement de la rue Fornacci, proche du Vatican, loué par un homme d'affaires finlandais. Le service militaire italien Servizio Informazioni Militare (SIM) a détecté des émissions cryptées. L'occupant est un Allemand, nommé Ernst Hamm. Il fait partie d'un réseau soviétique. Il ne communique pas directement avec le chef du réseau mais avec une jeune femme qui est arrêtée sur ses indications. C'est la maîtresse d'un officier russe, Herman Marley, qui est arrêté à son tour, ce qui fait tomber tout le réseau. Pour sauver sa peau, le Russe accepte de continuer à communiquer avec sa centrale en livrant des renseignements fournis par le SIM.

Lorsqu'on lui demande de délivrer un message à l'occupant d'un appartement au nord-est de Rome, Marley mène les agents du SIM vers un nouvel espion russe. L'homme s'appelle Alexandre Kurtna. Estonien d'origine, orthodoxe, il s'est converti au catholicisme et est entré au séminaire jésuite de Dubno (Pologne) en 1935. Élève brillant, il a été invité à rejoindre le collège russe du Vatican. En 1939, il reçoit une bourse du gouvernement estonien pour mener une recherche en histoire médiévale dans les archives du Vatican… Il quitte cependant le Russicum en 1940 car on ne le juge pas apte à la prêtrise. Il poursuit ses recherches aux archives tout en vivotant de petits travaux de traduction pour la Congrégation pour l'Église orientale.

Étonnant Kurtna, qui navigue sans problème entre Rome et l'Estonie en temps de guerre ! Au printemps 1941, il offre ses services à l'Institut historique allemand (faux nez des services nazis), qui accepte de financer ses recherches. Quelques mois avant, Kurtna prenait contact en Estonie avec les services secrets soviétiques, qui se montraient intéressés par sa familiarité avec le cardinal Tisserant dont les services formaient des prêtres destinés à entrer clandestinement en URSS (voir supra). C'est ainsi qu'il obtint une insolite bourse de l'Académie des sciences de Moscou.

Berlin ou Moscou, pour qui roule vraiment Kurtna ?

En 1942 l'Institut historique allemand de Rome transmet la gestion de l'Estonien à Kappler. Ce dernier manque cruellement de sources fiables sur le Vatican et engage semble-t-il Kurtna en sachant que c'est un agent des Soviétiques. Il attend de lui qu'il lui communique les mêmes informations sur le Vatican qu'il transmet à Moscou. Tout comme les Russes, Heydrich est obsédé par les activités du cardinal Tisserant. Il est persuadé que ce dernier envoie des norias de prêtres clandestins en Europe de l'Est pour convertir au catholicisme les peuples conquis par le Reich. D'autre part, Kurtna peut aussi s'avérer utile pour intoxiquer les Russes si on lui donne de fausses informations qu'il transmettra en les croyant authentiques. C'est tordu, mais c'est précisément ce genre de raisonnement qui fait de Kappler un espion de valeur plus qu'un tortionnaire comme la SS en compte tant. Bien entendu, Kappler n'oublie pas de se couvrir vis-à-vis de sa hiérarchie en informant Berlin qu'il maîtrise tous les aspects de l'opération.

Le seul risque que Kappler n'avait pas prévu, c'est que les services italiens feraient du zèle ! Or, intrigués par ses allées et venues, ils perquisitionnent son appartement et y découvrent un poste radio clandestin destiné à communiquer avec Moscou. Qui plus est, Kurtna tout juste rentré d'Estonie ne vit pas seul : bien que habillé en prêtre (ce qu'il n'est plus), il est accompagné d'une charmante jeune femme russe qui se trouve être son épouse ! C'est peu de dire que son arrestation en 1942 contrarie les plans de Kappler. Il le fera libérer lorsque les Allemands occuperont Rome à l'été 1943.

Kappler se vante de ses succès contre le Vatican, mais ne se montre guère partageur avec les autres services de renseignement allemands et les diplomates en poste à Rome. Mécontent des rapports quasi vides de son ambassadeur, le ministre des Affaires étrangères allemand Joachim von Ribbentrop a recours à un ami d'enfance, Rudolf Likus, ancien négociant en champagne qui est propulsé coordinateur des services de renseignement de l'ambassade. Très intéressé par le Vatican, Likus produit rapidement des rapports fort détaillés qui semblent émaner d'une source à la secrétairerie d'État. Certains sont jugés assez importants pour être soumis à Hitler en personne. Lequel s'étonne ainsi d'apprendre en 1941 que Pie XII serait « enthousiasmé » par l'invasion allemande de l'URSS, ou que le Portugal s'apprêterait à ouvrir ses ports aux navires alliés…

Las, la plupart des rapports Likus sont démentis par les faits : ce ne sont que des compilations de rumeurs et des fabrications, certainement pas la production d'une source de haut niveau. Sommé de réagir, Ribbentrop choisit non pas de renvoyer son ami Likus mais de créer… un service de renseignement parallèle, l'Informationstelle III. Celui-ci dépêche deux agents à Rome, bientôt mis sous pression pour fournir des informations valables. En mars 1943, on leur propose les services d'un noble italien fasciste mais désargenté, baptisé « le duc », qui fréquente à titre amical plusieurs cardinaux. Contre de fortes sommes, il abreuve ses bienfaiteurs d'un flot de renseignements de premier ordre comme la construction de bases aériennes alliées en Libye ou des préparatifs de débarquement à Chypre et à Rhodes. Lorsque arrive le débarquement allié en Sicile, il devient évident que les rapports du duc étaient de pures inventions. Cette affaire achève de décrédibiliser les services de Ribbentrop et fait ricaner Kappler.

Alors que le cours de la guerre devient de plus en plus incertain, les nazis veulent savoir si Pie XII va condamner publiquement le massacre des Juifs (déjà 1 million de victimes à l'été 1942). Kappler reçoit des agents en renfort, dont Helmut Loos, le spécialiste du Vatican à l'Amt VI (service d'espionnage à l'étranger du SD) qui devient son assistant. Il va traiter en direct les agents recrutés par l'Amt VI mais leur production reste décevante. Berlin décide alors d'installer un émetteur radio dans le QG de la via Tasso.

Début 1943, la police italienne détecte de son côté un émetteur radio clandestin et finit par le localiser dans le palais de la princesse Nina Pallavicini, une antifasciste qui soutient la résistance à Mussolini. Alors que la ville connaît son premier bombardement par les Alliés, la police envahit le palais. La jeune femme est avertie par ses domestiques et a tout juste le temps de sauter d'une fenêtre donnant sur l'arrière du palais. Elle trouve refuge au Vatican où elle est accueillie par O'Flaherty qui va lui offrir asile au collège allemand. Elle y restera jusqu'à la fin de la guerre et deviendra l'une des chevilles ouvrières du réseau, produisant des faux papiers et escortant dans Rome les fugitifs d'une cache à l'autre.

À l'été 1943, un soldat britannique fugitif demande asile au Vatican. O'Flaherty se charge de le cacher dans un immeuble où il restera jusqu'à la fin de la guerre. Quelques semaines plus tard, trois autres soldats britanniques sont reçus de la même façon. À l'automne, les soldats britanniques qui opèrent en Italie savent qu'ils peuvent trouver refuge au Vatican auprès de Hugh O'Flaherty. Chaque semaine il en arrive de nouveaux.

Ce mouvement de fond ne passe pas inaperçu et Kappler est bientôt informé du rôle joué par l'Irlandais. Il le fait placer sous surveillance constante : O'Flaherty ne peut plus faire un pas dans Rome sans être pris en filature. Les agents de Kappler ont pour instruction de le prendre sur le fait, mais l'homme d'Église est plus malin qu'eux. Kappler en vient à projeter de le faire kidnapper ou tuer. Mais un kidnapping ne peut avoir lieu qu'à l'extérieur du Vatican. En cas d'invasion de Rome, Hitler a promis de respecter la souveraineté de l'État pontifical.

Un plan est mis sur pied : deux hommes attendront O'Flaherty à la sortie de la messe dans la cathédrale Saint-Pierre. L'Irlandais a l'habitude de se tenir sur les marches de la cathédrale pour saluer les fidèles qui souhaitent lui dire un mot après l'office. Deux hommes de Kappler ont instruction de l'empoigner par les bras et de l'emmener dans une des rues adjacentes à la place Saint-Pierre, hors du territoire du Vatican.

O'Flaherty est informé des dangers qui le menacent par John May, le valet de pied de l'ambassadeur D'Arcy d'Osborne. Cet homme séducteur a de nombreux contacts partout dans la ville et un talent pour se procurer les denrées les plus rares. Il va devenir un agent de liaison incontournable entre Osborne et O'Flaherty. À lui également la tâche de trouver des vivres pour les évadés et de recruter des gardes suisses acquis à la cause. En toutes circonstances, il est tiré à quatre épingles, chemise blanche, cravate grise, costume noir. May a une source au sein de la Gestapo romaine qui lui apprend le projet de kidnapping. Son conseil à O'Flaherty : lever le pied et rester à l'abri entre les murs du Vatican. Bien entendu, l'Irlandais ne va en tenir aucun compte, même après l'occupation de Rome. À ses risques et périls…

L'alliance américaine

Le pape est-il informé des agissements de Mgr O'Flaherty ? C'est à peu près certain, même si cela ne se met pas par écrit. C'est au niveau de Mgr Montini que se fait le suivi et que sont prises d'éventuelles décisions d'ordre pratique. Si les choses tournent mal, Pie XII pourra prétendre tout ignorer de ce qui s'est passé. Confronté à l'échec de sa stratégie d'accommodement avec Hitler, puis de négociation avec ses opposants, le pape ne peut que mesurer son impuissance et espérer des jours meilleurs. Ceux-ci ne peuvent venir que des États-Unis, dont l'entrée en guerre paraît chaque mois plus probable en 1942.

Et là, de l'autre côté de l'Atlantique, Pacelli dispose d'un agent influent. Son ami Spellman a pris une tout autre dimension : il parle désormais à l'oreille du président Roosevelt. Nous l'avons quitté au début des années 1930 : entre-temps il a été nommé évêque auxiliaire de Boston, contraint de retrouver un cardinal O'Connell toujours aussi mal disposé à son égard (dès son arrivée, il lui assigna une paroisse peu prestigieuse et en quasi-faillite). Mais les rapports de force n'étaient plus les mêmes. Spellman mit à profit son carnet d'adresses et développa ses contacts de haut niveau. Très vite, les politiques américains se passèrent le mot : Spellman était une voix qui comptait dans les affaires de l'Église. L'évêque se mit à côtoyer la grande bourgeoisie dont il mariait les enfants. Il devint ami avec Joseph Kennedy, un homme d'affaires éclectique (banque, immobilier, construction navale et même un studio de cinéma, la RKO). Joe Kennedy avait été nommé en 1934 par Roosevelt patron de la SEC (Securities and Exchange Commission, le gendarme de la Bourse américaine). Selon la légende, le président aurait expliqué à ses conseillers perturbés par la réputation du *mogul* : « Il faut un requin pour surveiller des requins. »

En 1936, Spellman convainquit le secrétaire d'État Pacelli d'effectuer un voyage aux États-Unis. Avec l'aide de Joe Kennedy, Spellman se démena pour faire de ce voyage un succès et solidifier l'axe Vatican-Washington, aux plans politique et financier. En 1938, le cardinal O'Connell décédait, ce qui ouvrit à Spellman une belle opportunité. Peu après, le pape Benoît XI décédait à son tour et l'ami Pacelli montait sur le trône de saint Pierre. Spellman serait donc archevêque de New York, un archidiocèse de 2 millions de fidèles, 400 paroisses, de multiples écoles et hôpitaux religieux. En comptant les ordres religieux, Spellman avait sous ses ordres 2 500 prêtres. Seule ombre au tableau : il héritait d'une dette colossale de 26 millions de dollars. Mais cela ne lui faisait pas peur.

Il mit au pas les banques qui avaient imposé à ses paroisses des taux usuraires, menaçant de les faire boycotter par les catholiques. Il se fit aider par un financier irlandais, John Coleman, pour investir en Bourse de l'argent du Vatican mais aussi de l'archevêché. Des choix avisés permirent de réaliser de beaux bénéfices. Coleman fut remercié par une pluie de titres honorifiques. Spellman était désormais celui qui décidait qui, parmi les citoyens américains, pouvait devenir chevalier de Malte, chevalier de Colomb, etc. Des millions de dollars de donations passaient chaque année entre ses mains. Il en profita pour entretenir à Rome un réseau d'informateurs, pour la plupart désargentés, qui le tenaient informé de toutes les intrigues et affaires courantes moyennant quelques milliers de dollars annuels. Il n'oublia pas de gratifier ses amis et alliés de luxueux cadeaux : montres en or, bijoux, tapisseries, pianos… Même le luxueux rasoir du pape était un cadeau de Spellman ! Dans sa salle à manger d'archevêque à New York, Spellman recevait à déjeuner tout ce que le pays comptait de diplomates, politiciens et généraux, et même des figures de Hollywood. Il ne manquait pas de raconter à chacun qu'il était invité à déjeuner à la Maison-Blanche.

En octobre 1939, Spellman est effectivement invité pour la première fois d'une longue série par le président Roosevelt. Il va devenir l'homme-clé des relations entre les États-Unis et le Vatican. Le délégué apostolique à Washington, Cicognani, n'a guère l'oreille de Pie XII, à la différence de Spellman. Pour Roosevelt, le Vatican est un poste d'observation crucial sur le reste de l'Europe. Surmontant les méfiances de l'opinion non catholique, Roosevelt se dit prêt à envoyer un représentant au Vatican : ce sera l'homme d'affaires Myron Taylor, un ancien président de l'United States Steel. Il amène avec lui un adjoint, Harold Tittman, ancien pilote invalide de la Première Guerre mondiale, qui s'installe à demeure dans la Cité du Vatican.

Pour autant, c'est bien Spellman qui restera la principale courroie de transmission entre le pape et le président.

Après l'entrée en guerre des États-Unis, Spellman est nommé par le pape aumônier des forces militaires américaines. Roosevelt le sollicite pour une mission fort peu catholique : servir d'intermédiaire avec la mafia italo-américaine ! La « 5e colonne » germano-américaine organise en effet la destruction et le torpillage de nombreux navires américains. Le paquebot français le *Normandie*, reconverti en transport de troupes, est même incendié à quai dans le port de Manhattan le 9 février 1942.

Roosevelt explique que les Allemands sont en train de gagner la bataille de l'Atlantique : les *U-Boote* nazis coulent de trop nombreux navires alliés, ce qui menace d'étouffer l'économie et l'armement britanniques. Pour Roosevelt, seule la Mafia peut mettre fin aux fuites d'informations sur les navires qui prennent la mer depuis les ports américains et aux sabotages dans les ports de la côte Est. Frank Costello, l'un des chefs de cette mafia, est un catholique pratiquant et fervent, qui assiste aux messes de Spellman. Un peu gêné, l'archevêque répond à Roosevelt qu'il doit demander l'autorisation du pape pour une démarche si inhabituelle. Mais Pacelli refuse d'aborder le sujet et laisse Spellman décider par lui-même[1].

Ainsi est organisée une étrange réunion sous l'égide de Spellman, entre le commandant de la 3e région navale américaine, le capitaine Charles Haffenden et le chef mafieux Frank Costello. À son arrivée, ce dernier s'agenouille et baise l'anneau de Spellman, puis se déclare « heureux de pouvoir se rendre utile à son pays et à son église ». De fait, l'ordre sera donné par Lucky Luciano lui-même, depuis sa prison où il purge une peine de cinquante ans. En quelques semaines, les sabotages des transports de troupes sont éradiqués et les réseaux terroristes germano-américains subissent des pertes sévères. En 1946, sur pression du gouvernement fédéral, Luciano sera libéré par l'État de New York et expulsé vers l'Italie, non sans avoir rendu entre-temps de nouveaux services.

Roosevelt propose ensuite à Spellman d'utiliser sa fonction d'aumônier militaire pour accomplir des missions secrètes en Asie, Afrique et Europe : il pourra y rencontrer des chefs d'État et leur transmettre les messages du président sans éveiller les soupçons. Dans la mesure où Spellman peut informer le pape de ces contacts, il ne voit pas de contradiction entre le service de son pays et celui de l'Église. Il entame donc une longue tournée internationale, interrompue par de fréquents séjours au Vatican. Cela peut paraître étonnant, mais l'Italie l'autorise à circuler, comme dignitaire d'une puissance neutre (le Vatican) et non comme citoyen d'une puissance ennemie (les États-Unis)… Le pape le reçoit dans ses appartements privés, parfois pendant des journées entières. Cet activisme intrigue les Japonais qui

1. *La Popessa, op. cit.*

demandent à leur ambassadeur auprès du Saint-Siège, Ken Harada, de découvrir ce que trafique Spellman. Bizarrement, les Allemands ne semblent pas s'en préoccuper. Évidemment rien ne transpire, mais on sait que Pie XII, très inquiet des possibles destructions causées par les combats en Italie, plaide pour que l'armée américaine épargne au maximum les villes et les monuments religieux. Lucide, Spellman ne peut évidemment pas porter une telle revendication… mais il fait semblant.

Spellman rencontre Franco en Espagne, puis Churchill à Londres. Roosevelt lui a aussi demandé de « raisonner » le général de Gaulle, qui dispute avec le général Giraud, favori des Américains, le leadership des Français libres. Un rapport du renseignement militaire américain décrit imprudemment la rencontre comme musclée : elle aurait eu pour effet de calmer les ardeurs de De Gaulle…

Considéré comme un agent à part entière des services américains, Spellman reçoit avant ses rencontres au sommet un briefing complet et un profil de ses futurs interlocuteurs rédigés par le renseignement américain. Lors d'une visite au Caire, il se préoccupe du sort des prisonniers italiens détenus dans les camps britanniques. Il rencontre tous les chefs d'État locaux : le roi Farouk en Égypte, le Shah d'Iran, Hailé Sélassié en Éthiopie… Il s'exprime tantôt au nom du pape, tantôt au nom du président américain. Lors de son séjour à Téhéran, il rencontre… l'ambassadeur d'URSS, ce qui fait supputer dans les chancelleries du monde entier sur les possibilités de rapprochement entre le Kremlin et le Vatican.

Staline aime les cathos

Il y a quand même un long chemin à parcourir pour qu'un tel rapprochement se concrétise. Après le début de l'invasion de l'URSS par l'Allemagne nazie, le Vatican a vu une occasion d'envoyer des missionnaires en territoire occupé. Huit prêtres de rite oriental déguisés en interprètes de l'armée italienne sont partis en Russie, ce qui reste peu à l'échelle du pays (voir le chapitre précédent).

Deux jésuites, Ciszek et Nestrow, sont arrêtés et transférés à la prison de la Lubianka à Moscou où on les considère comme des espions nazis, avant de réaliser que ce sont en fait des « espions du Vatican ». Par l'intermédiaire de Spellman, le pape demande à Roosevelt de pousser son allié Staline à plus de respect envers la liberté religieuse en URSS. Le « petit père des peuples », qui subit des revers militaires, y voit son intérêt. La répression des pratiques religieuses est ostensiblement relâchée, même si le Vatican n'est pas dupe. À l'été 1942, le délégué apostolique en Syrie, Leprêtre, rapporte que les Soviétiques ont proposé au représentant des Français libres à Moscou, Roger Garreau, de discuter d'un accord avec le Vatican.

Le 28 avril 1942, pour la première fois depuis d'Herbigny, un prêtre catholique arrive à Moscou, et en plus c'est un Polonais ! Josef Gawlina est l'aumônier de l'armée polonaise ; il arrive de Londres via Téhéran avec de l'argent, une cargaison de bibles, d'autels, de croix et d'images pieuses. Cette visite insolite traduit un renversement complet de la part de Staline vis-à-vis des Polonais après l'invasion allemande : en août 1941, le Premier ministre des Polonais en exil, le général Sikorski, a signé un traité d'alliance avec les Soviétiques à Londres. Résultat : des dizaines de milliers de prisonniers polonais sont libérés des geôles soviétiques. Quant aux quelque 1,5 million de Polonais déportés de chez eux, ils sont généreusement autorisés à rejoindre la nouvelle armée polonaise. Ce qui permet au général Anders de constituer six divisions regroupant quelque 100 000 hommes. Basées en Ouzbékistan, ces divisions sont complètement autonomes des troupes russes et libres de pratiquer leur culte. Dans la foulée de ce dégel, une centaine de prêtres polonais détenus dans des camps soviétiques sont libérés.

Mais l'embellie est de courte durée. En avril 1943, on découvre les charniers de Katyn où pourrissent des milliers de corps d'officiers polonais qui étaient prisonniers de guerre des Russes. Cela crée une onde de choc dans les rangs polonais, où beaucoup comprennent que les Russes sont responsables du massacre. Le général Sikorski veut encore croire que son traité d'alliance reste valide. Mais une partie de ses troupes lui en veut de l'avoir négocié. À l'été 1943, il meurt dans des circonstances mystérieuses : son avion s'écrase lors d'un vol au-dessus de Gibraltar.

Pour sauver la face après la débandade de troupes polonaises, les Soviétiques montent à la hâte une troupe de 12 000 soldats polonais baptisée « division Kosciuszko », sous les ordres d'un colonel resté sur place. Ils font venir des correspondants de presse pour assister à une messe solennelle en plein air, servie par un père polonais qui vient d'être kidnappé en territoire polonais et qui se retrouve, ébahi, promu capitaine-aumônier de cette nouvelle armée sous les flashes des photographes ! La raison de cette mascarade : malgré de fortes pressions, le père Ciszek, interné à la Loubianka, a refusé énergiquement de devenir l'aumônier de cette « division Kosciuszko ». De même qu'il refuse la proposition d'aller à Rome pour... négocier un concordat entre le Vatican et l'Union soviétique.

Plus l'armée soviétique, qui après la bataille de Stalingrad a renversé l'évolution du front, se rapproche du territoire polonais, plus Staline a besoin de « neutraliser » l'hostilité du Vatican. Ciszek refusant de coopérer, Staline se tourne vers un interlocuteur plus improbable encore. En avril 1944, il accueille en grande pompe un prêtre catholique américain, le père Stanislaw Orlemański de Springfield (Massachusetts), venu pour « étudier les problèmes des Polonais en Union soviétique ». Interviewé sur Radio Moscou, il déclare avoir trouvé en Staline « un ami de l'Église catholique[1] ». À son retour aux États-Unis, il loue tout autant Staline pour l'avoir traité « ouvertement et démocratiquement ». La réponse à ce déluge de bonne volonté n'est pas celle attendue : le supérieur d'Orlemański suspend le benêt de ses fonctions pastorales et l'envoie faire pénitence dans un monastère.

1. Anna Dickinson, « Domestic and Foreign Policy Considerations and the Origins of Post-war Soviet Church-State Relations », in Diane Kirby (ed.), *Religion and the Cold War*, Palgrave Macmillan, 2003.

Ces péripéties n'ont rien de surprenant pour tous ceux qui évoluent alors à la curie : autant Pie XII est prêt à faire beaucoup d'efforts pour se concilier les bonnes grâces d'un Roosevelt, autant il a bien du mal à forcer sa nature vis-à-vis de Staline…

3
Sous l'occupation allemande 1943-1944

> « Hitler : Maintenant, Wolff, j'ai une mission spéciale pour vous, d'une importance mondiale, et c'est une affaire personnelle entre vous et moi. Vous ne devrez jamais en parler à qui que ce soit sans ma permission, à l'exception du chef suprême de la SS[1] qui est au courant de tout. Compris ?
> Wolff : Compris, mon Führer.
> Hitler : Je veux que vous et vos troupes, pendant que la trahison de Badoglio suscite encore une forte réaction en Allemagne, occupiez dès que possible le Vatican et la Cité du Vatican. Que vous saisissiez les archives et les trésors artistiques, qui ont une valeur unique, et que vous emmeniez le pape, ainsi que la curie, pour leur protection, afin qu'ils ne puissent pas tomber aux mains des Alliés et exercer une influence politique. En fonction des développements militaires et politiques, on déterminera s'il faut l'amener en Allemagne ou le placer au Liechtenstein, qui est neutre. »

Septembre 1943 : l'occupation de l'Italie est en cours. Hitler désigne le général Karl Wolff comme commandant en chef des SS et de la Gestapo en Italie. Selon son témoignage après-guerre, Hitler l'a convoqué dans son QG de Rastenburg et lui a tenu les propos ci-dessus[2]. Wolff affirme avoir temporisé en arguant d'effectifs insuffisants

1. Himmler.
2. John Cornwell, *Le Pape et Hitler. L'histoire secrète de Pie XII*, Albin Michel, 1999.

et en réclamant un mois pour mettre sur pied un plan d'action. Il parvient à gagner du temps jusque début décembre, quand Hitler le convoque à nouveau. Cette fois il argue que l'Église reste en Italie la seule autorité structurée et respectée de la population, et que sans l'appui du clergé il n'aura pas les moyens de faire face à des mouvements sociaux de masse. Il ne pourra plus envoyer de renforts au maréchal Kesselring ni faire tourner l'industrie de guerre italienne au profit du Reich. Sans parler des possibles réactions des catholiques allemands. Hitler finit par renoncer à son idée fixe en maugréant.

Pie XII et son entourage sont bien conscients d'être à la merci des Allemands. La donne a changé très vite, depuis le débarquement américain en Sicile le 9 juillet 1943. Le maréchal Pietro Badoglio, ex-chef de l'état-major italien et membre du Grand Conseil fasciste, s'est déclaré prêt à renverser Mussolini s'il avait l'appui du roi et du pape. Les deux ont appuyé sa démarche. Dans la nuit du 24 au 25 juillet, les membres du Grand Conseil ont voté la destitution de Mussolini et demandé au roi de nommer un successeur. Le roi a fait arrêter Mussolini et a nommé Badoglio à la tête de l'État. Son projet est de négocier un armistice avec les Alliés tout en s'efforçant de rassurer Hitler. Le Vatican sert d'intermédiaire à ces pourparlers. Ils aboutissent à l'armistice du 8 septembre. La réaction est foudroyante. Le 11, les Allemands prennent possession de Rome et encerclent le Vatican.

Sur ordre du pape, les archives les plus sensibles sont dissimulées un peu partout dans la Cité, dans des souterrains, sous les dalles de certains palais, et encore Dieu sait où... Pie XII laisse également des instructions pour convoquer un nouveau conclave s'il venait à être capturé par les nazis. La garde suisse a instruction de ne pas opposer de résistance, vouée à l'échec, en cas d'irruption allemande. Fin 1943, un informateur des services secrets italiens rapporte à la secrétairerie d'État une rumeur d'invasion prochaine du Vatican par une troupe de SS menée par Herbert Kappler.

Hitler a pour priorité de remettre au pouvoir Mussolini. Il demande à son homme de main favori, le SS-Obersturmbannführer

Otto Skorzeny, de le libérer par tous les moyens. Comme nous l'avons vu, Hitler envisage aussi d'envahir le Vatican et d'enlever le pape. Pendant tout le mois d'août, les nazis soupçonnent – à raison – leurs alliés italiens de négocier en secret leur reddition. La menace est telle que début août le secrétaire d'État Maglione convoque tous les cardinaux afin de les préparer à une éventuelle chute du Vatican. Les documents les plus sensibles sont brûlés préventivement. Un des agents de Kappler l'informe que Mussolini est détenu au Gran Sasso, ce qui permet de monter l'opération commando qui permettra de délivrer le Duce.

Dès la nouvelle de la reddition italienne, les Allemands prennent le contrôle de la ville. Des tanks Tigre sont postés à tous les carrefours. Exceptionnellement, la basilique Saint-Pierre et les musées du Vatican sont fermés au public. Les gardes suisses reçoivent des fusils à la place de leurs hallebardes. La loi martiale est décrétée par le maréchal Kesselring, qui avertit les Romains que c'est désormais la loi allemande qui s'applique. Tout acte de résistance ou de sabotage sera implacablement réprimé…

Sauver le patrimoine de l'Église

Au-delà de la personne du pape, le Vatican avait en théorie beaucoup à perdre, au plan financier, d'une invasion allemande. Pour éviter la catastrophe, des précautions exceptionnelles ont été prises par un personnage de financier des plus discrets qui joue un rôle non négligeable dans notre histoire.

Pour comprendre son rôle, il faut revenir aux accords du Latran. Pour gérer sa nouvelle fortune, le pape avait besoin en 1929 d'un homme de confiance. Il le trouva en la personne de Bernardino Nogara, un banquier bien connu en Italie. Il avait pour atout d'avoir débuté comme homme de confiance d'un financier vénitien, le comte Giuseppe Volpi (futur ministre des Finances de Mussolini), qui l'envoyait aux quatre coins de son empire : il fut ainsi directeur de mines en Bulgarie, patron d'agence financière à Constantinople, où il gérait un réseau d'informateurs permettant à Volpi de guetter toutes les opportunités d'affaires... Après la Première Guerre mondiale, Nogara fit partie de la délégation des experts italiens à la conférence de Versailles et représenta l'Italie à la commission interalliée chargée de superviser la reconstruction de l'Allemagne. Quatre de ses frères étaient entrés dans les ordres, deux étaient devenus archevêques, un troisième dirigeait le musée du Vatican... Bref, Nogara était tout à fait compatible, selon les critères de l'époque. En 1929 Pie XI créa l'Administration spéciale du Saint-Siège (ASSS) et nomma Nogara à sa tête, avec les pleins pouvoirs pour gérer le patrimoine reçu à la faveur des accords du Latran.

Nogara entreprit de diversifier les investissements du Vatican, en déplaçant des fonds de la Banco di Roma vers d'autres banques, et en investissant dans les chemins de fer et l'industrie d'autres pays européens comme la France et l'Allemagne. Dès le mois d'octobre 1929, il fut confronté à la grande crise mondiale qui débuta par le krach de Wall Street. En 1933, le Vatican accusait une perte de plus de 100 millions de lires. Ses revenus annuels se trouvaient sérieusement écornés. Nogara décida de transformer une partie des avoirs du Saint-Siège en or (confié à la banque Morgan de New York) et d'investir dans l'immobilier et les bons du Trésor de divers États, en passant par une holding luxembourgeoise, ce qui assurait une confidentialité absolue. Administrateur de la banque franco-italienne Sudameris implantée en Amérique du Sud, Nogara entreprit de diversifier ses circuits bancaires, notamment avec l'Union de banques suisses (UBS). Nogara devenait une figure éminente des élites politiques et économiques italiennes, l'égal des Alberto Pirelli ou Giovanni Agnelli. Au final, il parvint à stabiliser et protéger le patrimoine du Vatican pendant la crise[1].

Pendant la guerre, ses bonnes relations avec de grands financiers américains vont profiter au Vatican. En partie grâce à Nogara, en partie grâce à Spellman, le Saint-Siège est le seul État européen à

1. Cf. Gerald Posner, *God's Bankers: A History of Money and Power at the Vatican,* Simon and Schuster, 2015.

pouvoir mener simultanément des transactions avec les pays de l'Axe et les Alliés ! En effet, dès son entrée en guerre, le président américain signe un ordre exécutif bloquant toute transaction avec les pays de l'Axe et ceux placés sous son contrôle. L'Italie en fait évidemment partie. Les Européens ayant proclamé leur neutralité comme la Suisse ou Andorre sont également frappés. Bref, toute l'Europe est concernée. Toute… sauf la petite cité-État du Vatican, qui est pourtant à la merci de Mussolini !

La Maison-Blanche ne souhaite pas s'aliéner les catholiques américains et surtout, Roosevelt se souvient qu'en 1936 il a reçu la visite du secrétaire d'État Pacelli, cornaqué par Spellman : les électeurs catholiques y ont vu un soutien politique et ont voté majoritairement démocrate en 1940.

Les Britanniques se montrent moins accommodants envers le financier du pape. Ils se dotent d'un ministère de la Guerre économique qui soupçonne Nogara de mener un double jeu. Après tout, il est depuis 1925 un administrateur de la plus grande banque italienne (BCI), considérée comme une entité ennemie. Il en va de même de sa filiale Banca della Svizzera Italiana, placée sur liste noire en raison de ses opérations avec des entreprises nazies. Enfin il détient une participation dans Sudameris (Banque française et italienne pour l'Amérique du Sud), elle aussi sur liste noire pour accointances nazies. Bref, tout devrait mener les Alliés à sanctionner le Vatican. Au lieu de quoi ils se contentent de protester auprès du secrétaire d'État Maglione, qui à son tour les assure de la neutralité du Saint-Siège. Certains responsables américains et britanniques se demandent si Nogara ne joue pas un double jeu : le Vatican est-il bien propriétaire des considérables stocks d'actions et obligations que Nogara entrepose chez JP Morgan à New York ? On soupçonne, sans pouvoir le prouver, qu'il blanchit ces titres contre rémunération pour le compte de leurs véritables propriétaires, désireux d'exfiltrer une partie de leur patrimoine. Mais comment enquêter contre l'Église ?

En juin 1942, le Vatican franchit une nouvelle étape dans sa quête du secret financier : il crée sa propre banque, l'IOR (*Istituto per le Opere di Religione*) qui ne sera soumise à aucune régulation étrangère, ne paiera aucun impôt à quiconque et ne publiera pas ses comptes. Jusqu'en 2000, elle sera même autorisée à détruire régulièrement ses archives ! Cette institution est complètement à part dans l'Église (et va faire reparler d'elle). Elle permet à Nogara de faire disparaître ses transactions des radars internationaux. La banque peut recevoir des titres, de l'argent : en principe elle n'acceptera comme clients que des prêtres, des ordres religieux et autres institutions caritatives… Mais en pratique ? Elle va bientôt devenir la providence de riches Italiens et d'autres, soucieux de mettre des fonds à l'abri. Nogara croule sous les demandes et découvre un nouveau *business model* pour sa banque, une source inespérée de recettes. De l'argent facile ? Certainement. Sur le plan moral, c'est une autre histoire.

La banque sert de couverture à des spéculations internationales : des ecclésiastiques proches du pape sont envoyés comme coursiers pour passer les frontières avec de fortes sommes en argent et en valeurs. Spellman lui-même joue un rôle-clé : au cours de ses voyages militaires, l'archevêque ne manque jamais de transporter sous bonne garde des valises contenant de l'or, des actions et obligations, mais aussi des devises en liquide, pour plusieurs millions de dollars à chaque fois. Muni des sauf-conduits américains, il ne sera jamais inquiété. Des dizaines de prêtres sûrs organisent des flux plus modestes, notamment vers la Suisse. Au total, plusieurs centaines de millions de dollars sont mis à l'abri.

L'Office of Strategic Services (OSS), le service secret américain créé en 1942, va s'intéresser de près aux activités de l'IOR. En 1944, ses agents découvrent que, à plusieurs reprises, la Reichsbank a transféré des fonds au Vatican via une banque suisse[1]. L'information est explosive… mais aucune suite ne sera donnée. Les États-Unis ont une guerre à finir. Après-guerre, le contexte aura changé.

Pour qui roule donc Nogara ? Pour le comprendre, il faut revenir à la relation avec son mentor, son premier patron le comte Volpi,

1. Arthur Spiegelman, « Vatican Bank Dealt with Reichsbank in War-document », Reuters, 3 août 1997. Cité par Gerald Posner, *God's Bankers*, *op. cit.*

auquel le renseignement américain s'est beaucoup intéressé pendant la guerre. Il est décrit comme un homme sans scrupules, au pouvoir considérable dans la finance européenne. C'est Volpi qui a intrigué pour faire nommer Nogara au conseil de la BCI. Volpi a été un des négociateurs des accords du Latran ; il a aussi poussé la candidature de son protégé pour gérer le patrimoine du Saint-Siège. En retour, Nogara a fait entrer le Vatican dans les affaires de Volpi, dans les Balkans et en Italie. Les deux hommes ont investi de concert dans la société d'assurances Generali. Rien que de très banal a priori... Sauf qu'avec ses 80 filiales internationales, Generali est vite devenue suspecte aux yeux des agents américains : sur la base de plusieurs signalements de banquiers et assureurs américains, ils considèrent que la société ne fait pas que vendre des assurances : elle hébergerait aussi un vaste réseau de renseignements au service de l'Axe. Les rapports notent que certains dossiers sont envoyés par les agents locaux de Generali en Amérique vers l'Italie par une voie plutôt inhabituelle : celle de la valise diplomatique du Vatican !

Dès 1942, le renseignement américain surveille les activités de Generali en Amérique centrale et du Sud. Au Mexique, la compagnie d'assurances America Latina est identifiée comme une couverture pour des espions de l'Axe. Elle compte à son capital la banque mexicaine Banamex, qui porterait la participation pour le compte de Generali. Les enquêteurs s'interrogent sur l'implication de l'IOR, qui a des flux financiers réguliers avec la Banamex, sans pouvoir aller plus loin.

Après la guerre, l'investissement du Vatican dans Generali s'avérera des plus embarrassants. On apprendra en effet que Generali a tiré un profit scandaleux de la Shoah. Les contrats d'assurance-vie souscrits par des clients juifs ont été tout simplement escamotés et rien n'a été entrepris pour en restituer le fruit aux héritiers des victimes. Toutes les archives ont été détruites. En Allemagne, l'assureur Allianz a profité de cette manne criminelle bien plus massivement encore.

Le comte Volpi connaîtra, en dépit de ses affaires florissantes et de ses relations, un destin tragique. Le 23 septembre 1943, le

SS-Obersturmbannführer Herbert Kappler, le chef des forces de sécurité nazies à Rome, arrête le comte et l'accuse d'être... un agent des Juifs ! La raison ? Volpi est intervenu auprès de Mussolini pour protéger un dirigeant juif de Generali. Malgré les interventions du Vatican en sa faveur, Volpi passera plusieurs mois en prison avant d'être autorisé à s'exiler en Suisse en 1944, où il sera hospitalisé pour dépression nerveuse. Il décédera en 1947 d'une crise cardiaque. On peut s'étonner qu'un homme aussi précieux pour l'économie italienne et certains réseaux de renseignement ait été ainsi sacrifié : peut-être avait-il joué un jeu trop personnel... à moins qu'il n'ait été éclipsé par quelqu'un d'autre.

La collaboration entre financiers et espions pendant la Seconde Guerre mondiale n'a pas encore livré tous ses secrets. Un exemple méconnu offre une idée des jeux dangereux de certains financiers opportunistes. Basée en Suisse, la Banque des règlements internationaux (BRI) a été créée en 1930 par un consortium de huit pays comme une sorte de chambre de compensation entre banques centrales européennes. Elle est en principe autonome et ne rend de comptes à personne. Mais à compter de 1940, elle est sous influence de la Reichsbank, c'est-à-dire des nazis. Elle se prête à un programme de rachat d'or volé aux déportés dans les camps de concentration ou pillé dans les pays occupés. Les dirigeants de la BRI affichent un cynisme à toute épreuve puisqu'ils vont également spéculer contre le Reichsmark. Le chercheur américain Charles Higham[1] cite l'interrogatoire de Heinrich Otto Abetz (il s'agit probablement de l'ancien ambassadeur allemand à Paris) par le renseignement militaire américain. Il révèle que les services de renseignement du Vatican auraient fourni – sans doute via Nogara – une information capitale sur le projet de débarquement en Afrique du Nord à la BRI. Grâce à ce renseignement, la BRI aurait massivement spéculé *contre* le Reichsmark, réalisant un profit colossal dont elle aurait reversé une partie à l'IOR en contrepartie de ce « tuyau en or ».

1. *Trading With the Enemy. An Exposé of the Nazi-American Money Plot, 1933-1949*, Delacorte Press, 1983.

Quand la finance sert l'espionnage, l'espionnage peut aussi servir la finance…

Derrière cette collaboration entre l'IOR et la BRI se profile l'ombre d'un espion américain, l'avocat d'affaires Alan Dulles, devenu délégué pour l'Europe de l'OSS à Berne. Depuis son QG suisse, il développe un réseau qui a des ramifications partout, y compris chez l'ennemi: au sein de la Reichsbank il a recruté un cadre comme agent: Hans Gisevius. Après-guerre, le Trésor américain accusera Gisevius d'avoir blanchi de l'argent allemand et hongrois en Suisse avec l'aide de Dulles, mais l'affaire sera étouffée[1].

On voit qu'il est difficile de considérer Nogara comme un simple financier qui n'aurait eu qu'un rôle technique pendant la guerre. Plus on creuse, plus on trouve de facettes inattendues. Un rapport de l'OSS de 1945 cité pour la première fois par Gerald Posner[2] nous apprend que Nogara a probablement été recruté par les services secrets nazis. Il se base sur le témoignage d'un agent de l'Abwehr, Reinhard Karl Wilhelm Reme, qui agissait pendant la guerre sous la couverture d'un agent d'assurances et servit à compter de 1943 d'agent recruteur pour la région de Milan. Quelques mois plus tard, l'Abwehr a été dissous et ses agents transférés au SD, à l'Amt VI dirigé par Walter Schellenberg.

Il est probable que Nogara, si c'est bien de Bernardino qu'il s'agit[3], ait été recruté *avant* la guerre. Peut-être à l'époque où il travaillait pour Volpi à Constantinople: l'Abwehr s'y montrait à l'époque très active. Si Nogara a bien été recruté avant même d'entrer au service du Vatican, cela signifierait que les services allemands ont réussi un coup de maître en plaçant un de leurs agents au cœur de la machine vaticane. Il faut toutefois relativiser l'influence qu'il a pu avoir sur l'attitude de Pie XII envers l'Allemagne nazie: le pape

1. Cf. Gerald Posner, *God's Bankers*, *op. cit.*
2. SCI Unit Memo, 27 mai 1945, rapport d'interrogatoire de Reinhard Karl Wilhelm Reme, Abwehr II, archives OSS, RG 226, boîte 214, NND 897108, entrée 108A.
3. Le rapport ne précise pas de prénom, ce qui laisse une marge d'incertitude. Posner a recherché tous les homonymes possibles sans en trouver d'autre qui puisse correspondre au profil décrit par les espions allemands.

était son propre expert en la matière et n'était pas du genre à se laisser influencer. Bien sûr, Nogara a pu transmettre quelques informations sur diverses tractations diplomatiques dont il entendait parler, sans que cela aille très loin : la secrétairerie d'État n'a jamais été encline à ouvrir ses secrets à ceux qui n'ont pas « besoin d'en connaître », fussent-ils d'honorables serviteurs du Vatican. En revanche, on comprend mieux l'attelage entre l'IOR, la BRI, la Reichsbank et les réseaux de l'Abwehr. Ce n'est sans doute pas l'argent qui a été la principale motivation de Nogara pour se laisser recruter : sans doute l'idéologie et la volonté d'être au cœur des affaires européennes. Du fait de cette position centrale entre finance et espionnage, entre l'Axe et les Alliés, Nogara est devenu incontournable… jusqu'à éclipser son mentor Volpi.

De l'or pour sauver les Juifs d'Italie

La chasse aux Juifs commence dès l'occupation du nord de l'Italie par les Allemands. Fin septembre, des représentants de la communauté juive romaine sont convoqués par le chef de la Gestapo Herbert Kappler : il exige qu'on lui livre, dans les 36 heures, 50 kilos d'or pour ne pas arrêter et déporter les Juifs. Le grand rabbin de Rome, Israël Zolli, sait qu'il ne pourra réunir une telle quantité avec les seuls dons de la communauté. Il s'adresse à Nogara, qui accepte de trouver l'or après avoir pris des instructions auprès du secrétaire d'État Maglione. Sollicité, le pape se déclare en faveur d'un prêt et propose même de faire fondre des vases en or pour compléter la dotation. *In fine*, les 15 kilos d'or manquants sont fournis par des communautés catholiques. L'or collecté est expédié à Berlin. Mais ce n'est qu'un bref répit.

Kaltenbrunner, informé, ordonne à Kappler d'exécuter tout de même les ordres. Agacé par les réticences de Kappler, Berlin dépêche début octobre un détachement de Waffen SS mené par le capitaine Theodor Dannecker pour prendre les choses en main (en 1942, c'est ce même officier qui a organisé les rafles de Juifs dans

Paris). Dannecker prépare avec son groupe l'arrestation et la déportation des Juifs de Rome qui doit avoir lieu dans la nuit du 15 au 16 octobre. La rafle fait 1 259 victimes (sur une communauté d'environ 8 000 Juifs), qui seront déportées à Auschwitz. Le secrétaire d'État Maglione convoque l'ambassadeur allemand Weizsäcker pour protester contre les rafles. Ce dernier répond très diplomatiquement qu'une protestation officielle risque d'irriter Hitler, avec les conséquences que cela peut entraîner... Une fois de plus Pie XII choisit de faire profil bas.

En revanche, le Vatican ordonne à toutes les maisons religieuses de Rome d'ouvrir leurs portes et d'accueillir tous les réfugiés juifs qui se présenteraient. Au total, 6 000 personnes seront hébergées dans une centaine de maisons de religieuses et 45 couvents masculins. Certains trouvent refuge au Vatican même et dans ses immeubles. Cela pose de redoutables problèmes d'organisation.

Mgr O'Flaherty a élargi ses activités. En octobre 1943, près d'un millier de soldats alliés sont cachés dans des maisons et appartements de Rome, ou placés dans des fermes aux alentours. O'Flaherty et son bras droit John May (le valet de l'ambassadeur britannique) ne peuvent plus gérer seuls une telle entreprise. Il faut à la fois recruter des familles d'accueil, lever des fonds, approvisionner en vêtements et nourriture les différents foyers... Les deux hommes recrutent un diplomate de la légation suisse, le comte Sarsfield Salazar : il a été employé un temps par l'ambassade américaine avant de travailler pour les Suisses. Le trio se partage le travail. O'Flaherty se consacre à la recherche de locaux, sillonnant Rome en tous sens. L'ambassadeur Osborne est chargé de solliciter Londres pour recueillir des fonds. Pour faciliter les transferts, le Foreign Office négocie un prêt de la banque du Vatican, à hauteur de 3 millions de lires. Le gouvernement américain accepte à son tour d'envoyer des fonds, via le chargé d'affaires Tittman. O'Flaherty reçoit aussi des coups de pouce de riches Romains antifascistes, comme le prince Pamphili qui, à peine sorti de prison, retrouve son palais romain et propose à son vieil ami de financer son réseau.

Un effet inattendu des rafles est de multiplier les soutiens à l'organisation O'Flaherty au sein de la population romaine, restée jusque-là indifférente aux Allemands. De plus, le Vatican contraint au silence officiel trouve désormais son initiative de plus en plus judicieuse. L'organisation va désormais accueillir des Juifs en plus des militaires britanniques.

Le palais du prince Pamphili est placé sous étroite surveillance par Kappler. L'occasion de frapper un grand coup se présente lorsque O'Flaherty lui rend visite pour recueillir un nouveau don. Hors du Vatican, O'Flaherty est vulnérable et peut être arrêté facilement. Heureusement le secrétaire du prince repère les policiers en faction devant le palais et vient prévenir son maître alors que l'on frappe à la porte. O'Flaherty a juste le temps de se précipiter à la cave. Coïncidence, on est à ce moment en train de livrer du charbon. Le monsignore, pris d'une subite inspiration, retire sa soutane, s'enduit le visage et la chemise de charbon, et se joint aux ouvriers qui déchargent le camion dans la cour, se présentant à eux à voix basse. À ce moment-là, il leur serait très facile de le dénoncer. Mais ils acceptent de jouer le jeu. O'Flaherty empoigne un sac qu'il met sur son dos et traverse la cour, passant devant les soldats SS en faction. Il s'en est fallu d'un cheveu.

Cette fois, O'Flaherty a compris qu'il ne lui est plus possible de se promener dans Rome comme auparavant. Jusqu'à la fin de la guerre, il n'ira pas plus loin que les marches de Saint-Pierre et communiquera avec le prince par messages codés transmis par des prêtres et des religieuses. Quelques mois plus tard, O'Flaherty est averti d'une prochaine descente au palais de son ami. Il lui fait immédiatement porter par un jeune prêtre de faux papiers d'identité pour lui, sa femme et leur fille. Ils disparaissent immédiatement.

En novembre 1943 arrive à Rome le major Sam Derry de la Royal Artillery, évadé d'un camp. Au fil de ses pérégrinations dans la campagne italienne, il a assemblé autour de lui un groupe d'une cinquantaine de soldats, dissimulés à la campagne. Via un prêtre local, il a pu faire passer un message au Vatican. O'Flaherty et Osborne décident de leur envoyer de l'argent dans un premier temps, puis Derry est acheminé au Vatican et interrogé par Osborne qui le juge crédible et fait prendre des renseignements par le Foreign Office. Justement, le réseau aurait bien besoin d'un chef militaire : Osborne propose le poste à Derry, qui l'accepte.

Fin 1943, l'étau se resserre sur l'organisation O'Flaherty. Plusieurs de ses sites sont repérés et mis sous surveillance. Lors d'une soirée mondaine, il est mis en garde par l'ambassadeur allemand lui-même qui le prend à part et lui apprend que son organisation « est en place depuis trop longtemps et doit s'arrêter ». Et il ajoute : « Si vous quittez le Vatican, vous serez arrêté à vue. C'est un dernier avertissement. » Quelques heures plus tard, O'Flaherty est convoqué par le sous-secrétaire d'État Montini, très au courant de ce qui se passe, qui lui répète la mise en garde de l'ambassadeur allemand. Dans la foulée, il apprend que la couverture du major Derry est brûlée. Ce dernier qui résidait au collège allemand doit plier bagage pour s'abriter dans les appartements d'Osborne.

Infiltrer le Vatican

Obsédé par O'Flaherty, Kappler n'en a pas pour autant perdu sa mission première : parvenir à infiltrer le Vatican. Il continue à tirer les fils d'opérations complexes lancées avant l'occupation allemande. L'une des plus baroques consiste à créer de toutes pièces un faux collège à l'intérieur du Vatican !

En février 1941 décédait à Bruxelles une riche et pieuse veuve géorgienne qui avait décidé de léguer une partie de sa fortune à un ordre bénédictin relativement obscur mais créé au XIXe siècle en soutien à la minorité catholique de Géorgie. Le père Michaël Tarchnisvili, en charge du legs, projetait de l'utiliser pour établir un collège géorgien à Rome. Mais il lui fallait pour cela trouver des financements complémentaires. Sur les conseils du dirigeant d'une association d'émigrés géorgiens en Allemagne, le père Tarchnisvili contacta à Rome un « ami » qui pouvait l'aider à monter son projet : il se nommait… Herbert Kappler.

Initialement sceptiques, les chefs du RSHA se convainquent que l'opération peut leur permettre de prendre pied à l'intérieur du Vatican. Comme le remarquent Alvarez et Graham, il est fort étonnant que le RSHA n'ait pas trouvé plus simple de s'appuyer sur la résidence allemande Santa Maria dell'Anima, dont le recteur, l'évêque Alois Hudal, était un nazi convaincu… Peut-être parce qu'il fréquentait ouvertement l'ambassade allemande et passait aux yeux de tous pour un indicateur allemand.

Quoi qu'il en soit, l'équipe de Kappler manipule facilement le naïf père Tarchnisvili et lui annonce bientôt avoir trouvé un généreux bienfaiteur… lequel souhaite bien entendu rester anonyme. Le RSHA apportera donc sa contribution au séminaire géorgien… en fausses livres sterling ! Le service a en effet installé un atelier de production de fausse monnaie dans le camp de concentration de Sachsenhausen composé de 142 prisonniers, pour la plupart juifs, certains sélectionnés pour leur savoir-faire d'anciens imprimeurs comme le Slovaque Adolf Burger[1]. Cette activité lucrative permet de financer plusieurs opérations secrètes, et aussi d'enrichir quelques intermédiaires par l'achat de devises au marché noir.

L'affaire semble réglée. Trop vite, sans doute. L'équipe de Kappler pèche par son manque de subtilité : le prêtre se rebiffe lorsqu'on lui annonce que le séminaire devra héberger un poste radio clandestin et s'entend répondre qu'il n'aura pas de financement s'il persiste dans son refus. Tarchnisvili prend conseil auprès d'un ami géorgien, Basilius Sadathieraschvili, correspondant de presse à Rome. Ce dernier, impécunieux, flaire la bonne affaire et propose au père Tarchnisvili d'intervenir. Il se présente chez Kappler et lui propose cyniquement de « gérer » l'opération en lieu et place du prêtre, qui restera directeur en titre, mais ne s'occupera que de questions

1. Cf. Yvonnick Denoël, *Mémoires d'espions en guerre, 1914-1945*, Nouveau Monde éditions, coll. « Chronos », 2019.

religieuses tandis que lui administrera tout le reste et disposera de deux pièces auxquelles personne d'autre que lui n'aura accès.

Et voilà l'équipe lancée dans l'acquisition d'une propriété, enregistrée au nom du Vatican, en décembre 1943. Le pape Pie XII a accordé sa bénédiction apostolique au projet, et à son mystérieux bienfaiteur… c'est-à-dire au RSHA! Le père Tarchnisvili n'est sans doute pas dupe, mais il garde le silence. À la mi-février 1944, Basilius se rend à Berlin et en revient avec un groupe de six jeunes Géorgiens. Le cardinal Tisserant, patron de la Congrégation pour l'Église orientale dont dépend le séminaire géorgien, les trouve un peu bizarres et conseille au père Tarchnisvili de leur faire passer un entretien individuel.

Trois d'entre eux sont écartés d'office, les trois autres installés provisoirement au Russicum abandonnent après quelques semaines. Il s'agissait de soldats de la Légion géorgienne à qui le RSHA avait fait suivre une brève formation au renseignement, mais qui n'avaient ni l'expérience ni la formation requises pour ce type de travail. Alerté par cette expérience, Tarchnisvili découvre l'installation clandestine du poste de radio et se prend le bec avec Basilius, qui passe de plus en plus pour un espion allemand et s'enfuira quelques jours avant l'arrivée des Alliés dans Rome. Le père Tarchnisvili, lui, fera l'objet d'une enquête à la Libération, qui conclura à son innocence.

Finalement le seul véritable atout de Kappler pour s'informer sur ce qui se passe au Vatican reste l'énigmatique agent double (ou triple) Kurtna. Dès septembre 1943, il l'a fait sortir de cellule. Kurtna a repris ses activités à la congrégation, comme si de rien n'était. En décembre 1943, Berlin s'agace du peu de résultats obtenus et envoie à Rome un officier SS, Georg Elling. C'est un ancien prêtre bénédictin, ex-agent du SD, qui va opérer sous couverture d'attaché culturel (il est en réalité rattaché au service de Kappler). Il rencontre Kurtna. Alors que les Alliés progressent dans la conquête de l'Italie, Elling est chargé par Schellenberg de mettre en place un réseau destiné à rester à Rome en cas de défaite allemande. Sans le dire, Schellenberg pense que cette équipe pourra être utile s'il est besoin de faire appel à la médiation du pape. Elling constitue son réseau en recrutant Kurtna (ce qui agace Kappler), auquel se joignent plusieurs prêtres allemands et italiens résidant à Rome.

Kurtna se démultiplie pour contenter à la fois Kappler et Elling, ainsi que ses commanditaires russes. Tant qu'à faire, voyant l'avancée inexorable de l'armée américaine, il commence aussi à informer ses patrons du Vatican sur la Gestapo. Selon Alvarez et Graham, il informe Mgr Arata, bras droit de Tisserant, que la Gestapo connaît la cache de soldats britanniques et américains hébergés dans la Cité du Vatican[1].

Dans la panique de l'évacuation de Rome par les Allemands, Kurtna réussira à obtenir copie du livre de code de la Gestapo et de la liste de ses agents et opérateurs radio. Le jour de l'entrée des Américains dans Rome, il remettra une enveloppe contenant ces documents à un contact de la secrétairerie d'État en lui demandant de la transmettre aux Soviétiques. Il sera arrêté par les mêmes services italiens qui l'ont appréhendé en 1942, puis libéré à la demande des Soviétiques et renvoyé à Moscou. Comme bien d'autres espions russes, Kurtna ne sera guère récompensé pour ses services. Une fois de plus, la paranoïa stalinienne se retournera contre ses agents les plus dévoués : en 1948 un prêtre jésuite américain détenu dans un camp de travaux forcés le reconnaîtra, opérant comme simple agent administratif.

L'agent Kurtna restera celui qui aura fourni les informations les plus tangibles, mais cela reste bien insuffisant…

Rafles au Vatican

Du temps de la souveraineté italienne, l'équipe de Kappler comptait en tout et pour tout deux officiers. Début 1944, il est désormais à la tête de 74 agents. L'immeuble de la via Tasso est en activité 24h/24 : on y interroge, on y torture, sans désemparer. Rome

1. David Alvarez et Robert Graham, *Papauté et espionnage nazi*, *op. cit.*

est désormais soumise au couvre-feu. Pour la recherche des Juifs, la Gestapo s'appuie notamment sur une unité spéciale de la police italienne, le « gang Koch ». Les agents de Kappler et le groupe Koch effectuent des descentes dans trois bâtiments appartenant au Vatican, donc théoriquement intouchables.

À l'Institut pontifical oriental, certains réfugiés ont le temps de s'enfuir mais la rafle permet d'arrêter 18 personnes, essentiellement des Juifs et des résistants.

Kappler est désormais persuadé que O'Flaherty est le chef d'un vaste réseau d'espionnage du Vatican, agissant de concert avec un réseau britannique qui serait dirigé par Osborne.

Dans la soirée du 3 février 1944, à l'abbaye de Saint-Paul-hors-les-Murs, à Rome, deux moines se présentent et demandent à être accueillis. Une fois la porte ouverte, des soldats font irruption et neutralisent les gardes. Une centaine de policiers italiens et deux officiers nazis pénètrent dans le bâtiment, où moines et visiteurs sont endormis. Ils fouillent partout et regroupent les occupants. Ils sont à la recherche d'un général déserteur de l'armée italienne, Adriano Monti, caché parmi les prêtres. Il est arrêté en tenue de moine. Par la même occasion, plusieurs dizaines de Juifs sont arrêtés. Très vite les responsables de la curie sont convaincus qu'il y a eu traîtrise. Pour oser violer la souveraineté du Vatican, les assaillants devaient être sûrs de ce qu'ils allaient trouver. Or un moine sympathisant du régime italien est arrivé de Florence à l'abbaye. On découvrira plus tard qu'il s'agit en réalité d'un ancien opposant qui, arrêté et torturé, a accepté de collaborer avec les services italiens pour sauver sa peau. Quoi qu'il en soit, celui-ci sera réduit à l'état laïc et expulsé sur décision de Pie XII. Cet épisode révèle la fragilité du statut du Vatican. D'autant que d'autres raids sont programmés sur diverses propriétés. Heureusement pour le Vatican, un responsable fasciste anonyme prévient la curie, qui a le temps de faire le nécessaire pour faire disparaître ses invités.

L'inquiétude grandit au sein de l'organisation O'Flaherty : elle héberge désormais 2 000 personnes sur 40 sites à travers Rome. Les besoins financiers ne cessent de croître. Il faut aussi tenir des registres pour justifier l'usage de l'argent, mais cela revient à produire des traces très compromettantes. C'est pourquoi les relevés comptables sont régulièrement dissimulés dans des boîtes à biscuits, lesquelles sont enterrées dans les jardins du Vatican !

Le réseau est à la merci d'une trahison, qui ne peut manquer d'arriver. Voici un nouveau réfugié : un Juif tchèque, étudiant en médecine que l'officier britannique Derry, recruté pour animer le réseau, a connu au camp de Chieti. Derry a des doutes sur lui, mais il est quand même intégré au réseau. Ce qui va s'avérer fatal : lors d'une visite à un collègue, il tombe entre les mains de la Gestapo et donne l'adresse d'un appartement.

Kappler envoie des agents qui se font passer pour des résistants et sont accueillis à bras ouverts, et même invités à déjeuner ! Peu après ils reviennent, cette fois avec des soldats SS qui raflent tout le monde. L'un des Italiens arrêtés faisait office de cuisinier. Effrayé, il parle avant même qu'on l'ait touché. Il donne l'adresse de deux autres appartements. Nouvelle rafle. Un officier qui était sorti en promenade manque de peu de tomber en pleine souricière : ayant compris la situation, il court se réfugier au Vatican.

O'Flaherty envoie des prêtres vérifier ce qu'il en est des autres planques. Tous les sites trop connus, en particulier ceux connus des personnes arrêtées, doivent être abandonnés. Le réseau est réorganisé en cellules autonomes dont les membres ne connaissent pas ceux des autres. Fin janvier 1944, Kappler a enfin réussi à désorganiser le réseau. Mais les Alliés progressent au sud de Rome : la bataille pour la capitale va bientôt commencer.

En février, Kappler donne le feu vert à la fouille des propriétés extraterritoriales du Vatican.

La police encadrée par son nouveau chef, Caruso, avec l'aide du groupe Koch, perquisitionne la basilique Saint-Paul-hors-les-Murs et capture de nouveaux Juifs qui vont être déportés à Auschwitz. Le Vatican proteste officiellement, mais donne cette fois des instructions pour que les laïcs soient expulsés de ses bâtiments. C'est une profonde déchirure au sein du clergé, entre ceux qui veulent obéir aux ordres et ceux qui craignent d'envoyer à la mort les réfugiés.

Le 15 mars, Kappler arrive à recruter un volontaire de l'organisation, nommé Grossi. Ce dernier rencontre O'Flaherty et lui annonce qu'une demi-douzaine d'évadés se cache dans la campagne à proximité de Rome. L'un d'entre eux est malade et doit être soigné d'urgence. Kappler espère faire sortir O'Flaherty de Rome. Mais le prêtre est averti à temps de la manœuvre.

Au printemps 1944, les masques tombent. Kappler met à prix la tête de O'Flaherty, promettant une forte récompense à quiconque permettra son arrestation. Malgré les évacuations de couvents, il reste encore 3 500 réfugiés cachés dans Rome. Outre les Britanniques, on compte désormais des Américains, des Russes et même des Grecs. L'ambassadeur Osborne obtient sans cesse de nouveaux financements qui sont acheminés via des comptes bancaires de l'ordre jésuite, tandis que d'autres fonds sont transférés depuis la Suisse. Mais bientôt la légation suisse prend peur, après une mise en garde de l'ambassadeur allemand Weizsäcker. Elle arrête de collaborer.

John May, l'inventif valet de l'ambassadeur Osborne, a trouvé une source ayant accès aux bureaux de la police fasciste et des SS. Il affirme pouvoir obtenir copie de documents sensibles pour 1000 lires la livraison. Le premier montant investi s'avère des plus rentables ; il permet d'obtenir copie des ordres quotidiens de police. Désormais, les responsables du réseau savent à l'avance quels hébergements sont sur le point d'être perquisitionnés. Chaque jour, la copie des nouveaux ordres arrive à l'heure du déjeuner, ce qui laisse jusqu'au soir pour s'organiser.

Des prêtres sont mobilisés pour avertir les hôtes menacés. Mais à force de perquisitions infructueuses, Kappler finit par comprendre qu'il y a des fuites. Pour les contrer, il faut infiltrer le groupe de prêtres messagers. Un des plus anciens membres du réseau est un Italien nommé Pasquale Perfetti. Capturé par les hommes de Kappler, il révèle après quelques jours de torture tout ce qu'il sait, c'est-à-dire beaucoup. Relâché, il déambule dans Rome en compagnie d'agents de la Gestapo. Derry et O'Flaherty doivent en catastrophe faire évacuer tous les logements connus de Perfetti, sans pouvoir empêcher une trentaine d'arrestations.

En avril, le réseau reçoit des renforts. Le massacre des Fosses ardéatines (plus de 300 civils exécutés en représailles à un attentat) indigne les Romains et suscite de nouvelles vocations. D'autant que les autorités décident de rationner l'approvisionnement en pain. Le lundi de Pâques, trois Allemands sont tués par la résistance. Kappler fait boucler et passer au peigne fin le quartier du Quadraro, qui compte beaucoup de caches du réseau. C'est un désastre : 2 000 personnes sont arrêtées, dont 750 seront déportées. Le lendemain, un nouveau raid permet d'arrêter un membre important du réseau, le lieutenant Bill Simpson, et un officier américain. Il est clair que le réseau n'est plus en mesure d'accueillir de façon sérieuse de nouveaux réfugiés : on décide donc de renvoyer ceux qui se présenteront en leur donnant un peu d'argent et en leur conseillant d'aller se cacher dans la campagne. Pour les réfugiés qui restent, ils ont désormais interdiction de se promener dans Rome, seule une poignée de prêtres messagers visiteront les résidences.

Le 1er mai 1944, deux SS suivent un moine dans les rues de Rome. Il s'agit d'un prêtre augustinien hollandais, Anselmus Musters (nom de code Dutchpa), membre du réseau. Musters s'aperçoit qu'il est suivi et presse le pas pour se mettre à l'abri dans la basilique Sainte-Marie-Majeure. Arrivé sur les marches de l'édifice, il est empoigné et menacé d'un revolver. Il se débat et parvient à se réfugier dans la basilique. Des gardes barrent l'entrée aux poursuivants. Un quart d'heure après, des agents SS font irruption. Musters est arrêté et conduit au QG de la Gestapo à Rome. Les Allemands l'ont confondu avec Sam Derry, le coordinateur du réseau. Ses interrogateurs lui mettent sous le nez un organigramme du réseau, effrayant de précision. Ce qui révèle que la Gestapo a beaucoup progressé dans la connaissance du réseau. Après 35 jours de détention, Musters est déporté. Lors d'un arrêt du train à Florence, on fait descendre les prisonniers. Il en profite et réussit par miracle à s'enfuir. Il trouve refuge dans un monastère des environs où il sera soigné.

Les Américains arrivent

À l'approche de la Libération, Rome semble grouiller d'agents secrets : les discussions secrètes se multiplient dans tous les sens. Branko Bokun, le jeune Yougoslave qui avait tenté en vain de mobiliser le Vatican sur les atrocités nazies en Croatie, s'est résigné à faire ce qu'il peut dans son emploi pour la Croix-Rouge. Au quotidien, il observe non sans ironie le petit monde du renseignement[1] : « Côté français on dénombre quatre groupes d'espions : les anti-de Gaulle, les anti-Allemands, les anti-Pétain et les anti-Alliés. Tous constituent des proies faciles pour les agents italiens qui, réduits au chômage partiel depuis la capitulation, inventent des renseignements et les vendent aux Français. Pour ce faire, il leur suffit de menacer l'un des quatre groupes de vendre les soi-disant informations aux autres. » Il est encore plus rosse avec les Soviétiques : « À Rome, on croise encore des agents russes, qu'on reconnaît aisément au fait qu'ils se déplacent par deux. La moitié du monde de l'espionnage se moque d'eux : s'ils vont par paire, prétend-on, c'est parce que l'un sait lire et l'autre écrire. La seconde moitié affirme que l'un est sourd, l'autre muet – les services secrets russes jouent de cette façon la prudence. Les espions soviétiques se trouvent confrontés à un problème de taille : ils ne comprennent tout simplement pas pourquoi les communistes italiens vont à la messe tous les dimanches. Un Russe a demandé un jour à l'un d'eux les raisons de cette pratique. L'Italien lui a répondu qu'il fréquentait l'Église afin d'y prier pour Staline et pour la victoire des communistes. »

Voici enfin décrits les réseaux du Vatican :

« On ne saurait oublier, cela va de soi, les espions à la solde du Vatican, où chaque bureau, chaque congrégation dispose de ses

1. *Un espion au Vatican, 1941-1945*, Payot, 2014.

propres agents – en la matière, les jésuites sont les plus puissants de tous. Mais au bout du compte, tous travaillent pour le pape. On choisit les espions du Saint-Siège dans tous les milieux : il y a des membres de l'aristocratie romaine et des paysans, des directeurs de banque et des Italiens employés par les Allemands et des Italiens employés par les Alliés, des honnêtes gens et des trafiquants de marché noir. »

Devant la progression des Alliés vers Rome, les Allemands savent que nombre d'espions italiens sont chargés d'évaluer la quantité d'hommes et d'équipements militaires qui vont être envoyés pour combattre les Anglo-Américains à Anzio. C'est pourquoi les deux divisions allemandes ont instruction de défiler deux fois sur la via Flaminia et le Corso pour induire en erreur les indicateurs sur les forces réelles en présence.

Bon nombre d'espions italiens sont mus uniquement par l'appât du gain. Ils proposent leurs services au plus offrant. Quand un représentant de l'OSS américain s'est installé à Rome en janvier 1944, cela a été la ruée pour profiter de ses largesses supposées. Entre eux, ces opportunistes rebaptisent l'OSS : *Opera Sistemazione Squadrinati* – « Service de bienfaisance des indigents ». L'OSS a été formé par William Donovan, un proche de Roosevelt, peu après l'entrée en guerre des États-Unis. Donovan est libre de recruter tous azimuts de jeunes brillants diplômés des grandes universités. Les premières recrues de l'OSS, environ une soixantaine, ont été formées, d'abord dans le Maryland pour une mise à niveau militaire, puis par le MI6 britannique, qui les hébergea à Bletchley Park, le site du GCHQ au nord de Londres, pour une formation aux techniques d'espionnage. Les Britanniques regardaient ces jeunes gens avec une certaine condescendance. Pourtant, une partie d'entre eux devait former le futur noyau dur de la CIA, et devenir les leaders de l'espionnage occidental pendant la guerre froide. Installé à Berne, Allan Dulles (futur patron de la CIA) s'est mis à lancer ses filets dans toutes les directions sans avoir trop de soucis à se faire pour son budget, qui était quasi illimité. Il y a eu beaucoup d'informateurs inutiles, mais dans la masse, on finit forcément par trouver des pépites. Dulles est entré en contact avec Müller, l'avocat des conjurés militaires allemands antinazis. Même si le mot d'ordre des Alliés était désormais une capitulation sans condition (ce qui rendait caduque toute velléité de médiation papale), Dulles et son chef Donovan se sont montrés très intéressés par les perspectives que leur présentait Müller de médiation avec l'opposition interne à Hitler au sein de l'armée. Malheureusement, Müller est arrêté peu après.

En août 1944, après l'échec de la tentative de coup d'État du comte Stauffenberg, les officiers résistants allemands tomberont les uns après les autres dans un vaste coup de filet du Reich contre les suspects de trahison. Un mandat d'arrêt sera émis contre le père Rösch, coordinateur du Comité des ordres, le réseau catholique allemand, qui devra se cacher dans la campagne bavaroise mais finira par être capturé. Les prêtres du Comité des ordres seront traqués. Dans une annexe de l'Abwehr, les SS découvriront un coffre rempli de preuves du rôle du Vatican dans les complots antihitlériens, y compris des journaux personnels de Canaris. Müller sera transféré au camp de Flossenbürg où sont rassemblés les conjurés de Canaris. Rattenhüber, commandant des gardes du corps de Hitler, plaidera auprès de Kaltenbrunner pour ne pas exécuter Müller : il pourrait servir de messager auprès de Pie XII pour négocier une paix séparée[1].

La première vraie recrue de choix pour Dulles est un autre Allemand. À l'été 1943, un fonctionnaire du ministère allemand des Affaires étrangères nommé Fritz Kolbe lui a ainsi proposé ses services. Chargé de transporter la valise diplomatique allemande à Berne, il était en mesure de transmettre à Dulles des copies de câbles envoyés par les ambassades allemandes ainsi que des rapports du baron Ernst von Weizsäcker, ambassadeur allemand près du Saint-Siège.

1. Miraculeusement, Müller survit, puis on le ramène au Vatican le 1er juin 1945. Il retournera à Munich, deviendra agent de renseignement pour les Américains, puis cofondateur de la CDU bavaroise. Il sera ministre de la Justice du Land de Bavière et mourra en 1979.

Dulles n'est pas le seul responsable de l'OSS à s'être intéressé très tôt au Vatican. Le grand patron du service, William Donovan, manifeste dès le début un fort tropisme pour ce dossier. Le cardinal Spellman se montre un collaborateur zélé, en lui rendant de fréquentes visites, lui expliquant les arcanes du Saint-Siège et fournissant copie des rapports de la secrétairerie d'État sur des pays où l'OSS est dépourvu de sources. En février 1942, Philip Rodgers, un jeune catholique de gauche, a proposé à Donovan de diffuser dans les réseaux de « catholiques de gauche » une propagande proaméricaine en Amérique latine et en Europe. À l'été 1942, Donovan s'est intéressé aux liens de Rodgers avec une agence d'information catholique nommée Pro Deo[1], qui avait le soutien tacite du Vatican. Celle-ci existait depuis les années 1930. Après 1933, les bureaux d'Amsterdam, Bruxelles et leurs correspondants en Allemagne sont devenus des sources importantes sur la persécution des catholiques par les nazis. En mai 1940, l'invasion de la Belgique obligeait le directeur du bureau de Bruxelles, Félix Morlion, un prêtre dominicain, à gagner Paris puis Lisbonne, où il ouvrait un nouveau bureau. À l'été 1941, sous la pression des services allemands il fut fermement invité à quitter le Portugal : il s'exila à New York.

Avec une journaliste catholique, Anna Brady, il fonda une nouvelle agence de presse, CIP (Catholic International Press), qui allait ouvrir des bureaux à Londres et reprendre pied discrètement à Lisbonne. Le FBI mena alors une enquête sur Morlion, le jugeant antifasciste et anticommuniste[2]. Après la naissance du CIP, Morlion entra en contact avec Rodgers.

Ce dernier orienta vers lui les représentants du ministère britannique de l'Information, pour les aider à diffuser une information plus favorable à la Grande-Bretagne auprès des catholiques américains, pour beaucoup d'origine irlandaise. Puis Rodgers le mit en relation avec Donovan.

1. À ne pas confondre avec l'organisation internationale Pro Deo évoquée au chapitre 1, bien qu'il y ait eu des passerelles entre les deux.
2. *Federal Bureau of Investigation*, dossier F. Morlion, 100-HQ-93828.

Après Monte Cassino, les troupes américaines marchent sur Rome. Pietro Koch, le chef du gang italien Koch, auxiliaire des Allemands, fait contacter O'Flaherty et lui propose un marché : l'asile pour sa mère et sa femme dans un couvent, en échange de quoi les prisonniers ne seront plus déportés. O'Flaherty pose comme condition qu'on lui remette deux officiers britanniques prisonniers. Début juin, les Allemands préparent leur départ. Peu après l'entrée des Américains dans Rome va débuter le débarquement en Normandie.

On sait aujourd'hui que Montini a joué un rôle important dans la survie du réseau O'Flaherty. Très proche de l'ambassadeur D'Arcy Osborne, il est tenu informé des détails de l'opération. C'est lui qui prévient O'Flaherty quand la pression des Allemands se fait trop dangereuse. Il n'y a pas d'indication que la curie ait tenté de stopper les activités de O'Flaherty, malgré les raids allemands sur ses propriétés et l'arrestation de prêtres. Cela aurait irrité les Britanniques, qui apparaissaient de plus en plus comme les futurs vainqueurs de la guerre, du moins pour tout observateur avisé.

Dans quelle mesure Montini a-t-il tenu Pie XII informé du détail de ce qui se passait ? Il est certain que son cœur penchait en faveur des Alliés, et peut-être plus encore qu'on ne le croit. Les archives du MI6 recèlent à son sujet une petite bombe, qui colore potentiellement notre lecture de toute l'affaire : selon l'historien Stephen Dorril, l'assistant de l'ambassadeur Osborne, Hugh Montgomery, un catholique « dévoué », aurait été « l'amant de Montini[1] ». L'information est impossible à recouper, donc à prendre au conditionnel. En vérité, les archives des services de renseignement comportent souvent des notations sur la vie privée des agents et des responsables avec qui ils sont en contact. Jusqu'à une période récente, les chercheurs évitaient pudiquement d'en faire état, ne sachant trop comment les traiter : rumeurs, informations ? Sans parler de la gêne à évoquer une orientation sexuelle, au risque de se faire cataloguer comme homo-

1. Stephen Dorril, *MI6. Inside the Covert World of Her Majesty's Secret Intelligence Service*, Touchstone, 2002.

phobe. Aujourd'hui, le tabou de l'homosexualité dans l'Église est en partie levé. L'historien ne doit ni occulter ni monter en épingle ces questions ouvertes, mais les intégrer dans sa recherche en y appliquant la même démarche critique que vis-à-vis de n'importe quelle archive. On ne peut pas faire l'histoire du Vatican sous l'angle du renseignement sans évoquer ce qui peut s'avérer une source de vulnérabilité. En l'occurrence, si l'hypothèse d'une « amitié particulière » de Montini avec l'adjoint d'Osborne était confirmée, cette information pourrait expliquer un engagement plus affectif qu'il n'est de règle à la curie en faveur de la cause alliée. Elle impliquerait aussi que les services anglais aient eu, dans la durée, un moyen de pression implicite envers le futur Paul VI.

4

Rome, ville ouverte
1944-1947

Les Alliés pénètrent dans Rome le 4 juin 1944. Quatre cent soixante-dix-sept Juifs sont encore cachés dans la Cité du Vatican, auxquels s'ajoutent 4 238 dans des monastères et couvents romains. En tout, les SS ont arrêté et déporté un millier de Juifs romains.

À l'arrivée des Américains, Pie XII réclame Spellman à ses côtés, pour servir d'intermédiaire avec les officiers militaires et pour l'aider à réorienter la diplomatie vaticane. Après la libération de Paris le 25 août 1944, le général de Gaulle met le pape dans l'embarras en exigeant le renvoi des cardinaux les plus collaborationnistes, à commencer par le cardinal Suhard de Paris, totalement compromis avec l'occupant. Le pape envoie Spellman négocier avec de Gaulle, mais sans le moindre résultat. Les deux hommes ne s'entendent décidément pas. Contraint de remplacer le délégué apostolique Valeri, le pape croit marquer son dédain en choisissant une figure jugée plus secondaire, le nonce en Turquie Angelo Roncalli. Spellman a fait sa connaissance lors de sa tournée au Moyen-Orient : les deux hommes sont on ne peut plus dissemblables. D'origine paysanne, tout en rondeur et bonhomie, Roncalli est peu admiré par ses pairs et n'est certes pas un guerrier. Mais il a pris l'initiative d'aider discrètement des milliers de Juifs en leur procurant des sauf-conduits certifiant qu'ils étaient de bons catholiques et pouvaient rester en Turquie, pays neutre. Contre toute attente, il va bien s'entendre avec de Gaulle et pacifier la situation.

Le cardinal Tisserant connaît un spectaculaire retour en grâce, lui qui organise la première audience papale du général de Gaulle dès le 30 juin 1944. Quelques semaines auparavant, Tisserant a obtenu du pape de pouvoir accorder aux maquisards français des aumôniers, ce que refusait la hiérarchie en place. En novembre, le cardinal français accomplit une grande tournée en France, dans un véhicule fourni par le général de Gaulle. Il annonce à ce dernier la nomination de Roncalli comme nonce. Dès juin 1944, l'ancien attaché militaire à Rome dans les années 1930, le général Henri Parisot, est également de retour et reprend contact avec Tisserant, avec qui sont définies les grandes lignes d'une coopération des services français avec le Russicum (voir le chapitre suivant). L'axe Rome-Paris est réactivé, et il n'a rien de secondaire.

L'officier SS Hartl, envoyé par ses chefs à Rome en 1944 pour établir le contact avec les puissances occidentales par le truchement du Vatican, afin de leur proposer un renversement d'alliances contre le communisme, expliquera après-guerre au cours d'un interrogatoire par les Américains : « Lorsque le Vatican s'est rendu compte que les États-Unis et l'Union soviétique seraient les grands vainqueurs de la Seconde Guerre mondiale, il a aussitôt tenté de mettre sur pied, à dessein de faire contrepoids à ces deux puissances, un bloc composé de nations d'Europe occidentale, dont la France, "fille aînée de l'Église catholique" prendrait la tête… C'est la raison pour laquelle le Saint-Siège a retiré son soutien au gouvernement de Vichy pour se tourner vers les Français libres de De Gaulle[1]. »

L'OSS à Rome

À la même époque, Donovan le patron de l'OSS rencontre Pie XII, qui le décore de la grande croix de l'ordre de Saint-Sylvestre, le plus ancien et prestigieux des ordres de chevalerie papale. Cette décoration marque le début d'une collaboration de long terme entre

1. PV interrogatoire d'Albert Hartl 17 mai 1946, USNA, RG 59, cité par Mark Aarons et John Loftus, *Des nazis au Vatican*, Olivier Orban, 1992.

le Vatican et le renseignement américain. L'agent de l'OSS Morlion s'installe à Rome, où il devient correspondant du CIP et se mêle aux hommes d'affaires, intellectuels, politiques et ecclésiastiques. Il organise des réunions et rédige des bulletins. Il est géré par l'OSS de New York, et non par les agents en poste à Rome. Son nom de code est « Bernard Black ». Morlion voyage beaucoup dans les pays neutres ou de l'Ouest. Il bénéficie d'impressionnantes entrées au Vatican : il est capable de rapporter les commentaires sur l'actualité de beaucoup de cardinaux. Morlion a peu de choses à dire en revanche sur le pape : sa production se limite aux potins qui circulent à la curie.

La volonté américaine de savoir ce qui se dit et se fait entre les murs du Vatican donne lieu à une débauche de moyens étonnante dans le contexte d'une guerre mondiale bien loin d'être achevée. Selon un ancien du renseignement américain, dès la fin 1944-début 1945, les services mettent la main sur les lignes téléphoniques qui relient le Vatican au reste du monde[1]. Nous n'avons pu en trouver la trace dans les archives de l'OSS, aujourd'hui disponibles en ligne, ni dans celles du CIC. Si cette information est vraie, elle expliquerait pourquoi les monsignori se montrent toujours d'une grande prudence au téléphone, persuadés qu'on pourrait bien les écouter…

À l'été 1944 s'est installé à Rome un des plus prometteurs agents de l'OSS, qui jouera un rôle important dans la suite de notre histoire : James Jesus Angleton. Fils d'un homme d'affaires américain dirigeant la chambre de commerce italo-américaine de Milan, parlant trois langues, éduqué à l'université Yale, Angleton avait le profil idéal pour devenir un espion américain en Italie. Son père, implanté de longue date en Italie, était avant la guerre à la fois franc-maçon, ce qui lui donnait accès à nombre de politiciens italiens, et chevalier de Malte, ce qui lui donnait accès aux catholiques les plus influents en Europe comme aux États-Unis[2]. Nommé responsable du bureau

1. Entretien avec l'auteur.
2. Jefferson Morley, *The Ghost. The Secret Life of CIA Spymaster James Jesus Angleton*, St Martin's Press, 2017. Voir aussi Gérald Arboit, *James Angleton, le contre-espion de la CIA*, Nouveau Monde éditions, 2007.

« Italie » (X2) en raison de sa connaissance du pays, posté en Grande-Bretagne en attendant l'invasion de l'Italie, Angleton débarque dans les fourgons de l'armée américaine et se met au travail. Il est censé purger le pays des agents nazis abandonnés par l'occupant et interroger les prisonniers soupçonnés d'être des espions allemands. Grâce à son père, il a accès facilement à tous les notables de l'ancien régime que les Alliés ont choisi de maintenir pour la plupart afin de ne pas laisser le pays tomber aux mains du puissant parti communiste. Le major Angleton a pris ses quartiers via Sicilia, dans le même immeuble que le CIC, le service de renseignement militaire, et que les services britanniques, mais à un étage différent. Il est en excellents termes avec les Britanniques et ne parle presque pas avec les hommes du CIC qui le décrivent comme « un salopard arrogant ». À cette époque, Rome grouille d'espions théoriquement alliés mais secoués de terribles rivalités. Certains cherchent activement les criminels de guerre nazis, d'autres s'en soucient assez peu.

Depuis son poste de Berne, Allen Dulles a ouvert dès 1944 la voie d'une réconciliation sélective avec les ex-nazis susceptibles de rendre des services. Angleton, qui fait sa connaissance en octobre 1945 à Rome, se rallie à cette stratégie. Il négocie avec le prince Junio Valerio Borghese, sans doute l'officier fasciste le plus célèbre d'Italie. Ancien combattant de la guerre d'Espagne aux côtés de Franco, commandant de sous-marin passé maître dans le combat naval clandestin, Borghese s'était illustré par la hardiesse de son commando d'hommes torpilles. Pragmatique, Angleton lui propose d'échapper à une probable condamnation à mort en aidant les Alliés à déminer les ports italiens piégés par les Allemands, comme celui de Livourne. Il négocie sa reddition et l'installe dans une résidence clandestine. Il sera jugé par un tribunal militaire américain, à l'insu des Italiens, et remis en liberté dès 1949. Au cours des décennies suivantes on va retrouver la trace de celui qu'on surnomme le « prince noir » dans diverses affaires et machinations impliquant les nostalgiques du fascisme.

Angleton développe d'excellents contacts au sein du Vatican. Il est ainsi informé que deux nazis connus des services, Eugen Dollmann et Eugen Wenner, se sont échappés d'un camp de détention britannique près de Rimini. Dollmann a trouvé refuge dans un hôpital de Milan, avec l'aide du cardinal Alfredo Ildefonso Schuster, un des prélats les plus compromis dans la collaboration avec le fascisme. Dollmann était le bras droit du général Wolff qui a négocié sa reddition avec Allen Dulles début 1945. S'il tombait aux mains des communistes, cela pourrait mener à des révélations embarrassantes. Angleton organise l'exfiltration des deux hommes[1]. Cette opération fait quelque peu tousser les collègues du CIC. Dollmann se trouve logé à Rome dans un appartement dont il a interdiction de sortir pour ne pas être reconnu et arrêté. Comme il s'y ennuie beaucoup, il pioche dans la bibliothèque qui contient une impressionnante collection de littérature sadomasochiste. La précédente locataire était une Allemande, maîtresse de Mussolini… L'ex-SS, qui est pour sa part plutôt porté sur les soirées gay, finit par se lasser de ces lectures et, trop confiant dans ses faux papiers, sort se promener dans Rome. Il est reconnu par un informateur et capturé dans un cinéma par les hommes du CIC. Après quelques mois dans une prison romaine, Angleton parviendra à le faire transférer dans une prison militaire américaine à Francfort, puis à l'en faire sortir discrètement[2].

En décembre 1944, un tout jeune homme de nationalité américaine, Martin Quigley[3], rejoint l'équipe de l'OSS à Rome, sur instruction de William Donovan et de son chef de section « Italie » Earl Brennan. Curieusement, il n'est pas rattaché à Angleton qui semble ignorer sa mission. Celle-ci consiste à recueillir auprès des organisations catholiques tous renseignements utiles à la poursuite de la guerre contre les forces de l'Axe. Jeune diplômé de l'université de Georgetown, Quigley a connu personnellement Donovan alors que ce dernier était encore l'associé d'un prestigieux cabinet d'avo-

1. Jefferson Morley, *The Ghost. The Secret Life of CIA Spymaster James Jesus Angleton*, St Martin's Press, 2017.
2. David Talbot, *The Devil's Chessboard. Allen Dulles, the CIA and the Rise of America's Secret Government*, Harper Collins, 2015.
3. Cf. Martin S. Quigley, *Peace without Hiroshima. Secret Action at the Vatican in the Spring of 1945*, Madison Books, 1991.

cats à New York. Donovan avait notamment pour client le studio de cinéma RKO, en butte aux autorités antitrusts qui forçaient les grands studios à se séparer de leurs salles de cinéma. Quigley a rejoint les services de la propagande, en charge des actualités cinématographiques. En 1942, il se porte volontaire pour rejoindre l'OSS, qui le recrute tout en conservant sa couverture cinématographique: officiellement Quigley fait désormais partie de la « Motion Picture Producers and Distributors », qui supervise la distribution des films hollywoodiens dans le monde entier sous la férule de Will Hays, l'inventeur du fameux « code Hays » qui a moralisé le cinéma américain. Quigley rejoint Rome en décembre 1944.

Sous couvert d'assurer la meilleure diffusion possible du cinéma américain dans l'Italie libérée, il doit nouer le plus de contacts possible au sein du Vatican et des organisations catholiques. Alors que l'Italie est en ruines, il peut sembler étonnant que les autorités italiennes et celles du Vatican se soucient de cinéma. Mais le 7e art est devenu depuis l'entre-deux-guerres une préoccupation constante des autorités catholiques, pour son influence supposée sur les mœurs des spectateurs. En qualité de représentant d'Hollywood, Quigley est invité par les cercles romains les plus sélects et même Pie XII demande à le recevoir en audience… Pour ne pas brûler sa couverture, Quigley est obligé pendant cette audience de se borner à un terne exposé sur les propositions américaines en matière de code moral du cinéma italien !

Avant son départ, Quigley a reçu directement de Donovan l'instruction suivante : « Soyez attentif aux possibilités d'ouvrir un canal secret de communication avec Tokyo pour négocier la reddition du Japon. Après tout, le Vatican est un des rares endroits où cela serait possible. » Pour échapper aux accusations d'ingérence religieuse dans les affaires américaines, les présidents successifs (et Roosevelt n'échappe pas à la règle) doivent garder des rapports ouvertement distants avec Rome. Il n'est donc pas question de faire du pape un médiateur officiel pour négocier la fin des combats ; seulement de voir si un canal officieux de discussion peut être ouvert via le Vatican.

Le premier contact de Quigley à Rome est le père McCormick, un jésuite recteur du séminaire grégorien, qui réside au quartier général des jésuites, tout près du Vatican, et accueille les jésuites américains lorsqu'ils débarquent à Rome. McCormick est le traducteur officiel du pape pour établir la version anglaise de ses proclamations, ce qui lui offre un accès régulier au Saint-Père. Il est considéré par les services américains comme leur point de contact officieux au Vatican. Autre contact précieux noué par Quigley : Pietro Galeazzi est l'architecte du Vatican dont il administre la Cité. Cet ami du pape passe du temps avec lui presque chaque soir. Américanophile, il est par ailleurs proche du cardinal Spellman.

Un troisième contact va être noué par Quigley, qui s'avérera capital pour la suite de sa mission. Monsignore Egidio Vagnozzi est un jeune prélat promis à une belle carrière dans la diplomatie vaticane, et se trouve bloqué à Rome dans l'attente de pouvoir rejoindre le poste qui lui a été attribué au Portugal. Il parle un excellent anglais et surtout il croise régulièrement le père Tomizawa, conseiller de l'ambassade japonaise : tous les deux habitent à la résidence Sainte-Marthe, où ils partagent de temps à autre leur repas. Solliciter l'entremise de monsignore Vagnozzi ne va pas de soi : on n'attend pas des prélats qu'ils prennent des initiatives diplomatiques, encore moins qu'ils s'expriment au nom du pape sans y être invités par leur hiérarchie. Lors d'un entretien en tête à tête, quelques jours avant la reddition allemande, Quigley décide de jouer cartes sur table, de dévoiler sa véritable identité d'espion, et sa mission. Elle se limite à ouvrir un canal de communication : si les Japonais répondent favorablement, Washington enverra alors un négociateur autorisé dans les 48 heures. Rien dans le fait de contribuer à l'ouverture de discussions pour la paix n'est contraire aux missions de l'Église ni aux ambitions diplomatiques de Pie XII. Cependant, l'Américain réclame le plus grand secret, y compris vis-à-vis de la hiérarchie vaticane, ce qui place Vagnozzi dans un vif embarras. Après bien des hésitations, il accepte pourtant d'initier le contact. Il est convenu qu'il informe le père Tomizawa comme suit : un homme d'affaires américain catholique, ayant accès aux plus hauts échelons du gouvernement américain, souhaite ouvrir une négociation pour trouver un accord de paix. Effrayé par cette initiative, le prêtre rend néanmoins compte à l'ambassadeur Harada, qui réagit avec circonspection mais décide de rendre compte à Tokyo. Son câble (très prudent dans la forme car il ne veut pas être accusé de défaitisme) est envoyé depuis le Vatican, crypté selon le système « Magic » que les Japonais utilisent de longue date. Ils ignorent que les Américains ont percé ce code et peuvent donc lire une bonne partie de leur correspondance militaire et diplomatique (ce sera d'ailleurs un des facteurs de leur défaite dans le Pacifique). De son côté, monsignore se couvre vis-à-vis de sa hiérarchie en l'informant des démarches en cours. Ne pas le faire aurait sans doute compromis la suite de sa carrière.

La réponse de Tokyo se faisant attendre, l'ambassadeur Harada prend sur lui de faire demander quels seraient les termes d'une négociation de paix. Quigley n'est pas mandaté pour négocier au nom des États-Unis, mais il comprend que rien ne sera possible si on ne fait pas miroiter aux Japonais de possibles concessions. Sachant à quel point ils sont attachés à leur empereur et à l'intégrité du territoire, il fait une réponse prudente laissant entendre que ces éléments pourraient faire partie de la négociation. C'est contradictoire avec la position officielle des États-Unis, qui réclament une « capitulation sans condition » de la part du Japon. Mais Quigley suppose – correctement – qu'il s'agit de propagande à usage interne aux États-Unis. Ceci justifie un nouveau câble de l'ambassadeur à Tokyo. Au mois de mai 1945 est donc esquissé au cœur du Vatican un dialogue, par prélats interposés, qui pourrait mettre fin à la guerre sans qu'il soit nécessaire de larguer la bombe atomique sur Hiroshima et Nagasaki. Hélas, ni d'un côté ni de l'autre on ne va saisir l'opportunité.

L'instruction de Donovan à Quigley traduisait bien le caractère franc-tireur du patron de l'OSS et s'appuyait sur son lien personnel avec le président Roosevelt qui lui permettait de le contacter en cas d'urgence. Mais il n'en va plus de même depuis que Roosevelt est décédé le 12 avril dernier. Son successeur, Truman, ne connaît pas

Donovan et s'en méfie. Il n'est évidemment pas au courant d'une tentative de communiquer avec les Japonais. À Tokyo, les diplomates ne se montrent pas intéressés, d'une part car le véritable pouvoir est entre les mains des militaires, d'autre part car des négociations sont déjà ouvertes dans le plus grand secret avec Moscou, considéré comme un médiateur possible avec Washington.

Enfin l'initiative de Quigley arrive au plus mauvais moment possible : le poste romain de l'OSS se trouve mis sur la sellette. Le patron de l'antenne romaine, Vincent Scamporino, vient d'être rappelé aux États-Unis. En cause, la mauvaise humeur des services secrets britanniques en Italie, qui estiment que, dans le partage de l'Europe libérée entre services alliés, l'Italie est leur chasse gardée. Les Anglais ne supportent pas l'activisme de l'OSS qui ne rend de compte à personne et ils obtiennent le remplacement de Scamporino par Richard Mazzarini, précédemment posté à Londres pour assurer le lien avec les services britanniques. Scamporino a d'autant moins pu défendre sa position qu'il est frappé par un scandale interne de grande ampleur. Il a dépensé des fortunes pour un informateur qui n'est autre qu'un escroc !

Escroquerie au renseignement

À l'automne 1944, Scamporino a reçu une proposition étonnante d'une source bien placée au Vatican. Celui-ci proposait rien de moins que des documents de travail du Vatican, des transcriptions d'audiences papales et même des informations de première main sur des sites stratégiques japonais qui offriraient des cibles privilégiées de bombardement ! Ces informations viendraient du délégué apostolique au Japon. La proposition peut être un moyen d'adoucir le courroux des Américains qui ne comprennent pas que le Vatican ait entamé des relations diplomatiques en bonne et due forme avec ce pays, quasiment au moment où les Japonais entraient en guerre avec eux.

La fin de la guerre approche et avec elle viendra peut-être le démantèlement de l'OSS. Le service est donc désireux de faire du zèle et de prouver son efficacité. On ne se pose donc pas trop de questions sur la miraculeuse source. James Angleton a pour sa part de sérieux doutes sur l'authenticité de cette source nommée Vessel, dont la production lui semble un peu trop belle, venant d'un milieu aussi clos que le Vatican. Mais elle va au moins lui permettre d'établir un contact intéressant. Angleton rencontre en effet Mgr Montini de la secrétairerie d'État, au prétexte de lui signaler qu'un membre de la secrétairerie fait « fuiter » des documents sensibles. Lui serait-il possible d'identifier la source ?

Après examen, Mgr Montini est tout sourire : il n'y a pas de taupe ! Les documents sont de pures inventions. Encore un coup de Scattolini ! Le journaliste Virgile Scattolini s'est imposé dans la Rome occupée comme un homme très bien informé de l'intérieur du Vatican. Lorsque la guerre éclata, Scattolini était un auteur qui vivotait de ses écrits : critiques cinématographiques dans *L'Osservatore Romano*, romans et pièces de théâtre aimablement licencieuses, etc. Il vit dans la guerre une formidable opportunité de diversifier sa production littéraire, à destination d'une clientèle très sélecte et fortunée. Puisqu'il habitait près du Vatican, qui fascinait tant de chancelleries et de services secrets, sans parler des agences de presse, pourquoi ne pas produire une lettre d'informations confidentielles ? Il était délicat, mais pas impossible de fournir chaque semaine un compte-rendu de ce qui se tramait entre les murs épais du Vatican. Il fallait pour cela une bonne connaissance des usages, des mœurs et de l'organigramme de la secrétairerie d'État. Il fallait ensuite se tenir informé des audiences papales, au jour le jour, ce qui n'était guère compliqué. Une bonne culture diplomatique et géopolitique permettait à partir de là de broder en tricotant l'information véritable (ouverte), des suppositions plausibles et quelques inventions sensationnelles pour piquer l'intérêt du lecteur. Le succès fut à la hauteur des fantasmes que suscitait le Vatican : agences de presse (qui à leur tour alimentaient les grands quotidiens du monde entier), ambassades d'Allemagne et du Japon, services secrets allemands, soviétiques et bientôt l'OSS !

Dès janvier 1945, Scattolini imagine un scénario d'offre de négociations pour la paix dans le Pacifique… mais qui proviendrait des Japonais ! Selon lui des démarches auraient été entreprises par l'ambassadeur Harada. Dans un premier temps, Pie XII aurait refusé de les relayer, considérant les exigences japonaises comme inacceptables pour les Américains. La centrale de l'OSS prend suffisamment au sérieux ces informations pour transmettre le dossier au Département d'État.

Mais tout à son désir de poursuivre un feuilleton fort apprécié de ses lecteurs, Scattolini commet en février une erreur grossière en affirmant que l'envoyé personnel de Roosevelt auprès du Vatican, Myron Taylor, aurait eu une première discussion secrète avec l'ambassadeur Harada… Cette invention manifeste, que réfute le Département d'État, cause la disgrâce de l'informateur mais aussi de son officier traitant. Elle permet de mieux comprendre pourquoi l'initiative de Quigley n'a pas été prise au sérieux. En matière d'espionnage, comme en matière monétaire, « la mauvaise monnaie chasse la bonne » : la fausse information est entrée en collision avec la vraie et l'a discréditée.

Cette fausse source démasquée va servir la gloire d'Angleton à Washington – en même temps qu'elle embarrasse l'OSS qui avait transmis des synthèses des rapports Vessel à l'état-major, au Département d'État et à la Maison-Blanche. C'est le début d'une solide amitié entre Angleton et Montini.

Début 1945, ce dernier joue un rôle encore méconnu d'intermédiaire entre l'OSS et les officiers allemands pour la reddition des troupes opérant dans le nord de l'Italie.

Le 8 mars 1945, le SS-Obergruppenführer Karl Wolff, accompagné du SS-Standartenführer Eugen Dollmann, représentant d'Himmler en Italie, et de l'industriel italien baron Luigi Parrilli, rencontre Allen Dulles, à Zurich, en compagnie du capitaine Rothpletz du contre-espionnage suisse. L'archevêque de Milan, le cardinal Ildefonso Schuster, a organisé cette rencontre en plein accord avec Montini.

Wolff s'estime en mesure d'amener le Feldmarschall Albert Kesselring à mettre fin aux combats en Italie du Nord. Il donne quelques gages de bonne volonté comme l'arrêt des luttes contre les partisans italiens. En contrepartie, il demande que ses troupes puissent faire retraite en bon ordre à travers les cols alpins autrichiens.

Le 19 mars, Dulles rencontre à nouveau Wolff à Ascona en Suisse, près de la frontière italienne. Roosevelt a mis Staline au courant des tractations secrètes, qui prend très mal la nouvelle. Il craint qu'une paix séparée en Italie puisse permettre aux Allemands de reporter des troupes sur le front de l'Est. De fait, on peut se demander si ce n'était pas l'intention première des Allemands et dans quelle mesure Wolff a réellement agi de sa seule initiative.

Wolff fait un aller-retour à Berlin le 19 avril mais les Russes sont déjà proches. Revenu de Berlin, Wolff repart pour Lucerne le 24 avril, averti que les pourparlers sont interrompus sous pression de Staline. Ayant appris la mort de Hitler le 29 avril, Kesselring se résoudra à capituler.

L'Église en première ligne

Avant même la fin de la guerre, les Américains prennent conscience qu'un autre combat se profile et que l'Église s'apprête à y jouer un rôle considérable. Le 2 mai 1945, Quigley rencontre le cardinal Eugène Tisserant. Lequel déplore que les Alliés depuis leur entrée en Italie n'aient pas moralisé le système politique et aient laissé prospérer le marché noir : c'est selon lui un terreau favorable à une future prise de pouvoir par les communistes. C'est oublier un peu vite que l'on ne peut vouloir à la fois l'aide de la Mafia et combattre les trafics… Tisserant rapporte que les Russes ont entrepris d'écraser toute activité religieuse en Prusse-Orientale. Leur attitude varie selon les pays : en Pologne, toute résistance est férocement réprimée tandis qu'en Hongrie les communistes se montrent plus accommodants. Tisserant considère que Roosevelt a trop cédé à Staline, ce qui aura des conséquences de long terme.

À un autre espion américain, l'agent du CIC William Gowen, « Tisserant affirme qu'il pense fermement qu'il y a 50 % de chances pour que la Russie provoque une nouvelle guerre cette année » : selon lui, les Russes seraient « en position favorable pour submerger l'Europe de l'Ouest... une opportunité dont la Russie a bien conscience qu'elle pourrait ne jamais se reproduire[1] ». Le sentiment d'urgence est palpable : « de toute évidence la Russie se trouve à présent dans une position propice pour se rendre maîtresse de l'Europe occidentale, et cela d'autant plus aisément qu'elle peut s'appuyer sur une machine de guerre renforcée par l'intégration de la zone allemande placée sous sa botte et par les multiples organisations communistes[2] ».

Il faut reconnaître que le Vatican reçoit bien des signaux inquiétants. Les arrestations et déportations reprennent en URSS dès la fin de la guerre. En septembre 1944, l'Ukraine et la Pologne signent un accord d'échange des minorités ethniques, ce qui déclenche une succession de massacres et d'arrestations de prêtres qui refusent de quitter leur diocèse. Quatre millions de fidèles ukrainiens se retrouvent privés de leurs 3 500 prêtres, parfois contraints de se convertir à l'orthodoxie. Pie XII manifestera sa douleur dans l'encyclique *Orientales omnes* en décembre 1945.

Les sources polonaises de Tisserant servent de matériau pour un livre de dénonciation : *Il Bolscevismo e la Religione*[3], qui est publié par une maison d'édition créée pour l'occasion par un proche du Vatican. Quigley laisse entendre que Tisserant en serait le principal inspirateur. Cette publication met en fureur l'ambassadeur soviétique en Italie qui exige du gouvernement italien l'interdiction du livre. Il obtient... l'interdiction d'*afficher* le livre, qui continue de se vendre sous le manteau. Les bataillons polonais incorporés dans l'armée italienne en achètent 2 000 exemplaires pour le diffuser.

1. Rapport Gowen, 18 septembre 1946, NARA, RG 59/250/36/27, boîte 4016, 761.00/9-1846. Cité par Mark Aarons et John Loftus, *Des nazis au Vatican*, *op. cit.*
2. *Ibid.*
3. Le bolchevisme et la religion.

Le Vatican se met donc en ordre de marche pour relancer la guerre secrète contre le communisme, ennemi majeur des années 1930. Trois mois après la fin de la guerre, l'OSS intercepte un message de Pie XII au père Norbert de Boynes, le vicaire général des jésuites, ordonnant l'envoi de prêtres sous couverture pour trouver des preuves du soutien financier de l'URSS aux communistes italiens. L'archive citée par Cooney ne dit pas si les agents de renseignement jésuites sont allés jusqu'à infiltrer le parti communiste. En août 1945 est créée l'ONARMO (Opera nazionale assistenza religiosa morale operai) par Monsignore Torrazza, un proche de l'évêque de Gênes Siri. Elle travaille en milieu ouvrier pour combattre la poussée marxiste.

Le zèle anticommuniste de Pie XII en fait un allié précieux pour les États-Unis dans la guerre froide qui s'annonce. Le pape soutiendra dès son annonce en juin 1947 le plan Marshall destiné à reconstruire l'Europe de l'Ouest et endiguer la menace communiste. Seule une poignée d'initiés savent qu'un volet occulte de ce plan va permettre de financer l'Église dans sa lutte contre l'influence communiste en Italie.

La guerre qui s'annonce sera mondiale. Il va falloir des fonds quasi illimités pour la financer. Dans les services secrets alliés, on prend aussi conscience que certains ex-nazis pourraient se révéler bien utiles à la guerre secrète à venir… d'autant plus utiles qu'ils ont beaucoup à se faire pardonner et que l'on peut avoir barre sur eux. Au Vatican, plusieurs prêtres vont se distinguer par l'aide qu'ils apportent aux nazis ou collaborateurs en fuite.

Miséricorde pour les criminels de guerre

Créée en 1944, la commission pontificale d'assistance aux réfugiés dirigée par Ferdinando Baldelli a pour but de venir en aide aux prisonniers de guerre et populations déplacées par la guerre. Dès les années 1920, Baldelli a créé une organisation d'aide aux migrants qui est devenue en 1930 l'Œuvre nationale d'assistance religieuse et morale aux ouvriers. En 1944, il est chargé par Pie XII de déployer les moyens du Vatican en faveur des réfugiés de religion catholique. Il est placé sous l'autorité du cardinal Montini. Malgré un staff de plus en plus étoffé, la tâche se révèle redoutable, si bien qu'il est nécessaire de créer une vingtaine de sous-comités spécialisés par nationalité. Certains d'entre eux vont développer une approche très politique. La commission, en principe neutre, est dotée de l'autorité papale. Montini s'active pour trouver des financements : il fait appel à ses amis américains qui vont verser plusieurs millions de dollars. La banque du Vatican joue dès cette période un rôle occulte mais fondamental : en dehors des valises de billets qui vont circuler, elle est la seule source de monnaie étrangère. Sans ce circuit, le fonds d'aide aux réfugiés n'aurait pas pu exister, du moins pas à une si grande échelle.

Aux États-Unis, la Conférence des évêques joue un grand rôle pour mobiliser et apporter des fonds à l'aide pontificale. Le cardinal Spellman en est la cheville ouvrière. Comme évêque aux Armées, il se rend plusieurs fois à Rome pour assurer le suivi et la coordination. Il y installe Mgr Andrew Landi, de Brooklyn, qui va distribuer directement des fonds à certains sous-comités.

La commission pontificale a d'évidence un agenda politique : défendre et propager la foi catholique, particulièrement en Europe de l'Est, et contrer l'influence néfaste du communisme. C'est dans ce contexte qu'il faut appréhender l'aide apportée à certains criminels de guerre nazis.

Elle crée ses bureaux d'émigration et envoie plusieurs délégations en Amérique du Sud pour étudier les possibilités et négocier l'installation de réfugiés européens. L'Église est solidement implantée dans ces pays, et donc en mesure d'assurer le suivi de ces installations et l'aide aux réfugiés.

L'un des sous-comités les plus controversés de la commission pontificale est le « comité d'aide autrichien » dirigé par l'évêque pronazi Alois Hudal.

L'évêque brun

Il est étonnant que pour visiter les internés civils de langue allemande sur le territoire italien (groupe dont on savait qu'il comprenait moult anciens nazis), le Vatican ait désigné l'évêque le plus ouvertement pronazi. Tout aussi étonnant que les Américains aient accepté, alors qu'ils connaissaient parfaitement son pedigree…

Alois Hudal est né à Graz en 1885 et a suivi le parcours classique : études de théologie, prêtrise… Il est aumônier militaire pendant la Première Guerre mondiale. En 1923, il est nommé recteur de l'église allemande de Rome, le Collegio Teutonico de Santa Maria dell'Anima, ce qui fait de lui le doyen à Rome des prêtres allemands et autrichiens. En 1933, le secrétaire d'État Pacelli le fait nommer évêque puis « assistant au trône pontifical », un titre purement honorifique. Dès la prise de pouvoir de Hitler, Hudal se rallie avec enthousiasme au nazisme. Peu lui importe que le pape Pie XI rejette le national-socialisme. Hudal publie en 1937 *Les fondements du national-socialisme*, dont il adresse un exemplaire dédicacé à Hitler : « Au Siegfried de la grandeur allemande ». L'ouvrage est glacialement accueilli à Rome. Hudal est désormais sous surveillance. On ne le sanctionne pas pour autant, car au Vatican cela ne se fait pas, mais il ne progressera plus dans sa carrière.

En 1944, quand les Alliés libèrent Rome, Hudal se sent tout d'un coup beaucoup moins « l'évêque allemand de Rome » et se réinvente comme « l'évêque autrichien de Rome », entièrement concentré sur le secours aux réfugiés autrichiens. Il est secondé par un curieux personnage, le baron Berger-Waldenegg, qui va servir d'interface avec les services secrets américains, c'est-à-dire les services de renseignement de l'armée américaine mais aussi l'OSS. Grâce à la censure postale qui permet de lire sa correspondance avec de nombreuses personnalités d'extrême droite, les espions américains savent à quoi s'en tenir à son sujet. Ils savent que Hudal héberge souvent dans son église plusieurs fugitifs nazis. Leurs chambres sont situées à proximité d'un passage secret qui mène à la crypte de l'église. Ils peuvent s'y réfugier en cas d'irruption inattendue.

À Rome, Hudal est assisté par Mgr Heinemann, basé à Santa Maria dell'Anima, et Mgr Bayer installé près de l'ancienne ambassade d'Allemagne. Selon un rapport du renseignement américain de 1947, « Bayer est en charge de toute l'activité d'aide aux réfugiés allemands au Vatican ». Beaucoup sont hébergés par Bayer dans les locaux de l'ancienne ambassade. Bayer travaillerait de concert avec le Dr Willy Nix, dirigeant du comité pour l'Allemagne libre en Italie, une organisation présentée comme antinazie. En réalité elle assiste des nazis en fuite, leur trouve des points de chute en Amérique du Sud et les envoie à Gênes avec passeports de la Croix-Rouge.

Pour opérer librement, Hudal a passé un accord avec des officiers de la police italienne. Quand les *carabinieri* tombent sur des nazis figurant sur leurs listes, ils les aiguillent vers les églises et couvents indiqués par Hudal. Cet accord fonctionne assez bien, sauf débordements extrêmes : à Gênes, un groupe de 110 nazis entonne des chants guerriers allemands depuis le pont d'un navire en train de quitter le port. Hélas pour eux, le navire souffre d'une avarie et doit faire marche arrière. Les carabiniers n'ont d'autre choix que de les arrêter après cette provocation.

En août 1946, le CIC américain parvient à infiltrer dans l'organisation du Dr Nix un de ses agents qui se fait passer pour un fugitif nazi. Dès son arrivée, celui-ci se voit remettre une lettre de recommandation, qui lui permet ensuite d'obtenir un passeport de la Croix-Rouge. L'agent est logé dans une immense villa, au milieu de nombreuses personnalités d'origines variées. Estimant disposer d'assez d'éléments, les Américains y font une descente et arrêtent plusieurs locataires pour interrogatoire. Il en ressort que le réseau du Dr Nix inclut des nobles allemands et italiens et des prêtres. Début 1947, les services secrets italiens décident d'arrêter Nix, qui se réfugie au Vatican. « Nous avons toujours soupçonné que le Dr Nix agissait sous la protection du Vatican. Sa fuite et son hébergement au

Vatican en apportent aujourd'hui la preuve», note dans son rapport l'agent Vincent La Vista[1].

En dehors de Rome, Hudal «porte la bonne parole» dans les camps de prisonniers, les informant sur les filières d'évasion susceptibles de les assister. L'une de ses premières visites sera pour Walter Rauff, le plus haut responsable SS des services de sécurité pour le nord-ouest de l'Italie. Comme on l'a vu, Rauff a participé avec le commandant de la Wehrmacht en Italie du Nord à des négociations secrètes avec le chef de poste de l'OSS à Berne, Alan Dulles. Ces négociations menées sous l'égide d'émissaires du Vatican ont permis de précipiter la fin des conflits en Italie. Le 29 avril 1945, le jour de la reddition allemande, Rauff a reçu un faux passeport et s'est installé dans un appartement milanais. Arrêté par les Américains un mois plus tard, il est secouru par Hudal qui le fait transférer dans un hôpital militaire. Il est alors pris en charge par les équipes de l'OSS. James Angleton se montre très intéressé par les archives de la police secrète fasciste que Rauff a placées en lieu sûr et par son zèle anticommuniste.

Réinstallé dans son appartement milanais, Rauff prend contact avec l'archevêque de Gênes Mgr Siri qu'il va aider à développer sa filière d'exfiltration vers l'Amérique du Sud.

Hudal lui trouvera un travail de professeur dans une école catholique et organisera l'exfiltration de sa famille de la zone d'occupation soviétique en Autriche. Rauff aidera ensuite d'autres officiers nazis à organiser leur fuite, ayant conservé plusieurs des agents qui travaillaient pour lui lorsqu'il dirigeait les services de sécurité nazis à Milan. Grâce à lui s'évade ainsi Adolf Eichmann. Contrairement à nombre de ses collègues, Rauff restera en Italie, travaillant plusieurs années pour la CIA et les services italiens. L'intérêt des Américains ira cependant en diminuant, c'est pourquoi Rauff émigrera avec l'aide du secrétaire de l'archevêque de Milan en Syrie puis en Équateur et enfin au Chili. En 1962, l'Allemagne réclamera son extradition,

1. Rapport «La Vista» du 15 mai 1947, NARA, RG 59, 250/36/29/2, 800.0128, boîte 4080.

sans succès. Lors de ses funérailles en 1984, on verra affluer de toute l'Amérique du Sud nombre de ses camarades venus rendre hommage à sa dépouille dans un ultime salut hitlérien.

Pour financer de tels réseaux, Hudal bénéficie d'une manne financière apportée par un autre officier nazi: le SS-Sturmbannführer Friedrich Schwend était une recrue du contre-espionnage de l'armée allemande spécialisé dans le marché des devises. Il était chargé de diffuser des billets produits en masse par un atelier de faux-monnayeurs juifs mis sur pied par la SS au sein du camp de Sachsenhausen. Schwend était chargé d'écouler cette fausse monnaie: il avait pour mission d'acquérir de l'or, des diamants et des matières premières. Ses bureaux d'achat étaient installés à Trieste puis à Milan[1].

Schwend met à disposition de Rauff tout ou partie des sommes qu'il n'a pas dépensées.

De son côté, Hudal se charge des demandes de papiers auprès de l'antenne romaine de la Croix-Rouge: dans le chaos de l'après-guerre, celle-ci délivre de nouvelles pièces d'identité provisoires aux personnes déplacées, valables uniquement sur le territoire italien.

Après la fin de la guerre, on trouve dans les camps italiens de nombreux soldats croates oustachi (alliés des nazis), ainsi que des SS de différentes nationalités mais souvent de confession catholique. Mgr Hudal dénonce leurs conditions d'existence misérables: absence de nourriture suffisante, de soins médicaux, etc. Farouchement anticommuniste, il estime que ces prisonniers n'ont fait qu'exécuter des ordres et ne sont en aucun cas des criminels de guerre. Des sous-comités commencent à prendre l'initiative de faire libérer certains d'entre eux selon un schéma constant: la commission pontificale rédige une lettre de recommandation pour la Croix-Rouge qui seule peut leur procurer des titres de voyage et des cartes alimentaires. Le secrétaire du service étranger de la commission signe toutes les lettres qu'on lui présente sans qu'aucune vérification soit effectuée par rapport aux déclarations des intéressés. La commission s'occupe

1. Cf. Yvonnick Denoël, « Les faux-monnayeurs d'Hitler », *Sang-froid*, n° 11, 2018.

également de solliciter des visas. Un des prêtres impliqués dans ces opérations, le père Anton Weber, s'est défendu ainsi : « Même si des criminels de guerre s'étaient présentés avec leurs vrais noms, nous n'aurions pas pu savoir qu'ils étaient des criminels de guerre[1]. »

Hudal ne se satisfait pas de l'aide matérielle substantielle apportée par son organisation. Il veut aussi accélérer le processus d'émigration de ses protégés. C'est pourquoi en 1948 il sollicitera directement du chef de l'État argentin, Juan Perón, l'attribution de 5 000 visas, non pas pour des réfugiés humanitaires mais pour des « combattants antibolcheviques » dont les « sacrifices pendant la guerre ont sauvé l'Europe de la domination soviétique[2] ».

L'un des cas les plus spectaculaires des évasions légales orchestrées par l'évêque Hudal est celui de l'ancien commandant du camp d'extermination de Treblinka, Franz Stangl. Ce dernier a réussi à s'enfuir d'Allemagne et à gagner Rome à pied. Aiguillé par la rumeur, il se précipite chez Hudal, qui lui fournit immédiatement un logement et un travail… à la bibliothèque du Collegium Germanicum ! Quelques mois plus tard, Stangl embarque pour le Brésil où il deviendra mécanicien dans une usine Volkswagen…

Dans ses Mémoires, Hudal assumera crânement ses exploits : « Je remercie Dieu de m'avoir ouvert les yeux et offert la grâce imméritée de visiter et réconforter de nombreuses victimes dans leurs prisons et camps de concentration au cours de la période d'après-guerre, et d'avoir pu soustraire un grand nombre d'entre eux des mains de leurs bourreaux, facilitant leur fuite vers des pays plus généreux avec de faux papiers d'identité. […] Je me sentais obligé après 1945 de consacrer mon travail charitable essentiellement aux anciens nationaux-socialistes et fascistes, particulièrement les prétendus "criminels de guerre"[3]. »

1. *Der Spiegel*, n° 6, 1984.
2. Lettre de Hudal à Perón, 31 août 1948, Collegio Santa Maria dell'Anima, fonds Hudal, boîte 27. Cité par Gerald Steinacher, *Les nazis en fuite*, Perrin, 2011.
3. Alois Hudal, *Römische Tagebücher*, Stocker, Graz, 1976.

Les sous-commissions croate et allemande, mais aussi hongroise, slovène et polonaise ne sont pas en reste. Un autre sous-comité qui fera parler de lui est le croate, dirigé par le recteur Juraj Magjerec et Mgr Krunoslav Draganović de l'Institut San Girolamo de Rome.

Il faudra attendre 1950 et divers scandales dévoilés par la presse italienne pour que le Vatican décide de fermer les sous-comités les plus critiqués. En 1949, les journaux annoncent ainsi la mort naturelle du SS-Sturmbannführer Otto Gustav Wächter, coupable de crimes de guerre à Varsovie et en Galicie orientale : depuis la fin de la guerre, il vivait paisiblement dans un monastère romain. Interrogé par la presse, Hudal assumera crânement avoir aidé cet officier comme un acte de miséricorde chrétienne. Le 3 février 1950, Mgr Baldelli l'informe que son sous-comité est dissous. Ce qui n'empêchera pas Hudal de poursuivre ses activités à titre privé. En avril 1951, les évêques autrichiens demandent sa démission, qui intervient l'année suivante. Il a eu le grand tort d'assumer publiquement ce que d'autres sous-comités continuaient à faire plus discrètement.

Il n'est pas possible que Montini ait totalement ignoré l'activité de ces sous-comités : des archives prouvent que tous au sein du Vatican n'approuvaient pas l'action de cette filière sud-américaine : par exemple, son subordonné Mgr Carroll lui écrit ceci le 10 mars 1947 : « Le fait que le comité pontifical joue un rôle significatif dans le transport des réfugiés vers l'Amérique du Sud, et cela sans préparation adéquate, pourrait exposer le Saint-Siège à des critiques plutôt sévères de la part d'autorités incapables de faire la différence entre le Vatican et les comités ou institutions qui se réclament de lui[1]. » Certains biographes de Montini ont tenté de faire porter le chapeau des « dérapages » de Hudal et consorts à Baldelli, le patron de la commission pontificale, mais ce dernier a été promu évêque en 1959, ce qui est difficilement compatible avec cette version.

1. Archive citée par Hansjakob Stehle in *Die Zeit*, n° 4, 1984.

Un effet inattendu de ces filières d'évasion de criminels de guerre nazis est une vague sans précédent de conversions au catholicisme dont on peut trouver la trace dans les registres de monastères situés sur l'itinéraire des fuyards. Nombre de SS fanatiques et d'officiers nazis sans foi ni loi, ou bien de confession protestante, ne voient guère d'inconvénient à adopter la foi catholique, si c'est le prix du ticket d'entrée dans la filière. Ces conversions permettent aux ecclésiastiques responsables du programme de rationaliser leur action comme la récompense d'une révolution spirituelle qui permettrait d'absoudre, ou tout au moins de mettre à distance les horreurs du passé. Exemple cité par Gerald Steinacher[1] : les chroniques rédigées par les sœurs de la Croix du sanatorium de Brixen révèlent que des dizaines de « soldats allemands » (en réalité des officiers au passé compromettant) ont été baptisés dans la chapelle du Sacré-Cœur de l'hôpital et ont « renoncé à l'hérésie ». Steinacher conclut : « aux yeux de certains prêtres, les nazis étaient les nouveaux hérétiques. S'ils faisaient acte de repentance, alors ils pouvaient être à nouveau baptisés, puisqu'on ne pouvait guère attendre que fût établie la preuve que leur premier baptême avait été correctement administré. Le baptême (mais aussi la conversion) fut donc dans certains cas un instrument de dénazification dans les mains de l'Église ». Ajoutons que ce fut aussi un préalable à l'émission de certificats de « dénazification » sur lesquels les Alliés ne se montrèrent pas trop regardants.

Aux yeux de Pie XII, la responsabilité majeure des crimes de guerre et de la « solution finale » repose sur une poignée de hauts dirigeants nazis. Les échelons inférieurs n'ont fait qu'obéir. Les criminels de guerre nazis qui se convertissent sont des brebis égarées qui ouvrent enfin les yeux sur les enseignements de l'Église.

---

1. Gerald Steinacher, *Les nazis en fuite*, *op. cit.*

L'amicale croate

Début 1947, le CIC infiltre un agent dans le monastère de San Girolamo, via Tomacelli à Rome. L'agent Robert Mudd écrira dans son rapport :

« Celui qui veut entrer dans ce monastère doit se soumettre à une fouille visant à trouver des armes et des papiers d'identité. Il doit répondre à des questions, dire d'où il vient, qui il est, qui il connaît, quel est le but de sa visite et comment il a appris qu'il y avait des Croates dans le monastère. Toutes les portes sont fermées à clé, celles qui ne le sont pas sont gardées par un gardien armé et un mot de passe est nécessaire pour aller d'une pièce à une autre. Toute la zone est surveillée par de jeunes Oustachi armés en civil et on échange le salut oustachi à longueur de journée[1]. »

De nombreux anciens dignitaires du régime croate sont terrés dans le monastère. Selon le renseignement américain, ils font des allers-retours fréquents au Vatican dans une voiture avec chauffeur et plaque d'immatriculation du corps diplomatique. L'agent spécial du CIC estime que le Vatican est en train d'organiser leur fuite en Amérique du Sud. Ses collègues britanniques font la même analyse : un ou plusieurs responsables au Vatican soutiennent les agissements de la filière… sans que l'on puisse être certain du rôle exact joué par le pape dans ce dossier.

Au centre de ce trouble jeu, on trouve Mgr Krunoslav Draganović. Né en 1903, ce protégé de l'archevêque de Sarajevo Ivan Šarić fut envoyé étudier à Rome en 1932, à l'Institut pontifical oriental. Il retourna auprès de l'évêque Šarić en 1935. En 1941, le parti fasciste oustachi proclame comme on l'a vu l'indépendance de la Croatie, pour mieux placer celle-ci sous la férule de l'Allemagne nazie. Bien loin de la neutralité requise par sa qualité de religieux, Draganović est alors nommé à la direction du bureau de la colonisation situé à Zagreb. Dès la première année, le régime d'Ante Pavelić se distingue

1. NARA, RG 263, rayon 230, rangée 86, compartiment 22, étagère 04, boîte 28 ; GWDN, 08676.

comme on l'a vu par le massacre de près de 500 000 Serbes orthodoxes de Bosnie-Herzégovine. En 1943, Draganović s'installe à Rome au collège croate installé dans le monastère San Girolamo degli Illirici. Celui-ci va après la guerre servir de base logistique au secours des réfugiés croates qui fuient la vengeance de Tito. Quand le secrétaire d'État Maglione meurt en 1944, c'est le sous-secrétaire d'État Montini qui le supervise. Il désigne le père Draganović pour assurer la liaison avec les Croates.

Fin 1944, le Vatican demande que le prêtre croate soit autorisé à visiter les camps dans lesquels ses compatriotes sont détenus. Une mission purement humanitaire, cela va de soi. Les Alliés donnent leur accord, en toute connaissance du personnage. Il peut ainsi parcourir le nord de l'Italie et organiser en toute tranquillité le réseau d'évasion des anciens Oustachi qui opérera depuis la confraternité de San Girolamo, qui s'est vu attribuer le statut de « comité croate » au sein de la commission pontificale d'assistance. Draganović entretient des contacts étroits avec le colonel Findlay, directeur de la section des forces d'occupation en charge des personnes déplacées et du rapatriement, mais aussi le ministre italien des Affaires intérieures Migliore, qui a autorité sur les services secrets. Draganović se rend aussi régulièrement au QG de l'armée et des renseignements à Rome où on l'informe en détail des arrestations qui se préparent.

Plusieurs témoignages ont permis de mieux connaître le fonctionnement du comité. Le père Cecelja, ancien aumônier adjoint de la milice oustachi (avec rang de lieutenant-colonel), a fait partie en 1941 de la délégation officielle envoyée par Pavelić à Rome pour recevoir la bénédiction de Pie XII. En mai 1944, il a abandonné son poste pour s'établir à Vienne et fonder l'antenne locale de la Croix-Rouge croate, paravent de son activité de relais du réseau d'évasion. Grâce à ses papiers de la Croix-Rouge et à un laissez-passer américain, il a pu circuler librement et assume avoir permis à des criminels de guerre de changer d'identité. Toutefois, en octobre 1945, il est arrêté par les Américains et passe dix-huit mois en prison. L'évêque américain Joseph Hurley, représentant du pape en Yougoslavie, vient à son secours et même si une commission d'enquête conclut à des activités collaborationnistes, le Département d'État ordonne sa libération. Il reprend alors ses activités de passeur de nazis. Selon son témoignage recueilli par Aarons et Loftus, le Vatican connaissait et approuvait les activités de Draganović.

Draganović reçoit également l'aide du nouvel archevêque de Gênes, Giuseppe Siri. Ce dernier n'a jamais eu de sympathies fascistes et a même protégé les Juifs de son diocèse. Mais cela ne l'empêche pas d'être farouchement anticommuniste. Il crée à Naples sa propre organisation d'aide à l'émigration nommée Auxilium et organise une nouvelle filière argentine, prenant en charge les envoyés de Draganović et de Hudal. Pendant ce temps, en Autriche, le père Cecelja repère dans les camps de prisonniers d'anciens officiers oustachi et les envoie vers Draganović, via divers monastères de confiance (notamment au sud-Tyrol et dans le nord de l'Italie). De Rome, Draganović les envoie à son tour à Naples où ils sont pris en charge par un autre prêtre croate. En parfaite connaissance de cause, ce sont plusieurs centaines de criminels de guerre nazis qui seront exfiltrés par cet itinéraire.

Les services de renseignement alliés savent que San Girolamo héberge des dizaines de criminels de guerre croates. Mais c'est aussi le centre des activités anticommunistes dirigées contre le nouveau régime de Belgrade, et Draganović peut leur être utile.

Selon les rapports du CIC, le dictateur croate Ante Pavelić a fui Zagreb le 6 mai 1945 en emportant quatre camions de soldats et un trésor de pièces d'or d'une valeur estimée à 80 millions de dollars. En cours de route, le dictateur et ses hommes ont revêtu des vêtements civils et pris des noms d'emprunt. Beaucoup de ses hommes ont déserté à l'approche d'une colonne de chars russes. Le petit groupe restant a été hébergé dans les Alpes par un sympathisant autrichien. Il a traversé sans encombre la zone occupée par les Britanniques avant de tomber entre les mains de troupes américaines. Le renseignement militaire américain est persuadé que les Britanniques ont favorisé son évasion… à moins que Pavelić n'ait acheté sa liberté au prix fort.

Selon un rapport américain, les Britanniques auraient saisi 150 millions de francs suisses détenus par les Oustachi à la frontière entre la Suisse et l'Autriche et auraient accepté que le reste, soit 200 millions de francs suisses, soit transporté au Vatican[1]. Le Vatican avait-il conscience de leur provenance ? S'il s'agissait d'or gouvernemental, il se serait présenté sous forme de lingots portant estampille du Trésor croate. Si l'argent a bien été placé à la banque du Vatican, il a sans doute été déposé sur le compte de l'office d'assistance pontificale, pour secourir les réfugiés croates. Auquel cas ce sont les responsables de San Girolamo qui ont réparti l'argent.

Le père Draganović a accepté de répondre aux questions de l'agent spécial Gowen du CIC : il lui a confirmé que les livraisons d'or croate ont bien eu lieu en sa présence et qu'il a pu en utiliser une partie pour financer la fuite de Pavelić et de ses affidés. Irrité que cet interrogatoire ait pu avoir lieu, Montini s'en plaint auprès de James Angleton, qui fait mettre un terme à l'enquête de Gowen. Mais ce dernier a eu le temps d'interroger suffisamment de Croates ayant participé au transfert de l'or pour que ses conclusions soient fermement établies. Pour lui, il n'y a aucun doute que le Vatican a bien accepté cet or et que l'IOR l'a stocké dans ses coffres sans le faire apparaître dans ses registres. Le renseignement militaire a produit de nombreux rapports faisant état de paiements pris en charge par le Vatican pour le réseau d'exfiltration des Croates, coordonnés par le prêtre franciscain Mandić[2]. En avril 1947, les soldats britanniques arrêteront l'un des hommes du réseau, le général Ante Moškov, en possession de 3 200 pièces d'or et 75 diamants (!). Le pape réclamera en vain sa libération.

Draganović a désormais la haute main sur une partie du trésor de guerre oustachi. Au cours de l'été 1945, des représentants de Pavelić lui ont appris qu'un trésor supplémentaire de 400 kilos d'or et d'importantes devises ont été cachés à Wolfsberg en Autriche. Ils

1. Rapport cité par Uki Goñi, *The Real Odessa: How Peron Brought the Nazi War Criminals to Argentina*, Granta Books, 2003.
2. Rapport des agents William Gowen et Louis Caniglia, Counter Intelligence Corps, Rome, 29 août 1947. NARA, RG 319, boîte 173, dossier IRR XE001 109.

lui demandent de le rapatrier à Rome et de les placer en lieu sûr. Draganović va lui-même convoyer deux malles de lingots d'or. Une autre partie du trésor (2 400 kilos d'or et diverses valeurs) est découverte par les Américains à Berne, où les Oustachi convertissent l'or en devises au marché noir pour envoyer des fonds en Amérique du Sud.

À l'été 1947, les services de renseignement américains et britanniques savent précisément où vit Pavelić avec une douzaine de personnes, dans une propriété de l'Église de la via Giacoma Venezia. Lors de ses déplacements, il utilise une voiture immatriculée au Vatican. Il est impossible de l'arrêter dans l'immeuble qui est une extension du Vatican, et les plans pour le capturer lors de ses déplacements, trop complexes à mettre en œuvre, n'aboutissent pas. De fait, les Alliés semblent renoncer à le capturer. L'ambiance a changé en 1947 et pour beaucoup d'Oustachi désormais employés par les services britanniques et américains, Pavelić est un symbole. Sans compter que son arrestation serait extrêmement compromettante pour le Vatican. Le 11 octobre 1948, muni d'un passeport de la Croix-Rouge et sous une fausse identité hongroise, Pavelić s'embarque à Gênes pour Buenos Aires. Là, des agents de Perón l'accueillent en toute discrétion[1].

En 1998, le Département d'État américain a commandité une enquête sur les butins de guerre accumulés par les Oustachi. Dans sa conclusion, le délégué spécial Stuart Eizenstat note : « Il faut s'interroger sur le comportement de l'administration pontificale, laquelle, bien qu'elle ne se soit pas compromise avec les Oustachi, ne pouvait pas ignorer ce qui se tramait[2]. » Entre anciens du renseignement bri-

1. En Argentine, Pavelić continue de comploter pour revenir au pouvoir et entretient une camarilla d'une quarantaine d'officiers. Mais les Oustachi se divisent en querelles obscures. Pavelić menace de mort ses opposants. En 1957, il réchappe à une tentative d'assassinat, sans doute des services yougoslaves. Puis les Yougoslaves réclament son extradition au nouveau gouvernement démocratique argentin. Pavelić s'enfuit, refait surface au Chili, puis en Espagne pour être hospitalisé en 1959. Il y décède peu après.

2. « Report on WWII. Victim gold. 29 avril 1998, Botschafter Stuart Eisenstadt Report RG 263 (CIA), name files, box 12. Cité par Steinacher, *op. cit.*

tannique, on a longtemps affirmé que le Vatican n'était pas seul à protéger Pavelić ! En réalité, c'est en plein accord avec les Américains que le Saint-Siège aurait agi.

Les services américains du CIC se sont décidés à recruter Draganović. Il serait trop délicat pour eux de recruter officiellement des criminels de guerre et de leur offrir la citoyenneté américaine, ce qui aurait déclenché un tombereau de questions délicates de la part des bureaucrates du Département d'État et du Service de l'immigration. Le plus éminent personnage à bénéficier des services du réseau Draganović n'est autre que Klaus Barbie, devenu Klaus Altmann, pour lui permettre de gagner la Bolivie. Le « boucher de Lyon » et sa famille ne peuvent plus rester en Allemagne car les services français recherchent activement Barbie. Ils sont donc convoyés début 1951 d'Augsburg à Salzburg avec un visa de transit fourni par le CIC. Puis deux agents du service escortent la famille à travers l'Italie jusqu'à Gênes, où Draganović les installe à l'hôtel Nazionale[1]. Le prêtre leur fournit tous les papiers nécessaires et onze jours plus tard ils s'embarquent à destination de Buenos Aires. L'équipe du CIC pousse un soupir de soulagement.

En 1947, la doctrine Truman impose de faire passer la lutte anticommuniste devant la traque des criminels de guerre. La CIA est créée et va aussitôt recruter Draganović. À partir de 1947, un bureau d'émigration croate vers l'Argentine fonctionne à plein régime au sein du monastère San Girolamo. L'Argentine héberge déjà une forte population d'origine croate et Draganović entretient de bonnes relations avec les autorités argentines qui permettent de simplifier et d'industrialiser les formalités de visa : il est désormais possible d'en obtenir par milliers simplement en envoyant des listes de noms !

La filière d'exfiltration vers l'Argentine n'est pas seulement l'initiative de quelques prélats isolés, comme on l'a souvent affirmé. En réalité, dès juin 1946, Pie XII a fait connaître au gouvernement Perón, via son ambassadeur à Rome, son désir d'organiser l'émigration de

1. Magnus Linklater et al., *The Nazi Legacy. Klaus Barbie and the International Fascist Connection*, Rhinehart and Winston, 1984.

personnalités clandestinement hébergées par le Vatican ou détenues dans des camps de prisonniers[1]. Cette démarche, attestée par les archives argentines, met à mal la thèse d'une absence d'implication du pape dans l'établissement de la filière argentine.

Le chef du régime, Perón, a passé deux ans comme attaché militaire à Rome de 1939 à 1941. Là, il a eu des contacts approfondis non seulement avec le régime fasciste mais aussi les services secrets allemands avec qui il partage « une vision du monde semblable à la nôtre » selon le patron du SD, Walter Schellenberg.

Le 4 juin 1943, Perón participe au coup d'État militaire. Il devient président le 4 juin 1946 et le restera jusqu'en septembre 1955.

Dès avant la guerre il existait en Argentine une importante communauté allemande. La déclaration de guerre de l'Argentine envers l'Allemagne en mars 1945 était de pure façade, destinée à satisfaire les États-Unis. Le gouvernement fit bien saisir quelques entreprises allemandes, mais elles furent vite rendues à leurs propriétaires.

Après la chute du nazisme, Perón souhaite importer en masse des techniciens allemands, qui pourront contribuer au développement du pays. Il assemble un groupe d'anciens collaborateurs et criminels de guerre : un dirigeant du parti rexiste (nazi) belge, Pierre Daye, un chef des SS flamands, René Lagrou, un ancien SS-Hauptsturmführer affairiste, Carlos Fuldner… Ces trois hommes, dirigés par le responsable des services de renseignement argentins, vont organiser l'exode des criminels de guerre, en lien avec Draganović.

Pour mieux organiser la filière argentine, Perón décide d'envoyer un homme d'Église ouvrir un bureau d'immigration à Rome en décembre 1946 (DAIE : Délégation pour l'immigration argentine en Europe). L'aumônier militaire José Clemente Silva, frère d'un proche du dictateur, le général Oscar Silva, apparaît comme l'homme de la situation. Il est chargé d'organiser une émigration européenne de masse, avec un objectif de 4 millions de personnes,

1. Lettre secrète n° 144 de l'ambassadeur d'Argentine au Vatican au ministre des Affaires étrangères Juan Bramuglia, 13 juin 1946, dévoilée par la commission CEANA (Comision de Esclarecimiento de Actividades Nazis en la Argentina), citée par Uki Goñi.

au rythme de 30 000 migrants par mois. Cet objectif ne sera jamais atteint, mais la machine fonctionne à plein. Les responsables du bureau qui accueillent les arrivants au port de Buenos Aires apprennent à repérer au premier coup d'œil les migrants « spéciaux » qui sont aiguillés séparément des autres migrants dès qu'ils descendent du bateau. Ces fonctionnaires adoptent la terminologie des services alliés pour distinguer les « noirs » (criminels de guerre a priori indéfendables), les « gris » (collaborateurs) et les « blancs » (Juifs et autres victimes de guerre). Américains et Britanniques sont parfaitement conscients de cette filière et l'évoquent même dans des documents internes.

L'implication du Vatican au plus haut niveau, mise au jour par les archives argentines, est aujourd'hui confirmée par les archives britanniques et américaines. La critique du père Robert Graham concernant l'enquête pionnière d'Aarons et Loftus sur Draganović (« C'était sa propre opération, pas celle du Vatican ») ne tient plus aujourd'hui. Pie XII n'était pas seulement « au courant » de manière plus ou moins vague de l'aide apportée aux criminels de guerre nazis : il a expressément plaidé *par écrit* auprès des Britanniques et des Américains pour qu'on les aide. De leur côté, les Américains n'ont pas tardé à recruter Draganović pour leurs propres besoins. Après un temps de flottement, tout le monde s'est trouvé d'accord pour les mettre à l'abri des services communistes.

Dès août 1945, le Vatican demande ainsi à Londres via son ambassadeur sir D'Arcy Osborne de « reconsidérer » le classement en « prisonniers de guerre » de 600 Croates détenus à Naples, afin « qu'en aucun cas eux ou leurs compatriotes puissent être remis au gouvernement du maréchal Tito[1] ». Cette demandée est rejetée par le gouvernement britannique. Le 27 mars 1946, le pape revient à la charge directement (et non plus via la secrétairerie d'État) en faveur des Croates détenus au camp de Tarente et menacés de rapatriement

1. Cf. le message « Osborne au Foreign Office » du 27 août 1945, PRO FO 371/48920 R14525, cité par Uki Goñi, *The Real Odessa*, *op. cit.*

en Yougoslavie[1]. Il appuie pleinement la requête de la confraternité de San Girolamo (c'est-à-dire du père Draganović).

Les diplomates britanniques sont indignés par cette situation et estiment qu'il faut livrer les prisonniers croates à Tito, voire capturer tous ceux qui se cachent à Rome. Osborne plaide pour qu'on s'abstienne de fouiller les résidences appartenant au Vatican, preuve que la démarche a été sérieusement envisagée. « Si ces hommes se trouvaient n'importe où en Italie plutôt qu'au Vatican, on les arrêterait et les livrerait », fulmine un officiel du Foreign Office. Osborne reçoit pour instruction de mettre en garde ses interlocuteurs que le Vatican est de plus en plus perçu comme le protecteur des nazis et fascistes. En janvier 1947, Osborne remet donc au sous-secrétaire d'État le cardinal Tardini un mémorandum confidentiel. Il avertit Tardini que la Yougoslavie s'apprête à réclamer l'extradition de cinq grands criminels de guerre sur la culpabilité desquels les autorités britanniques n'ont aucun doute. Il ajoute qu'il est grand temps que le Vatican arrête de fournir des munitions à ceux qui pensent que le Vatican protège les anciens agents de Hitler et Mussolini.

Tardini lui répond que « le pape a récemment donné des ordres très stricts à toutes les institutions ecclésiales romaines de ne plus accueillir d'invités sans autorisation au plus haut niveau ».

Le mois suivant, Tardini reçoit à nouveau Osborne pour l'informer que les cinq criminels recherchés ne sont plus hébergés à l'Institut pontifical oriental. L'embarras n'a fait que croître car entre-temps, les Yougoslaves ont publiquement affirmé qu'un grand nombre de criminels de guerre étaient en cours d'acheminement en Argentine à l'instigation de San Girolamo, avec le concours de la commission pontificale d'assistance, en violation de toutes les règles des Nations unies. Tardini plaide que la commission est complètement indépendante de la secrétairerie d'État. Osborne se contente de commenter : « Je lui ai cependant fait remarquer que c'était quand même une

1. Message du 27 mars 1946, PRO WO 204/1113.

organisation et un instrument de charité papale, et que l'on ne peut pas s'exonérer de responsabilités pour ses actions. »

Sans désemparer, Pie XII envoie le 26 avril 1947 une nouvelle demande en faveur de quinze Oustachi (dont les généraux Kren et Moškov, hommes de confiance de Pavelić) détenus dans une prison militaire britannique à Rome. Les Anglais décident de passer outre et de les remettre aux Yougoslaves (seuls neuf d'entre eux le seront car plusieurs arrivent à s'évader). Osborne reçoit pour instruction d'en informer sèchement le Vatican : « Expliquez à la secrétairerie d'État que, quelle que soit la réputation de ces hommes de "fervents avocats des principes humanitaires" (alléguée par Pie XII), ces personnes ont activement soutenu l'invasion allemande de la Croatie et travaillé pour le gouvernement oustachi de Pavelić, soutenant un régime qui a piétiné les principes humanitaires et commis des atrocités sans équivalent dans aucune période de l'histoire[1]. »

Toutefois la tension entre Londres et Rome va retomber encore plus vite qu'elle était montée. En coulisses se joue une discussion secrète entre Américains, Britanniques et le Vatican. La guerre froide est en train de s'installer et elle bouscule l'ordre des priorités.

Les trois gouvernements se mettent d'accord pour que plus un seul oustachi ne soit livré à la Yougoslavie et que tous puissent gagner l'Argentine. Le 9 septembre 1947, une opération conjointe anglo-américaine permet de transférer tous ceux encore détenus ou hébergés en Italie dans la zone d'occupation britannique en Allemagne de l'Ouest. Plus aucune demande d'extradition ne sera acceptée. L'Église catholique américaine, en particulier le cardinal Spellman, a fait un travail intense de lobbying auprès de son gouvernement. L'ambassadeur de Grande-Bretagne à Washington prévient Londres que le lobby yougoslave exerce une pression accrue sur le Congrès et le Département d'État et qu'il vaut mieux éviter de se mettre en porte-à-faux.

1. Message de Colville à Osborne, 14 mai 1947, FO 371/67376 R6058.

Selon Uki Goñi[1], Draganović agit constamment sous la protection du cardinal Pietro Fumasoni-Biondi, préfet de la Congrégation pour la propagation de la foi, qui hébergerait le service secret du Vatican (c'est en partie vrai seulement) et qui gère le dossier yougoslave.

Un autre responsable du renseignement serait le cardinal Angelo Dell'Acqua, supérieur hiérarchique de Draganović et haut responsable de la secrétairerie d'État.

Les services américains savent que Draganović a reçu de fortes sommes de Hudal en échange de ses services pour l'émigration de nazis en Argentine. Les filières Hudal et Draganović ne sont donc pas séparées de façon étanche. Les deux travaillent ainsi avec le cardinal Siri de Gênes.

Le père franciscain Dominik Mandić est un rouage important de l'organisation Draganović : ce fervent supporter de Pavelić est arrivé à Rome en 1939 comme trésorier de son ordre. Au sein de San Girolamo, il fabrique de fausses cartes d'identité en utilisant le matériel d'impression des franciscains. Il fait aussi office de trésorier pour Draganović, recevant les dons de la communauté américano-croate transmis par Spellman, mais aussi ceux venus du Vatican même. Enfin il investit l'or, les bijoux et les valeurs que lui ont remis de hauts gradés oustachi, reliquat du trésor de guerre amené à Rome par les troupes de Pavelić. Une part de ce trésor va financer le service secret oustachi d'après-guerre qui collaborera avec la CIA et le Vatican. À Rome, le beau-fils de Pavelić, le général Vilko Pečnikar, est en charge des affaires européennes. Selon la CIA, le père Mandić accorde des financements supplémentaires au service oustachi en échange de renseignements issus du bloc de l'Est[2]. Les services occidentaux n'ont pas seulement laissé faire ou coopéré : ils ont manipulé les agents du Vatican pour servir leurs objectifs. Au premier rang desquels : pouvoir infiltrer en Yougoslavie communiste des agents expérimentés pour recueillir du renseignement et frapper des objec-

1. Uki Goñi, *The Real Odessa*, *op. cit.*
2. Dossier CIA « Organisation des Oustachi à l'étranger », 4 novembre 1946, cité par Uki Goñi, *The Real Odessa*, *op. cit.*

tifs stratégiques. Commentaire d'Aarons et Loftus : « Britanniques et Américains ont passé avec le Saint-Siège des accords visant à aider bon nombre de collaborateurs nazis à quitter l'Europe par le réseau de Draganović. Le Vatican n'était en l'occurrence qu'une couverture respectable derrière laquelle ils s'abritaient cyniquement pour masquer leur propre attitude immorale. » De son côté, l'Américain Angleton, en contrepartie d'une aide financière, fait bénéficier certaines de ses « recrues » des réseaux Draganović. Un agent du CIC décrit candidement le schéma : « Cet accord consiste simplement en une assistance mutuelle, i.e. nos agents aident les protégés du père Draganović à quitter l'Allemagne, en échange de quoi le père Draganović aidera nos agents à obtenir les visas argentins nécessaires aux personnes présentant un intérêt pour notre commandement… Cette opération qui ne saurait donc recevoir une approbation officielle doit être menée avec un maximum de célérité et de discrétion[1]. »

Jusqu'en 1948, les services alliés et le Vatican espèrent que les Oustachi parviendront à renverser le régime de Tito, d'où leur complaisance à leur égard.

Mais cet espoir s'effondre bien vite. Au cours de l'été 1948 se tient à Zagreb un procès-spectacle de cinquante-sept « terroristes » oustachi. Ils se sont infiltrés dans le pays au cours des deux dernières années avec pour objectif de déstabiliser le régime à coups d'assassinats et d'attentats contre les chemins de fer et autres moyens de communication. La plupart sont tombés entre les mains de la police quelques heures après leur arrivée.

Les procès permettent au régime de dénoncer la duplicité du Vatican qui chercherait à faire tomber le régime. La réalité est plus complexe : il s'agit d'une coproduction internationale. Les services secrets britanniques apportent une aide logistique importante : les avions qui larguent des tracts pro-Pavelić en territoire croate décollent d'aéroports situés en zone britannique en Autriche. Les

1. Mémoire du 12 juillet 1948 au QG des forces américaines en Autriche par le QG du 430e détachement du CICV : « Ratline Autriche-Amérique du Sud », cité par Mark Aarons et John Loftus, *Des nazis au Vatican*, *op. cit.*

soldats oustachi bénéficient d'un équipement militaire britannique. Selon un rapport du renseignement américain, ce matériel est acheminé via la Suisse et le centre de commandement de ces opérations se situerait... au Vatican ! Les ecclésiastiques slovènes Mgr Krek et Prešeren, représentants du parti clérical slovène stipendiés par les services britanniques, seraient les plus fidèles alliés de Draganović au sein du Vatican. Ils déclarent disposer eux aussi de commandos de guérilla capables de passer à l'action.

Un ancien agent britannique, qui a servi à Trieste après la guerre, raconte avoir constitué une cellule anticommuniste composée d'officiers britanniques en cheville avec les services américains et la police italienne. Ils avaient pour mission de surveiller les activités clandestines yougoslaves. Le « territoire libre de Trieste » était alors « le point de rencontre entre les forces de la résistance opérant sur le territoire yougoslave et celles qui les finançaient et les dirigeaient depuis le territoire italien ». Le principal coordinateur des infiltrés croates, Ivan Protulipac, un proche de Pavelić et fondateur dans les années 1930 du groupe des Krizari (Croisés), est assassiné par les services de l'Est fin 1946.

Pour aider les Krizari à franchir la frontière yougoslave, on a recours à des trafiquants du marché noir, qui n'hésitent sans doute pas à trahir pour se faire payer des deux côtés. Outre cette faille dans le dispositif, il est probable que les Krizari aient été trahis par un ou plusieurs agents doubles car la plupart des missions clandestines menées en territoire yougoslave ont mené au désastre. Les preuves présentées par la justice yougoslave au procès de 1948 laissent peu de doutes à ce sujet.

Intermarium

Une autre organisation catholique est intervenue dans les filières d'évasion : Intermarium. Selon l'historien Christopher Simpson[1],

1. *Blowback: America's Recruitment of Nazis and Its Effects on the Cold War*, Grove Pr, 1988.

elle a apporté une aide active aux fugitifs nazis. Draganović figurait dans son comité de direction.

Après-guerre, plusieurs États (Italie, France, Grande-Bretagne) avec le soutien du Vatican ont estimé pouvoir l'utiliser pour subvertir les régimes communistes des pays de l'Est et tenter de promouvoir une confédération politique danubienne.

Intermarium est une organisation secrète née à Paris au début des années 1920 sous l'impulsion de Russes blancs. Elle vise à unifier les seize nations situées entre l'Allemagne et la Russie pour former dans les vallées du Danube une confédération anticommuniste et, bien sûr, catholique. Avant-guerre, Intermarium a reçu le soutien des services secrets français et britanniques, qui voyaient d'un bon œil la perspective d'établir un cordon sanitaire permettant de contenir les ambitions allemandes et russes. En 1939, la plupart des dirigeants d'Intermarium se sont engagés aux côtés des nazis. Après la guerre, ils renouent avec leurs anciens sponsors franco-britanniques, espérant échapper à la justice.

L'agent spécial Gowen du CIC enquête sur Intermarium en suivant la piste d'un jeune Hongrois, Ferenc Vajta, bien introduit dans les hautes sphères du Vatican. Il réside dans un monastère des environs de Rome. Vajta, interrogé par Gowen, raconte qu'il travaille à la fois pour les services français et britanniques, avec le soutien du Vatican. Francophile, il a étudié à la Sorbonne dans les années 1930, avant de devenir un agent des services secrets hongrois. Pendant la guerre, il s'est illustré comme propagandiste nazi, au service de plusieurs journaux financés par les Allemands. À la fin de la guerre, alors consul général de Hongrie à Vienne, il a organisé le démontage et l'évacuation vers l'Allemagne de nombreuses usines implantées dans son pays. Il a aussi permis à de nombreux industriels d'échapper aux Soviétiques. Repéré par le renseignement militaire français dans sa zone d'occupation en Autriche, il est recruté par les Français et affirme même avoir rencontré de Gaulle à Paris en 1945 (ce que les archives ne permettent pas de vérifier). Ce dernier se serait montré désireux de rétablir l'influence française en Europe de l'Est, en cultivant l'amitié des émigrés locaux susceptibles d'accéder à des hautes fonctions dans leur pays. Avec le soutien du 2e Bureau et des renseignements militaires de l'état-major français, Vajta a monté des bureaux de renseignement à Innsbruck, Fribourg et Paris : « Munis de papiers établis par l'état-major, les émigrés pouvaient se déplacer en toute sécurité et mettre sur pied un réseau de renseignement fort élaboré. » Vajta raconte par ailleurs que de Gaulle a entrepris à cette époque de développer des relations étroites avec le Saint-Siège, son objectif « étant de collaborer avec l'Église, et d'obtenir le soutien du Vatican dans la lutte d'où naîtrait l'Europe de demain. Il était parfaitement conscient de ce que la France seule n'était pas de taille à jouer les cartes maîtresses[1] ». Bien entendu, c'est par l'entremise du cardinal Tisserant que cette coopération est échafaudée : c'est lui qui sonde en premier lieu le pape sur la collaboration envisagée par les Français.

Tout en travaillant avec les Français, Vajta s'est également mis au service des Britanniques qui poursuivent un but similaire. En 1944, Churchill a fondé le « comité Europe centrale » qui vise à constituer une confédération d'États d'Europe centrale, laquelle serait bien évidemment placée sous influence britannique. Le MI6 s'efforce donc de recruter à son tour des émigrés pouvant servir ces desseins. Malgré une offre de coordination de la part des Français, il est rapidement apparu que les Britanniques étaient plus résolus, plus efficaces et se donnaient des moyens que les Français n'avaient pas… Selon lui, le MI6 comptait à l'été 1945 plus de 200 agents travaillant sur la zone d'Europe centrale, et n'hésitait pas à recruter d'anciens nazis ou oustachi.

Grâce à ses sponsors britanniques, Intermarium dispose de fonds pour diffuser à grande échelle des brochures de propagande dans les camps de personnes déplacées en Italie. Devenu un des dirigeants de l'organisation, Vajta publie deux livres et inonde l'état-major français et le ministère des Affaires étrangères de mémos et plans d'action clandestines dans les Balkans… Mais il finit par se fâcher avec ses

1. Rapport de Gowen daté du 22 mars 1948, dossier Vajta du CIC.

sponsors français et décide de s'installer à Rome, où il renoue des liens directs avec le Vatican et des dirigeants politiques qu'il a connus avant-guerre, lorsqu'il était correspondant de presse dans la capitale italienne. À Rome, le père Draganović s'affirme un ardent ambassadeur d'Intermarium.

Le bras droit laïc de Draganović, Miha Krek, est un Slovène ami de Vajta. Chef du parti catholique slovène, il émarge auprès du MI6 et officie comme président d'Intermarium. Il a ses entrées au Vatican par l'entremise de son compatriote Mgr Anton Prešeren, le substitut slovène du préposé général des jésuites. Les services de renseignement italiens tiennent Prešeren pour le chef de file d'un puissant lobby slovène, soutenu par les services anglais.

Au sein d'Intermarium, on découvre nombre d'anciens fascistes passés au service des Britanniques : Grigore Gafencu, ex-ministre roumain des Affaires étrangères, Casimir Papée, ambassadeur de Pologne au Vatican, Mgr Ivan Bučko, expert du Vatican pour les affaires ukrainiennes, qualifié de « chef spirituel du mouvement de résistance ukrainienne », ou encore Ferdinand Ďurčanský, ex-ministre slovaque des Affaires étrangères pourtant recherché pour crimes de guerre. Prešeren et Bučko travaillent au sein des groupes d'aide à l'émigration clandestine soutenus par le Vatican.

Depuis son domicile romain, Vajta collabore avec les jésuites, qu'il décrit comme « les principaux agents du Vatican pour l'infiltration des pays occupés par les communistes ». Il négocie également avec les responsables démocrates-chrétiens la réinstallation de ses amis industriels hongrois et de leurs usines en Italie.

Pourtant, au retour d'un déplacement en Espagne en avril 1947, Vajta est arrêté par la police italienne et inculpé pour « crimes de guerre », sur intervention des autorités hongroises. Il sera libéré deux semaines plus tard, grâce à ses amis politiques.

Impressionné par le potentiel de Vajta, l'agent spécial Gowen chargé de traquer les nazis change complètement d'attitude à son égard. Il préconise son recrutement, et la récupération d'Intermarium par le renseignement américain.

Pour permettre à Vajta d'échapper à la justice italienne qui continue à le rechercher, ses amis du Vatican proposent de l'héberger… à Castel Gandolfo, le village qui héberge la résidence d'été du pape ! Le Premier ministre Alcide De Gasperi suit personnellement le dossier. Avec le feu vert de ses chefs, Gowen va organiser l'infiltration de Vajta en Espagne. Là, il entreprend de constituer un groupe concurrent d'Intermarium (qu'il estime noyauté par les Soviétiques) : l'Union continentale, qui exercera sous le contrôle des Américains. Avec l'aval de Franco et l'aide du nonce apostolique en Espagne, Madrid va devenir une nouvelle plaque tournante de l'émigration est-européenne. Après avoir un temps travaillé pour le SDECE français, Vajta a su habilement se « vendre » aux Américains. Mais il commet l'imprudence de se rendre aux États-Unis, où il désire notamment rencontrer le cardinal Spellman et plusieurs dirigeants exilés. Mais deux journalistes révèlent son identité et mettent dans l'embarras le gouvernement américain. Il n'y a plus qu'à arrêter Vajta et à l'expulser (mais on refuse de le livrer aux Hongrois qui le réclament). Sur intervention du Vatican, Vajta sera expulsé vers la Colombie et recasé comme professeur dans un collège.

À la lumière des archives américaines, il apparaît que le gouvernement autrichien a apporté son soutien aux projets du Vatican concernant la restauration d'Intermarium. Kurt Waldheim assurait pour l'Autriche la liaison avec le Saint-Siège. Ancien officier décoré par Pavelić, Kurt Waldheim a vu ses antécédents militaires blanchis par les services d'Allen Dulles et a pu entrer dans le corps diplomatique autrichien. Son passé a éclaté après qu'il fut devenu secrétaire général des Nations unies, puis se fut présenté à l'élection présidentielle autrichienne en 1985. On peut se demander pourquoi les pays communistes l'ont non seulement laissé accéder à ce poste en parfaite connaissance de son passé mais ont même *voté pour lui*… Peut-être étaient-ils satisfaits de disposer d'un beau moyen de pression en menaçant de révéler le passé du dirigeant des Nations unies ?

Quoi qu'il en soit, Intermarium a fourni nombre de recrues à la CIA au sein du bloc de l'Est, de même qu'au BND ouest-allemand.

La plus spectaculaire action d'Intermarium fut le sauvetage d'une division entière de Waffen SS ukrainiens, soit 11 000 personnes (soldats et leurs familles) détenues au camp de Rimini. L'archevêque Bučko plaida leur cause pour qu'ils ne soient pas remis à Staline comme ce dernier le demandait mais soient autorisés à émigrer dans divers pays du Commonwealth. La Croix-Rouge accepta de leur délivrer des titres de voyage début 1947. Bien entendu, les services secrets britanniques et américains avaient des vues sur les meilleurs éléments de ces effectifs SS : ils avaient le profil idéal pour mener des actions de guérilla au sein du bloc de l'Est.

En 1986, on a appris par une série d'enquêtes publiées dans un magazine yougoslave que la police secrète yougoslave avait réussi à implanter dans l'entourage de Draganović un agent, Miroslav Varoš, arrivé à Rome en 1943 peu après ce dernier.

Draganović restera un ecclésiastique parfaitement honorable jusqu'à la fin des années 1950. Le pape Jean XXIII tout à sa politique d'ouverture à l'est sera contraint de l'exiler du collège croate pour amadouer le régime de Tito. L'exil ne sera pas trop violent puisque Draganović s'installera à Rome dans un appartement privé. La date de ce revirement ne laisse guère de doute sur la responsabilité de Pie XII dans ses agissements.

Aux yeux des services américains, Draganović est un homme trop précieux pour être mis à la retraite. Dès 1947, il a reçu un soutien financier du renseignement militaire pour sa filière d'exfiltration. En échange de son indulgence envers lui, Draganović est prié d'aider le CIC à faire émigrer des « individus qui intéressent son quartier général » et qui « intéressent aussi ses alliés russes ». Cette opération ne peut être soutenue officiellement et doit être menée dans la plus grande discrétion.

En 1959, Draganović sera recruté comme informateur par la CIA mais ne sera guère en mesure de fournir des renseignements majeurs sur la Yougoslavie, où il n'a plus remis les pieds depuis 1943. Il disparaît de la circulation, puis refait surface en 1967… à Sarajevo ! Il déclare être rentré au pays volontairement avec le souhait de coopérer avec les autorités. Soit il a été victime d'un enlèvement des services yougoslaves, soit il a été pris par le mal du pays et a négocié son retour pour une retraite paisible en terre natale, moyennant une confession volontaire. Toujours est-il qu'il ne sera pas emprisonné et finira ses jours en 1983 sans plus faire parler de lui.

Le débat historiographique qui faisait rage dans les années 1980-1990 sur l'implication du pape et de son bras droit Montini nous semble pour l'essentiel tranché : il y a trop de traces dans les archives (britanniques, américaines, argentines…) de leurs interventions écrites en faveur de certains protégés de Hudal et Draganović pour que l'on puisse encore soutenir que tout ce qui a eu lieu était sous la seule responsabilité de prêtres extrémistes et marginaux. Ce serait bien mal connaître le fonctionnement de la curie que de prétendre que Hudal et Draganović auraient pu fonctionner en roue libre plusieurs années durant. Et ce serait sous-estimer Pacelli que de le croire ignorant de ce qui se passe, alors qu'à partir de 1944 il joue lui-même le rôle de secrétaire d'État, se tient informé de tout et mène son administration avec une bride très courte.

Le paradoxe est qu'il n'y a ici nulle part de complaisance avec le nazisme : c'est d'abord un froid calcul et un farouche anticommunisme qui gouvernent la stratégie du Vatican tout entier. Le cas du cardinal Eugène Tisserant est exemplaire. En mai 1942, il dénonçait auprès du Saint-Père le massacre perpétré en Croatie sur les Serbes et les prêtres orthodoxes par le régime Pavelić. Il ne fut pas écouté. Pour autant, dès 1946 Tisserant l'antifasciste se met à son tour à aider des collaborateurs français à fuir en Argentine. Il utilise des arguments traditionnels, comme le droit d'asile de l'Église, dont même des criminels auraient bénéficié au Moyen Âge. Surtout, il minore leur responsabilité. « Sans doute, concède-t-il, il y a parmi eux quelques criminels, et je ne songe pas à les faire échapper à leur sort, s'ils sont légitimement condamnés et soumis à une mesure d'extradition régulière […] Les uns ont été trompés par la légende du Maréchal, sont entrés à son service, l'ont suivi à Sigmaringen […] D'autres ont été attaqués par les communistes et n'ont cru pouvoir se sauver qu'en allant travailler en Allemagne. [...] Je crois de mon devoir d'aider ces gens, implacablement poursuivis par les communistes, qui se servent des procédés de la NKVD, opérant ici de véritables enlèvements, grâce à la complicité de policiers payés[1]. »

Tisserant prend donc sous sa protection des personnages que lui-même aurait jugé peu fréquentables un ou deux ans auparavant, y compris des « collabos » que la police française poursuit jusqu'en Italie. Il aide ainsi monsignore Giulio Penitenti, un ex-aumônier militaire italien en Russie, à accueillir plusieurs centaines de réfugiés dans une villa romaine. Engagé à fond dans la défense des catholiques orientaux, Tisserant en vient à penser que les Français réfugiés en Italie sont plus des victimes que des coupables. La sauvegarde des fuyards n'étant pas assurée en Italie, le cardinal se tourne vers les autorités religieuses et civiles argentines.

Le 18 janvier 1946, Antonio Caggiano, évêque de Rosario et chef de l'Action catholique argentine, s'envole pour Rome, où il doit être fait cardinal par Pie XII. L'Action catholique compte de nombreux membres dont certains dignitaires du régime péroniste avec lequel elle est en symbiose. Il est accompagné par le vieil évêque de Tucuman, Agustin Barrére, farouche anticommuniste qui entretient de longue date des relations avec l'Action française. Lors d'une escale à Gênes, les deux évêques sont pris en charge par le consul d'Argentine, Aquilino Lopez, qui va les convoyer jusqu'à Rome. Pendant la guerre, en poste à Madrid, Lopez a collaboré avec les services secrets nazis.

Les évêques argentins rencontrent Tisserant et lui proposent de prendre en charge les fugitifs français. Ils plaident auprès de lui pour le développement d'un pool d'experts anticommunistes en Argentine dans lequel il serait possible de puiser en cas de submersion de l'Europe sous la vague communiste. L'ambassade d'Argentine va servir

1. Sylvaine Guinle-Lorinet : « De Vichy à la fin de la Guerre froide, La correspondance Tisserant-D'Ormesson (1940-1971) ». https://blogs.univ-tlse2.fr/grhi/sylvaine-guinle-lorinet/?doing_wp_cron=1607702081.9109089374542236328125

de plaque tournante pour faire agréer et autoriser des « cas signalés » de touristes qui s'en vont visiter l'Argentine munis de passeports de la Croix-Rouge mais sans billet de retour[1]. Une filière parallèle est mise en place par Mgr Caggiano depuis l'Espagne, qui bénéficiera à d'autres criminels de guerre français, tel Émile Dewoitine, l'avionneur poursuivi pour intelligence avec l'ennemi, qui s'en va mettre ses talents au service de l'armée argentine.

Pour le Vatican, la guerre froide n'est pas une menace lointaine. Elle a en fait commencé dès les années 1930, et ce sont les Russes qui ont gagné la première manche. Le Vatican n'a pas l'intention de perdre la deuxième.

1. Cf. Uki Goñi, *The Real Odessa*, *op. cit.*

5

Tous les coups sont permis 1948-1958

Automne 1949. Quelque part en Allemagne de l'Ouest, un C 47 prend son envol depuis un aérodrome militaire américain et se dirige vers l'est. À son bord, de jeunes hommes lourdement chargés de parachutes et d'un petit sac de voyage. Ils restent silencieux, voire somnolents. L'avion survole à haute altitude l'Allemagne de l'Est, puis la Pologne. Il est repéré par les radars soviétiques. Sans encombre, il pénètre dans l'espace aérien ukrainien et entame sa descente. À 200 mètres du sol, un signal s'allume et les parachutistes s'élancent dans le vide. L'avion remonte aussitôt et reprend sa route vers le sud-ouest.

Deux membres du commando sont issus du mouvement de résistance nationaliste ukrainien. Ils ont effectué un long périple depuis les montagnes des Carpates jusqu'en Allemagne de l'Ouest. Ils ont été débriefés par la CIA puis ont suivi dix mois d'entraînement intensif comme opérateurs radio et agents de renseignement. Ils sont maintenant chargés de retourner dans leur maquis. Quatre jours après leur parachutage, ils appelleront leurs chefs par radio pour annoncer leur arrivée[1]. Deux autres sont… des prêtres.

Les Russes attaquent le Russicum

À compter de septembre 1949, la CIA développe un programme de pénétration suivant peu ou prou ce schéma qui va permettre

1. Sur ces opérations de parachutage, voir notamment le témoignage de Harry Rositzke, *CIA, 25 ans au sein de l'agence américaine d'espionnage*, Elsevier, 1978.

d'infiltrer des agents en Ukraine, mais aussi en URSS. Le Russicum bénéficie de cette filière pour introduire certains de ses agents... Chaque année, quelques dizaines de parachutistes issus de ses rangs disparaissent derrière le rideau de fer, munis de postes radio. Un imprudent reportage du *Corriere della Sera*[1] lève une partie du voile sur ces James Bond en soutane: «Les missionnaires qui sortent du Russicum doivent avoir une parfaite connaissance de la Russie d'avant et après la révolution, doivent être férus en sociologie et avoir la parole facile et persuasive. Voilà ce que m'a dit le père Wetter. Mais il n'a rien voulu me dire sur les salles de gymnastique très perfectionnées qui existent à l'intérieur de l'institut, ni sur la préparation physique exténuante à laquelle les élèves sont soumis pour pouvoir faire face à n'importe quelle circonstance. Lutte libre, athlétisme, pugilat, tir avec les armes à feu et, peut-être, parachutisme sont des matières non pas secondaires mais essentielles pour la formation des missionnaires du Russicum.»

La CIA, de même que le MI6 et le SDECE, subventionne le collège pontifical russe, dirigé par le père autrichien Gustav Wetter. Son prédécesseur, le père Vandelino Javorka, est porté disparu: il n'est jamais revenu de mission à l'est. Pour les services secrets occidentaux, le Russicum est désormais un homologue à part entière. Il est entendu que l'organisation est pilotée par les jésuites, qui sont les plus engagés dans la lutte contre Moscou. Dès 1945, le renseignement militaire américain leur décernait un satisfecit: «Jusqu'ici, la seule mesure positive prise par le Vatican aura été l'organisation d'un programme d'infiltration consistant à envoyer des agents particulièrement habiles, jésuites pour la plupart, dans telle ou telle région pour y encadrer et réconforter les éléments catholiques, et, en faisant preuve d'un zèle exemplaire, les empêcher de céder au découragement[2].»

---

1. Décembre 1949, cité par Pascal Krop, *Les secrets de l'espionnage français*, Lattès, 1993.
2. Rapport d'octobre 1945 USNA, archives du Bureau des archives stratégiques, XL 2418. Cité par Mark Aarons et John Loftus, *Des nazis au Vatican*, *op. cit.*

Le Russicum est décrit du côté du renseignement français comme « une organisation jésuite, véritable service “Action” orienté à l'est[1] ». À Paris, l'assistant général des jésuites, le père Bernard de Gorostarzu, est l'agent de liaison des services français et américains. Il a toute la confiance du cardinal Tisserant. Les services secrets français jouent leur propre partition dans le programme d'infiltrations à l'est. Il faut dire que leurs agents en poste dans les ambassades françaises sont soumis par les services de l'Est à un harcèlement constant, pouvant aller jusqu'à l'assassinat d'agents trop curieux. Le SDECE apporte son soutien à installation et au développement de maquis. Les Français coopèrent également avec le Vatican pour leurs opérations à l'est. Ils se concentrent particulièrement sur la Bulgarie et la Pologne. Le Vatican accepte de leur prêter main-forte sur ces territoires, moyennant un retour d'ascenseur financier et logistique pour ses propres opérations. D'autres agents du SDECE en poste dans les pays de l'Est sont en contact sur place avec des prêtres clandestins. L'un de ces émissaires secrets est le père Yves-Marc Dubois, que l'on retrouvera plus tard aux côtés des Français à l'ONU.

En dehors de l'Ukraine, il n'existe pas de zone de parachutage soigneusement préparée en URSS. Les services occidentaux sont complètement aveugles sur ce qui s'y passe. Il manque à la CIA les informations les plus élémentaires sur les routes, les ponts, l'emplacement des usines, des bases militaires… On grappille des bribes de renseignement en interrogeant des réfugiés européens de l'Est, des prisonniers de guerre soviétiques pas encore rapatriés, des ex-prisonniers de guerre allemands en Russie et quelques déserteurs. L'ambassade américaine de Moscou est totalement isolée et ses personnels étroitement surveillés quand ils en sortent. Pour les Américains, il est donc très intéressant d'aider le Vatican à réimplanter des prêtres clandestins à l'est : ceux-ci auront peut-être plus de chance pour faire passer du renseignement à l'ouest.

1. Cf. Frédéric Charpier, *Les valets de la guerre froide. Comment la République a recyclé les collabos*, François Bourin éditeur, 2013.

Parmi les défis logistiques de ce genre d'opération, la préparation de papiers d'identité est un des plus délicats. Une fois en place, le prêtre doit passer inaperçu de la population. Or le contrôle de la société en URSS est très étroit. Le KGB est chargé de traquer les espions et dissidents et la police effectue de fréquents contrôles d'identité en particulier dans les gares. La population est « dressée » à se méfier des inconnus qui peuvent être des provocateurs chargés de mettre sa loyauté à l'épreuve. Les cartes d'identité et passeports sont renouvelés tous les cinq ans et diffèrent d'une république soviétique à l'autre, sans parler des autres documents qui peuvent être réclamés en cas de contrôle : livret de travail, livret militaire, livret du parti… La préparation de faux papiers requiert donc un large échantillon de modèles actualisés et une connaissance nourrie du contexte local. Les faussaires de la CIA (qui donnent un coup de main aux équipes du Russicum) choisissent le plus souvent de donner pour origine fictive à leurs agents des villes dont les archives ont brûlé pendant la guerre, afin que de fausses adresses ou dates de naissance ne puissent être découvertes en cas d'enquête de police. Le gros travail au sein du Russicum est de construire des « légendes » les plus solides possible : le prêtre infiltré doit pouvoir parler longuement de son passé sans commettre d'erreur. Pour cela, on dispose d'instructeurs de diverses nationalités, parlant parfaitement le russe, l'ukrainien, le lituanien, etc.

Entre 1949 et 1953, l'URSS lance une grande campagne de revalidation de tous les passeports, pour éradiquer les faux papiers. Chaque citoyen soviétique doit présenter un témoin vivant pour l'identifier avant de pouvoir se faire inscrire. Or les stocks de passeports vierges de la CIA proviennent d'archives allemandes saisies à la fin de la guerre. Pour toutes ces raisons, il devient quasi impossible à partir de 1953-1954 d'infiltrer des agents de cette façon. Mais la raison principale de l'arrêt du programme est la véritable hécatombe parmi les infiltrés.

On sait aujourd'hui qu'avant la rupture Tito-Staline en 1948, des agents soviétiques sont arrivés en Italie via Trieste. À Rome, ils se sont présentés comme des prêtres catholiques fuyant les « démocraties populaires ». Le Vatican leur a fourni un logement et de l'argent. Certains d'entre eux se sont vu confier des postes dans l'administration du Saint-Siège. D'autres sont entrés au Russicum… avec les conséquences que l'on imagine. Il faut aussi garder à l'esprit qu'une partie des effectifs des services secrets européens d'après-guerre est issue de réseaux de résistance. Or, dans ces réseaux antinazis, on ne faisait pas de tri préalable de ceux qui pouvaient avoir des sympathies communistes. Ainsi l'opération Minos, conduite par les Français, qui consiste à entraîner des émigrés de l'Est au parachutage et aux actions de guérilla, tourne au désastre car l'équipe comporte une « taupe » : un pilote de l'escadrille Normandie-Niémen renseignait le KGB sur les parachutages[1].

Autre vulnérabilité : des groupes catholiques ont été recrutés par les services de l'Ouest pour déstabiliser voire renverser les régimes d'Europe de l'Est : en Pologne, Tchécoslovaquie et dans les États baltes. Pourtant, toutes leurs actions tournent au fiasco. Le KGB et le GRU ont mené dès les derniers mois de la guerre une action méthodique d'infiltration des milieux émigrés, ce qui leur permet de saper les mouvements soutenus par les Occidentaux. Un exemple parmi d'autres : dès les années 1920, le renseignement militaire soviétique a recruté un agent très spécial : Anton Vasilievich Turkul a travaillé après-guerre pour l'organisation Gehlen[2], les services américains (CIC puis CIA) et les services du Vatican… tout en renseignant le GRU !

Le prince Turkul (car c'est un noble) a débuté sa carrière comme officier d'une unité de cosaques puis a mené pendant la guerre civile russe un double jeu au service des communistes. Après la victoire de ces derniers, il accompagne d'autres officiers Russes blancs

---

1. SHD/DITEEX, 3 K71, témoignage oral de Bob Maloubier du 19 octobre 2000, XI (12 AV 456), cité par Gérald Arboit, *Des services secrets pour la France. Du Dépôt de la Guerre à la DGSE (1856-2013)*, CNRS éditions, 2014.
2. L'ex-service secret nazi dédié au front de l'est, reconverti en auxiliaire des Américains, puis en service secret de la nouvelle RFA.

jusqu'à Paris, où ils vont comploter pour restaurer la monarchie tsariste au sein d'un service nommé « la ligue secrète ». Les initiatives de ce groupe d'émigrés échouent toutes, ce qui contribue à rendre Turkul suspect dans la communauté des Russes blancs ; plusieurs dirigeants tsaristes comme Koutiepov sont enlevés ou tués en plein Paris. Malgré tout, Turkul s'affirme aux yeux des services de l'Ouest comme un leader de la jeune garde anticommuniste. Le MI6 britannique fait appel à lui, de même que le 2e Bureau français. Bientôt, Turkul rejoint logiquement Intermarium. Et l'Abwehr de l'amiral Canaris s'intéresse au personnage. Le tableau ne serait pas complet si l'on omettait de préciser que Turkul, qui a le sens des affaires, vendra aussi des informations sur les Russes blancs aux espions japonais.

Selon un rapport des services de renseignement américains, Turkul s'est installé à Berlin en 1938 pour animer un groupe de Russes blancs chargés d'entrer et de sortir clandestinement de Russie. Son réseau est si précieux que seuls quelques hauts dignitaires allemands en connaissent l'existence. Peu avant le début de la guerre, Turkul reçoit du GRU instruction de s'installer à Rome. Ses contacts d'Intermarium vont lui permettre de se rapprocher des jésuites qui tentent d'infiltrer des prêtres en Union soviétique. Turkul va recruter des prêtres ukrainiens pour son réseau « antisoviétique ».

Canaris ordonne que le groupe Turkul soit intégré aux Fremde Heere Ost (FHO, service de renseignement sur les armées étrangères à l'est) du général Gehlen. On pense aujourd'hui que Turkul était la source qui transmettait aux Soviétiques les plans de bataille allemands par le biais du réseau Lucy en Suisse, ce qui a contribué de façon décisive à la défaite allemande à l'est[1]. Malgré tous ces exploits, Turkul se recycle à Rome après la guerre, réactive ses contacts au Vatican et devient un conseiller du Russicum… avec le résultat que l'on sait.

Encore aujourd'hui, le bilan des pénétrations soviétiques au sein des services alliés reste incomplet. En 1959, les services de

1. Sur le réseau Lucy, voir Yvonnick Denoël, *Mémoires d'espions en guerre, 1914-1945*, *op. cit.*

renseignement de l'OTAN, dans un dossier de synthèse sur les multiples opérations antisoviétiques ratées, estimeront que les organisations d'émigrés sur lesquelles s'appuyaient ces opérations étaient toutes noyautées par les services soviétiques. Ils recenseront les principales taupes, dont Turkul, tout en se reconnaissant incapables d'être exhaustifs. Alan Dulles fera tout pour étouffer l'affaire qui menace de ternir son prestige. À la tête de la CIA, il en a les moyens…

La guerre secrète des uniates ukrainiens

L'Ukraine est assurément l'un des points les plus chauds de cette guerre de l'ombre. Du point de vue du Vatican, il s'agit d'un dossier bien particulier en raison du rite uniate, peu connu du reste de la chrétienté. Les uniates sont des orthodoxes qui suivent la liturgie slave mais reconnaissent l'autorité de Rome. Cette bizarrerie résulte d'un compromis imaginé au XVIe siècle par les jésuites et encouragé par la dynastie autrichienne des Habsbourg pour faire pièce à l'influence de la Russie orthodoxe.

En Ukraine coexistent donc :

– un rite byzantin pratiqué en Galicie par 3,5 millions de catholiques autrefois orthodoxes mais réunis à Rome en 1596, d'où leur nom d'« uniates ». Son siège est à Lviv ;

– un archidiocèse de rite latin dont le siège est aussi à Lviv, mais rattaché à l'Église de Pologne ;

– un évêché de l'Église orthodoxe russe (minoritaire).

Le chef des uniates est le métropolite Sheptytsky, archevêque de Lviv. Il a soutenu pendant la guerre le gouvernement fantoche pronazi mis en place par l'OUN (Organisation des Ukrainiens nationalistes). Moins d'un an après l'invasion de l'Ukraine, qui subit de lourdes pertes, la SS autorisait les Ukrainiens à former en son sein la division « Galicia », qui lui fournit 20 000 jeunes recrues, pour l'essentiel d'ex-auxiliaires de police qui avaient participé à l'éradication des Juifs ukrainiens. Mgr Sheptytsky leur apporta sa bénédiction. Cette division fut sévèrement battue en 1944 lors de la bataille de Brody. Ce qu'il restait des forces SS uniates fit mouvement à la fin de la guerre vers l'Autriche, en zone d'occupation britannique. La division galicienne fut la seule à se rendre intacte, en armes et sous le commandement de ses officiers. Elle fut installée dans un camp de Rimini. Le 11 août 1945, la secrétairerie d'État du Vatican adressa au gouvernement américain une note réclamant qu'un visiteur apostolique puisse visiter ces catholiques ruthéniens et plaidant contre leur extradition au motif qu'ils n'étaient pas juridiquement des soldats russes car en 1939 ils étaient de nationalité polonaise ! Devant le refus des Américains, plusieurs notes s'ensuivirent, ainsi qu'une campagne de lobbying menée par l'évêque de Pittsburgh, Mgr Bohachevski, et par l'incontournable cardinal Spellman.

Finalement, en janvier 1946, le Département d'État accepte de modifier ses règles d'expulsion en faveur des Ukrainiens. Le gros des troupes (8 000 hommes environ) reste stationné à Rimini jusqu'en 1947. Les autorités britanniques qui doivent rétrocéder le camp aux Italiens décident de transférer les prisonniers en Grande-Bretagne. Ils sont emmenés dans un camp de l'armée où le MI6 vient faire son marché et recruter des membres de l'ancien gouvernement pro-fasciste ukrainien. Il est vrai qu'avant-guerre, leur leader Stepan Bandera avait déjà été recruté par les services britanniques. Dans l'esprit des espions anglais, ces recrues doivent rejoindre le vaste Bloc des nations antibolchevique, aux côtés d'Intermarium, des Krizari oustachi et d'autres factions…

Le soutien du Vatican au sauvetage des SS ukrainiens semble avoir été obtenu sous la pression des Britanniques par le lobbying constant à Rome de Mgr Bučko, agent des services britanniques et délégué ukrainien d'Intermarium. Avec son aide, les SS ukrainiens vont pouvoir émigrer au Canada et en Australie. Certains d'entre eux deviennent des réservistes de la guerre secrète contre le communisme.

Grâce à ses taupes au sein d'Intermarium, des filières d'évasion et aussi des services secrets britanniques, le MGB (ex-NKVD et futur KGB) est parfaitement renseigné sur ce qui se trame. En effet, le chef d'orchestre du Bloc des nations antibolchevique est un certain Kim

Philby, l'un des « Cinq de Cambridge[1] ». Ces Anglais ont été recrutés par le service russe bien avant qu'ils fassent carrière… Non seulement Philby favorise l'avancement des autres taupes soviétiques infiltrées dans Intermarium, mais il nettoie aussi soigneusement leurs dossiers de toute mention suspicieuse. Le Tchèque Ďurčanský ou l'Ukrainien Stepan Bandera seront ainsi chargés de recruter parmi « leurs » hommes des nouveaux agents pour des opérations clandestines antisoviétiques… toutes vouées à l'échec.

À leur retour en Galicie, en 1944, les Soviétiques, désireux de cultiver leur image auprès de leurs alliés occidentaux, ont inauguré une politique de la « main tendue » et laissé les offices se dérouler normalement. Le Premier secrétaire du PC ukrainien (un certain Nikita Khrouchtchev) assiste même aux obsèques de Sheptytsky à la fin 1944 ! Le métropolite est remplacé par Mgr Slipyj.

Au printemps 1945, la fin de la guerre approchant, les attaques reprennent contre la hiérarchie uniate. En avril, le NKVD arrête tous les évêques, qui seront condamnés à des peines de travaux forcés, puis les chanoines, les supérieurs de séminaires… Les séminaristes sont incorporés de force dans l'armée. Quelques semaines plus tard se constitue « spontanément » un « groupe d'initiative pour la réunion de l'Église grecque-catholique (uniate) à l'Église orthodoxe », lequel est reconnu comme seule autorité de l'Église uniate par le pouvoir. Et le patriarche de Moscou se proclame pasteur suprême des uniates. Les prêtres uniates sont harcelés par le NKVD pour reconnaître « l'erreur historique » que fut le passage de leur Église dans le camp catholique. Ceux qui résistent sont emprisonnés. En 1946, un synode entérine le « retour au bercail » orthodoxe.

Sur un total de 2 500 prêtres, environ 1 500 restent cependant fidèles à Rome. Certains sont emprisonnés, d'autres prennent le maquis, rejoignant l'UPA (armée populaire ukrainienne, qui résiste

1. Cinq anciens étudiants de l'université de Cambridge recrutés par le NKVD durant les années 1930 et qui ont exercé d'éminentes fonctions dans divers services britanniques dans les années 1949-1950, causant des fuites considérables.

à la soviétisation de l'Ukraine jusqu'en 1950). Des offices religieux continuent d'avoir lieu dans la clandestinité.

Dans un diocèse d'Ukraine subcarpatique, lui aussi passé sous contrôle soviétique, où se trouve également une population de confession uniate, l'Église orthodoxe russe nomme un évêque qui fait concurrence à l'autorité en place, Mgr Romza, mais la population reste fidèle à ce dernier. En octobre 1947, le MGB décide carrément de supprimer Romza : un autobus percute sa carriole… mais il en réchappe. Soigné à l'hôpital, il décédera mystérieusement, sans doute empoisonné. Début 1949, toutes les églises uniates sont fermées, les offices uniates interdits et l'évêque imposé par Moscou a seul autorité sur le clergé.

Cinquante nuances de répression

L'action des pays de l'Est envers les religions obéit à un plan d'ensemble, même si chaque pays a ses particularités[1]. Au sortir de la Seconde Guerre mondiale, Staline a créé un « Conseil d'État pour les affaires orthodoxes » dont le coprésident, au côté du patriarche Serge, est Georgi G. Karpov, un officier du NKVD. Chargé des affaires internationales, le métropolite Nicolas est aussi un agent de renseignement[2].

À l'échelle internationale, le NKVD suscite la création de l'Orginform, placé sous la conduite du capitaine Vassili Gorelov, un ancien prêtre rallié à la révolution bolchevique. Cette structure calquée sur le Komintern gère les affaires religieuses dans l'ensemble des pays communistes. Ses agents opèrent depuis les ambassades d'URSS dans les pays frères. Gorelov gère également des écoles de formation « religieuse » pour officiers chargés d'infiltrer les églises des pays non

1. Pour un détail par pays, voir Owen Chadwick, *The Christian Church in the Cold War*, Allen Lane, 1992.
2. Cf. le témoignage du transfuge Pierre Deriabine, *Policier de Staline*, Nouveau Monde éditions, 2015.

communistes[1]. Une école, basée à Lviv en Pologne, forme de faux prêtres catholiques qui ont pour mission d'infiltrer le Vatican.

Les uniates présents en Roumanie y sont tout autant persécutés que les Ukrainiens : « L'Église catholique constitue la dernière barrière organisée contre l'instauration définitive du régime de la démocratie populaire en Roumanie », affirme Gheorghe Gheorghiu-Dej, secrétaire du Parti ouvrier roumain en février 1948. En août 1948, la Roumanie dénonce le concordat signé avec Rome en 1929. Les six évêques uniates sont démis de leurs fonctions et assignés à résidence. La police secrète roumaine fait pression sur tous les prêtres pour qu'ils votent ou fassent voter le rattachement aux orthodoxes. Certains sont torturés. L'Église catholique roumaine, de rite latin, est la cible suivante.

En Pologne, où l'Église catholique est prédominante, c'est une tout autre affaire. D'autant que, ironie de l'histoire, le déplacement de la frontière polonaise à l'est, au profit de l'URSS, a détaché de la Pologne 5 millions d'orthodoxes devenus citoyens soviétiques. Ce qui renforce encore la supériorité écrasante du catholicisme. Les tentatives classiques contre le clergé polonais (laïcisation de l'enseignement, confiscation des biens de l'Église…) se heurtent à de fortes résistances. En 1950, l'UB, la police secrète polonaise, organise une opération contre l'organisation Caritas d'aide aux réfugiés et victimes de guerre : recevant des financements américains, elle est accusée d'être un centre d'espionnage au service des États-Unis. Entre 1945 et 1953, sept évêques sont emprisonnés, y compris le nouveau cardinal primat de Varsovie.

En 1948, Stefan Wyszyński devenu archevêque de Varsovie est persuadé qu'il est possible d'affronter le pouvoir et de négocier un compromis original par rapport à ce qui se fait dans les autres pays de l'Est. Le 14 avril 1950 est effectivement signée une « entente » qui surprend aussi bien à Rome qu'à Moscou. Mais en 1953, après avoir publiquement critiqué un décret par lequel le pouvoir cherchait à

1. Cf. Pierre et Danièle de Villemarest, *Le KGB au cœur du Vatican*, éditions de Paris, 2006.

contrôler les nominations d'évêques, Wyszyński est arrêté. Sur la période 1945-1953, 2 200 prêtres polonais ont été emprisonnés, déportés ou tués. Mais la population fait bloc autour de son clergé. Il est donc décidé de changer de tactique. Un dégel du régime permet de libérer Wyszyński et de négocier avec lui un nouvel accord, signé en 1956.

Les services polonais, eux, privilégient la pénétration de l'Église catholique pour, à travers elle, atteindre les Églises occidentales. Ils utilisent pour cela un bien curieux personnage. Boleslav Piasecki s'est tristement illustré pendant la guerre comme chef de la Falanga, la jeunesse radicale-socialiste polonaise, un groupe inféodé aux nazis. Capturé par l'Armée rouge en 1944, condamné à mort, il n'est pas exécuté et reparaît à Varsovie après la guerre, portant beau et menant grand train. Assez vite, il monte une entreprise de produits chimiques. Comment est-ce possible ? Tout simplement, Piasecki est devenu un agent des services russes. Il faut dire que ses options étaient assez limitées. Toute l'affaire a été dévoilée par Erwin Weit, l'ancien interprète de Gomulka, Premier secrétaire du Parti communiste polonais, passé à l'Ouest en 1969, dans un livre de Mémoires, *Dans l'ombre de Gomulka*[1], qui illustre la finalité de cette reconversion : « Avant l'arrestation du cardinal Wyszyński, Piasecki avait obtenu de rendre visite au chef de l'Église et de s'entretenir avec lui. Il enregistra la conversation sur un magnétophone de poche et livra la bande sonore aux services de la Sûreté. C'est sur la base de cette dénonciation que Wyszyński fut arrêté. Piasecki et ses collaborateurs n'hésitaient pas à corrompre ou à faire chanter certains ecclésiastiques catholiques pour les rendre plus dociles. »

Piasecki sera le chef d'orchestre de l'opération Pax. Il s'agit d'un groupe de presse et d'édition catholique dont les membres sont en réalité des agents du régime. Pour la financer, Piasecki a obtenu le monopole de commercialisation des objets de culte. Avec les recettes de cette activité, il fonde son groupe et le développe en rachetant

1. Robert Laffont, 1971.

un à un les journaux et magazines catholiques encore autorisés. Selon Erwin Weit, le fisc polonais laisse Piasecki mener ses affaires en paix sans jamais y mettre le nez. Pax emploie 400 prêtres polonais, qui ne sont pas tous conscients que l'entreprise est un faux nez des services secrets, mais qui font tourner la machine et lui donnent une façade respectable. L'organisation se charge d'accueillir les prêtres occidentaux de passage en Pologne… qui reviennent avec une vision très positive des rapports entre l'Église et le pouvoir communiste.

Pax devient une vitrine des néomodernistes qui prônent la compatibilité entre les préceptes catholiques et certains aspects du marxisme. Nous retrouverons dans les années 1960 ses agents en action en plein Paris…

En Tchécoslovaquie, c'est l'attitude la plus dure qui prévaut. En 1949, intervient la fameuse « action K » de liquidation en une nuit de toutes les maisons religieuses de Tchécoslovaquie. Nombre de prêtres sont raflés et accusés dans un procès-monstre contre les « espions du Vatican[1] ». En 1950, 2 000 frères sont envoyés en camps de travail. Le diocèse catholique de rite oriental est supprimé et ses 305 000 fidèles déclarés orthodoxes. La hiérarchie décapitée ou déportée, les consécrations deviennent clandestines. Gaetan Matousek est consacré évêque auxiliaire de Prague en secret.

Parmi les prêtres consacrés en secret, le jésuite Pavel Hnilica est consacré par l'administrateur apostolique de Roznava. Par une journée de janvier 1951, l'évêque, qui est en prison, prétexte une visite médicale et parvient à tromper la vigilance de ses gardiens. Le jeune évêque Hnilica commence à travailler avec enthousiasme, mais il est très vite découvert par les autorités. Il ne lui reste plus qu'à ordonner au plus vite un autre évêque, et à quitter le diocèse[2]. Installé à Rome,

1. Cf. les souvenirs de l'un d'entre eux, l'abbé bénédictin Opasek : Anastáz Opasek osb, *Dvanáct zastavení. Vzpomínky opata břevnovského kláštera* [*Douze stations. Souvenirs de l'Abbé du monastère de Břevnov*, édition préparée par Marie Jirásková].
2. Sergio Trasatti, *Vatican-Kremlin. Les secrets d'un face-à-face*, Payot, 1995.

il va dédier le reste de sa vie à l'action secrète derrière le rideau de fer. Nous le retrouverons dans les années 1980 aux côtés du pape Jean-Paul II, engagé dans des entreprises compromettantes...

En Roumanie, on consacre aussi des évêques clandestins, comme le rapporte Hansjakob Stehle[1] :

> J'ai quelque chose d'important à vous dire », déclara le nonce Patrick O'Hara en se retrouvant seul à seul, loin des oreilles de la police secrète, avec le prêtre Schubert de Bucarest. Le nonce jeta un coup d'œil à l'horloge : « cette nuit même, je vais vous consacrer évêque ! » Schubert pâlit : « Mais votre excellence ! Même ma nomination comme administrateur apostolique de Bucarest en mai n'a pas encore été validée par le gouvernement. Si les autorités ont vent d'une consécration – et on ne pourra certainement pas la cacher longtemps – je vais aller en prison !
>
> Le nonce, un vigoureux évêque américain qui arrivait tout droit de son diocèse de Savannah (Géorgie), considéra son interlocuteur effaré, puis répondit sur un ton solennel : « Eh bien vous irez en prison en tant qu'évêque – l'Église a besoin de martyrs partout !

Une semaine plus tard, O'Hara, accusé d'espionnage par la presse roumaine, quitte le pays pour ne plus y revenir. L'envoi d'un nonce américain a été vécu par les autorités roumaines comme une provocation et une preuve que le Vatican est inféodé aux impérialistes. Tous les évêques nommés par lui sont arrêtés et emprisonnés pendant dix-huit ans. Schubert est pour sa part condamné à mort, sa peine commuée à la perpétuité.

On pourrait encore citer l'évêque bulgare Eugene Bossilkov, condamné à mort et exécuté en 1952. En Yougoslavie, Tito exige le renvoi de l'archevêque de Zagreb Mgr Stepinac. Il sera arrêté en

1. Hansjakob Stehle, *Eastern Politics of the Vatican, 1917-1979*, Ohio University Press, 1981.

septembre 1946 et jugé pour collaboration avec les Allemands. Et en Hongrie, en décembre 1948, le cardinal primat Mindszenty est arrêté et traduit en justice.

Une majorité d'accusations d'espionnage sont montées de toutes pièces, quelques-unes correspondent à de réelles activités de renseignement. Les Hongrois espèrent en faire une monnaie d'échange pour négocier un accord avec le Vatican… ce qui est bien mal connaître Pie XII. Mindszenty est condamné à perpétuité.

Le tableau d'ensemble est sombre : rares sont les clergés de l'Est qui échappent à la prison, sauf peut-être en RDA (pays à majorité protestante).

Le combat pour l'Italie

Et encore, le combat ne se limite pas aux pays de l'Est. La bataille la plus cruciale contre le communisme se mène à domicile, avec les élections italiennes qui s'annoncent en 1948. Le pays est devenu une démocratie parlementaire après la guerre. Alcide De Gasperi, fondateur de la nouvelle démocratie-chrétienne et protégé du Vatican, est devenu président du Conseil en 1945, à la tête d'un gouvernement d'union nationale. Selon les dossiers du renseignement américain, c'est avec De Gasperi que Montini a planifié les premières opérations secrètes en Europe de l'Est dans les semaines suivant l'occupation par les Soviétiques. D'après les confidences faites à Angleton, après la libération de Rome, Montini a été chargé par Pie XII de réorganiser le service de renseignement du Vatican. En réalité, comme nous le savons désormais, il y a plusieurs entités à coordonner. En dehors du Russicum trusté par les jésuites, il existe un service officiellement chargé de rechercher des personnes disparues pendant la guerre, mais les espions états-uniens pensent que son rôle va bien au-delà de l'humanitaire. Par ailleurs, plusieurs officines légères, de fonctionnement autonome, sont créées à cette époque, comme l'agence Veritas, animée par un groupe de catholiques tchèques, l'agence internationale FIDES ou encore l'UDA (Ufficio documentazioni attivita). Ces réseaux d'émigrés font mine d'agir de leur propre initiative mais rapportent bien sûr fidèlement à l'équipe Montini.

La situation économique épouvantable de l'Italie après-guerre ouvre un véritable boulevard au Parti communiste italien, qui espère prendre le pouvoir par les urnes. Plusieurs diplomates européens en poste à Rome font part de leur vive inquiétude. L'ambassadeur d'Irlande au Vatican, Joseph Walshe, écrit ainsi des rapports alarmistes : « pendant que les communications sont encore sûres, je dois vous brosser un tableau général de la situation italienne, en particulier les répercussions sur l'Église catholique. Il y a déjà beaucoup d'espionnage et je sais de source sûre que dans peu de temps les valises diplomatiques seront d'un intérêt particulier pour les employés communistes des postes[1] ».

À ses yeux, ce qui se joue n'est rien de moins qu'un combat pour la civilisation occidentale : si le catholicisme est défait en Italie, c'est toute l'Europe de l'Ouest qui risque de tomber aux mains des communistes. L'ambassadeur prévoit une guerre civile en cas de victoire communiste : « dans le camp catholique, environ 180 000 jeunes hommes sont armés et d'après ce que je sais d'eux, par des contacts avec leurs leaders, ils sont prêts à se battre avec l'énergie du désespoir en cas de "coup d'État" ».

Walshe décrit une mobilisation totale du Vatican : « Jamais dans l'histoire le Vatican n'a mené un mouvement aussi puissant dans le pays. » Il fait allusion à l'Action catholique et au nouveau mouvement des *Comitati civici* (comités civiques), impulsé par Luigi Gedda, qui est par ailleurs président du Centro Cattolico Cinematografico. Selon lui, Gedda aurait reçu du Saint-Père la direction de toutes les opérations relatives aux élections de 1948. Les *Comitati civici* sont une organisation secrète, sur le modèle des cellules communistes clandestines. Ils sont présents dans chacun des 300 diocèses italiens. Montini, qui a joué dans les années d'après-guerre un rôle majeur dans les actions du Vatican en matière de politique italienne, est

1. Dermot Keogh, « Ireland, the Vatican and the Cold War: the Case of Italy, 1948 », *Irish Studies in International Affairs*, vol. 3, n° 3, 1991.

inquiet et sans doute un peu jaloux de l'influence prise par Gedda. En réponse aux rapports alarmistes de son ambassadeur, le gouvernement irlandais discute très sérieusement la possibilité que, en cas de prise de pouvoir communiste en Italie, le Saint-Père puisse trouver refuge en Irlande!

En 1946-1947, les Américains font de leur mieux pour soutenir économiquement le gouvernement de De Gasperi (ce dernier se rend à Washington en janvier 1947). En attendant le déploiement du plan Marshall, le Département d'État débloque un prêt de 100 millions de dollars pour aider aux importations (majoritairement américaines, cela va de soi). En mai 1947, De Gasperi prend les partis de gauche de court en provoquant la démission de son gouvernement pour en constituer un nouveau avec les seuls chrétiens-démocrates. Cette décision crée de fortes tensions et laisse craindre un soulèvement révolutionnaire. Le 7 septembre, le leader du PCI Palmiro Togliatti déclare lors d'un meeting à Parme que les communistes disposent d'une force armée de 30 000 hommes et menacent de la mettre en action contre le pouvoir… Il s'agit surtout d'une déclaration destinée à contenter Staline, mais la menace pèse. Elle permet aussi à De Gasperi de dramatiser la situation et demander toujours plus à ses alliés américains. Au cas où l'élection se passerait mal et tournerait à la guerre civile, les États-Unis sont désormais prêts à agir militairement. Des conseillers militaires sont déjà sur place pour étudier tous les scénarios possibles. L'état-major des armées américaines développe des plans de bataille[1].

Il devient évident que l'aide économique, si elle est indispensable pour permettre à l'Italie de ne pas s'effondrer avant la mise en œuvre du plan Marshall, ne suffira pas à changer la donne électorale. En novembre 1947, le président Truman met en garde le Congrès : sans une aide massive et immédiate à l'Italie et à la France, les rigueurs de l'hiver vont causer des dommages irréparables à l'économie européenne et provoquer une nouvelle Grande Dépression. Avec pour

1. James E. Miller, « Taking off the Gloves: The United States and the Italian Election of 1948 », *Diplomatic History*, vol. 7, n° 1, hiver 1983.

effet de menacer les régimes démocratiques. Ce même mois de novembre, le chef d'état-major Dwight Eisenhower demande que soit dressée une liste d'agents italiens fiables qui pourraient être utilisés par la CIA pour des opérations clandestines. De Gasperi estime qu'un coup d'État communiste peut intervenir d'un jour à l'autre. Les Américains font pression pour qu'il réintègre au moins des ministres de centre gauche dans son gouvernement. Des fonds d'urgence sont alloués pour muscler les services de sécurité intérieure. On envisage même de mobiliser des troupes polonaises anticommunistes stationnées en Italie en cas d'insurrection.

Au Vatican, on partage les inquiétudes américaines. Le pape joue cette fois sa liberté d'action. Une prise de pouvoir des communistes en Italie le rendrait à nouveau prisonnier dans la cité-État. Il faut donc prendre nettement position, et tant pis si cela contrevient à l'impératif de neutralité de l'Église. En octobre, l'archevêque de Milan le cardinal Ildefonso Schuster condamne très clairement le communisme et contredit Togliatti sur le fait que communisme et catholicisme puissent coexister en Italie. En décembre, alors que la tension est à son comble, le pape demande à l'Action catholique, la grande organisation séculaire catholique qui encadre la société italienne, de se tenir prête à briser toute tentative de grève générale de la part du PCI. Par l'intermédiaire de Montini, le Vatican fait savoir aux Américains que toute intervention destinée à contrer la prise du pouvoir par les communistes sera la bienvenue[1]. L'Église se rallie volontiers aux initiatives anticommunistes de l'administration Truman. Les démocrates-chrétiens et l'aile droite des socialistes reçoivent des paiements secrets de plusieurs millions de dollars. Une campagne de propagande massive est orchestrée pour que les électeurs italiens fassent barrage au communisme.

---

1. Memorandum de discussion entre Graham Parsons et Mgr GB Montini, Vatican city, 1er octobre 1947, « 124 AmVat, RG 84, NARS ; Parsons to State Department, Vatican City, 24 October 1947, « 800 Political Affairs », Myron Taylor Papers, Franklin D Roosevelt Library, Hyde Park, New York ; FRUS, 1948, 3:753. Cité in « Taking off the Gloves », *op. cit.*

En réalité, les communistes n'ont nul besoin de réaliser un coup de force pour prendre le pouvoir. Début 1948, les sondages leur laissent espérer une victoire assez nette pour le bloc PSI-PCI. Il ne reste plus qu'à attendre quelques mois.

Fin janvier, un Pie XII déprimé déclare à un visiteur américain qu'il ne croit plus guère à la victoire mais qu'il faut se battre frontalement. En un mois, le pape voit arriver suffisamment de signes d'engagement américain dans la croisade contre le communisme pour reprendre espoir. Le 22, il prononce un discours pour mobiliser les cadres de l'Action catholique. Deux jours plus tard, il ordonne au clergé d'aller voter. Le 25 février, on apprend que le Parti communiste tchèque a gagné les élections à Prague, ce qui électrise l'opinion américaine.

Le Conseil de sécurité nationale autorise le financement clandestin des chrétiens-démocrates par la CIA. Truman autorise aussi des livraisons d'armes à l'Italie, bien qu'elles soient illégales. Les grandes sociétés américaines implantées en Italie sont invitées à financer elles aussi la démocratie-chrétienne. En cas de victoire communiste en Italie, on envisage de suspendre toutes les aides américaines, mais aussi de refuser des visas à tout membre du PCI. Les programmes italiens de la radio Voice of America sont développés. On sollicite les Italo-Américains les plus connus pour des programmes appelant les Italiens à voter contre le communisme.

La campagne de De Gasperi bénéficie du plein soutien du Vatican. Chaque chaire d'église devient une tribune politique. Les ordres religieux sont mobilisés à leur tour.

Le biographe de Montini, Alden Hatch, témoigne de ses efforts: «Avec plus de 300 évêques, 125 000 prêtres et près de 5 millions de membres de l'Action catholique, il mène un mouvement qui va stupéfier les experts[1].» Peut avant les élections, Montini organise un rassemblement-monstre place Saint-Pierre: «La foule emplissait la grand-place et s'étendait le long de la via Conciliazione jusqu'aux

1. Alden Hatch, *Pope Paul VI*, Random House, 1966.

ponts de l'autre côté du Tibre et même le long de ses rives plus lointaines, en haut du Corso Vittorio Emanuele. Le Saint-Père, dans les vêtements de blanc et d'or de son ministère sacré, leur parla avec passion, dans la tradition des croisades… et ses paroles enflammées soulevèrent les cœurs et percèrent les esprits de ceux qui l'écoutaient[1]. » Le discours de Pie XII fut retransmis dans toute l'Italie par la radio.

Signe que l'heure est grave, la CIA abat son atout-maître : James Angleton, qui était reparti aux États-Unis après la création de la CIA en 1947, est renvoyé en urgence à Rome[2]. Angleton a pour mission d'éviter, quoi qu'il en coûte, la victoire des communistes. Il réunit des fonds spéciaux pour le Saint-Siège avec l'aide de Dulles, qui mobilise discrètement ses amis de la division des projets spéciaux au Département d'État. La CIA accepte dans le cadre de cette opération préélections de parrainer le réseau Intermarium. La chose n'a rien d'évident puisque plusieurs de ses membres de haut rang sont considérés comme des criminels de guerre. La solution trouvée pour permettre au réseau de fonctionner sous une couverture honorable est de le fondre dans la toute jeune Radio Free Europe, un satellite de la CIA. De son côté, le MI6 britannique va financer le Bloc des nations antibolchevique, par l'intermédiaire de la banque du Vatican.

Angleton recommande que la CIA finance bien plus que prévu l'Action catholique de Luigi Gedda. Il fait valoir qu'en face, chaque région, chaque ville italienne a sa section communiste, avec ses permanents payés par le parti. Moscou verse au PCI une aide estimée à plus de 50 millions de dollars par an. Une ribambelle de firmes italiennes d'import-export commercent avec le bloc soviétique dans des conditions privilégiées et consacrent leurs bénéfices au financement des activités communistes en Italie.

1. *Ibid.*
2. Affecté à l'OSO (Office of Special Operations) de la CIA, Angleton dirige l'équipe « A » chapeautant le recueil d'informations à l'étranger. Les archives du service X2 de l'ancien OSS lui sont transférées. À peine a-t-il eu le temps d'organiser le service qu'on le renvoie en Italie.

Seule l'Église peut mettre en face une organisation comparable, mais il faut pour cela décupler ses moyens financiers. William Colby, chef d'antenne de la CIA à Rome et patron d'Angleton, écrira dans ses Mémoires : « Le programme d'action politique dont je pris la tête constituait la principale mission de l'Agence dans ce pays, de même que les millions de dollars qu'elle y consacra représentent la plus forte somme jamais allouée par la CIA à une action de ce genre[1]. »

Angleton a aussi pour mission de coordonner les services secrets italiens, les milieux d'affaires, le Vatican, les chevaliers de Malte et même ses amis des services secrets français et britanniques. À l'époque, la CIA tout juste créée n'a pas encore de budget indépendant : les fonds secrets arriveront quelques mois plus tard. Dans l'urgence, Washington autorise Angleton à ponctionner les avoirs saisis sur les forces de l'Axe, qui doivent en principe servir à la reconstruction. Angleton effectue un premier prélèvement en lires équivalent à 10 millions de dollars, une somme considérable pour l'époque, qui est entassée dans d'énormes sacs en toile. Une partie est aussitôt confiée à Mgr Montini pour être déposée à la banque du Vatican. Une autre partie est remise à de riches hommes d'affaires catholiques, à charge pour ces derniers de faire des donations « régulières » à des officines politiques, pour certaines créées quelques jours plus tôt par la CIA. Enfin plusieurs millions sont remis à l'Action catholique[2].

Les Américains vont acheminer d'autres stocks de billets, de bijoux et d'or saisis sur les biens de dignitaires nazis vers les coffres de l'IOR. Sous l'impulsion du cardinal Spellman, qui célèbre auprès de tous ses interlocuteurs l'engagement de Pie XII contre le communisme, l'Église américaine lance de son côté une vaste opération de levée de fonds. Spellman organise aussi la visite au Vatican de dizaines de sénateurs et représentants de la Chambre. L'ambassadeur de France au Vatican, Jacques Maritain, lui-même un fervent théoricien catholique, démissionnera en signe de protestation devant ce mélange des genres entre politique et religion.

1. William Colby, *30 ans de CIA*, Presses de la Renaissance, 1978.
2. Tim Weiner, *Legacy of Ashes. The History of the CIA*, Anchor Books, 2008.

L'action se prolonge dans le domaine de la guerre psychologique, domaine dans lequel Angleton sait se montrer créatif. L'un de ses films préférés est alors la comédie d'Ernst Lubitsch *Ninotchka* avec Greta Garbo, sur un scénario de Billy Wilder, que le public italien n'a pas eu la possibilité de voir car il date de 1939. Cette satire mordante du système communiste n'a rien d'un film de propagande et est restée un chef-d'œuvre de la comédie hollywoodienne avec des dialogues ciselés (« Quelles sont les nouvelles de Moscou ? – Bonnes, excellentes : les derniers procès ont été une vraie réussite ; il y aura moins de Russes mais ils seront meilleurs »). Angleton décide d'en faire tirer, aux frais de la CIA, des dizaines de copies supplémentaires pour inonder les salles de cinéma italiennes en déclarant : « Madame Garbo sera une arme des plus fatales ! » Il est bien difficile de dire dans quelle mesure cette action peu conventionnelle contribue à la victoire des chrétiens-démocrates…

Autre arme psychologique cruciale dans un pays catholique : Angleton fait réaliser des pamphlets anonymes sur la vie privée et sexuelle des candidats communistes, en leur prêtant pour faire bon poids des amitiés avec les fascistes. En la matière, la CIA n'invente rien mais reprend les techniques éprouvées des services secrets nazis et russes…

Au final, la mobilisation porte ses fruits. Les chrétiens-démocrates, crédités de 36 % dans les sondages en début d'année, effectuent une spectaculaire remontée et obtiennent 48,5 % dans les urnes. Les communistes se maintiennent à haut niveau, les autres partis sont laminés. On attribue à l'Action catholique une grande part du mérite. Celle-ci va rester une force dominante dans la politique italienne tout au long de la guerre froide. L'action conjointe du Vatican et de la CIA a complètement polarisé la vie politique italienne autour de la DC et du PCI, empêchant durablement l'émergence d'alternative.

Des politiciens et des personnalités de l'Église chrétienne resteront bénéficiaires des largesses de la CIA, qui dépasseront les 20 millions de dollars par an dans les années 1950. L'Agence fournit à cette époque de l'argent pour divers projets à de nombreux prêtres et évêques, généralement sous forme de contributions à leurs organisations caritatives préférées. Souvent, ces prélats ne connaissent pas la véritable source de ces fonds.

Les réseaux Gladio

Après l'alerte de 1948, la menace est cependant loin d'être écartée. Il va falloir bâtir en Europe des réseaux capables de résister à un coup de force communiste. Avec l'accord du ministre de l'Intérieur italien, Angleton embauche ainsi d'anciens responsables de l'OVRA, le service secret fasciste. Il finance aussi, depuis 1947 déjà, une structure anticommuniste clandestine, l'Armata Italiana della libertà, placée sous les ordres du colonel Ettore Musco. En avril 1949, peu après la fondation de l'OTAN, est créé le SIFAR, service de renseignement militaire, qui sera dirigé par le général Giovanni Carlo Re, puis le général Umberto Broccoli. Dans les années 1950 et 1960, le SIFAR n'est pas un service secret autonome : la CIA a un droit de regard sur son recrutement et reçoit copie de l'ensemble de ses rapports. Paulo Taviani, ministre de la Défense italienne de 1955 à 1958, reconnaîtra plus tard que le SIFAR était dirigé et financé par « les types de la via Veneto », autrement dit, la CIA et l'ambassade américaine à Rome[1]. L'une des raisons d'être du SIFAR est de gérer le volet italien du programme Gladio.

Voici comment le parrain de la démocratie-chrétienne, le sénateur Giulio Andreotti, a présenté Gladio le 24 octobre 1990 devant les députés italiens : « Après la Seconde Guerre mondiale, la peur de l'expansionnisme soviétique et l'infériorité des forces de l'OTAN par rapport au Kominform soviétique conduisent les nations d'Europe de l'Ouest à envisager de nouvelles formes de défense non conventionnelle, créant sur leur territoire un réseau occulte de résistance

1. *The Observer*, 18 novembre 1990, cité par Daniele Ganser, *Les armées secrètes de l'OTAN. Réseaux Stay Behind, opération Gladio et terrorisme en Europe de l'Ouest*, éditions Demilune, 2011.

destiné à œuvrer en cas d'occupation ennemie, à travers le recueil d'informations, le sabotage, la propagande et la guérilla. [...] Un accord fut signé entre les services américains et le SIFAR (Service d'information des forces armées), relatif à l'organisation et aux activités du réseau clandestin, post-occupation, accord communément appelé Stay behind, par lequel furent confirmées toutes les obligations précédemment convenues entre l'Italie et les États-Unis. Ainsi, les bases furent jetées pour réaliser l'opération indiquée en code sous le nom de Gladio. [...] Pour les opérations clandestines, il fut prévu au départ l'enrôlement d'un millier d'éléments environ, parmi lesquels une centaine déjà recrutés et entraînés pour les activités d'information, de propagande, d'évasion et d'infiltration. L'entraînement et la participation à des actions de sabotage et de guérilla étaient réservés à des membres du service particulièrement sélectionnés. En cas de conflit, on prévoyait le recrutement au sein des cadres du service d'un nombre indéterminé de partisans. »

Cette description est exacte, mais comporte des omissions. Comment croire en effet que le Vatican ait été tenu à l'écart d'une telle initiative, alors que les réseaux d'information catholique constituaient l'essentiel des sources de la CIA sur ce qui se passait dans les pays de l'Est ? Bien sûr, il n'était pas question que des prêtres se mêlent d'actions dangereuses. Mais il ne s'agissait pas seulement de recruter des combattants. Il fallait aussi dissimuler des réserves d'armes, de munitions, des équipements radio... Selon Andreotti, les équipements fournis par la CIA (armes de poing, fusils à lunette, grenades, mortiers...) furent enterrés dans 139 caches réparties dans des forêts, des champs et des cimetières... « Il oublie de préciser qu'il y en eut pas mal dans des églises ! » s'amuse un ancien de la CIA[1] qui a passé une grande partie de sa carrière en Europe. « Évidemment, en 1990, les prêtres qui étaient en poste n'étaient plus les mêmes qu'en 1949-1950 : ils ont été bien surpris quand on est venu déterrer les colis... »

1. Entretien avec l'auteur.

Un prêtre, le père Giuciano, témoigne ainsi devant son église pour les caméras de la BBC : « J'ai été prévenu dans l'après-midi quand deux journalistes d'*Il Gazzettino* sont venus me demander si je savais quelque chose à propos des dépôts de munitions ici, dans l'église. Ils ont commencé à creuser à cet endroit et ont tout de suite trouvé deux caisses. Mais le texte indiquait aussi de chercher à environ 30 centimètres de la fenêtre. Ils ont donc repris leurs fouilles par là-bas. Ils ont mis une des boîtes à l'écart car elle contenait une bombe au phosphore. Les carabiniers sont sortis pendant que deux experts ouvraient la boîte. Il y en avait encore une autre contenant deux mitraillettes. Toutes les armes étaient neuves, en parfait état. Elles n'avaient jamais servi[1]. »

Que des dizaines de prêtres aient fourni des caches au réseau Gladio ne relève pas du hasard ou d'une conjonction d'initiatives individuelles. Il est très probable que cela a été décidé en haut lieu, par Pie XII lui-même, sur demande de la CIA. Aucune archive du Vatican ne viendra jamais l'attester : ce genre de consignes ne pouvaient être que verbales. Tout comme l'hébergement des Juifs et soldats alliés évadés dans les propriétés du Vatican en 1943-1944, il fallait que cela reste top-secret et que l'on puisse en nier l'existence. À la limite, il n'était pas indispensable que chaque prêtre qui accueillait une cargaison connaisse le contenu des caisses. Il suffisait qu'une autorité supérieure lui demande d'obéir sans poser de questions.

Gladio est un phénomène européen, sous l'impulsion de la CIA, du MI6 et de l'OTAN. Tous les services secrets d'Europe de l'Ouest y sont associés d'une façon ou d'une autre. Le Vatican ne fait pas exception. Mais le recrutement laisse à désirer : on ne se soucie guère du pedigree des recrues, du moment qu'elles sont anticommunistes. C'est pourquoi une partie d'entre elles vont plus tard verser dans des actions violentes, jusqu'au terrorisme dans les années 1970 (voir le chapitre 12).

1. *Gladio: The Puppeteers*, d'Allan Francovich, documentaire BBC2, 17 juin 1982.

En 1955 est placé à la tête du SIFAR le général Giovanni De Lorenzo, un farouche proaméricain. « Avec sa moustache, ses lunettes et son allure militaire, De Lorenzo incarnait la figure du général à l'ancienne », rapporte Ganser. Il sera le principal interlocuteur des Américains pour le programme *Demagnetize* : il consiste à mener en coopération avec les renseignements militaires français et italien des opérations politiques, paramilitaires et psychologiques visant à affaiblir les communistes dans ces deux pays, les plus exposés. De Lorenzo entame un fichage géant des personnalités de la gauche italienne, qui se transforme peu à peu en surveillance générale de la classe politique italienne. Le général se passionne pour la vie privée des élites : relations extraconjugales, amours homosexuelles, fréquentation de prostitué(e)s, tout y passe… De Lorenzo partage ses dossiers avec la CIA, qui pourra ainsi recruter et faire pression sur des politiciens, des journalistes, des hommes d'affaires et aussi des ecclésiastiques ! Emporté par son élan, De Lorenzo ira jusqu'à faire poser des micros au Vatican, dans les appartements de Jean XXIII.

Ébranlé par les scandales – dont un projet de coup d'État sur lequel nous reviendrons – le SIFAR sera dissous en 1965[1]. Une enquête parlementaire conclura que « la collecte de renseignements pour le compte des pays de l'OTAN *et du Vatican* est devenue l'une des activités principales du SIFAR[2] ». La formule laisse entendre que tout en espionnant le Vatican, De Lorenzo l'alimentait aussi en informations.

Notre agent à Washington

Pendant que la bataille principale contre le communisme fait rage en Europe, l'homme de confiance du pape gère quasiment à lui seul la lutte sur les continents américains. En février 1946, Francis Spellman a été nommé cardinal, ce qui accroît encore son

1. Cf. *Dossier SIFAR*, Kaos Edizioni, 2004.
2. Commissione parlamentare d'inchiesta sugli eventi del guigno-luglio 1964, Relazione di minoranza, Rome, 1971. C'est nous qui soulignons.

prestige. C'est désormais un petit homme chauve, replet, vêtu de la robe pourpre de cardinal, qui en impose aux plus hautes autorités. Il arbore en toute occasion une croix pectorale en or, cadeau du pape Pie XII. Son influence va bien plus loin que celle d'un archevêque de New York. Au fil des ans, il a amassé un pouvoir sans équivalent dans l'histoire de l'Église américaine. Il dialogue avec les présidents, la CIA, le FBI, les sénateurs, les maires... Il voyage à travers toute la planète. Farouchement anticommuniste, Spellman combat le marxisme comme un ennemi mortel du catholicisme *et* des États-Unis.

Spellman est devenu un interlocuteur privilégié du FBI qui développe l'espionnage des organisations communistes et des syndicats. Premier informé lorsque des prélats new-yorkais ou étrangers sont arrêtés en fâcheuse posture, saouls ou surpris lors d'une descente de police dans un bordel, Spellman intervient auprès des autorités pour étouffer l'affaire. En échange, les prêtres fautifs deviennent des informateurs à sa merci, chargés d'espionner leurs ouailles et de signaler tout indice de communisme. Alors que l'on entre dans la guerre froide, Spellman devient un orateur incontournable de toutes les conférences anticommunistes. Les États-Unis sont devenus le « parrain » politique et financier du Vatican, si bien que le pape a désormais plus besoin de Spellman que l'inverse.

Le cardinal est désormais l'autre grand argentier des opérations secrètes de l'Église, après la CIA. Il brasse des sommes énormes avec une comptabilité réduite à sa plus simple expression. Et il continue plus que jamais à cultiver l'amitié de riches Américains, dont certains lèguent leur fortune à l'archevêché. Ces fonds lui permettent de régler les problèmes de ses diocèses, mais aussi de poursuivre ses propres opérations secrètes qui ne passent pas nécessairement par le Vatican : il envoie ainsi des sommes importantes au primat de Hongrie Mindszenty, qui est accusé par le régime communiste d'avoir orchestré avec Spellman un complot royaliste destiné à placer Otto de Habsbourg, héritier du trône austro-hongrois, à la tête d'une fédération de pays d'Europe centrale ! Spellman fréquente également nombre de délégués à l'ONU, notamment ceux qui lui sont désignés comme prioritaires par le Département d'État. Tout à sa fureur anticommuniste, il apporte son soutien total au sénateur McCarthy qui va développer la « chasse aux sorcières » contre les supposés communistes au sein des agences gouvernementales puis de Hollywood. Il rencontre à cette occasion un jeune assistant de McCarthy, Roy Cohn, qui va bientôt devenir un avocat controversé et impitoyable. Travaillant pour le Milieu, Cohn sera dans les années 1970 le mentor du jeune Donald Trump[1]. L'avocat devient un disciple et un informateur de Spellman d'autant plus précieux qu'il a le bon goût de faire engager le neveu de Spellman dans diverses affaires. Malheureusement pour eux, le sénateur McCarthy est peu à peu ostracisé courant 1954 par le Parti républicain en raison de ses excès (il voit des communistes partout, y compris chez les hauts gradés de l'armée américaine).

Cela n'empêche pas la CIA de faire appel au cardinal, la même année, pour une mission au Guatemala : l'Agence a besoin sur place d'un contact discret avec l'archevêque Arellano. Spellman, qui a parmi ses nombreuses activités la tâche d'inspecter les églises sud-américaines, fournit déjà des rapports au FBI sur les informations glanées sur place, ou via des prêtres sûrs, concernant les agissements communistes sur place. Il est reçu avec les honneurs par les dictateurs locaux : Batista à Cuba, Trujillo en République dominicaine, Stroessner au Paraguay, Somoza au Nicaragua… dont il apprécie le ferme anticommunisme. Il est plus perçu comme un représentant des États-Unis que du Vatican. En 1954, la CIA songe déjà à renverser le régime guatémaltèque de Jacobo Arbenz, dont les projets de réforme agraire menacent les intérêts de la United Fruit Company, entreprise bananière américaine. Spellman ne voit pas d'inconvénient à aider l'Agence dans cette tâche. Une lettre pastorale lue le 9 avril dans toutes les églises du pays demande au peuple de « se soulever comme un seul homme contre les ennemis

1. Cf. Yvonnick Denoël, *Les dossiers noirs de Donald Trump*, Nouveau Monde éditions, coll. « Chronos », 2019.

de Dieu et du pays». Et la CIA d'enchaîner sur la diffusion de tracts anti-Arbenz, promouvant le colonel Castillo Armas comme le futur sauveur du pays. Des années plus tard, lors d'une commission d'enquête parlementaire, la CIA reconnaîtra avoir recruté des missionnaires comme informateurs et agents dans le cadre de cette opération. Même s'il n'est pas rémunéré, Spellman est le premier de ses collaborateurs religieux.

Il coordonne depuis New York l'effort conjoint des partisans du colonel Armas et de prêtres «sûrs». De son côté, Arbenz sollicite l'aide de l'URSS qui annonce l'envoi de matériels de défense, mais Eisenhower décrète un blocus. En juin 1954, le coup d'État se déroule avec l'appui de mercenaires américains. La propagande radio de la CIA convainc les hauts gradés de l'armée de se rallier: Arbenz doit quitter le pays. Le nouveau gouvernement va accorder à l'Église une place de choix et la rétablir dans tous ses droits et possessions.

À la fois espion, diplomate, conseiller des princes, Spellman a atteint le sommet de son pouvoir. Un membre du Département d'État le reconnaîtra plus tard: il ne sert pas seulement la politique étrangère des États-Unis, il contribue à l'orienter.

Cette symbiose avec les intérêts américains va toutefois peu à peu le déconnecter du Vatican, avec en point d'orgue la guerre du Vietnam. Sans surprise, le cardinal fait campagne en faveur d'un soutien à l'armée française en Indochine, puis, après la conférence de Genève qui consacre la partition du pays en deux blocs, d'une intervention directe des États-Unis au sud-Vietnam, à la fois pour protéger le catholicisme et sauver le pays du joug communiste. Dès 1950, le cardinal reçoit à sa table un ancien séminariste, Ngo Dinh Diem, qui va devenir Premier ministre du sud-Vietnam. Après Diên Biên Phu, le président Eisenhower souhaite promouvoir un pouvoir plus fort que celui de l'empereur Bao Dai, peu populaire. Spellman présente Diem au Département d'État, à qui il apparaît comme un candidat idéal au poste de Premier ministre. La CIA se charge des détails, c'est-à-dire de truquer les élections de 1955.

À cette époque, Pie XII est d'accord avec la manœuvre. Spellman se charge de « vendre » la solution Diem à l'opinion catholique et, avec l'aide de Joseph Kennedy, de créer un lobby pro-Diem à Washington. On retrouve au sein de ce lobby l'ex-patron de l'OSS William Donovan[1]. Un jeune protégé de Spellman, le médecin catholique Tom Dooley, qui a exercé au Vietnam et organisé l'exfiltration de 35 000 catholiques du nord-Vietnam, multiplie les articles de magazines et les livres pour raconter les tortures infligées par les communistes aux catholiques. Il mourra fort jeune, en 1964. Lorsqu'une commission vaticane entreprendra quinze ans plus tard d'instruire son dossier pour en faire un possible saint, on découvrira qu'il était un agent de la CIA, ce qui arrêtera net la procédure.

Spellman est sans conteste le meilleur agent du Vatican : du moins c'est l'opinion la plus répandue à la curie. Mais bien d'autres cardinaux s'activent en parallèle sur leurs zones d'influence respectives, sans qu'il soit possible d'en dresser la liste exhaustive. Revenons un instant au cardinal Tisserant. Point de contact des Français à Rome, il déploie depuis l'automne 1944 une activité tous azimuts. Désormais, lui et Pacelli sont parfaitement en phase ! Le cardinal coordonne un large éventail de personnalités unies par l'antimarxisme. On retrouve une vieille connaissance, le dominicain belge Félix Morlion, ex-agent de l'OSS et cofondateur de l'université internationale d'études sociales « Pro Deo ». Il s'agit d'une école de cadres formés à la lutte anticommuniste. On fait la connaissance du Français Paul Lesourd, historien des missionnaires catholiques, qui a été pendant la guerre un pétainiste convaincu dans son hebdomadaire *Voix françaises*. Il se donne désormais pour mission de combattre les « infiltrations communistes » au sein de l'Église et entretient une correspondance nourrie avec Tisserant. Personnage plus étonnant, le « professeur Thomas Georges », de son vrai nom Tomislav Poglajen, un Slovène, est présenté à Tisserant par un père jésuite. Poglajen a dirigé la Jeunesse

1. Douglas Waller, Wild Bill Donovan, *The Spymaster Who Created the OSS and Modern American Espionage*, Free Press, 2012.

ouvrière chrétienne de Slovénie. Puis il est passé en Slovaquie, où il a animé un maquis antiallemand, incorporé par la suite à l'Armée rouge. En 1947, on le retrouve en charge des jeunesses chrétiennes de Tchang Kaï-chek, puis professeur de sociologie à Taipei. Après un séjour à Rome, il repart combattre le communisme… en Inde du Sud. Tisserant ne s'estime nullement responsable du « franc-tireur » Georges… mais il lui transmet des sommes importantes et le recommande à ses réseaux. Dans les années 1950, on le retrouvera en Indochine.

Plus présentable est le colonel Claude Arnould, au parcours impeccable : fondateur du réseau de renseignement Jade-Amicol pendant la guerre[1], il a été lié aux services britanniques. Arnould se rend régulièrement à Rome et a ses entrées chez Pie XII via Bernard de Gorostarzu, adjoint du préposé général des jésuites, lui-même un ancien du réseau Jade. Malgré la fin de la guerre, Arnould continue d'animer un réseau d'action clandestine dans le couvent des sœurs de la Sainte Agonie, rue de la Santé à Paris. Tisserant interviendra plusieurs fois auprès de la congrégation pour maintenir leur hébergement. Dans les réunions animées par Arnould se croisent des personnalités hétéroclites, mais unies par le combat contre la subversion communiste, dont le radical Émile Roche[2] et le futur ministre de l'Intérieur Raymond Marcellin[3]. Plusieurs personnages rejoignent ce groupe sous l'impulsion de Tisserant. « Un réseau anticommuniste de défense religieuse se noue bel et bien autour de Tisserant au début des années 1950 », conclut son biographe Étienne Fouilloux, qui a pu travailler sur les archives privées de Tisserant. C'est là une exception. Si l'on veut découvrir quels autres personnages majeurs s'activent à

1. Voir notamment André Kervella, *Le réseau Jade*, Nouveau Monde éditions, 2021.
2. Ce radical anticommuniste, proche de Joseph Caillaux puis de Marcel Déat, a été un sympathisant du Rassemblement national populaire sans y adhérer sous l'Occupation, ce qui lui permet de reprendre après la guerre une carrière au Parti radical. Administrateur de diverses sociétés, il appuie l'officine anticommuniste de Georges Albertini.
3. Haut fonctionnaire vichysto-résistant, élu du Morbihan, il sera seize fois ministre de 1948 à 1974, en particulier ministre de l'Intérieur de 1968 à 1974.

l'ombre des murs épais du Saint-Siège, il faut nous tourner vers une source plus inattendue : les archives des services secrets bulgares.

Who's Who de l'espionnage au Vatican

Le KDS, *Komitet za Darzhavna Sigurnost* (Comité pour la sécurité d'*État*), est surtout connu pour le meurtre de dissidents bulgares dans les pays ouest-européens, dans les années 1960-1970 (notamment l'affaire du « parapluie bulgare »). Ses activités restent peu connues des chercheurs occidentaux, même si nous savons qu'il servait parfois de sous-traitant pour certaines missions commandées par le KGB. Cela s'explique notamment par la position géographique de la Bulgarie, qui a des frontières communes avec plusieurs pays membres de l'OTAN comme la Grèce et la Turquie. Pourtant depuis 2007, le Parlement bulgare a créé une commission chargée de déclassifier une partie de ses archives pendant la guerre froide. Tout récemment ont été mis en ligne des documents qui révèlent une attention particulière aux affaires religieuses. En 2018, on a ainsi découvert qu'en 1971 le service bulgare avait projeté de mettre le feu aux archives du patriarche de Constantinople (Istanbul) afin de provoquer une crise entre la Grèce et la Turquie.

La sélection d'archives que nous avons pu consulter montre que pendant les années 1950 le KDS s'est beaucoup plus intéressé au Vatican qu'on ne l'imaginait jusqu'à aujourd'hui. Voici un document daté de début de 1959, mais qui décrit le dispositif des dernières années du pontificat Pacelli…

> Information sur les organes du Vatican chargés des activités de renseignement[1]
> (Note du 16 janvier 1959)

1. Consultable à l'adresse : https://www.comdos.bg/%d0%9d%d0%b0%d1%88%d0%b8%d1%82%d0%b5%20%d0%b8%d0%b7%d0%b4%d0%b0%d0%bd%d0%b8%d1%8f/darzhavna-sigurnost-i-veroizpovedaniyata-chast-ii-myusyulmansko-izpovedanie-i-katolicheska-tsarkva-v-balgariya-1944-1991

Les activités de renseignement du Vatican contre le camp socialiste sont menées via les organismes suivants :

1. Centro Studi Cattolici

Situé à Rome, via della Conciliazione 1-3. Cet organe a été créé officiellement en tant que centre de recherche en 1955. Le but était que la secrétairerie d'État dispose de son service de renseignement contre les pays du camp socialiste. Son dirigeant est le jésuite Herman Heck, originaire de Munich, 57 ans, sorti de l'académie papale de Rome, travaillait en Extrême-Orient de 1945 à 1947, après en poste en Italie, chef de l'Institut de la propagande contre la République populaire de Chine. Heck est actuellement directeur de l'agence internationale de presse Fidos, qui est membre de la Congrégation pour la propagation de la foi. Heck s'occupait personnellement des questions allemandes, s'occupait personnellement des relations avec le service de renseignement Gehlen en RFA (futur BND). Heck faisait ses rapports directement au secrétaire du Vatican Domenico Tardini.

Le Centro Studi Cattolici a pour mission de collecter des informations politiques, économiques, financières, religieuses etc. Est portée l'attention sur l'obtention de documents informationnels. Dans la ville belge de Louvain il y a une unité travaillant contre l'URSS, dirigée par Sloskan Boleslav[1], visiteur épiscopal et membre de la haute commission à l'émigration auprès du Vatican.

Le travail contre la Tchécoslovaquie est dirigé depuis Rome, via Concordia et au collège Nepumuseno[2]. Il est dirigé par

1. Il s'agit de Boleslas Sloskans (1893-1981), un des évêques consacrés en secret par d'Herbigny en 1926 à Moscou. Après avoir été arrêté par les services russes en 1927, il est échangé contre un espion russe détenu par les Lituaniens en 1933 et s'établit à Rome. Voir sa biographie officielle : http://www.sloskans.com/

2. Le collège pontifical Népomucène de Rome.

Giovanni Busco, né en 1891, visiteur épiscopal, membre de la haute commission à l'émigration auprès du Vatican. L'assistant de Busco était le Slovaque Rudolf Vrba, 32 ans, a auparavant travaillé dans la filiale de la radio Free Europe en Italie.

Le travail contre l'Albanie est dirigé depuis Bari (Italie) par Enver Liccio, ancien officier de la police fasciste albanaise. Le travail contre la Hongrie est dirigé depuis Udine, par M. Tot.

Le Centre a également un service de courrier. En tant que messager était souvent utilisé le roumain Mika, 33 ans. Étaient aussi utilisés comme messagers divers voyageurs de commerce.

Ont travaillé au Centre : Antonio de Vries, le moine jésuite Liotsi Giovanni ; le hongrois Silay Josef ; la russe Angelina Selert ; l'anglais Tom Herman et d'autres.

2. <u>Le service de renseignement de l'ordre des jésuites</u>

Le service de renseignement de l'ordre de jésuites a également des missions de contre-espionnage (démasquer et empêcher l'activité des « agents communistes » dans les pays occidentaux). Son siège est situé à la villa Malta à Rome. Son chef est le moine jésuite Floridi, et son assistant est le moine Liotsi, qui durant la deuxième guerre mondiale assurait la liaison entre l'ordre des jésuites et les alliés.

La mission du centre romain est de coordonner l'activité des organes. L'ordre des jésuites a également ses propres services dans les villes suivantes d'Allemagne : Cologne, Aachen et Berlin Ouest. Leur activité est dirigée par le moine Gustave Veter, spécialiste des questions russes. En Autriche, l'implantation des jésuites est à Vienne ; ainsi qu'en Belgique, Hollande, Angleterre et aux USA.

Le siège du service de renseignement de l'ordre des jésuites à Berlin-Ouest est rue Kant Suarez, dans le secteur de Charlottenburg, sous couvert d'un institut pédagogique. Son dirigeant est le moine Paulo Tkoch. Dans cet institut ont été formés près de 100 émigrants-traîtres.

Dans la ville de Bressanone, au nord de Balsamo (Italie) se situe l'école de propagande de l'ordre des jésuites. Le directeur de l'école était monseigneur Hans Untergas. Les professeurs sont des émigrants de Hongrie, de Pologne, de Tchécoslovaquie, de Lituanie etc.
Après la fin des cours à Bressanone, pour les hongrois, polonais et slovaques fiables, une formation complémentaire était délivrée à Vienne, dans un institut situé rue Gerbouderlang. Les lituaniens étaient envoyés à Bruxelles, 17 boulevard Lamermond[1], ou ils étaient formés à la technique radio et à la presse.
Dans l'école de Bressanone les cours portaient sur la politique globale et l'histoire des mouvements syndicaux; les connaissances sur l'histoire politique et économique dans les pays de démocratie populaire; des cours sur les techniques et la propagande anticommuniste et d'autres.

3. <u>Conferenza Cattolica Internazionale della Caritas</u>
Sa création remonte à 1945. En 1952, elle a été organisée et élargie. Elle agit sous couverture d'aide religieuse uniquement parmi les traîtres ayant fui les pays socialistes. Son centre est 15 via Conciliazione à Rome. Son directeur est Fernando Baldelli, et son adjoint John Grady. Les USA ont aidé l'organisation matériellement.
Les sections de « Caritas » – elle a des représentations dans 37 pays. Est particulièrement active la section de Caritas à Vienne, 20 rue Rottenturm, elle est dirigée par Breht. Elle collecte des informations provenant des traîtres à la Patrie, recrute et retourne des agents.
[...] »

C'est ce qui s'appelle se faire déshabiller ! Faute d'accès aux archives vaticanes, il n'est pas possible de vérifier le niveau d'implication exact

1. Il s'agit probablement du boulevard Lambermont à Schaerbeek.

de chaque personnage cité. Il y a donc probablement des erreurs, des exagérations et des oublis. Mais le schéma d'ensemble est très crédible. Le KDS a bien identifié que le renseignement du Saint-Siège est protéiforme, décentralisé, parfois informel avec des collaborateurs occasionnels qui ne sont pas tous des prêtres. La géographie très précise indique que les lieux en question sont mis sous surveillance et que ceux qui les fréquentent font l'objet de filatures et de dossiers. Il est possible que le service dispose de taupes dans certaines cellules. On mesure le chemin parcouru en peu de temps quand on lit une autre note, datée du 5 novembre 1955, guère plus de trois ans auparavant :

> Les débuts du service de renseignement du Vatican datent du pape Pie XII. Le pape a fixé comme objectif pour le service la lutte contre le communisme par tous les moyens. Pour exécuter ce projet, le Pape recommande d'utiliser au maximum les possibilités des missionnaires et prêtres catholiques, des organisations catholiques et ordres monastiques pour collecter des informations à des fins d'espionnage ; établir des contacts avec les représentants des services de renseignement américains et britanniques qui transmettront des informations pouvant être utilisées dans la lutte contre le communisme ; aider de toutes ses forces pour mettre en œuvre le plan X conçu par le service de renseignement américain, lequel, selon les informations de la presse américaine, conseille l'organisation de l'espionnage, du sabotage, l'organisation et le meurtre de dirigeants communistes connus. » [...] « Les services de renseignement du Vatican travaillent d'arrache-pied pour saper l'Union soviétique, les démocraties et tous les pouvoirs progressistes du monde. Compte tenu du vaste contingent sur lequel il s'appuie, de l'enseignement religieux antiscientifique, du fanatisme, de l'esprit de haine du sang contre tout ce qui est honnête et progressiste, contre tout ce qui est nouveau, l'esprit d'obéissance inconditionnelle au « saint père » – le Pape.

> Il n'est pas difficile de comprendre que le potentiel d'activités subversives du renseignement est énorme.

Le flou et l'idéologie dominent dans cette plus ancienne description qui tranche avec le caractère factuel et précis du rapport de 1959. Elle perpétue une vieille croyance selon laquelle tous les prêtres font de l'espionnage, du simple fait qu'ils envoient à Rome des rapports administratifs. D'où le cliché d'une église tout entière dédiée à l'espionnage.

Entre les deux… il est évident que le KDS s'est trouvé de bonnes sources !

À l'inverse, le service bulgare ne semble toujours pas savoir en 1959 ce qui se passe exactement entre les murs du Vatican, et qui y gère quels dossiers. Le père Leiber, qui assure notamment la relation avec l'organisation Gehlen (qui deviendra le BND), n'est mentionné nulle part. D'autres organisations de renseignement extérieures au Vatican ne sont pas citées. Mais cela ne veut pas dire qu'elles ne sont pas identifiées : dans la nébuleuse des services secrets de l'Est, chacun travaille sur les objectifs qui lui sont assignés. Seule la maison-mère (le KGB) a donc une vision d'ensemble. Deux conclusions s'imposent en tout cas : le Vatican dispose dès les années 1950 d'un puissant et complexe dispositif de renseignement. Et ce dispositif est très largement compromis…

Le crépuscule de Pie XII

Les fins de règne des papes sont rarement des périodes agréables à vivre pour ceux qui font tourner la machine vaticane. La santé déclinante du souverain, les spéculations qui vont avec et le ralentissement des décisions s'accompagnent dans le cas de Pie XII d'une paranoïa et d'un autoritarisme exacerbés. Le pape, qui est presque seul à centraliser tout le renseignement recueilli par l'Église, a certainement conscience qu'il n'est pas en train de gagner la guerre froide, et cela le mine. Il s'isole de plus en plus. La sœur Pascalina barre le plus souvent l'accès à ses appartements, ce qui crée bien des frustrations.

La plus grande victime de cette aigreur est sans doute Mgr Montini, pourtant un des plus proches et dévoués collaborateurs du pape. En 1954, le pape nomme une série de nouveaux cardinaux. Chacun s'attend à y voir figurer le fidèle Montini, mais son nom n'est pas sur la liste. Le pape décide de le nommer… archevêque de Milan. Vu de l'extérieur, ce n'est pas infamant. Pour ceux au fait des subtilités vaticanes, c'est une punition. Mais de quoi ?

Certains partisans de Montini ont accusé la mère Pascalina d'avoir intrigué contre lui. Si intrigue il y a eu, ce sont plus probablement les conservateurs de la curie qui ont convaincu Pie XII que Montini était en train de glisser à gauche : on lui reprochait notamment son rôle dans la gestion des mouvements de jeunesse de l'Action catholique, qui appellent le parti à mener une politique plus sociale. Entré en 1925 à la secrétairerie d'État, Montini a souvent été considéré comme un moderniste et un libéral, avec une vision critique du capitalisme « oppresseur » et des amis à gauche. Son frère Ludovico appartient à l'aile gauche de la DC et travaille au service de Jean Monnet. Pour autant, on n'a jamais pris le sous-secrétaire d'État en défaut de loyauté et ses amis de la CIA ne l'ont pas trouvé si gauchiste que cela…

Autre explication possible : à partir de 1953, les relations se tendent entre Bernardino Nogara, le tout-puissant patron de l'IOR, et Mgr Montini, qui déplore l'absence de véritable contrôle sur la banque. Il critique aussi la présence de plus en plus envahissante des neveux Pacelli dans les affaires de l'Église. Ils ont libre accès aux appartements de leur oncle. Dans Rome on sait que si on veut faire des affaires qui impliquent l'accord du pape, il faut passer par eux. Nogara leur distribue à tour de bras des postes d'administrateurs dans les sociétés où l'IOR est actionnaire. Le népotisme a toujours existé au Vatican, mais dans la seconde moitié du XXe siècle il devient de plus en plus gênant à assumer pour une autorité morale comme le Vatican…

Et puis il y a l'affaire Tondi, qui a sans doute porté un coup décisif à Montini. Tout commence au début des années 1950. Depuis 1947-1948, presque tous les prêtres envoyés clandestinement dans les pays de l'Est sont arrêtés dès leur arrivée. D'autre part, il devient évident que le PCI est informé de certaines dispositions prises par Pie XII. Y aurait-il une taupe au sein de la curie ?

Pie XII réclame une enquête. Il désigne le père Agostini, qui fut officier du 2e Bureau français à Alger pendant la guerre et œuvre désormais aux côtés du cardinal Tisserant. Il mènera son enquête avec les pleins pouvoirs pour surveiller, écouter et filer qui bon lui semble. Et en 1952, il touche enfin au but. Dans le bureau même de Mgr Montini, Agostini surprend un collaborateur en flagrant délit de recopier les noms des prochains missionnaires qui sont sur le point de partir en mission à l'est. Il s'agit d'Alighiero Tondi, un prêtre jésuite, vice-recteur de l'université grégorienne. Selon l'ancien agent du renseignement français Pierre de Villemarest[1], Tondi a suivi un séminaire jésuite avant d'entrer dans les ordres en 1936, sur ordre du PC italien. Il aurait suivi un stage à l'université Lénine de Moscou. Recruté par le NKVD, il a reçu pour instruction de détecter les prêtres et séminaristes perméables aux idées communistes. Intégré à l'entourage de Mgr Montini pendant deux années, Tondi a eu la possibilité de recopier les renseignements que les prêtres voulaient faire passer à Pie XII par des voies détournées, parfois au péril de leur vie. Il a été chargé par Montini d'assurer la liaison avec les équipes de Luigi Gedda, le patron de l'Action catholique, et avait donc toute latitude pour informer le PCI.

Traîné devant le pape, Tondi assume ses actes au nom de la paix dans le monde. Montini plaide pour que l'on n'ébruite pas l'affaire par un procès retentissant qui embarrasserait le Vatican, et qu'on se limite à une exclusion. Dix ans plus tard, Tondi épousera celle qui était son officier traitant au sein du PCI, Carmen Zanti.

1. *L'espionnage soviétique en France, 1944-1969*, Nouvelles éditions latines, 1969.

Le plus probable est que cette affaire Tondi a joué un rôle de catalyseur dans l'éviction de Montini : ses ennemis ont saisi une occasion en or pour l'évincer. Et le pape, de plus en plus méfiant et aigri, s'est laissé convaincre de s'en séparer.

Nogara fait sans doute partie de ceux qui se sont réjouis de cette issue. Lui-même prendra sa retraite à la fin du pontificat de Pie XII, laissant derrière lui une petite équipe soudée et rodée aux opérations internationales les plus complexes. Mgr Alberto di Jorio, son homme de confiance, reste en place comme secrétaire général de la banque.

Après la guerre, Nogara a investi dans la construction immobilière (le conglomérat Societa Generale Immobiliare), un choix avisé dans un pays à reconstruire après la guerre. Il a aussi pris des participations dans plusieurs dizaines de banques italiennes, au point de devenir le premier acteur financier du pays. En 1954, Nogara transmet le flambeau de délégué général de l'IOR à un banquier helvétique, ancien dirigeant du Crédit suisse : Henri de Maillardoz. Il laisse à son successeur une institution bien plus riche et puissante qu'elle ne l'était à ses débuts, mais terriblement opaque… et qui ne recule devant aucune opération « borderline ».

Posséder un compte à l'IOR est un privilège. L'argent y est à l'abri des réglementations fiscales et monétaires italiennes. On peut déposer une valise de billets sans se voir poser de questions. Rien n'empêche de transférer les fonds placés en Suisse, au Luxembourg ou aux Bahamas. Ce qui arrange bien des Italiens fortunés. Des dizaines de prêtres « sûrs » organisent des flux plus modestes, notamment vers la Suisse. Au total, plusieurs centaines de millions de dollars sont mis à l'abri. La banque sert de couverture à des spéculations internationales. Spellman a joué un rôle-clé pour bâtir ce système : au cours de ses voyages militaires dans les années 1940, l'archevêque ne manquait jamais de transporter sous bonne garde des valises contenant de l'or, des actions et obligations, mais aussi des devises en liquide, pour plusieurs millions de dollars à chaque fois. Muni des sauf-conduits américains, il ne fut jamais inquiété.

À l'occasion, le scandale pointe. Dans les années 1950, un jeune archiviste, Mgr Eduardo Prettner Cippico, se fait prendre pour trafic de devises. Il prêtait main-forte à des clients fortunés pour transférer des sommes importantes à l'étranger. Enfermé pendant l'enquête, il s'évade. On le retrouve chez la veuve d'un général fasciste. Jugé et condamné à neuf ans de prison, il est acquitté en appel et sera même réintégré dans les ordres quelques années plus tard. Un haut prélat confiera au journaliste Paul Hoffmann : « Il a payé pour les autres. On l'a obligé à couvrir des gens beaucoup plus connus que lui, des proches du pape Pacelli… Vous voyez ce que je veux dire. Mais il s'est bien conduit, il n'a jamais parlé et finalement on l'a réhabilité[1]. » L'affairisme, que l'on dénoncera dans les années 1970-1980, est donc déjà solidement installé sous Pie XII. Il est considéré comme un accommodement nécessaire, un peu comme la vente d'indulgences : ne sert-il pas avant tout la cause d'une grande croisade anticommuniste ?

Vaincu par plusieurs problèmes de santé, Pacelli est alité au début du mois d'octobre 1958 sous la garde infatigable de sœur Pascalina quand il reçoit l'extrême-onction du cardinal Tisserant. Ce dernier est également le doyen du Sacré Collège : ce sera donc à lui d'occuper la fonction de camerlingue, celui qui dirige l'Église par intérim et organise le prochain conclave. Pacelli s'éteint dans la nuit du 8 au 9 octobre. Il a gouverné l'Église pendant près de vingt ans.

1. Paul Hoffmann, *Ô Vatican*, Payot, 1984.

II
RONCALLI

6
La détente

« Au sein du contre-espionnage italien, on répète souvent cette blague : “L’aile droite des cardinaux italiens informe la CIA. Le centre, les services secrets français et la gauche, le KGB…” Mais aucun ne renseigne les services italiens ! »

La surprise Roncalli

En principe le conclave est une élection secrète : les cardinaux sont rassemblés dans des locaux fermés, sans assistant ni possibilité de communiquer avec l’extérieur. Les bulletins de vote et toute note prise au cours de l’assemblée doivent être brûlés. Cependant, il est parfois possible de reconstituer a posteriori le fil des événements grâce aux confidences que font, après coup, les cardinaux à leurs proches. Chaque conclave est par nature un bouillon de culture de rumeurs, d’intrigues et de désinformation. Les rencontres informelles se multiplient dans les couloirs, lors des repas, ou dans les chambres, pour arriver à former des coalitions suffisamment larges. En cas d’insuccès d’une coalition, ses membres se reportent sur un autre candidat, ou se répartissent sur plusieurs autres. Vue de l’extérieur, la durée du conclave fournit une indication sur la difficulté ou la facilité qu’ont les cardinaux à se mettre d’accord pour désigner le prochain chef de l’Église. Cinquante-et-un électeurs sont présents en ce dimanche 26 octobre 1958 quand la cloche retentit vers 10 heures du matin pour appeler les cardinaux dans la chapelle Sixtine. Onze tours de scrutin seront nécessaires.

Les Italiens, qui forment numériquement le premier groupe, sont avant tout préoccupés de trouver un pape… italien. Or, le vivier est limité : il n'y a pas de secrétaire d'État et les anciens sous-secrétaires Tardini et Montini n'ont pas été nommés cardinaux par Pie XII. Parmi ceux qui ont la stature requise, le cardinal Siri de Gênes est un ultraconservateur rejeté par les libéraux et son jeune âge (52 ans) fait craindre un très long règne. Par son statut de patriarche de Venise, Roncalli est *papabile*, sans pour autant faire figure de favori. L'évêque de Florence Dalla Costa, à la fois antifasciste et anticommuniste, ne parvient pas à atteindre le seuil nécessaire des deux tiers des voix, plus une. Pendant ce temps, l'Arménien Agagianian semble tenir la corde lors des premiers tours de scrutin. Le Français Tisserant se serait bien vu pape à son tour, mais il ne parvient pas à rassembler un parti suffisant autour de lui. C'est pourquoi il fait le choix d'amener les cardinaux français à porter leurs voix sur Roncalli. D'autres groupes, pressés d'en finir, les imitent.

À 77 ans, Roncalli apparaît comme un possible pape de transition. Il fera remarquer que la plupart des papes ayant porté le prénom de Jean ont eu des règnes courts.

Angelo Roncalli est né en 1881 dans la région de Bergame, dans une famille de milieu campagnard modeste. Son oncle, proche de l'Action catholique, le fait entrer au séminaire. Il est ordonné prêtre en 1904. Jusqu'en 1914, il sera secrétaire de l'évêque de Bergame, connu pour son soutien au monde ouvrier. Pendant la guerre, il sera aumônier militaire. Il est ensuite envoyé au Vatican, où il se lie avec Montini. En 1925, il est envoyé en Bulgarie pour son premier poste diplomatique. Hostile à Mussolini, il se satisfait d'un poste à l'étranger. En 1935, il devient délégué apostolique à Istanbul, un poste qui couvre la Turquie mais aussi la Grèce.

Dès le début de la Seconde Guerre mondiale, il organise une filière turque pour l'évasion des Juifs et des membres du clergé victimes du nazisme. Il fait distribuer des permis gratuits d'émigration, notamment vers la Palestine sous mandat britannique, ainsi que des certificats de baptême temporaires et des sauf-conduits. Avec la Croix-Rouge, il fournit des vivres et vêtements aux réfugiés. Selon son dossier de canonisation, Roncalli aurait permis à 24 000 Juifs de fuir des pays occupés. Franz von Papen, l'ambassadeur allemand à Istanbul, cultive l'amitié de Roncalli, allant jusqu'à servir la messe avec sa femme chaque semaine.

Un jour von Papen lui confie qu'il est en contact avec des officiers antinazis qui envisagent de renverser Hitler et de négocier avec les Alliés. Il lui explique qu'une condamnation morale de Hitler par Pie XII servirait leur combat en aidant à rallier les catholiques à leur cause. Roncalli fait son rapport à Pie XII, qui reste sceptique. Il se méfie de von Papen et n'a guère d'estime pour Roncalli, qu'il juge léger dans ses jugements. Il sait aussi que les Alliés n'accepteront qu'une reddition inconditionnelle. Il semble en tout cas que von Papen ait fermé les yeux sur les activités de sauvetage du futur Jean XXIII.

Si Roncalli est jugé comme un amateur par la curie, il n'en réussit pas moins à être en bons termes avec tout le corps diplomatique posté en Turquie. En bons termes avec le représentant de Vichy à Istanbul, il entretient en parallèle des liens avec un petit groupe gaulliste, dont il accepte même de relayer des messages vers les réseaux de résistance en France via la valise diplomatique.

En 1945, il est promu par Pie XII à Paris, ce qui surprend au sein de la curie. Certains analysent cette nomination d'une figure jugée « mineure » comme une mesure de mauvaise humeur vis-à-vis du général de Gaulle, qui a exigé le départ du nonce Valerio Valeri, trop compromis sous Vichy. À Paris, Roncalli va avoir fort à faire pour apaiser les relations : le gouvernement français réclame le départ de 30 évêques jugés « collabos », y compris l'archevêque de Paris, le cardinal Suhard. À force de manœuvres dilatoires et de diplomatie, Roncalli obtiendra de ramener ce nombre à trois. Ses relations avec le général de Gaulle resteront courtoises. Roncalli se fait aussi de nombreux amis dans la classe politique française (Bidault, Schuman,

Blum, Herriot...), mais il aura parfois des frictions avec les chefs du MRP (équivalent français de la démocratie-chrétienne) qui interviennent un peu trop à son goût dans le débat sur les nominations épiscopales. Il est unanimement respecté et c'est sans doute pourquoi les cardinaux français voteront pour lui. En 1952, Roncalli est enfin élevé au rang de cardinal et devient patriarche de Venise. Il s'attend à y finir sa carrière et se consacre pleinement à sa tâche pastorale.

Roncalli, élu comme un pape de transition, est un homme de dialogue tout en rondeurs, même s'il reste anticommuniste. Pour bref qu'il soit, son règne va être marqué par un virage spectaculaire et inattendu par rapport à celui de son prédécesseur. Jean XXIII fait dès son arrivée sur le trône de saint Pierre un constat d'échec sur la stratégie de guerre froide menée par Pie XII. Nous manquons de sources sur ses relations avec les différents groupes en charge du renseignement et des opérations secrètes de l'autre côté du rideau de fer. Seules certitudes : Roncalli n'a pas apporté de grands changements à leur organisation et leurs missions. Mais il a compris dès son arrivée que la guerre secrète menée avec l'appui de la CIA conduisait l'Église dans une impasse...

Pour beaucoup de catholiques, le pontificat de Jean XXIII se confond avec son œuvre principale : le concile Vatican II. Il n'entre pas dans notre propos d'en refaire ici l'histoire. Mais ce travail de modernisation de l'Église constitue un événement majeur pour les croyants, « l'événement le plus important du XXe siècle » a même écrit Charles de Gaulle[1]. Mais derrière Vatican II se dissimule une action bien plus discrète du pape : renouer le dialogue avec l'empire communiste... Premier signe tangible : Roncalli obtient que pour la première fois soixante-dix évêques de l'Est soient autorisés à gagner Rome et participent aux travaux du concile. Le patriarcat de Moscou envoie même deux observateurs avec l'accord du Kremlin.

1. Cf. Philippe Chenaux, *Le temps de Vatican II. Une introduction à l'histoire du Concile*, DDB, 2012.

Diplomatie parallèle

Le nouveau pape est pressé. Il sait qu'il ne dispose pas de plusieurs décennies pour marquer son empreinte. Il ne perd donc pas de temps à réformer la curie. Il est parfois plus simple de la contourner!

Sous Jean XXIII, la secrétairerie d'État est dirigée par le cardinal Amleto Cicognani. Elle se divise toujours en une section ecclésiastique qui a en charge les affaires ordinaires concernant les diocèses du monde entier (hormis les missions) et une section des affaires extraordinaires qui gère la politique étrangère du Vatican. La première est dirigée par l'archevêque Angelo Dell'Acqua, la seconde par l'archevêque Antonio Samorè, deux diplomates de carrière qui s'opposent sur à peu près tous les sujets. Samorè est un vigoureux anticommuniste, c'est pourquoi le pape n'hésite pas à le contourner.

Il va mener une diplomatie parallèle appuyée en premier lieu sur son secrétaire particulier Loris Capovilla, mais aussi au coup par coup sur le substitut Dell'Acqua et le nonce à Ankara, Mgr Lardone.

Loris Capovilla est devenu le secrétaire de Roncalli lorsqu'il était patriarche de Venise en 1953. Ce choix a fait grincer des dents, tant Capovilla avait la réputation d'être ouvert aux idées socialistes. Mais Roncalli savait ce qu'il faisait: le réseau de Capovilla lui fut très utile pour se construire un carnet d'adresses et corriger sa réputation de traditionaliste. En un temps record, il devint familier des courants de pensée progressistes au sein de l'Église. Il put même se faire le protecteur officieux des jésuites en défendant leur cause auprès de son ami l'archevêque Montini de Milan.

Lorsqu'il devient pape en 1958, Jean XXIII nomme Capovilla à un poste de secrétaire particulier qui lui laisse la plus grande liberté d'action. Il devient son messager discret et suivra en particulier le dossier des contacts secrets avec le bloc de l'Est[1]. Ceux-ci passent par des émissaires officieux. Roncalli fait d'abord appel à un vieil ami,

1. Roland Flamini, *Pope, Premier, President*, Macmillan, 1980. Voir aussi: Cardinal Loris F. Capovilla, *Mes années avec le pape Jean XXIII. Conversations avec Ezio Bolis*, éditions des Béatitudes, 2014.

le prêtre et historien Giuseppe De Luca, qui entretient des contacts au sein du Parti communiste italien et a facilement accès au Premier secrétaire du parti, Palmiro Togliatti.

Ce dernier accueille favorablement l'offre de dialogue entre Rome et Moscou et se propose de jouer les intermédiaires avec Khrouchtchev.

Au début des années 1960, la CIA fait de l'Église le pilier central de sa lutte contre le communisme en Italie. Elle distribue de fortes sommes à diverses œuvres et projets portés par des organismes du Vatican. Pourtant au sein du Vatican, l'état d'esprit change graduellement et subtilement depuis l'élection de Jean XXIII. Ce dernier considère que l'Église doit observer une stricte neutralité dans le champ politique.

Le développement de contacts discrets avec Khrouchtchev ne reste pas longtemps ignoré de la curie. La nouvelle provoque une onde de choc au sein de la CIA : Jean XXIII n'est plus un allié fiable ! Le chef de poste de l'Agence à Rome, Thomas Kalamasinas, reçoit pour instruction de renforcer son espionnage du Vatican. Ce fils d'immigrés grecs correspond au profil de la première génération qui a modelé la CIA : avocat avant la guerre, il s'est engagé au sein de l'OSS et a servi dans plusieurs pays européens, avant de passer plusieurs années en Grèce où il a été confronté aux tentatives communistes de prendre le pouvoir. Cet orthodoxe s'est converti au catholicisme à l'occasion de son mariage avec une catholique. Mais ses capacités d'action sont limitées, car ses informateurs au sein de la curie, tous ultraconservateurs, sont tenus à l'écart par le pape.

Le paradoxe est que pendant ce temps, Jean XXIII tente de développer une relation directe avec l'administration Kennedy, entrée en fonctions en janvier 1961. Or ce président catholique prend bien soin de ne pas répondre trop chaleureusement à ses appels du pied pour ne pas apparaître vis-à-vis de l'opinion américaine comme inféodé au pape !

Jean XXIII marque en cette année 1961 son 80e anniversaire en célébrant une messe solennelle dans la basilique Saint-Pierre.

Le représentant officiel des États-Unis en cette occasion est John McCone, directeur du renseignement américain, qui veut sonder lui-même l'état d'esprit de ce pape si imprévisible. Les Américains sont d'autant plus inquiets qu'à cette occasion Jean XXIII reçoit un message de félicitations du Premier secrétaire soviétique Nikita Khrouchtchev, ce qui est sans précédent ! Le rééquilibrage des relations avec les grandes puissances s'est fait jusqu'ici par petites touches. Il va prendre un tour plus spectaculaire en octobre 1962 avec la crise des missiles de Cuba.

Dans ses grandes lignes, l'histoire de cette crise semble bien connue. Arrivé au pouvoir fin 1958, Fidel Castro a d'abord semblé jouer la coexistence pacifique avec les États-Unis avant de lancer une réforme agraire en mai 1959 qui déclenche les premières représailles américaines et le fait basculer dans le camp des pays communistes. En avril 1961 le débarquement raté de la baie des Cochons, mal ficelé par la CIA, ternit le début de la présidence Kennedy.

En février 1962, les États-Unis décrètent un embargo contre Cuba. L'URSS décide de fournir armes et conseillers militaires à son allié. Le 14 octobre 1962, un avion espion américain U2 photographie au-dessus de Cuba des sites d'installation de missiles à tête nucléaire. On identifie des navires soviétiques en route pour l'île, avec à leur bord des ogives nucléaires. Si les États-Unis ne réagissent pas, dans quelques semaines ils se retrouveront avec des missiles pointés sur leur territoire à moins de 200 kilomètres des côtes de Floride. Lors d'un discours télévisé, Kennedy annonce la situation et exige l'arrêt immédiat des opérations soviétiques. Il instaure un blocus naval sur Cuba et menace l'URSS de représailles. Le 24 octobre, le blocus est en place. Le monde n'a jamais été aussi proche d'une guerre nucléaire. Aucun des deux dirigeants ne peut se permettre de perdre la face.

Ce même jour, l'archevêque Dell'Acqua reçoit un appel des États-Unis du père dominicain Félix Morlion, que nous avons connu comme agent de l'OSS à la fin de la guerre, puis fondateur du réseau

Pro Deo et de l'université du même nom[1]. Il se trouve alors avec un ami, Norman Cousins. Il s'agit d'un philanthrope juif, éditeur de la *Saturday Review* et fondateur de la conférence de Dartmouth pour la paix qui se tient à ce moment précis dans le Massachusetts et regroupe des écrivains et scientifiques américains et russes. Pour les membres de la conférence, le monde est au bord du conflit nucléaire et seul le pape dispose de l'autorité morale pour amorcer une désescalade. Jean XXIII envisage de lancer un appel public à la paix, à la condition que les deux parties soient d'accord pour accepter son intervention. Morlion et Cousins s'entretiennent en privé avec le chef de la délégation soviétique. Avec l'ambassadeur russe à Washington, il accepte de relayer la proposition auprès de Moscou. Deux heures plus tard, Khrouchtchev fait savoir qu'il accepte volontiers la proposition du pape. Il faut maintenant convaincre Kennedy. Cousins a ses entrées dans l'administration. La réaction est plus mesurée. Ted Sorensen rappelle Cousins depuis une cabine téléphonique à l'extérieur de la Maison-Blanche. Le président pose ses conditions : l'appel du pape doit rester d'ordre général et ne pas aborder les conditions possibles d'un compromis. Le peuple américain ne doit pas avoir l'impression que le président obéit aux instructions du pape[2]. Dans la nuit, le pape dicte un texte qui est soumis aux deux parties. Le lendemain, il se rend dans les studios de Radio Vatican pour lire son appel. Le lendemain, la *Pravda* le reproduira en « une », ce qui est une première.

Pour les historiens, l'intervention du pape n'a pas fondamentalement influé sur la gestion de la crise par l'administration Kennedy. Mais elle pourrait bien avoir été décisive côté russe : l'appel du pape a offert à Khrouchtchev une bonne raison de jouer l'apaisement contre l'avis des faucons du Politburo qui poussaient pour une confrontation armée. Il a pu faire adopter sa ligne conciliatrice en arguant qu'elle renforçait sa stature internationale et augurait un renversement d'alliance du Vatican.

1. Voir chapitre 5.
2. Cf. Roland Flamini, *Pope, Premier, President*, *op. cit.*

Un mois plus tard, l'assistant spécial de Kennedy Arthur Schlesinger reçoit la visite d'un autre émissaire papal, qu'il ne connaît pas. Directeur général de la télévision publique italienne, la RAI, Ettore Bernabei est un ami proche du secrétaire d'État Dell'Acqua et du Premier ministre italien, Amintore Fanfani. Il est venu transmettre le souhait du pape d'établir un contact direct avec l'administration Kennedy. Les diplomates américains en poste à l'ambassade de Rome sont trop ouvertement opposés à l'attitude conciliatrice de Jean XXIII envers le bloc de l'Est pour permettre un dialogue constructif. Schlesinger transmet une note sur sa rencontre avec un avis favorable… mais Kennedy refuse de donner suite. Le président américain doit effectuer une tournée européenne à l'été 1963. Une rencontre avec le pape lors de son passage à Rome serait logique : avant lui, Eisenhower a bien fait de même. Mais la CIA ne voit pas le projet d'un bon œil. Elle rapporte ainsi dans un télégramme du 4 novembre 1962 que le pape serait atteint d'un cancer de l'estomac et n'aurait plus que quelques mois à vivre ! En réalité, le pape vit avec la maladie depuis qu'il a été nommé patriarche de Venise, mais ses médecins deviennent pessimistes sur ses perspectives, d'autant qu'il refuse toute opération. Le 26 novembre, il souffre ainsi d'une sérieuse hémorragie stomacale, que le Vatican présente comme une simple gastrite. Le 2 décembre, le pape a retrouvé assez de forces pour une apparition publique lors d'une cérémonie du concile Vatican II. Il doit recevoir le même jour Norman Cousins : l'éditeur de la *Saturday Review* a sollicité et obtenu un entretien à venir avec Khrouchtchev. Dans cette perspective, il a été reçu par Kennedy qui lui a demandé de sonder les intentions du Premier secrétaire sur les négociations de désarmement de Genève. Cousins vient prendre les instructions du pape avant de gagner l'URSS. Mais Jean XXIII a présumé de ses forces et doit s'aliter après son apparition au concile. Cousins est donc reçu par Dell'Acqua et le cardinal Testa, qui dirige la Congrégation pour l'Église orientale. Le reste de la curie est tenue à l'écart de cette mission peu catholique, conduite par un éditeur juif new-yorkais.

Cousins rencontre Khrouchtchev pendant pas moins de trois heures. Il est frappé par l'admiration que le Premier secrétaire semble porter au pape. Il évoque la situation de l'archevêque Slipyj, le métropolite ukrainien emprisonné pour collaboration avec les Allemands, dont le pape apprécierait la libération. Elle interviendra six semaines plus tard.

Une semaine après sa visite à Moscou, Cousins est reçu par le pape à Rome et lui remet son compte-rendu écrit des avancées possibles :

> 1) La Russie désire la médiation du pape et Khrouchtchev est d'accord qu'elle ne devrait pas se limiter aux périodes de crise, mais devrait être une action continue en faveur de la paix.
>
> 2) Khrouchtchev affirme qu'il veut ouvrir des lignes de communication avec le Vatican via des contacts privés.
>
> 3) Khrouchtchev reconnaît que l'Église respecte le principe de séparation de l'Église et de l'État dans de nombreux pays.
>
> 4) Khrouchtchev reconnaît que l'Église est au service de tous les hommes et pas seulement des catholiques.
>
> 5) Khrouchtchev reconnaît que le pape agit avec un grand courage, considérant ses problèmes intérieurs, tout comme Khrouchtchev doit faire face aux problèmes intérieurs de l'Union soviétique.

Le pape répond à Cousins : « Nous ne devons pas laisser tomber les Russes parce que nous n'aimons pas leur système politique. Ils ont un profond héritage spirituel. Nous pouvons et nous devons leur parler. [...] Je n'ai peur de parler à personne de la paix sur terre[1]. »

La libération de Slipyj renforce Jean XXIII dans l'idée qu'il a eu raison de mettre fin à quatre décennies de guerre froide avec les Soviétiques. Il charge Cousins de rendre compte de sa visite à l'administration Kennedy. Mais une fois de plus, l'éditeur n'obtient aucune réponse à son mémorandum. Après plusieurs relances, il

1. Roland Flamini, *Pope, Premier, President*, *op. cit.*

reçoit de Kennedy une lettre particulièrement vague, qui ne mentionne à aucun moment le pape. Il semble que Kennedy ne fasse guère confiance à Cousins. Il faut dire que la CIA lui a savonné la planche : dans un mémo de 15 pages rédigé début 1963 et transmis au président, le chef de poste à Rome James Spain émet de vifs doutes sur la politique d'ouverture de Jean XXIII et sur le sérieux de ses émissaires. Selon lui, l'idée d'un Khrouchtchev qui serait force de modération au sein du Politburo ne tient pas la route. Spain écrit qu'il est « extrêmement difficile de tirer une conclusion solide sur l'étendue et la fiabilité des connaissances du Vatican en matière d'affaires communistes, ou sur la validité de ses analyses et l'utilité de sa tactique. Beaucoup de prêtres au Vatican évoquent "leurs négociations" avec les communistes mais fournissent peu d'éléments précis sur ces approches. Ils parlent aussi de "leurs sources" au sein de l'URSS et suggèrent qu'ils ont encore des prêtres en activité là-bas, mais sans livrer aucun détail. Même s'ils ont affiné leur analyse sur leur relation avec l'URSS, et sur ce qu'ils pensent qu'il se passe là-bas, ils ne semblent pas faire le lien entre leur image des Soviétiques et la politique russe dans d'autres domaines, comme Cuba ou le désarmement[1]. » En bref, Jean XXIII serait un grand naïf qui voit ce qu'il a envie de voir. Et cela risque d'avoir des conséquences désastreuses pour la politique italienne. L'ouverture à l'est du pape pourrait libérer les catholiques de l'interdit du vote communiste et faire basculer le pays. On comprend mieux la froideur de l'administration Kennedy, où ce mémo a été lu attentivement.

Petits accords entre amis

Dans ce contexte, il est logique que le Vatican densifie ses liens avec d'autres partenaires que la CIA. Le général de Gaulle et Roncalli, qui se connaissent bien, sont justement arrivés au pouvoir la même année 1958. Dès l'été suivant, le président français en visite officielle

1. *Ibid.*

en Italie profite de l'occasion pour rendre visite au pape. Il ne faut donc pas être un grand politique pour en déduire que les coopérations secrètes avec la France correspondent aux vœux de Sa Sainteté le pape. Les Français n'ont pas attendu cet alignement pour lancer des actions communes.

Sous Pie XII a été mise sur pied par le SDECE l'opération de propagande clandestine Pax[1], coordonnée par Mgr Giovanetti pour la secrétairerie d'État. Il est alors le premier adjoint de Mgr Tardini, sous-secrétaire d'État et chef de la section des Affaires extraordinaires. La cheville ouvrière du dispositif est un religieux discret, le père dominicain Yves-Marc Dubois, qui réside lors de ses passages à Paris au couvent du Cherche-Midi. Il a été aumônier du QG de lord Mountbatten en Extrême-Orient pendant la Seconde Guerre mondiale, puis aumônier du corps expéditionnaire français en Indochine. Il est désormais membre de la délégation pontificale à l'ONU. Le père Dubois anime un réseau basé en Suisse : il s'appuie sur le père Henri Marmier du diocèse de Fribourg, rédacteur en chef d'une agence de presse catholique internationale, KIPA : autant dire un réseau de renseignement. Le père Marmier et un autre dominicain, le Polonais Josef-Marie Bochenski, ont créé sous les auspices de l'université de Fribourg l'Institut de soviétologie qui donne une façade académique à ce travail. L'institut sert de soutien à un réseau clandestin d'aide aux groupes catholiques clandestins de l'autre côté du rideau de fer.

Le projet Pax est une sorte de coentreprise : le Vatican fournit la littérature religieuse, le SDECE se charge de la faire passer dans les pays de l'Est. Avec l'aide des services français, l'équipe du père Dubois monte une « commission pour l'Église persécutée » qui fait paraître en 1956 un *Livre rouge de l'*Église persécutée, détaillant les mauvais traitements subis par l'Église catholique dans tous les pays communistes depuis dix ans, y compris en Asie. L'ouvrage paraît d'abord en Italie, puis est traduit dans sept langues. Plusieurs dizaines de

1. Aucun lien avec le réseau polonais Pax cité plus haut.

milliers d'exemplaires sont introduits clandestinement dans les pays d'Europe de l'Est, avec l'aide du SDECE et du BND allemand, qui mobilisent leurs honorables correspondants voyageant entre l'Ouest et l'Est. Giovanetti met à disposition de l'opération des moines issus du Russicum. Le SDECE mobilise ses honorables correspondants : pilotes et hôtesses d'Air France, officiers de marine marchande, professeurs, industriels, hommes d'affaires appelés à visiter les pays de l'Est sont mobilisés par le service « Action » pour déposer les ouvrages dans des boîtes aux lettres désignées. L'opération est bien cloisonnée : les rares arrestations par les services de l'Est ne mènent nulle part. Le chanoine de Fribourg recrute un policier suisse, Louis Gauthier, ancien chef de la police du canton, pour coordonner avec le SDECE l'action clandestine à l'est. Excédés par ces entorses à la neutralité, les Soviétiques font assassiner en Suisse un officier français hospitalisé. Un autre prêtre du réseau est kidnappé lors d'une mission à Helsinki et ne reparaîtra pas… Sans surprise, c'est en Pologne que l'opération est la plus massive. Le patron du BND, le général Gehlen, a accepté de la cofinancer à la même hauteur que le SDECE, soit 500 000 francs mensuels.

Cette opération n'est pas exclusive d'autres initiatives que peut soutenir discrètement tel ou tel prélat, sans en référer au pape. Toujours actif, le cardinal Tisserant continue d'entretenir ses réseaux parallèles et de mettre en contact des gens qui ne se connaissent pas mais partagent les mêmes objectifs. Depuis le milieu des années 1950, il n'hésite pas à recevoir le sulfureux Georges Albertini. Il s'agit pourtant de l'ancien bras droit du parti collaborationniste RNP (Rassemblement National Populaire) de Marcel Déat. Albertini s'est réinventé après-guerre en croisé de la lutte anticommuniste. Il anime un service secret privé, surnommé « la centrale » que financent divers groupes patronaux et financiers[1]. À la mort de Staline, le régime des camps soviétiques a été adouci, affirme Tisserant, ce qui provoque un féroce débat avec Albertini.

1. Frédéric Charpier, *Les valets de la guerre froide*, *op. cit.*

Tisserant est sûr de ses informateurs : le père Bernard Dupire, prêtre du Russicum, et le père Chaleil, de retour d'URSS. Ils sont chargés de créer à Paris un foyer d'accueil pour étudiants russophones. On peut aussi compter sur le prêtre assomptionniste père Nicolas, qui a vécu en Roumanie puis à Odessa avant d'être arrêté puis envoyé en camp. La mort de Staline lui a permis d'en réchapper. Une fois à Rome, il rédige un rapport précis sur les réalités du moment en URSS. C'est son témoignage notamment qui permet à Tisserant d'affirmer que la discipline s'est relâchée après la mort de Staline et de Beria.

L'« officier de liaison » du SDECE avec le Vatican se nomme Jean Violet. C'est un avocat d'affaires qui s'appuie sur les mêmes réseaux anticommunistes que Tisserant. Il a travaillé avec le cardinal en 1956 pour empêcher que le Liban ne rompe ses relations diplomatiques avec la France au lendemain du fiasco de Suez, une affaire qui a fait scandale dans le monde arabe. À la fin des années 1950, Jean Violet voit défiler à sa table des personnalités européennes du monde des affaires (comme l'industriel italien Carlo Pesenti), de la politique (comme Giulio Andreotti ou le patron du CSU allemand Franz Josef Strauss), mais aussi du Vatican, en particulier l'ancien secrétaire de Mgr Montini, Giovanni Benelli. Pour le SDECE, il ne fait pas de doute que Me Violet est aussi un agent du Vatican, mais qu'on peut l'utiliser en connaissance de cause sur des dossiers où les intérêts des deux puissances sont alignés. Violet est « traité » exclusivement par les directeurs généraux du SDECE ou par leurs adjoints directs, jusqu'à ce qu'Alexandre de Marenches, tout juste nommé à la tête du service en 1970, interrompe cette collaboration.

Un ancien du SDECE décrit ainsi l'avocat : « Il a le teint jaune d'un homme de cabinet, les joues maigres, mais un peu de ventre sous le veston croisé d'un gris moyen. Il est chauve, sauf une couronne de cheveux gris coupés court ; il tient à la main un chapeau rond de notaire de province. Pourtant, dès qu'il parle, le personnage prend une autre dimension. Les yeux noirs sous les épais sourcils gris brûlent comme la braise, la dialectique est précise, l'homme possède le ton assuré de ceux dont les appuis sont bien placés, la phrase brève de ceux dont les minutes ne se gaspillent pas[1]. »

C'est l'ex-président du Conseil Antoine Pinay qui introduit Violet au SDECE en 1955. Pinay est alors ministre des Affaires étrangères. Violet n'apparaît pas officiellement dans son cabinet mais rencontre très fréquemment le ministre. La raison de cette discrétion sur leur collaboration tient peut-être au passé de l'avocat. En effet, pendant la guerre Jean Violet a adhéré au MSR, le Mouvement social révolutionnaire d'Eugène Deloncle, qui soutient la collaboration et dénonce pêle-mêle les Juifs, les communistes, les francs-maçons et la finance mondialisée. Le MSR est responsable de plusieurs attentats contre des synagogues en octobre 1941. Emprisonné à la Santé le 2 décembre 1944 pour « intelligence avec l'ennemi », Violet a été libéré trois jours plus tard et a rejoint les drapeaux sous la bannière des Tirailleurs sénégalais (il avait servi dans l'infanterie coloniale avant-guerre). Neuf mois plus tard, les poursuites contre lui étaient abandonnées et il était de retour chez lui. À l'évidence, il a bénéficié de protections[2]...

Spécialisé dans les affaires internationales, maîtrisant l'anglais, l'espagnol et l'italien, inscrit au barreau de Paris, Me Jean Violet se relance dans les affaires et voyage désormais partout dans le monde. Pinay lui fait donc rencontrer le général Paul Grossin, chargé de mission auprès du président du Conseil Guy Mollet, qui deviendra patron du SDECE à partir de 1957. Le général Grossin confirmera plus tard[3] que l'avocat a rempli « avec succès » des missions auprès d'organisations internationales ainsi qu'une mission conjointe du SDECE et du BND allemand. Sur ses relations avec le Vatican, Me Violet se bornera à indiquer qu'il avait à Rome comme dans d'autres capitales « un certain nombre d'amis personnels ». Les observateurs noteront que l'avocat sera fait commandeur de l'ordre de Saint-Grégoire sous

1. Pascal Krop, *Les secrets de l'espionnage français*, Payot, 1995.
2. Cf. Pierre Péan, *V*, Fayard, 1984.
3. « Les missions secrètes de Me Jean Violet », *Le Monde*, 28 décembre 1983.

le pontificat de Paul VI. « Je dois cette distinction, expliquera-t-il, à un dominicain de mes amis, le révérend père Dubois. »

Fin 1959, Violet est à la manœuvre pour une nouvelle coproduction du SDECE et du Vatican : convaincre les délégués à l'ONU de plusieurs pays, en particulier d'Amérique latine, de rejeter les motions condamnant la France sur ses activités en Algérie. L'année précédente, une première motion très modérée a pu être votée grâce au bloc des pays africains et asiatiques qui ont récemment conquis leur indépendance et éprouvent une sympathie naturelle pour le combat du FLN. Il s'agit d'éviter cette fois que passe une motion plus dure qui serait un véritable affront pour la France du général de Gaulle. On retrouve ici le père Dubois. Honorable correspondant du SDECE, il fournit déjà de précieuses informations sur le FLN. Mieux encore, il obtient de pouvoir rejoindre à titre officieux la délégation du Vatican à l'ONU, et d'y installer Violet avec lui. Il est probable qu'un tel arrangement, qui donne un statut semi-officiel à un agent des services français au sein de la délégation vaticane à l'ONU, a forcément dû recueillir l'assentiment de la secrétairerie d'État, sinon du pape lui-même.

Le père Dubois, qui a pris du galon depuis l'affaire Pax, est désormais un agent de haut niveau du Saint-Siège : certains responsables de services européens le considèrent même à la fin des années 1950 comme le chef des « espions du Vatican ». Disons plutôt : un des chefs de réseaux.

À New York, Violet et Dubois sont hébergés par le correspondant local du SDECE, le colonel Jacques Hervé[1]. Celui-ci décrira plus tard Violet, sous le nom de Blondet, dans un roman à clé, *Vade-mecum du parfait agent secret*[2], comme le « correspondant itinérant de l'Ordre Théosophique International, OTI[3], dont la renommée de

1. Cf. Roger Faligot, « Les services secrets français neutralisent l'ONU », in *Histoire secrète de la Ve République*, La Découverte, 2006.
2. Jean-Michel Barrault et Jacques Henri, *Vade-mecum du parfait agent secret*, Arthaud, 1972.
3. Soit l'Opus Dei.

discrétion n'a d'égale, dit-on, que sa puissance. On ne prête qu'aux riches». C'est la première fois que nous croisons l'Opus Dei, qui va jouer un rôle croissant dans cette histoire.

Notons pour le moment que ce mouvement religieux a été fondé en 1928 par Josemaría Escrivá de Balaguer, un prêtre espagnol. Il promeut notamment la sainteté au milieu du monde, aussi bien pour les laïcs que pour les prêtres séculiers. Le mouvement s'est surtout développé à partir de 1945, s'implantant notamment au Portugal, en Italie et en France en 1947, puis aux États-Unis et au Mexique. L'Opus Dei entretient des liens étroits avec le régime franquiste. Dès 1946, Balaguer réside à Rome afin de faire reconnaître son mouvement en tant qu'institut séculier. Il obtient rapidement gain de cause: le 2 février 1947, le pape Pie XII promulgue la constitution *Provida mater ecclesia* qui définit les instituts séculiers et leur donne un statut juridique. Ce sont: «les sociétés de clercs ou de laïcs dont les membres, en vue de tendre à la perfection chrétienne et de se donner totalement à l'apostolat, font profession de pratiquer dans le monde les conseils évangéliques». Pas de vie en monastère, pas de costume: les membres vivent «comme tout le monde». En revanche ils font vœu de suivre les trois conseils évangéliques: pauvreté, chasteté, obéissance. Les membres gardent leurs biens mais n'en disposent plus que sous contrôle de leurs supérieurs. L'adhésion doit rester secrète, y compris vis-à-vis des amis, de la famille et même de la hiérarchie ecclésiastique locale. Seulement trois semaines après la promulgation de la constitution l'Opus Dei obtient du pape un «décret de louange»: il ouvre la voie à une approbation définitive, donnée en juin 1950. Dans la structure de l'Église, les instituts séculiers dépendent de la Sacrée Congrégation des religieux, tout comme les ordres.

Le calendrier n'est pas un simple hasard: nous sommes au début de la guerre froide et les instituts séculiers représentent pour le pape une armée en formation. Parmi eux, l'Opus Dei fait figure de fer de lance. L'Opus, qui ne compte alors que 200 à 300 membres, connaîtra une expansion remarquable après 1947, notamment en Amérique du Sud : Argentine et Chili en 1950, Colombie et Venezuela en 1951, Guatemala et Pérou en 1953, Équateur en 1954, Uruguay en 1956, Brésil en 1958, etc. Dès les années 1940-1950, l'Opus Dei s'est heurté sur le terrain aux jésuites, qui ont vu naître le mouvement avec un peu de hauteur. Mais lorsque l'Opus Dei est placé sous la même autorité qu'eux, les jésuites prennent la concurrence au sérieux. Les deux mouvements visent la même clientèle : les jeunes élites intellectuelles de la bourgeoisie. Et l'Opus y effectue une percée, avec des procédés parfois contestés : on lui reproche de recruter dans des foyers d'étudiants catholiques, ce qui revient à dépouiller les autres ordres.

Les jésuites forment une sorte d'Église parallèle avec ses propres collèges, ses propres centres de formation, ses propres organisations d'Action catholique. Or l'Opus vient doublonner leurs institutions, parfois dans les mêmes villes ! Il y avait un centre de formation des chefs d'entreprise dirigé par des jésuites à Barcelone ; il y aura désormais l'Institut d'études supérieures de l'entreprise de l'Opus dans la même ville, et ainsi de suite.

L'Opus s'est donné une organisation militaire, fortement hiérarchisée, pyramidale, qui est un peu calquée sur celle des jésuites. Par d'autres aspects, l'Opus peut rappeler la franc-maçonnerie : l'initiation, les divers degrés d'appartenance, la séparation entre membres et profanes, etc. Enfin, les jésuites ont été depuis les années 1930 des fers de lance de la lutte anticommuniste. L'Opus Dei se positionne sur le même créneau : pour convaincre Pie XII de lui accorder le statut d'institut séculier, Balaguer a promu l'idée d'un « apostolat de pénétration ». Lui aussi veut envoyer des agents clandestins de l'autre côté du rideau de fer !

Jean XXIII montre en revanche peu de goût pour l'Opus Dei, et on peut sans risque écrire que ce dernier le lui rend bien. Mais cela n'empêche pas Balaguer de voir où sont ses intérêts : en pleine ascension, son mouvement a très vite gagné de l'influence sur les élites sud-américaines. L'Opus peut donc ouvrir des portes pour Violet et Dubois, qui entament la tournée des capitales sud-américaines. Certains pays, dont les dirigeants écoutent les conseils de l'Opus, acceptent de changer leur vote moyennant telle ou telle compensation. D'autres comme le Nicaragua et le Paraguay restent ambigus jusqu'au bout afin de faire monter les enchères[1]. *In fine*, la balance penche du côté français. De Gaulle reste libre de mener sa politique algérienne sans la pression d'une condamnation internationale. Et l'avocat d'affaires Violet a encore élargi son prestige et son réseau international. Au SDECE, il dispose d'un bureau au même étage que le directeur. Le même groupe accomplira une mission de lobbying similaire pour permettre à la France d'installer des bases de tirs nucléaires dans le Pacifique[2].

Nom de code Gustav

Comme on l'a vu avec l'opération Pax, les Français ne sont pas les seuls intéressés par le Vatican. Le service secret d'Allemagne de l'Ouest, le BND, a vu le jour au début de l'année 1956 : il succède à l'organisation Gehlen (parfois appelée l'Org), qui dépendait étroitement des Américains et présentait le gros handicap d'être infiltrée par le KGB. Reinhard Gehlen en reste le patron. Quatre mois à peine après son démarrage, le BND reçoit la visite de responsables du SIFAR. Un personnage assiste à cette réunion comme traducteur ; Johannes (Giovanni) Gehlen : c'est le demi-frère de Reinhard Gehlen. Johannes a grandi à Rome avant la Première Guerre mondiale et y est retourné après-guerre faire carrière dans la banque. Il a adhéré au parti nazi en 1933, a repris des études scientifiques et s'est débrouillé pour finir la guerre dans un institut de recherche. En 1946, il est de retour à Rome.

Quoique protestant, Gehlen fait fonction de secrétaire particulier du secrétaire chargé des affaires étrangères au siège central de l'ordre de Malte en Italie. Les rapports du SIFAR expriment le soupçon que Johannes Gehlen fait du renseignement pour le compte de

1. Cf. Roger Faligot, *op. cit.*
2. Témoignage de Constantin Melnik, ancien collaborateur du Premier ministre Michel Debré, recueilli par l'auteur.

l'Allemagne en Italie. Ils supposent également qu'il travaille aussi pour les services américains[1]. Le frère de Reinhard est entré dans l'organisation de celui-ci (l'Org) dès le 1er janvier 1946 et il a reçu le nom de code Gustav. Il a été infiltré en Italie en passant clandestinement les Alpes. Il dirige l'antenne locale à partir de 1946. La CIA qui sert de tutelle à l'Org depuis 1949 n'aime guère Gustav qu'elle considère inapte au travail de renseignement, mais il reste en poste, protégé par son frère.

Selon les archives de l'Org, Reinhard Gehlen et son adjoint ont été reçus en audience privée par le pape Pie XII en janvier 1949 et celui-ci a autorisé Gehlen à établir un contact avec le père Robert Leiber. Pour l'Org, l'établissement de relations avec le Vatican figure dans la rubrique « relations avec des services de renseignement étrangers ». Ce qui revient à reconnaître au père Leiber le rang de responsable d'un service secret. Une nouvelle entrevue est accordée à Gehlen en 1953. L'Org compte sur l'appui du Vatican pour engager des coopérations avec des États catholiques comme l'Espagne, l'Italie et la France. « Le service de renseignement du Vatican était "catholique" au sens propre du terme, global », remarque Mary Ellen Reese[2]. « Les activités de l'Église catholique couraient comme un fil rouge à travers tout le tissu du renseignement pendant et après la Seconde Guerre mondiale. Elles avaient tant de facettes, d'ombres et d'intrigues qu'il est difficile de s'en faire une idée complète[3]. »

Un rapport du SIFAR d'octobre 1954 dit : « Le professeur Gehlen vit plutôt mal du chèque mensuel de 1 000 marks que lui adresse le service de renseignement allemand. Son frère le général lui paie en plus certains autres frais mais il le fait sur des critères rigoureux[4]. »

Cette contrainte financière explique que Giovanni Gehlen revend une partie de ses informations à l'*Ufficio Affari Riservati* du SIFAR,

---

1. Cf. Erich Schmidt-Eenboom, Christoph Franceschini, Thomas Wegener Friis, *Spionage unter Freunden. Partnerdienstbeziehungen und Westaufklärung der Organisation Gehlen und des BND*, Ch. Links Verlag, 2017.
2. *General Reinhard Gehlen. The CIA Connection*, George Mason University Press, 1990.
3. *Ibid.*
4. Cf. *Spionage unter Freunden, op. cit.*

en particulier ce qui concerne l'ordre de Malte. C'est à ce moment qu'il rencontre le général Giuseppe Pièche, qui a dirigé le bureau du contre-espionnage du service secret fasciste, le Servizio Informazioni Militare (SIM), de 1932 à 1936 et a été ensuite utilisé pour des missions spéciales par Mussolini. Les deux hommes se découvrent plein de points communs. En 1954, Gehlen fait recevoir Pièche au QG de l'Org à Pullach pour valider son recrutement. Pièche recrutera des informateurs pour l'Org en Italie. C'est dans ce cercle que Giovanni Gehlen puisera ses collaborateurs les plus proches, qui pour certains resteront à son service pendant vingt ans.

On peut citer un collaborateur français, le journaliste et écrivain Jean Alain Geoffroy d'Escos, qui opérera comme « correspondant de l'hebdomadaire munichois *Neues Abendland* [Nouvel Occident] », un faux nez du BND ; ou encore « Donna Raimonda », alias Raimonda Di Giovanni, ex-indicatrice de la police secrète fasciste OVRA qui a travaillé pour le SD et la SS tout en étant la maîtresse d'un chef de la Résistance. Après la guerre, Raimonda a fait l'objet d'un mandat d'arrêt pour collaboration qui fut mystérieusement levé en 1948. La fausse comtesse avait épousé un an plus tôt un fonctionnaire de la police d'État. Raimonda n'a pas seulement des relations dans la bonne société romaine. Elle est aussi bien implantée dans le mouvement néofasciste italien *Movimento Sociale Italiano* (MSI). Elle sera soupçonnée par les médias italiens d'avoir favorisé la fuite rocambolesque d'un hôpital romain le 15 août 1977 d'une vieille connaissance : l'ancien chef du SD à Rome Herbert Kappler...

Raimonda Di Giovanni et D'Escos rétribuent une foule d'informateurs pour le BND et pour Giovanni Gehlen. La plupart de ces agents proviennent du réseau d'espions mis en place en Italie entre 1943 et 1945 par le SD et la SS. Le *Spiegel* a donné en novembre 2005 un aperçu de ce que pouvaient être les activités d'espionnage de Giovanni Gehlen ayant pour cible le Vatican dans les années 1962-1963. La directive n° 132 du BND (1963) contient ainsi le compte-rendu mot pour mot de l'entretien qui a eu lieu mi-avril 1963 entre le pape Jean XXIII et Josyf Slipyj, chef de l'Église catholique uniate d'Ukraine, de retour d'Union soviétique après dix-huit ans de détention.

Autre exemple: la visite d'Alexeï Adjoubei au pape le 7 mars 1963. Ce rédacteur en chef des *Izvestia* est aussi le beau-fils de Nikita Khrouchtchev. La source du BND rapporte en détail la rencontre. Répondant à la proposition d'établir des relations diplomatiques entre l'URSS et le Vatican, le pape a répondu: « Dieu dans sa toute-puissance a eu besoin de sept jours pour créer le monde. Nous qui sommes beaucoup moins puissants ne devons pas précipiter les choses, nous devons procéder avec prudence (*dolcemente andare*), par étapes, préparer les esprits. Pour le moment, ce geste serait mal interprété[1]. »

Les derniers mois

Même s'il feint d'avoir l'éternité devant lui, Jean XXIII lutte avec la maladie et sait qu'il ne lui reste plus beaucoup de temps. Le pape se prépare à franchir une nouvelle étape de sa stratégie avec l'encyclique *Pacem in terris*, qui va servir de nouvelle doctrine à l'Église. Jean XXIII prend garde de ne pas répudier la condamnation du communisme émise par Pie XII, mais il adopte une ligne plus flexible: l'Église doit s'adapter aux changements du monde, et au changement d'attitude des communistes eux-mêmes.

Fin mars, Norman Cousins propose par l'entremise du père Morlion d'effectuer une nouvelle visite à Moscou. Le pape le charge de remettre à Khrouchtchev une traduction russe de *Pacem in terris* avant sa publication. La rencontre a lieu le 12 avril 1963, dans la résidence secondaire du Premier secrétaire, sur la côte baltique. Khrouchtchev apprécie particulièrement les passages sur le désarmement, la paix et le communisme. La publication de l'encyclique intervient trois semaines avant les élections en Italie, offrant un coup de pouce inattendu au PCI. Togliatti s'en saisit et affirme qu'il n'y

1. Cf. Hansjakob Stehle, *Eastern Politics of the Vatican, 1917-1979*, *op. cit.*

a aucune incompatibilité entre la foi catholique et le credo communiste. Le PCI va faire un score historique, gagnant près d'un million de voix. Du coup, la seule coalition de gouvernement possible s'articule autour du centre gauche, faisant chuter la démocratie-chrétienne de son magistère. Juste après l'élection, la CIA estime que l'on se dirige vers l'établissement de relations diplomatiques entre le Vatican et l'URSS.

Désormais, nul besoin d'intermédiaires. Le secrétaire du pape, Mgr Capovilla, et l'ambassadeur soviétique à Rome se rencontrent directement. Jean XXIII est informé que les gouvernements des pays de l'Est ont instruction de collaborer avec le Saint-Siège. Le primat polonais, le cardinal Wyszyński, fait savoir au Vatican qu'il a été sondé par le gouvernement Gomulka pour négocier un rapprochement. La secrétairerie d'État désigne un de ses prélats expérimentés, Mgr Casaroli, pour entreprendre une tournée de rencontres officielles en Hongrie et en Tchécoslovaquie, les premières depuis la fin de la guerre.

Alarmé, le patron de la CIA, John McCone, sollicite un entretien avec le pape. Grand, mince, austère, le cheveu gris, McCone est un patricien de la plus pure tradition. Il se présente comme émissaire direct du président Kennedy. Il demande au pape de stopper son rapprochement avec le bloc de l'Est. Selon lui les catholiques américains sont très choqués par l'encyclique *Pacem in terris*. Le résultat des élections italiennes est désastreux pour les partis catholiques. Tout cela peut très mal finir.

Le pape écoute en silence, puis répond que sa perception des affaires du monde ne peut être la même que celle des États-Unis. Sa volonté est de maintenir des relations avec tous les pays et de promouvoir la réforme et la justice sociale partout en Europe et en Amérique latine, ce qui sera la meilleure manière de combattre le communisme.

McCone souligne que derrière leur discours conciliant, les communistes persécutent les prêtres catholiques :

« Est-ce que le gouvernement des États-Unis a des sympathies communistes ? demande le pape.

– Bien sûr que non, répond McCone.

– Pourtant les États-Unis maintiennent des relations diplomatiques avec l'URSS.

– C'est différent. Il y a des raisons pratiques, comme le commerce.

– Eh bien le pape aussi a sa propre forme de commerce. Le commerce des âmes. Il doit penser au bien-être des catholiques d'Europe de l'Est. Il doit œuvrer pour la paix. Tels sont ses motifs pour garder ouverte une ligne de communication avec le monde communiste[1]. »

Cette entrevue amène les Américains à juger vains des contacts réguliers avec le pape, qui semble imperméable à leurs vues. Cependant, on pourrait peut-être tirer parti de cette activité à l'est. Puisque le Vatican dispose à présent d'un plus large accès au bloc soviétique, il va sans doute en tirer des informations qui échappaient jusque-là à la CIA. En espionnant le Vatican, on pourrait donc en apprendre plus sur l'URSS et ses satellites…

De son côté le pape pense assez naïvement avoir convaincu McCone de l'utilité pour l'Ouest de sa démarche. Qui sait, peut-être même pourrait-il réunir sous son égide Kennedy et Khrouchtchev ? Casaroli mène sa mission de diplomatie parallèle, dont il rend compte directement au pape – et non à son supérieur Samorè. En Hongrie le cardinal Mindszenty reste reclus au sein de la légation américaine depuis le soulèvement de 1956. Cinq des quinze évêques hongrois sont emprisonnés. Dépourvu de patrimoine, le clergé hongrois dépend financièrement du gouvernement qui paie en priorité les prêtres acceptant de « coopérer » avec le régime. La première visite de Casaroli permet d'obtenir le retour de cinq évêques bannis. En retour, le régime attend du Vatican qu'il fasse sortir du pays le cardinal Mindszenty. Le problème est que ce dernier, très remonté contre

1. *Op. cit.*

la nouvelle politique d'ouverture à l'est, considère comme une trahison de quitter le pays.

L'Église polonaise est une des plus fortes et des plus résistantes du bloc de l'Est. La foi catholique, loin de décliner sous le régime communiste, s'est fortifiée en Pologne. En annexant des territoires en majorité orthodoxes situés à l'est du pays, l'URSS n'a fait que renforcer le catholicisme. Le régime polonais affiche une volonté nouvelle de négocier un concordat avec le Vatican, mais tente de passer par-dessus le primat, ce que le pape n'apprécie pas. Lors de sa visite en Pologne, Mgr Casaroli expose clairement qu'aucun régime ne peut espérer améliorer ses relations avec Rome sans avoir au préalable pacifié celles qu'il entretient avec le clergé local.

Le 21 mai 1963, le cardinal Wyszyński est longuement reçu en audience par le pape. Aucune information ne filtre sur leur entrevue, mais la CIA croit savoir que le pape lui a délégué tout pouvoir pour déterminer la nature des relations que le gouvernement polonais établira avec l'Église, ce qui renforce sa position. Cependant, quelques jours plus tard, la santé du pape se détériore à nouveau.

Le 31 mai, l'antenne romaine de la CIA envoie au quartier général de Langley un message urgent : « Le pape Jean XXIII a sombré dans le coma ce matin. Son état s'est considérablement aggravé. La radio d'État italienne a annoncé à 12 h 45 que l'état du pape s'était amélioré en fin de matinée et qu'on lui avait administré l'extrême-onction. » Il est révélateur que la CIA en soit réduite à s'appuyer sur la radio pour les dernières nouvelles : cela indique que le premier cercle, contrôlé par le secrétaire du pape Capovilla, est resté totalement hermétique aux espions américains.

Un conclave sur écoutes

Après la mort de Jean XXIII, l'avenir des relations entre le Vatican et le bloc soviétique est suspendu au choix de son successeur. En attendant, Mgr Casaroli est contraint de cesser ses voyages derrière le rideau de fer et d'attendre de nouvelles instructions. À la conférence de Genève pour le désarmement, les délégués américains et soviétiques mettent pour un jour leurs âpres débats entre parenthèses pour communier dans un hommage unanime au pape défunt.

Sans doute soulagée par la disparition de Jean XXIII, la CIA se remet immédiatement au travail pour évaluer les scénarios de succession à la tête du Vatican. Le 15 juin 1963, le président Kennedy reçoit le rapport suivant :

> CENTRAL INTELLIGENCE AGENCY
>
> Pays : Italie Rapport N° TDCS DB-3/654,973
> Objet : Succession de Jean XXIII
> Estimation de la situation
> Source : agent de cette organisation. Commentaire.
>
> Vous trouverez ci-après une estimation de la présente situation. Il ne s'agit pas d'un jugement officiel de l'Agence, mais des observations et interprétations d'un officier de terrain à partir des informations disponibles à la date de rédaction. Préparé à usage interne, ce commentaire est présenté pour usage par le Département d'État.
> Sur la base de notre connaissance de la situation, d'une lecture exhaustive de la presse, et de discussions avec des personnes de différents horizons, nous proposons les hypothèses suivantes sur la succession du pape Jean XXIII.
> Un facteur de complexité pour prévoir qui sera le prochain pape réside dans le nombre croissant de cardinaux qui sont aujourd'hui 82, contre 55 en 1958. Les cardinaux de 1958 étaient nommés

depuis bien plus longtemps que ceux d'aujourd'hui, en moyenne. En 1958, il était possible de classer les cardinaux en trois grandes catégories : libéraux, conservateurs ou modérés. Le collège actuel comprend 44 cardinaux créés par Jean XXIII, mais certains sont loin d'être des libéraux…

Il faut d'abord examiner la possibilité d'un pape non italien. À notre avis, elle est peu probable. […]

Un élément important sera certainement l'attitude du prochain pape vis-à-vis de Vatican II et de la politique de Jean en général. Nous pensons que l'esprit du temps sera de poursuivre, mais peut-être de revoir certains aspects qui ont été trop loin de l'avis de nombreux cardinaux. C'est en particulier le cas des relations de l'Église avec le monde communiste, qui ont créé des dissensions au sein du groupe des libéraux. Même si le successeur de Jean décide de poursuivre sa politique, la tendance sera sans doute d'aller plus doucement.

On peut aussi remarquer que le besoin actuel n'est pas de plus d'innovations mais de mise en œuvre. On ne peut pas ne pas voir que le règne de Jean XXIII a façonné une image de la papauté et des attentes qui demandent à être concrètement mises en œuvre. Certes les cardinaux n'ont jamais été très obsédés par l'opinion publique, mais l'opinion publique concernant l'Église n'a jamais été agitée comme ces dernières années.

Il est peu probable que l'on recherche un pape de transition car la politique mise en place par Jean XXIII a besoin de continuité. L'âge des prétendants sérieux au poste sera moindre que celui de Jean et plus proche de ce que l'on a vu au cours des 150 dernières années. Cela élimine 15 des 28 Italiens, qui ont plus de 75 ans. Sur les 13 restants, 3 peuvent être écartés en raison de leur hostilité à la politique de Jean XXIII. […]

Parmi les libéraux, Montini de Milan sort du lot et presque toutes nos sources évoquent son nom. C'est certainement le favori du conclave.

En bref, si la CIA préférerait de loin voir nommé le conservateur Siri, de Gênes, elle produit avant même que le concile ait débuté une estimation plutôt lucide de la situation, sans confondre ses désirs avec la réalité. Bien que le règne de Jean XXIII ait été bref, il a nommé plus de la moitié des cardinaux qui s'apprêtent à voter lors du concile. Et sa politique d'ouverture à l'est ne va pas s'arrêter net. Le Vatican ne fonctionne pas par à-coups.

Conscients que le champion de l'anticommunisme, le cardinal Siri, n'arriverait pas à s'attirer les voix centristes indispensables pour être élu, un groupe de cardinaux conservateurs italiens, espagnols et sud-américains se sont mis d'accord pour soutenir le cardinal Antoniutti, qui a passé neuf ans comme nonce à Madrid et est apprécié de Franco. Les libéraux, qui comptent 6 Italiens, 4 Américains, 2 Allemands et 8 Français, n'arrivent pas à eux seuls à la majorité des deux tiers requise, soit 55 voix.

Quelques heures avant son départ pour le conclave, le cardinal américain Spellman reçoit dans sa résidence la visite d'un officier de la CIA qui souhaite lui faire part d'observations sur les enjeux de la succession. Le coup de barre à gauche donné par Jean XXIII a produit des effets dangereux en Amérique du Sud, où de nombreux prêtres aux préoccupations sociales inspirées par l'encyclique *Pacem in terris* s'engagent et prennent position dans leurs sermons contre les gouvernements locaux… ce qui renforce les communistes. Quelles sont les chances, demande l'homme de la CIA, d'élire un pape qui ralentirait cette évolution délétère ? Spellman, qui ne perd pas une occasion d'aller soutenir les troupes américaines en Corée puis au Vietnam, n'a pas été un admirateur de Jean XXIII. Après la mort de son ami Pie XII, son poids politique au Vatican a commencé à décliner. Les trois autres cardinaux américains sont clairement du côté des libéraux. Et Spellman n'est même pas d'accord avec le choix des conservateurs de soutenir Antoniutti, qui lui apparaît falot. À ses yeux, seul Siri aurait mérité son soutien. Mais il ne va pas expliquer ouvertement qu'il n'est plus tout à fait le « pape américain » qu'il a été. Il ne peut que faire une réponse évasive[1].

Le jeune visiteur en vient au véritable motif de sa visite. La CIA a besoin de connaître avant tout le monde le résultat du conclave. Les enjeux internationaux sont considérables. Les sujets politiques vont certainement tenir une place importante dans les débats. Et de fait, la CIA sera en mesure d'envoyer au QG de Langley le nom du nouveau pape avant tous les médias présents sur place.

Pour les membres des services italiens qui suivent ce conclave, il n'y a que deux possibilités : soit la CIA a réussi à placer des micros, soit elle dispose d'un informateur parmi les cardinaux. Lequel est forcément équipé d'un émetteur radio, puisque les cardinaux n'ont accès à aucun téléphone… Dans les archives actuellement déclassifiées de la CIA, on ne trouve aucune indication permettant d'en savoir plus. Mais une chose est sûre : si c'est bien un cardinal qui a osé porter sur lui un émetteur radio pendant le conclave, on ne voit guère qu'un seul candidat qui soit suffisamment audacieux et engagé aux côtés des services secrets américains : Spellman.

1. Cf. John Cooney, *The American Pope*, *op. cit.*

III
MONTINI

7
Les tourments de Paul VI

«Montini, c'est notre Hamlet.»
Jean XXIII

Giovanni Battista Montini est né en septembre 1897 à Concesio, près de Brescia, dans une famille de la bonne bourgeoisie. Son père était un député et l'éditeur du journal catholique de Brescia. Il baigna donc tout jeune dans la politique et la démocratie-chrétienne (son frère aîné devenant sénateur). Des problèmes de santé dans sa jeunesse lui firent souvent manquer l'école et on le fit travailler avec un précepteur. Il impressionnait par son sérieux. Sa mère l'incita à embrasser la prêtrise et il fut ordonné à Brescia en 1920. L'évêque l'envoya à Rome pour compléter sa formation. Il fut inscrit en théologie à l'université grégorienne, mais grâce aux relations de sa famille il fut bientôt recruté par la secrétairerie d'État. Dès 1921, il fut nommé secrétaire de la nonciature apostolique à Varsovie. À 26 ans il devint *minutante* à la secrétairerie d'État, et chapelain adjoint de la fédération des étudiants catholiques. Ce qui lui permit de se lier avec de futurs personnages-clés de la politique italienne. En 1937, Montini fut désigné substitut du secrétaire d'État Pacelli, en même temps que Mgr Tardini. Tous deux allaient rester ses plus proches collaborateurs pendant vingt ans.

Montini acquit la réputation d'être progressiste en matière sociale, meilleure façon à ses yeux de contrer le communisme. En 1954, il fut nommé archevêque de Milan, sans devenir cardinal comme le prévoyait l'usage. En principe, cette rebuffade lui enlevait presque toute chance d'accéder au trône de saint Pierre.

Ce revers de fortune n'a pas eu que des mauvais côtés : il a donné à Montini l'expérience de terrain qui lui manquait. Il s'investit dans sa mission pastorale, avec une attention particulière pour les ouvriers : il va dans les banlieues de Milan célébrer la messe, visite les usines, parfois sous la menace de syndicalistes. Il lui semble crucial d'établir de nouvelles paroisses dans des fiefs communistes. Dès qu'il a l'occasion de nommer de nouveaux cardinaux, Jean XXIII ne manque pas de promouvoir Montini (en 1958). Et il ne fait pas grand mystère de l'estime qu'il lui porte comme possible successeur…

En quittant Rome pour Milan, Montini a dû se trouver un nouveau secrétaire. On lui a recommandé le père Pasquale Macchi qui ne va plus le quitter. Né à Varèse, Macchi a effectué de longues études en France et produit une thèse sur Bernanos. Il enseigne la littérature française près de Milan. Petit et chauve, Macchi a le talent de passer inaperçu lors des cérémonies. Montini pourra l'envoyer en mission à l'autre bout du monde sans que son absence suscite le moindre commentaire…

Macchi a une faiblesse : un goût immodéré pour l'art et les bijoux. Pendant toute la durée du pontificat, il va consacrer beaucoup d'énergie à acquérir des œuvres d'artistes qu'affectionne le pape, mobilisant pour cela les contributions de riches nobles et hommes d'affaires italiens. Cette soif d'acquisitions offrira une prise aux affairistes de tous poils qui vont se multiplier dans l'entourage de Paul VI. Une anecdote : au cours de l'été 1968, le pape part en vacances comme chaque année à Castel Gandolfo. On en profite pour effectuer des travaux d'entretien et de restauration dans ses appartements privés. Quatre techniciens sont chargés de contrôler les appareils de téléphone. Ils se font introduire dans la pièce du central téléphonique. Là, sur une étagère, trônent des boîtes en carton portant des inscriptions alléchantes : or, argent, bronze… Elles contiennent un stock de médailles pontificales. Tentés, les ouvriers en subtilisent une trentaine. Ne sachant pas d'où vient le vol, Macchi décide d'étouffer le scandale.

L'année suivante, les mêmes ouvriers vont pénétrer clandestinement par la terrasse. Dans le bureau de Mgr Macchi, ils découvrent des écrins contenant des pierres précieuses : des cadeaux faits au pape. Et ils commettent l'imprudence de retourner dans la pièce du standard, où ils récupèrent de nouvelles médailles. Hélas pour eux, en janvier 1973, un marchand romain expose une des médailles volées.

Les gendarmes pontificaux mènent l'enquête et remontent la filière. Fait exceptionnel, le Vatican réclame l'entraide judiciaire à l'Italie et les voleurs passent en jugement l'année suivante[1].

Outre Macchi, Paul VI fait entrer au Vatican un groupe de conseillers et de collaborateurs laïcs, aux fonctions parfois imprécises, que l'on surnomme bientôt la « mafia milanaise ».

Les conservateurs de la curie et d'ailleurs considèrent Macchi comme un « socialiste ». C'est le cas du cardinal Spellman, qui a dû laisser de côté ses préventions envers Macchi et son entourage pour ne pas affaiblir sa position.

L'axe Rome-Washington n'est plus ce qu'il était

Dans les jours qui ont précédé le concile, Spellman a consulté à tour de bras et est arrivé aux mêmes conclusions que la CIA sur les chances des *papabili* en lice : même si Montini n'est pas de ses amis, l'Américain estime qu'il a de fortes chances de l'emporter et que mieux vaut se ranger sans attendre à ses côtés. En pleine campagne électorale, Montini reçoit Spellman avec bienveillance car son soutien achèverait de rabattre vers lui le vote des cardinaux américains.

Malgré leur entente de façade, le pape Paul VI sera de plus en plus agacé par Spellman, qui suit en priorité ses idées plutôt que la ligne du Vatican. Sous la présidence Johnson, le pape va s'investir dans une campagne diplomatique pour une paix négociée au Vietnam : par des contacts directs avec les Vietnamiens mais aussi en faisant pression sur les acteurs comme les Français, réputés influents

1. Cf. Benny Lai, *Les secrets du Vatican*, Hachette, 1983.

à Saigon et Hanoï. Tout l'appareil de renseignement du Vatican est mobilisé: diplomates, ordres religieux, missionnaires[1], envoyés occultes. Paul VI parviendra même à ouvrir un canal de négociation direct avec Hô Chi Minh.

Pendant ce temps, Spellman fera campagne en sens inverse: à Noël 1965, on le voit rendre visite aux troupes américaines et claironner son soutien à la politique de son pays. Pour le Vatican, il est désormais entré en dissidence.

En 1966, Spellman revient haranguer les troupes dont il assimile la mission à une «sainte croisade», la «guerre du Christ contre le Viêt-Cong et pour le peuple nord-américain». Le pape est furieux mais, éternel indécis, n'ose sanctionner le vieux cardinal. Le mois de janvier suivant, des protestataires pacifistes envahissent la cathédrale Saint-Patrick à New York pendant la messe et déploient des banderoles anti-Spellman. Désormais le FBI sera obligé de surveiller les activistes new-yorkais pour éviter de nouveaux embarras au grand ami du directeur Hoover. Le pape «américain» n'est plus en phase ni avec le Vatican ni avec la Maison-Blanche. Il va s'éteindre le 2 décembre 1967.

Le cas de Spellman, certes spectaculaire, ne fut pas une exception. On sait aujourd'hui que le nonce en Roumanie l'archevêque Gerald O'Hara, qui fut expulsé par les autorités roumaines en 1950, était un collaborateur de la CIA. Proche du cardinal Spellman, O'Hara resta dans le circuit diplomatique du Vatican. En poste en Géorgie avant la guerre, O'Hara avait eu un enfant avec une femme qui engagea dans les années 1980 une détective privée pour faire reconnaître ses droits. Celle-ci trouva des éléments attestant des contacts réguliers de O'Hara avec des agents de la CIA et Roy Cohn, l'avocat disciple de Spellman[2]. À cette époque la CIA semble avoir recruté nombre

1. Pour un bel exemple de père missionnaire et agent de renseignement en Asie, voir Jean-François Klein: «Le Sten et la Bible. Le père Noël Tenaud (1904-1961), missionnaire et agent de la France au sud-Laos», in Olivier Forcade et Sébastien Laurent (dir.), *Dans le secret du pouvoir, l'approche française du renseignement, XVIIe-XXIe siècles*, Nouveau Monde éditions, 2019.
2. Cf. Jonathan Kwitny, *Man of the Century. The Life and Times of Pope John Paul II*, Henry Holt, 1997.

de prêtres, en particulier des exilés de l'Est. Jonathan Kwitny cite le cas d'un prêtre polonais qui transmit à la CIA les confidences de Wyszyński lors de sa visite à Rome en 1951.

Les relations entre Paul VI et John Kennedy, premier président catholique de l'histoire américaine, sont moins faciles qu'on aurait pu l'espérer. Le président a reçu le résultat du conclave alors qu'il se trouvait au début de sa tournée européenne, à Dublin. L'agence lui a préparé un profil psychologique du futur souverain. Depuis la disgrâce de Montini en 1954, la CIA le juge trop à gauche, cependant il est resté une figure importante de l'Église. C'est pourquoi le chef de poste de la CIA en Italie a gardé l'habitude de lui rendre visite et de verser de temps à autre quelque fonds à telle ou telle des œuvres qui lui tiennent à cœur.

Deux jours après l'intronisation, John Kennedy alors au troisième jour de sa visite à Rome est reçu par le nouveau pape, en compagnie de son secrétaire d'État Dean Rusk. Kennedy ignore comment on doit s'habiller pour une audience papale. Au lieu de s'adresser au Département d'État, il interroge la CIA ! L'audience est très formelle et ne produit aucun développement particulier dans les relations vaticano-américaines. La question des relations diplomatiques n'est pas abordée. Certains conseillers de Kennedy plaident pour réactiver le projet de Roosevelt d'un représentant personnel du président auprès du pape (qui aurait eu un statut plus modeste qu'un ambassadeur en bonne et due forme), mais Kennedy tient à sa position d'indépendance vis-à-vis du Vatican. Le lendemain, c'est Giulio Andreotti (alors ministre de la Défense) qui amène le sujet lors d'une entrevue avec Kennedy : après tout, si même des pays arabes trouvent intérêt à entretenir des missions diplomatiques au Vatican, pourquoi pas les États-Unis ? Kennedy semble hésiter et répond : « Si je suis réélu en 1964, je le ferai pendant mon second mandat[1]. »

Lors des élections d'avril 1963, la Démocratie chrétienne est tombée à 38 % des voix, son plus mauvais score depuis sa création au

1. Roland Flamini, *Pope, Premier, President*, *op. cit.*

lendemain de la guerre. Pour la première fois, il a fallu accepter que des ministres socialistes entrent au sein du gouvernement mené par Aldo Moro, qui incarne l'aile gauche de la DC. Kennedy trouve la chose tout à fait normale : pour lui cela signifie qu'une partie de la gauche italienne évolue vers une forme démocratique de socialisme. Moro et le pape se connaissent de longue date : le premier fut nommé président des étudiants catholiques au moment où le second quittait la charge d'assistant ecclésiastique de la fédération des étudiants catholiques. Les deux hommes sont toujours restés en lien et partagent une même vision du nécessaire compromis avec les socialistes.

La CIA et le Département d'État ne sont pas de cet avis : ils craignent notamment que le PSI réclame la fermeture des bases militaires américaines en Italie. En mai 1963, les syndicats ouvriers du bâtiment manifestent pour réclamer l'ouverture du gouvernement à des ministres communistes. C'en est trop pour le patron de la CIA à Rome, Bill Harvey : il active les réseaux Gladio (coordonnés par un officier du renseignement italien, le commandant Renzo Rocca) pour réprimer ces manifestations. Mais il ne saurait aller plus loin sans contredire la politique officielle du président. Et puis, coup de théâtre : en novembre 1963, Kennedy est assassiné à Dallas. La CIA et le SIFAR italien vont mettre à profit le relatif désintérêt du nouveau président Lyndon B. Johnson pour l'Italie pour se montrer plus offensifs contre la gauche italienne.

Opération « Solo[1] »

L'homme-clé sur qui compte la CIA, c'est le général Giovanni De Lorenzo, qui a dirigé le SIFAR avant d'être nommé à la tête des carabiniers. Le général a su trouver des entrées au Vatican. Au début du pontificat de Jean XXIII, la curie est entrée en effervescence à

1. Voir en particulier *L'Espresso* des 14 et 21 mai, du 16 juillet, du 24 septembre et du 1er octobre 1967. Et Alessandro Giacone, « Le "plan Solo" : anatomie d'un "coup d'État" », *Parlement[s], Revue d'histoire politique*, 2009.

propos d'une supposée correspondance entre Pie XII et une noble italienne, qui aurait pu être vaguement compromettante. Il est probable que ces lettres étaient apocryphes mais elles ont été mises en vente auprès de journalistes, ce qui laissait craindre un scandale et risquait d'entacher la mémoire de Pie XII. Le patron du SIFAR, apprenant la nouvelle, vit là l'occasion d'entamer une relation avec le Vatican et accepta de se charger de l'affaire. Il envoya un collaborateur en Afrique, où résidait le propriétaire des lettres. Celles-ci furent rachetées sur fonds secrets, moyennant un savant dosage de carotte financière et de menaces voilées. Désormais, on sollicitait le général à chaque fois qu'un ecclésiastique était impliqué dans une affaire susceptible de causer un scandale, après même que De Lorenzo eut été muté à la tête des carabiniers. Ses successeurs, les généraux Viggiani puis Allavena, allaient maintenir le lien avec la curie. Lors du voyage de Paul VI en Palestine en 1964, le SIFAR est sollicité pour assurer une sécurité renforcée du Saint-Père, qui souhaite que ce voyage sensible soit organisé dans le plus grand secret.

Plus tard, en 1968, les membres de la curie vont s'étrangler en découvrant par la presse un scandale mettant en cause le SIFAR : grâce à un imposant réseau d'informateurs, des mises sur écoutes, l'ouverture de correspondances privées, le service de renseignement militaire a constitué un gigantesque fichier dans lequel figurent des centaines de religieux, d'évêques et même de cardinaux ! Il semble que le cardinal Dell'Acqua, président de la préfecture pour les affaires économiques du Saint-Siège, ait fait partie des prélats compromis avec le SIFAR.

Avant d'en arriver là, en 1964, De Lorenzo et Rocca envisagent très sérieusement de passer à l'action violente. Ils sont soutenus au plus haut niveau : le président de la République italienne lui-même, Antonio Segni, redoute un coup de force communiste. Il estime que « l'Italie se rapproche d'un régime de type yougoslave ». Reçu par le chancelier Adenauer, il critique violemment la politique de détente inspirée par Kennedy et Jean XXIII.

Devant ses interlocuteurs américains, le général De Lorenzo se dit prêt à passer aux actes : « En admettant au préalable qu'il n'était pas question d'un coup d'État, De Lorenzo s'est empressé d'ajouter qu'il était grand temps que les responsables politiques du pays prennent des décisions responsables. Le gouvernement Moro [...] ne pouvait pas continuer dans la même voie car le pays deviendrait communiste par défaut [...]. "Le temps est venu de montrer notre fermeté, tant que les forces de l'ordre – en particulier les carabiniers – sont toujours capables de contrôler la situation. S'il devait y avoir des manifestations dans la rue, il faudrait les affronter avec fermeté, même si de telles actions devaient faire des victimes [*casualties*][1]". »

Entre mars et juillet 1964, De Lorenzo multiplie les réunions secrètes avec l'état-major des carabiniers pour « faire face à des perturbations éventuelles de l'ordre public ». Les autres corps armés pouvant être infiltrés par les communistes, les carabiniers devront agir « seuls » (d'où le nom de « plan Solo »). L'aspect le plus sensible du plan concerne les subversifs à déplacer (*enucleandi*) : on prévoit de les transférer en Sardaigne, dans une base de l'organisation Gladio. La liste inclut des parlementaires du PCI et du PSI, le service de sécurité du PCI (appelé « Gladio rouge ») et même des intellectuels tels que Pier Paolo Pasolini et Gillo Pontecorvo, le réalisateur de *La Bataille d'Alger*. À cette même époque, les forces de l'OTAN effectuent comme par hasard de grandes manœuvres militaires dans la région, ce qui accroît la menace implicite.

Mais le plan ne sera pas mis en œuvre. Il semble que le président Segni s'en soit servi pour mettre la pression sur Aldo Moro : s'il veut éviter le recours à la force, soit il infléchit la ligne politique de son gouvernement, soit il en chasse les socialistes. Moro convainc les socialistes d'accepter un compromis. Le président Segni ne savourera pas longtemps sa victoire : victime d'une attaque, il sera contraint à la démission à la fin de cette même année. En 1967-1968 aura

1. Télégramme IN68498 envoyé par l'ambassade des États-Unis de Rome, le 26 juin 1963, cité par Maurizio Molinari et Paolo Mastrolilli, « A che golpe giochiamo ? » dans *La Stampa* du 29 janvier 2004.

lieu une commission d'enquête parlementaire sur le plan Solo. En juillet 1968, les enquêteurs convoqueront l'animateur du Gladio italien, le commandant Renzo Rocca. Le jour de son audition, Rocca sera retrouvé dans son appartement, mort d'une balle dans la tête. L'année suivante, un officier qui enquêtait sur sa mort, le général Carlo Ciglieri, est retrouvé mort dans sa voiture, victime d'un accident semble-t-il... Giorgio Manis, un autre général qui devait témoigner devant la commission d'enquête, s'effondre dans une rue de Rome deux mois plus tard. Le mois suivant, son adjoint le colonel Remo D'Ottario se tire une balle dans le cœur[1].

Le coup d'État du général De Lorenzo est resté virtuel. Mais il ouvre une séquence de « stratégie de la tension » qui va durer vingt ans et se conclure en décembre 1984 par l'attentat du train Naples-Milan : pendant ces vingt ans, divers groupes vont planifier des projets de coups d'État et des attentats destinés à effrayer l'opinion italienne et justifier un glissement vers un pouvoir autoritaire...

Ami et confident d'Aldo Moro, Paul VI est resté muet sur cet épisode, mais il l'a suivi attentivement et tout porte à croire que ses discussions avec Moro l'ont amené à se méfier de plus en plus des Américains et de la CIA... mais aussi d'une partie de sa propre administration.

Interrogé par la commission d'enquête parlementaire, De Lorenzo a dû reconnaître que le SIFAR a pratiqué un espionnage de masse à la demande des services américains et de l'OTAN[2]. Suite à ce scandale, le SIFAR est dissous et remplacé par le SID dirigé par le général Allavena. Sommé de détruire les fichiers compromettants du SIFAR, De Lorenzo en remet pourtant une copie à la CIA et une autre à Allavena.

1. Cf. *La Repubblica*, 12 décembre 1990.
2. Relazione della Commissione parlamentare d'inchiesta sugli eventi del giugno-luglio 1964, Roma, 1971, cité par Regine Igel, Andreotti, *Eine italienische Karriere zwischen Geheimdienst und Mafia*, Herbig, 1997 et Phillip Willan, *Puppetmasters. The Political Use of Terrorism in Italy*, iUniverse, 2002.

L'Ostpolitik

Pendant tout son pontificat, Paul VI continue à mener une politique de la porte ouverte avec l'Union soviétique. Les dirigeants d'Europe de l'Est sont reçus en visite d'État. Le ministre soviétique des Affaires étrangères Andreï Gromyko aura pas moins de sept réunions avec le pape. Et de nombreux fonctionnaires du Vatican, en particulier Mgr Casaroli, se rendent à Moscou et dans les autres capitales de l'Est pour des discussions. On cherche à régler de vieux dossiers, comme le cas de Mgr Mindszenty, toujours barricadé dans l'ambassade américaine en Hongrie. Le régime hongrois a déjà autorisé l'envoi par Rome de six nouveaux évêques. Il ne sera pas possible d'aller plus loin avant d'avoir résolu cette question. Elle est discutée entre le pape et le président Johnson lors de sa visite à Rome à l'automne 1965. Cette fois les Américains sont désireux de régler l'affaire au plus vite. À l'automne, Casaroli se rend à nouveau en Hongrie… mais aucun ministre n'accepte de le recevoir. En juin 1967, Mindszenty acceptera enfin de quitter l'ambassade américaine. Le Vatican s'est engagé à ce qu'il reste silencieux.

Beaucoup ont critiqué cette politique d'ouverture, à l'époque et encore aujourd'hui. Frédéric Le Moal écrit ainsi que Paul VI, déchiré par les doutes, « a emmené le Vatican dans un labyrinthe de calculs diplomatiques hypothétiques en le privant du pouvoir de dénoncer les politiques et les pratiques de ses interlocuteurs[1] ». Dans ce jeu subtil, l'URSS sort en fin de compte gagnante. Elle associe le Saint-Siège à sa prétendue politique de paix et de justice sociale, approfondit la division entre Rome et les évêques de l'Est, lézarde la forteresse occidentale. « Paul VI et Casaroli ont beau avoir été sans ambiguïté dans leur hostilité au communisme, on n'entendit que leur silence et les pas feutrés des diplomates pontificaux négociant des bouts de chandelles avec des régimes marxistes », conclut Le Moal.

1. Frédéric Le Moal, *Les divisions du pape. Le Vatican face aux dictatures, 1917-1989*, Perrin, 2016.

En 1967, Paul VI « aggrave son cas » en publiant une encyclique controversée, *Populorum progressio*, dans laquelle il critique la répression coloniale et recommande des remèdes économiques et sociaux qui sont interprétés comme une dénonciation du capitalisme. Peu après, un groupe international d'hommes d'affaires demande au Saint-Père de « clarifier » ses vues économiques. Le pape se sent alors obligé de publier une déclaration dans laquelle il nie toute hostilité à l'égard de l'entreprise privée.

Mais le bilan est peut-être plus équilibré qu'il n'y paraît. Dans la communauté internationale, le Vatican gagne en crédibilité, se fait une réputation d'indépendance et marque des points.

Les Russes proposent la tenue d'une conférence sur la sécurité européenne qui se tiendra en 1972 à Helsinki et proposent au Vatican d'y participer. L'avocat espion français Jean Violet trouve que c'est une excellente idée. Remercié par le SDECE en 1970, il poursuit son action à titre privé et hante les couloirs du Vatican, où il est « traité » par Mgr Benelli, de la secrétairerie d'État. C'est lui qui suggère l'idée de faire passer à Helsinki le principe de « libre circulation des personnes et des idées ». Pour que les Russes l'acceptent, il ne faut pas qu'il soit proposé par des anticommunistes notoires. Il faut donc mener une discrète action de lobbying. Celle-ci sera financée par un industriel italien. Carlo Pesenti est un chef d'entreprise, banquier et patron de presse proche de la Démocratie chrétienne[1]. Son avion privé est mis à la disposition de Giulio Andreotti lorsque ce dernier, par extraordinaire, n'est pas ministre. Les alliés habituels de Jean Violet se mettent en action : l'ancien ministre Antoine Pinay, l'ancien patron du SDECE le général Grossin, et aussi Constantin Melnik qui fut chargé du renseignement au cabinet de Michel Debré Premier ministre… avant de se reconvertir dans l'édition, chez Grasset. Ils mettent au point une plaquette développant leur proposition, qui reçoit l'aval du président Pompidou. Elle sert de base à un « appel pour une vraie sécurité européenne » qui reçoit la

1. Cf. Éric Lebec, *Histoire secrète de la diplomatie vaticane*, Albin Michel, 1997.

signature de nombreuses personnalités pro-européennes, françaises, belges, suisses et allemandes. Melnik se charge de faire le lien avec la CIA et le Département d'État américain, via Henry Kissinger[1]. Les Américains deviennent à leur tour de chauds supporters de la « libre circulation » qui est validée dans l'acte final de la conférence. En Grande-Bretagne, l'agent d'influence anticommuniste Brian Crozier assure le lien avec le MI6.

Le patron des analystes du KGB, N.S. Leonov, reconnaîtra dans ses Mémoires que le service n'a pas vu le piège tendu au système soviétique par l'acte final : « Les spécialistes étaient seuls à trouver dans cet acte solennel des faiblesses invisibles à première vue, qui annonçaient de grandes difficultés pour l'URSS. Les concessions pour la coopération humanitaire, la liberté de mouvement, les échanges d'idées ont détruit le système soviétique[2]. » Sans aller jusque-là, disons qu'ils l'ont un peu ébréché…

Le bilan de l'Ostpolitik n'est donc pas complètement nul. Mais il ne saurait être complet si on ne tenait compte de la formidable entreprise de pénétration que mènent les services de l'Est contre le Vatican pendant ces années Paul VI…

1. Entretien de l'auteur avec Constantin Melnik.
2. Cité par Éric Lebec, *Histoire secrète de la diplomatie vaticane*, *op. cit.*

8
Les taupes du Vatican

Meurtres à Paris

3 novembre 1964. Un jeune Parisien aux allures d'étudiant quitte sa chambre de la rue Raymond-Losserand, dans le 14e arrondissement. Il a un rendez-vous urgent place de la Porte-de-Saint-Cloud pour remettre à un ami un épais dossier. Robert Fenoy est un ancien séminariste qui milite dans un groupe de jeunes catholiques antimodernistes, opposés à Vatican II et à la détente entre l'Église et le monde communiste. Ce groupe vient en aide aux réfugiés d'Europe de l'Est. Nombre d'entre eux témoignent des persécutions endurées du fait des régimes communistes.

Fenoy arrive sur le quai de la station Duroc, peu fréquenté. Un grondement signale l'arrivée prochaine d'une rame. Le jeune homme attend en bord de quai, à bonne distance de ses voisins immédiats. Mais alors que la rame entre dans la station, une main le pousse dans le dos. Fenoy bascule sur les rails, fauché par le métro. Une femme hurle, la foule s'attroupe et commente le drame. Deux témoins affirment au chef de gare qu'ils ont vu un inconnu pousser leur voisin avant de s'enfuir. Ils sont cependant incapables de le décrire avec précision. Un prêtre s'approche alors, qui conteste leur témoignage : il affirme que le malheureux s'est jeté de lui-même sous le métro. Le chef de station ne sait plus que penser : ce sera à la police de se débrouiller avec cette affaire. Mais entre-temps le prêtre s'est éclipsé à son tour…

La police a d'autres priorités : l'OAS frappe alors durement dans Paris et mobilise presque tous ses efforts. Le commissariat du

7e arrondissement est débordé et n'a plus un seul enquêteur disponible. L'enquête ne démarrera que quelques jours plus tard. Une perquisition du domicile de Fenoy permettra de découvrir, bien en évidence, un livre traitant du suicide, dont certains passages ont été opportunément soulignés. Affaire classée…

Avec qui Fenoy avait-il rendez-vous ce 3 novembre ? Avec d'autres membres de son groupe, il était en train d'enquêter sur l'organisation Pax originaire de Pologne[1] et qui depuis quelques années développe ses réseaux en France au sein du clergé et de la hiérarchie catholique. Petit à petit, Fenoy constituait un fichier des prêtres en relation avec les délégués clandestins de Pax en France. L'homme qu'il devait rencontrer place de la Porte-de-Saint-Cloud se nomme Émile Bougère.

Âgé de 61 ans, c'est un ancien communiste : il a été au début des années 1930 Premier secrétaire des organisations des Jeunesses communistes du 20e arrondissement de Paris puis est devenu journaliste au quotidien *L'Humanité*. En 1934, il décide de quitter le Parti et devient un spécialiste de l'anticommunisme, au service de diverses municipalités et services de police. Rallié au Parti populaire français (PPF) de Jacques Doriot en 1936, il devient secrétaire de rédaction de publications collaborationnistes et l'un des dirigeants du bureau central de presse du PPF. Condamné à vingt ans de prison à la Libération, il est libéré en 1951 et devient, à temps partiel, collaborateur du centre d'archives de Georges Albertini.

En 1947, la guerre froide est en train de rebattre les cartes du jeu politique. Le préfet de Police de Paris entérine la création d'une très discrète 7e section des Renseignements généraux, dédiée à la lutte anticommuniste. Elle est placée sous la direction du commissaire Jean Dides, alors président du syndicat des commissaires de police de la ville de Paris. Celui-ci estime que l'expertise anticommuniste prime sur toute autre considération. C'est pourquoi il n'a guère d'état d'âme à recruter l'ex-commissaire des RG Charles Delarue, un ancien collabo, condamné et emprisonné à la Libération mais qui a

1. Cf. chapitre 5.

réussi à s'évader. Évadé et repris de justice, Delarue va donc organiser très clandestinement la 7e section et faire appel à Émile Bougère et divers anciens du PPF qui se sont illustrés sous l'Occupation dans la traque des FTP communistes. Mais en 1954, la 7e section est touchée de plein fouet par « l'affaire des fuites[1] ». Le scandale provoque sa dissolution. Delarue ne peut rester à Paris et s'embarque pour l'Afrique : il sera conseiller du président du Congo-Brazzaville pour la lutte antisubversive. Quelques années plus tard, il est de retour à Paris. Ses liens avec les organisations anticommunistes le mettent naturellement en contact avec les groupes d'entraide catholique antimodernistes. Et c'est ainsi qu'il est aspiré dans l'affaire Pax.

Trois semaines après la mort du jeune Fenoy, Émile Bougère est à son tour retrouvé mort dans une petite rue peu fréquentée. Ses poches sont vides ; il faudra plusieurs jours pour l'identifier. Pour Delarue, il est clair que le réseau Pax est désormais en guerre avec le sien. Il est préférable qu'il change d'air. Il se décide à accepter une mission au Brésil, toujours dans le domaine de la « lutte antisubversive ». La veille de son départ, il se rend dans le café de la porte de Saint-Cloud où il a ses habitudes, celui-là même où il avait donné rendez-vous à Fenoy. Il descend aux toilettes. Bien plus tard, un client signale qu'une porte reste éternellement fermée. Derrière, on découvrira le cadavre de Delarue.

Les enquêtes de police sur ces morts en série n'ont jamais abouti mais pour le contre-espionnage français, il est plus que probable que les services de l'Est en sont responsables. L'enjeu ? Préserver la capacité d'action du réseau Pax en Europe de l'Ouest, en particulier en France. Quelques mois plus tôt, le cardinal Wyszyński, qui a recueilli des fuites sur l'opération, adressait au clergé français une lettre d'avertissement :

> Pax se présente comme un mouvement de catholiques progressistes polonais. En réalité, Pax n'est pas un « mouvement »

1. Claude Clément, *L'affaire des fuites, objectif Mitterrand*, Olivier Orban, 1980.

> mais un organe de l'appareil policier qui relève directement du ministère de l'Intérieur et exécute avec une obéissance aveugle les directives de la police secrète, l'UB. Ses méthodes ? « Il s'agit d'agir en dissolvant, de former des foyers de diversion parmi les fidèles, mais surtout dans les milieux ecclésiastiques et religieux. Scinder les évêques en deux blocs, les « intégristes » et les « progressistes ». Dresser les prêtres, sous mille prétextes, contre les évêques. Enfoncer un coin subtil dans les masses par des distinctions ingénieuses entre « réactionnaires » et « progressistes »[1].

En tout, les services secrets français démasquent dans les années 1960 une dizaine de faux prêtres issus des pays de l'Est, sans compter ceux, authentiques, qui s'engagent un peu trop contre les intérêts français. Ainsi Ignace Lepp, un Juif estonien, militant des Jeunesses communistes, s'est converti au catholicisme en 1935, est entré au séminaire à Marseille et a travaillé à l'université catholique de Lyon. Sous l'Occupation, il participe à la fois au réseau Témoignage chrétien et à des groupes d'action communistes. Après-guerre, il s'affirme par ses publications comme un intellectuel marxiste et catholique. Mais à partir de 1959, il est mis sous surveillance par la DST, qui espionne ses rendez-vous avec son officier traitant soviétique. Jugé trop proche du FLN, Lepp est muté par sa hiérarchie à Madagascar[2].

Autre ecclésiastique soutien du FLN, un abbé qui héberge nombre d'agents du FLN… tout en collaborant avec le SAC (Service d'action civique) gaulliste pour contrer les réseaux de l'OAS. La raison de ce grand écart ? Sous l'Occupation, alors qu'il était séminariste à Lyon, l'abbé s'est compromis par ses activités pédophiles. Il a dès lors dû travailler aussi bien pour la Gestapo, qui lui a laissé le choix entre l'espionnage ou la déportation, que pour les services soviétiques, également informés. En 1958, on retrouve cet abbé pédophile en charge de camps scouts de la paroisse de Montrouge ! Sa résidence sert de boîte aux lettres à un des groupes du réseau Pax. Et il héberge encore

1. Danièle et Pierre de Villemarest, *L'espionnage soviétique en France, 1944-1969, op. cit.*
2. *Ibid.*

des agents polonais. Il a à son actif une dizaine d'arrestations par la police française entre 1962 et 1964 en région parisienne.

Il est à nouveau arrêté en 1964 à cause d'un nouveau scandale de détournement de mineurs. Et il est encore repêché par le SAC, contre la promesse d'apporter un faux témoignage lors du procès d'un membre de l'OAS. Mais peu avant le procès, il disparaît et on le repère en Allemagne, où il collabore avec ses anciens maîtres de la Gestapo passés au service de l'URSS.

Cette guerre secrète ne concerne qu'une poignée de prêtres compromis. Mais il n'y a pas de raison de penser qu'elle se limite à la France. Elle montre que les services de l'Est ne limitent pas leurs ambitions à la lutte contre l'Église au sein de leur empire.

L'affaire du *Vicaire*

Dans le cadre des « mesures actives » contre le Vatican, le KGB après la mort de Pie XII ne souhaitait plus se contenter de dénoncer dans la presse communiste le Saint-Siège comme un vassal de l'impérialisme américain, ce qui avait une portée limitée. Le service profita de Vatican II, où étaient invités des représentants des Églises de l'Est, pour infiltrer des agents ecclésiastiques à Rome et lancer des opérations de désinformation. Dans ce cadre, Nikita Khrouchtchev valida sous Jean XXIII le projet Vicaire[1].

En 1963 est créée à Berlin-Ouest une pièce, *Le Vicaire, une tragédie chrétienne*, qui sera jouée dans le monde entier à l'initiative du metteur en scène communiste Erwin Piscator (victime du maccarthysme établi en Allemagne) et traduite dans une vingtaine de langues. L'auteur, Rolf Hochhuth, qui travaille aux éditions Bertelsmann, y dépeint un Pie XII complice des menées génocidaires

1. Cf. Alberto Melloni, « Chiese sorelle, diplomazia nemiche. Il Vaticano II a Mosca fra Propaganda, Ostpolitik e Ecumenismo », Alberto Melloni (ed), *Vatican II in Moscow (1959-1965). Acts of the Colloquium on the History of Vatican II, Moscow, March 30-April 2, 1995* (Leyde, Bibliotheek van de Faculteit Godgeleerdheid, 1997). Cité par Gérald Arboit : « Les "mesures actives" soviétiques contre Pie XII », note historique du CF2R n° 29, janvier 2010. https://cf2r.org/historique/les-mesures-actives-sovietiques-contre-pie-xii/

de Hitler. Il n'est vraisemblablement pas un agent du KGB, mais il est adroitement manipulé et alimenté en archives.

« Entre février et l'automne 1962, explique Gérald Arboit, c'est-à-dire entre le moment où Hochhuth rencontra la première fois Piscator et la première représentation du *Stellvertreter* à la Freie Volksbühne de Berlin-Ouest, le DIE[1] réussit à sortir des archives de la Sacrée Congrégation pour les affaires ecclésiastiques extraordinaires des centaines de documents en relation avec l'action de Pie XII pendant la Seconde Guerre mondiale. Ce matériel fut immédiatement envoyé au KGB par l'intermédiaire d'un courrier spécial, même s'il ne contenait aucune preuve de l'incrimination du pontife. La plupart du temps, il s'agissait de copies des lettres personnelles, de transcriptions de réunions et de discours, le tout rédigé dans le style routinier du langage diplomatique que l'on pouvait s'attendre à trouver. Néanmoins, le KGB continuait à demander plus de documents. Et les Roumains en envoyèrent plus. Après avoir été retouchée par les experts du Département D du Premier directorat du KGB, toute cette documentation fut communiquée à Erwin Piscator, qui récrivait la pièce de Hochhuth, pour former les volumineuses annexes de l'édition publiée à Hambourg au moment même où la pièce se jouait à Berlin-Ouest... »

La pièce provoque une tempête médiatique. Paul VI décide de réagir et lance fin 1964 un programme de publication d'archives choisies par quatre historiens jésuites (le Français Pierre Blet, l'Italien Angelo Martini, rejoints en 1966 par l'Allemand Burkhart Schneider et en 1967 l'Américain Robert Graham). Les *Actes et documents du Saint-Siège relatifs à la Seconde Guerre mondiale* sont publiés en 11 tomes entre 1965 et 1981. Ils ne suffisent pas à éteindre la

1. Le service de renseignement extérieur roumain (*Departamentul de Informatii Externe*). Source : le témoignage du défecteur roumain Ion Pacepa : « Moscow's Assault on the Vatican. The KGB made corrupting the Church a priority », *National Review Online*, 25 janvier 2007, http://article.nationalreview.com/?q=YTUzYmJhMGQ5Y2UxOWUzNDUyNWUwODJiO TEzYjY4 NzI=

polémique car rien ne prouve que des documents plus embarrassants n'ont pas été laissés de côté.

L'agent traitant de Hochhuth, c'est le metteur en scène Piscator. Dans les années 1930, ce promoteur du théâtre politique a été un collaborateur du propagandiste et cadre de l'internationale communiste Willi Münzenberg, avant de s'établir aux États-Unis. Pendant l'ère McCarthy, son atelier dramatique a été dénoncé dans la presse comme une organisation communiste et Piscator est retourné à Berlin. Bien que peu rigoureuse historiquement, la thèse du *Vicaire* a fait tache d'huile dans les années 1960, avant de revenir en force via diverses productions dans les années 2000, comme le film *Amen* (2002) de Costa-Gavras. Comme souvent en matière de communication, le Vatican n'a pas su trouver la réplique adéquate. Cette opération d'ampleur et de budget très modeste a finalement fait plus de dégâts que beaucoup de montages longs et complexes des services de l'Est… Sans parler d'opérations de pénétration qui se sont étalées sur plusieurs décennies.

Le Vatican pénétré

Dans le camp soviétique, la période de la détente avec l'Église a vécu. L'homme qui l'incarnait[1] est victime d'un coup d'État silencieux en 1964 : le chef du KGB Vladimir Semichastny annonce à Khrouchtchev qu'il est démis de ses fonctions, mais pourra vivre en sécurité dans sa datcha. Leonid Brejnev lui succède et modifie la stratégie en matière de religion. Plutôt que d'emprisonner ou exiler les prêtres, il faut en réduire le nombre en bloquant les nominations.

En 1965, le KGB fait espionner le concile Vatican II (qui se poursuit sous Paul VI) par le service polonais (SB[2]). Leur taupe au sein du concile est vraisemblablement le prêtre Jerzy Dabrowski, dont la collaboration avec le service sera dévoilée en 1997, six ans après sa mort. En 1963, le père Dabrowski (nom de code « Ignace ») est envoyé

1. Réputation excessive, comme on vient de le voir.
2. Sluzba Bezpieczeństwa.

à Rome pour sept ans, avant de devenir l'adjoint du président de l'épiscopat polonais. Selon le témoignage d'un ancien du SB recueilli par John Koehler[1], Dabrowski a fourni de nombreux documents sur Vatican II, que le KGB a jugé fort utiles. Dans un rapport ultérieur sur « les activités anticommunistes du Vatican », Dabrowski signale que « les jésuites jouent un rôle moteur dans les activités du secrétariat pour les non-croyants, et particulièrement pour coordonner les activités anticommunistes. En dehors du secrétariat, d'autres services du Vatican poursuivent leurs activités contre les pays socialistes. Pour cette raison, il est absolument essentiel d'accentuer l'infiltration de ces centres ».

En 1967, Youri Andropov prend la tête du KGB et entre au Comité central. En juillet se tient à Budapest une conférence des services secrets des pays frères, visant à coordonner les efforts contre le Vatican. Dans une évaluation de 1969, la centrale du KGB affirme que le Vatican reste déterminé à « détruire l'Union soviétique de l'intérieur à l'aide du sabotage idéologique » : « Des ecclésiastiques disséminent des ouvrages de propagande de l'Église qui vantent le mode de vie occidental, attisent les sentiments nationalistes dans la population des républiques soviétiques et répandent dans le peuple soviétique la méfiance envers les organisations de l'État et du parti soviétiques[2]. » À la suite de quoi Andropov approuve un plan pour intensifier la lutte contre les activités du Vatican et des uniates en URSS. Il s'agit à nouveau de pénétrer les principaux secteurs de l'administration vaticane, l'ordre des jésuites et le Russicum, considérés comme les principaux centres de déstabilisation. Le service parvient à infiltrer dans des séminaires pontificaux des agents membres de l'Église catholique lituanienne. Le plan prévoit ensuite des mesures actives, notamment semer la discorde entre uniates et autres catholiques soviétiques. En 1969, le chef de l'Église uniate

1. John Koehler, *Spies in the Vatican. The Soviet Union's Cold War against the Church*, Pegasus Books, 2009.
2. Cité in Christopher Andrew et Vassili Mitrokhine, *Le KGB contre l'Ouest, 1917-1991*, Fayard, 2000.

clandestine, Velitchkovsky, est emprisonné, avant d'être expulsé en 1972. Son successeur, l'évêque Volodymyr Sterniouk, fait l'objet d'une campagne de rumeurs sur ses prétendues incartades sexuelles. Toujours en 1969, Andropov ordonne l'intensification des opérations d'espionnage contre le Vatican. Il souhaite une surveillance particulièrement étroite des activités de l'archevêque Agostino Casaroli, que ses nombreux voyages dans les pays de l'Est, souvent en tenue civile, rendent suspect à ses yeux.

En 1975 a lieu une nouvelle conférence de coordination des efforts contre le Vatican. Elle met en évidence les progrès réalisés par plusieurs services : le SB (*Służba Bezpieczeństwa*) polonais, le StB tchécoslovaque et l'AVH hongrois affirment avoir recruté des agents au Vatican.

L'Église orthodoxe russe est devenue depuis longtemps un « poisson pilote » des services russes au sein des instances œcuméniques internationales, comme la Conférence chrétienne pour la Paix, fondée à Prague en 1958, ou le Conseil œcuménique des Églises (COE). Le département des relations extérieures de l'Église orthodoxe est étroitement contrôlé. La plupart des prêtres orthodoxes estiment n'avoir pas d'autre choix que de coopérer, sans quoi ils n'auraient tout simplement pas pu exercer. Selon un rapport du KGB établi peu avant la dissolution de l'URSS, seuls 15 à 20 % des prêtres refusaient toute collaboration.

Il est d'autant plus remarquable dans un tel contexte que soit fondé en 1976 un Comité chrétien pour la défense des droits des croyants en URSS, par deux religieux et un laïc. Malgré une étroite surveillance du KGB, ce comité parvient à faire sortir du pays et publier en Occident 11 volumes de documents illustrant les atteintes à la liberté religieuse. Dès lors la 5e direction du KGB met tout en œuvre pour neutraliser ce comité. En 1978, le KGB promulgue des instructions visant à durcir la lutte contre les « activités subversives » des centres ecclésiastiques étrangers et des « éléments hostiles » au sein du clergé (ordre n° 00122) :

> Sous prétexte de veiller à la liberté de croyance et aux droits des fidèles en URSS, les services de renseignement impérialistes et les centres antisoviétiques étrangers organisent un sabotage idéologique visant à saper l'unité morale et politique de la société soviétique ainsi que les bases du système socialiste [...].
> Selon les directives de la conférence de mai 1975 réunissant les principaux responsables des services du KGB chargés des affaires religieuses, il a été possible d'entreprendre des mesures pour renforcer les positions opérationnelles dans les organisations religieuses internationales, dénoncer et compromettre leurs responsables et leurs émissaires. Des agents expérimentés et dignes de confiance ont été infiltrés dans les milieux dirigeants de certaines formations sectaires, tandis que les mesures pour détecter, prévenir et supprimer les activités hostiles parmi les mouvements religieux antisoviétiques clandestins devenaient plus efficaces et renforçaient les positions des personnalités religieuses progressistes ainsi que leur participation active à la lutte pour la paix et à d'autres initiatives politiques[1].

On mesure les effets de cette infiltration à la précision de certains dossiers. Quelques exemples... Le 29 mai 1970, le ministre français des Affaires étrangères Maurice Schumann est longuement reçu en audience par Paul VI. Dès le mois d'août, le KGB reçoit du SB polonais une transcription intégrale de leurs échanges, en grande partie consacrés à la guerre du Vietnam : le Français est atterré par l'obstination de Nixon, qui reproduit selon lui les erreurs françaises de la guerre d'Indochine. La source est un prêtre polonais en poste au secrétariat du pape. De la même façon, les leaders soviétiques peuvent lire des comptes-rendus d'échanges entre Paul VI et ses visiteurs américains (notamment Henry Cabot Lodge, envoyé spécial de Nixon), italiens, etc. Sommet de l'opération : le président Nixon rencontre le pape au Vatican le 28 septembre 1970 ; le compte-rendu

1. Cité in Christopher Andrew et Vassili Mitrokhine, *Le KGB contre l'Ouest, 1917-1991*, Fayard, 2000.

est livré au KGB seulement quelques jours plus tard ! On y apprend que le pape a prévenu Nixon qu'à l'occasion d'un prochain voyage en Asie, il se montrera plus critique de l'obstination américaine au Vietnam.

En septembre 1970 survient la mort du raïs égyptien Nasser, remplacé par Sadate. Le secrétaire d'État américain Rogers effectue une tournée des pays arabes et s'arrête à Rome pour informer le pape de ses échanges. Là encore le KGB est informé par le SB sur l'esquisse d'une négociation israélo-arabe et sur ce que les Américains seraient prêts à accepter. Il est probable que le KGB a transmis ces informations à son allié égyptien. À son tour, Sadate décide d'envoyer un émissaire auprès de Paul VI. Le Vatican se déclare prêt à aider un rapprochement entre l'Égypte et les États-Unis, si cela permet d'éloigner les Égyptiens de l'influence soviétique.

En 1972, Nixon programme un voyage en URSS, signe d'une possible détente. Pendant ces préparatifs, son envoyé spécial Lodge rencontre à nouveau le pape. Le KGB est à nouveau informé de cet entretien, mais cette fois via la Stasi, ce qui veut dire que c'est un espion allemand qui a assisté à l'entretien ou en a récupéré la transcription : il s'agit probablement de « Lichtblick » dont il sera question plus loin. Ceci permet de comprendre à quel point le travail des services de l'Est est compartimenté : le KGB est le seul à avoir une vue d'ensemble par la remontée des rapports de toutes origines. Mais à en juger par les archives ouvertes aujourd'hui, la circulation est à sens unique et les services des pays frères sont loin de disposer de toutes les pièces du puzzle.

Peu après le sommet Nixon-Brejnev, le nouveau secrétaire d'État américain Kissinger rencontre à son tour le pape pour lui exposer la teneur des discussions qui ont eu lieu. Le rapport sur cette rencontre est le dernier document d'importance trouvé dans les archives de la Stasi, ce qui laisse deux hypothèses : soit les rapports sur les contacts ultérieurs entre papes et présidents américains ont été détruits lorsque l'Allemagne de l'Est s'est effondrée, soit les services de la Vigilanza ont démasqué et écarté tout ou partie des taupes allemandes. Cependant, le KGB a continué à recevoir d'autres rapports sur le Vatican, de la part du SB et des services hongrois.

Le StB tchécoslovaque a aussi joué son rôle dans l'espionnage du Vatican, parvenant à y recruter des agents. L'une de ses cibles est Mgr Josef Beran : persécuté par les nazis, enfermé trois ans en camp de concentration, l'archevêque de Prague a été emprisonné par le régime communiste de 1949 à 1963. En 1965, il est expulsé et accueilli à Rome où il se consacre aux réfugiés tchèques, hébergés au collège pontifical Népomucène. Parmi ces réfugiés, le père Frantisek Kuncik, arrivé de Tchécoslovaquie à 17 ans. Ordonné prêtre en 1965, il est affecté dans les Dolomites. Mais il entame une liaison avec une femme, qui se poursuit à Rome où il est réaffecté. Sa hiérarchie n'est pas au courant mais les services tchèques en profitent et le font chanter : il devra désormais espionner pour le StB. Il est chargé de rapporter les faits et gestes du cardinal Beran, dont il devient le chauffeur. Il assiste aux réceptions offertes par le cardinal. Ce dernier meurt en 1967. En 1970, Kuncik et sa compagne sont rapatriés à Prague, où ils se marieront et travailleront à la propagande antireligieuse[1].

Autre résident du collège pontifical : Jaroslav Fojtl a fui la Tchécoslovaquie pour l'Autriche à la fin des années 1950. Il est entré au séminaire de Munich, puis a rejoint Rome pendant un an, avant de revenir en Tchécoslovaquie. Là encore, il sort du chemin tout tracé et tombe amoureux d'une cousine. Le StB exploite leur liaison pour le recruter. De retour à Rome, il espionne les réfugiés tchèques mais se montre moins efficace que Kuncik. Le SISMI italien, alerté par les services allemands, le place sous surveillance. Sans doute averti par des collègues du Vatican, Fojtl s'enfuit juste avant d'être arrêté.

Enfin il ne faut pas sous-estimer l'apport des services est-allemands. La plus importante source de la Stasi est Mgr Paul Dissemond, nom de code « Peter ». Ses contacts avec le service débutent en 1974[2]. Il est alors, âgé de 54 ans, secrétaire général de

1. John Koehler, *Spies in the Vatican*, *op. cit.*
2. Nous nous appuyons sur le dépouillement du dossier Dissemond dans les archives de

la conférence épiscopale de Berlin (poste qu'il occupera jusqu'en 1987). Mgr Dissemond n'est pas un agent occulte : c'est son patron l'archevêque de Berlin, le cardinal Bengsch, qui l'a désigné pour être l'interlocuteur de la sécurité d'État ! On comprend qu'il n'est de toute façon pas imaginable dans l'Allemagne de l'Est que l'Église catholique fonctionne sans rendre des comptes à la Stasi. Dans ces conditions mieux vaut coopérer, pour espérer obtenir diverses faveurs administratives : permis de travaux de rénovation, permis de construction et même permis de quitter le pays. Ces derniers sont âprement négociés : la Stasi exige en échange des informations importantes. Dissemond est donc une sorte d'agent de liaison. Mais peut-on le rester sans se compromettre ?

Signe de l'importance de cet agent, son premier officier traitant est le major Helmut Wegener, chef du Département 4, qui est chargé de l'Église catholique. Avant et après chaque rencontre importante entre les chefs de l'Église est-allemande et les autorités, Dissemond renseigne ses officiers traitants sur l'état d'esprit de ses chefs. Il les informe aussi des projets de visite en Allemagne de l'Est du cardinal Casaroli, l'homme de l'Ostpolitik vaticane. Lorsque « Peter » se déplace à Rome en 1975, il est débriefé dès son retour et révèle l'état d'esprit de la curie sur les relations avec les régimes communistes. « Durant des conversations tenues à Rome, Casaroli a souligné que le pape Paul VI estime que le communisme va rester pour un long moment et qu'il faut donc essayer de s'en accommoder. Cette règle devrait gouverner les négociations avec eux. » L'information est évidemment capitale pour le régime est-allemand qui s'apprête à recevoir la visite du cardinal Casaroli.

Sans doute n'en a-t-il pas conscience, mais Dissemond devient chemin faisant un véritable agent de la Stasi : ce qui se limitait au départ à des rencontres polies et formelles, voulues par sa hiérarchie, devient peu à peu une relation étroite, dans laquelle il lâche de plus en plus d'informations sensibles. À tel point que dans ses rapports,

---

la Stasi par John Koehler.

la Stasi le considère désormais comme un agent à part entière. Il va désormais toucher de petites gratifications financières, et même des médailles en remerciement des services rendus.

À l'occasion d'un nouveau voyage à Rome en 1977, la Stasi demande à « Peter » de s'informer sur la future position du Vatican dans la prochaine conférence de l'OSCE. Sa réponse leur donne toute satisfaction : « Le Vatican voit la conférence comme la poursuite d'efforts de réconciliation initiés à Helsinki et évitera toute action qui viendrait contrecarrer cela. » Après la mort de Paul VI, Dissemond rendra compte à ses officiers traitants des discussions de son patron le cardinal Bengsch avec le cardinal Benelli. Ce rapport particulier remontera jusqu'au Premier secrétaire Erich Honecker : le cardinal Benelli, proche des chrétiens-démocrates ouest-allemands, s'oppose aux tentatives de normaliser les relations entre la RDA et l'Église. Paul Dissemond n'a jamais éprouvé d'inquiétude ni de remords pour ces activités d'informateur de la Stasi, dévoilées en 1993 par le *Tagesspiegel* de Berlin. La hiérarchie a confirmé avoir autorisé ses contacts. Dissemond est décédé en 2006.

Enfin, la Stasi n'est pas la seule agence est-allemande à gérer des agents au sein de l'Église catholique. Le service de renseignement extérieur HVA (Hauptverwaltung Aufklärung), dirigé par Markus Wolf, un des principaux auxiliaires du KGB, fut également actif au Vatican.

Ses archives papier ont été détruites en catastrophe en janvier 1990, mais la CIA a pu mettre la main sur une masse de microfilms présentant les dossiers de tous ses informateurs. (Comme quoi le zèle bureaucratique est parfois le meilleur ennemi du secret !) La CIA, qui a probablement acheté ces microfilms à un officier en fuite, a fini par en fournir une copie au BND allemand en 2003.

Ces archives nous apprennent que le HVA disposait de deux ressources de choix au Vatican. Le premier est un moine bénédictin, le frère Eugen Brammertz (le fameux « Lichtblick »), recruté dès 1953 : il était alors à l'abbaye de Trèves. Né en 1915, ordonné prêtre en 1939 après des études de théologie, il est enrôlé comme auxiliaire médical dans la Luftwaffe. À la fin de la guerre, il est détenu par l'Armée rouge dans un camp de prisonniers. C'est à cette occasion qu'il entre en contact avec le NKVD. Vite libéré, il gagne Berlin. Il est très possible que dès cette époque Brammertz soit devenu un « agent dormant », sans affectation particulière mais dont on espère qu'il sera un jour utile au sein de l'Église. Au début des années 1950, le *Rezident* du KGB à Berlin décide de transférer au HVA le traitement de certains agents. Brammertz en fait partie et est immatriculé par le HVA à compter de 1953. L'investissement se révèle profitable lorsque son abbé accepte de l'envoyer à Rome en 1975. Il va travailler pour le journal du Vatican *L'Osservatore Romano* comme journaliste et traducteur. Lors d'une interview à *L'Espresso* en octobre 1999, le maître espion Markus Wolf décrira Brammertz comme « un des prêtres les plus brillants, membre de la commission scientifique et très proche du cardinal Casaroli ». Dans les années 1980, ses rapports sont considérés comme « très fiables » et transmis par le HVA au service grand frère, le KGB. Pêle-mêle, on apprend par lui qui sont les cardinaux favorables ou opposés à l'Ostpolitik, on découvre que l'abbaye Saint-Matthias de Trèves (où Brammertz a résidé) sert de relais à la CIA… Sous Jean-Paul II, « Lichtblick » sera encore un atout précieux pour les services de l'Est.

Le théâtre européen concentre logiquement l'attention des services de l'Est comme de l'Ouest, mais il est loin de résumer les guerres de l'ombre du Vatican et du bloc de l'Est. Pour la curie, le terrain de jeu est mondial, et si d'aventure elle venait à négliger certains territoires, d'autres acteurs au sein de l'Église seraient prêts à prendre le relais…

9
Octopus Dei

Le pontificat de Paul VI avait sur le papier toutes les chances de constituer l'âge d'or de l'Opus Dei. Escrivá de Balaguer s'est ainsi vanté que, dans les années 1940, Montini fut le seul de la curie à se montrer amical à son égard. Escrivá parvint à le convaincre que « l'apostolat de pénétration » de l'œuvre pouvait aider à combattre le communisme dans les pays de l'Est. Ce serait donc sous l'influence de Montini que Pie XII aurait proclamé en février 1947 le décret *Provida mater ecclesia* qui crée dans le droit canonique la notion d'institut séculier, faite sur mesure pour l'Opus Dei.

L'œuvre installa alors son quartier général à Rome, dans une villa rachetée à un aristocrate, baptisée « villa Tevere ». Peu après, Escrivá de Balaguer fut nommé serviteur de la maison papale, toujours à l'instigation de Montini, ce qui fit de lui un monsignore. Montini lui présenta aussi un jeune homme qui était alors président de l'Union des étudiants catholiques : Giulio Andreotti était une étoile montante de la Démocratie chrétienne et allait devenir un compagnon de route de l'Opus. Après la victoire électorale des anticommunistes, Escrivá de Balaguer reçut enfin ses premiers encouragements de la CIA grâce au très informé James Angleton. Avec un tel parrain devenu pape, l'avenir de l'ordre en plein essor ne semblait-il pas assuré ?

Une irrésistible ascension ?

Et pourtant... Paul VI se montre moins enthousiaste que Pie XII. Il faut dire que dès les années 1960, les critiques au sein de l'Église sont déjà nombreuses. La plus rude vient de Suisse en 1963 : le théologien Urs von Balthasar démontre que l'Opus Dei correspond très exactement au concept d'intégrisme : un mode de pensée postrévolutionnaire qui tente de reconstituer une alliance du pouvoir spirituel et du pouvoir temporel. Il compare l'Opus Dei à la Sapinière, l'ex-police politique vaticane de sinistre mémoire : nous allons voir qu'il y a quelques arguments pour cela. Une controverse publique s'ensuit dans la presse catholique internationale.

Le mélange de prêtres et de laïcs dans une même institution est le nœud du problème pour Paul VI. En octobre 1964, il reçoit Escrivá de Balaguer en audience privée et lui remet prudemment une « lettre d'encouragement », qui n'engage à rien. Le pape restera jusqu'au bout sur une ligne cordiale mais attentiste à son égard. Déçu par le pontificat de Paul VI, et par sa mollesse supposée, l'Opus Dei va progressivement se rapprocher des cardinaux les plus conservateurs.

Escrivá de Balaguer croit vivre dans le bouillonnement politique des années 1960 une éruption d'hérésies et se donne pour mission de ramener l'Église dans le chemin de la foi véritable. Il pense tout simplement que Dieu a choisi l'Opus Dei pour sauver l'Église. Parmi ses priorités, il veut combattre l'infiltration marxiste dans l'Église, allant jusqu'à créer un Index de livres et auteurs catholiques jugés pernicieux, à proscrire. Le bras droit de Balaguer, Alvaro del Portillo, suggère de créer à Rome un centre de rencontres sacerdotales, qui permettra d'organiser des débats mais aussi de faire mieux connaître et apprécier l'œuvre.

Yvon Le Vaillant, un des premiers journalistes à avoir enquêté sur l'Opus Dei, le décrit ainsi : « Ondoyant et divers, Alvaro del Portillo excelle dans cette ambiance si particulière de la Cité du Vatican et dans les antichambres des dicastères, les ministères romains. Depuis ses premiers succès, il a escaladé en souplesse divers échelons. » Et d'enchaîner sur son état-major aux allures de cadres supérieurs : « Les dirigeants types sont des hommes qui ont constamment une petite valise à la main, allant et venant d'une capitale à l'autre. [...] Pour mille raisons vertueuses, bien sûr, mais qui ne sont pas toutes d'ordre apostolique. Le fait que Zurich (Suisse) est considéré comme plaque tournante essentielle s'explique aussi bien par des raisons de sécurité et de spéculation financière que par des soucis missionnaires[1]. »

Le projet de Balaguer est d'exercer une influence discrète dans des secteurs économiques-clés, en particulier la finance et les médias, au sein des démocraties. Cette stratégie infléchit le recrutement de l'ordre : les profils les plus recherchés sont de futurs chefs d'entreprise, banquiers, journalistes… Le prosélytisme missionnaire jésuite est aux yeux de Balaguer complètement dépassé. Le recrutement de profils « à potentiel » et de jeunes de bonne famille aura des effets heureux sur les finances de l'ordre. Selon les règles, chaque membre doit contribuer à hauteur de 10 % de ses revenus annuels.

Le recrutement se fait surtout par le truchement des résidences étudiantes (plusieurs centaines), des fêtes, voyages organisés. Bientôt, tous les fils et filles de familles riches fréquentent l'Opus Dei. Pour ceux moins bien nés, l'œuvre est aussi une promesse d'ascension sociale grâce à l'entraide de ses membres. La figure-type du membre de l'Opus est celle du technocrate.

En dix ans, l'Opus Dei accapare les principaux leviers de commande du pouvoir en Espagne. Ministres, membres de cabinets ministériels, banquiers, chefs d'entreprise, journalistes : tous se font la courte échelle. Le remaniement ministériel de 1962 qui mêle militaires phalangistes aux membres de l'Opus Dei marque un tournant. Ces technocrates sont à l'origine du plan de développement lancé par le gouvernement espagnol en 1964. Celui-ci organise le développement industriel sous le contrôle des banques, sans remettre en cause la tendance aux monopoles privés. L'Opus se débrouille très bien pour lever des fonds. Fortunes personnelles des membres, héritages, dot des jeunes filles s'ajoutent aux profits des entreprises contrôlées par ses membres, dont une partie est reversée. Une emprise croissante sur la société et l'économie espagnole va bientôt valoir à l'ordre le surnom d'« Octopus Dei » : la pieuvre de Dieu…

1. Yvon Le Vaillant, *Sainte Maffia. Le dossier de l'Opus Dei*, Mercure de France, 1971.

Une organisation semi-clandestine

Pour ses critiques, l'Opus Dei est une structure pyramidale très hiérarchisée qui exige une obéissance aveugle et se montre intolérante au monde extérieur. On lui a reproché le recrutement de mineurs à l'insu de leur famille dont ils étaient rapidement coupés, l'endoctrinement intensif de ses membres, un prosélytisme exacerbé, une stratégie d'infiltration des élites économiques et politiques, sans oublier un culte excessif du fondateur. Un inspecteur des Renseignements généraux confiait au début des années 1990 au journaliste du *Figaro* Thierry Oberlé : « Je suis catholique pratiquant et l'Opus Dei excitait ma curiosité. J'ai vite compris qu'elle fonctionne sur des principes troubles. Elle est attirée par l'argent comme les moustiques par la lumière. Son cloisonnement me rappelle le boulot. J'ai été frappé, je le suis d'ailleurs toujours, par sa capacité à régler les problèmes d'emploi des relations des gens qui gravitent autour d'elle[1]. »

Les professionnels du renseignement ne s'y trompent pas : l'Opus Dei ressemble à un service secret, parce qu'il en est un ! La villa Tevere est le centre nerveux qui centralise le renseignement recueilli partout dans le monde par un réseau d'espionnage efficace. Robert Hutchinson le décrit ainsi : « Les renseignements sont étudiés par une armée d'analystes qui préparent des rapports pour les commissions permanentes ou dans certains cas le vicaire général. De la même façon que les directives de Rome ne sont jamais transmises par courrier mais délivrées par des coursiers, les rapports les plus sensibles ne sont pas transmis par des moyens de communication publics[2]. »

Dans les années 1960, des représentants de l'Opus Dei sont invités à l'ambassade américaine pour des contacts avec la CIA. « Rien ne rebute l'Opus Dei quand il est question d'investigation, de pénétration clandestine, de collecte de renseignements, a fortiori quand il est séduit par l'efficacité d'un réseau comme la CIA dont les moyens

1. Thierry Oberlé, *L'Opus Dei, Dieu ou César ?*, JC Lattès, 1993.
2. Robert Hutchinson, *Their Kingdom Come. Inside the Secret World of Opus Dei*, Doubleday, 1997.

et les fins sont, grosso modo, les mêmes que les siens dans certains cas. La CIA s'est notamment servie de l'Opus Dei pour la pénétration dans les milieux d'émigrants espagnols et sud-américains en France[1] », note Le Vaillant. Sánchez Bella, un des responsables de l'Opus en Espagne, a pour frère l'ambassadeur à Rome chargé des services d'espionnage en Europe de Franco.

La conquête de l'Amérique du Sud

José Ibáñez Langlois, un jeune prêtre, est devenu le premier émissaire de l'Opus Dei sur le continent sud-américain. Deux de ses premières recrues, Jaime Guzmán et Alvaro Puga, prennent dans les années 1960 le contrôle du plus vieux quotidien chilien, *El Mercurio*.

À l'époque, le Vatican soutient en principe le président chrétien-démocrate modéré Eduardo Frei. Mais Ibáñez Langlois le juge trop mou envers la subversion communiste et trop accommodant avec les syndicats. Avec ses disciples, il crée un think tank ultraconservateur, l'Institut d'études générales (IGS), pour faire émerger une alternative à droite de Frei. La politique sociale de Frei lui attire également l'hostilité du président américain Nixon, qui demande à la CIA de favoriser une alternative politique. La division de l'électorat de droite entre Frei et les alternatives poussées par la CIA aboutit à la victoire du candidat de gauche, Salvador Allende.

L'institut devient le centre d'une conspiration d'extrême droite pour renverser Allende avec le soutien de la CIA. Celle-ci finance l'IGS. Ses membres comprennent des avocats, des économistes du marché libre et des cadres de publications influentes. L'un des principaux membres de l'IGS, Hernán Cubillos, fondateur de *Qué Pasa*, magazine de l'Opus Dei, et éditeur d'*El Mercurio*, désormais subventionné par la CIA[2]. Après le coup d'État de 1973, plusieurs technocrates de l'IGS deviennent membres du cabinet et conseillers de la junte de Pinochet. Cubillos sera ministre des Affaires étrangères.

1. Yvon Le Vaillant, *Sainte Maffia. Le dossier de l'Opus Dei*, *op. cit.*
2. Cf. « Their Will Be Done », *Mother Jones*, juillet-août 1983.

Puga publiera même un livre pour raconter de l'intérieur toute l'opération[1]. L'alliance de l'Opus et de la CIA est peut-être bien antérieure à l'épisode Allende, et ne se limite pas au Chili.

La lettre d'information sud-américaine *Noticias Aliadas*, dirigée par un prêtre catholique, affirmera en décembre 1975 que l'Opus du Chili reçoit depuis 1962 de l'argent de fondations conservatrices nord-américaines, mais aussi de la CIA. Ces subsides ont permis de créer la Sociedad Nacional de Agricultura, un syndicat de gros propriétaires fonciers opposés à Allende. L'Opus Dei coopérerait aussi avec Patrie et Liberté, un groupe terroriste d'extrême droite qui vise à renverser Allende, et qui intégrera ensuite la police secrète de Pinochet[2].

Selon Pierre Abramovici, l'autre bras droit d'Ibáñez Langlois a trempé dans le coup d'État chilien : Jaime Guzmán serait un ancien membre de Patrie et Liberté, « qui a également collaboré avec la CIA via l'Institute of General Studies, promoteur de la campagne de presse qui a renversé le président et organisateur du coup d'État. On ne peut cependant lui imputer une participation quelconque à un assassinat ou une torture[3] ».

Plusieurs dirigeants de l'institut deviendront donc des ministres de la junte militaire du général Pinochet. Plusieurs de ses ministres deviendront aussi membres de l'Opus Dei. Cependant, la poussée des technocrates de l'Opus Dei au sein du pouvoir finira, comme en Espagne, par susciter une réaction des militaires et de la police secrète chilienne, la DINA, qui pensent non sans raison que les « opusiens » veulent à terme éclipser Pinochet.

Le cas chilien est loin d'être isolé : dans les années 1960-1970, le continent tout entier devient le terrain d'une guerre sans merci. On peut citer le témoignage du père Giuliano Ferrari, assistant laïc du

1. Alvaro Puga, *Diario de Vida de Ud*, cf. Fred Landis, « Opus Dei: Secret Order vies for Power », *Covert Action*, hiver 1983.
2. Michael Walsh, *Le monde secret de Opus Dei. Fondation et histoire d'une puissance occulte*, Pygmalion, 1994.
3. Entretien avec l'auteur.

cardinal Tisserant à la fin des années 1950, qui a été ordonné prêtre en 1962. Tisserant lui a fait suivre les cours de l'académie pontificale des ecclésiastiques, l'école des diplomates du Vatican. À la secrétairerie d'État, Ferrari se heurte à la figure de l'archevêque Antonio Samorè, ancien nonce à Bogota, lui-même proche de l'Opus Dei. Samorè dirige la première section de la secrétairerie d'État ; il a la haute main sur les nominations en Amérique latine. Ferrari s'établit en Équateur, dans le port de Guayaquil, pour un recensement diocésain mais doit renoncer car on lui bloque les financements. En juin 1969, il retente sa chance au Salvador, où il loue une maison et recrute un serviteur recommandé par le diocèse. Peu après il se met à souffrir de maux de tête et sa tension artérielle augmente dangereusement, malgré les prescriptions médicales. Chaque fois qu'il s'éloigne de San Salvador pour un déplacement, les symptômes disparaissent. En juin 1969, la police arrête son domestique et un complice. Ils seront relâchés faute de preuve mais un examen médical conclut à un empoisonnement à la digitaline[1].

Fin 1969, Ferrari s'établit au Guatemala. Il découvre l'archidiocèse de Guatemala City aux mains de prêtres de l'Opus Dei. Le cardinal Casariego, un farouche anticommuniste, se repose entièrement sur eux pour les affaires courantes. Il est le grand ami du sanguinaire colonel Arana, homme fort du régime. Détesté par une majorité de prêtres et de laïcs, le cardinal fait l'objet d'une pétition réclamant qu'il soit expulsé du pays. Elle sera ignorée.

À la mort du cardinal Tisserant, Ferrari se retrouve privé de protecteur. Il est convoqué à l'archidiocèse et on lui signifie que son travail pastoral dans les *favelas* est trop orienté politiquement et qu'il a 24 heures pour quitter le pays. Deux prêtres de l'Opus Dei sont chargés de l'encadrer et de le mettre dans un avion pour la Suisse. Ils l'avertissent que s'il remet les pieds en Amérique du Sud, sa sécurité ne sera pas garantie. Après la parution de son livre autobiographique, Ferrari rencontre le journaliste britannique Robert Hutchinson et

1. Giuliano Ferrari, *Vaticanisme*, Genève, Perret-Gentil, 1976.

propose de partager avec lui des dossiers sur l'usage de fonds du Vatican en Amérique du Sud. Quelques jours plus tard, Ferrari est retrouvé mort dans le train Genève-Paris. Il semble avoir succombé à une crise cardiaque. Mais aucune autopsie ne sera pratiquée[1].

Dans tous les pays ou presque, l'œuvre marque des points. En Colombie, l'Opus Dei devient propriétaire de la société de télévision Promec qui, lors de la campagne présidentielle de 1966, promeut le candidat le plus conservateur et proaméricain. Cette même année 1966, lors d'un affrontement avec la guérilla colombienne, l'armée abat un prêtre, Camilo Torres.

La journaliste catholique Penny Lernoux affirme que l'association de secours Adveniat, basée en Allemagne et dirigée par des personnalités favorables à l'Opus Dei, a pris dans les années 1970 le relais de la CIA comme auxiliaire des régimes militaires sud-américains[2]. Au Venezuela, plusieurs membres de l'Opus sont entrés au gouvernement au moment du boom pétrolier. Au Pérou, l'Opus surfe sur les craintes de la bourgeoisie effrayée par les idées gauchistes des missionnaires jésuites : on soupçonne les prêtres d'aider les guérilleros, dont certains sont leurs anciens élèves. C'est au Pérou que le père Gustavo Gutiérrez développe ce que l'on appellera la « théologie de la libération » : « *El poder al pueblo* ». Il légitime l'usage de la violence en cas de « tyrannie violente et prolongée ». En 1968, la conférence épiscopale latino-américaine de Medellín valide le principe de « l'Église des pauvres » et critique à demi-mot les positions de l'Opus Dei pour ses liens avec les classes dirigeantes.

Il n'est pas excessif de dire que le continent sud-américain devient ainsi le terrain d'une lutte d'influence sans merci entre un Opus Dei prêt à soutenir les juntes militaires d'extrême droite anticommunistes et des jésuites qui, sans être marxistes, estiment prioritaire de défendre sur le terrain les plus démunis, quitte à prendre parti

1. Robert Hutchinson, *Their Kingdom Come*, *op. cit.*
2. Penny Lernoux, *Cry of the People. United States Involvement in the Rise of Fascism, Torture and Murder and the Persecution of the Catholic Church in Latin America*, Doubleday, 1980.

politiquement. Paul VI se garde bien de trancher entre les deux : la clarification attendra le pontificat de Jean-Paul II.

Les affaires

Dès les années 1960, l'Opus Dei apparaît aussi dans un certain nombre d'affaires financières et criminelles qui défraient la chronique et attisent la curiosité des enquêteurs et des services de renseignement européens… sans parler de ceux qui, à la curie, attendent avec gourmandise le « scandale de trop » qui ferait chuter Balaguer de son piédestal.

Le 25 mars 1965, un grand patron parisien, Louis Meleux, est retrouvé mort en forêt de Fontainebleau, d'une balle de revolver. L'arme se trouvant à ses côtés, tout laisse croire à un suicide. Catholique, Meleux était membre de l'Opus Dei. Il laisse un trou de 15 millions de francs dans la comptabilité de son entreprise. Selon le rapport de l'administrateur judiciaire[1], depuis trois ans l'entreprise est en faillite et le dissimule par diverses astuces : faux bilans, fausses factures, etc. L'un des actionnaires est aussi la banque principale de l'entreprise : une filiale de la Société financière pour la France et les pays d'outre-mer (SOFFO) dirigée par Edmond Giscard d'Estaing, père du futur président. Au capital de cette banque, on trouve aussi deux hommes d'affaires espagnols, membres de l'Opus. « Les millions disparus sont allés en Espagne. En effet Meleux, en liaison avec ses amis de l'Opus, et pour le compte de celui-ci, investit cet argent dans plusieurs secteurs de l'économie espagnole, surtout dans l'immobilier où la spéculation est effrénée. De plus pour éviter que le fisc français ne mette la main sur une partie de ses capitaux, des filières clandestines sont mises en place. L'argent passe par Londres avant d'arriver en Espagne. L'Opus Dei a de la chance : le scandale n'éclate pas. M. Valéry Giscard d'Estaing (alors ministre des Finances) se

1. Cf. Thierry Oberlé, *L'Opus Dei, Dieu ou César ?, op. cit.*

bornera à demander le remboursement des dettes», rapporte Yvon Le Vaillant[1].

On retrouve en partie les mêmes mécanismes et intervenants dans l'affaire dite de la «Matesa». Le principal acteur, Juan Vilá Reyes, est un des premiers diplômés de l'IESE, une école de commerce créée par l'Opus Dei à Barcelone. En 1956, il crée une entreprise de machines textiles, la Matesa, et s'inscrit l'année suivante au programme d'administration des entreprises de la toute nouvelle école. Il y noue des contacts qui l'aideront dans ses affaires, comme l'avocat José Luis Villar Palasi, membre de l'Opus Dei qui deviendra bientôt sous-secrétaire d'État. La Matesa acquiert un brevet français de fabrication de machines à tisser dont elle affirme qu'il est révolutionnaire. Vilá Reyes obtient des crédits bancaires et ouvre sa première usine à Pampelune. Il cherche à se développer à l'international et crée pour cela plusieurs sociétés basées en Suisse.

Le ministre des Finances Espinosa San Martín entretient des relations étroites avec Valéry Giscard d'Estaing, élu député en 1956 et nommé ministre des Finances en 1962, ainsi qu'avec le sénateur Jean de Broglie, le trésorier du parti giscardien les Républicains indépendants. En 1967, Giscard n'est plus ministre mais prépare son avenir politique. Il envoie de Broglie à Madrid. Ce dernier y fait la connaissance de Vilá Reyes. À son retour à Paris, de Broglie fait créer au Luxembourg une société holding pour le compte de la Matesa: la Sodetex, qui sera dotée d'un capital d'un million de francs et gérée par le sénateur français. En juin 1968, la Sodetex voit son capital porté à 2,4 millions de francs. Cependant, les ventes de machines en Europe restent modestes au regard des attentes. On découvre même dans le port de Barcelone un stock de machines abandonné, alors qu'elles étaient censées avoir été vendues et expédiées aux États-Unis. À l'été 1969, certains franquistes (de la mouvance phalangiste, opposée à l'Opus Dei) lancent une campagne de presse contre la Matesa, accusée d'escroquerie aux aides à l'exportation: elle a reçu

1. Yvon Le Vaillant, *Sainte Maffia. Le dossier de l'Opus Dei*, *op. cit.*

l'équivalent de 180 millions de dollars de prêts à l'exportation. Vilá Reyes et son frère sont arrêtés. Les enquêteurs découvrent que la société est insolvable. Le ministre du Commerce, un membre de l'Opus Dei, doit démissionner.

Cependant, Franco arbitre la guerre ouverte entre les phalangistes et l'Opus Dei : à la surprise générale, le nouveau gouvernement installé en octobre 1969 compte pas moins de 10 ministres sur 19 qui sont membres de l'œuvre ! Le gouvernement nomme une commission d'enquête qui conclut qu'une partie de l'argent reçu par la Matesa a été transférée à l'étranger… mais ne mentionne aucun reversement à l'Opus Dei. En réalité, des transferts ont bien eu lieu, mais hors d'Espagne, notamment en Andorre. La principauté n'exerce alors aucun contrôle des changes et sert donc de plaque tournante permettant de redistribuer l'argent vers différents centres de l'Opus Dei en Europe. Le rôle de la Sodetex n'a jamais été complètement élucidé[1].

Vilá Reyes est condamné en 1975 à trois ans de prison, mais six mois plus tard Franco disparaît. Le nouveau chef de l'État, le prince Juan Carlos, gracie l'homme d'affaires. Côté français, le prince de Broglie reconnaît une dette envers la Matesa et s'engage à la régler en deux annuités, ce qu'il est incapable de faire. Il est assassiné en novembre 1975. Cinq mois après la mort du prince, les banquiers genevois de la Sodetex sont victimes d'une déplorable série noire. Un administrateur de la Banque De l'Harpe se suicide. L'ex-directeur de l'établissement tombe dans le lac Léman et s'y noie. Il était pourtant bon nageur… En 1980, Charles Bignon, un ami du prince, est victime d'un accident de la route nocturne, sa voiture à l'arrêt est percutée par un camion. Ancien parlementaire, il figurait parmi les administrateurs de la Sodetex. Un ancien agent du renseignement français commentait pour nous cette affaire au début des années 2010 : « L'Opus Dei a servi de pompe à finances pour le parti giscardien des Républicains indépendants, qui n'avait pas accès aux mêmes "sponsors" que le parti gaulliste. Cela a été une des sources importantes

1. Sur l'affaire de la Matesa et ses ramifications françaises, voir Jesus Ynfante, *Un crime sous Giscard. L'affaire de Broglie, l'Opus Dei/Matesa*, La Découverte, 1981.

de financement pour lancer Giscard politiquement. Vis-à-vis des Espagnols, il a su se vendre comme proche de leurs idées, ce qui est assez savoureux quand on sait la vie privée dissolue qu'il menait alors. » Une question reste posée : Giscard une fois devenu président a-t-il été en mesure de renvoyer l'ascenseur, et si oui comment ?

La nébuleuse

Avant d'évoquer ici une dernière affaire où apparaît l'Opus Dei dans ces années Paul VI, il faut esquisser la nébuleuse d'organisations catholiques internationales dans laquelle elle prend place. Nous avons laissé l'agent français Jean Violet en plein travail d'influence sur le sommet d'Helsinki. S'il n'émarge plus au SDECE, Violet reste plus introduit que jamais dans les cercles catholiques internationaux qui se multiplient après-guerre. Ce bouillonnement permet d'expliquer comment l'obscur Jean Violet peut voir défiler à sa table des personnalités comme l'industriel italien Carlo Pesenti, proche du Vatican, ou les politiques Giulio Andreotti et Franz Josef Strauss.

Très présent au Vatican, Violet traite en particulier avec Mgr Giovanni Benelli, qui a été à bonne école du renseignement comme secrétaire de Montini à compter de 1947, pour suivre les combats souterrains de la guerre froide. C'est probablement en 1965 que Benelli a rencontré Violet, quand il a rejoint la mission permanente du Vatican à l'ONU. En 1967, il est devenu substitut du secrétaire d'État Cicognani, alors très âgé, et a retrouvé un lien direct avec le pape Paul VI, qu'il voit tous les jours. Beaucoup de questions de renseignements passent donc par lui. Plusieurs archives du KGB le mentionnent comme l'officier traitant de la CIA[1].

Violet rencontre aussi régulièrement l'ambassadeur espagnol Alfredo Sánchez Bella, un ami de l'Opus Dei décrit comme le chef des services secrets franquistes en Europe. S'il fuit la lumière, Violet s'implique au sein du « cercle Pinay », décrit par une note

1. Cf. les archives Mitrokhine.

confidentielle[1] du chef de la Sûreté bavaroise, Hans Langemann, comme une réunion informelle tenue deux fois par an de politiques, journalistes, banquiers conservateurs et anticommunistes. Au sein de ce cercle, « l'avocat parisien Me Jean Violet agit comme une sorte de gérant côté français. Il a repris en main l'essentiel de la direction fonctionnelle pour cause de gâtisme du président Pinay [*sic*]. Violet entretient par ailleurs ses propres relations avec des services secrets occidentaux. Avec certitude : du côté de la CIA, du SDECE, du SIS britannique et des services spéciaux suisses, en particulier avec le général Botta ».

Il est manifeste que Violet fait partie d'un petit noyau de personnalités qui agissent dans l'ombre, hors de tout service ou appareil politique, pour soutenir certaines personnalités comme Franz Josef Strauss en Allemagne, Valéry Giscard d'Estaing en France ou Margaret Thatcher en Grande-Bretagne. Violet s'est découvert un homologue britannique, qui lui aussi navigue entre les services secrets occidentaux. Une autre note de Hans Langemann dévoilée par le *Spiegel*[2] en 1979 présente ainsi Crozier :

« Le journaliste londonien, militant conservateur, Brian Crozier, directeur jusqu'en septembre 1979 du très renommé "Institute for the Study of Conflict", s'efforce actuellement avec son cercle de politique internationale composé de nombreux amis, à construire une "organisation transnationale de sécurité" et d'en étendre le champ d'activité… Crozier a été un collaborateur de la CIA pendant des années. Et ses activités n'ont au demeurant rien de secret pour la centrale de Langley. Crozier entretient par ailleurs des liens avec les plus importants responsables ou ex-responsables des services de sécurité et de renseignement occidentaux comme avec le comte de Marenches, directeur du SDECE. Ses bonnes relations avec le patron du SIS (MI6) Dick Franks sont de surcroît très connues. Son proche collaborateur N. Elliot a, par ailleurs, été chef de service au MI6[3] ».

1. Publiée par le *Spiegel* en décembre 1980 et citée par Pierre Péan dans *V*, Fayard, 1984.
2. Citée par Pierre Péan dans *V*, *op. cit.*
3. *Ibid.*

Cette organisation intervient à la fois pour faire paraître des articles favorables à ses idées dans divers pays, susciter des conférences sur le noyautage communiste dans les syndicats, le soutien du KGB au terrorisme international... Elle échange des informations avec divers services de renseignement occidentaux. Elle est aussi capable d'organiser des campagnes de dénigrement de personnalités hostiles. En France, après le scandale du Watergate et la purge de certains éléments au sein de la CIA, Crozier s'est rapproché du groupe Pinay et de la DST.

Le Britannique a trouvé une oreille intéressée auprès de la DST, alors dirigée par Marcel Chalet. On peut se demander si ce service n'a pas également pris le relais du SDECE auprès de Violet, dont le carnet d'adresses est si précieux. Il est également possible qu'après l'élection de Giscard d'Estaing à l'Élysée en 1974, Violet adoubé par Pinay prenne ses ordres directement dans l'entourage du président... Le cercle Pinay réunit enfin plusieurs anciens dirigeants de services secrets comme William Colby, ancien directeur de la CIA.

On ne peut manquer ici de relever les liens de ce «cercle» avec une organisation que nous croisons de temps à autre depuis la fin de la guerre : l'ordre des chevaliers de Malte. Fondé au XIe siècle pour apporter une aide médicale et militaire aux pèlerins en route pour Jérusalem, il ne dispose d'aucun territoire en dehors de Rome mais bénéficie du statut d'un État souverain et entretient des relations diplomatiques avec 49 pays. L'ordre a absorbé au XIVe siècle une partie du patrimoine des Templiers, qu'il a contribué à détruire. Il s'est installé un temps sur l'île de Rhodes avant d'en être chassé et de s'établir à Malte au XVe siècle, jusqu'à son invasion par Napoléon. Après s'être exilé en Russie, l'ordre s'est finalement établi à Rome au XIXe siècle.

Ses 13 000 membres sont recrutés parmi les élites catholiques du monde entier. Ils jurent allégeance au pape. Mais ni ce dernier ni le grand maître de l'ordre à Rome ne contrôlent réellement ce que font ses membres dans tel ou tel pays. En principe leurs activités sont avant tout caritatives. En 1927, une branche de l'ordre s'est créée sur la côte Est des États-Unis. Ses premiers membres étaient pour la plupart des magnats de l'industrie et de la finance qui allaient s'opposer au New Deal de Roosevelt. Le cardinal Spellman, présent depuis les origines, est devenu en 1939 son « grand protecteur ». Son accès aux élites économiques et aux chefs d'État des deux côtés de l'Atlantique a encore renforcé son pouvoir.

Par certains aspects, l'ordre est devenu une sorte de « club » international très sélect, regroupant les élites catholiques européennes et américaines. On y trouve après la guerre le fondateur de l'OSS William Donovan, son ex-agent l'avocat William Casey, futur patron de la CIA, James Angleton, William Colby, mais aussi Antoine Pinay, le général Reinhard Gehlen, Giulio Andreotti et des hommes d'affaires et politiques américains unis par l'anticommunisme.

Pour être complet, il faut encore citer une autre organisation secrète : l'Union paneuropéenne d'Otto de Habsbourg, prétendant au trône d'Autriche. L'archiduc, né en 1912, a connu les dernières années de l'empire et est un proche d'Alfredo Sánchez Bella, avec qui il a créé le CEDI (Centre européen de documentation et d'information), lobby paneuropéen et farouchement anticommuniste. Il parraine aussi un think tank, l'Académie européenne de sciences politiques, basée à Bruxelles et dirigée par le Belge Florimond Damman. Par l'entremise de ce dernier, Violet a peu à peu pris le pouvoir sur l'académie. Il s'est rapproché également du patron de la CSU Franz Josef Strauss. Ce dernier est une figure haute en couleur de la droite allemande musclée, qui défraie régulièrement la chronique pour ses coups de gueule et plusieurs affaires de pots-de-vin. Proche du patronat de Bavière, il a la réputation de financer divers groupuscules d'extrême droite.

À partir de 1974, le poids des giscardiens va croissant dans l'académie, qui s'efforce d'amplifier au maximum l'écho des témoignages de dissidents soviétiques comme Sakharov. Elle sert aussi de paravent à des actions plus secrètes, comme le soutien aux forces conservatrices portugaises au moment de la « révolution des œillets ». Sans grand résultat... Elle entretient un fichier d'un millier de personnalités européennes sympathisantes de ses idées.

L'académie dispose de relais dans les principaux services secrets européens : dans ses archives, outre le père Dubois, on relève les noms de Julian Amery et Brian Crozier, du MI6, Lothar Lohrisch de la PIDE portugaise, mais aussi des agents allemands, un ancien de l'OSS, un autre des services de l'OTAN[1]...

À travers ces différents mouvements s'expriment certes différentes sensibilités politiques : royaliste, présidentialiste, libérale, extrémiste... Mais toutes sont soudées par un même anticommunisme. Auquel s'ajoute souvent un goût immodéré pour l'intrigue et les affaires...

Les renifleurs

Dans le cadre du cercle Pinay, Jean Violet prend pour clients deux curieux personnages, a priori fort éloignés de ses activités. Aldo Bonassoli, un agriculteur italien autodidacte (devenu réparateur de télévision et pionnier des effets vidéo), et Alain de Villegas, un aristocrate belge, affirment à la fin des années 1960 avoir développé un procédé qui permettrait de détecter des nappes phréatiques par un simple survol aérien. Le procédé vaudrait aussi pour détecter des nappes de pétrole. À l'époque du premier choc pétrolier, ce n'est pas une mince promesse... Violet veut proposer à la société Elf de mettre la main sur cette invention. Il a justement connu au SDECE le colonel Bistos, qui était alors directeur adjoint du service. Ce dernier contacte son ex-collègue Jean Tropel, un ancien du contre-espionnage qui a été chargé par Elf de créer un service de sécurité. Tropel fréquente Violet dans diverses organisations catholiques. Alerté par Bistos, il est sous le charme et convainc ses patrons de ne pas laisser passer l'occasion qui peut faire d'Elf un leader mondial.

À un niveau plus politique, Violet mobilise Antoine Pinay qui a l'oreille du président Giscard d'Estaing. Des tests ont lieu avec

1. Pierre Péan, *V*, *op. cit.*

un avion équipé de l'appareil des inventeurs au-dessus de sites déjà connus des ingénieurs d'Elf. L'appareil détecte tous les gisements!

Le 28 mai 1976 à Zurich, le patron d'Elf Pierre Guillaumat signe un contrat avec Philippe de Weck, président de l'UBS agissant au nom des inventeurs. Elf acquiert l'exclusivité du procédé pour un an moyennant 400 millions de francs. Me Violet a prévu en cas de conflit une clause d'arbitrage par un juge totalement indépendant: qui de plus irréprochable pour cela qu'Antoine Pinay?

Le président Giscard autorise pour l'occasion Guillaumat à faire fi des obligations de contrôle administratif et financier. Il lui demande expressément de ne pas évoquer ce projet en présence du Premier ministre Jacques Chirac... Son remplaçant, Raymond Barre, nommé en août 1976, sera, lui, au courant, de même que le ministre des Armées. Le SDECE est laissé hors du coup, charge à la Sécurité militaire de protéger la confidentialité de l'opération.

En décembre 1976, un gisement est détecté dans le Gers. Un forage débute deux mois plus tard. Sans résultat probant. À chaque fois que les équipes d'Elf émettent des doutes sur les forages en cours, Violet évoque calmement la possibilité de casser le contrat et sous-entend qu'il n'y aura pas de difficulté à trouver un partenaire américain.

Une nouvelle réunion est programmée à Zurich en juin 1977. Dans une lettre au Premier ministre en date du 31 mai 1977, Pierre Guillaumat évoque: « Un pas de plus, que nous espérons décisif, vers la mise à disposition de notre pays, à travers moi-même et l'ERAP, d'une invention extraordinaire, par une puissance internationale bienveillante, dont les contours ne nous sont pas encore clairement connus. Les personnalités qui nous accueilleront les 11 et 12 juin seront, outre M. de Weck et le président Pinay, des représentants de l'Église catholique – qui semble jouer un rôle important dans cette affaire. » En effet, le jour venu sont présents à la réunion le père Dubois et l'abbé Marmier, qui se trouve être le confesseur du banquier de Weck! Présence qui suggère de façon implicite soit un soutien du Vatican, soit un intérêt financier pour ces « espions du Vatican ».

Un deuxième contrat est signé en juin 1977, puis un troisième en 1978. Au total, plus d'un milliard de francs sont engagés. Lors de la signature près de Zurich on retrouve Pinay, Violet, les pères Dubois et Marmier. Le Premier ministre français Raymond Barre a confirmé au nouveau patron d'Elf Albin Chalandon, un peu sceptique, tout l'intérêt du président pour ce projet. Pourtant les polytechniciens d'Elf ne comprennent toujours rien à ce que leur racontent les inventeurs. Ils n'ont même pas le droit d'ausculter leurs appareils… La même année 1978, le patron du SDECE Alexandre de Marenches prévient Elf, le ministre de l'Industrie Giraud et Giscard que l'affaire est tordue et montée par un «escroc international» (il veut parler de Violet). En avril 1979, Jules Horowitz, savant du CEA, discute avec Bonassoli, et établit que les appareils sont truqués. Les inventeurs ont l'habitude de démontrer l'efficacité de leur appareil en faisant apparaître sur l'écran un objet placé derrière un mur. Le professeur y dispose une règle. L'image de celle-ci apparaît effectivement, mais Jules Horowitz avait pris soin au préalable de la casser. Or elle apparaît droite sur l'écran. Le 22 juillet, les accords entre Elf et les inventeurs sont rompus. La société pétrolière récupère 500 millions de francs mais enregistre tout de même une perte de 750 millions de francs.

Bien entendu, Bonassoli n'a pas pu tenir en haleine autant d'experts à lui seul; il lui a fallu des complicités au sein d'Elf pour décoder des informations sur certains gisements français.

Le plus remarquable est l'absence de sanctions, à tous les niveaux. On a demandé au SDECE d'interrompre ses investigations. La Cour des comptes produit un rapport aussitôt enterré et qui reste introuvable. Alain de Villegas et Aldo Bonassoli ont utilisé une petite partie de l'argent reçu pour des œuvres caritatives: environ 30 millions de francs. Les frais de l'opération ne dépassent pas 10 millions de francs suisses. Où est passé le reste? Pierre Péan, qui enquête sur cette affaire en 1983 dans *Le Canard enchaîné* et publie ensuite le livre *V*, affirme: «Des acteurs importants de cette tragi-comédie sont persuadés qu'une partie de l'argent serait allée vers les caisses électorales d'un parti alors au pouvoir.» En bref, on serait en présence d'une fausse escroquerie : le sommet de l'État aurait laissé faire en connaissance de cause.

Valéry Giscard d'Estaing s'est défendu de toute responsabilité, produisant pour sa défense une note dans laquelle il avait fait part de son scepticisme… sans grand résultat.

La thèse de Péan n'est pas forcément fausse à 100 %, mais elle néglige le contexte international de l'affaire. Les fonds versés par Elf ont été versés principalement à Fisalma, une société domiciliée au Panama, sans rapport avec Villegas et Bonassoli, dont le gestionnaire était Jean Violet et le président Philippe de Weck. Il n'est guère courant de voir le président d'un grand établissement bancaire comme UBS assumer personnellement de hautes responsabilités dans une telle affaire. Peut-être pensait-il servir une autorité morale irréprochable ? Dans les années 1980, de Weck fera partie d'un groupe d'experts chargés d'auditer l'IOR (sans grande agressivité), avant d'être nommé vice-président de la banque vaticane en 1989.

À partir de là, nous sommes réduits à poser de simples questions. La présence de Violet, d'Antoine Pinay et des pères Dubois et Marmier peut-elle s'expliquer si leurs réseaux ne trouvaient pas un intérêt direct dans cette affaire ? On peut penser bien sûr au financement de la lutte clandestine anticommuniste. On se souvient aussi que, suite à l'affaire de la Matesa, le parti giscardien des Républicains indépendants avait contracté une dette envers l'Opus Dei dont Violet est proche… Est-il imaginable que l'affaire des avions renifleurs ait fourni l'occasion de la rembourser ?

Le père Dubois est décédé peu après cette affaire, en 1979. Le révérend père Jean-René Bouchet, provincial de l'ordre des dominicains à Paris, s'est dit interloqué par les archives laissées par le père Dubois. « J'ai consulté mes prédécesseurs, dit-il. L'un d'eux m'a indiqué que le père Dubois était mêlé à des affaires étranges, mais qu'il s'était toujours retranché derrière une mission que lui aurait confiée le Saint-Siège[1]. »

1. « Le rapport de la commission d'enquête parlementaire révèle l'implication d'agents du contre-espionnage », *Le Monde*, 22 novembre 1984.

10
Les explosifs du *monsignore*

«Les Juifs n'ont pas reconnu Notre Seigneur, par conséquent nous ne pouvons pas reconnaître le peuple juif.»

Pie X à Theodor Herzl

«Jérusalem, 18 août – L'archevêque Hilarion Capucci, le chef de l'Église catholique grecque de Jérusalem, a été arrêté par la police israélienne aujourd'hui et inculpé pour fourniture d'armes et d'explosifs aux guérillas palestiniennes des territoires occupés. L'archevêque de 52 ans, né et élevé en Syrie, a été arrêté à son domicile à 7 heures du matin dans la banlieue de Jérusalem. Un porte-parole de la police a indiqué qu'une grande quantité d'armes et d'explosifs avait été découverte dans sa Mercedes au début du mois alors qu'il revenait d'une visite au Liban. La police accuse l'archevêque d'assurer une liaison clandestine entre le Fatah, la plus grande guérilla palestinienne, et les cellules situées en territoires occupés [...] Une source proche de l'enquête déclare que l'archevêque a été associé à l'incident de mai dernier, lors de la visite du secrétaire d'État Kissinger, quand trois roquettes Katioucha ont failli être tirées sur Jérusalem[1].»

1. «Israeli Arrest Greek Catholic Arbishop on Weapons Charges», *New York Times*, 19 août 1974.

Le tropisme palestinien du Vatican

Une éminence en prison pour trafic d'armes : la nouvelle cause un choc au Vatican lorsqu'elle tombe en pleine torpeur estivale de 1974. Tout d'abord, qui est Hilarion Capucci ? Né en 1922 à Alep en Syrie, alors sous contrôle français, Capucci a été ordonné prêtre en 1947 et nommé en 1965 à la tête de la minuscule communauté grecque catholique melkite de Jérusalem, qui compte environ 4 500 fidèles, pour la plupart des Arabes. Cette Église reconnaît la primauté du pape en matière de foi mais suit le rite byzantin en matière de liturgie et de discipline cléricale. En tant que chef religieux, l'archevêque peut traverser la frontière israélo-libanaise sans être soumis à une inspection. Ce qui n'empêche pas les services israéliens de l'avoir à l'œil car ce bon vivant ne fait pas mystère de ses sympathies.

Capucci a été libéré sur parole quelques heures après son arrestation, mais il est à nouveau arrêté dix jours plus tard. C'est le plus haut dignitaire chrétien jamais accusé par Israël de tels crimes. Son arrestation fait la une des journaux. Yasser Arafat, le chef de l'OLP, qualifie l'arrestation de « crime terrible ». Le Vatican fait plus sobrement part de sa « grande tristesse ». Le supérieur de l'archevêque, Maximos Hakim, patriarche grec melkite d'Antioche, se rend à Rome pour consultation avec Paul VI.

Les autorités israéliennes se montrent impassibles : Capucci est inculpé pour contacts avec des agents étrangers et transport d'armes illégal. Alors que le procès de l'archevêque approche, nouveau rebondissement : l'armée israélienne annonce avoir déjoué un complot terroriste arabe visant à libérer l'archevêque de prison ! Un juge rejette la demande d'immunité diplomatique de l'archevêque, notant qu'Israël et le Vatican n'ont pas de liens diplomatiques. Le 9 décembre 1974, Capucci est condamné à douze ans de prison. Mais ce n'est pas la fin de l'histoire…

Le 28 juin 1976, des Palestiniens détournent un avion d'Air France, qui assure la ligne Tel-Aviv-Paris, vers Entebbe, en Ouganda, et exigent qu'Israël libère 40 prisonniers, dont l'archevêque Capucci !

Une semaine plus tard, des commandos israéliens vont prendre d'assaut l'appareil à l'aéroport d'Entebbe, une opération restée célèbre[1]. L'emprisonnement de Mgr Capucci touche à sa fin l'année suivante, quand le nouveau gouvernement Likoud se dit prêt à le libérer si le pape en fait la demande officielle[2]. Capucci est embarqué pour Rome, où il est accueilli à l'aéroport par une délégation de l'OLP.

On ne réalise pas aujourd'hui le fossé qui existait entre le Vatican et l'État juif à ses débuts. Après la création d'Israël, le Saint-Siège a fait mine d'ignorer les résolutions de l'ONU pour se concentrer sur sa priorité : l'internationalisation de Jérusalem. Mais la guerre israélo-arabe qui a suivi la fondation de l'État juif a rappelé au monde qu'un quart des Palestiniens victimes du conflit étaient des chrétiens. En 1949, la décision d'Israël de faire de Jérusalem sa capitale acheva de pousser le Saint-Siège dans le camp de ses adversaires : l'Église multiplia les pressions sur les États catholiques membres des Nations unies pour faire barrage à l'admission d'Israël à l'ONU. Sans succès. Le voyage de Paul VI en Terre sainte, en 1964, ne change pas la donne : alors que les Israéliens essaient d'en tirer une reconnaissance de l'État juif, même implicite, le pape prend garde de ne lui donner *« aucune considération qui ne soit d'ordre purement spirituel »*. Cependant la guerre des Six-Jours, en 1967, pousse l'Église à engager des conversations avec Israël sur l'avenir des Lieux saints et la situation des chrétiens d'Israël.

La secrétairerie d'État est donc propalestinienne, même si ses responsables s'expriment toujours avec prudence. L'équipe du Mossad

1. Cf. Yeshayahu Ben Porat, Eitan Haber et Zeev Schiff, *Entebbe*, Paris, Hachette, 1976 et William Stevenson et Uri Dan, *90 minutes à Entebbe. Tonnerre israélien sur l'Ouganda*, Stanké, 1976.

2. L'accord de libération stipule que l'archevêque Capucci ne sera pas réaffecté au Moyen-Orient, et de fait il est envoyé en Amérique latine. En janvier 1979, il va cependant se rendre à Damas pour assister à une réunion du Conseil national de l'OLP. Jean-Paul II le transférera en Europe occidentale. Capucci a rendu visite à des Américains retenus en captivité à l'ambassade des États-Unis en Iran en 1979 ; il a accompagné les corps de huit militaires américains tués lors d'une mission infructueuse pour libérer les otages ; et il s'est rendu en Irak en 1990 pour demander au gouvernement de Saddam Hussein de libérer un groupe d'Italiens après l'invasion du Koweït. Il est décédé en 2017.

israélien présente en Europe surveille les allées et venues de responsables palestiniens à Paris et à Rome. Elle s'indigne de voir certains prélats du Vatican fréquenter dans des soirées romaines des hommes d'affaires arabes ou même des responsables de l'OLP. Il faut dire que ces derniers circulent à leur guise en Italie dont les services ont passé un accord avec l'OLP : pas d'attentat contre les intérêts italiens, en échange de quoi on ne sera pas trop regardant sur les allées et venues des responsables de l'OLP. Cet accord n'aurait pu être validé s'il ne venait dupliquer celui déjà passé entre l'OLP et la CIA, pour protéger les intérêts américains[1]. Pour les Israéliens, il est nécessaire de fissurer ce front catho-palestinien.

Le Mossad offre ses services

En 1979 circule dans les milieux diplomatiques un projet d'internationalisation de Jérusalem qui serait placée sous la garde des Nations unies tandis que le Vatican prendrait en charge les lieux saints chrétiens. On imagine d'où peut venir un tel schéma. Indigné, le Premier ministre israélien Begin convoque alors le chef du Mossad Yitzhak Hofi et lui ordonne de trouver moyen de faire évoluer le Vatican dans un sens plus favorable aux intérêts d'Israël[2]. Ce n'est pas la première fois…

En 1972 déjà, le pape Paul VI a accepté de recevoir la Première ministre Golda Meir. L'audience, prévue pour le 15 janvier 1973, ne doit pas être annoncée à l'avance. Le chef du Mossad Zvi Zamir est dépêché à Rome pour préparer la visite et s'assurer des conditions de sécurité. Le groupe dissident de l'OLP Septembre noir, qui vient de se distinguer par l'assassinat d'athlètes juifs aux JO de Munich en 1972, obtient l'information d'une probable visite de Golda Meir à Rome, qui s'est répandue auprès des prélats propalestiniens. Le leader du groupe, Ali Hassan Salameh forme l'idée d'une attaque au lance-missile qui frapperait l'avion de la Première ministre lors de

1. Cf. Y. Denoël, *Les guerres secrètes du Mossad*, *op. cit.*
2. Cf. Gordon Thomas, *Histoire secrète du Mossad*, Nouveau Monde éditions, 2006.

son atterrissage. Salameh figure sur une liste de cibles à éliminer par le Mossad, liste validée personnellement par Golda Meir[1].

Le 14 janvier 1973, un informateur du Mossad employé au central téléphonique de Rome intercepte deux appels en arabe annonçant la prochaine livraison de « bougies pour préparer l'anniversaire ». Cette phrase codée désigne des missiles de fabrication soviétique que Septembre noir est en train de transférer par bateau en Italie depuis la Yougoslavie. Zamir se rend immédiatement à Rome pour rencontrer les responsables de la sécurité intérieure italienne, la DIGOS[2]. Les deux services manquent d'indices et n'ont aucune piste à suivre. À quelques heures de l'arrivée de Golda Meir, Zamir décide de placer sous surveillance les environs de l'aéroport.

Le lendemain à l'aube, les hommes du Mossad repèrent une camionnette Fiat. À leur approche, deux terroristes embarqués à l'arrière ouvrent le feu sur eux, mais sont rapidement blessés. Le chauffeur qui s'était enfui est rattrapé, ligoté et interrogé. Après un interrogatoire musclé, il finit par avouer l'existence d'un deuxième poste de tir. Sur ses indications, les Israéliens repèrent une autre camionnette, à toit ouvrant, près de la piste. Ils n'ont plus le temps de la prendre d'assaut et choisissent de foncer sur elle avec leur véhicule. Sous le choc violent, la camionnette se renverse. Les terroristes à l'intérieur sont assommés par la chute de leurs propres missiles.

Les membres du commando ne sont pas tués sur place par le Mossad, pour ne pas compromettre la visite de Golda Meir au pape. Ils sont admis dans un hôpital et seront autorisés à rejoindre la Libye. Ce qui n'empêchera pas le Mossad de les suivre à la trace et de les assassiner les uns après les autres quelques mois plus tard.

Il va falloir attendre la deuxième décennie du pontificat Jean-Paul II pour que la ligne propalestinienne évolue (reconnaissance d'Israël par le Vatican en décembre 1993). En attendant, un nouvel émissaire plus discret que Capucci est envoyé par Rome. À Beyrouth ou à Tunis, le père Ibrahim Iyad sert de pont entre le pape et l'OLP.

1. Cf. Yvonnick Denoël, *Les guerres secrètes du Mossad*, *op. cit.*
2. Divisione Investigazioni Generali e Operazioni Speciali.

Ce petit homme de 1,55 m à la soutane élimée sillonne le quartier musulman de Jérusalem et rencontre toutes les factions en guerre. Il aide Arafat à rédiger ses lettres au pape et ses cartes de vœux pour Noël. Il servira aussi de guide au cardinal Casaroli lorsque celui-ci rencontrera le ministre des Affaires étrangères de l'OLP. Partout dans le monde, les nonces du pape ont instruction de soutenir les aspirations nationales palestiniennes.

11

Les loups dans la bergerie

Dans les années 1960, les portes du Vatican étaient verrouillées à 23 h 30. Un résident qui voulait rentrer plus tard devait demander une autorisation et un laissez-passer. Mais lorsque à minuit, un soir de printemps 1969, une Mercedes noire se présenta à la porte, les gardes suisses ouvrirent la barrière sans même demander à son conducteur ses papiers d'identité.

Michele Sindona avait rendez-vous avec le pape Paul VI. Cette rencontre ne figurait pas à son agenda.

Ce n'était pas une visite de courtoisie mais une réunion de crise. En 1962 avait été instaurée en Italie une taxe sur les dividendes qui frappait aussi le Vatican, qui avait fortement investi sur la Bourse italienne. Une exemption fiscale fut accordée, puis remise en question. En désespoir de cause, le pape fit appel au célèbre financier Sindona pour se sortir de cette situation. En 1964, la Bourse italienne était déprimée. Sindona estimait que le gouvernement ne pourrait pas tenir face à une vente massive d'actions du portefeuille du Vatican. Les impayés s'accumulaient, estimés à plusieurs centaines de millions de dollars. La question revenait régulièrement dans la presse. En 1969 s'imposa un gouvernement plus solide… qui décida que le Vatican devait bel et bien payer ses taxes. C'est alors que Paul VI appela le célèbre financier italien Michele Sindona à l'aide.

Sindona proposa que le Vatican se retire complètement du marché italien et investisse via des structures offshore sur le marché de l'eurodollar. Cela revenait à demander au pape de lui confier à lui, Sindona, la gestion discrétionnaire de plusieurs milliards de dollars du patrimoine de l'Église. Ce soir-là, s'il faut en croire le témoignage de Sindona[1], le financier fut investi du contrôle total des placements du Vatican à l'étranger. Il travaillerait en contact étroit avec le nouvel homme fort de l'IOR, l'évêque Marcinkus. Mais il serait maître de ses décisions. Michele Sindona sortit de cette audience avec un sentiment de puissance inédit : il était désormais le banquier du pape.

Banquier de Dieu, banquier du diable

Michele Sindona est né en mai 1920, à Patti en Sicile, à l'est de Messine. En 1908, la ville a été détruite à 90 % par un tremblement de terre. La mère de Michele étant de santé précaire, il a été élevé par sa grand-mère Nunziata, qu'il vénérait. Son grand-père, Michele, était un commerçant qui avait prêté de l'argent à ses clients pour reconstruire leurs maisons après le désastre. Il mourut en 1914. La famille était très respectée dans la région. Même si elle s'était appauvrie après le décès de son mari, Nunziata faisait office de « sage » de la ville de Patti.

En 1938, alors qu'il venait d'avoir 18 ans, Michele obtint une bourse pour partir étudier à l'université de Messine. Il en sortit diplômé en droit fiscal en 1942. Pendant ses études, il avait travaillé à temps partiel dans une banque, Credito Italiano. Il commença à travailler dans un cabinet fiscal. Pendant son temps libre, il assurait aussi la comptabilité d'un producteur de citrons.

Le 10 juillet 1943, les Alliés débarquèrent en Sicile avec l'aide de la Mafia. Le jeune Michele acquit un camion et se mit à commercer : d'abord des citrons qu'il échangeait contre de la farine, puis toutes sortes de denrées. C'est à ce moment que, malgré ses dénégations ultérieures, il commença à nouer des liens avec la Mafia. En Sicile, il lui aurait été impossible de se livrer par lui-même à une activité indépendante. Le lien s'établit, de façon surprenante pour nous, mais naturelle pour les Siciliens de l'époque, par l'entremise de l'évêque de Patti, qui sollicita Vito Genovese. Il s'agissait d'un haut gradé

1. Luigi Di Fonzo, *St. Peter's Banker: Michele Sindona*, Franklin Watts, 1983.

de la mafia américaine qui aidait l'armée à organiser son débarquement puis sa progression. Genovese demanda à ses collègues de Cosa Nostra et à ses amis officiers de fournir au jeune Sindona des faux papiers, un sauf-conduit et des produits frais pour son commerce. À chaque fois qu'il arrivait en klaxonnant dans la ville de Patti, le camion chargé de vivres, Sindona était accueilli en héros. Pendant cette période, il se forgea des amitiés durables chez les officiers américains et au sein de la Mafia.

En 1944, la Sicile était entièrement libérée. Michele ouvrit un cabinet de conseil fiscal à Messine et se créa une clientèle. Son activité tournait bien mais déjà, il voulait plus. Un ami avocat lui offrit de s'installer à Milan, centre nerveux de la reconstruction italienne. Il arriva avec une recommandation de son évêque pour le clergé local. Les Siciliens étaient à l'époque mal vus dans la société milanaise, mais Sindona avait la peau claire et parlait un italien châtié, sans la moindre trace d'accent, ce qui lui permit de se faire accepter. Pour se faire connaître, il tint dans un journal local une chronique de conseils juridiques. Contrairement aux autres avocats, Sindona se spécialisa dans le conseil fiscal aux particuliers et aux entreprises. Rapidement la clientèle afflua. Aux patrons de PME qui ne pouvaient payer ses services, Sindona proposait de se faire payer en actions de la société.

Toujours par l'entremise de l'évêque de Messine, Sindona fut présenté à un personnage important du Vatican : Mgr Amleto Tondini, qui lui-même le présenta à Massimo Spada, dirigeant de l'IOR alors en fin de carrière. En 1948 le pape souhaitait investir le patrimoine liquide de l'Église, en partie rapatrié des États-Unis, dans la reconstruction de l'Italie. Montini confia ce projet à Spada.

En novembre 1954, Montini fut nommé archevêque de Milan, où le PCI régnait en maître. Montini voulut convaincre les ouvriers de revenir dans le giron de l'Église et de la DC. En janvier 1955, un leader syndical lui fit interdire de dire la messe à l'intérieur des usines. Michele Sindona lui apporta alors son aide, fournissant quelques gros bras pour assurer la sécurité des offices. Les deux hommes prirent l'habitude de visiter ensemble les usines. Montini se montrait réellement attentif aux problèmes des ouvriers. Son travail de sape commença à porter ses fruits : les chrétiens-démocrates regagnaient des positions au sein des syndicats.

Début 1959, Montini sollicita à nouveau Sindona. Selon le témoignage d'un prêtre qui a assisté à leurs entrevues : « Montini était intrigué par Sindona depuis que ce dernier avait aidé l'archevêque à reconquérir les ouvriers milanais. Alors quand Montini eut besoin de 2 millions de dollars pour construire un hospice, il s'est de nouveau tourné vers Sindona[1]. » Ce dernier ne traîna pas : la somme fut réunie en une seule journée ! De deux choses l'une : soit l'argent venait des grands patrons milanais qui s'étaient cotisés pour leur archevêque (mais dans ce cas, pourquoi ne pas le dire ?), soit il s'agissait de fonds secrets. Or il semble acquis aujourd'hui que Sindona a eu des contacts, dès avant cette époque, avec la CIA.

Dans une interview au magazine *Panorama*, l'ancien agent de la CIA Victor Marchetti a déclaré que « dans les années 1950 et 1960, la CIA apportait un soutien financier à pas mal d'activités de l'Église catholique, depuis des orphelinats jusqu'à des Missions à l'étranger. Il y en avait pour des millions de dollars chaque année… attribués à un grand nombre d'évêques et de monsignori. L'un d'eux était Giovanni Montini. Il est possible qu'il ait ignoré d'où venait l'argent. On a pu lui dire qu'il venait "d'amis[2]" ».

En 1959, Sindona changea de dimension. Son cabinet était un des plus grands d'Italie. Et il travaillait désormais depuis une suite d'un hôtel de luxe. Il était l'ami de l'archevêque Montini et, par l'entremise de Spada, il frayait avec des grands patrons américains. Il aida une société américaine, Crucible Steel Company of America, à acquérir des sociétés en Italie. En retour, l'un de ses dirigeants, Dan Porco, allait aider Sindona dans ses affaires américaines. Lorsque le Vatican souhaita acquérir une banque milanaise, Montini suggéra à Spada de confier cette mission à Sindona : ce serait le rachat par l'IOR de BPF (Banca Privata Finanziaria). Pour l'occasion le

1. Cité par Luigi Di Fonzo, *St. Peter's Banker: Michele Sindona*, *op. cit.*
2. *Op. cit.*

Saint-Siège s'associa à Sindona, à 60/40. Le voilà admis dans la cour des grands… *In fine*, Sindona reprit la totalité des parts. Il recruta même Spada, entré en conflit avec le cardinal Di Jorio, président de l'IOR. Pour se diversifier, il acheta de l'immobilier au Canada, pour lui-même et pour le compte du Vatican. Sa holding Fasco s'implanta en Suisse.

L'une des sources de la fortune de Sindona tenait au marché des changes. Les lois italiennes interdisaient l'exportation de la lire et imposaient une taxe de 30 % sur les bénéfices distribués quand les propriétaires d'actions n'étaient pas connus du fisc. Sindona, propriétaire de banques en Suisse et en Italie, faisait partie de ceux qui fournissaient le circuit d'évasion. À travers la BPF et la banque du Vatican, on pouvait sortir des fonds d'Italie et les récupérer en Suisse pour les investir à l'étranger. Détenir une banque américaine permettrait de rendre le système encore plus puissant. Il allait falloir encore une dizaine d'années à Sindona pour atteindre cet objectif.

Le pape et les gens de l'IOR étaient fascinés par Sindona qui les initiait à un monde interlope tout en faisant preuve d'une foi religieuse et d'un anticommunisme irréprochables. On peut s'en faire une idée à travers quelques bribes de son livre d'entretiens réalisés en prison avec l'écrivain Nick Tosches[1]. Le livre accumule les autojustifications et nie beaucoup d'évidences, mais de temps à autre Sindona retrouve sa verve d'antan pour expliquer la marche d'un monde financier qu'il connaît par cœur :

> Pour blanchir des sommes d'argent sale relativement petites – disons jusqu'à 150 millions de dollars – tout ce que vous avez à faire est de créer une société par actions au porteur dans un paradis fiscal. Vous déposez votre argent sale sur le compte de la société. Elle est protégée par les lois locales sur le secret des affaires, donc personne ne sait que la société vous appartient. Ensuite vous passez un contrat de consulting entre vous

1. Nick Tosches, *Power on Earth, Michele Sindona's Explosive Story*, Arbor House, 1986.

> et cette société, prévoyant des paiements échelonnés pour les services imaginaires que vous allez lui apporter. Vous vous faites payer comme prévu et voilà : l'argent sale est devenu de l'argent propre. [...]
>
> Les gens qui gèrent des affaires d'import-export en plus de leurs activités illégales utilisent parfois le système de la double facturation. Avec sa société par actions au porteur, l'importateur achète anonymement des marchandises d'un vendeur étranger honnête au prix de, mettons 2 dollars le kilo. Ensuite il se rachète à lui-même ces marchandises à un prix inférieur, disons 1,8 dollar le kilo. La différence devient un profit légal pour l'importateur, tandis que l'argent sale qu'il détenait dans sa société par actions au porteur est nettoyé en passant par la case profits et pertes.
>
> C'est le système qui a permis au PCI de se financer après-guerre. Des sociétés italiennes triées sur le volet – j'ai découvert ce système car certaines étaient mes clients – recevaient sur une simple décision du Parti le droit de vendre certains produits russes dans le pays. Les usines russes facturaient des marchandises comme étant « en transit » à des sociétés basées au Liechtenstein appartenant à des Italiens. Les marchandises étaient facturées, disons 2 dollars le kilo quand leur valeur de marché était de 3 dollars. La société intermédiaire refacturait alors au destinataire final en Italie au prix de 2,8 dollars le kilo, et reversait le bénéfice à une structure contrôlée par le PCI. Pour ses services, l'acheteur italien bénéficiait d'un prix réduit de 0,2 dollar qui augmentait son bénéfice. Les autorités fiscales italiennes savaient ce qui se passait, mais elles ont laissé faire et le système a perduré...

Sindona était devenu un spécialiste du blanchiment d'argent sur les marchés asiatiques de Hongkong et Singapour selon un principe similaire. Il ne résiste pas au plaisir de « balancer » un des rouages de ce système : « Votre gouvernement devrait peut-être évoquer la question avec M. Colby, l'ancien directeur de la CIA, qui est maintenant un conseiller du gouvernement de Singapour[1]... » Un ange passe...

On comprend mieux en tout cas comment Sindona a pu paraître au patronat italien comme un magicien de la finance : il est passé maître dans l'art d'expliquer comment on peut flirter avec les lignes rouges sans techniquement les franchir.

En 1967, le pape crée sur le conseil de Sindona l'APSA (Amministrazione del Patrimonio della Sede Apostolica), chargée de gérer le patrimoine immobilier de l'Église et de payer les salaires du Vatican. Sindona propose par ailleurs d'aider l'Église à se désinvestir de l'économie italienne au profit de l'international, où de meilleures affaires sont possibles, avec en prime une discrétion totale. Début 1968, un petit scandale illustre l'intérêt de son conseil : on apprend dans la presse que le Vatican détient une participation dans le laboratoire pharmaceutique Serono, qui fabrique des contraceptifs, et encore une autre chez un fabricant d'armes... Il faut absolument éviter ce genre d'embarras. Après bien des hésitations, Paul VI décide de suivre le plan de Sindona qui est donc nommé « banquier du pape » avec tous les pouvoirs pour mener les opérations. C'est la consécration.

Mais ce que Paul VI ignore, c'est que Sindona est aussi... un banquier de la Mafia !

Le 2 novembre 1957 s'est tenu à l'hôtel des Palmes de Palerme une réunion de grands mafiosi siciliens et américains. Ils ont choisi Sindona comme financier de confiance. Sa mission : investir l'argent de la Mafia dans des affaires légitimes partout dans le monde.

On trouvait là le boss mafieux Joseph Bonanno, son bras droit Carmine Galante, Lucky Luciano, des représentants des familles Genovese, Lucchese et Gambino, ainsi que le trafiquant d'héroïne Tommaso Buscetta, futur repenti grâce à qui nous connaissons cette

1. *Ibid.*

réunion[1]. Il fut décidé de confier à Sindona une partie des recettes du trafic d'héroïne avec carte blanche pour les blanchir et les faire fructifier.

En 1969, Sindona se retrouve donc dans la situation exceptionnelle de gérer des fonds à la fois pour « Dieu » et « le diable », tout en servant de courroie de transmission pour les millions de dollars de financement autorisés par l'administration Nixon à destination de la Démocratie chrétienne et de mouvements d'extrême droite italiens qui complotent pour renverser la République[2], comme nous le verrons plus loin. À sa place, qui ne se sentirait invincible ?

Sindona travaille beaucoup avec l'IOR, profitant de son statut de meilleure banque offshore au monde : il achète et revend des sociétés contrôlées par le Vatican. Le Saint-Siège devient associé dans les banques qu'il rachète, et au-delà. Un journaliste remarquera : « On ne savait jamais vraiment, lorsque Sindona menait à bien un de ses deals spectaculaires en Italie, si c'était pour le compte du Vatican, pour lui-même ou un peu des deux[3]. »

Sindona transfère à sa holding luxembourgeoise le portefeuille d'actions du Vatican. Il revend une partie des actions anonymisées sur le marché italien et réinvestit les profits non imposables dans des actions de grandes sociétés américaines. Le Sicilien utilise une partie de l'argent du Vatican pour acheter une autre banque, la Banca di Messina, et une société de distribution d'eau, la Condotte d'Acqua. Surtout, il rachète les parts du Vatican dans le conglomérat géant de l'immobilier SGI (Societa Generale Immobiliare). Il fait beaucoup de spéculation sur les marchés italiens.

L'IOR utilise lui-même la banque suisse Finabank pour spéculer sur le marché des devises. À la BPF, détenue conjointement par

1. Pino Arlacchi, *Addio Cosa Nostra. La vita di Tommaso Buscetta*, Rizzoli, 1994.
2. Selon le rapport d'enquête parlementaire Pike, en 1976, le gouvernement américain a aussi envoyé 10 millions de dollars à la DC en 1972. Une bonne partie a transité via les banques de Sindona. https://archive.org/details/PikeCommitteeReports/Interception%20of%20International%20Telecommunications%20by%20the%20National%20Security%20Agency
3. Luigi Di Fonzo, *St. Peter's Banker: Michele Sindona*, *op. cit.*

l'IOR et Sindona, des opérations illégales sur des devises étrangères, une véritable exportation masquée de capital, se déroulent chaque jour. De façon illégale, des fonds propres de la BPF et des dépôts des clients sont transférés à une société du groupe Sindona, qui les envoie à l'IOR. Laquelle les vire à la Finabank, où les sommes sont mises à disposition de Sindona, qui peut ainsi faire ses emplettes et agrandir son empire... Rien de tout cela n'aurait été possible sans la complaisance, pour ne pas dire la complicité, de l'IOR et de son président.

Le nouveau « Monseigneur Précieux »

Né en 1922 à Cicero (faubourg de Chicago), Paul Marcinkus est le fils cadet d'un immigrant lituanien. Il est ordonné prêtre à 25 ans. Son archevêque l'envoie à Rome pour étudier le droit canonique. Après un temps de travail pastoral dans sa ville natale, il est renvoyé à Rome où il intègre la secrétairerie d'État. Cet Américain à la stature de rugbyman a un style direct, bien loin des Italiens compassés. Il n'est pas hostile aux plaisirs terrestres : on le croise dans les meilleurs restaurants et il devient une figure familière du golf d'Acqua Santa, qui regroupe une coterie snob et frivole, mêlant nouveaux riches et vieille noblesse. Marcinkus est choisi en 1962 par Jean XXIII comme traducteur pour recevoir la Première dame des États-Unis, Jacqueline Kennedy. Cela lui permet de nouer des liens avec la délégation américaine. Et lors du concile Vatican II, il est chargé de l'accueil des évêques et cardinaux américains. Montini est dès cette époque en bons termes avec Marcinkus : il en fait son secrétaire pour les affaires anglo-saxonnes.

En 1965, Marcinkus accompagnera Paul VI dans son voyage aux États-Unis et sa rencontre avec le président Johnson. Quand le pape décide un pèlerinage en Terre sainte, la secrétairerie d'État a besoin d'envoyer sur place un organisateur parlant anglais, à l'esprit pratique et la santé solide. Ce sera Marcinkus. Pendant l'expédition, il protège de sa haute carrure le frêle Paul VI des foules en liesse.

Ce qui lui vaudra le surnom de « gorille du pape ». D'autres voyages suivent. À chaque fois, Marcinkus repère les lieux, discute des problèmes de sécurité avec les polices locales, se montre attentif aux moindres détails touchant au confort du pape. Il se rend vite indispensable, au point d'être considéré comme un membre à part entière de la « mafia milanaise » qui entoure Paul VI. Marcinkus s'entend du reste à merveille avec Macchi, le secrétaire du pape.

C'est grâce à lui qu'il fait la connaissance du financier Sindona.

Marcinkus voit à la mort de Spellman l'occasion de devenir le grand financier de l'Église.

Jusqu'au bout, Spellman continuait à envoyer des sommes considérables au Vatican. Comment compenser la perte de ses contributions ? Marcinkus se vante auprès de Macchi de ses connexions dans la communauté financière américaine : elles sont largement exagérées, mais peu importe. Fin 1967, il est nommé secrétaire général de l'IOR et devient évêque début 1969. Il n'a aucune expérience bancaire ? Eh bien, on lui fera suivre un stage de formation. Mais cette nouvelle tâche ne doit pas l'empêcher de continuer à gérer les déplacements de son patron. Au Vatican, il est courant de cumuler ainsi les fonctions. Il continue donc à accompagner le pape dans les déplacements et le protège lors de plusieurs incidents : un jet de pierres en Sardaigne, et surtout un attentat à Manille, le 27 novembre 1970. Alors qu'il saluait les autorités, les cardinaux et les évêques, raconte Pasquale Macchi dans ses Mémoires, le pape a été attaqué par un peintre bolivien, Benjamín Mendoza y Amor, 35 ans, vêtu en prêtre, qui tenait à la main un crucifix en or et dans l'autre, caché par un tissu, un kriss (poignard malaisien à lame serpentine). D'un coup, il a blessé le pape au cou, heureusement protégé par le collier raide, et d'un autre coup à la poitrine, près du cœur. Macchi et Marcinkus s'interposent alors et la police neutralise l'agresseur.

En 1971, c'est la consécration : Marcinkus devient président de l'IOR. Depuis quatre ans, il a eu tout le temps pour se familiariser avec les arcanes de la banque. Et de mesurer l'étendue des pouvoirs uniques qu'elle confère à son dirigeant. Michele Sindona expose en termes crus et précis ce qui fait à l'époque la valeur de l'institution :

> Si vous voulez, vous pouvez aller à Milan ou à Rome avec 1 million de dollars, 10 millions de dollars en cash, avec moi ou un autre Italien qui connaît le système. En quelques minutes, nous trouverons des organisations proposant leurs services pour transférer l'argent à l'étranger au noir, sans risque. Dix minutes plus tard, nous aurons confirmation que votre argent a été crédité à votre nom, dans la monnaie de votre choix, en Suisse, en Autriche ou aux Bahamas, déduction faite des frais de service. L'IOR est impliqué dans ce business depuis sa fondation. [...]
>
> La Banque d'Italie et les autres autorités ne sont jamais intervenues, convaincues que le Saint-Siège, si on le poussait dans ses retranchements, répondrait qu'étant un État souverain, il n'avait aucune obligation de fournir quelque information que ce soit à l'Italie.
>
> Je connais bien la question, parce que l'IOR a agi pour le compte de clients de mes banques, Banca Privata et Banca Unione. L'évêque Marcinkus, quand il a compris le système, s'est convaincu qu'il s'agissait du « crime parfait ». Plus tard, quand la loi italienne a fait de l'exportation illégale de capitaux un délit passible des tribunaux, j'ai conseillé à Marcinkus d'arrêter immédiatement ses transferts illicites. Je lui ai dit que si les représentants du Vatican se retrouvaient un jour traînés devant les tribunaux comme complices de crimes financiers – ce que le gouvernement italien se ferait un plaisir de faire – la réputation de l'IOR et de la papauté ne s'en remettrait jamais. Mais Marcinkus se croyait au-dessus des lois. Il a continué à chasser les profits pour se faire mousser auprès du pape, montrer ses talents dans l'espoir qu'il lui attribue un jour la barrette rouge de cardinal[1].

1. Cf. Nick Tosches, *Power on Earth*, *op. cit.*

De fait, il ne fallut pas attendre bien longtemps pour avoir des exemples de cette chasse aux profits.

Dans le viseur du FBI

Financier novice, sans doute grisé par sa nouvelle situation et par les attentions dont il est désormais l'objet dans la haute société romaine, Marcinkus se fantasme sans doute comme un égal de Sindona: un grand faiseur de *deals*. Ce qui le conduit à multiplier les imprudences.

En mars 1973 la Securities and Exchange Commission (SEC), le gendarme de la Bourse américaine, enquêtant sur les spéculations d'un investisseur californien sur les actions d'une société pétrolière, découvre qu'il agit comme prête-nom d'une société fiduciaire basée au Luxembourg. Et derrière cette fiduciaire se cache… l'IOR. L'affaire n'est pas rendue publique. Quelques mois auparavant, une autre affaire de fausses obligations attirait déjà l'attention de la police américaine et du FBI.

Au cours d'une enquête de routine, un policier new-yorkais, Joseph Coffey, met sur écoutes des truands et découvre un gigantesque trafic de fausses valeurs qui va le mener vers le Vatican[1]. La mafia italo-américaine, toujours en quête de nouveaux marchés, a pris conscience en ce début des années 1970 du formidable potentiel que présente le marché financier des actions et obligations. À l'époque, elles consistent en des papiers conservés bien à l'abri dans les coffres des grandes banques ou des sociétés de courtage, dans les mallettes antivol fixées par une chaîne au poignet des convoyeurs de fonds. Il est possible, en soudoyant des employés, de les dérober. Mais il est plus intéressant de s'introduire dans les chambres fortes pour remplacer les titres par des faux. Tant que les valeurs continuent à rapporter des dividendes, leurs propriétaires ne songent pas à les revendre et ne se doutent de rien.

1. Le récit se base sur le témoignage de Coffey et plusieurs agents du FBI, in Richard Hammer, *Vatican Connection*, Balland, 1982.

Un marché clandestin se développe, sur lequel les titres volés sont rachetés pour une fraction de leur prix, avec l'objectif de les revendre plus cher avant que la supercherie ne soit signalée et les valeurs inscrites sur une liste noire. Les clients intéressés sont soit des naïfs, soit des hommes d'affaires cyniques qui vont utiliser ces valeurs comme garanties pour obtenir un prêt bancaire, pour gonfler artificiellement le capital de leurs sociétés, etc.

C'est en suivant un mafieux nommé Rizzo à travers ses pérégrinations en Europe que les policiers new-yorkais se familiarisent avec la faune des trafiquants de valeurs.

Par exemple Ricky Jacobs, un des plus grands trafiquants de titres des États-Unis (il a déjà été condamné à quatre ans de prison en 1968 mais a poursuivi ses activités depuis sa cellule). En cheville avec la Mafia, Jacobs se trouve au centre d'un trafic portant sur plusieurs millions de dollars d'actions, d'obligations et de bons du Trésor. En suivant sa trace, on découvre un de ses associés : Leopold Ledl, né à Vienne en 1935, a vécu de petits boulots avant de gagner au milieu des années 1960 l'amitié du roi déchu du Burundi, lequel le nomma consul avec pouvoir de nommer des consuls honoraires et délivrer des passeports diplomatiques. Ledl s'est mis à commercialiser avec succès ces titres pourtant dépourvus de valeur à des riches Européens. Il s'est ensuite diversifié dans le commerce des diplômes de docteur en droit *honoris causa* d'une université canadienne. Ils étaient tout aussi bidon. Et il a enchaîné avec des faux diplômes d'universités du Vatican. Le consul honoraire est ainsi devenu en très peu de temps un homme d'affaires florissant, à la tête d'une kyrielle de sociétés. On le soupçonnait de se livrer au trafic d'armes avec la complicité d'un officier supérieur de l'OTAN en Europe. On le voyait de plus en plus souvent à Rome pour ses affaires. Il y fit la connaissance d'un personnage douteux, Mario Foligni, patron d'une société de finance et d'assurance, se prévalant du titre de « comte de San Francisco » (!) Il est ainsi décrit par Richard Hammer :

> À l'aise dans toutes les classes de la société italienne, comptant des amis et des relations d'affaires aussi bien dans la finance, dans le gouvernement et dans l'Église que dans des milieux moins recommandables, Foligni était en mesure de présenter à Ledl des individus et des personnalités extrêmement différents mais tous précieux à des titres divers.
>
> En même temps qu'il pouvait se prévaloir de l'amitié du commandant en chef des forces armées italiennes et de celle du directeur national des impôts, le comte de San Francisco entretenait les meilleurs rapports avec le Dr Tomaso Amato, avocat, escroc et faussaire, et avec Remigio Begni, courtier peu regardant sur l'origine des valeurs boursières qui passaient entre ses mains.
>
> Carlo Pesenti, magnat des assurances et du ciment, proche du Vatican, ne manquait pas d'imagination quand il s'agissait de mettre sur pied de fructueuses entreprises et, lorsqu'ils pouvaient l'aider, il n'hésitait jamais à donner un pourcentage de ses bénéfices à son ami Foligni et aux contacts de ce dernier dans les hautes sphères du Vatican. [...] Il connaissait fort bien le père Salvatore d'Angelo, qui, tout en dirigeant une organisation charitable napolitaine, passait chaque semaine quelques jours au Vatican. Le père était un proche de l'archevêque Giovanni Benelli, secrétaire d'État adjoint et futur cardinal. D'Angelo jouait volontiers les intermédiaires entre ce dernier et Foligni. Grâce à d'Angelo et à Benelli, le comte de San Francisco était assuré de joindre n'importe qui, si haut placé fût-il, au Vatican[1].

Pour compléter ce tour d'horizon, il faut préciser que deux des sociétés de Foligni avaient pour président un Américain du Connecticut nommé Vetrano, qu'on ne voyait presque jamais à Rome, mais qui était un ami intime de... Mgr Paul Marcinkus ! De là à penser que Vetrano servait d'homme de paille pour le compte de

1. Richard Hammer, *Vatican Connection*, *op. cit.*

Marcinkus, qui ne pouvait se permettre d'apparaître en direct... il n'y avait qu'un pas, que ses ennemis ne se gênaient pas pour franchir !

Dans une enquête[1] publiée à la fin des années 1970, le magazine allemand *Stern* a aussi révélé que Foligni cultivait à la même époque une autre amitié intéressée au sein du Vatican : avec Mgr Barbieri. Dirigeant d'une maison d'édition vaticane, Barbieri aimait rouler dans de belles voitures, porter de beaux costumes... et fréquenter de jolies femmes, avec lesquelles il s'affichait imprudemment dans les grands restaurants romains. Ce train de vie avait un coût... Selon plusieurs enquêtes journalistiques jamais démenties, en 1969 Barbieri aurait détourné 60 tonnes de beurre offertes par la Communauté européenne à une organisation charitable du Vatican : au lieu d'être distribuée aux nécessiteux, la marchandise fut revendue ! Barbieri reçut un simple blâme.

Barbieri a accepté de devenir le « fixeur » de l'Autrichien Ledl au Vatican, c'est-à-dire de le présenter à plusieurs figures influentes de la curie, en particulier au cardinal Tisserant, doyen du Sacré Collège. Ce dernier confie sans fard que les investissements imprudents de Marcinkus coûtent très cher au Vatican. L'Église a besoin de renforcer ses finances, mais comment ? Selon sa déposition recueillie par le policier Joseph Coffey et par l'agent du FBI Dick Tamarro, Ledl se risque à évoquer avec Tisserant l'hypothèse d'un achat de valeurs boursières américaines qui permettraient de soutenir les finances du Vatican. Les besoins sont colossaux :

> – De quelle somme auriez-vous besoin ?
> – Un milliard de dollars environ. Neuf cent cinquante millions pour être plus exact. La moitié des titres reviendrait à Mgr Marcinkus et sa banque vaticane, pour combler les trous de trésorerie dus à ses investissements inconsidérés, et lui permettre de redémarrer sur des bases solides. L'autre moitié serait destinée à la Banque d'Italie. [...] Nous pensons que le gouvernement

1. Citée in *Vatican Connection*, *op. cit.*

> américain ne se risquera jamais à accuser le Vatican d'avoir trafiqué en toute connaissance de cause des fausses actions. En fait, si les Américains découvrent la présence de ces papiers dans les coffres du Vatican, ils penseront que l'Église a été victime d'un individu sans scrupule et ils interviendront secrètement pour combler nos pertes[1].

Les hommes du Vatican proposent à Ledl d'acheter les faux titres à 65 % de leur valeur, soit 625 millions de dollars. Il devra leur rétrocéder 150 millions de dollars de commission. Ledl s'adresse à Ricky Jacobs pour obtenir la quantité de titres nécessaire. Jacobs s'adresse à son tour aux mafiosi, les seuls à avoir cette capacité. Devant le gros investissement que cela représente pour eux, ils demandent à voir des preuves que la commande du Vatican est bien réelle avant de se lancer. Ledl est en mesure de leur produire une lettre à en-tête de la Sacra Congregazione dei Religiosi (la Congrégation des religieux).

Un échantillon d'obligations de AT&T, Chrysler et General Electric est alors produit par les faussaires. Mais Ledl est arrêté le 11 août 1971 par la police italienne, pour une affaire sans rapport. Sa participation au trafic de faux titres de consul a fini par le rattraper. Ledl disparaît du paysage. Foligni tente de le remplacer, se présente dans une banque de Zurich, ouvre un compte, dépose des obligations et demande un prêt modeste en échange de cette garantie. Comme il est de règle, la banque décide d'envoyer les obligations à New York pour expertise ! Et les titres sont déclarés faux. Foligni est obligé de jouer les victimes et de déposer une plainte contre ceux qui lui ont vendu les titres. Une nouvelle tentative est effectuée auprès de la Banco di Roma où un proche de Marcinkus reçoit un nouvel échantillon. Mais un employé prend l'initiative d'envoyer les titres à New York : cette fois il devient difficile de plaider la bonne foi surprise. Tous les voyants sont au rouge dans la communauté financière : il se passe quelque chose de pas très catholique avec ces obligations…

1. Cf. *Vatican Connection*, *op. cit.*

Pourquoi s'être engagé dans un tel embrouillamini ? On commence à y voir plus clair lorsqu'on apprend que Sindona, avec l'aide de Marcinkus, a formé le projet de prendre le contrôle d'une société géante de holding présente dans l'immobilier, les mines, la chimie, le ciment, etc., connue sous le nom de Bastogi. Des banques allemandes ont donné leur accord pour financer le rachat de 50 % du capital, moyennant le dépôt dans leurs coffres d'une caution de 100 millions de dollars en obligations de grandes sociétés américaines. Mais lorsque des rumeurs de rachat de Bastogi ont commencé à circuler, le cours de l'action s'est mis à flamber, rendant la proie trop coûteuse. Sindona est obligé de rapatrier les obligations déposées chez ses partenaires allemands mais il n'abandonnera pas ce projet de rachat. Voilà l'explication très probable de ce montage complexe. « Une » explication devrait-on dire, car il y avait sans doute d'autres projets à financer de cette manière…

Dans bien d'autres institutions que l'IOR, un tel trafic aurait fait scandale et conduit au renvoi du responsable. Rien de tel ici. Une délégation d'enquêteurs américains a été poliment reçue au Vatican, mais n'a pas reçu de réponse satisfaisante à ses questions. Officiellement le Saint-Siège a été victime de faussaires et n'a rien à se reprocher, fermez le ban… L'administration Nixon a vite mis le holà au volet italien de l'affaire, ordonnant au FBI de se concentrer sur les aspects domestiques du dossier. Ce n'est sans doute pas étranger aux bonnes relations que Sindona entretient avec certains membres de l'équipe Nixon, notamment avec le financier David Kennedy, que nous ne tarderons pas à retrouver dans les affaires américaines du Sicilien. Entre croisés de la lutte anticommuniste, on ne va tout de même pas se tirer dans les pattes…

12
Le maître des marionnettes

La scène se passe dans une luxueuse villa toscane dissimulée par un bois, entourée d'un haut mur d'enceinte. Chaque pièce de réception est dallée de marbre et dotée de meubles anciens. Les murs sont ornés de moulures à feuilles d'or. Au mur, des portraits de Mussolini, Hitler et Perón. Dans la plus grande salle, gardée par deux hommes, douze personnages ont revêtu des robes en satin et des cagoules noires. Assis sur des chaises tapissées de cuir autour d'une table de conférence en marbre, ils sont les principaux disciples du grand maître, le seul qui apparaît à visage découvert. Licio Gelli prend la parole.

> – Êtes-vous prêt à mourir pour préserver les secrets de Propaganda Due ?
> – Oui.
> – Avez-vous les qualités nécessaires de mépris du danger ?
> – Oui.
> – Avez-vous les qualités nécessaires de courage ?
> – Je suis courageux.
> – Vous proclamez-vous anticommuniste ?
> – Oui.
> – Êtes-vous prêt à combattre, et peut-être affronter la honte, et même la mort, afin que nous qui pourrions devenir vos frères puissions détruire ce gouvernement et former un régime présidentiel ?
> – Je le suis.

À ce moment, l'impétrant doit prononcer un « serment éternel ». Chacun des douze hommes cagoulés dépose une goutte de sang dans une coupe dans laquelle Gelli place une allumette en feu. Gelli frappe trois coups sur la table avec sa hache. Les douze hommes lèvent leur hache puis frappent à leur tour la table et enfin superposent leur hache. Ils forment un cercle autour de leur nouveau « frère ».

Cette glaçante cérémonie d'initiation à P2 a été décrite par le lieutenant-colonel Luciano Rossi, qui s'est donné la mort quelques semaines plus tard[1]. Elle n'était mise en œuvre par Gelli que dans de grandes occasions, pour impressionner certaines recrues.

P2

En 1964, lors d'une réunion de chefs d'entreprise, Michele Sindona a fait la connaissance de Licio Gelli, récemment nommé grand maître de la loge maçonnique *Propaganda Due* ou P2. C'est un homme distingué de taille moyenne, les cheveux argentés. On lui reconnaît un grand charisme. Gelli a fait de P2 l'organisation secrète la plus violente et puissante de toute l'Italie contemporaine. On y trouve des généraux, des dirigeants des services secrets italiens, des magistrats (y compris le procureur général de Milan, qui deviendra plus tard président d'une chambre de la Cour suprême), des politiques, des hommes d'affaires… et même des cardinaux et des archevêques. Un ancien de la CIA décrira P2 comme « un État clandestin dans l'État[2] ». Son but : renverser la démocratie parlementaire et installer un pouvoir présidentiel autoritaire.

Gelli veut inspirer la peur à ses membres, et régner seul. Il cloisonne la loge en divisions qui ont interdiction de se parler. Si on ne fait pas partie de P2, il n'y a aucun moyen de savoir qui en est. Grâce à ses contacts dans les services secrets, Gelli a accumulé des dossiers sur toutes sortes de personnalités qui peuvent s'avérer utiles. Pour recruter quelqu'un, il se contente d'envoyer à sa cible un dossier

1. Cf. Luigi Di Fonzo, *St. Peter's Banker: Michele Sindona*, Franklin Watts, 1983.
2. Entretien avec l'auteur.

compromettant accompagné d'un bristol sur lequel est simplement marqué « P2 ». Cela suffit. Le chantage et le pot-de-vin font partie de ses outils quotidiens. Gelli est détesté par beaucoup mais bien peu oseraient le contrarier.

Malgré leurs différences notables (Gelli a été fasciste et pas Sindona ; il est antisémite quand Sindona soutient Israël...), les deux hommes sont des alliés naturels : tous deux farouchement anticommunistes pensent que quelques hommes doués peuvent obtenir de grands résultats. Sindona a donc vu son intérêt à rejoindre la loge P2.

Licio Gelli est né en 1919 en Toscane. Il grandit sous le fascisme (il revendiquera jusqu'à la fin de sa vie d'être un fasciste) et quitte l'école à 17 ans pour s'enrôler dans les Chemises noires et se battre en Espagne aux côtés des franquistes. En 1943, il est officier de liaison auprès d'une division SS. Après le renversement de Mussolini, il rejoint la république fasciste de Salo. Pendant les derniers mois de la guerre, cependant, il devient un informateur des résistants communistes, ce qui lui sauvera la mise. Alors que des partisans s'apprêtent à le fusiller pour collaboration avec les nazis à la Libération, un responsable intervient pour annuler la sentence. Toute sa vie, Gelli manifestera un solide opportunisme et saura naviguer d'un bord à l'autre. En cette époque troublée il trouve encore le temps d'organiser divers trafics, dont le transfert d'une partie de l'or yougoslave saisi par les Oustachi vers l'Italie. Selon un témoignage donné par Gelli lui-même, il aurait eu l'idée de placer les lingots d'or dans des wagons, recouverts de paille, et d'y installer des malades du typhus. Le convoi orné de la Croix-Rouge passe les frontières sans encombre.

Dès octobre 1944, il devient un collaborateur du CIC de la Ve armée américaine. Peu après la Libération, Gelli s'établit à Rome et devient l'assistant parlementaire d'un député démocrate-chrétien. Il y apprend l'art de la politique à l'italienne : savoir recommander, passer le coup de fil qu'il faut, rappeler à chacun la dette contractée dans le passé... Il ne tarde pas à développer une relation directe avec

Giulio Andreotti. À la même époque, il aurait aussi rencontré James Angleton.

Il s'installe ensuite dans le nord de l'Italie et développe un commerce de matelas et de vêtements. Grâce au ministre de la Défense Andreotti, sa société de matelas Permaflex obtient un mirifique contrat pour équiper les forces de l'OTAN en Europe. Pourquoi une telle faveur ? Tout simplement parce que Gelli fait partie des réseaux Gladio… Vers la fin de sa vie, il se vantera même d'en avoir été un des principaux animateurs. Quoi qu'il en soit, l'homme d'affaires épaissit sans cesse son carnet d'adresses et, au début des années 1970, il courtise l'ex-dictateur argentin Juan Perón, exilé en Espagne. Il va prendre un fort ascendant sur lui et devenir son conseiller personnel.

En 1963, Gelli a rejoint une loge maçonnique du Grand Orient et au bout de quelques mois seulement il reçoit la permission de créer une nouvelle loge réservée aux élites. Il reprend le nom de Propaganda Due, qui trouve sa source au début du XVIIIe siècle avec la naissance d'une société secrète, les carbonari, qui s'organisent en « loges », sur le modèle franc-maçon. Ils s'opposèrent à l'occupation napoléonienne et recrutèrent dans toute l'Europe. Lors de la cérémonie d'initiation, l'impétrant se voyait promettre « une mort certaine et violente » s'il trahissait la société. La présence de mafieux parmi eux rendait la menace très crédible.

La conversion de Gelli à la maçonnerie est d'autant plus étonnante que sous Mussolini les maçons ont été persécutés. Pourtant, sa candidature n'a pas posé de problème et le soutien du Grand Orient l'a aidé à faire blanchir son nom par la Commission antifasciste qui l'accusait jusque-là de crimes de guerre. Officiellement Gelli ne deviendra grand maître qu'en 1974, mais dès 1964-1965 il est déjà le leader incontesté.

Au sein de P2, Gelli s'adjoint un homme d'affaires influent, le catholique Umberto Ortolani, qui porte le titre purement honorifique de gentilhomme du pape. C'est un proche du cardinal Lercaro de Bologne. Ortolani s'est implanté en Uruguay, où il a créé une banque, la Bafisud. Gelli va faire de P2 un club où l'on échange des faveurs. Chaque faveur reçue via la loge P2 crée une dette, qu'il faudra rembourser par une autre faveur. Le projet politique de P2 ? Tout d'abord gagner le soutien des principaux chefs militaires. Ensuite, déstabiliser l'économie italienne : sortir des devises du pays et les convertir en dollars et en francs suisses, pour réinvestir en Italie et prendre le contrôle d'actifs industriels stratégiques, dont les bénéfices seront à leur tour exportés clandestinement. C'est le rôle de Sindona. Enfin, semer le chaos dans le pays par un déchaînement d'actions violentes : attentats à la bombe, kidnappings. Il suffira alors de marteler une propagande adaptée pour préparer les esprits à la future dictature.

Gianfranco Piazzesi raconte : « Licio Gelli avait transformé sa suite à l'Excelsior de Rome en un petit bureau maçonnique. Il disposait d'un appartement avec deux entrées séparées. Comme les cabinets de spécialistes des problèmes sexuels, les clients ne devaient jamais se croiser. Un portier de l'hôtel avait la liste de ses rendez-vous de la journée ; il suivait discrètement les allées et venues, afin d'éviter tout télescopage[1]. » Lorsque le Grand Orient d'Italie réalise combien Gelli dévoie les objectifs de la maçonnerie, la loge l'exclut de ses rangs, mais cela lui importe peu désormais.

Avec le soutien des réseaux maçons, Gelli prospère : il voyage beaucoup de l'autre côté du rideau de fer, et même en Libye, pour négocier des contrats pour le compte de Perón et pour lui-même. Gelli dispose d'un réseau international. Aux États-Unis, le prêtre républicain Philip Guarino qui l'invitera aux cérémonies d'intronisation de Reagan. Mais surtout en Amérique du Sud. Gelli est comme chez lui en Argentine. Il est devenu le conseiller de Perón. Lorsqu'il reprend le pouvoir en 1973, Gelli est à ses côtés et Perón le traite avec les plus grands égards. Cela n'échappe pas à Giulio Andreotti, qui représente l'Italie à la cérémonie. Gelli reçoit un statut diplomatique argentin. Il va notamment s'occuper de l'approvisionnement en armes du

1. Cf. Luigi Di Fonzo, *St. Peter's Banker: Michele Sindona*, *op. cit.*

pays. Mais Perón décède en 1974 et la junte militaire oblige sa veuve à quitter le pouvoir en 1976. Gelli s'adapte et devient l'ami de l'amiral Massera, le chef de la marine. Avec son aval il va négocier l'achat de frégates auprès des Chantiers navals réunis d'Italie.

En quelques années, Gelli a fait fortune : il se retrouve propriétaire de plusieurs villas de luxe dans le nord de l'Italie, où il reçoit toute la bonne société.

La stratégie de la tension

Si on regarde de près la chronologie, l'ascension de Gelli et de la loge P2 débute précisément au moment du plan Solo, en 1964 (voir chapitre 7), quand l'Italie se retrouve au bord du coup d'État. La commission d'enquête parlementaire sur la loge P2 a conclu que Gelli avait nécessairement été un collaborateur des services secrets italiens : c'est la seule façon d'expliquer les protections dont il a bénéficié dès la fin de la guerre et les faveurs qui lui ont été accordées tout au long de sa carrière[1]. L'objectif de P2 n'avait donc rien à voir avec la maçonnerie mais était d'empêcher par tous les moyens le PCI d'arriver au pouvoir en Italie et de réduire son influence dans le pays.

En 1965, le coordinateur de Gladio Renzo Rocca organise un congrès qui rassemble les cadres de Gladio et toute l'extrême droite anticommuniste sur le thème de la défense de l'Italie contre le communisme par « la contre-révolution armée ». En clair : le recours à la violence ne doit plus être exclu. De fait, on va voir se développer en parallèle un terrorisme d'extrême droite et un autre d'extrême gauche, qui façonnent ce que l'on appellera les « années de plomb ». La séquence est ouverte par l'attentat à la bombe de la piazza Fontana de Milan en décembre 1969, qui fait 17 morts et 88 blessés. L'attentat est d'abord attribué à l'extrême gauche, mais l'enquête de la police italienne mettra en cause le groupe terroriste néofasciste Ordine Nuovo. Devant les tribunaux, l'un des accusés,

1. Relazione della Commissione parlamentare d'inchiesta sulla loggia massonica P2, 1984.

Giovanni Ventura, proclamera son affiliation à la CIA. Trente ans après l'attentat, le général Giandello Maletti, ancien chef du contre-espionnage italien, affirmera sous serment que l'attentat a été commis par les réseaux Gladio sur ordre de la CIA.

Quelques mois avant l'attentat, Richard Nixon est entré à la Maison-Blanche. Via le général Alexander Haig, sous-secrétaire d'État, et l'ambassadeur à Rome Graham Martin, Nixon suit de près les affaires italiennes. Il connaît personnellement Michele Sindona, qui a fait appel à ses services en tant qu'avocat dans les années 1960. Nixon désigne un représentant personnel auprès du pape, en la personne de Henry Cabot Lodge. Lors de sa première audience, le souverain pontife lui demande… que la CIA cesse de recruter des prêtres comme informateurs !

L'inquiétude des Américains est à son comble. Lors des élections italiennes de 1968, la DC a été dépassée de 2 points par l'alliance PCI-PSI, tandis que dans les rues se multipliaient les manifestations d'étudiants opposés à la guerre du Vietnam. Les vannes du soutien financier sont donc ouvertes en grand. Sur la seule année 1970, les banques de Sindona reçoivent 10 millions de dollars qui sont reversés à P2. Laquelle va à son tour arroser divers groupes activistes d'extrême droite[1].

C'est dans ce contexte qu'intervient, en décembre 1970, une nouvelle tentative de coup d'État menée par le prince Borghese. Ce héros du fascisme réhabilité par Angleton après la guerre a fondé en 1968 le mouvement *Fronte Nazionale*, qui recrute largement parmi les nostalgiques de Mussolini. Ses cadres réunis à Rome vont servir de noyau dur pour sa tentative de putsch, renforcés par 200 hommes du mouvement *Avanguardia Nazionale*, mené par Stefano Delle Chiaie (dans la galaxie complexe de l'extrême droite italienne, Delle Chiaie est sans conteste l'un des personnages les plus troubles de son époque, qui mêle sans vergogne actions terroristes, trafic de drogue,

1. Jack Greene et Alessandro Massignani, *The Black Prince and the Sea Devils. The Story of Valerio Borghese and the Elite of the Decima Mas*, Da Capo Press, 2004.

d'armes et services aux dictatures sud-américaines[1]). Les troupes armées de Borghese et Delle Chiaie sont convaincues d'agir avec le soutien de trois régiments de l'armée, d'unités de la police et des *carabinieri*… Sans parler des forces de l'OTAN qui seraient prêtes à intervenir. Les comploteurs sont censés prendre le contrôle des ministères de l'Intérieur, des Affaires étrangères et de la Défense, ainsi que du Parlement et de la RAI. Le président Saragat doit être capturé, le chef de la police, considéré comme peu fiable, éliminé. Les leaders syndicaux et politiques de gauche doivent être arrêtés et regroupés dans une île au nord de la Sicile. Mais le jour venu, rien ne se passe comme prévu. Un groupe pénètre bien au ministère de l'Intérieur, grâce à des complices parmi les gardes, et met la main sur un stock d'armes qui sont distribuées aux complices.

Mais vers minuit, Borghese reçoit un appel lui ordonnant de tout arrêter ! C'est alors une course contre la montre pour recontacter tous les commandos éparpillés dans Rome avant qu'ils ne passent à l'attaque.

Sur cet épisode baroque, beaucoup de questions demeurent en suspens. Licio Gelli a clairement joué un rôle important dans ce complot et on s'est demandé si ce n'était pas lui qui avait annulé l'opération. Une autre personne impliquée fut le Napolitain Federico Umberto D'Amato, encore un ami d'Angleton devenu homme de confiance des services américains, qui avait travaillé pour l'OTAN et se trouvait désormais au ministère de l'Intérieur. Le magazine *L'Espresso* a même affirmé qu'Angleton lui-même était arrivé en Italie dans le plus grand secret peu avant la tentative de coup d'État, et avait quitté le pays peu après[2]. Cela ne désigne pas avec certitude la CIA comme donneur d'ordre, car à cette époque Angleton n'a plus le vent en poupe auprès des patrons de l'Agence. Il a aussi pu apporter son soutien à titre privé…

1. Voir notamment Stuart Christie, *Stefano Delle Chiaie. Portrait of a Black Terrorist*, Christie Books, 1984.
2. *L'Espresso*, 8 février 1976, cité par Philip Willan, *Puppetmasters. The Political Use of Terrorism in Italy, op. cit.*

Dans les années qui ont suivi, Gelli a tout fait pour minimiser la gravité de l'épisode et épargner aux conjurés toutes conséquences graves, en usant de ses relations au sein des services et de la justice. Sur 146 accusés au départ, seuls 46 furent condamnés en première instance avant d'être tous relaxés en appel[1]. Le repenti mafieux Tommaso Buscetta a par la suite témoigné devant le juge Falcone en 1984 que Borghese avait sollicité la Mafia pour soutenir son projet, en échange d'une amnistie générale pour les mafieux emprisonnés. Sans avoir connaissance de ce témoignage, un autre boss mafieux a tenu devant la justice en 1986 des propos similaires. Un des conjurés qui a passé un an en prison, Gaetano Lunetta, a déclaré lors d'une interview à *L'Espresso*[2] que « l'objectif politique de ceux qui ont organisé le coup a été atteint : bloquer la stratégie d'Aldo Moro, écarter le PCI des partis de gouvernement, garantir une loyauté totale de l'Italie à l'OTAN et aux Américains. La vérité, c'est que le coup a bien eu lieu et qu'il a été un succès ». Mais pour un temps limité, serait-on tenté d'ajouter…

En effet, aux élections de 1972, la DC remporte 39 % des suffrages tandis que l'alliance PC-PS en réunit 37 %. Cela reste très serré. Nixon est contraint de quitter le pouvoir par le scandale du Watergate en 1974. Mais son successeur Gerald Ford conserve auprès de lui le conseiller national à la sécurité Kissinger, qu'il nomme secrétaire d'État. Ce dernier reçoit la visite du président italien Leone et du ministre des Affaires étrangères Aldo Moro, venus discuter de l'entrée au gouvernement des partis de gauche. Selon l'épouse de Moro[3], l'entrevue est très violente : Kissinger hurle sur Moro, lui ordonne de renoncer à sa politique d'inclusion de tous les partis, sous peine de le payer « très cher ». Et pourtant… après les législatives de 1976 où le PCI atteint son plus haut historique, Moro, président par intérim de la DC, décide de passer outre…

1. Cf. Philip Willan, *Puppetmasters, op. cit.*
2. *Op. cit.*
3. *Ibid.*

13
L'IOR change de cheval

Sindona joue et gagne...

Une fois officialisée son association avec le Vatican, Michele Sindona ne semble plus fixer de bornes à ses ambitions, aussi bien en Italie qu'en Amérique du Nord.

En 1967, il finance aussi le coup d'État des colonels en Grèce[1], à hauteur de 4 millions de dollars reçus des États-Unis. Licio Gelli a apporté son expertise et un soutien matériel.

Sindona finance surtout la Démocratie chrétienne. Selon le rapport d'enquête parlementaire américaine Pike publié en 1976, le gouvernement américain a envoyé 10 millions de dollars en 1972 : une bonne partie a transité via les banques de Sindona. L'ambassadeur américain en Italie Graham Martin, proche de Nixon, gère directement certains transferts qui ne passent pas par la CIA.

On l'a vu au chapitre précédent, pendant les années 1970, des factions d'extrême droite ont tenté de renverser le gouvernement et d'établir un État autoritaire. Pour comprendre le rôle de Sindona dans ce contexte, on peut citer le témoignage sous serment de John McCaffery, ancien des services secrets britanniques et cadre de la

1. L'armée grecque ne veut pas d'une victoire de la gauche aux prochaines élections qui selon elle ferait basculer le pays dans le communisme. Le 21 avril, dans la nuit, les soldats prennent le contrôle du palais gouvernemental, le père de l'opposant Papandréou est kidnappé. 5 000 communistes sont raflés.

banque Hambros associée à Sindona. Ce témoignage a été produit par la défense de Sindona en février 1981 devant la Justice américaine :

> Les efforts pour combattre la révolution gauchiste ont été fragmentaires et complètement désorganisés. Beaucoup de ceux qui auraient dû être les leaders naturels de l'opposition étaient corrompus, dociles et ineptes. Ceux qui étaient intelligents, forts et avaient du succès représentaient des menaces considérables pour le mouvement gauchiste et devenaient des cibles à éliminer. Michele Sindona était un membre de ce groupe. [...]
> Sindona m'a contacté, pleinement conscient de mon passé dans la Résistance, début 1972 avec un plan de coup d'État, qui devait installer en Italie et en Sicile un gouvernement allié des États-Unis. Peu après, j'ai rencontré Michele Sindona et des officiers de haut rang, où nous avons discuté du coup d'État planifié par Sindona et les militaires. À cette réunion, j'ai présenté un plan détaillé pour s'emparer du gouvernement et pour planifier la première année au pouvoir.

Toutefois, McCaffery précise qu'il n'a nullement été informé de la composante néofasciste du complot : il affirme qu'il aurait dans ce cas refusé d'y prendre part.

En 1972, Sindona s'installe à Genève. L'Italie n'est plus au centre de ses préoccupations. Son nouveau grand projet consiste à prendre le contrôle de la Franklin National, banque américaine en difficulté. Un proche de Nixon, David Kennedy, ancien ambassadeur auprès de l'OTAN, secrétaire au Trésor de 1969 à 1971, fait office de caution morale. Comme d'habitude, Sindona utilise le cabinet d'avocats dont Nixon a été associé. Comme d'habitude, il siphonne les fonds en dépôt dans ses banques (40 millions de dollars), mais cela ne suffit pas... il doit aussi vendre sa participation dans plusieurs sociétés financières. Mais Licio Gelli veut que cela se fasse dans le cercle de la loge P2, pour ne pas perdre en pouvoir d'influence sur l'économie italienne. C'est alors qu'intervient un autre membre de P2, qui doit beaucoup à Sindona.

L'éducation d'un banquier

Roberto Calvi est né le 13 avril 1920 à Milan. Contre l'avis de sa famille, il s'enrôle dans l'armée italienne à 19 ans. Il suit une formation de cavalier. En juin 1941, Mussolini propose à Hitler de l'aider dans sa conquête de l'URSS. Calvi fait partie des troupes envoyées sur le front de l'Est. Sa conduite pendant la guerre vaudra au jeune homme des décorations de l'armée italienne mais aussi allemande. À son retour, il est placé par son père dans la banque publique où il travaille. En 1946, un collègue de Calvi accepte de recruter son fils dans son établissement, la Banco Ambrosiano.

Cet établissement a pour clientèle la bourgeoisie catholique du nord de l'Italie. Il s'agit d'une des banques fondées à la fin du XIXe siècle avec l'aide du Vatican pour faire pièce à l'hégémonie des banques laïques. Ses statuts sont conçus pour éviter qu'elle tombe entre des mains impies. Personne ne peut en principe en détenir plus de 5 % et tout nouvel actionnaire doit produire une attestation de bonne conduite de son curé. Il en va de même pour les employés qui doivent être de bons catholiques. Calvi, qui parle allemand et français, se met aussi à l'anglais et va progressivement franchir les échelons hiérarchiques. Il est chauve, de taille moyenne, un peu en surpoids. Seule sa moustache le distingue un peu. Il s'habille de façon très conservatrice, en costumes noirs. Seule coquetterie, il teint ses cheveux quand ils commencent à grisonner. Ce n'est pas un expansif, ni un émotif. C'est sans doute un grand timide, ce qui le fait paraître froid. On ne lui connaît guère de vie sociale.

En 1950, il rencontre Clara qui devient son épouse. Ils ont un premier enfant, Carlo, en 1953. L'Italie est alors en plein boom économique. Les banques font de bonnes affaires.

En 1960, Calvi lance le premier fonds d'investissement italien accessible aux petits porteurs. C'est un grand succès. Au même moment, l'Ambrosiano achète la banque suisse Banca del Gottardo. En 1965, le mentor de Calvi devient président de la banque et fait de son protégé un directeur. Il est aux portes du pouvoir. C'est sans doute en 1968 ou 1969 qu'il rencontre Michele Sindona, lequel va changer sa vie.

À compter de cette époque, Sindona achète des actions de la banque Ambrosiano, en même temps que l'IOR. Calvi est nommé directeur général de l'Ambrosiano en 1971. Il apprend de Sindona les ficelles de la banque offshore. Ce dernier a créé des sociétés dans des paradis fiscaux tels que le Liechtenstein ou le Luxembourg. En 1970, Sindona revend à l'Ambrosiano un de ses véhicules luxembourgeois, qui est rebaptisé Banco Ambrosiano Holding (BAH). À l'exemple de Sindona, Calvi se met à opérer sur le marché italien à partir de cette structure, qui devient l'actionnaire des banques suisses du groupe, la Banca del Gottardo et Ultrafin. Calvi devient directeur général du groupe en février 1971. Il a désormais les mains libres. Le mois suivant, il crée la banque Cisalpine de Nassau, son premier véhicule offshore pour l'Amérique du Sud, dans laquelle l'IOR prend une participation minoritaire. Marcinkus est nommé administrateur… on chuchotera même qu'il serait actionnaire à titre individuel, sans que cela soit jamais prouvé. La Banque d'Italie n'a aucun droit de regard sur ce qui se passe hors de sa juridiction. Toujours est-il que la collaboration entre Marcinkus et Calvi est bien née avant la chute de Sindona, contrairement à ce qui a été souvent écrit.

Via un montage complexe (et illégal), Calvi prend le contrôle fin 1971 d'une grosse holding financière, la Centrale Finanziaria. Sindona aurait aimé le faire, mais il est empêtré dans ses combinaisons et connaît ses premiers échecs en Italie. Au fur et à mesure que l'empire Calvi se développe, celui de Sindona va se désagréger.

Sindona joue et perd

En novembre 1972, Sindona se lance dans une spéculation contre la lire italienne (vente à terme). Il spécule avec le soutien de plusieurs banques, en particulier l'IOR. Sindona est en excellents termes avec l'ambassadeur des États-Unis en Italie, Graham Martin. Il semble avoir des assurances de haut niveau de la part du gouvernement américain. Du fait de ses opérations, la lire s'affaiblit et semble devoir mener l'Italie à la banqueroute. La Banque d'Italie appelle Sindona à la rescousse sans savoir qu'il est un des principaux spéculateurs contre sa devise. Séduit par la perspective de devenir un héros national, Sindona abandonne sa stratégie, explique qu'il a réussi à infiltrer le groupe des spéculateurs et va les forcer à arrêter leurs manœuvres ! Aussitôt dit aussitôt fait. Giulio Andreotti surnommera Sindona le « sauveur de la lire ». Lorsque la Banque d'Italie auditera le groupe Sindona après sa chute en 1974, elle découvrira un compte fictif dans lequel l'IOR avait placé 22 millions de dollars pour participer aux manœuvres spéculatives. Ce sera évidemment très embarrassant pour le Vatican que l'on apprenne sa participation à un acte de guerre économique contre l'Italie… Le liquidateur du groupe refusera de rendre les fonds à l'IOR.

La Franklin National va de son côté subir de fortes pertes à cause de paris pris sur un dollar à la hausse. En 1973-1974, la Franklin enregistre des pertes sévères qu'elle camoufle par de fausses écritures et des opérations fictives avec d'autres banques du groupe.

Toujours confiant dans sa bonne étoile, Sindona se lance dans un nouveau projet d'acquisition, confiant dans le soutien de l'administration et l'influence de son cabinet d'avocats. Mais le scandale du Watergate[1] et la menace d'impeachment contre Nixon réduisent à néant ses espoirs. On découvre de nouvelles pertes de l'ordre de 25 millions de dollars sur le marché des changes. La banque est à genoux.

Alertés par la rumeur du marché, les banquiers retirent leurs avoirs de la Franklin, suivis de près par les déposants avisés. La cotation de l'action Franklin est suspendue. En Italie, la presse de gauche se déchaîne contre Sindona, semant le doute sur la solidité de son

1. Pour l'anecdote, cet immeuble devenu célèbre appartient à la Societa Generale Immobiliare, dont le Vatican est actionnaire aux côtés de Sindona !

groupe. Cela déclenche une vague de retraits et une crise de liquidités qui lui sera fatale. En juin, une des plus grosses banques privées allemandes fait faillite suite à des positions hasardeuses sur le marché des changes. Tout le monde se met à anticiper un sort similaire pour le groupe Sindona. Ce dernier est obligé d'emprunter 200 millions de dollars à la Banque d'Italie. En retour, les banques doivent ouvrir leurs livres de comptes et accueillir une équipe d'auditeurs menée par un avocat, Giorgio Ambrosoli. Ce dernier a tôt fait de découvrir de nombreuses transactions irrégulières, sans parler d'une kyrielle de versements non justifiés à des hommes politiques démocrates-chrétiens. Ambrosoli estime les pertes latentes à au moins 500 millions de dollars. En septembre, le groupe bancaire est mis en liquidation. Le mois suivant, c'est au tour de la Franklin d'être déclarée en faillite. La justice italienne émet un mandat d'arrêt contre Sindona, qui a pris la fuite.

La nouvelle cause une vive émotion et embarrasse le pape au plus haut point. Les partisans traditionalistes de Mgr Lefebvre réclament la démission de Paul VI, « traître à l'Église ». Le 4 octobre 1974, au milieu de la nuit, Licio Gelli appelle Sindona, alors en fuite en Suisse, et lui conseille de quitter le pays avant qu'Interpol soit notifié du mandat d'arrêt contre lui. Sa seule solution est de rejoindre un pays qui n'a pas d'accord d'extradition. Il s'enfuit à Taïwan. Mais après réflexion, il décide de regagner les États-Unis, car il pense toujours pouvoir y restaurer son honneur.

S'étant présenté spontanément aux autorités américaines, Sindona est laissé provisoirement en liberté. Ses avocats font valoir qu'il risque sa vie s'il est extradé vers l'Italie, que les procès en cours contre lui sont le résultat d'un vaste complot de la gauche qui veut abattre cet infatigable défendeur des valeurs occidentales. Pendant ce temps, les hauts magistrats italiens membres de la loge P2 font de leur mieux pour bloquer ou retarder les investigations contre lui. Et diverses personnalités italiennes proches de P2 témoignent spontanément des qualités du Sicilien. L'attestation la plus remarquable est produite par Phil Guarino, le prêtre américain qui dirige la division italo-américaine du Parti républicain. Pour rendre plus crédible la menace communiste contre Sindona, un membre de P2 fait même imprimer des tracts censés émaner d'un groupe d'extrême gauche, qui appellent à la « mise à mort » du financier et sont diffusés dans les rues de Rome et de Milan.

La mafia italo-américaine, en particulier Johnny Gambino, accueille Sindona à bras ouverts, en lui donnant du « Don Michele » long comme le bras. Des levées de fonds sont organisées pour financer sa défense juridique. Selon le témoignage de Nino, le fils Sindona, recueilli par Luigi Di Fonzo, Gambino propose alors à son père de le débarrasser de ses ennemis. En retour Sindona deviendra son *consigliere* financier.

Gambino en a après ce qu'il reste de fortune personnelle à Sindona. Il le convainc d'investir 150 000 dollars dans un projet de quotidien italo-américain qui ne verra jamais le jour, de prêter des fonds pour des opérations immobilières qui ne seront jamais menées à bien, etc. La mafia italo-américaine est la dernière planche de salut de Sindona, alors il se laisse faire. Le 9 mars 1979, Sindona sera inculpé pour 99 motifs pour fraude, parjure et détournement de fonds bancaires et laissé en liberté, contre une caution de 3 millions de dollars.

Le Vatican était associé pour un tiers au capital des banques italiennes et suisses contrôlées par Sindona. Marcinkus avait autorisé le Sicilien à spéculer sur le marché des devises, sur lequel il allait subir de lourdes pertes. Ses seuls paris sur les valeurs respectives du dollar et de la lire italienne ont coûté près de 10 millions de dollars à l'IOR.

À l'échelle de l'IOR, les pertes essuyées dans la débâcle de l'empire Sindona sont cependant limitées. Entre-temps, Marcinkus a intensifié ses activités avec Calvi. L'IOR est confortablement rémunéré pour les fonds qu'il fait circuler dans l'empire de Calvi afin de faire illusion sur la santé du groupe. Les investissements de l'IOR dans le groupe de Calvi passeront sur la seule année 1978 de 200 à 350 millions de dollars.

14
Le dernier chagrin de Paul VI

La fin du règne de Paul VI est crépusculaire. Le pape vit replié sur lui-même, l'humeur sombre, ne reçoit presque plus personne. Il est tenté de démissionner. Les critiques fusent de toutes parts : pour les ultraconservateurs, Paul VI a été trop loin dans la modernisation de l'Église et trop complaisant avec la théologie de la libération. Certains théologiens modernes comme le Suisse Hans Küng remettent en question le dogme de l'infaillibilité papale et lèvent les tabous sur les questions de société comme l'avortement ou l'homosexualité.

En mai 1969, Paul VI a remplacé le vieux secrétaire d'État, le cardinal Cicognani, par un Français, Mgr Villot. Natif d'Auvergne, de haute taille, l'air distant, Villot a dirigé la Congrégation pour le clergé. Il va mener la secrétairerie sous trois papes. C'est un réaliste énergique et calme. Pendant un temps, il est éclipsé par l'hyperactif Mgr Giovanni Benelli, parfois surnommé le « sergent-chef ». On décrit Benelli comme un cadre d'entreprise moderne, soucieux avant tout d'efficacité. Il voit passer toutes les affaires importantes de l'Église et traite parfois directement avec Paul VI. Benelli supervise la gendarmerie (bientôt rebaptisée Vigilanza) et la garde suisse. En juin 1977, Benelli est disgracié, à la mode vaticane : on le nomme cardinal et on l'envoie à Florence. Villot règne désormais sans partage.

Mais le dernier drame du pontificat est l'assassinat d'Aldo Moro, dont le pape a suivi avec empathie le chemin de croix politique.

Moro doit mourir

Né en 1916, Aldo Moro est un intellectuel issu de l'Action catholique, ayant mené des études de droit. Il s'est investi dans le syndicalisme étudiant, a été nommé président de la FUCI en 1939 (Fédération universitaire catholique italienne - il cédera ce poste en 1942 à un certain Giulio Andreotti). Puis il a effectué une carrière classique d'universitaire, en parallèle de son investissement dans la DC. Il a milité dès 1944, a été élu député dès 1946. On l'a dit, Moro et Montini ont tissé des liens amicaux lorsque ce dernier était aumônier de la FUCI.

En 1953, il est président du groupe parlementaire DC à la chambre. Il sera plusieurs fois ministre. En 1959, il est élu secrétaire général du parti et prône déjà une politique d'ouverture en direction du PSI. Le congrès de Naples de 1962 valide cette stratégie. L'ouverture à gauche inquiète une partie de la hiérarchie catholique, dont le cardinal Siri. Mais Jean XXIII reçoit Moro en août 1962 et lui donne son aval. L'affaiblissement de la DC aux élections de 1963 rend inévitable cette alliance qui se concrétise en décembre. De décembre 1963 à juin 1968, il dirige trois gouvernements de centre gauche, sans grandes révolutions. En 1968, son courant perd en influence et il commence à critiquer le clientélisme d'une partie de ses collègues.

Il sera cependant plusieurs fois ministre des Affaires étrangères de 1969 à 1974, prenant ses distances avec les États-Unis sur divers dossiers. En 1976, il est accusé d'avoir touché des pots-de-vin dans l'affaire Lockheed[1] : il s'avérera que la rumeur vient des services américains eux-mêmes pour le discréditer. Dans les années 1970, Moro est désormais favorable à un « compromis historique » permettant d'inclure le PCI au sein de l'alliance gouvernementale. Paul VI est

1. Scandale faisant suite à un système de corruption parmi des responsables du groupe aérospatial Lockheed entre la fin des années 1950 et les années 1970, lors de la négociation de ventes d'appareils aéronautiques. Il eut des conséquences dans plusieurs pays européens, en Italie notamment. Aux États-Unis, cela mena l'entreprise au bord de la faillite.

d'abord réticent à cette idée (l'ouverture aux socialistes a déjà gêné le Vatican dans sa gestion patrimoniale), mais il finit par convenir que Moro a raison. Le PC italien a pris ses distances avec Moscou et se déclare même prêt à garantir la pérennité des bases militaires américaines. En 1974, Moro retrouve la présidence du Conseil. La poussée électorale des communistes aux élections de 1975, puis de 1976, où le PCI fait presque jeu égal avec la DC (un gros tiers de l'électorat) rend presque impossible de gouverner sans eux.

Le 16 mars 1978, Aldo Moro est en route pour le Parlement où doit se tenir un vote de confiance sur le nouveau gouvernement d'union nationale qui, pour la première fois depuis 1947, serait soutenu par le PCI. Sa voiture et celle de ses gardes du corps ralentissent au carrefour de la via Fani et de la via Stresa. C'est alors qu'une Fiat blanche recule et bloque le passage. Le chauffeur de Moro doit freiner brutalement. Deux hommes bondissent de la Fiat et sont rejoints par quatre autres qui attendaient près du carrefour, habillés en uniformes de pilotes. Ils dégainent leurs armes et tirent à 91 reprises sur les cinq gardes du corps de Moro. L'essentiel des coups sont tirés par deux membres du commando que les témoins décriront comme très calmes et précis. Le rapport de police conclura à une opération très professionnelle exécutée de façon à ne pas blesser Moro et limiter les risques pour le commando. Cette rigueur dans l'exécution fait plutôt penser à des profils militaires ou mafieux qu'aux Brigades rouges.

Dans les jours précédents, Moro et le responsable de sa sécurité Oreste Leonardi s'étaient inquiétés d'être sous surveillance. Leonardi avait noté le numéro d'une voiture qui les prenait en filature et l'avait communiqué à la police, qui n'avait pas donné suite. Moro avait réclamé une voiture blindée, ce qui lui avait été refusé.

Immédiatement après la fusillade, la police désigne le groupe terroriste d'extrême gauche les Brigades rouges. Après avoir surtout pratiqué des kidnappings, ils se sont convertis aux exécutions en 1976. Le pape apprend la nouvelle alors qu'il est alité en raison d'une grippe. Son émotion est si vive que son médecin doit d'urgence intervenir et lui administrer des médicaments pour prévenir un incident cardiaque.

Un gouvernement de crise Andreotti est désigné à une écrasante majorité par le Parlement.

Les autorités prennent des mesures d'exception (écoutes téléphoniques illimitées) et mobilisent les grands moyens : 20 000 policiers et militaires sont déployés dans la région de Rome, 37 000 perquisitions menées dans tout le pays… pour un résultat nul.

Les ravisseurs revendiquent l'opération et annoncent le « procès » de Moro devant un « tribunal du peuple ». Moro est détenu en secret dans un appartement du 8 via Montalcini, acquis grâce à l'argent d'une rançon pour la libération d'un armateur génois. Durant toute sa captivité, Moro est isolé dans une petite pièce insonorisée sans fenêtre. Interrogé par ses juges autoproclamés, Moro reste inflexible et argumente face à chaque accusation.

Malgré des positions très contrastées, le gouvernement définit assez vite une ligne dure : pas de négociation avec les ravisseurs. Le président Cossiga expliquera plus tard que l'opinion publique n'aurait pas compris que le pouvoir tente de négocier après le meurtre des gardes du corps. Le PCI tient de son côté une ligne d'autant plus inflexible qu'il déteste les brigadistes. Négocier avec eux reviendrait à leur reconnaître une puissance. Cette intransigeance est aussi le prix de la crédibilité pour devenir un parti de gouvernement. Le PCI veut montrer qu'il n'a absolument rien en commun avec l'extrême gauche terroriste. Enfin, la DC veut montrer qu'elle sait faire preuve de courage face au chantage. Seul le PSI de Bettino Craxi est en décalage avec cette position, de même que certains amis de Moro au sein de la DC.

L'extrême gauche est mal à l'aise compte tenu de la popularité de Moro (les centrales syndicales appellent à des manifestations de protestation contre son enlèvement), et se réfugie dans un subtil « ni-ni » (« ni avec l'État, ni avec les Brigades rouges »).

Moro est autorisé à écrire des lettres à sa famille et au président Cossiga pour tenter d'infléchir cette position dure qui surprend les brigadistes (bien d'autres cas précédents d'enlèvement se sont traduits par des transactions). Dans sa première lettre, Moro fait valoir les risques que cela entraîne : « telle est la situation où je me trouve, détenteur de toutes les connaissances et de la sensibilité qui découlent d'une longue expérience, avec le risque d'être appelé ou induit à parler d'une manière qui pourrait s'avérer déplaisante ou périlleuse dans certains cas précis ». Andreotti déclare que cette lettre est un document « moralement non attribuable à Moro », manière de dire soit qu'il n'a plus toute sa tête, soit qu'il écrit sous la contrainte[1]. Dans une lettre ultérieure, Moro se montre moins diplomate et accuse ses amis de l'avoir abandonné. Démunie, la famille Moro tente de peser sur l'opinion, en vain. Le 7 avril Moro écrit au pape, mais la lettre ne lui parvient pas. Le 15 avril, les Brigades annoncent la condamnation à mort de Moro. Quelques jours plus tard, elles proposent de gracier Moro en échange de la libération de treize prisonniers communistes. Le 19, la conférence épiscopale italienne demande l'ouverture de négociations et, le 22, l'organisation Caritas, qui regroupe nombre d'œuvres de charité catholiques, offre sa médiation. Le 22 avril, le pape fait publier un appel public aux BR : « Je vous supplie à genoux. Libérez l'*onorevole* Aldo Moro, simplement, sans condition, non pas à cause de ma modeste et affectueuse intercession, mais en vertu de la commune dignité fraternelle de l'humanité. » C'est un premier pas vers la reconnaissance des BR mais qui ferme la porte à toute négociation. Le pape a demandé à toute la curie de faire l'impossible pour trouver ne serait-ce qu'une piste pour sauver son ami.

Les Brigades rouges se considèrent comme meilleur représentant de la classe ouvrière que le PCI, compromis à leurs yeux. Elles se sont donné pour mission d'empêcher le retour d'un régime fasciste en Italie. Elles ont mené de 1970 à 1976 des actions de propagande armée (telles que des enlèvements), puis à partir de 1976 des assassinats. L'enlèvement de Moro intervient après le début d'un procès

1. Philippe Foro, *L'affaire Aldo Moro*, Vendémiaire, 2013.

de figures historiques des BR à Turin. Le but apparent est d'obtenir leur libération.

Qui a tué Moro ?

Sentant la fin proche et sans doute amer, Moro écrit une lettre où il annonce symboliquement démissionner de la DC. Le 5 mai, un communiqué des BR annonce que Moro a été exécuté. Dans sa dernière lettre à sa femme, Aldo Moro conclut : « Le pape a fait bien peu ; peut-être en aura-t-il quelque scrupule. » Contrairement à la volonté du défunt, une messe est célébrée par Paul VI en présence des hautes autorités de la République italienne et de la DC. La famille refuse d'y assister. Le pape apparaît visiblement éprouvé.

Il faut dire que le rapport présenté au pape sur les ratés de l'affaire Moro est à la fois troublant et accablant. Tout d'abord, il confirme que Moro dès le début de sa captivité lui a bien écrit une lettre… qu'il n'a jamais reçue : elle a été bloquée par Andreotti. Surtout, les collaborateurs de la curie qui ont pu interroger leurs sources dans la police et parmi les journalistes concluent que les services de police italiens ont accumulé les négligences. Par exemple : le 28 mars, un appel anonyme a fourni les noms de membres présumés du commando. Il faudra un mois pour commencer à mettre certains sous surveillance. La première perquisition aura lieu le 9 mai, jour de la mort de Moro, et permettra de découvrir des dossiers d'objectifs pour de futures opérations des BR. Autre épisode rocambolesque : le 18 mars, la police perquisitionne plusieurs appartements de la via Cassia, dont un où résident (on le saura plus tard) plusieurs membres de BR. L'appartement étant vide, elle ne va pas plus loin. Le même jour, la police perquisitionne des appartements censés abriter des brigadistes au 96 via Gradoli. Au 3e étage, personne ne répond aux coups de sonnette. Les policiers jugent l'appartement vide et ne vont pas plus loin, alors qu'une voisine a signalé qu'elle était dérangée la nuit par le fonctionnement d'une radio qui captait les messages de la police ! Comme le fera remarquer le juge Imposimato, « il y avait là de quoi intriguer le plus borné des policiers[1] ». Si on avait mis sous surveillance cet appartement où les voisins entendaient « monter et descendre des inconnus », on aurait pu filer des brigadistes.

Une enquête sénatoriale révélera que cet immeuble abritait des brigadistes, mais aussi des policiers et des membres de services secrets, et qu'il était géré par une société ayant des liens avec ces services. Les brigadistes étaient-ils sous surveillance ? Et dans ce cas pourquoi ne les a-t-on pas filés jusqu'à la cache où était détenu Moro, via Montalcini ? Le juge Imposimato racontera une fois en retraite ce que le brigadier de la garde des finances Giovanni Ladu lui a confié en 2008 : cet immeuble aurait été placé sous surveillance par la police, notamment au moyen d'une caméra. En 2012, un ancien officier de l'armée confiera au juge avoir lui-même installé cette caméra. « Toute l'opération était dirigée par Giuseppe Santovito, chef des services secrets militaires, et Pietro Musumeci, secrétaire général des services secrets. Chacun d'eux était un intermédiaire avec le ministère de l'Intérieur[2]. » Selon ce même officier, une opération de libération de Moro était prévue pour le 8 mai, mais a été annulée en début de journée.

Plusieurs mafieux repentis ont témoigné dans les années 1990 que des membres de la Mafia s'étaient proposés pour jouer les intermédiaires et négocier avec les brigadistes. Mais des instructions très claires sont venues du sommet de la hiérarchie pour ne pas bouger. Tommaso Buscetta raconte avoir proposé de négocier avec des chefs brigadistes emprisonnés à Turin. Il reçut un contrordre : « Plus tard j'ai su que des leaders de la Démocratie chrétienne proches d'Andreotti avaient convaincu Cosa Nostra de laisser exécuter Moro avec son auréole de martyr, au nom de l'anticommunisme[3]. » Lors du procès de Palerme, qui a mis en cause les liens d'Andreotti avec la

1. Ferdinando Imposimato, *Un juge en Italie*, éditions de Fallois, 2000.
2. Ferdinando Imposimato, *155 giorni che hanno cambiato l'Italia*, Newton Compton, 2013. Cité par Philippe Foro, *L'affaire Aldo Moro*, *op. cit.* Voir aussi du même auteur (avec Sandro Provvisionato) : *Doveva morire*, Chiarelettere, 2008.
3. Ferdinando Imposimato, *Un juge en Italie*, *op. cit.*

Mafia, cette affaire a de nouveau été évoquée, sans qu'il soit possible de prouver avec certitude que l'homme politique serait intervenu sur ce point.

Le refus de négocier la libération de Moro est vraiment exceptionnel. Trois ans plus tard, un simple conseiller démocrate-chrétien de Campanie, Ciro Cirillo, sera enlevé par les Brigades rouges. Il dirigeait les travaux de reconstruction dans le Sud après un tremblement de terre et avait une réputation de corrompu. Cette fois, Don Raffaele Cutolo, parrain de la Camorra emprisonné à Ascoli Piceno, sera sollicité comme médiateur par les services secrets italiens. Il fera négocier avec les Brigades rouges la libération de Cirillo moyennant une rançon d'un milliard et demi de lires (et une prime de 2 milliards pour la Camorra en remerciement de ses services).

Une chose est sûre concernant Moro : les services italiens n'ont pas été à la hauteur. Il est vrai qu'ils étaient alors en pleine restructuration. Les carabiniers qui centralisaient jusqu'en 1977 la lutte antiterroriste viennent d'en être dessaisis au profit des polices régionales. En janvier 1978, un décret a dissous le SID (Servizio Informazioni Difesa), jugé opaque et mal contrôlé, pour le remplacer par deux entités distinctes : le SISMI (renseignement militaire) et le SISDE, dépendant de la présidence du Conseil. D'autre part le ministère de l'Intérieur s'est doté d'un Office central des enquêtes générales et des opérations spéciales (l'UCIGOS).

Des auteurs ont affirmé, sans apporter la preuve définitive, que Moro aurait été victime d'un complot d'une fraction hors de contrôle des services secrets italiens agissant en lien avec la CIA pour manipuler les Brigades rouges. Il est vrai que le compromis historique incarné par Moro était mal vu des Américains pour qui une entrée des communistes au gouvernement était insupportable. Dans une telle hypothèse, un enlèvement était plus risqué pour ces services qu'un froid assassinat. Toutefois, les BR pouvaient avoir leurs raisons propres pour capturer Moro plutôt que l'assassiner.

On a également incriminé la loge P2 de Licio Gelli. Le documentaire de Michael Busse et Maria-Rosa Bobbi, « Aldo Moro, anatomie d'un crime»[1], a révélé qu'une réunion se tenait à Rome au moment même de l'enlèvement lors de laquelle Licio Gelli aurait déclaré à l'annonce de la nouvelle: «Le plus dur est fait.» La fouille par la police d'une cache des BR a permis de découvrir une liste de noms qui se révéla similaire à une liste saisie au domicile de Licio Gelli en 1981. Surtout, les principaux responsables du comité de gestion de l'affaire Moro se sont avérés être des membres de la loge P2... en particulier les directeurs du SISMI, du SISDE, de l'UCIGOS... Que cette loge très anticommuniste ait voulu contrecarrer les projets de Moro n'est pas douteux. Il est également évident qu'elle a eu les moyens de freiner les investigations et de favoriser l'attitude intransigeante des autorités italiennes.

D'autres auteurs ont évoqué l'hypothèse d'une manipulation des brigadistes par le Mossad. Certes Moro passait depuis son séjour aux Affaires étrangères pour «proarabe», mais c'est un peu léger pour justifier une opération du Mossad, avec les risques graves que cela aurait comportés pour Israël.

Il est désormais connu que les brigadistes avaient des rapports avec les services secrets tchécoslovaques, qui leur fournissaient une base d'entraînement et des armes. Grâce aux archives Mitrokhine, on a également su que le KGB avait infiltré un faux étudiant dans l'environnement de Moro: Feodor Sokolov suivait ses cours à l'université de Rome et venait régulièrement le questionner après les cours. Sokolov quitta Rome pour Moscou au lendemain de l'enlèvement.

On sait aujourd'hui que la CIA a été contactée dès le début de la crise par le ministère de l'Intérieur et que les autorités américaines ont dépêché Steve Pieczenik, numéro 2 de la cellule antiterroriste du Département d'État, spécialiste des affaires d'enlèvement, mais peu au fait du contexte italien. Dans des témoignages récents, ce dernier ne dissimule pas que sa priorité était la stabilité de l'Italie et la lutte anticommuniste, pas le sauvetage de Moro: «Pour moi l'élément-clé était de savoir quand je devais arrêter de faire semblant

1. Arte, 1993.

de négocier. Ce moment est arrivé à la fin de la quatrième semaine de détention, lorsque les lettres d'Aldo Moro ont commencé à être désespérées. Quand il a fait comprendre qu'il était sur le point de révéler des secrets d'État et de leur donner les noms de leurs détenteurs. Je me suis alors tourné vers Cossiga en lui disant que cela devenait inquiétant. Nous étions à un tournant et il nous fallait décider si Aldo Moro pouvait vivre ou s'il devait mourir[1]. » La raison d'État aurait primé sur toute autre considération. Cossiga et Andreotti ont-ils sacrifié Moro ? Étaient-ils informés de la possibilité d'une intervention pour le libérer ? Toutes ces questions suggèrent que la mort de Moro a pu être une continuation de la stratégie de la tension par d'autres moyens.

Le juge Imposimato va plus loin encore et affirme que si Moro avait été libéré, tout aurait été mis en œuvre pour l'éloigner de la vie politique. Le juge a découvert l'existence du « plan Victor » qui prévoyait « de le faire interner dans une clinique psychiatrique » prétextant qu'il avait « perdu la raison pendant sa séquestration ». Pendant sa captivité, il avait rédigé un mémoire dans lequel il dénonçait la corruption de la DC, sa compromission avec Cosa Nostra, la loge P2 et Sindona. En 1983, le juge Imposimato a quitté la magistrature après le meurtre de son frère. Il est ensuite devenu sénateur, sous étiquette communiste.

Un dernier point pose question. Le 9 octobre 1990, un ouvrier rénove l'appartement utilisé par les BR via Montenevoso lors du kidnapping de Moro… et découvre une cachette secrète remplie d'armes et de documents, ainsi que 60 millions de lires ! Le plus intéressant est la photocopie d'un manuscrit de 416 pages rédigé à la main par Moro au cours de sa détention. L'original avait été saisi par les *carabinieri* et avait disparu entre les mains de leur supérieur, le général Dalla Chiesa. Il est stupéfiant qu'ils soient passés à côté de cette cachette. Mais il est encore plus incroyable que le commando des Brigades rouges n'ait pas songé à publier les écrits de Moro tant

1. Cité in Emmanuel Amara, *Nous avons tué Aldo Moro*, Patrick Robin éditions, 2006.

ils étaient explosifs pour l'époque. Il détaille par exemple le financement de la DC par la CIA. Il insiste sur les relations d'Andreotti avec l'Agence d'un côté et les services secrets italiens dont il a eu la supervision… Il fait même allusion aux réseaux Gladio. Bref, avant de mourir, Moro a laissé à ses ravisseurs de quoi faire plus qu'embarrasser le pouvoir en place. Et ils n'en ont rien fait. Vraiment étonnant…

Paul VI se montre inconsolable de la mort de son ami Aldo Moro. Il tient à mener lui-même sa messe de funérailles. Quelques jours plus tard, il meurt à son tour.

De nouveau, la mécanique du conclave se met en route. Le camerlingue Villot tient à éviter toute possibilité d'espionnage pendant le conclave. Il demande au directeur de la Vigilanza, Camillo Cibin, de s'assurer qu'il n'y aura pas de micro. Il n'en trouve pas, mais… il apprend que l'équipe de Radio Vatican, désireuse de réaliser un scoop mondial, a prévu un dispositif audacieux : un petit transmetteur ayant la forme d'un bouton de chemise sera cousu au vêtement d'un assistant du conclave : il ne permet pas de transmettre les voix en direct, mais d'envoyer des signaux, comme en morse. L'assistant devra tapoter trois fois quand le pape sera désigné. Inutile de dire que les auteurs de ce plan de génie sont tancés illico par la secrétairerie : si on fait la chasse aux micros russes et américains, ce n'est pas pour laisser la porte ouverte à des barbouzeries des journalistes du Vatican !

IV
WOJTYŁA

15
Le pape qui ne devait pas mourir

Le 28 septembre 1978, le monde catholique est en état de choc : Albino Luciani, le « pape au sourire » élu trente-trois jours auparavant, vient d'être trouvé mort dans son lit. Officiellement, il a succombé à un infarctus du myocarde. À y regarder de plus près, le récit officiel de sa mort est bourré d'incohérences et de surprises. Ce qui va ouvrir la porte à tous les fantasmes…

À 5 h30 ce jour-là, la sœur Vincenza (au service d'Albino Luciani depuis 1959) le trouve inanimé dans son lit, les lunettes sur le nez. Affolée, elle donne l'alerte. Le secrétaire d'État, le cardinal Villot, arrive dans sa chambre et constate le décès. À cet instant, il devient camerlingue, investi par intérim des pouvoirs suprêmes du Vatican – comme il l'a déjà été après la mort de Paul VI. Séance tenante, Villot empoche les notes du défunt pape, ses médicaments, ses lunettes et le testament rangé dans son cabinet de travail. Puis il se retire pour passer divers coups de fil. Un médecin procède à un bref examen et conclut aussitôt à un infarctus, intervenu selon lui vers 23 heures la veille. À 7 h 27, un bulletin officiel annonce enfin le décès du pape. On dira plus tard qu'il est mort en lisant un livre ancien… lequel ne figurait ni dans sa chambre ni dans ses appartements.

Première incohérence : dès 5 heures, affirmera le journaliste David Yallop[1], une voiture du Vatican s'est présentée devant le domicile de deux embaumeurs, les frères Signoracci, alertés par téléphone quelques minutes auparavant, pour les emmener auprès du pape défunt. Une voiture commandée alors que le cardinal Villot

1. Dans son livre enquête *Au nom de Dieu*, Christian Bourgois, 1986, réédité sous le titre *Le pape doit mourir*, Nouveau Monde éditions, 2011.

n'avait pas encore constaté le décès… Alertés, certains cardinaux présents à Rome s'opposent à l'ordre précipité d'embaumement, qui rendra toute autopsie impossible par la suite. En Italie, le délai légal avant tout embaumement est de 24 heures minimum. Villot leur explique que le pape a pris par erreur une dose excessive de son médicament, ce qui risque de nourrir le fantasme d'un empoisonnement. L'Église doit selon lui s'éviter ce scandale et organiser au plus vite le prochain conclave, convoqué dans des délais records. De leur côté, les frères Signoracci constatent, selon Yallop, l'absence de rigidité cadavérique, ce qui situe plutôt le décès au matin même, entre 4 heures et 5 heures, et non vers 23 heures la veille. Le médecin traitant du pape, le Dr Da Ros, qui l'a examiné trois fois au cours du mois de septembre, exclut toute erreur dans la prise du médicament… Doutes et rumeurs se développent aisément sur un tel terreau.

L'homme qui ne devait pas être pape

Albino Luciani n'était pas un pape comme les autres. Il est né en 1912 dans une famille modeste d'Italie du Nord : son père, ouvrier, épousait les idées socialistes tandis que sa mère était une fervente catholique qui encouragea la vocation de son fils. Brillant élève au séminaire, Albino obtiendra à Rome un doctorat de théologie. Ordonné prêtre en 1935, il enseigne la théologie deux ans plus tard, devient vicaire général de sa paroisse en 1948 et sera l'un des premiers évêques nommés par Jean XXIII. Son ministère est tourné vers le suivi des âmes plus que vers la théologie : il a coutume de dire qu'il y a trop de théologiens et pas assez de pasteurs. D'une grande rectitude et simplicité de mœurs, il défend l'idée d'une Église pauvre, au service des pauvres. Quand deux prêtres de son diocèse sont impliqués dans un détournement d'aumône, il refuse de les couvrir et rembourse les victimes en vendant des biens de l'Église. En 1969, il devient patriarche de Venise, puis, en 1973, il est fait cardinal par Paul VI. Le pape apprécie particulièrement ce patriarche qui préfère visiter les hôpitaux plutôt que de fréquenter la haute société vénitienne.

Lorsque s'ouvre le conclave de 1978, destiné à trouver un successeur à Paul VI, le cardinal Luciani n'apparaît sur aucune liste de pronostics, ne milite dans aucun des camps en présence, conservateurs ou libéraux. Au quatrième tour du scrutin, il s'impose sans même avoir été candidat, comme un choix de compromis. Ses manières modestes et courtoises semblent en faire un « pape de transition » qui gérera les affaires courantes sans rien changer aux grandes orientations de l'Église…

Le nouveau pape prend pour nom Jean-Paul Ier, commence par refuser tout cérémonial de couronnement et se met au courant des dossiers, un peu perdu devant la grande machine de la curie qu'il ne connaît pas. Sa nomination inquiète un responsable en particulier, le patron de l'IOR, Paul Marcinkus, qui s'est autrefois montré désinvolte avec son nouveau patron. En 1971, Marcinkus, Sindona et Calvi s'étaient mis d'accord pour que l'Ambrosiano rachète au Vatican la Banca Cattolica del Veneto, laquelle oublierait aussitôt ses objectifs religieux et se débarrasserait des comptes diocésains. Au grand dam du patriarche de Venise, un certain Albino Luciani, qui fut sèchement éconduit par Marcinkus auprès duquel il était allé se plaindre… En 1978, alors que Calvi voit sa Banco Ambrosiano perquisitionnée par la justice italienne, le pape aurait toutes les raisons de faire le ménage à la tête de l'IOR. Sa mort arrangerait donc certaines personnes…

Le journaliste David Yallop, dont l'enquête *Au nom de Dieu* a connu un énorme succès dans le monde entier, a fait sensation en affirmant que le pape Jean-Paul Ier a été assassiné par une conjonction d'intérêts qu'il avait entrepris de bousculer : outre Marcinkus, il désigne Villot (que Luciani aurait prévu de remplacer), Gelli, Sindona, Calvi et quelques autres ecclésiastiques corrompus comme le cardinal Cody de Chicago… Yallop concède qu'il n'existe pas de preuve irréfutable et ignore quels auraient été les rôles exacts de chacun, mais en le lisant il reste très difficile de croire la thèse officielle d'une mort naturelle. Trop de faits et témoignages militent en sens inverse. Outre l'arrivée trop matinale des embaumeurs, les mensonges et incohérences sur les circonstances et l'heure de découverte du corps, l'embaumement précipité, la volonté supposée du pape de mettre un terme à la corruption du Vatican, Yallop apporte aussi des témoignages comme celui d'un sergent de la garde suisse, Hans Roggen, qui aurait vu Marcinkus le matin de la mort du pape à 6 h 45 dans l'enceinte du Vatican, bien avant son heure habituelle d'arrivée. À l'époque, il résidait à 20 minutes en voiture. En première lecture, le livre semble donc convaincant. Et il a convaincu lors de sa parution des millions de lecteurs à travers le monde.

À tel point que le Vatican sous Jean-Paul II a pris la décision de susciter une contre-enquête par un journaliste américain indépendant, en lui promettant libre accès aux témoins. Le choix s'est porté sur John Cornwell qui a publié en 1989 *Comme un voleur dans la nuit. Enquête sur la mort de Jean-Paul Ier*[1]. Tout à fait exceptionnelle, la mesure révèle l'ampleur du désarroi des fidèles bien sûr, mais aussi du clergé dont beaucoup ont lu Yallop et en ont été troublés. Au vu du résultat, certains responsables de la curie ont dû penser que le remède était pire que le mal. Car si Cornwell a bien conclu à l'absence de complot, l'image qu'il donne du Vatican est sans pitié…

Un pape trop mal entouré

Cornwell décrit tout d'abord un homme très seul à la tête du Vatican. Luciani n'avait pas prévu de devenir pape. Il est arrivé sans collaborateurs. Et il a été confronté d'un coup à tous les dossiers restés en souffrance pendant la fin de règne de Paul VI. Diego Lorenzi, secrétaire du pape, témoigne : « Je crois bien que le cardinal Villot lui a mis le grappin dessus sans délai, qu'il lui a aussitôt présenté une quantité de problèmes considérables à propos de l'Église ; le pape précédent n'avait pas pu faire face à cause de son grand âge… Villot

1. Robert Laffont, 1989.

pensait avoir affaire à un homme assez jeune. Luciani, qui avait participé à plusieurs synodes, avait pris connaissance de nombre des problèmes rencontrés par l'Église à travers le monde. Il avait toujours dit qu'il n'avait aucune expérience directe de ces problèmes[1]. » Cette avalanche de dossiers à traiter implique une forte pression et une grosse capacité de travail, bien différente de celle attendue d'un patriarche de Venise…

Se pose alors la question de savoir si Luciani était bien en « en bonne santé » comme l'affirme Yallop. Cornwell a interrogé Lina Petri, la nièce du pape, qui était médecin. Ce n'est pas du tout l'histoire qu'elle raconte : « En 75, il a eu un accident. J'étais déjà à Rome, au Policlinico Gemelli. Il est allé au Brésil pour rencontrer des immigrants italiens originaires de Vénétie. À son retour, il a eu un problème oculaire, une perte de vision. Il est allé à l'hôpital, à Mestre, consulter le Pr Rama, qui a diagnostiqué une embolie, ou une thrombose artérielle sur la rétine. C'est quelque chose de grave : ça veut dire que le sang ne circule pas bien. Il y a des substances qui se forment dans les artères et dans les veines, qui se coagulent et qui constituent des caillots qui bouchent les artères. Quand quelque chose comme ça se produit, ça veut dire qu'il existe des problèmes circulatoires et de coagulation sérieux. Ça signifie que ce qui est arrivé à l'œil aurait pu arriver à l'artère fémorale, dans l'intestin ou dans l'artère pulmonaire. Quand il y a un précédent, c'est sérieux, il faut faire très attention, parce qu'à partir de ce moment-là, on ne peut plus être considéré comme étant en bonne santé[2]. » Après cet incident, Luciani est désormais esclave de médicaments anticoagulants à vie. Quand il est élu pape, ses habitudes changent du tout au tout. Son mode de vie s'en trouve complètement bouleversé.

Tout le monde remarque qu'il a les jambes enflées et ne peut pas porter de chaussures, ni vieilles ni neuves. C'est un signe de stase veineuse : le sang a du mal à circuler dans les veines. Le pape doit faire des exercices de marche chaque jour. Mais cela ne semble alarmer

1. John Cornwell, *Comme un voleur dans la nuit*, *op. cit.* pour cette citation et les suivantes.
2. *Ibid.*

personne. « Il semble que mon oncle n'ait jamais eu de médecin au Vatican, ajoute Lina Petri. Pourtant, il aurait eu vraiment besoin d'un suivi médical ! À Venise, bien sûr il en avait un, mais pas à Rome. C'était, de fait, un pape sans médecin[1]. » Il y avait bien sûr un médecin attaché au Vatican, le Dr Buzzonetti, mais aussi incroyable que cela puisse paraître, il n'a pas rencontré le médecin vénitien de Luciani et ne connaissait donc pas son dossier médical.

Cornwell a aussi tenté de vérifier les témoignages les plus importants recueillis par Yallop. Certains, comme le garde suisse Roggen, se sont rétractés… mais on peut imaginer qu'ils ont subi des pressions. Plus gênant est le calendrier des frères Signoracci, les embaumeurs. Il apparaît que le corps du pape a été embaumé *dans la soirée*. Cornwell a retrouvé la trace d'une voiture venue les chercher à leur domicile… à 17 h 15 : 5 heures de l'après-midi et non 5 heures du matin… Le corps du pape devait être exposé quatre jours entiers au public et le temps pouvait être chaud et humide : il fallait donc éviter les odeurs de décomposition et autres flatulences.

Le calendrier tel qu'a pu le reconstituer Cornwell est celui-ci : la sœur Vincenza s'est rendu compte que le pape était mort, vers 5 h 30 ou 5 h 35. Villot arrive le premier sur place. Le Dr Buzzonetti arrive dans la chambre vers 6 heures. Ils rédigent le premier communiqué et décident de ne pas mentionner la sœur : c'est le premier d'une série de mensonges à leurs yeux sans conséquences, au service de la bienséance… On décrit un pape qui s'est éteint paisiblement en lisant un livre édifiant, qui n'est même pas dans la chambre. Ce sont peut-être de pieux mensonges, dans l'univers mental de la curie, mais ils ouvrent la porte à tous les fantasmes.

On oublie de dire que la veille au cours d'une marche, le pape avait été saisi d'une toux rauque et d'une douleur à la poitrine. Sœur Vincenza, visiblement habituée, était aussitôt arrivée avec un médicament. Informé de l'incident de la veille, un spécialiste des maladies cardio-vasculaires, le Dr Francis Roe, confirme l'hypothèse formulée

1. *Ibid.*

par la nièce : « Voici ce qui a pu arriver : l'exercice a provoqué le déplacement d'un morceau de thrombus, qui est remonté dans les poumons, ce qui a provoqué cette douleur subite – ça, c'est très caractéristique –, qui n'a quand même pas suffi à provoquer la mort. Il n'est pas rare que de petits emboles pulmonaires occasionnent des douleurs qui sont tout de même moins brutales qu'en cas de crise cardiaque, comme pour les infarctus. Le détail que vous mentionnez (la douleur dans la poitrine) va tout à fait dans le sens d'une embolie pulmonaire massive plus tard dans la soirée[1]. »

Si telle est bien l'explication, elle est à la fois rassurante (sur l'absence de complot interne) et accablante en ce qu'elle témoigne d'une certaine culture d'irresponsabilité dans la curie de l'époque. Plusieurs personnes attachées à la personne du pape étaient absentes le soir de sa mort. Son secrétaire Diego Lorenzi est rentré tard dans la nuit et est allé se coucher directement. Tous les témoins pensent davantage à sauver la face qu'à dire la vérité. À cela s'ajoutent les rumeurs internes. Un témoin anonyme livre ce diagnostic à Cornwell : « Les problèmes ont commencé quand les gens qui s'étaient disputés avec lui la veille au soir se sont trouvés dans l'obligation de contrôler l'information. Et les mensonges, les demi-vérités, les rumeurs, les récits obscurs se sont mis à circuler, tout ça sous l'effet du choc et d'une peur panique. Ils avaient élu pape ce pauvre homme, et il s'est retrouvé tout seul. Il ne pouvait pas supporter ce fardeau. Il a bien essayé, mais il n'avait pas le tonus psychologique nécessaire. »

Et l'auteur de conclure à la fin de son enquête : « Jean-Paul Ier est presque certainement mort d'une embolie pulmonaire due à une coagulabilité excessive du sang. Il lui aurait fallu du repos et un suivi médical. Il est presque sûr qu'en ce cas il ne serait pas mort. Tout un chacun aurait dû identifier les signes qui accompagnent un mal mortel. Mais personne n'a fait attention, et peu, sinon rien, a été fait pour secourir ou sauver le pape. »

1. *Ibid.*

16

Wojtyła, le pape des opérations spéciales

Fils d'un officier polonais retraité, Karol Wojtyła est un pur produit de l'histoire polonaise. Dans son enfance il a absorbé la tradition patriotique et religieuse polonaise. Il a vécu plusieurs drames familiaux : sa sœur cadette est morte dans sa petite enfance, sa mère est décédée quand il avait 8 ans, son frère aîné quand il en avait 11 et enfin son père disparut quand il avait 20 ans. Ces tragédies ont façonné son caractère. La mort de son père détermina certainement sa décision de devenir prêtre.

Pendant la Seconde Guerre mondiale, Wojtyła et un groupe de jeunes étudiants sont employés à l'usine chimique Solvay, considérée comme essentielle à l'effort de guerre, ce qui leur donne droit à des laissez-passer permettant de circuler librement. En parallèle, le jeune homme suit un séminaire clandestin, mis en place à partir de 1942. Les cours sont individuels. Les étudiants ne se connaissent pas entre eux. S'ils sont découverts, ils encourent la déportation. Le 6 août 1944 a lieu une vaste rafle dans Cracovie. L'archevêque Sapieha décide alors d'héberger sept séminaristes dans sa résidence. Ils doivent porter la robe, même s'ils ne sont pas encore ordonnés. Ils peuvent désormais étudier à plein temps.

Wojtyła est ordonné par le cardinal Sapieha en 1946. Ce dernier a décidé de l'envoyer étudier à Rome. Le jeune prêtre y passe dix-huit mois (chez les dominicains) qui seront essentiels pour sa carrière. Il fréquente le philosophe français Jacques Maritain, alors ambassadeur de France au Vatican et ami de Montini. Quand il rentre en Pologne en 1948, l'Église polonaise a un nouveau primat : l'archevêque Stefan Wyszyński. Avec une population catholique à

95 %, la Pologne ne pouvait être traitée comme les autres pays de l'Est. L'Église devient de facto la seule voix d'opposition au régime communiste. Alors que nombre de ses homologues des pays de l'Est subissent des persécutions ou finissent en prison, Wyszyński tente de trouver un accord avec les autorités polonaises : cela se traduit par des accords signés en 1950, les premiers du genre. Ces accords serviront de boussole à Wojtyła dans ses confrontations avec les leaders communistes lorsqu'il deviendra cardinal puis pape.

Les trois décennies qui suivent voient se multiplier les conflits entre l'Église et l'État polonais, qui viole régulièrement ses engagements. Pourtant, jamais le dialogue ne sera rompu, même quand Wyszyński sera emprisonné en 1953. Wojtyła a beaucoup appris de cette expérience.

Au retour de Rome, Sapieha le nomme vicaire dans la paroisse campagnarde de Niegowici, à l'est de Cracovie. Là, il voit pour la première fois le stalinisme à l'œuvre, lorsque la police secrète arrête l'un des membres de l'association locale des jeunes catholiques.

Sept mois plus tard, il est transféré vers une église de Cracovie. Le cardinal suit de près le parcours de son protégé et, peu avant de mourir, le recommande à son successeur, l'archevêque Baziak. Fin 1951, ce dernier ordonne à Wojtyła de prendre un congé de deux ans pour préparer un doctorat. En parallèle, Wojtyła poursuit ses activités théâtrales entamées quand il était étudiant, comme acteur, metteur en scène et même auteur de pièces.

Activités clandestines

En 1953, après l'arrestation du cardinal Wyszyński, Wojtyła rejoint un groupe clandestin de professeurs qui se réunissent en secret pour discuter des moyens de saper le communisme de l'intérieur. Il estime pour sa part qu'il faut éviter tout conflit direct avec le régime, mais faire progresser les principes d'une vie chrétienne. Un épisode encore peu connu est celui de la publication clandestine d'un manuscrit de Wojtyła, *L'éthique sociale catholique*, dans les années 1950, dévoilé par son biographe Jonathan Kwitny[1]. Wojtyła est à l'époque professeur à l'université Jagellon. Un employé de bureau, Romuald Kukołowicz, a acquis pendant la guerre l'expérience de l'impression clandestine. Sous le régime communiste, les imprimeries sont étroitement contrôlées. Sollicité par les étudiants de Wojtyła, Kukołowicz remet la main sur une presse datant de l'occupation allemande. Avec l'aide de quelques étudiants, le manuscrit est composé. Deux cent cinquante rames de papier sont dérobées par des complices sur leurs lieux de travail. L'impression doit se faire à la main, feuille à feuille. À douze mois d'intervalles, deux tomes sont publiés, à 250 exemplaires chacun. Kukołowicz racontera à Kwitny: « On les donnait directement aux étudiants; il fallait garder un secret absolu. La police infiltrait les classes. Si les forces de sécurité trouvaient un tel livre dans votre appartement, vous risquiez jusqu'à dix ans de prison[2]. »

Lors des grandes révoltes de 1956 qui secouent le monde communiste, les émeutes ouvrières de Poznań sont sévèrement réprimées, faisant plus de 50 morts. Khrouchtchev choisit d'écraser l'insurrection de Budapest et s'apprête à envoyer les troupes du pacte de Varsovie en Pologne, mais le réformiste Gomułka parvient à l'en dissuader, le persuadant que les Polonais résisteraient.

Gomułka libère Wyszyński de sa résidence surveillée. Ce dernier ne sort qu'à la condition de voir libérer tous les prêtres en détention et abroger un décret de 1953 qui donnait au régime le droit de nommer des évêques. Peu avant de mourir, en 1958, Pie XII nomme six nouveaux évêques polonais, dont Wojtyła, sans doute sur la suggestion de Baziak. Sans le savoir, Pie XII vient de mettre sur orbite le futur successeur qui accomplira la mission qu'il n'a pas pu mener à son terme.

Le SB, la police secrète polonaise, dispose à cette époque d'un millier d'agents au sein de l'Église polonaise. Elle a en particulier un informateur auprès de l'archevêque Baziak: il s'agit du père

1. Jonathan Kwitny, *Man of the Century*, *op. cit.*
2. *Ibid.*

Wladyslaw Kulczycki, un juriste formé en France, ancien résistant emprisonné par les nazis. Le SB a découvert qu'il avait une liaison secrète et l'a fait chanter. Dans l'entourage de Wyszyński, le SB a d'autres informateurs qui rapportent son agacement envers l'étoile montante : « Wojtyła ne devrait pas oublier qu'il n'est qu'un administrateur *temporaire* et qu'il n'a pas à mener tout le monde à la baguette[1]. »

En 1962 décède l'archevêque Baziak. Le chapitre de l'archidiocèse désigne Wojtyła comme vicaire, ce qui le place au moins par intérim à la tête de l'Église de Cracovie, en attendant que soit nommé un nouvel archevêque. Cette même année, il accompagne la délégation polonaise au concile Vatican II à Rome. Il y retrouve un vieil ami du séminaire de Cracovie, le père Deskur, qui occupe la position stratégique de responsable de presse du concile et lui sert de guide. Il lui présente de nombreuses personnalités. Selon le témoignage de Deskur recueilli par Tad Szulc, Wojtyła et le Français Jean-Marie Lustiger sont alors les deux étoiles montantes du concile, que toutes les commissions cherchent à accueillir[2].

Pour Wojtyła qui était habitué à la culture de secret et de solidarité de la Conférence des évêques polonais, tenue d'une main de fer par Wyszyński, c'est une révolution. Dans la basilique Saint-Pierre éclatent en toute liberté des disputes, s'affrontent des factions, circulent des rumeurs, applaudissements, murmures, quolibets... Bref Wojtyła découvre en même temps la démocratie parlementaire et les intrigues de la curie. Pour lui qui était habitué à faire bloc en silence contre les critiques de l'Église par les représentants du régime communiste, c'est un choc d'entendre des critiques tout aussi virulentes développées au sein de la hiérarchie ecclésiastique. Sur le fond, Wojtyła n'est cependant pas rétif au mouvement révolutionnaire de Vatican II. La délégation polonaise, la plus importante du monde communiste, est perçue a priori comme conservatrice et antilibérale. Cependant, Wyszyński défend des positions réformistes dans plusieurs domaines

1. Cité par David Yallop, *The Power and the Glory*, Carroll and Graff, 2007.
2. Tad Szulc, *Pope John Paul II. The Biography*, Scribner, 1995.

comme les questions sociales et la liberté religieuse. Et Wojtyła se range par ses votes du côté de ceux qui veulent réformer l'Église, l'ouvrir et lui permettre de prêcher l'Évangile dans le monde moderne. Il apparaît comme à la fois conservateur sur certains sujets de société et progressiste sur des questions comme la justice sociale. Il est en phase avec le mouvement moderniste du concile.

Après la mort de Jean XXIII, Paul VI assume l'héritage de Vatican II et en poursuit les travaux. Il va devenir un nouveau mentor pour Wojtyła, un modèle vivant de la façon dont un pape peut naviguer entre les différentes factions de l'Église pour imposer sa propre ligne en douceur. Pendant ses séjours à Rome, Wojtyła commence à construire ses réseaux internationaux. Il se lie d'amitié avec plusieurs évêques africains, dont la foi vivante le fascine, à l'inverse des prélats compassés. Son vieil ami Mgr Deskur l'invite régulièrement à sa table, lui présentant de nombreux évêques et cardinaux. C'est ainsi qu'il fait la connaissance de l'évêque américano-polonais John Krol, de Philadelphie. Très vite, Wojtyła s'impose comme l'évêque polonais le plus en vue après Wyszyński.

En 1963, le primat Wyszyński doit pourvoir le poste d'archevêque de Varsovie. Selon l'accord passé avec le régime, il doit faire valider son choix par les autorités. Il présente successivement six candidats qui sont tous rejetés. Tous les témoignages concordent sur le fait qu'il ne prévoit pas alors de nommer Wojtyła. Wyszyński trouve visiblement trop rapide son ascension. Le pouvoir polonais en déduit que si Wyszyński écarte Wojtyła, c'est qu'il le juge trop perméable au communisme, qu'il risque de privilégier le dialogue avec le régime. À court de candidats, Wyszyński finit par proposer son nom, qui est immédiatement accepté. Cela montre à quel point le régime se leurre sur le fonctionnement de l'Église en général et sur la personnalité de Wojtyła en particulier. L'ironie du sort est que sans cette nomination, Wojtyła ne serait pas devenu pape, ou pas aussi vite… avec les conséquences que l'on sait.

C'est en 1966 que Wojtyła s'attache celui qui sera jusqu'au bout son plus proche et fidèle serviteur : le père Dziwisz a été ordonné en

1963, a servi comme vicaire dans un village de montagne avant de travailler au séminaire de Cracovie. Wojtyła le repère à cette époque et en fait son chapelain personnel, malgré son jeune âge. D'un naturel paisible, doté d'une formidable mémoire et d'un solide sens de l'humour, Dziwisz sera le secrétaire personnel et l'homme de confiance du pape Jean-Paul II. Il a aussi pour atout d'être un excellent skieur, ce qui lui permet d'accompagner l'athlétique Wojtyła sur les pistes.

En 1967, Wojtyła est nommé cardinal par Paul VI. C'est une surprise en Pologne : Wyszyński n'y est certainement pas pour grand-chose. Il devient évident que Paul VI suit de près le parcours du Polonais. La même année, Wojtyła est impliqué dans des négociations secrètes entre une délégation papale menée par Casaroli et comprenant son ami Deskur et des responsables du régime, sur la possibilité d'établir des relations diplomatiques.

Entre 1973 et 1975, Wojtyła est reçu onze fois par le pape en audience privée. En 1976, il est désigné pour diriger une retraite spirituelle de la curie, une marque de grande confiance de la part du pape.

À cette époque, le régime ne semble toujours pas prendre la mesure exacte de Wojtyła, et croit même pouvoir nourrir un antagonisme entre lui et Wyszyński. En témoigne un document de la police secrète polonaise (l'UB) en date du 5 août 1967, « Nos tactiques envers les cardinaux Wojtyła et Wyszyński », cité par Tad Szulc[1] :

> Le cardinal Wyszyński a été élevé dans une famille traditionnelle de serviteurs de l'Église. Dans l'esprit du clergé, c'est une caste inférieure et il a continué à porter ce stigmate jusqu'à aujourd'hui… En bien des occasions, il a appliqué le principe freudien de compensation en se « vengeant du clergé ». Son cléricalisme et son culte de Marie proviennent de son climat familial. Il a bâti sa « carrière scientifique » sur ses activités et ses écrits

1. *Pope John Paul II. The Biography*, *op. cit.*

> anticommunistes, qui en 1948 ont été décisifs dans son avancement. [...]
>
> D'un côté le Vatican avait besoin d'un emblème pour la croisade anticommuniste en Pologne, de l'autre les forces réactionnaires du pays et en exil avaient besoin de susciter une opposition légale et il n'y avait pas de candidat plus expérimenté...
>
> Le stigmate sur sa personnalité a été accentué par sa présence dans des villes de province comme Włocławek ou Lublin...
>
> Pendant la « guerre froide », sa position s'est accrue – il est le porte-drapeau du front anticommuniste... Dans la dernière période du pontificat Pie XII, il est devenu « l'expert » sur les façons d'établir des relations entre l'Église et les pays socialistes. À ce moment la Pologne était le laboratoire sur ces questions...
>
> Le concile Vatican II et le pontificat de Jean XXIII ont affaibli sa position qui a été maintenue artificiellement... Mais cela a inévitablement conduit à une baisse de son prestige...
>
> Il représente le point de vue selon lequel il est utile de faire des « arrangements » avec les autorités sur des points précis mais il mène des escarmouches et organise des coups d'éclat car cela augmente l'intérêt public pour l'Église et cela amène des gens à défendre ses « intérêts menacés »...
>
> Son catholicisme peu profond, émotionnel et de pure dévotion est utile du point de vue des intérêts immédiats de l'Église... Son traitement des intellectuels catholiques et des laïcs comme des « éléments incertains » trouve ses racines dans les réalités polonaises. La justesse de son raisonnement s'appuie sur des faits : cette religiosité est celle des masses catholiques, là où depuis des siècles réside la force de l'Église polonaise, plutôt que chez les élites intellectuelles.

Pour dire les choses plus simplement, la police secrète considère Wyszyński comme un peu borné, comme le serait aussi la majorité du peuple catholique polonais ! Wojtyła a droit à plus d'égards :

Le 10e cardinal de Cracovie vient d'une famille de l'intelligentsia – d'un environnement religieux mais non dévot. Il a étudié à l'université Jagellon et eu des contacts avec la jeunesse de gauche… Pendant la Seconde Guerre mondiale, il a travaillé comme ouvrier dans une usine chimique de Cracovie, avec une vieille tradition de mouvement ouvrier… Il s'est élevé dans la hiérarchie de l'Église non pas par des positions anticommunistes mais par des valeurs intellectuelles (ses travaux sur la morale catholique et l'éthique sont traduits dans plusieurs langues)…
On peut dire sans risque que c'est un des rares intellectuels de l'épiscopat polonais. Il réconcilie adroitement – à l'inverse de Wyszyński – la religion traditionnelle populaire et le catholicisme intellectuel, sachant comment apprécier les mérites de chacun. Jusqu'ici, il ne s'est pas engagé dans des activités politiques ouvertes contre l'État… Il lui manque des qualités d'organisation et de management, c'est sa faiblesse dans sa rivalité avec Wyszyński.
Le modèle de catholicisme et de coexistence avec les pays socialistes proposé par Wojtyła correspond à la ligne future du Vatican. Son modèle est celui d'un « catholicisme ouvert » sur les problèmes de la Pologne contemporaine. Il a des soutiens dans les cercles intellectuels et réformistes du Vatican et au sein des épiscopats français, allemand, néerlandais et italien… Son style de vie le rapproche des cercles de jeunes intellectuels et d'étudiants (par exemple sa participation aux stages de camping, de kayak, aux excursions touristiques)… Il subit l'influence déterminante de forces et de groupes de pression complètement différents de ceux du cardinal Wyszyński. Indépendamment de ce qu'il peut souhaiter, ces forces l'amèneront au conflit avec le primat[1]…

1. *Ibid.*

Le portrait de Wojtyła est plus juste que ne le laissait présager la caricature de Wyszyński. L'auteur analyse assez bien ce qui fonde sa popularité. Mais il se méprend largement sur ses idées politiques, confondant sa prudence avec une neutralité politique bien loin de la réalité.

La tactique à suivre pour les services polonais est claire: «Les deux cardinaux vont défendre les intérêts de l'Église même si leurs différences de perception de ces intérêts vont s'accentuer. Il serait utopique d'attendre un éclatement de l'épiscopat. Wojtyła ne va pas aller au conflit ouvert avec Wyszyński et il ne s'y laissera pas mener. Dans une hypothétique bataille, il ne pourrait compter que sur des forces internes à l'Église. Nous devons suivre l'approche risquée suivante: moins il sera poussé par nous, plus vite un affrontement pourra émerger. Tôt ou tard, ces deux courants doivent s'affronter... sur plusieurs fronts[1].»

Il ne faut donc pas donner l'impression de prendre parti, mais faire discrètement ce qui est possible pour renforcer le prestige de Wojtyła, sans qu'il s'en rende compte, car ce n'est pas son souhait d'aller au conflit avec le primat.

«Nous devons observer et étudier chaque manifestation des relations entre les deux cardinaux et conduire une politique élastique, adaptée aux circonstances changeantes... Nous devons utiliser les canaux diplomatiques pour déterminer qui le Vatican est le plus susceptible de soutenir et voir si dans le futur Wojtyła a des chances de devenir le chef de l'épiscopat polonais. Nous ne devons pas frapper trop fort l'archevêché – même s'il faut de temps à autre appliquer des “mesures administratives” – afin d'éviter d'attirer sur Wojtyła des soupçons de la part de groupes qui en Pologne ou à l'étranger ne lui sont pas favorables... nous devons encourager les intérêts de Wojtyła dans les problèmes globaux de l'Église polonaise, et l'aider sur les problèmes de son archidiocèse. Pour cette raison, nous devrions initier des rencontres de haut niveau entre Wojtyła et par exemple le

1. *Ibid.*

Premier ministre Cyrankiewicz et avec Kliszko[1] pour discuter des problèmes généraux. Et nous devons continuer à montrer notre mauvaise volonté envers Wyszyński à chaque fois que possible, mais pas d'une façon qui obligerait Wojtyła à montrer sa solidarité avec Wyszyński… »

En 1968, le printemps de Prague laisse espérer une nouvelle liberté religieuse : prêtres libérés, levée des restrictions… On sait que le moment sera réprimé sans pitié. Depuis des années, Wojtyła forme et ordonne en secret des prêtres tchèques, dont les séminaires sont fermés dans leur pays. Les candidats à la prêtrise passent clandestinement la frontière pour assister aux sessions de séminaire. De leur côté, des Polonais « en excursion » traversent de temps en temps la frontière pour livrer des supports d'étude à leurs camarades. D'autres équipes font de même avec les pays Baltes et la Russie. Wojtyła sera décrit comme l'un des plus actifs dans ce domaine. À l'évidence, ce réseau polonais bénéficie des livraisons de bibles et matériels religieux assurées par les services de l'Ouest et des organisations comme Pro Fratribus. Cette facette des activités de Wojtyła ne semble pas avoir été découverte par les services polonais : leur attitude par la suite le confirmera. Une telle expérience des activités clandestines sera évidemment des plus utiles au futur pape. Elle explique aussi pourquoi le cercle de ses hommes de confiance ne sera pas seulement composé de Polonais, mais comprendra aussi de nombreux Tchèques.

La collaboration entre Wojtyła et Paul VI ne cesse de s'intensifier pendant cette période, de même que l'amitié entre eux. Wojtyła joue un rôle-clé dans la conception de l'encyclique *Humanae vitae* (1966) qui réaffirme l'opposition de l'Église au contrôle des naissances, malgré un débat très ouvert au sein de la commission chargée d'étudier la question. Cette encyclique est mal accueillie par une majorité de fidèles des pays occidentaux. Sur le plan des mœurs, Wojtyła est et restera conservateur.

1. Premier secrétaire du Parti communiste polonais.

Avec le temps, il s'est fait à l'idée qu'il sera le prochain primat de Pologne. Il est proche des jeunes et des ouvriers, et ne s'écarte jamais de la ligne fixée par son patron, quoi qu'en pense la police secrète. Après les nouvelles émeutes ouvrières de 1970, le réformateur Gomułka a été remplacé Edward Gierek, un technocrate pragmatique qui joue l'apaisement avec l'Occident et le Vatican. Il contracte d'importants emprunts à l'Ouest, qui aggravent la situation économique du pays. À cette époque, Wojtyła estime que le Parti communiste s'affaiblit et ne pourra plus maintenir longtemps son emprise sur la société polonaise : il devient plus offensif, réclamant de pouvoir créer de nouveaux séminaires et ouvrir des églises. Il combat un projet gouvernemental visant à interdire le catéchisme dans les écoles... Il proteste contre les restrictions de papier pour la presse catholique... Il commence à travailler avec le groupe catholique clandestin parrainé par Wyszyński : *Odrodzenie* (Renaissance) qui forme en toute discrétion les futures élites de l'Église polonaise. Bref, il devient de plus en plus politique. Son évolution démontre au régime qu'il n'est pas un pur esprit philosophique que l'on pourrait manipuler à volonté.

En juin 1976 éclatent de nouvelles émeutes après une nouvelle hausse des prix alimentaires. Wyszyński et Wojtyła soutiennent les revendications ouvrières tout en appelant à la reprise du travail et en demandant au gouvernement de ne pas punir les grévistes. Cette même année se constitue le KOR, Comité de défense des travailleurs, formé par des intellectuels dissidents qui se sont rapprochés de l'Église. Après cette séquence, Wyszyński est suffisamment rassuré sur la solidité et la fiabilité de Wojtyła pour le considérer comme son successeur... mais pas forcément autre chose !

1978 est une année exceptionnelle pour l'Église avec deux conclaves. Le deuxième qui suit la disparition de Luciani se déroule dans une ambiance très différente du premier. Les cardinaux sont encore sous le choc de sa mort. Aucun candidat italien ne semble en mesure de s'imposer cette fois : les scandales accumulés les discréditent, or les non-Italiens sont désormais majoritaires. Beaucoup ressentent le besoin de régénérer l'Église. Wojtyła n'est pas italien; il vient d'un pays communiste, ses positions doctrinales sont impeccables, il ne commet aucune faute et affiche une grande modestie. Deux cardinaux lui apportent un grand soutien: König de Vienne, qui démarche les Européens, et Krol de Philadelphie, qui va rassembler les votes nord-américains. Wojtyła possède à leurs yeux les qualités du moment: un pape tout à la fois «pastoral», intellectuel, jeune et sportif avec une bonne connaissance de la géopolitique.

Wojtyła se montre calme et impassible, adopte un profil bas. Son vieil ami le cardinal Deskur retrouve son rôle d'entremetteur en lui faisant rencontrer toutes les personnalités utiles. Dîners, entretiens et promenades se succèdent autour de la place Saint-Pierre. L'Allemand Ratzinger, qui représente un groupe allemand, trouve Siri trop doctrinal mais cherche de son côté un profil pas trop libéral. Le bloc libéral, à l'inverse, voit Wojtyła comme éloigné des intrigues italiennes, pastoral et toujours prêt aux discussions intellectuelles. Pour les conservateurs, son anticommunisme est une garantie. Wyszyński est stupéfait par ce mouvement: il considère que Wojtyła n'est ni assez connu ni assez expérimenté. À la veille du scrutin, c'est pourtant lui qui rassérène un Wojtyła en plein doute et lui ordonne d'accepter son sort. Wojtyła est élu par 99 voix sur 108, il est le premier pape non italien depuis quatre cent cinquante ans, âgé de seulement 58 ans.

Garde rapprochée

C'est un énorme mouvement de fierté patriotique en Pologne. Les rues s'emplissent et la foule converge vers les églises. Selon un rapport de la Stasi qui a des agents en Pologne, «dans les rues de Cracovie, les gens s'embrassent et tombent à genoux dans les rues. La fête a duré toute la nuit et plusieurs messes ont été improvisées à travers la ville. Le lendemain a eu lieu une grande messe solennelle devant la cathédrale de Varsovie[1] ».

1. Cité in John Koehler, *Spies in the Vatican. The Soviet Union's Cold War against the Church*, Pegasus Books, 2009.

Un autre agent allemand de la Stasi, membre de la conférence épiscopale allemande (nom de code « Clemens »), se trouve à Cracovie le même jour. Il décrit la célébration comme une fête nationaliste et note que beaucoup prédisent un rôle déterminant à la Pologne dans les affaires internationales, avec d'un côté le conseiller à la sécurité du président Carter Zbigniew Brzeziński, de l'autre le pape Wojtyła.

Un rapport de la CIA, rédigé trois jours après l'élection, estime que celle-ci va rendre encore plus difficile la maîtrise de la turbulente Pologne par le régime soviétique. Il souligne d'autres forces centrifuges à l'œuvre dans l'empire soviétique : les uniates ukrainiens, les catholiques des pays Baltes et de Biélorussie.

Le Politburo polonais, qui se réunit en urgence, est persuadé que cette élection résulte d'une machination américaine, avec l'aide de l'Allemagne de l'Ouest. Pour les dirigeants polonais, c'est le conseiller à la sécurité nationale Zbigniew Brzeziński, d'origine polonaise, qui a manigancé toute l'opération.

Le nouveau pape ne laissera pas à la bureaucratie vaticane le soin de gérer le cas des pays communistes d'Europe de l'Est. Ce dossier devient son domaine réservé. La curie découvre stupéfaite que les affaires courantes devront souvent attendre que le pape en ait fini avec ses priorités polonaises (qui dans son esprit concernent tous les pays de l'Est). Dès le jour de sa messe inaugurale, Jean-Paul II reçoit en audience le cardinal-archevêque de Prague Frantisek Tomášek. Il promet également son soutien aux évêques de Lettonie et Lituanie venus à Rome pour l'occasion. Le même jour il demande au président polonais de conserver son passeport, signe d'attachement à son identité nationale.

Dès les premiers jours de son pontificat, Wojtyła déploie une intense activité diplomatique. Il intervient en médiateur entre l'Argentine et le Chili, alors au bord d'un conflit. Il va surtout ouvrir une nouvelle ère des relations avec l'Est. Les débuts sont prudents et subtils : Jean-Paul II reprend et intensifie les contacts pris dans le cadre de l'Ostpolitik menée par Paul VI. Les premiers échanges de messages avec Gierek sont courtois. Le Kremlin est nettement plus perturbé de voir un Polonais monter sur le trône de saint Pierre. Le ministre des Affaires étrangères Gromyko se rend à Rome en janvier 1979. Le pape l'assure de sa volonté de poursuivre le dialogue et insiste sur l'importance de la liberté religieuse en URSS. Dès son élection, Jean-Paul II envisage un pèlerinage en Pologne, à l'occasion du 900ᵉ anniversaire de la mort de saint Stanislas. Les Polonais acceptent, Brejnev est furieux : il y voit un danger stratégique majeur.

Le 9 mars 1979 meurt le cardinal Villot. Le pape choisit pour le remplacer le cardinal Casaroli, symbole de l'Ostpolitik sous Paul VI. C'est un choix habile, qui peut rassurer les pays de l'Est (bien évidemment Wojtyła ne laissera à quiconque la moindre latitude dans ce domaine), et surtout l'Italien Casaroli sait comment faire fonctionner une curie en majorité italienne.

Pour ce qui concerne le bloc de l'Est, le pape va s'appuyer sur des hommes de confiance comme le Tchécoslovaque Jozef Tomko, qui est consacré évêque et bombardé représentant du synode des évêques. Il deviendra cardinal en 1985. Selon le témoignage de Zbigniew Brzeziński, le conseiller national à la Sécurité du président Carter, Tomko a alors pris en charge la direction opérationnelle de l'action clandestine en direction des Églises de l'Est[1]. Brzeziński se souvient avoir rencontré dans son bureau un prêtre arrivé clandestinement d'URSS, déguisé en ouvrier, qui fit à Tomko et lui un rapport très détaillé de la situation sur place.

L'entourage du pape se « polonise » à grande vitesse. Une « mafia polonaise », assurent les mauvaises langues, remplace la « mafia milanaise ». Le premier d'entre eux est le secrétaire particulier du pape, le père Dziwisz. Le pape crée à la secrétairerie d'État une section polonaise, sous la direction du père Josef Kowalczyk. Une fondation Jean-Paul II est créée à la maison polonaise de la via Cassia où se réunissent Dziwisz, Kowalczyk et quelques autres sous la férule du cardinal Wladyslaw Rubin, un Polonais d'Ukraine responsable de la

1. Jonathan Kwitny, *Man of the Century, op. cit.*

diaspora polonaise et nommé en 1980 à la tête de la congrégation des Églises orientales.

D'autres prélats de confiance se joignent à ce groupe : le Croate Franjo Šeper, Mgr Marcinkus le patron de l'IOR, le Lituanien Audrys Bačkis, sous-secrétaire aux affaires étrangères, le Tchèque John Bukowski, le Slovaque Jozef Tomko déjà cité... Évoquons encore le Polonais Adam Boniecki, le Hongrois Lajos Kada, le Roumain Trajan Crisan, secrétaire de la Congrégation pour la cause des saints ou l'interprète du pape, le jésuite polonais Stanislaw Szłowieniec. Ce petit groupe s'étoffe d'autres personnalités trop discrètes pour être repérées. Il constitue de facto un service secret géré en ligne directe par le pape, ou via Dziwisz. Tous sont rompus à la clandestinité. « Tous les prélats polonais ont les mêmes réflexes, raconte Bernard Lecomte[1], allumer la radio pendant les conversations délicates pour gêner les éventuelles écoutes, s'entourer de collaborateurs dignes de confiance... Par ailleurs, une quarantaine de permanents polonais – ecclésiastiques, religieux, laïcs – se trouvent bientôt répartis dans les différents services du Vatican. » Le pape est boulimique d'informations et en demande toujours plus à la curie. Il met à profit chaque repas pour recevoir des invités et les questionner.

La garde rapprochée de Jean-Paul II surveille de près ses fréquentations amicales, de façon à ne pas laisser prise au moindre scandale. Une de ses vieilles amies, la philosophe américaine d'origine polonaise Anna-Teresa Tymieniecka, en fait les frais. Suite à la publication de son livre de philosophie *Osoba i Czyn* (« La personne et l'action »), elle avait contacté Wojtyła en 1973 et noué avec lui une grande amitié. Elle organisa la traduction des écrits de Wojtyła et lui fit donner des conférences à Harvard et Washington lors de sa visite aux États-Unis en 1976. En février 1996, une émission de la BBC, *Panorama*, a dévoilé un corpus de 350 lettres échangées entre les deux amis qui illustre la profondeur de leur amitié, et probablement de l'amour que portait Tymieniecka à Wojtyła. Si ces lettres étaient tombées

1. Bernard Lecomte, *Le pape qui a vaincu le communisme*, Tempus, 2019.

entre les mains des services de l'Est, elles auraient constitué un formidable vecteur de propagande contre Wojtyła. C'est pourquoi la majorité de cette correspondance était rédigée lorsque lui-même se trouvait à Rome ou aux États-Unis. Lorsque Wojtyła devient pape, Mgr Dziwisz prend soin de tenir la philosophe à distance et tentera même de lui faire retirer le copyright du livre qu'elle avait traduit en anglais. Elle en sera affectée mais leur amitié y survivra.

À Moscou, on est atterré par l'élection de Wojtyła. Le patron du KGB Andropov demande des explications à ses hommes. Selon l'analyse du 1er Directorat du KGB, cette élection résulte d'une conspiration entre le cardinal Krol et Zbigniew Brzeziński, le conseiller à la sécurité nationale du président Carter, sans que l'on comprenne très bien comment les deux hommes auraient pu tirer toutes les ficelles de l'élection.

Le Politburo a réclamé une analyse psychologique du nouveau pape. Il en résulte que le Vatican se montrera désormais plus agressif dans ses rapports avec les États socialistes, notamment en ce qui concerne les nominations d'évêques. Le rapport recommande d'adopter une attitude moins rigide à l'égard des valeurs spirituelles, pour éviter de créer les conditions d'un renforcement de l'Église. Mais comme le remarquent Bernstein et Politi, « cette analyse prophétique était trop subtile pour les dirigeants de l'ère Brejnev[1] ». Moscou est pris de court par la rapidité des initiatives papales, comme le projet de voyage en Pologne, dont la seule négociation annoncée par les camarades polonais met Brejnev en fureur.

Le KGB va muscler son dispositif à Rome. La villa Abamelek est un vaste domaine clos situé à un kilomètre au sud de la place Saint-Pierre. Elle a appartenu à une famille de la noblesse russe. L'ambassade soviétique l'a achetée après la guerre pour y loger ses diplomates. Selon les services italiens, à l'occasion de travaux d'agrandissement ont été creusés dans les jardins des tunnels permettant de relier le labyrinthe de catacombes situé au-dessous du Vatican.

1. Carl Bernstein et Marco Politi, *Sa Sainteté Jean-Paul II et l'histoire cachée de notre époque*, Plon, 1996.

Plusieurs grosses antennes sont visibles de l'extérieur : il s'agit tout bonnement d'un centre d'écoutes branché sur les lignes téléphoniques du Vatican. Des décennies plus tôt, Pie XII avait découvert que des employés communistes des communications italiennes écoutaient les conversations téléphoniques entre Castel Gandolfo et le Vatican. Il préférait donc convoquer les fonctionnaires de la curie dans sa résidence d'été pour leur donner ses instructions en direct.

Tomasz Turowski, ancien ambassadeur polonais, a commencé sa carrière comme espion infiltré dans la Compagnie de Jésus à Rome de 1977 à 1980, puis à Radio Vatican et au Synode des évêques. Selon son témoignage, au début du pontificat de Jean-Paul II, « il y avait plus d'espions au Vatican que dans les films de 007. Il y avait les services de l'Est, il y avait la CIA, il y avait des espions chinois, et je soupçonne qu'il y avait aussi des Italiens. Plusieurs prêtres étaient très proches des services de renseignement d'Europe de l'Est. L'un d'eux, dont le nom de code est "Russe", qui transmettait des informations aux services polonais, travaillait encore récemment au Vatican pour le pape François. Je me souviens qu'à l'époque de Jean-Paul II, au plus fort de la guerre froide, j'avais signalé des failles dans la sécurité du Vatican, comme le fait qu'il n'y avait qu'une seule sentinelle pour garder l'entrée de l'ascenseur qui mène à l'appartement papal[1] ».

À cette époque, les techniques d'écoutes sont en plein essor : « Il existait déjà dans les années soixante des techniques d'écoutes qui permettaient de capter à une certaine distance les moindres vibrations de la vitre d'un bureau, à l'intérieur duquel quelqu'un parlait. Les vibrations étaient ensuite traduites en paroles. […] Cette technique nécessitait la présence d'un agent permanent à l'intérieur du Vatican[2]. » Selon Turowski, la Vigilanza (le service de sécurité intérieure) fut forcée de remplacer les fenêtres de Marcinkus par des fenêtres blindées et scellées, trop épaisses pour des dispositifs d'écoutes.

1. Témoignage recueilli par Fabio Marchese Ragona, *Il Caso Marcinkus*, Chiarelettere, 2018.
2. *Ibid.*

Sous Jean-Paul II, on estime que trois ou quatre services étrangers se branchent sur les lignes téléphoniques. Chaque appel entre le Vatican et la Pologne est donc très écouté. Les employés du Vatican pensent que la Vigilanza elle aussi écoute les lignes intérieures. C'est pourquoi il n'est pas rare de voir un prêtre ou un laïc de la curie se ruer sur une cabine téléphonique de la poste italienne, près de la porte Sainte-Anne, pour passer un coup de fil sensible !

La pose de micros dans les bureaux de la secrétairerie d'État ne cesse pas après le nettoyage réalisé à l'époque du cardinal Villot (voir en introduction). Son successeur, le cardinal Casaroli, est à son tour mis sur écoutes. Il faut dire qu'il s'entoure, à la mode vaticane, d'un proche parent : son neveu Marco Torreta a épousé une jeune femme d'origine tchèque, Vera Trollerova. Les deux époux travaillent pour le StB tchèque et posent, entre autres, un micro dans une statuette de la Vierge qui trône dans la salle à manger du secrétaire d'État. Après coup, la Vigilanza se demandera si la caravane des Toretta, souvent garée près de la poste vaticane, n'a pas servi d'antenne-relais...

Sous Jean-Paul II, la Vigilanza dirigée par Camillo Cibin compte 120 personnes. Certaines sont issues de la gendarmerie pontificale, créée au XIXe siècle. Ce sont plutôt des vigiles qui patrouillent et vérifient les papiers des visiteurs. D'autres sont des enquêteurs en civil ou en tenue religieuse… Le service est en contact étroit avec la police italienne. À certains moments, il recrute des conseillers étrangers, généralement des anciens de telle ou telle agence. Un service non officiel pratique des écoutes téléphoniques et des enquêtes sur des personnes suspectes : cette unité rend compte directement au secrétaire d'État.

Marcinkus ne meurt jamais

Parmi les sujets brûlants qu'il va devoir traiter, Jean-Paul II n'ignore pas que l'IOR figure en bonne place. Mais il compte bien avancer à son rythme. Le 1er décembre 1978, il reçoit Marcinkus pour une première audience en privé. Le pape a déjà eu le rapport sur l'IOR remis à son prédécesseur. Les deux hommes peuvent échanger en polonais, un bon point pour Marcinkus. Lui et Wojtyła sont des étrangers dans le système très italien de la curie. Plutôt que d'aborder de front les questions financières, Jean-Paul II propose à Marcinkus de l'accompagner lors de son prochain voyage au Mexique, comme il le faisait avec Paul VI. Les heures de voyage passées en conciliabule vont leur permettre de développer une certaine complicité. Et surtout, Marcinkus, dès leur première rencontre, décharge Jean-Paul II d'un dossier embarrassant[1].

Un scandale financier menace de compromettre un monastère de moines paulins dans la région de Philadelphie aux États-Unis. Ceux-ci sont les gardiens du sanctuaire national de Notre-Dame de Czestochowa. Une enquête interne a révélé que les pères paulins auraient détourné pas moins de 20 millions de dollars de contributions caritatives, pratiquant un affairisme à tout crin (ils ont cédé à un promoteur immobilier une partie d'un cimetière dont ils ont la charge) et, pour couronner le tout, mènent une vie notoirement dissolue, très éloignée de leurs vœux de chasteté : ils roulent en voitures de sport, arborent des montres de luxe, entretiennent des maîtresses, etc. Le cardinal John Krol de Philadelphie, après enquête, demande que le vicaire général du monastère, le père Michael Zembrzuski, quitte ses fonctions et que les moines soient sanctionnés. Saisi de l'affaire, Jean-Paul II refuse de suivre les recommandations de l'enquête interne. Des fidèles réclament le remboursement de leurs dons, à hauteur de près de 5 millions de dollars, menaçant d'aller devant la justice américaine. Dès que Marcinkus est saisi du problème par Jean-Paul II, il propose de s'occuper de tout et envoie immédiatement la somme nécessaire pour éteindre l'incendie. Selon Posner, cette intervention a permis à Marcinkus de cimenter sa relation avec le pape et de rétablir une position fort compromise au sein du Vatican. Il s'est imposé comme l'homme des affaires spéciales,

1. Gerald Posner, *God's Bankers*, *op. cit.*

capable de trouver en peu de temps des fonds secrets pour accomplir les instructions du pape, partout dans le monde. Loyal, discret, homme de ressources, Marcinkus apparaît comme un allié capable d'aider Jean-Paul II dans sa croisade anticommuniste.

Le mois précédent, après un examen approfondi des livres de comptes de l'Ambrosiano, la Banque d'Italie a produit un rapport de 500 pages. Les inspecteurs ne sont pas parvenus à découvrir qui détient réellement les filiales étrangères de la banque ni où est passé l'argent. Mais le rapport est une base suffisante pour qu'un procureur, le juge Alessandrini, décide d'ouvrir une enquête criminelle contre Calvi et la banque, pour manipulation des cours et évasion fiscale. Huit jours plus tard, le juge conduit comme chaque matin son fils à l'école dans sa Renault orange. Après l'avoir déposé, alors qu'il marque un arrêt à un feu rouge, sa voiture est cernée par cinq hommes masqués qui le tirent violemment à l'extérieur, le mettent à genoux et l'exécutent devant les passants, avant de s'enfuir en lançant des grenades fumigènes.

Outre l'affaire Calvi, le juge enquêtait sur la mort d'Aldo Moro. L'enquête établira que les meurtriers appartenaient au groupe d'extrême gauche Prima Linea. Mais pendant les semaines qui suivent le drame, tout Rome bruisse de rumeurs selon lesquelles le juge est mort pour s'être attaqué à l'Ambrosiano.

Les révélations se succèdent avec le rapport de Giorgio Ambrosoli, l'avocat désigné par la Banque d'Italie pour liquider les avoirs de la Banca Privata Italiana de Sindona. Il démontre que Sindona a pillé les actifs de la banque, et de plusieurs autres en Suisse et en Italie, pour acheter la Franklin National aux États-Unis. La conclusion la plus embarrassante pour le Vatican est qu'en août 1972, dans le cadre du rachat par Calvi de la Banca Cattolica del Veneto, qui avait tant irrité Albino Luciani, Sindona a transféré 6,5 millions de dollars vers une structure offshore de Calvi. Cet argent, écrit le liquidateur, « était probablement une commission versée à un évêque américain et à un banquier milanais ». Autrement dit Marcinkus et

Calvi ! C'est à la demande de la Banque d'Italie qu'Ambrosoli n'a pas écrit leur nom.

Quelque temps plus tard, en décembre 1978, Ambrosoli commence à être harcelé au téléphone par des appels anonymes de correspondants au fort accent sicilien. « Tu vas mourir comme un chien !» entend-on sur un appel enregistré. Même s'il a bien intégré qu'il risquait d'y laisser la vie, Ambrosoli poursuit sa tâche. Il échange des informations avec la police antimafia de Palerme pour déterminer quels chefs mafieux ont pu être en affaires avec Sindona ou Calvi. Selon ses correspondants, les trafiquants siciliens d'héroïne ont utilisé Sindona pour blanchir des dizaines de millions dans le circuit de ses banques italiennes et suisses. Ambrosoli partage ses découvertes avec la justice américaine. L'étau se resserre autour de Sindona.

Le 11 juillet 1979, en fin de journée, Ambrosoli quitte son bureau milanais pour regagner son domicile. Alors qu'il sort de sa voiture, trois individus viennent à sa rencontre et l'un d'entre eux lui demande avec un accent italo-américain s'il est bien le « Dottore Ambrosoli ». Il confirme. L'homme sort de sa poche un 357 Magnum et lui tire cinq balles dans la poitrine. L'avocat s'écroule. Sa femme qui a entendu les coups de feu se précipite. Il est encore conscient mais mourra lors de son transfert à l'hôpital.

Le FBI a identifié celui qui pourrait être le tueur : le mafieux William Aricò, 45 ans, surnom : « L'exterminateur ». Il a été « balancé » par un repenti, Henry Hill, qui deviendra bientôt célèbre : c'est le personnage incarné par Ray Liotta dans le film de Martin Scorsese *Goodfellas* (*Les Affranchis*). À l'automne 1978, Hill a vendu des armes à Aricò, qui lui a alors confié que Sindona l'avait recruté pour un contrat en Italie. Hill a recroisé ce dernier peu après la mort d'Ambrosoli, qui faisait la une des journaux. Aricò les lui a montrés : « C'est le mec que j'ai buté là-bas ! » Lorsque le FBI obtient l'information, Aricò est en prison pour une affaire de vol de bijoux. Mais lorsque l'agence demande à l'interroger, il s'évade miraculeusement de la prison de Rikers Island… La justice italienne réclame l'extradition de Sindona mais celui-ci vient d'être condamné dans l'affaire de la Franklin National et doit purger sa peine aux États-Unis.

Marcinkus, malgré le contexte troublé, ne mégote pas son soutien à Calvi. En décembre 1980, il approuve l'achat de 65 millions de dollars d'obligations émises par des filiales étrangères de l'Ambrosiano. Un véritable sauvetage par gros temps ! Mais un simple répit pour Calvi, qui brûle le cash de plus en plus vite… Et ce n'est pas tout. Alors que Sindona est clairement devenu « radioactif », Marcinkus sollicite deux cardinaux pour témoigner avec lui en sa faveur… Les avocats américains de Sindona exultent. Mais le nouveau secrétaire d'État Casaroli est furieux quand il apprend l'initiative. Il interdit l'enregistrement vidéo qui était prévu. Marcinkus est forcé d'obéir. Casaroli ne s'arrête pas là. Avec un de ses adjoints, l'archevêque Luigi Celata, il sollicite le général Santovito, le patron du SISMI, pour obtenir toutes informations compromettantes sur Marcinkus[1].

Santovito leur présente alors Francesco Pazienza, un homme de confiance qui se chargera d'enquêter. Un curieux personnage, que nous allons recroiser à maintes reprises… Francesco Pazienza est le fils d'une famille de petite noblesse. Passionné de plongée sous-marine, il crée en 1969 une société de travaux sous-marins, intègre en 1971 une société océanographique française et rejoint même un temps les équipes du commandant Cousteau ! Selon Fabrizio Calvi[2], il rencontre dans la deuxième moitié des années 1970 le patron du SDECE Alexandre de Marenches et son chef de cabinet Michel Roussin, et commence à travailler avec eux. Dans un jugement rendu à Rome en 1985, Pazienza sera décrit comme travaillant pour les services secrets français. Après les petits poissons et grands requins du commandant Cousteau, Pazienza s'attaque au monde de la finance en travaillant pour une société du milliardaire Akram

1. Cf. Gerald Posner, *God's Banker*, *op. cit.*
2. Fabrizio Calvi et Olivier Schmidt, *Intelligences secrètes*, Hachette, 1988.

Ojjeh, intermédiaire des grands contrats avec les pays arabes[1]. Il entre aussi en contact avec le Vatican : Mgr Silvestrini, ministre des Affaires étrangères, ferait appel à ses services. Selon Calvi, il aurait rencontré Arafat à la demande du Vatican. Pazienza a des relations éclectiques : il s'affiche aussi avec des figures mafieuses de la Camorra ou de Cosa Nostra.

En 1979 le patron du SISMI, le général Giuseppe Santovino, recrute Pazienza comme conseiller privé (sans doute sur la recommandation de De Marenches). Il va prospérer à son service pendant trois ans, tout en poursuivant diverses affaires internationales. Via le SISMI, Pazienza fait la connaissance de l'Américain Michael Ledeen. Ce journaliste et collaborateur occasionnel de la CIA publie dans le *Roma Daily American* financé par la CIA et Sindona. À l'approche de l'élection présidentielle, il cherche à plomber Carter pour aider Reagan. Pazienza propose d'exploiter un lien entre le frère du président, Billy, avec le dirigeant libyen Kadhafi pour choquer l'opinion américaine. L'excentrique Billy s'est en effet laissé inviter en Libye. L'article qu'en tire Ledeen fait sensation[2].

Pazienza va rendre bien d'autres services aux Américains : deux missions à Beyrouth pour le général Haig en 1981, une mission exploratoire en 1982 sur les possibilités de renverser Kadhafi, des déplacements en Amérique centrale à la demande du patron de la CIA Bill Casey en 1983… et enfin une mission aux Seychelles pour persuader les autorités de conserver une station d'écoutes américaine.

Il semble acquis aujourd'hui que Pazienza a également été mêlé à certaines opérations de la « stratégie de la tension » en Italie : dans un jugement rendu en novembre 1995 à l'encontre de Licio Gelli, la Cour de cassation italienne a confirmé l'existence d'une vaste association subversive composée, d'une part, par des éléments provenant des mouvements néofascistes dissous incluant notamment Licio

1. À son sujet, voir Yvonnick Denoël, *Sexus Economicus, le grand tabou des affaires*, Nouveau Monde éditions, 2010.
2. Michael Ledeen et Arnaud de Borchgrave, « Qaddafi, Arafat and Billy Carter », *The New Republic*, 1er novembre 1980.

Gelli, le chef de la loge P2, et Francesco Pazienza. Il sera notamment accusé, avec le général Musumeci, d'avoir placé une valise d'explosifs sur un train en janvier 1981, du même type que ceux utilisés lors de l'attentat de Bologne l'année précédente, afin d'égarer les pistes. Le scandale P2 forcera Pazienza à démissionner officiellement du SISMI en avril 1981.

On comprend que Pazienza soit donc comme un poisson dans l'eau quand il s'agit de partir en quête de dossiers compromettants. En Suisse, il trouve la trace de versements d'argent de l'IOR à des hommes politiques ultraconservateurs, dans plusieurs pays. Mais au lieu de rendre compte à Casaroli, il retourne sa veste et décide que Marcinkus pourrait être un client plus intéressant ! Il sollicite donc un entretien avec lui. En voici le récit qu'il fait à Gerald Posner :

« J'ai été engagé pour vous détruire, dit Pazienza au patron de l'IOR.

Marcinkus ne montre aucun signe de surprise.

– Qu'avez-vous l'intention de faire ? demande Marcinkus.

– Rien.

Pazienza a obtenu ce qu'il voulait : un attachement durable[1]. »

Marcinkus a encore gagné...

1. Gerald Posner, *God's Banker*, *op. cit.*

17
La théologie du fusil

> « Soyez patriote, tuez un prêtre ! »
> Tract de la junte militaire salvadorienne

Le père Gustavo Gutiérrez, aumônier d'étudiants au Pérou, prononce à Medellín en 1968 une conférence intitulée : « Vers une théologie de la libération ». En Amérique latine, le mouvement pour le développement a été un échec cuisant et la domination des puissants n'a fait que s'accentuer. On doit donc s'attaquer à la racine du mal : la dépendance des pays pauvres à l'égard des pays riches. Et, à l'intérieur des pays pauvres, tout phénomène d'oppression doit être combattu. De là découle la théorie d'une « option préférentielle pour les pauvres », réclamant justice, nourriture et éducation au nom de l'Évangile. Elle connaît un impact retentissant. La Conférence épiscopale latino-américaine l'accueille avec bienveillance. Le premier congrès catholique consacré à la « théologie de la libération » a lieu à Bogota en mars 1970 et juillet 1971.

Lors de la réunion de Medellín, seule une partie des évêques ont vu toutes les implications du texte qu'ils signaient. Mais les dirigeants des dictatures sud-américaines comprennent que leur allié traditionnel, l'Église, est en train de se retourner contre eux. Les persécutions de prêtres et de nonnes ne font que rendre de plus en plus furieux les évêques. Au bout de quelques années, l'Église est en guerre contre les régimes dictatoriaux dans plusieurs pays d'Amérique latine. À la fin des années 1970, ce sont plus de 850 prêtres et religieuses qui ont connu le martyre. La défense des pauvres est devenue une position majoritaire chez les évêques.

La victoire du Front sandiniste, d'inspiration marxiste, au Nicaragua, le 19 juillet 1979, ne fait qu'accroître l'inquiétude de certains milieux ecclésiastiques, l'Église se divisant en deux camps : soutien ou condamnation du Front. La même année au Salvador éclate une guerre civile qui sera la plus cruelle et sanglante que l'Amérique latine ait jamais connue. Alors que les *campesinos*, les étudiants et les réformistes défient le gouvernement militaire, les jésuites, en tant que porte-parole des pauvres, ont reçu l'ordre de quitter le pays. Ils ont refusé de partir et de nombreux membres du clergé ont été assassinés. Partout ailleurs, on rapporte des brutalités contre des prêtres : Brésil, Guatemala, Paraguay, Équateur, Argentine, Bolivie, Uruguay… L'archevêque conservateur de Colombie Alfonso López Trujillo, secrétaire de la Conférence épiscopale latino-américaine (CELAM), fait partie de ceux qui veulent combattre ce qu'ils estiment être une tentative d'infiltration marxiste dans l'Église. Il prépare une nouvelle conférence à Puebla au Mexique en 1979, où le pape est attendu. Trujillo essaie d'y promouvoir une troisième voie entre communisme et capitalisme. Mais malgré une préparation minutieuse, il est débordé. Les évêques confirment les positions adoptées à Medellín.

On a tué l'archevêque

L'archevêque du Salvador Oscar Arnulfo Romero assiste à la réunion de la Conférence épiscopale et y rencontre Jean-Paul II pour la première fois. Romero a été nommé archevêque début 1978 en raison de son profil peu politique. Mais peu après son installation, son ami le père jésuite Rutilio Grande a été abattu par des miliciens proches du régime. Indigné, Romero se transforme alors en défenseur des droits de l'Homme et des paysans, ce qui lui attire l'hostilité du régime.

Jean-Paul II connaît mal l'Amérique du Sud et s'en remet à l'avis de ses conseillers sur la théologie de la libération qui serait surtout un mouvement quasi marxiste. Romero continue de protester contre les meurtres politiques au Salvador, tandis que plusieurs évêques prennent leurs distances avec lui. Le 17 février 1980, Romero demande officiellement au président Carter d'arrêter l'aide militaire au Salvador. Deux jours plus tard a lieu un attentat à la bombe dans les locaux de la radio catholique, puis dans la bibliothèque de l'université catholique. Romero dort désormais dans un lieu différent chaque nuit… quand il arrive à dormir.

Pendant ce temps, le cardinal Oddi, patron de la Congrégation pour le clergé, se prépare à muter l'indocile Romero vers un autre poste.

Le dimanche 23 mars, Romero déplore encore dans son sermon les récentes répressions gouvernementales. Il appelle les membres de la Garde nationale et la police à cesser de tuer leurs frères paysans. Le lendemain, il est exécuté d'une balle dans la poitrine alors qu'il dit la messe dans une chapelle d'hôpital. Le pape s'abstiendra de toute déclaration publique.

Même les funérailles de Romero sont dramatiques. Pendant l'office, des explosions retentissent à l'extérieur. Une fusillade éclate sur la place devant l'église. La foule s'enfuit en panique, puis reflue à l'intérieur de l'église. Bilan : 40 morts. Le gouvernement incrimine des groupes d'extrême gauche. Des évêques de divers pays qui étaient présents ce jour-là contredisent cette version et affirment leur solidarité avec la mission de Romero. On sait aujourd'hui que Romero a été tué par des soldats sous les ordres du major Roberto D'Aubuisson.

Le 2 décembre 1980, trois religieuses une missionnaire laïque américaines sont assassinées sur la route de Santiago Nonualco au Salvador, après avoir été violées par des soldats. L'administration Carter suspend son aide militaire, mais elle est rétablie quelques semaines plus tard, à l'arrivée de Reagan à la Maison-Blanche. Le juge d'instruction salvadorien en charge du dossier est lui-même assassiné. Une enquête des Nations unies conclura que les meurtres ont été prémédités. Les responsables ont été protégés par le chef de la Garde nationale, des hauts gradés de l'armée et des officiels américains.

Il y a au Nicaragua une « Église du peuple » favorable au pouvoir sandiniste qui apprécie sa politique sociale : alphabétisation, gratuité des soins médicaux, réforme agraire, prêts au logement… Cinq membres de cette junte sont membres du clergé ou d'organisations religieuses, en particulier le père Ernesto Cardenal, ministre de la Culture. Le Vatican estime qu'ils doivent démissionner pour se mettre en règle vis-à-vis de l'Église.

La CIA finance dès l'arrivée de Reagan au pouvoir la guérilla des « contras ». Mais en décembre 1982, le Congrès oblige Reagan à interdire à la CIA tout équipement ou entraînement militaire destiné à renverser le pouvoir nicaraguayen. L'administration Reagan cherche alors des moyens détournés de continuer : ce sera la fameuse affaire « Iran-Contra[1] », la vente d'armes à l'Iran pour financer la guérilla sandiniste.

Dès 1981, la CIA commence à financer les dignitaires de l'Église fidèles à Rome, et à leur transmettre des informations sur les prêtres. L'un des bénéficiaires est l'archevêque Miguel Obando y Bravo. Selon le témoignage de John Poindexter (vice-directeur du Conseil national de sécurité américain) recueilli par Bernstein et Politi : « nous informions les évêques [nicaraguayens] sur ce que nous pensions que les autorités du pays s'apprêtaient à faire et sur ce que les organisations révolutionnaires du Salvador [où les prélats de l'Église établie recevaient également des subsides] manigançaient. Ceci directement par l'intermédiaire de l'évêque au Nicaragua[2] ».

Lorsque les membres des commissions du renseignement du Sénat et de la Chambre des représentants découvrent début 1983 que

1. Peter Kornbluh et Malcolm Byrne, *The Iran-Contra Scandal: The Declassified History*, New Press, 1993.
2. Carl Bernstein et Marco Politi, *Sa Sainteté Jean-Paul II et l'histoire cachée de notre époque*, *op. cit.*

l'archevêque Obando a reçu 25 000 dollars de la CIA, ils craignent un nouveau scandale qui pourrait aussi éclabousser la CIA. Casey est obligé de promettre l'arrêt de ces versements. Bien évidemment, il n'en a pas l'intention. De retour à l'agence, Casey charge un de ses subordonnés de trouver une autre filière.

Malgré ces efforts, une partie importante du clergé sud-américain est en train de basculer en faveur du gouvernement sandiniste. Casey et le conseiller national à la Sécurité Clark encouragent l'entourage du pape à programmer un voyage au Nicaragua pour y mettre bon ordre. Le Vatican est effectivement convaincu que l'Église populaire nie l'autorité du pape.

En février 1981, un prêtre espagnol en poste au Guatemala visite des familles de paysans torturés et assassinés, quand il est lui-même exécuté. Le lendemain, le gouvernement américain annonce qu'il renforce son soutien armé au Salvador. Le patron de la CIA William Casey appelle le nonce à Washington, l'archevêque Laghi, pour se plaindre que la Conférence des évêques sud-américains soit hostile au président Reagan. Laghi organise une audience auprès du pape pour le général Vernon Walters, lui-même catholique.

Au Salvador et au Guatemala, l'escalade de la terreur se poursuit. Le successeur de Romero, l'archevêque Rivera y Damas, se situe dans une ligne proche. Il explique aux médias que l'opposition salvadorienne attend avant tout une reconnaissance politique et des négociations pour la paix.

En 1982, au Guatemala, Amnesty International recense 2 600 Indiens massacrés par les troupes gouvernementales en quatre mois. En Argentine, un évêque meurt dans un accident de voiture, dénoncé comme un assassinat... En juin 1983, l'aumônier des forces armées salvadoriennes, l'évêque Joaquín Ramos Umaña, est abattu d'une balle dans la tête.

L'archevêque Arturo Rivera y Damas se fait presque aussi virulent que son prédécesseur Romero. En dépit des financements et de l'entraînement fourni par la CIA, il devient évident que les contras, peu motivés, sont voués à l'échec. Un plan de paix proposé en 1987 par le président du Costa Rica prendra la Maison-Blanche par surprise et aboutira à une sortie de crise en 1992. Mais en 1989, six prêtres jésuites qui participaient aux négociations de paix seront encore tués à l'université catholique de San Salvador. Aux premières heures du 16 novembre 1989, une unité d'élite des forces armées salvadoriennes pénètre sur le terrain de l'université d'Amérique centrale, dirigée par les jésuites à San Salvador, et exécute son recteur, le père Ignacio Ellacuría, ainsi que cinq autres prêtres jésuites, leur gouvernante et sa fille de 16 ans.

Dans un jugement très attendu, une Cour de justice espagnole a condamné le 11 septembre 2020 le colonel salvadorien à la retraite Inocente Orlando Montano à 133 ans de prison pour des actes de terrorisme d'État et l'assassinat des six prêtres, de la gouvernante et l'adolescente. C'est l'aboutissement de plusieurs décennies de travail des familles des victimes, de la communauté jésuite et des organisations de défense des droits de l'homme. Le jugement a été rendu suivant le concept juridique novateur de « compétence universelle » désormais appliqué dans les tribunaux espagnols.

Les archives américaines déclassifiées sur décision de l'administration Clinton ont fourni des preuves claires de la culpabilité des militaires malgré une dissimulation massive. Des câbles d'ambassade, des rapports de la CIA et des comptes-rendus de la Defense Intelligence Agency ont décrit comment les responsables américains ont réalisé à contrecœur que c'étaient leurs propres alliés des forces armées du Salvador (ESAF) qui avaient ordonné et mis en œuvre le complot visant à ces assassinats.

Le gouvernement salvadorien a refusé de coopérer avec le tribunal espagnol, ce qui a retardé la procédure judiciaire pendant des années. Mais en 2017, les États-Unis ont pris la décision d'extrader Montano, qui travaillait dans une usine de bonbons près de Boston, vers Madrid. Même s'il n'était qu'un des 19 officiers supérieurs mis en cause, sa condamnation est une victoire symbolique.

Pour l'administration Reagan, aucune bataille n'était plus importante que celle contre la théologie de la libération. Elle menaçait le contrôle de Rome sur l'Église sud-américaine et risquait de faire tache d'huile sur les autres continents.

La subversion est partout

Sur le territoire même des États-Unis, le FBI a pratiqué l'espionnage de prélats suspects d'accointances marxistes : c'est le cas de l'archevêque de Seattle Raymond Hunthausen et de l'évêque auxiliaire de Détroit Thomas Gumbleton, opposés à la course aux armements et à la guerre nucléaire. Fin 1983, le Vatican ordonne une enquête sur Hunthausen et lui retire l'essentiel de ses pouvoirs en nommant un évêque auxiliaire qui a le fin mot en cas de désaccord. Cette décision est perçue comme un avertissement aux autres prélats. Les évêques de certains pays, en particulier les Allemands, critiquent les évêques américains pour leur dénonciation de la dissuasion nucléaire.

Dans les pays du Sud, plusieurs organisations américaines, manipulées ou non par la CIA, interviennent sans discrétion excessive. C'est le cas de télévangélistes américains qui s'implantent en Amérique centrale, comme Pat Robertson qui soutient le régime des contras avec son puissant Christian Broadcasting Network (CBN) et invite des dictateurs dans son programme télévisé. Il s'affiche même avec Roberto D'Aubuisson, l'un des responsables du meurtre de l'archevêque Romero. Les dons de ses téléspectateurs lui permettent de verser des millions de dollars « d'aide humanitaire » aux régimes du Guatemala, du Salvador et du Honduras. Au Guatemala il soutient le dictateur Ríos Montt, converti à l'Église pentecôtiste Iglesia Verbo. Boudé par les États-Unis eux-mêmes, Ríos Montt s'appuie sur Robertson pour redorer son blason et se présenter comme un héraut de la lutte anticommuniste.

Pendant les dix-huit mois au pouvoir de Ríos Montt, plus de 15 000 personnes sont assassinées, parmi lesquels des prêtres catholiques et des centaines de catéchistes. Ce qui n'empêche pas Robertson de le présenter comme « un exemple de ce que Dieu peut faire quand les Siens sont au pouvoir[1] »… De leur côté les évangélistes venus des États-Unis ont toute latitude des militaires pour apporter la bonne parole aux Indiens. Les évêques catholiques sont régulièrement insultés et menacés, y compris le propre frère de Ríos Montt, qui est obligé de fuir le pays. Pour être complet, il faut préciser que certains pasteurs évangéliques qui ne cautionnent pas les exactions du régime sont à leur tour persécutés. Une douzaine sont assassinés et quarante-neuf « disparaissent » définitivement. Ríos Montt sera renversé par sa propre armée en août 1983. Sous son règne, les pentecôtistes ont tout de même eu le temps de convertir environ un quart de la population.

Cette offensive de groupes évangélistes américains, qui arrivent à lever des millions de dollars, ajoute encore au trouble des évêques catholiques, qui se demandent si cette poussée fondamentaliste n'est pas pilotée par Washington.

Parmi les forces à l'œuvre, il faut encore s'attarder sur une institution néoconservatrice, l'Institut pour la religion et la démocratie (IRD), créé en 1981. Décrit comme « le séminaire officiel de l'administration Reagan », l'IRD travaille en lien étroit avec le Département d'État, produit des articles et conférences sur le Salvador et le Nicaragua. Il rédige aussi une lettre d'information confidentielle envoyée aux entreprises et gouvernements amis de la région pour dénoncer les complots des syndicats et des gauchistes au sein de l'Église. En 1985, l'IRD organise une conférence sur la liberté religieuse sponsorisée par le Département d'État. Malgré ce lobbying, la Conférence des évêques ne mollit pas dans sa dénonciation des exactions et sa critique de la politique états-unienne en Amérique centrale.

L'action des services secrets américains dans la région, à commencer par la CIA, est peu à peu dévoilée par diverses enquêtes journalistiques. Le soutien aux contras devient rapidement évident. On retrouve même un manuel d'instruction à l'usage des guérilleros édité

1. Penny Lernoux, *People of God. The Struggle for World Catholicism*, Viking, 1989.

par la CIA… Il faut surtout citer le plan Banzer destiné à discréditer la théologie de la libération et réprimer la dissidence catholique de gauche. Il est élaboré au début de 1975 par le ministère bolivien de l'intérieur, en collaboration avec la CIA, sous l'impulsion du président bolivien Hugo Banzer. Les services boliviens ont notamment pris pour cible Jorge Manrique Hurtado, l'archevêque de La Paz. Les méthodes utilisées contre lui consistent à placer des faux documents compromettants dans les locaux de l'église et à censurer ou fermer les propriétés de l'église et les stations de radio catholiques[1]. Le plan Banzer a été approuvé et mis en œuvre par neuf autres gouvernements d'Amérique latine dans les années 1970.

L'opinion américaine est pourtant de plus en plus opposée à l'interventionnisme en Amérique centrale. L'administration Reagan, en retour, en est réduite à dénoncer la politisation des évêques, qui utilisent leur magistère pour endoctriner les croyants. La hiérarchie catholique américaine fait elle-même pression sur l'administration pour qu'elle soutienne un processus de paix, mais c'est un véritable dialogue de sourds.

Il faudrait encore citer Catholics United for the Faith (CUF), une aile fondamentaliste de l'Église américaine, qui se spécialise dans l'envoi au Vatican de dossiers incriminant les prêtres qu'elle juge douteux. Ils viennent souvent doublonner ceux déjà transmis par la CIA ou la nonciature de Washington…

Un tennis avec l'amiral

L'archevêque Pio Laghi, pro-nonce à Washington, a servi au Nicaragua et en Argentine, où il ne s'est pas signalé par sa sévérité envers la junte militaire et ses exactions. On le vit ainsi jouer au tennis avec l'amiral Emilio Massera, l'un des plus sanguinaires dirigeants de la junte. Laghi essaie de garder un profil bas mais se

1. Cf. Philip Berryman, *Liberation Theology: Essential Facts About the Revolutionary Movement in Latin America and Beyond*, Temple University Press, 1987.

retrouve régulièrement dans la presse pour cause de mesures disciplinaires du Vatican contre des évêques américains.

Les archives américaines déclassifiées, consultées par Frédéric Martel, nous apprennent qu'il fut un informateur de la CIA :

> Dans une série de mémos de 1975 et 1976 dont je dispose, Laghi raconte tout à l'ambassadeur américain et à ses collaborateurs. Face à eux, il plaide constamment la cause des dictateurs Videla et Viola qui seraient des « hommes bons » voulant « corriger les abus » de la dictature. Le nonce dédouane les militaires de leurs crimes, la violence venant autant du gouvernement, dit-il, que de l'opposition « marxiste ». Il nie également, devant les agents américains, que les prêtres puissent être persécutés en Argentine. (Une dizaine au moins ont été assassinés.)
>
> Selon mes sources, l'homosexualité de Pio Laghi pourrait expliquer ses positions et avoir joué un rôle dans sa proximité avec la junte – une matrice que l'on retrouvera souvent. Celle-ci ne le prédestinait pas, bien sûr, à la collaboration, mais en le rendant vulnérable aux yeux des militaires qui connaissaient ses penchants, elle a pu le contraindre au silence. Pourtant Laghi est allé plus loin : il a choisi de fréquenter la mafia gay fascisante qui entourait le régime[1].

L'homologue américain de Laghi à Rome se nomme William Wilson ; c'est un ami personnel et ex-conseiller fiscal de Ronald Reagan. Ce Californien aisé, qui a des intérêts dans le pétrole, l'immobilier et investit en Bourse, fait partie d'un groupe d'hommes d'affaires qui ont poussé Reagan à entrer en politique. Il est membre de l'ordre des chevaliers de Malte et s'entend à merveille avec l'archevêque Marcinkus, qui se débrouille pour lui obtenir des bureaux au Vatican, tout près des appartements du pape. Ce même Wilson

1. Frédéric Martel, *Sodoma. Enquête au cœur du Vatican*, Robert Laffont, 2019.

interviendra par la suite pour aider son ami Marcinkus lors du scandale Ambrosiano.

Wilson remet au secrétaire d'État Casaroli une « liste noire » de prêtres et de nonnes d'Amérique centrale qui mériteraient d'être relevés de leurs fonctions. Elle circule au sein de la curie. Une grosse imprudence sera fatale à Wilson en 1986 : il rend visite pour le compte d'une société pétrolière au colonel Kadhafi alors que ce dernier est dans le collimateur de l'administration Reagan pour son implication dans des attentats terroristes. Il semble qu'il ait eu en réalité plusieurs contacts secrets avec le régime libyen, avec l'accord du Conseil national de sécurité. Mais devant le scandale, il devient inévitable de le rappeler à Washington.

Sans avoir besoin de passer par Wilson, la CIA fournit plusieurs fois à la curie des fiches sur les diplomates étrangers accrédités auprès du Vatican, et d'autres sur des prêtres jugés marxistes. Parfois même la CIA fournit des relevés d'écoutes téléphoniques de prêtres « renégats ». Ces relevés sont transmis à la Congrégation pour la doctrine de la foi. Jean-Paul II a choisi d'y nommer le cardinal Ratzinger, jugé très puissant car c'est lui qui définit la doctrine, et décide donc de qui est dans l'Église et qui en est sorti... Il a pour tâche de mater les dissidences idéologiques et religieuses au sein de l'Église. Fils d'un policier bavarois, il a grandi dans l'Allemagne nazie. Esthète plus attiré par les questions intellectuelles que par la vie paroissiale, il a choisi de devenir professeur de théologie. Une fois atteint la quarantaine, il a basculé du camp progressiste au conservateur. Pendant Vatican II, il était catalogué comme faisant partie de l'avant-garde. Ce sont les mouvements étudiants des années 1960 qui le font évoluer. À l'université de Tübingen, il affronte son collègue libéral Hans Küng, dont les conférences font salle comble tandis que Ratzinger parle devant des salles à moitié vides. Il finit par quitter l'université pour retourner en Bavière. C'est en 1977 qu'il rencontre Wojtyła. Pour les deux hommes, c'est un coup de foudre intellectuel : ils partagent la même volonté de corriger certains « excès » de Vatican II.

Calme dans les tempêtes, très écouté par le pape (qui lui demande souvent en fin de réunion s'il a quelque chose à ajouter), il fait toujours valider ses décisions par le pape avant de les annoncer. En 1980, les évêques allemands retirent à Küng sa licence pour enseigner la théologie : Ratzinger n'y est sans doute pas pour rien. Il entretient des contacts avec le mouvement Communion et Libération, et à travers la hiérarchie allemande, les agences d'aide au tiers-monde qui opèrent en Amérique du Sud.

Notre ami Pinochet

L'évêque Carlos Camus fait partie des centaines de prêtres chiliens qui ont eu à souffrir les persécutions du général Pinochet. En mars 1987, sa nièce de 18 ans est arrêtée et torturée. On « trouve » la carte d'identité de sa sœur sur le lieu d'un attentat. La jeune fille est libérée après trois jours de détention en raison du scandale suscité par l'évêque. C'est un simple exemple parmi tant d'autres…

Entre 1973 et 1986, plus de 150 000 Chiliens sont emprisonnés, 400 prêtres étrangers expulsés et plusieurs prêtres tués. Certains évêques, qui ont pris des positions publiques pour la défense des droits de l'Homme, reçoivent des menaces de mort. Plusieurs dizaines d'églises sont incendiées ou plastiquées par des groupes paramilitaires. Les églises sont les seules institutions que l'armée ne contrôle pas. Pinochet ne peut se permettre de les fermer, alors qu'il prétend avoir agi pour protéger les valeurs chrétiennes. L'Église chilienne rapporte des pratiques courantes de coups, chocs électriques, brûlures de cigarette, viols et tortures psychologiques.

Les Églises catholique, protestante et juive ont créé un comité œcuménique de coopération pour la paix, qui apporte une aide juridique et financière aux victimes de la répression. Mais en 1975, le régime fait pression pour sa dissolution. Les évêques catholiques créent alors un « vicariat de Solidarité », qui va traiter en dix ans près de 300 000 cas de violations de droits. Cette position fait perdre à Pinochet le soutien des classes supérieures. Le régime réplique par un véritable harcèlement : des prêtres sont régulièrement emprisonnés et battus. Un missionnaire irlandais de Santiago, le père Liam Holahan, est sévèrement violenté pour avoir assisté aux funérailles d'une victime de la répression. Le père O'Mara, un Américain de Chicago, essaie de s'interposer quand il voit un de ses collègues âgés passé à tabac par un officier de police. Il est à son tour arrêté et battu. On le renvoie aux États-Unis. Les prêtres chiliens, eux, sont emprisonnés. Le père Renato Hevia, directeur de la revue jésuite *Mensaje*, est jeté en cellule pour avoir « mis en danger la sécurité intérieure du pays » en critiquant l'état de siège.

Un père missionnaire français, André Jarlan, qui officie dans la banlieue de Santiago La Victoria, est abattu par une balle perdue alors qu'il prie dans sa chambre. Il devient un véritable symbole de la résistance. Pinochet fera expulser les autres prêtres français de La Victoria et saccager la chambre du père Jarlan, où un autel était dressé en sa mémoire. La chapelle tout entière est détruite[1].

L'armée ne voit pas d'autre solution que de soutenir Pinochet : elle craint un régime gauchiste et une campagne de procès contre ses hommes, dont beaucoup ont torturé. En 1988 est prévu un plébiscite sur le maintien de Pinochet à la présidence. Il le perd, ce qui déclenche une élection présidentielle. Mais les responsables militaires conservent leurs postes jusqu'en 1993, y compris Pinochet qui reste commandant en chef des armées.

Le nonce au Chili, l'évêque Angelo Sodano, a été un grand ami du régime. Il a verrouillé la Conférence épiscopale chilienne, en y faisant nommer quatre évêques proches de l'Opus Dei. La visite de Jean-Paul II au Chili en 1987 a apporté un soutien de fait à Pinochet, alors très controversé sur la scène internationale. L'apparition du pape et de Pinochet, tout sourires, à la tribune du palais présidentiel a suscité de vives critiques. En 1988 Sodano est rappelé à Rome et devient « ministre des Affaires étrangères ». Devenu secrétaire d'État

1. Cf. Penny Lernoux, *Cry of the People*, *op. cit.*

de Jean-Paul II, à partir de 1990, il continuera à suivre le dossier chilien[1] et supervisera les nominations, comme celle de Francisco Javier Errázuriz nommé archevêque de Santiago malgré son indulgence envers les prêtres pédophiles. Selon de nombreux témoignages recueillis par Frédéric Martel (dont celui du prêtre Christian Precht, l'un des plus proches collaborateurs de l'évêque de Santiago), Sodano a contribué à la nomination d'évêques neutres ou pro-Pinochet, disqualifiant les prêtres opposés au régime[2]. Pire encore, Sodano semble s'être gravement compromis avec le régime, par imprudence ou idéologie.

Le prêtre Fernando Karadima, de la paroisse d'El Bosque, fréquentée par l'entourage de Pinochet, a servi à Sodano de guide dans la bonne société et les milieux catholiques chiliens. Selon les témoins interrogés sur place par Frédéric Martel, la paroisse était infiltrée par les espions du régime, ce qui leur permettait d'avoir prise sur la « hiérarchie catholique gay », à commencer par Karadima, accusé d'abus sexuels multiples. Pinochet avait besoin du soutien de l'Église : il a donc veillé à favoriser les prêtres et évêques acquis à sa cause, et qu'il pouvait faire chanter si besoin.

Le nonce Sodano est devenu un grand ami de Karadima, avec qui il disait parfois la messe devant un parterre de hauts gradés. Karadima prodiguait au nonce toutes sortes d'attentions et lui faisait faire de nombreuses rencontres parmi les jeunes prêtres et séminaristes. Il était surtout à la tête d'un véritable réseau de renseignements qui surveillait les prêtres progressistes et informait Sodano afin de bloquer leur carrière. Plusieurs de ces prêtres progressistes furent arrêtés par la police de Pinochet, sans que l'on sache qui exactement les avait dénoncés. De son côté, Sodano entretint selon Martel une liaison avec… un agent secret de Pinochet ! Rodrigo Serrano Bombal « est à la fois l'un des habitués d'El Bosque, un officier de réserve de la marine, un agent probable des services secrets de Pinochet et, dit-on,

1. En 1998, alors que Pinochet est hospitalisé en Grande-Bretagne et sous le coup d'un mandat d'arrêt international, le Vatican s'opposera à son extradition.
2. Frédéric Martel, *Sodoma*, *op. cit.*

un homosexuel "closeted". Son appartenance à la DINA (Dirección de inteligencia nacional), les services secrets de Pinochet, serait attestée par un décret de nomination, que la journaliste Monica Gonzalez a pu consulter ; ce recrutement policier a également été évoqué, ainsi que sa possible homosexualité, par des témoignages faits à l'occasion des procès de la dictature)[1] ». Sodano était-il un pinochetiste naïf et manipulé par le régime, un gay clandestin objet de chantages, ou un peu des deux ?

Accusé de nombreux abus sexuels sur de jeunes garçons commis pendant plusieurs décennies, Karadima a été protégé par le régime Pinochet puis par le secrétaire d'État Sodano. Sans doute voulait-on éviter qu'il divulgue tous les secrets d'El Bosque… Karadima ne s'est pas gêné pour faire savoir à certains prélats que s'il était « lâché » pour ses crimes pédophiles, tout ce qu'il savait sur certains prélats homosexuels (n'ayant eux-mêmes rien à voir avec la pédophilie) se retrouverait sur la place publique…

Le pape Benoît XVI, après avoir écarté Sodano, ordonnera un procès canonique. Reconnu coupable, Karadima sera réduit à l'état laïc par le pape François en 2018[2]. Plusieurs cardinaux et évêques chiliens ont été mis en examen par la justice chilienne dans le cadre de cette affaire, qui se poursuit. Elle a porté un coup terrible à la réputation de l'Église chilienne.

Dans les années 1970-1980, une véritable guerre a déchiré l'Église, entre les partisans de « l'option préférentielle pour les pauvres » et les antimarxistes, alliés à la CIA, l'Opus Dei et aux dictatures militaires. Le paradoxe est que les revendications portées par les premiers étaient, à peu de chose près celles de l'Église polonaise et du syndicat Solidarité… dont le plus fervent supporter se nommait Jean-Paul II.

1. *Ibid.*
2. Juan Andrés Guzmán, Gustavo Villarrubia et Mónica González, *Los secretos del imperio Karadima*, Santiago du Chili, Catalonia/UDP, 2011.

18
Un voyage en Pologne

> « Il est facile d'être à la fois un bon catholique et un bon communiste : les catholiques croient mais ne pratiquent pas, alors que les communistes pratiquent mais ne croient pas. »
>
> Dicton polonais

La question d'une visite du pape en Pologne est abordée lors d'une rencontre en janvier 1979 entre le souverain pontife et le ministre des Affaires étrangères russe Andreï Gromyko. La visite est d'abord prévue pour le 13 mai, date anniversaire de la mort de saint Stanislas, patron des Polonais, en 1079. Mais les autorités craignent des débordements de sentiments anticommunistes et c'est finalement le 2 juin que débute la première visite d'un pape dans un pays communiste.

Tout est fait pour mettre des bâtons dans les roues aux Polonais qui veulent aller à la rencontre du pape. Le SB polonais n'est pas le seul mobilisé pour surveiller l'événement. Le dirigeant de la RDA, Erich Honecker, a demandé au chef de la Stasi Erich Mielke de « couvrir » la visite du pape en Pologne. Il s'agira d'accompagner les pèlerins allemands qui feront le voyage à l'occasion de la visite papale. La Stasi a dans son effectif pas moins de 54 prêtres et 64 laïcs. Le jour venu, 10 millions de pèlerins convergent vers Varsovie et les trois autres villes au programme. À 10 h 05, à l'aéroport de Varsovie, Jean-Paul II descend de son avion Alitalia et s'agenouille pour embrasser le sol dans un geste qui deviendra familier. Les cloches se mettent à carillonner dans le pays tout entier. Il se lève et salue la foule. Des drapeaux polonais et des chants l'accompagnent sur tout le trajet qui le conduit dans le centre-ville.

Le premier jour, plus d'un million de Polonais se déplacent pour l'accueillir. Gierek en recevant Jean-Paul II était prêt à négocier un accord généreux pour l'Église polonaise. Mais il est pris de court par le pape qui réclame une reconnaissance officielle du fait que l'Église sert aussi « les hommes et les femmes dans la dimension temporelle de leur vie », ce qui reviendrait à entériner pour elle un rôle politique.

Pendant neuf jours, du 2 au 10 juin 1979, le souverain pontife parcourt son pays natal. « Au soir du dimanche 3 juin, racontent Bernstein et Politi, Jean-Paul II avait déjà réussi, par ses allocutions d'une véhémence prophétique, à remettre en question l'idéologie du régime, le rôle de l'État, la nature de l'alliance liant la Pologne à l'Union soviétique, et la situation géopolitique de l'Europe résultant de la deuxième guerre mondiale[1]. »

L'accueil populaire dépassant toutes les prévisions met en état de choc les dirigeants polonais sidérés par l'adulation des foules. Les prises de position du pape vont souvent bien au-delà des formules religieuses habituelles. Il a pris soin de ne pas attaquer de front le pouvoir en place, mais son allocution prononcée place de la Victoire à Varsovie constitue un véritable programme politique. Pour le réformiste Gierek, toute la politique de collaboration avec l'Ouest se trouve mise en danger par la démonstration de force de l'Église sous les caméras du monde entier. Le gouvernement avait marchandé avec Wyszyński les lieux où pourrait se rendre le pape afin de limiter le nombre de régions concernées mais l'Église a organisé des convois en provenance de tout le pays. Le pape a joué un jeu millimétré pour réveiller la conscience du peuple, sans pour autant pousser les fidèles aux débordements. Pour que sa stratégie réussisse, il fallait que les manifestations restent pacifiques.

1. Carl Bernstein et Marco Politi, *Sa Sainteté Jean-Paul II et l'histoire cachée de notre époque*, *op. cit.*

Naissance de Solidarité

Début 1980, la dette extérieure polonaise ne cesse d'augmenter, alors que le pays souffre d'une pénurie de charbon, que les salaires sont gelés tandis que les prix des biens de première nécessité s'envolent. Il est donc logique que ressurgissent des grèves. Le 14 août 1980, le pape se trouve dans sa résidence d'été de Castel Gandolfo quand on l'informe qu'un petit électricien râblé et moustachu, nommé Lech Wałęsa, a fait irruption en pelleteuse à vapeur dans les chantiers navals de Gdańsk, suivi par une armée d'ouvriers en colère. C'est le début d'une véritable contre-révolution qui réunit pour la première fois des ouvriers, des intellectuels et l'Église. Jour par jour, puis heure par heure, Jean-Paul II reçoit de son secrétaire particulier Dziwisz et du secrétaire d'État Casaroli les dernières informations. Désigné comme représentant des ouvriers des chantiers navals, Wałęsa a émis une série de revendications, dont l'augmentation des salaires, la reconnaissance des syndicats libres, l'allègement de la censure et la libération des prisonniers politiques. Le 20 août, alors que le mouvement s'étend à tout le pays, le pape récite quelques prières devant des pèlerins polonais rassemblés place Saint-Pierre, pour la liberté religieuse et la protection du peuple polonais. Cela équivaut à une bénédiction donnée au mouvement de grève.

Wałęsa s'exprime comme un homme du peuple, mais c'est sans conteste un leader charismatique. Il arrive à résumer de façon accessible des problèmes complexes. Les racines catholiques de Wałęsa sont un trait essentiel de sa personnalité. En 1967 Wałęsa s'établit dans la ville portuaire de Gdańsk, au nord du pays. Il a été mécanicien automobile et espère démarrer une nouvelle vie. Il découvre une ville industrielle dans le plus pur style soviétique. Les chantiers navals sont entourés d'usines métallurgiques et chimiques. Ce qui fait du lieu un centre ouvrier majeur.

Un des seuls acquis du régime de Gomułka était les faibles prix des biens de première nécessité. Mais en 1970, le gouvernement décide de les augmenter fortement. Le 13 décembre, les ouvriers de Gdańsk manifestent pour exiger l'annulation des augmentations. Gomułka fait donner la police. En juin 1976 de nouvelles augmentations sont décrétées. Wałęsa est alors de plus en plus impliqué dans l'action syndicale. Cette même année est fondé le KOR (Komitet Obrony Robotników), Comité de défense des ouvriers.

Pour l'écrivain Adam Michnik, Wałęsa « est un ouvrier entouré par des intellectuels. Il est très nationaliste, sans être chauvin, très catholique sans être clérical. C'est une sorte de synthèse de la Pologne à lui tout seul[1] ». Wałęsa est à la fois un syndicaliste décidé à défendre les droits des ouvriers et un combattant de la liberté et de la démocratie.

De facto, Jean-Paul II se retrouve, dans la coulisse, partie prenante aux discussions. Gierek, qui doit se battre contre les staliniens du régime, appelle à l'aide le primat Wyszyński pour éviter que le régime, acculé, n'ait d'autre recours que d'envoyer l'armée contre les grévistes. Cette intervention modératrice permet de faire baisser la tension mais conduit à renoncer à la revendication de liberté syndicale. Le pape n'en a pas été informé et s'en montre irrité. Le 27 août, il fait publier par les évêques polonais un texte réclamant « le droit à l'indépendance pour les organisations représentant les travailleurs ». Le gouvernement est contraint de céder. Les accords de Gdańsk signés le 31 août ouvrent une nouvelle page dans l'histoire du pays : Solidarité va pouvoir développer ses activités pour partie au grand jour en toute légalité.

C'en est trop pour Moscou. Dès le 5 septembre, Gierek est limogé et remplacé par son adjoint Stanislas Kania. La diplomatie soviétique fait passer le message à Casaroli que Moscou voudrait voir modérer les revendications de Solidarité, faute de quoi ses troupes interviendront en Pologne. Mais Kania n'a d'autre choix que d'accepter les revendications. À la mi-septembre, 35 syndicats régionaux se réunissent pour fonder Solidarité. Cette percée est saluée par le monde syndical européen. Depuis le début de la guerre froide, l'AFL-CIO[2]

1. *New York Times*, 23 octobre 1988.
2. Fédération américaine du travail – Congrès des organisations industrielles.

a ouvert des bureaux à Paris pour soutenir les syndicats anticommunistes européens. Jusqu'au milieu des années 1980, il représentera le seul soutien financier américain du syndicat polonais.

« Nous ne devons pas perdre la Pologne ! » tonne Andreï Gromyko[1]. En ce 29 octobre 1980, la réunion du Politburo prend des allures de sauve-qui-peut. Même après le remplacement de Gierek, le régime polonais semble à la dérive. Le général Jaruzelski, ministre de la Défense que les Russes considèrent comme l'homme « sur qui on peut compter », semble lui aussi flotter et craindre que son armée refuse le cas échéant d'affronter les ouvriers. Les émissions radio en provenance de Pologne montrent que les principes du socialisme sont remis en cause, de même que le rôle dominant du Parti. Désormais, tout courrier en provenance de Pologne est intercepté par les services soviétiques ; la presse polonaise est censurée. Moscou craint particulièrement une contagion dans les régions limitrophes de la frontière polonaise. En RDA, le président Honecker s'indigne, limite les déplacements vers et depuis la Pologne, et agite la menace d'une intervention conjointe des forces du pacte de Varsovie.

Le lendemain 30 octobre, le Premier secrétaire Kania et le Premier ministre Pińkowski sont convoqués à Moscou. Ils promettent de faire preuve d'une fermeté accrue, mais vu de Moscou, rien ou presque ne va changer. De nouvelles grèves interviennent quelques semaines plus tard. Le 5 décembre se tient à Moscou une réunion des dirigeants des pays communistes. Kania plaide contre une intervention militaire.

Désormais, le SB polonais a pour instruction de pénétrer le Vatican. Dans un télégramme du 16 juin 1980, le *rezident* du KGB à Varsovie informe sa centrale que les collègues du SB polonais ont réussi à placer plusieurs agents dans l'entourage du pape :

« Nos amis ont conquis d'importantes positions au sein du Vatican et elles leur donnent accès au pape et à la congrégation romaine.

1. Compte-rendu de la réunion du Politburo du 29 octobre 1980, cité par Carl Bernstein et Marco Politi in *Sa Sainteté Jean-Paul II et l'histoire cachée de notre époque*, *op. cit.*

Outre des agents expérimentés envers qui Jean-Paul II est favorablement disposé, et qui peuvent obtenir audience à tout moment, nos amis ont placé des agents parmi les leaders d'associations d'étudiants catholiques qui sont en contact constant avec les cercles du Vatican et ont leurs entrées à Radio Vatican et au secrétariat du pape[1]. »

Le KGB donne au SB plusieurs objectifs à fixer à ses agents infiltrés : influencer le pape dans le sens d'une politique de détente comparable à celle de Jean XXIII ; créer la discorde au sein du Vatican, ainsi qu'entre les États-Unis et le Vatican ; contrer les opérations de soutien du Vatican aux Églises catholiques de l'Est et enfin identifier les circuits par lesquels l'Église polonaise soutiendrait celle d'URSS. Dès lors la presse des pays de l'Est dresse un portrait très négatif de Jean-Paul II, présenté comme un dangereux idéologue et perfide soutien des États-Unis.

En décembre, Wałęsa est reçu à Rome avec beaucoup d'égards par le pape. Il est en train de devenir une figure de renommée mondiale. Pendant son séjour, le leader syndical est « cornaqué » par un homme qu'il avait reçu à Varsovie quelques mois auparavant, Luigi Scricciolo, membre de la confédération syndicale italienne. Scricciolo a prodigué des conseils d'organisation au syndicat polonais et participé à l'approvisionnement des camarades en matériel. Cependant, le contre-espionnage italien le place sous surveillance : selon les informations qu'ils transmettent à la CIA, Scricciolo serait en réalité un agent des services secrets bulgares. A-t-il pour mission simplement de pénétrer Solidarité ? Ou bien envisage-t-on de faire disparaître Wałęsa ? Quoi qu'il en soit, on fera passer le mot à Wałęsa : se méfier à l'avenir de cet Italien trop serviable.

Solidarité réclame désormais la semaine de cinq jours. Le syndicat revendique 10 millions de membres, soit quatre fois plus que le Parti. D'ailleurs, 750 000 adhérents du Parti auraient rejoint Solidarité. La classe ouvrière, pilier du communisme, est en train de basculer.

1. Archives Mitrokhine.

Début 1981, le Kremlin est conscient que l'économie du bloc de l'Est se dégrade fortement, plombée par la guerre en Afghanistan.

De Carter à Reagan

Aux États-Unis entre en scène un nouvel acteur important. Le nouveau président Ronald Reagan, élu à l'automne 1980, prend ses fonctions le 20 janvier 1981. Le lien de la Maison-Blanche avec le Vatican existe déjà via Brzeziński, le conseiller de Carter chargé de représenter son président lors des cérémonies intronisant Jean-Paul II. Les deux hommes se connaissent depuis le voyage de Wojtyła aux États-Unis en 1976 et ont correspondu régulièrement. Dès le début de Solidarité, Brzeziński a informé un émissaire du pape, l'évêque Jozef Tomko, que le président Carter a donné son feu vert à une opération de la CIA visant à faire pénétrer clandestinement des brochures anticommunistes dans plusieurs pays de l'Est, notamment en Ukraine et dans les États baltes. Fin décembre 1980, il appelle directement Jean-Paul II pour le prévenir qu'une invasion militaire soviétique en Pologne se prépare. Il dispose de photos satellites suffisamment précises pour distinguer des installations militaires russes en cours de construction à la frontière polonaise. Et, surtout, la CIA détient des informations de première main : l'agence dispose d'une taupe au plus haut niveau chez les Polonais.

En août 1972, un officier de l'état-major polonais, le colonel Ryszard Kukliński, a offert ses services à la CIA par un courrier adressé à l'ambassade américaine à Bonn. Le contact fut établi par un rendez-vous en janvier 1973 dans un cimetière de Varsovie. Kukliński y reçut du matériel photographique. La CIA, échaudée par la perte de plusieurs sources dans les pays de l'Est, se montra hyper-prudente. Les rares rencontres se firent lors de déplacements à l'étranger. Pour le reste, les échanges se faisaient par boîtes aux lettres mortes. Les informations fournies par Kukliński circulaient le moins possible, pour ne pas risquer de le « griller ». Du coup, elles ne furent pas exploitées pleinement.

Source prolifique, Kukliński allait fournir près de 30 000 documents, sans jamais accepter un dollar. Sa motivation était purement idéologique : débarrasser son pays du communisme[1]. La CIA parvint à recruter trois autres sources au sein de l'armée polonaise : leur production fut rassemblée sous un seul nom de code, pour que l'on ne sache pas qu'il y en avait plusieurs. Mais aucune ne serait plus remarquable que Kukliński. Grâce à lui les services américains suivaient de près les activités des troupes du pacte de Varsovie. Plusieurs stations d'écoute avaient été installées par la NSA en Norvège, suite à un traité conclu en 1954. Les conditions y étaient excellentes pour écouter les transmissions radio de l'Armée rouge dans les pays Baltes.

Début décembre 1980, Kukliński annonce que 18 divisions soviétiques, tchécoslovaques et est-allemandes se massent près de la frontière polonaise sous le prétexte de manœuvres du pacte de Varsovie. Selon lui, une invasion est imminente.

Le conseiller Brzeziński appelle le Vatican, demande à joindre le pape d'urgence et lui suggère de mobiliser les chefs de gouvernement des pays européens à majorité catholique pour qu'ils menacent l'URSS de boycott économique et diplomatique. Carter puis Reagan vont mettre solennellement en garde Moscou. Brzeziński demande en fin de conversation à Jean-Paul II à quel numéro il peut le rappeler. Il a alors la surprise d'entendre ce dernier demander à son secrétaire : « Dziwisz, est-ce que j'ai une ligne privée ? »

Les émissaires du pape se succèdent à Moscou, porteurs de lettres confidentielles. Le 15 décembre, un membre du Comité central soviétique, Vadim Zagladin, est reçu par Jean-Paul II. Les Russes renoncent à intervenir.

Brzeziński est le seul membre de l'administration Carter qui va rester au sein de l'équipe Reagan, en tant que conseiller sur la Pologne. Ses origines polonaises et sa relation avec Jean-Paul II expliquent cette particularité. Il va travailler en étroite collaboration

1. Cf. Benjamin Weiser, *A Secret Life. The Polish Officer, His Covert Mission, and the Price He Paid to Save His Country*, Public Affairs, 2004.

avec le nouveau patron de la CIA, William Casey, un avocat qui fut autrefois membre de l'OSS et a fait partie de l'équipe de campagne de Ronald Reagan. Farouchement anticommuniste, imaginatif et peu soucieux des règles, Casey va développer un activisme tous azimuts. L'administration Reagan concentre un nombre inédit de catholiques pratiquants aux postes les plus importants : Casey (qui va tous les jours à la messe), le secrétaire d'État Alexander Haig, le général en retraite Vernon Walters, émissaire particulier du président, le conseiller à la sécurité nationale Richard Allen, etc. Cette administration cherche ouvertement à développer une alliance avec le Vatican.

Un autre acteur quitte la scène : le primat Wyszyński est en train de mourir d'un cancer et ne va plus pouvoir exercer son autorité modératrice sur Solidarité. Le pape est parfaitement informé des pressions extrêmes que subissent les dirigeants polonais de la part de Moscou. La CIA interprète la nomination de Jaruzelski, jusqu'alors ministre de la Défense, au poste de Premier ministre en février, comme le dernier recours pour soumettre le peuple polonais. Le pape est bien mieux informé que la CIA sur les relations entre le gouvernement polonais et Moscou.

Jaruzelski, qui va jouer un rôle-clé pour la suite, apparaît à bien des égards comme le contraire de Wałęsa. Le leader syndical est un sanguin, Jaruzelski reste froid et impassible en toutes circonstances. Wałęsa est charismatique, Jaruzelski terne. Les Polonais vont s'habituer à sa raideur et à ses lunettes fumées (qu'il porte pour soulager ses yeux endommagés pendant son séjour en camp de travail soviétique). Il a grandi dans un environnement où l'on détestait l'URSS. Pendant la Seconde Guerre mondiale, les soviets ont envoyé son père en camp de travail et l'ont déporté avec sa mère et sa sœur. Mais c'est un homme réaliste : il a bien conscience que la Pologne fait partie du terrain de jeu soviétique, que cela plaise ou non aux Polonais. Son soutien au régime ne sera donc pas idéologique mais le résultat d'un pur calcul.

Bien qu'athée, Jaruzelski a été élevé par des prêtres catholiques. Dans le chaos qu'était l'Europe de 1940, son passage dans une école russe d'officiers l'a structuré et lui a donné une perspective. Diplômé fin 1943, il a participé à la libération de Varsovie, puis à la conquête de Berlin. En 1947, il s'est inscrit au Parti communiste. Sa carrière a progressé régulièrement : colonel en 1954, brigadier général en 1956, il est devenu le plus jeune officier général de l'armée polonaise. Nommé ministre de la Défense en 1968, il a géré les émeutes de 1970 avec calme et réflexion.

En Pologne, la lutte continue pour faire accepter les syndicats paysans. Le pays est une nouvelle fois au bord de la grève, après que le pouvoir a tenté de diviser le mouvement par une campagne antisémite. Les agents du KGB traquent en Allemagne de l'Ouest les flux d'argent à destination de Solidarité. Un rapport du 8 avril 1981 expose que l'ambassade allemande à Vienne a organisé la collecte et l'envoi de 200 000 schillings autrichiens à l'ambassade allemande de Varsovie, pour transmission à Solidarité. La Conférence des évêques ouest-allemands a fait de même et la Fondation Hanns Seidel, proche de la CDU, a fait remettre directement à Wałęsa 60 000 deutschemarks pendant sa visite à Rome.

Une équipe de contre-espionnage est montée au QG de la Stasi à Berlin-Est. Erich Mielke supervise personnellement la création d'une cellule de crise de la Stasi à l'ambassade est-allemande de Varsovie. Chaque consulat est-allemand en Pologne accueille des espions de la Stasi chargés de recruter et gérer des sources locales, y compris chez les militaires et même les agents du SB. Ce qui en dit long sur la défiance qui s'est installée…

De son côté, Jean-Paul II entame des discussions secrètes avec Brejnev via l'ambassadeur soviétique en Italie[1]. Il lui propose de dissuader Solidarité de lancer une nouvelle grève si les Russes s'engagent à ne pas envahir la Pologne. Un accord est signé entre Solidarité et le pouvoir polonais sans que les Russes et les

1. Des copies de ses comptes-rendus seront découvertes en 1994 dans les archives de la Stasi.

Américains soient au courant. Le pape l'apprend au patron de la CIA Casey lors de leur première rencontre le 23 avril. Wojtyła est alors loin de se douter que son pontificat est à quelques jours d'un tournant majeur…

19
Trois coups de feu place Saint-Pierre

13 mai 1981 : Jean-Paul II traverse la place Saint-Pierre à Rome, à bord de sa voiture découverte, parmi quelque 20 000 fidèles. Alors qu'il s'apprête à achever son deuxième tour de la place, le pape est frappé de trois balles de 9 mm. Le sang coule de son abdomen en une longue traînée rouge sur sa tunique blanche. C'est la blessure la plus sérieuse, celle située juste sous son estomac. Les deux autres balles ont frappé sa main droite et son bras droit. Le père Dziwisz tient le pape dans ses bras et murmure une prière. Dans la foule, deux femmes sont blessées : une Jamaïcaine en pèlerinage de 21 ans, touchée au bras gauche et une New-Yorkaise âgée, blessée à la poitrine.

Dès les premières détonations, tout ce que la place compte de policiers du Vatican, de l'État italien et de la ville de Rome converge vers le lieu de la fusillade. Une religieuse de petite taille, sœur Letizia, entoure de ses bras un jeune homme en tenue grise qui brandit un browning semi-automatique. Plus le tireur se débat, plus elle s'agrippe, ne lui laissant aucune chance de s'échapper. Très vite, deux carabiniers arrivent à la rescousse, saisissent l'arme et passent les menottes à l'homme en gris.

Pendant ce temps, le chauffeur de la papamobile sous les ordres du père Dziwisz a foncé jusqu'à l'endroit où se tient, comme toujours lors des apparitions publiques du pape, une ambulance, moteur allumé. Le pape y est transféré et l'ambulance fonce vers la polyclinique Gemelli, qu'elle atteint en huit minutes. L'y attendent une unité de soins intensifs et un bloc opératoire, opérationnels 24 heures sur 24. Depuis les morts successives de Paul VI et Jean-Paul Ier, les autorités vaticanes se sont juré de ne plus jamais laisser le pape sans assistance médicale d'urgence. À Gemelli, on garde ainsi par précaution un important stock de sang de groupe A négatif, relativement rare.

Peu après le pape arrive le chirurgien qui va avoir la lourde tâche de l'opérer. L'opération dure pas moins de cinq heures mais permet de stabiliser le patient. La balle qui visait l'estomac a évité d'un cheveu l'artère abdominale, puis la colonne vertébrale.

Avant même que l'opération ne s'achève débute une des plus vastes enquêtes jamais menées par les services italiens. Elle va mobiliser des centaines d'enquêteurs en Italie, mais aussi les polices et services secrets de plusieurs dizaines de pays. Tous les services de l'État italien sont mobilisés : les carabiniers (gendarmerie), la police antiterroriste (DIGOS[1]), le renseignement militaire (SISMI[2]), le service secret (SID[3]).

Les coups de feu ont été tirés par un jeune Turc de 23 ans, Ali Agça, porteur d'un passeport turc au nom de Faruk Özgün. Il ne cherche pas à nier son acte. Sur lui, on a trouvé une note avec le programme d'apparitions publiques du pape, rédigé en turc, ainsi que 300 000 lires et une liste de numéros de téléphone. Dans sa chambre d'hôtel, on découvrira une lettre de revendication invoquant la liberté en Afghanistan et au Salvador.

Dès son identité connue, c'est le branle-bas de combat à Ankara, au quartier général des services secrets turcs, le MIT[4]. On a compris que les médias du monde entier ne vont pas tarder à braquer les projecteurs vers la Turquie et qu'il faut collaborer le plus promptement possible à l'enquête qui commence pour dégager toute responsabilité turque dans cet attentat. Très vite, il est établi que le criminel est un récidiviste, puisqu'il a déjà au moins un meurtre à son actif : le rédacteur en chef du magazine de centre gauche *Milliyet*, abattu le

1. Divisione Investigazioni Generali e Operazioni Speciali.
2. Servizio per le Informazioni e la Sicurezza Militare.
3. Servizio Informazioni Difesa.
4. Millî İstihbarat Teşkilatı.

1er février 1979. Emprisonné le 25 juin suivant, Agça est parvenu à s'évader de sa prison. Peu après son évasion, il a écrit à *Milliyet* pour annoncer qu'il tuerait le pape si celui-ci ne renonçait pas à son projet de voyage à Istanbul. Le ton de la lettre était celui d'un extrémiste islamiste, cependant on ne connaissait à Agça aucune pratique religieuse.

Agça est né dans une famille de paysans pauvres dans l'est de la Turquie et a suivi des études universitaires, à Ankara puis Istanbul. Il affirme avoir suivi un stage de formation de l'OLP à Beyrouth. L'enquête sur le pistolet qu'il a utilisé produit des informations troublantes : Agça n'a pas agi seul. L'arme a été vendue au mois de mai par un marchand viennois de réputation douteuse (sans doute un ex-nazi) déjà mis en cause dans des trafics d'armes soviétiques. L'acheteur du browning était un turc, du nom d'Oral Çelik. Ce dernier aurait confié l'arme à un compatriote, lequel l'aurait emmenée à Milan pour la remettre à Agça quatre jours avant l'attentat. Çelik est connu pour appartenir au mouvement d'extrême droite mafieux les Loups gris. Il s'est volatilisé, semble-t-il du côté de la Bulgarie.

La police italienne tente de reconstituer le parcours d'Agça dans les mois et semaines qui précèdent l'attentat. Ce n'est pas facile, car, dans les premiers jours, il ne cesse de se contredire dans ses récits. Agça affirme avoir été exfiltré en Iran après son évasion de prison, sans que l'on puisse le vérifier. En revanche, en juillet 1980 (la date est importante) il est établi qu'il s'est rendu à Sofia, en Bulgarie, où il a passé une cinquantaine de jours et reçu son passeport. Il s'est ensuite lancé dans un véritable périple touristique : Yougoslavie, France, Angleterre, Belgique, Suisse, Danemark, Autriche, Hongrie, Tunisie, Espagne et enfin Italie où il est arrivé le 15 décembre. Il a résidé dans plusieurs hôtels et fait encore deux excursions, en Suisse et aux Baléares. Il a passé deux semaines de vacances à Majorque, du 25 avril au 8 mai. À l'évidence, Agça n'a pas manqué d'argent pendant tout ce temps, alors qu'il n'avait aucune source connue de revenus.

Pour le juge d'instruction Ilario Martello, chargé du dossier Agça, il apparaît rapidement que l'accusé n'a rien d'un sociopathe obsessionnel. Il est intelligent, calculateur, sait faire preuve de sang-froid, jongler avec les identités, évoluer dans la clandestinité. Bref, un tueur à gages, pas un maniaque. Mais au service de qui ?

La piste bulgare

L'exploitation des numéros de téléphone trouvés sur Agça ouvre une piste aux implications vertigineuses. Sur les cinq numéros romains, deux correspondent à l'ambassade bulgare, un au consulat, un aux bureaux de la compagnie Balkan Air et le dernier est celui d'un diplomate bulgare. Agça nie tout d'abord les connaître. Mais après un an d'emprisonnement, il change soudain sa version. Il a été condamné à la prison à vie à l'issue de son procès en juillet 1981 et n'a pas souhaité faire appel, comme s'il s'attendait à être prochainement libéré ou transféré. Neuf mois plus tard, en avril-mai 1982, il se « met à table » et admet avoir rencontré trois Bulgares à Rome, dont deux chez eux, et récite de mémoire le numéro de téléphone du troisième. Il s'agit de Todor Aivazov, caissier à l'ambassade. Les deux autres sont l'attaché militaire adjoint Jelio Vassilev, et Serguei Antonov, directeur adjoint des bureaux romains de la Balkan Air. Agça est capable de livrer à ses interrogateurs des descriptions précises des appartements d'Antonov et Aivazov, où il aurait participé à des réunions. De plus, il affirme avoir été conduit le jour de l'attentat par les deux hommes jusqu'à une maison où on lui a remis un sac contenant des armes, puis on l'a déposé près du Vatican. Selon Agça, il était convenu qu'Antonov et Aivazov le récupèrent pour l'exfiltrer après l'assassinat, par un convoi diplomatique en camion de l'ambassade bulgare.

Agça affirme avoir été recruté en Bulgarie pour tuer le pape par un mafieux turc, gros trafiquant de cigarettes, nommé Bekir Çelenk. Ce dernier a fait fortune en achetant d'énormes quantités de cigarettes à la régie d'État bulgare, avant de les écouler en contrebande en Turquie. Il louait à l'année une suite dans un hôtel de luxe de Sofia et était en excellents termes avec les services bulgares qui le laissaient libre de trafiquer à sa guise. Selon Agça, Çelenk et lui se seraient revus en Suisse et en Italie et auraient correspondu par téléphone pendant le séjour d'Agça à Majorque. Çelenk lui aurait fait parvenir des paiements réguliers par l'entreprise d'un de ses sbires.

Çelenk aurait promis à Agça 3 millions de marks en cas de réussite et lui aurait présenté les trois Bulgares. Ceux-ci sont connus des services italiens. Antonov, qui ne bénéficie pas de protection diplomatique comme Vassilev, serait un officier des services bulgares, le DS[1], parfois désigné par l'acronyme KDS[2]. Il est arrêté en novembre 1982 et inculpé pour complicité dans l'attentat. Les deux autres ont quitté l'Italie quelques semaines auparavant. Antonov jure ses grands dieux avoir passé toute la journée de l'attentat à son bureau, ce que son équipe confirme.

Cependant, Agça continue ses révélations et affirme avoir participé dès son arrivée à Rome en janvier 1981 à une réunion avec les Bulgares pour évoquer l'assassinat de Lech Wałęsa dont on avait annoncé la prochaine visite au pape. Là encore, Agça est capable de fournir des détails sur l'itinéraire et l'hébergement de Wałęsa. Il identifie un quatrième Bulgare, Ivan Dontchev, le *rezident* des services bulgares à Rome.

Des questions demeurent. Pourquoi les services secrets bulgares auraient-ils voulu recruter un homme comme Agça ? Ont-ils pu, sur ordre de Moscou ou de leur propre initiative, engager une opération aussi énorme par ses répercussions potentielles que l'assassinat du chef de l'Église catholique ? Avant de répondre, il faut regarder quelle est à l'époque la politique des services du bloc de l'Est en matière d'éliminations. Depuis les défections des transfuges soviétiques Nikolaï Khokhlov (1954) et Bogdan Stashinky (1961), deux clandestins envoyés en Allemagne de l'Ouest pour assassiner des émigrés russes anticommunistes, on sait que le KGB a recours à des *fizicheskoye ustraneniye* (éliminations physiques). Le patron du KGB de l'époque, Iouri Andropov, n'autorise cependant de tels projets qu'au

1. Darzhavna Sigurnost.
2. Komitet za Darzhavna Sigurnost (Sûreté d'État).

cas par cas, en prenant soin de peser les éventuelles répercussions, l'importance de la cible et la possibilité de ne pas laisser de traces. Par exemple, selon plusieurs témoignages, en 1970 le KGB forma le projet de faire kidnapper le chef de poste de la CIA à Beyrouth par un commando du FPLP (Front populaire de libération de la Palestine) dont le numéro 2, Wadie Haddad, était un agent du KGB. Le FPLP porterait ainsi la responsabilité de l'opération. Pourtant, à la dernière minute, Andropov décida de ne pas lancer l'opération, craignant que la CIA n'identifie une opération russe et ne se lance dans une guerre de rétorsions meurtrières. Si cette anecdote est exacte, on peut imaginer qu'il aurait éprouvé des scrupules bien plus importants à la perspective de faire assassiner le pape.

Bien sûr, on peut aussi faire l'hypothèse d'une initiative des services bulgares, mais cela pose la question de leur marge d'autonomie par rapport au KGB. Le DS a certes pourchassé de nombreux exilés et défecteurs. Selon le témoignage du défecteur russe Vassili Mitrokhine, on trouvait au sein du DS quantité de « conseillers » soviétiques. En cas d'opérations sensibles, Moscou envoyait immédiatement du renfort. Le service fonctionnait donc sous surveillance constante du grand frère soviétique, ne prenant aucune décision sans informer au préalable le *rezident* du KGB à Sofia. Le KGB ne pouvait ignorer ce qui se passait au sein du KDS.

Un an après l'attentat, un premier livre accuse les pays de l'Est : *Le drame du 13 mai* du père Vendelin Sluguénov. Il est édité en Allemagne par l'organisation Pro Fratribus du père Hnilica, chargée de soutenir l'Église à l'Est. Un deuxième livre est publié en août de la même année par le père Labo[1]. Les deux livres se réfèrent à une note du SISMI publiée pour la première fois par Michael Ledeen, le journaliste proche de la CIA avec qui Pazienza a travaillé contre Carter. Cette note s'avérera être un faux. Le 16 août, dans le *Reader's Digest* (alors diffusé à plusieurs millions d'exemplaires), la journaliste amé-

1. Sebastian Labo, *Das Attentat auf den Papst: im Lichte Fatimas und im Schatten der Oktober-Revolution 1917*, Coblence, Pro Fratribus, 1982.

ricaine Claire Sterling lance la piste bulgare auprès du grand public. Elle collabore avec le journaliste Paul Henze à un documentaire produit par NBC en septembre 1982. Lequel Paul Henze publiera un ouvrage sur la même ligne: *The Plot to Kill the Pope*[1]. Tout comme Ledeen, Henze est lui-même un proche de la CIA.

On se souvient que le 1er février 1979, Agça a abattu à bout portant le rédacteur en chef du quotidien *Milliyet*, Abdi Ipekçi. Ce dernier venait de dénoncer des complicités gouvernementales avec la mafia turque. Son enquête mettait en lumière des structures parallèles d'extrême droite protégées par les services secrets turcs et probablement par la CIA. Ipekçi venait de rencontrer… Paul Henze, qui opérait probablement pour le compte du poste américain d'Ankara. Le journaliste turc avait commis l'erreur de partager avec Henze les résultats de son enquête. Quelques semaines plus tard, il était assassiné. Pour mesurer le rôle de chacun dans cette histoire, il est indispensable de comprendre qui sont et que font les Loups gris…

La piste turque

Le MHP, Milliyetçi Hareket Partisi (Parti de l'action nationaliste), est créé en 1969 par Alparslan Türkeş, surnommé « le Führer » par ses admirateurs. Il s'est compromis avec la Gestapo pendant la guerre et a fait un an de prison à la Libération. L'émanation paramilitaire du parti est baptisée « Loups gris ». Le rêve de Türkeş? Reconstituer le vieil empire ottoman et rassembler dans une même nation tous les turcophones de la région. Une fois sorti de prison, il a intégré l'armée, qui l'a envoyé trois ans en formation aux États-Unis. En 1960, il a soutenu le coup d'État militaire qui a pris le pouvoir. En 1965, il participe avec le MIT à la création du Gladio turc situé au départ dans les locaux de la CIA à Ankara, sous la façade d'une

1. Londres, Croom Helm, 1984.

organisation caritative. Son mouvement politique ouvertement raciste a participé à la version turque de la « stratégie de la tension » qui a ensanglanté la Turquie dans les années 1970 avec de nombreux attentats et assassinats. Vice-Premier ministre en 1975, Türke est tombé en disgrâce après un nouveau coup d'État militaire en 1980. Emprisonné, il est traduit en justice. La perquisition de ses locaux met au jour ses liens avec les « réseaux Gehlen » en Allemagne, mais aussi avec des groupuscules néofascistes italiens.

Le délégué de Türkeş en Europe dirige à Francfort une société d'import-export et est en contact étroit avec Ruzi Nazar, ancien SS de la légion turque repêché par le renseignement américain. Comme d'autres Nazar a réussi à monnayer ses archives auprès des Américains et a su se rendre indispensable à la grande lutte anticommuniste. Il travaille pour Voice of America à Munich, où il rencontre Paul Henze, alors conseiller à Radio Free Europe.

Les deux hommes sont mutés en 1959 à l'ambassade américaine en Turquie : ils y nouent des liens avec Türkeş [1]. En 1974, Nazar est de retour à l'ambassade américaine à Bonn. Il a notamment en charge le suivi du MHP local. Les hommes de Türkeş ont pris le contrôle des organisations immigrées turques de droite en Allemagne, en Suisse et en France. La presse allemande de gauche accuse le mouvement de racketter les travailleurs turcs, d'organiser des milices patronales et de se livrer à divers trafics. Il dispose d'une façade légale, la Fédération des Associations démocratiques idéalistes turques, qui commence à prendre des contacts avec divers mouvements d'extrême droite européens. Des membres choisis des Loups gris sont envoyés avec leurs camarades allemands suivre des stages d'entraînement militaire au Liban, dans des camps phalangistes.

Les Loups gris sont-ils infiltrés ou contrôlés par la CIA ? En s'insérant dans le dispositif Gladio, ils se sont mis de facto au service de la CIA, achetant ainsi un sauf-conduit pour leurs autres activités. Les rares officiers de l'armée ou des services qui ont osé s'élever contre

1. Jean-Marie Stoerkel, *Les loups de Saint-Pierre*, Plon, 1996.

cette alliance ont été éliminés ou placardisés. Par conséquent, les Loups gris ont été armés et entraînés aux opérations commando par les Américains, ont accompli pour eux des opérations de « guerre psychologique », moyennant rétribution. Leurs meilleurs éléments ont parfois été envoyés en mission à l'étranger, à l'instar d'Abdullah Çatli qui fait office de patron du service Action des Loups gris, et que l'on repère aussi bien en Europe qu'aux États-Unis (en compagnie de Pazienza !).

Duane Clarridge a été chef de poste de la CIA à Istanbul, chargé des premiers contacts avec les Loups gris. Notons qu'il a plus tard pris la direction du poste de Rome[1]. Il a notamment employé un des meilleurs éléments des Loups gris, Hiram Abas, envoyé à Beyrouth entre 1968 et 1971. Le 12 septembre 1980, les militaires reprennent le pouvoir en Turquie. Ils instaurent la loi martiale, dissolvent le Parlement, interdisent les partis et syndicats. Plusieurs journaux sont interdits, les autres sévèrement contrôlés. Une répression féroce se met en place contre les Kurdes. Mais, à sa grande surprise, Türkeş est arrêté et son mouvement combattu. Les militaires organisent des procès politiques contre les membres du MHP, la Fédération des Associations démocratiques idéalistes turques en Europe se doit de trouver des financements pour poursuivre la lutte.

La CIA s'en lave les mains : elle continue à financer le mouvement via Nazar à l'ambassade de Bonn mais n'intervient pas pour faire libérer Türkeş. Le mouvement est condamné à la clandestinité mais reste puissant. Les Loups gris ratissent large dans les couches populaires. Ils professent un nationalisme exacerbé : on y apprend la haine des Juifs, des Kurdes, des Arméniens[2]…

Ali Agça et Oral Çelik, son ami d'enfance et complice de la place Saint-Pierre, se sont connus au lycée. En 1976, ils sont serveurs dans

1. Il a rédigé un livre de Mémoires : Duane Clarridge, *A Spy for All Seasons. My Life in the CIA*, Scribner, 2002.

2. En 2020 encore, les Loups gris s'en sont pris à la communauté arménienne de Lyon. Le ministère de l'Intérieur français a interdit le mouvement.

un café où se réunissent les Loups gris à Istanbul. À l'été 1977, Agça fait un stage de combat dans un camp des Loups gris. En 1978, Agça et Çelik attaquent des banques et des magasins. La mafia turque fait appel à eux moyennant rémunération.

Oral et Ali travaillent pour le puissant parrain Abuzer Uğurlu, gros trafiquant d'armes, de drogues et cigarettes. On l'a vu, le 31 janvier 1979, Agça abat le rédacteur en chef de *Milliyet*, sans doute sur l'ordre d'Uğurlu. Il reçoit 300 000 livres turques sur son compte, se met au vert pendant un mois avant de revenir à Istanbul où il est arrêté. Le 25 novembre, il sort de prison avec l'aide de ses amis déguisés en gardiens.

Agça est désormais une vedette, les Loups gris assurent sa protection. Dès le 26 novembre, il poste sa lettre de menaces contre le pape, rédigée avec Oral Çelik. Agça n'est guère inquiété. Un ancien agent du MIT avouera par la suite avoir versé à Agça 600 000 livres ainsi que des dossiers d'instructions pour des missions à accomplir[1]. Muni de faux papiers, Agça rejoint la Cappadoce, fief des Loups gris, puis il gagne l'Azerbaïdjan par des sentiers de contrebande. Il va ensuite s'installer en Iran.

Agça regagne la Turquie après trois mois d'exil. Entre-temps, un tribunal l'a condamné à mort pour le meurtre d'Ipekçi. De retour à Istanbul il est hébergé dans une villa de luxe appartenant à Uğurlu. Il reçoit un nouveau passeport, indien cette fois, et gagne la frontière bulgare. À Sofia, il est hébergé dans les meilleurs hôtels, réservés aux étrangers. Il y rencontre Omer Mersan, un trafiquant qui possède une société en Allemagne et l'accueille à la demande d'Uğurlu.

Agça affirmera pendant l'instruction que Mersan lui a présenté Bekir Çelenk, un des plus gros trafiquants turcs du moment. Le personnage est des plus intéressants…

1. Cf. *Milliyet*, 10 février 1981, cité par Roumiana Ougartchinska, *La vérité sur l'attentat contre Jean-Paul II*, Presses de la Renaissance, 2007.

Trafics et trafiquants en tous genres

Bekir Çelenk est né près de la frontière syrienne. Il a créé en Suisse sa société horlogère qui achète des montres en gros et les écoule en contrebande en Turquie. Les cargaisons passent par la Bulgarie où la société étatique Kintex, contrôlée par les services secrets, prélève sa dîme au passage sur tous les trafics.

Ses affaires prospérant, Çelenk a créé sa société de transport maritime, acheté un hôtel à Istanbul et ouvert des bureaux en Europe et en Californie. Les services de renseignement qui le surveillent estiment qu'en sus de trafiquer des cigarettes et des montres, il se livre aussi au trafic d'armes. Il fait affaire avec les Loups gris qui lui procurent de la morphine-base en échange d'armes ou de cash ; ils sont en bons termes avec le MIT et les douanes. En principe recherché par de nombreuses polices, Çelenk circule en Europe sans être inquiété. Selon Agça, il lui aurait promis une prime de 3 millions de deutschemarks pour l'assassinat du pape.

La Bulgarie voit alors passer en transit près de 2 millions de Turcs qui partent travailler en Allemagne ou en reviennent. Le KDS bulgare a un département entièrement dédié à la surveillance des Turcs. Le régime de Todor Jivkov a longtemps eu pour homme-clé en matière économique Guéorgui Naïdenov, un proche du chef de l'État. Mais il a pris trop de libertés et de bénéfices personnels dans ses affaires, ce qui l'a mené en prison. Les affaires de contrebande ont été transférées à la Kintex. Celle-ci a tous pouvoirs pour créer des sociétés à l'étranger, utiliser sans contrôle les aéroports et les gares, etc. C'est un État dans l'État.

Dans la région, le MIT est le sous-traitant de la CIA, comme le KDS celui du KGB. Les trafiquants travaillent avec tout le monde. Un autre trafiquant turc, Ismaïl Oflu, lui aussi lié aux Loups gris, condamné pour assassinat en Turquie, expulsé de Bulgarie en 1982, a été arrêté à plusieurs reprises dans divers pays ouest-européens et systématiquement libéré. Selon un membre des services bulgares interrogé par Roumiana Ougartchinska, c'est lui qui aurait fourni le faux passeport d'Agça.

Le 28 août 1982, le juge italien Palermo fait démanteler un gros réseau de trafic d'armes et de drogues. Soixante-quatre personnes sont arrêtées. Mais Bekir Çelenk, qui figure parmi les cibles du juge, en réchappe à nouveau. Il se présente aux autorités bulgares qui proposent aux enquêteurs italiens de venir l'interroger. Çelenk est assigné à résidence et accepte de livrer les références de ses comptes bancaires. Tous ses biens sont gelés.

S'il n'a pas pu faire emprisonner directement Çelenk, le juge Palermo a en revanche fait arrêter un autre trafiquant qui lui est associé : le Syrien Henry Arsan, dirigeant d'une société de transports internationaux établie à Milan. L'enquête du juge a montré qu'il fournissait de la morphine-base importée du Moyen-Orient à des laboratoires de Cosa Nostra chargés de la transformer en héroïne commercialisable. Celle-ci est ensuite échangée contre des armes et munitions qui alimentent les conflits du Moyen-Orient.

Jean-Marie Stoerkel en dresse le portrait suivant :

> C'était Arsan qui avait inventé l'expression « narcodollars ». Il vivait depuis plus de vingt ans en Italie, où il possédait une superbe villa à Varèse et affichait sa réussite comme un seigneur. Que cet homme, devenu incontestablement l'un des plus grands trafiquants d'armes et de drogue au monde, ne fût jamais inquiété avait toujours intrigué Çelenk.
>
> À la fin des années soixante, il avait été l'un des principaux pourvoyeurs de morphine-base de la French Connection, en même temps qu'il faisait de la contrebande de cigarettes, d'alcools et d'armes entre l'Europe et le Moyen-Orient.
>
> L'épisode le plus mystérieux de la biographie romanesque d'Arsan avait eu lieu en avril 1973 : nul ne sut s'il était tombé bêtement ou s'il s'était laissé prendre de manière machiavélique dans le piège de la DEA, l'office antidrogue américain, en livrant deux cents kilos de morphine-base à un agent en poste à Rome. En échange de son impunité, il avait accepté de collaborer avec la DEA et le ministère de l'Intérieur italien. Depuis sept ans

> il menait un double jeu dangereux : mercenaire-trafiquant d'un côté, en vendant des armes contre de la drogue, indicateur de l'autre, en se débarrassant de ses concurrents turcs, allemands ou bulgares qu'il dénonçait à la DEA[1].

Encore un détail : les bureaux d'Arsan appartiennent à la Banco Ambrosiano ! Il entretient des liens directs avec Calvi pour ses affaires financières. L'Ambrosiano assure les crédits à l'export de ses ventes d'armes, et l'aide à blanchir son argent. Autre connexion fascinante : Arsan est en relation d'affaires avec Licio Gelli, le grand maître de la loge P2. Ensemble, ils ont organisé la vente de missiles français Exocet à l'Argentine pendant la guerre des Malouines. Enfin, Arsan travaille avec deux armateurs, dont Bekir Çelenk, qui partagent des bureaux à Londres.

Le juge Palermo est informé par un dirigeant du SISMI italien que Henry Arsan a travaillé pour les « services ». Une note de la DEA américaine citée par Roumiana Ougartchinska atteste qu'il en a été un informateur depuis 1972. Ce que l'on sait moins à l'Ouest, c'est qu'Arsan, qui commerce avec la Bulgarie, a dû également accepter de collaborer avec les services bulgares ! Tant qu'à faire, il en a profité pour « balancer » divers trafiquants turcs et arabes… dont son associé Bekir Çelenk.

L'informateur vedette du juge dans ce dossier est un autre Syrien, trafiquant repenti et concurrent d'Arsan. Ce Syrien attire l'attention des enquêteurs sur un de ses collaborateurs, connu sous le nom de « Kenan ». Contrairement aux autres, c'est un intellectuel, diplômé en finances, parlant anglais et allemand. Kenan et Agça étaient « bons amis ». Et Kenan avait à Naples de solides connexions mafieuses. Agça évoque volontiers devant les juges tous les trafiquants turcs qu'il connaît… mais jamais Kenan, qui pourrait donc être un chaînon décisif avec d'éventuels commanditaires italiens de l'attentat.

1. Jean-Marie Stoerkel, *Les loups de Saint-Pierre*, *op. cit.*

Henry Arsan a certainement sa petite idée là-dessus… Hélas, le 11 novembre 1983, il décède malencontreusement d'une crise cardiaque en prison. On soupçonne une absorption de digitaline à cause de ses doigts bleuis. Le juge Palermo perd un témoin capital. À travers Arsan, il entrevoyait Gelli, Calvi, le général Santovito, la Cosa Nostra et l'entourage des leaders politiques Craxi et Andreotti. Il ne pourra pas aller au bout de ses investigations : on lui retire le dossier. Cette incursion dans la galaxie mafieuse/trafiquante qui s'intéresse tant aux circuits bulgares nous a certes éloignés de la place Saint-Pierre… Mais elle est essentielle pour comprendre les connexions des Loups gris.

Agça apprend ses leçons

Agça est détenu à la prison de haute sécurité d'Ascoli Piceno. Censé être à l'isolement, il se fait un ami inattendu en la personne de Giovanni Senzani, le chef du groupe des Brigades rouges qui a kidnappé le conseiller démocrate-chrétien de Campanie Ciro Cirillo[1] ! Il lui donne des leçons d'italien…

Fin septembre 1982, Agça reçoit la visite d'un prélat qui se présente comme « Mgr Morante, évêque d'Ascoli ». La rencontre ne débouche sur rien. Deux semaines plus tard, il est visité par l'aumônier de la prison, le père Santini, qui lui remet des cadeaux remis par « des amis », détenus dans la même prison. Selon lui, ces « amis » sont intervenus pour qu'on lui installe la télévision par câble et qu'on rénove sa cellule. Le prêtre introduit alors dans la cellule « Monsieur Cutolo », un homme bien mis qui n'est autre qu'un des chefs de la Camorra, la mafia napolitaine. Bien qu'emprisonné, il continue

1. Cirillo dirigeait les travaux de reconstruction dans le Sud après le tremblement de terre de 1980. Il était réputé corrompu. Don Raffaele Cutolo, parrain de la Camorra, emprisonné lui aussi à Ascoli Piceno, fut sollicité comme médiateur par les services secrets italiens. Il fit négocier la libération de Cirillo moyennant une rançon d'un milliard et demi de lires (et une prime de 2 milliards pour la Camorra en remerciement de ses services).

visiblement à diriger depuis sa cellule. Le prêtre explique à Agça que, s'il est « coopératif », le pape pourra intervenir pour qu'il soit gracié.

Cutolo était sur le point d'être transféré vers une autre prison, où sa sécurité ne serait pas assurée. Il a négocié avec le général Musumeci du SISMI : en échange, Musumeci lui a demandé de faire signer à Agça des aveux qui impliqueraient le KGB et les Bulgares. Agça se fait beaucoup prier mais finit par signer le document. Un nouveau visiteur prend alors la suite : Pazienza.

Le 27 septembre 1995, Agça a confié au juge Priore avoir reçu dans sa prison deux émissaires des services italiens (du SISMI et du SISDE), puis deux visites de Pazienza, accompagné d'un Américain, pour le convaincre d'accuser les Bulgares, en échange de quoi on lui a promis une libération rapide. Puis il aurait reçu un autre homme qui n'a pas donné son nom mais lui a fourni une description écrite de l'appartement du Bulgare Antonov. Agça aurait également reçu plusieurs rappels amicaux de Cutolo l'incitant à rester sur cette ligne.

De fait, en 1983, peu après l'arrestation d'Antonov, Agça donne une description très précise de son appartement du 23 via Pola où il l'aurait rencontré pendant la préparation de l'attentat. Seul problème, il évoque une « paroi coulissante » qui sépare bien deux pièces dans tous les appartements de l'immeuble… sauf celui d'Antonov, où elle a été remplacée par un rideau ! Le détail est évidemment gênant et trahit un « briefing » mal ficelé.

C'est l'avocat d'Antonov, Me Giuseppe Consolo, qui soulève ce « lièvre » : il a pu visiter un autre appartement du même immeuble, occupé précédemment par… le frère dominicain Félix Morlion. Oui, celui-là même qui a mis son organisation Pro Deo au service de la lutte anticommuniste dès les années 1930, collaborant pendant la guerre avec l'OSS de William Donovan. En 1944, Morlion qui s'était exilé aux États-Unis a rejoint Rome. Il a fondé une école de cadres de l'Action catholique. On y apprenait à contrer la propagande et les opérations secrètes du Kominform. Les services italiens (SIFAR) et les réseaux Gladio faisaient partie de ses clients. Morlion recevait volontiers dans son appartement de la via Pola ses amis des services italiens et américains, en particulier Francesco Pazienza et Michael Ledeen (celui qui a orienté les travaux de Claire Sterling vers la piste bulgare).

Plus le temps passe, plus Agça devient prolixe et évoque de nouveaux détails sur la piste bulgare. L'opération inclut désormais un agent soviétique nommé Malenkov, secrétaire de l'ambassade d'URSS à Sofia : ce serait lui le commanditaire de l'opération. Et puis Agça se souvient que lors de son séjour à Téhéran, il aurait rencontré le *rezident* du KGB Kuzichkin, pour parler, déjà, de tuer le pape, mais aussi d'autres personnalités européennes. On ne sait trop comment, l'ambassade des États-Unis à Rome reçoit une lettre attribuée à Agça dans laquelle il accuse carrément Andropov d'être responsable de l'attentat contre le pape. Le juge Martella est sceptique sur l'authenticité du témoignage mais finit par le verser au dossier.

Roumiana Ougartchinska, qui a pu interroger des anciens des services bulgares, ne croit pas qu'Antonov ait eu les épaules pour un tel complot : « Ceux qui le connaissaient et qui pouffaient de rire en l'imaginant au volant d'une Alfa de sport en train de piloter dans Rome un commando savaient qu'il y avait une erreur de casting. Antonov conduisait mal, il avait une peur bleue de la circulation et emboutissait régulièrement sa Lada. Antonov ne parlait pas anglais. Le fait avait été confirmé par son collègue des lignes aériennes turques qui le croisait régulièrement à l'aéroport. Son italien était limité, il avait uniquement appris le français. Dans quelle langue avait-il communiqué avec Agça ? » (En effet Agça n'a appris l'italien qu'une fois en prison, après l'attentat.) Sans compter que le jour de l'attentat, Antonov n'aurait pas quitté son bureau, d'après ses collègues. Curieusement, dans ses descriptions physiques des Bulgares, Agça évoque des détails physiques difficiles à remarquer à l'œil nu, par exemple le détail de la dentition d'Aivazov ; en revanche il se trompe pour désigner qui est le plus grand du trio. Les reconstitutions deviennent embarrassantes pour lui quand il s'agit de retrouver l'étage d'un appartement, le côté droit ou gauche, etc. Il est finalement établi qu'Agça n'a jamais mis les pieds chez Antonov. Il n'a pas non plus rencontré d'agent du KGB à Téhéran : le *rezident* qu'il a désigné était passé à l'Ouest avant son arrivée en Iran ! Et quand on présente à Agça la photo du Russe au milieu d'autres dans un album, il ne le reconnaît pas.

Le 29 mars 1986, le procès de la filière bulgare a abouti à un acquittement, faute de preuves. Pour le compte de qui Pazienza et Musumeci ont-ils organisé ce brouillage de pistes ? Le 27 décembre 1983, le pape a rencontré Agça dans sa cellule. Personne ne sait ce qu'ils se sont dit. Agça semblait subjugué par la bonté de Wojtyła. Il lui chuchotait à l'oreille. L'aumônier de la prison, le père Santini, a été pris dans une grande rafle de police contre la Camorra le 17 juin 1983, qui a fait plus de 850 arrestations.

Il y a bien eu quelques tentatives, inspirées par les services de l'Est, pour installer le contre-récit d'un complot de la CIA, mais cela ne tient pas debout. En premier lieu parce que le pape était un pontife idéal aux yeux de la CIA et de la Maison-Blanche. Les archives déclassifiées de la CIA montrent que ses dirigeants se sont vraiment laissé surprendre par l'événement et se sont interrogés sur l'origine de l'attentat. Par exemple un mémo du directeur adjoint des opérations Robert Gates à Casey en septembre 1982 conclut : « nos analystes et responsables opérationnels pensent que si Moscou avait voulu assassiner le pape, Agça aurait constitué un instrument trop incertain[1] ». En décembre de la même année, Gates prépare un briefing pour le président qui conclut au « manque de preuves ». Lors d'un témoignage devant la commission sénatoriale du renseignement en 1983, Gates déclare : « La vérité est que nous ne savions vraiment pas. Le service clandestin a travaillé dur dans toute l'Europe pour rechercher toute l'information possible, espérant trouver un "smoking gun". On a recueilli beaucoup d'éléments en remontant la piste de l'arme utilisée par Agça, ses différents déplacements… mais rien sur ses commanditaires. Au vu de l'analyse disponible, je suis resté

1. Nigel West, *The Third Secret. The CIA, Solidarity and the KGB's Plot to Kill the Pope*, HarperCollins, 2001.

agnostique sur la question. Casey était convaincu que les Soviétiques étaient dans le coup et frustré que nous ne puissions pas le prouver[1]. »

Le destin des autres Loups gris

Oral Çelik, l'ami d'enfance d'Agça désigné comme le second tireur de la place Saint-Pierre, a quitté l'Italie immédiatement après l'attentat et s'est réfugié en Suisse. Arrêté à Zurich en 1982, il est expulsé vers la France où il s'établit, à Poitiers, comme étudiant. Il reçoit la visite de quelqu'un qui se présente comme policier et lui suggère de changer d'identité pour se faire passer pour un membre du PKK, le parti indépendantiste kurde, ce qui le prémunit contre toute expulsion. En novembre 1986, de retour d'un voyage en Hollande, il est arrêté à la frontière franco-belge en possession d'héroïne et condamné à huit ans de prison. C'est ce que découvre le juge Priore en 1990. Il lui faut attendre 1993 pour obtenir l'extradition de Çelik par la France. Une fois en Italie, Çelik se choisit comme avocat Me Gentiloni Silverj… avocat de Licio Gelli.

Abdullah Çatli, le patron des opérations spéciales des Loups gris, recherché par Interpol pour trafic de drogue et meurtre, a connu une fin tragique en 1996. Après un grave accident de la route, on a retrouvé son corps aux côtés de ceux d'un responsable policier, d'un chef de milice kurde anti-indépendantiste proche de la vice-Première ministre Tansu Çiller et du directeur de l'académie de police d'Istanbul. On a découvert sur le Loup gris Çatli différentes « vraies-fausses » pièces d'identité et une carte de police. Le scandale a éclaté dans la presse turque : on mettait au jour des décennies de connivences entre la mafia turque, les services secrets et les politiciens. La vice-Première ministre Tansu Çiller a assumé sa présence aux obsèques de Çatli et déclaré : « Ceux qui assassinent au nom de l'État sont aussi honorables que ceux qui se font assassiner en son nom. » Ce qui revenait à reconnaître que Çatli avait travaillé pour l'État turc.

1. Robert M. Gates, *From the Shadows*, Simon and Schuster, 1998.

Çatli est celui qui a supervisé l'évasion d'Agça de sa prison turque et sa fuite en Europe. Celui qui a fourni des pistolets à Agça à Vienne en mars 1981, puis l'a accompagné à Rome. Selon un rapport du service d'inspection du ministère de l'Intérieur, qui a fuité dans la presse, le MIT turc reconnaît que Çatli a été envoyé en Europe pour effectuer des missions spéciales incluant l'élimination de membres de l'ASALA arménienne. Au total, Çatli aurait commis avec son équipe une quinzaine d'attentats anti-arméniens en France et trois aux Pays-Bas. Entré en France sous un nom d'emprunt en 1982, il a été hébergé par Oral Çelik à Poitiers.

En marge de ces activités, il a développé un trafic de drogue via la Suisse. En 1984 il fut arrêté en possession de 400 grammes d'héroïne et de matériel du consulat turc pour émettre des passeports. Selon un ancien des services turcs, les Français ont très bien compris ce qu'il faisait et se sont débrouillés pour le coincer sous prétexte de trafic de drogue, afin de mettre un terme à ses activités. Selon ce témoin, Çatli et Çelik avaient des relations avec l'État turc, mais pas Agça… Condamné en février 1986 à sept ans de prison pour trafic de stupéfiants, extradé vers la Suisse en 1988, Çatli « s'est évadé » du pénitencier de Bostadel et a regagné la Turquie muni d'un passeport diplomatique. Quoique fugitif, il est apparu à de nombreuses reprises en public aux côtés de hauts fonctionnaires et hauts gradés de l'armée. Un ex-officier du MIT, le lieutenant-colonel Korkut Eken, reconnaîtra avoir employé Çatli après son retour en Turquie pour espionner divers leaders du PKK en Europe.

Bekir Çelenk a été extradé en 1985 par la Bulgarie vers la Turquie et est mort d'une crise cardiaque, comme Arsan et tant d'autres… Avant de mourir, il a déclaré sur procès-verbal : « La proposition [de l'attentat contre le pape] m'a été faite par des gens qui sont… comment dire ?... dans des sphères occultes. Ces gens ne sont officiellement nulle part, et en réalité, ils sont partout. Dans les affaires, dans la politique, dans les renseignements, dans la franc-maçonnerie[1]. »

1. PV d'interrogatoire de Bekir Çelenk cité par Jean-Marie Stoerkel, *Les loups de Saint-Pierre, op. cit.*

Conclusions provisoires

En Italie, comme en Turquie, le secret qui entourait certains réseaux à la fois terroristes et affairistes proches de Gladio conférait à leurs membres une grande liberté de mouvement. On allait chercher des hommes de main pour toutes sortes de tâches et on renflouait leurs finances par des trafics divers, sur lesquels on fermait les yeux. C'est pourquoi il est si difficile de distinguer les missions pour le compte de l'organisation, celles pour le compte du gouvernement ou des services turcs, ou encore de la sous-traitance pour d'autres clients… Mais les Loups gris n'étaient certainement pas en mesure de mener une opération d'envergure en Italie sans soutiens locaux.

On peut raisonnablement conclure aujourd'hui que l'attentat ne porte pas la signature d'un service secret, qu'il soit soviétique ou américain. La chronologie est importante : quand Agça écrit sa lettre de menaces contre le pape, Solidarité *n'a même pas encore été créé.* Du reste, si Moscou avait voulu tuer le pape, il y avait plus simple et plus discret : le Vatican était infesté d'espions polonais, tchèques, est-allemands : il était possible de faire empoisonner Wojtyła, comme cela se pratiquait couramment à l'époque.

Alors qui ?

Poser cette question revient à rechercher :

– qui a un mobile,

– qui a les moyens (plusieurs millions de dollars),

– et qui ne recule pas devant une action si « sacrilège »…

On peut se demander si le but véritable n'était pas de blesser plutôt que tuer : à cette faible distance, il était improbable pour un tireur expérimenté de manquer sa cible. Agça est un bon tireur mais un agent secret amateur, peu fiable, peu discret. Il a laissé trop de traces lors de ses déplacements. On a donc pu le choisir précisément en raison de ses menaces passées, le programmer pour qu'il « échoue », mais pour que cet acte effraie suffisamment le Vatican pour qu'il cède à une demande précise. On peut formuler à ce stade l'hypothèse d'un commanditaire mafieux, qui remplirait tous les critères énumérés ci-dessus. Mais cela reste une hypothèse qu'il faudrait étayer par un mobile…

Une nouvelle affaire, sorte de post-scriptum tragique à cet attentat, va secouer l'Italie et, de façon inattendue, impliquer Agça dans sa prison…

L'affaire Orlandi

Le 22 juin 1983, Emanuela Orlandi, une lycéenne de 15 ans, quitte peu après 16 heures l'enceinte du Vatican pour se rendre à un cours de musique. Emanuela est citoyenne du Saint-Siège : son grand-père fut écuyer de Pie XI, son père est responsable du courrier au Vatican. Un agent de la circulation posté devant l'école de musique dit l'avoir vue passer à la sortie de son cours et s'entretenir avec un homme élégant d'une trentaine d'années à côté d'une BMW verte. Après quoi elle passe un coup de fil chez elle et affirme à sa sœur Frederica qu'elle vient de recevoir une proposition pour distribuer des produits de beauté pendant un défilé de haute couture, moyennant 375 000 lires. La somme, énorme, suscite l'incrédulité de sa sœur qui lui conseille de refuser et de rentrer à la maison. Vers 19 heures, une camarade de lycée discute avec Emanuela, qui la quitte pour rentrer chez elle en autobus. Le lendemain, sa disparition est signalée par la famille.

Au même moment, Jean-Paul II rentre de son deuxième voyage papal en Pologne.

Quelques semaines auparavant, le 17 mai 1983, on a signalé la disparition d'une autre jeune romaine, Mirella Gregori. La presse ne manque pas d'échafauder des théories.

De son côté Ali Agça, qui passe alors devant un tribunal pour son attentat contre le pape, affirme un jour qu'Emanuela a été enlevée par la loge P2, un autre jour par les Loups gris et les Bulgares. Sept ans plus tard, il incriminera son ami Oral Çelik, expliquant que l'enlèvement avait pour but de faire pression sur le Vatican. Nouvelle version en 1997 : dans une lettre aux juges, Agça mettra en cause les services secrets bulgares.

Le 3 juillet, depuis la place Saint-Pierre, le pape en appelle à l'humanité des responsables de la disparition de la jeune fille, ce qui revient à reconnaître un kidnapping. Maladresse ou calcul ? La famille Orlandi est assaillie de coups de fil anonymes proposant des négociations sans jamais déboucher sur la moindre preuve concrète que la jeune Emanuela est vivante. Pour les services italiens, qui dissèquent chaque enregistrement vocal, ces messages proviennent de mythomanes et d'illuminés. D'autres messages retiennent plus l'attention. Le correspondant à Rome de CBS, Richard Roth, reçoit une lettre postée des États-Unis qui exige la libération d'Ali Agça en échange de la libération d'Emanuela. L'expertise de la lettre démontre que ses auteurs détiennent des informations confidentielles (ils connaissent par exemple le contenu d'un courrier adressé par le président italien Sandro Pertini à la famille). De son côté, la journaliste américaine Claire Sterling (que l'on a croisée après la tentative d'assassinat de Jean-Paul II en accusatrice des services secrets de l'Est) affirme à son tour que l'enlèvement est un coup monté des Bulgares pour déstabiliser Jean-Paul II qui menace le pouvoir polonais. En août se manifeste un « Front de libération turc antichrétien ». On apprendra après la chute du rideau de fer, par le témoignage d'un ex-bras droit de Markus Wolf, que ces revendications émanaient de la Stasi, dans le cadre d'une opération baptisée « Papst » qui devait attirer les soupçons sur la Turquie pour détourner les regards des services bulgares.

Tout cela n'est ni plus ni moins qu'un nuage de fumée, selon les juges chargés du dossier qui, après sept années d'enquête, diront tous leur intime conviction qu'on a monté de toutes pièces une affaire politico-terroriste pour dissimuler le véritable motif de la disparition d'Emanuela.

En février 1994, la juge Adele Rando recueille le témoignage cinglant du préfet Vincenzo Parisi, directeur adjoint des services secrets italiens : « L'on percevait une retenue constante de la part du Saint-Siège qui empêchait de fait toute étude approfondie [...] On pouvait de fait exclure la moindre volonté de collaborer aux progrès de l'enquête. [...] J'estime que les investigations sur l'affaire ont été polluées précisément par les réticences de l'État italien et du Saint-Siège ; tout le déroulement de l'affaire a été caractérisé par des initiatives de désinformation, dont le but manifeste était d'égarer les enquêteurs, semant le doute dans leur esprit[1]. » Autrement dit, selon cet expert, les Bulgares ne sont pas les seuls à avoir brouillé les pistes...

Une écoute téléphonique figurant dans le dossier judiciaire illustre de façon parlante l'attitude du Vatican. On y entend, le 12 octobre 1983 à 19 h 53, le numéro 2 des services de sécurité du Vatican avec un interlocuteur non identifié baptisé « Chef » par les enquêteurs :

> Chef: Allô !
> Bonarelli : Oui, je vous écoute...
> Chef: Qu'est-ce que tu sais d'Orlandi ? Rien ! Nous, on ne sait rien!... on sait ce que disent les journaux, les informations qui viennent de l'extérieur ! C'est hors de notre compétence... de l'ordre italien.
> Bonarelli : Ah bon, c'est ça que je dois dire ?
> Chef: Eh ben... Qu'est-ce qu'on sait, nous ? Si tu dis : « Moi, je n'ai jamais fait d'enquête » [...] Le bureau a enquêté à l'intérieur [...] Ne dis surtout pas que c'est remonté jusqu'à la secrétairerie d'État.
> Bonarelli : Non, non... Moi, à l'intérieur, je ne dois rien dire. Rien.
> Chef: Oui, mais à l'extérieur... que c'est la magistrature vaticane qui s'en occupe. *Mais de ce que tu sais, toi tu ne dis rien, rien*[2] !
> Bonarelli : Oui, mais s'ils me demandent si je suis employé par le Vatican, quel est mon travail... Je ne sais pas, moi, ils voudront m'identifier... Ils doivent bien savoir qui je suis...

1. Cité par Corrado Augias, *Histoire secrète du Vatican*, L'Express poche, 2013.
2. C'est nous qui soulignons.

Chef: Que veux-tu qu'ils sachent? Ils savent que tu travailles pour la Sécurité de la Cité du Vatican, c'est tout!

Bonarelli: Bon, d'accord. Alors demain matin je vais faire ce témoignage et j'arrive après, c'est ça?

Chef: Oui, c'est ça, tu viens après.

Qu'une telle écoute ait filtré dans la presse en dit long sur l'agacement des magistrats italiens vis-à-vis du Vatican.

Une hypothèse plus sordide a été avancée en 1993 par un haut prélat, le cardinal Silvio Oddi, suggérant que l'homme à la BMW était connu du Vatican. Toujours en 1993, une lettre anonyme envoyée depuis le Vatican à la juge Rando affirme qu'Emanuela a passé la nuit de sa disparition avec un prélat bien connu qui l'a reconduite le lendemain à Rome, où elle se serait enfuie, par crainte d'affronter sa famille. De là à imaginer qu'Emanuela aurait pu décéder accidentellement lors d'une nuit de rapports contraints avec un prélat pervers sexuel… qui aurait ensuite fait disparaître le corps: on plonge dans une série B assez glauque qui risque de ne jamais pouvoir être étayée par des faits. Au Vatican, l'opinion dominante est que les responsables de l'enlèvement appartiennent au crime organisé et que la proposition d'échange avec Agça est un prétexte pour extorquer des sommes considérables en échange de la fille, et pour envoyer les enquêteurs sur une fausse piste[1].

En 2005, pendant une émission TV consacrée à l'affaire, *Chi l'a visto*, un correspondant anonyme déclare: «Vous voulez résoudre l'affaire Orlandi? Alors allez voir dans la tombe de De Pedis.» Enrico «Renatino» De Pedis était un des leaders de la bande mafieuse de la Magliana qui a été abattu à Rome en février 1990. Bizarrement, il a été enterré dans la crypte de l'église Sant'Apollinare, un honneur réservé en principe aux grands de l'Église. Antonio Mancini, un ancien associé de De Pedis, a témoigné dans une interview au *Fatto Quotidiano*[2] que le kidnapping d'Emanuela Orlandi avait bien été

1. Cité par Pino Nicotri, *Mistero Vaticano*, Kaos Edizioni, Milan, 2002.
2. 15 février 2012.

commis par la Magliana pour des motifs financiers : dans le krach de l'Ambrosiano, la bande a perdu 200 millions de dollars qu'elle avait confiés pour blanchiment via l'IOR. « De l'argent avait disparu et nous avions le choix entre déposer le corps d'un cardinal sur le bord de la route ou frapper quelqu'un proche du pape… Nous avons choisi la deuxième option. » En 2008, une ancienne maîtresse de De Pedis, l'ex-escort Sabrina Minardi, a déclaré dans une émission de télévision[1] qu'elle a été témoin de l'enlèvement, de la séquestration dans le quartier du Monteverde, puis de la disparition du corps d'Emanuela dans les fondations d'un chantier immobilier. Plus grave encore, Minardi a confié à une journaliste italienne que le kidnapping aurait été mené à la demande de Mgr Marcinkus. Minardi affirme qu'elle rencontrait régulièrement Marcinkus pour lui fournir des prostituées et qu'elle transportait à la demande de De Pedis des mallettes d'argent sale qu'elle remettait en mains propres à Marcinkus[2]. Le Vatican a officiellement protesté contre ces affirmations, déplorant que Marcinkus ne soit plus là pour se défendre…

Sans mettre en cause tel ou tel prélat, les enquêteurs italiens pensent que la piste mafieuse est la seule plausible[3]… encore faudrait-il que des preuves concrètes puissent être apportées un jour. Il est vrai qu'entre-temps Calvi et son groupe ont connu un destin tragique… Une curieuse opération immobilière est venue renforcer les soupçons des enquêteurs. En 1983, une organisation dépendant du Vatican, l'Opera Francesco Saverio Oddasso, a vendu une somptueuse villa entourée de 24 000 m² de jardins dans le centre de Rome au trésorier de la Magliana, Enrico Nicoletti, pour une somme ridicule, fraction de sa valeur réelle[4]. Cette vente, menée sur ordre du cardinal Poletti, patron du diocèse de Rome, était-elle une façon de compenser discrètement les pertes de la bande

1. Cf. Rita Di Giovacchino, *Storie di alti prelati e gangster romani*, Fazi Editore, 2008.
2. Raffaella Notariale et Sabrina Minardi, *Segreto Criminale*, Newton Compton, 2010.
3. Entretien de l'auteur avec une source romaine.
4. Raffaella Notariale, *Il boss della banda della Magliana*, Newton Compton, 2012.

mafieuse et d'acheter la paix? C'est en tout cas la conviction du procureur Andrea De Gasperis. Un dernier détail: c'est également Poletti qui a donné l'ordre d'enterrer De Pedis dans la crypte de Sant'Apollinare…

20
Mort d'un banquier

Avec le recul, 1981 est vraiment une *annus horribilis* pour Paul Marcinkus. La série noire débute le 5 février, quand les procureurs de Milan font arrêter Luigi Mennini, son adjoint à la tête de l'IOR. Mennini a été administrateur représentant de l'IOR au sein de la Banca Unione de Sindona, ce qui suffit pour l'accuser de complicité dans le trafic de devises. C'est un choc pour le Vatican. Marcinkus plaide la cause de son collaborateur auprès du pape: c'est sans doute une opération politique de la coalition de centre gauche alors au pouvoir, une mesure de rétorsion contre le soutien apporté depuis des décennies par le Vatican à la Démocratie chrétienne!

Le 17 mars, la justice fait perquisitionner une villa appartenant à Licio Gelli. Dans un coffre, on découvre un attaché-case contenant les dossiers de candidature de 953 membres de la loge P2, ainsi que des relevés bancaires établissant des virements en faveur de politiques, de juges et de grands patrons, une correspondance avec des chefs militaires argentins en vue d'achat d'armements. La police découvre également une cachette recelant des photos compromettantes pour plusieurs Italiens en vue. Il n'est pas certain que Gelli les ait utilisées, mais il est probable qu'il les stockait « au cas où ». L'une des photos arrête l'attention des enquêteurs: on y voit le pape, dans sa résidence d'été de Castel Gandolfo, en train de prendre un bain de soleil au bord de sa piscine. Nu.

Le krach d'un système

Gelli n'a pas eu le temps de mettre ses archives en sécurité. Mais il a eu le temps de s'enfuir, d'abord en Suisse puis en Uruguay. Et son adjoint Umberto Ortolani s'est envolé pour le Brésil. La loge P2 est désormais sous le feu des projecteurs. La liste de ses membres est un véritable bottin mondain de la politique, de la justice, de l'armée, des affaires et des médias.

Le 13 mai 1981 a lieu l'attentat contre le pape. Marcinkus est suspendu à sa survie. Si Wojtyła meurt, tout peut s'arrêter pour lui. Comme si cela ne suffisait pas, le 20 mai, Calvi est arrêté et inculpé (avec six autres directeurs de la Centrale Finanziaria) pour avoir exporté illégalement 50 millions de lires via un réseau offshore. Il affirme avoir agi pour le compte de l'IOR : les preuves en seraient détenues par une filiale suisse de l'Ambrosiano, la Banca del Gottardo. Mais les règles bancaires suisses interdisent de les communiquer sans l'accord de toutes les parties concernées. Depuis sa prison, Calvi demande à sa femme de solliciter l'aide de Marcinkus, sans effet. Calvi se laisse convaincre de recruter comme « consultant spécial »... Francesco Pazienza ! Le fils de Calvi aura parfois l'impression que Pazienza défend plus les intérêts de Marcinkus que ceux de son père. Quand depuis Nassau Carlo Calvi contacte par fax Marcinkus avec quelques copies d'archives de son père, le patron de l'IOR envoie Pazienza dans l'île pour lui ordonner de stopper ses manœuvres. À New York, Pazienza présente Carlo au chef de la mission diplomatique vaticane aux Nations unies, l'archevêque Giovanni Chelli, qu'il présente comme successeur possible de Marcinkus. À cette rencontre sont présents : le père Lorenzo Zorza, assistant personnel de Chelli, un homme d'affaires new-yorkais, peu recommandable, et un membre des services italiens.

Calvi est remis en liberté dans l'attente de son jugement, et maintenu à la tête de sa banque. Il est vrai que le trafic de devises est considéré comme un sport national en Italie...

On pourrait s'attendre à ce que Marcinkus garde désormais ses distances… Mais non. S'il coupe les ponts, le groupe risque de s'effondrer, causant la perte des 180 millions de dollars prêtés. Calvi a besoin de temps pour trouver de nouveaux prêts. Dans un témoignage ultérieur, Marcinkus affirmera avoir découvert seulement à l'été 1981 que la Cisalpine était propriétaire des sociétés offshore, lesquelles portaient une dette de près d'un milliard de dollars… C'est un peu gros pour quelqu'un qui était un administrateur de ladite Cisalpine ! Marcinkus ne veut pas reconnaître que le rôle principal de l'IOR depuis le début a été de permettre à Calvi de bâtir un réseau de sociétés étrangères qui techniquement n'appartenaient pas à l'Ambrosiano italienne… Et cela revient à se dénoncer soi-même de n'avoir pas prévenu les autres administrateurs de ces faits gravissimes.

Le 26 août, le patron de l'IOR accepte donc de donner à Calvi des « lettres de patronage » permettant de rassurer ses partenaires sur la présence de l'IOR derrière l'Ambrosiano. Dans ces lettres, il indique que la banque du Vatican contrôle directement ou indirectement les sociétés offshore du groupe Ambrosiano et est « consciente » de ses dettes à l'égard de l'Ambrosiano. Le montant total des dettes, qui ne figure pas sur ce document, est de l'ordre d'un milliard de dollars. Mais dans le même temps, Calvi doit fournir à Marcinkus une lettre secrète par laquelle il libère l'IOR de toute obligation de rembourser quoi que ce soit ! En clair Marcinkus accepte de fournir un faux document. C'est le début d'un scandale unique dans l'histoire de l'Église.

Selon les confidences de Sindona à Nick Tosches, Calvi aurait accepté de payer 20 millions de dollars pour ces lettres : « Calvi a payé le Vatican – personne ne sait cela – à travers Marcinkus, 20 millions de dollars en échange de ces lettres de confort[1]. » « Il savait que Marcinkus serait attiré par ces 20 millions de dollars, qu'il pourrait s'en servir pour montrer au pape que ses talents financiers étaient

1. Nick Tosches, *Power on Earth, Michele Sindona's Explosive Story*, Arbor House, 1986.

toujours intacts. Mais le seul fait que Calvi était prêt à lâcher 20 millions de dollars pour les avoir montre combien valait le prestige du Vatican. Désormais, dans une certaine mesure, ce prestige est perdu[1]. »

Marcinkus a fait un geste, mais il prévient Calvi que c'est le dernier. Les lettres de patronage ne font qu'accorder un sursis à Calvi, mais elles ne résolvent pas ses problèmes financiers.

Dans ce contexte très particulier, en septembre 1981, les observateurs avertis du Vatican sont tout simplement sidérés quand le pape nomme Marcinkus pro-président de la Commission pontificale pour l'État de la Cité du Vatican, c'est-à-dire administrateur de la Cité, avec rang d'archevêque. Ce surcroît de responsabilités signifie au reste du monde que le pape n'a décidément pas l'intention de lâcher son grand argentier… Et en mars 1982, Marcinkus proclame publiquement son soutien à Calvi dans une interview à l'hebdomadaire *Panorama*. « Calvi mérite notre confiance », affirme-t-il, expliquant que le Vatican n'a aucune intention de vendre sa participation dans l'Ambrosiano.

Pour sauver son groupe, Calvi a besoin d'un nouvel actionnaire : il envisage de faire entrer le financier turinois Carlo De Benedetti, qui jouit d'une bonne réputation. Le Turinois se montre intéressé par la perspective d'entrer au capital de l'Ambrosiano pour un montant raisonnable et devenir le numéro 2 de la société, successeur putatif de Calvi. L'affaire est conclue fin 1981, mais dès les premières semaines, il devient évident que cela ne marchera pas. Calvi ne laisse à De Benedetti l'accès à aucune information sensible. Dès janvier 1982, l'association est rompue.

La CONSOB, le contrôleur des marchés italiens créé après la faillite de Sindona, veut obliger Calvi à publier des informations détaillées sur sa banque, en la faisant coter à la Bourse de Milan. Calvi temporise. De plus en plus nerveux, il s'entoure de gardes du corps et porte une arme en permanence. Le 27 avril, un de ses adjoints reçoit

1. *Ibid.*

deux balles de revolver dans le centre de Milan. L'agresseur s'enfuit sur une moto conduite par un complice, mais un garde de la banque tire sur les fuyards et le tueur est mortellement touché. Il s'agit de Danilo Abbruciati, un mafieux romain. L'enquête établira quelques mois plus tard que Calvi avait payé le tueur.

Calvi est désespéré et étranglé financièrement. Il doit rembourser plus de 120 millions de dollars de prêts à l'IOR au mois de mai et n'obtient qu'un répit d'un mois de Marcinkus. Dans une interview à *L'Espresso* en 1986, Pazienza expliquera le krach de l'Ambrosiano par l'emballement des opérations dans les trois dernières années : « L'Ambrosiano devait représenter le bras séculier, moderne, de l'Église dans le monde. Le nouveau pouvoir temporel était vu comme la pénétration et le contrôle de la finance et de l'édition pour contrer les influences marxistes qui devenaient prédominantes en Italie. »

Alors que le terme approche, Calvi se raccroche à Pazienza, comme à une bouée de secours. Celui-ci lui présente Flavio Carboni, un entrepreneur immobilier sarde. Comme Pazienza, Carboni entretient des contacts aussi bien au Vatican que chez les groupes mafieux. On le dit proche de la bande romaine de la Magliana, la PME mafieuse du sud de Rome aux multiples spécialités : braquages, kidnappings, extorsion, trafic de drogue. Il entretient des contacts avec les services secrets et les groupes terroristes d'extrême droite. Carboni mène une vie de play-boy toujours à court d'argent : une femme, deux maîtresses, un yacht, un jet privé…

Malgré tout, Carboni semble pouvoir aider Calvi, grâce à ses connexions. Il va peu à peu remplacer Pazienza, plus brusque et moins patient avec Calvi. Carboni a un réseau de contacts nationaux et internationaux sans commune mesure avec celui d'un petit entrepreneur. Il enregistre ses conversations avec Calvi. Sur une des cassettes retrouvées par la police, il affirme : « je connais Ortolani (le numéro 2 de la loge P2) depuis 1955[1]. »

1. *Panorama*, 15 août 1982.

Calvi attend de Carboni qu'il l'aide à convaincre le Vatican de se montrer plus flexible que Marcinkus. Carboni connaît bien Mgr Hilary Franco et le cardinal Pietro Palazzini, tous deux proches de l'Opus Dei. Selon Carboni, Franco est en contact avec l'administration Reagan : il aurait ainsi accompli pour le pape une mission secrète de médiation pendant la guerre des Malouines. Mgr Franco sera appelé comme témoin dans le procès pour le meurtre de Calvi car on a retrouvé sur le défunt un papier avec son nom et deux numéros de téléphone. Dans les dernières semaines avant sa mort, Calvi a eu plusieurs conversations téléphoniques avec lui, de même que Carboni.

De son côté, le cardinal Palazzini, préfet de la Congrégation pour la cause des saints, a attiré l'attention pour son amitié avec Camillo Crociani, un dirigeant controversé de l'industriel en armement Finmeccanica. Éclaboussé par le scandale Lockheed, ce dernier a dû s'enfuir au Mexique en 1976. Interrogé dans le cadre de l'enquête sur la faillite de l'Ambrosiano, Palazzini a déclaré avoir rencontré Carboni à la demande d'un avocat proche de la curie, puis l'avoir revu en compagnie de Calvi. « Ils me mettaient sous pression pour que j'intervienne, menaçant d'un scandale qui pouvait être évité par la reprise des relations entre l'IOR et Ambrosiano. »

Calvi affirme en tout cas à sa femme et à ses enfants qu'il travaille avec Franco sur un plan de sauvetage auquel participerait l'Opus Dei. En échange, l'Opus Dei contrôlerait les grandes orientations de la banque et obtiendrait certains privilèges du pape. Selon le témoignage ultérieur de Carboni devant la justice italienne, Mgr Franco l'aurait informé que l'Opus Dei était disposé à accorder un prêt à l'Ambrosiano afin que cette dernière honore son remboursement de 200 millions de dollars à l'IOR. Toutefois, ce plan rencontrerait des résistances au sein du Vatican. Officiellement, l'IOR ne bouge pas sur ce dossier.

En coulisses, c'est une autre affaire. Un des argentiers de l'IOR basé en Suisse, l'avocat d'affaires Arthur Wiederkher, manœuvre discrètement via la Fondation Limmat, une des pompes à finances de l'ordre, créée en 1972. Cette fondation recueille des dons qui sont investis dans diverses affaires. Les dividendes financent une revue, des logements d'étudiants, des foyers de jeunesse et un centre de séminaires. Wiederkher est un personnage controversé. Thierry Oberlé le présente ainsi :

> Durant la Seconde Guerre mondiale, l'avocat a joué un rôle ambigu dans des filières d'évasion juives. Arthur Wiederkher disposait d'une liste de juifs hollandais candidats à l'émigration fournie par les services consulaires suisses aux Pays-Bas. Le jeune homme négociait leur départ en corrompant les autorités allemandes d'occupation, puis encaissait ses honoraires. Il aurait selon ses propres déclarations favorisé le départ d'une cinquantaine de personnes en violant l'embargo qui interdisait toute tractation avec les organes nazis. En 1942, la presse britannique l'a présenté sous les traits d'un agent suisse du IIIe Reich. L'avocat a été accusé d'exercer des chantages sur les familles réfugiées en Amérique du Sud dont les parents restés en Europe étaient traqués par les Allemands. Le réseau d'exfiltration aurait envoyé aux exilés des lettres d'intimidation. Elles indiquaient qu'à défaut d'importants virements d'argent, les otages des Allemands seraient déportés dans des camps de concentration en Pologne. Le prix à payer était fixé à 100 000 francs suisses. En cas de versement, un compromis était négocié. Les familles juives obtenaient des visas de sortie vers un pays neutre. Un demi-millier de juifs auraient fui les persécutions par cette filière[1].

Malgré ces mises en cause, Wiederkher a été blanchi en 1943 par la commission de discipline du barreau suisse et ses affaires ont prospéré après-guerre. Dans les années 1980, il siège dans des dizaines de conseils d'administration. Thierry Oberlé le désigne comme la

1. Thierry Oberlé, *L'Opus Dei, Dieu ou César ?*, *op. cit.*

« pierre angulaire » entre l'Opus Dei, l'Ambrosiano et la Rumasa (un groupe d'entreprises espagnoles dirigé par un membre de l'Opus Dei et dont la faillite a fait scandale). C'est lui qui conseille la Fondation Limmat, lui qui s'est chargé d'exporter les capitaux de Rumasa, via des sociétés-écrans… et il possède des actions Ambrosiano, pour lui-même ou pour le compte de l'Opus Dei. Wiederkher contrôle selon l'enquête d'Oberlé plusieurs sociétés au Panama qui acquièrent plus de 2 millions d'actions de l'Ambrosiano. Conclusion : malgré les dénégations ultérieures de l'Opus Dei, cette dernière a bien commencé à se positionner sur l'Ambrosiano, mais trop peu et trop tard pour sauver la mise de Sindona.

Dans les derniers mois de sa vie, Calvi se montre de plus en plus nerveux et inquiet pour la sécurité de ses proches. Au mois de mai, il convainc sa femme de partir aux États-Unis. Sa fille veut rester pour passer ses examens à l'université de Milan. Le 20 mai 1982 Marcinkus refuse audience à Calvi et le fait recevoir par son assistant Luigi Mennini.

À bout de ressources, Calvi écrit à Jean-Paul II le 5 juin 1982. Il explique qu'il a été un bon soldat de la lutte anticommuniste sur toute la planète.

> À la demande spécifique de vos représentants autorisés, j'ai fourni des financements à de nombreux pays et organisations politico-religieuses, à l'Ouest comme à l'Est. C'est moi qui à la demande des autorités du Vatican, ai coordonné à travers l'Amérique du Sud et l'Amérique centrale la création d'entités bancaires dans le but, par-dessus tout, d'endiguer la pénétration et l'extension des idéologies marxistes. Après tout cela, je suis celui qui a été trahi et abandonné par ces mêmes autorités auxquelles j'ai toujours montré le maximum de respect et d'obéissance[1].

1. Citée par Robert Hutchinson, *Their Kingdom Come. Inside the Secret World of Opus Dei*, St. Martin's Griffin, 2006.

Sa chute déclencherait « une catastrophe inimaginable dans laquelle l'Église souffrirait les dommages le plus graves[1] ». Calvi sollicite une entrevue du pape lors de laquelle il pourrait lui remettre des documents « importants en sa possession ». Il n'y aura pas de réponse directe. Calvi rencontre Marcinkus quelques jours plus tard. L'accueil est glacial. Le banquier tente à nouveau de faire passer sa lettre au pape via Carboni, qui la remet à un évêque tchécoslovaque (probablement Hnilica).

Fin mai 1982, la Banque d'Italie exige dans une lettre au conseil d'administration d'obtenir des précisions sur les prêts de 1,4 milliard de dollars émis par les filiales sud-américaines de l'Ambrosiano. On montre à Calvi une copie de mandat d'arrêt sur sa personne, un faux. Selon une source des services secrets italiens, c'est Gelli qui a eu l'idée pour lui faire quitter l'Italie. Il ne fallait pas que Calvi retombe entre les mains des magistrats italiens. Le 11 juin, Calvi disparaît. Le cours de l'action Ambrosiano entame sa descente aux enfers. Le 14 juin, des inspecteurs de la Banque d'Italie se présentent à la banque et réclament l'ouverture des livres de comptes. Marcinkus décide que c'est le bon moment pour démissionner du conseil d'administration de Banco Ambrosiano Overseas. Quelques jours plus tard, la banque milanaise fait défaut sur son remboursement de 250 millions de dollars à l'IOR. La panique gagne le Vatican. Casaroli s'enferme à plusieurs reprises avec Marcinkus pour des échanges que la rumeur de la curie décrit comme « tendus ». Pour la Banque d'Italie, il est désormais clair que le plus grand débiteur de l'Ambrosiano est l'IOR. Sans le secours du Vatican, les dirigeants de l'Ambrosiano n'ont plus d'autre choix que d'appeler la Banque d'Italie pour qu'elle prenne le contrôle.

Vers 7 h 30 au matin du 18 juin 1982, un jeune coursier du *Daily Express* traverse le pont de Blackfriars qui surplombe la Tamise à la City, en route pour son travail. Machinalement, il

1. Lettre transcrite dans Gianni Simoni et Giuliano Turone, *Il Caffè di Sidona. Un finanziere d'avventura tra politica, Vaticano e mafia*, Garzanti, 2011, p. 141.

regarde l'échafaudage en contrebas. Et d'un coup, il se fige. C'est bien un corps qu'il a vu, suspendu par le cou à une corde orange. Le garçon fonce à son bureau et de là il alerte la police. Lorsque les policiers remontent le corps, ils remarquent des briques fourrées dans les poches de son costume, ainsi qu'une épaisse liasse de devises diverses, d'une valeur d'environ 15 000 dollars. Dans la poche intérieure : un passeport au nom de Gian Roberto Calvini. Il ne faut pas longtemps pour identifier l'homme comme étant Roberto Calvi, patron de la banque Ambrosiano de Milan, qui a disparu de Rome sept jours plus tôt. La justice britannique classe l'affaire comme un suicide. Jeremy Paxman, un reporter de la BBC, remarque ironiquement : « Pour croire que Calvi s'est suicidé, nous devons accepter l'idée qu'il s'est déplacé sur 4 miles jusqu'au pont de Blackfriars, que là il a découvert un échafaudage qui n'était pas visible depuis la rue. Nous devons accepter qu'il a trouvé là un tas de briques qu'il a eu l'idée de mettre dans ses poches. Nous devons accepter qu'il a trouvé là une corde fort pratique. Alors que pendant tout le temps qu'il était à son appartement, il disposait d'assez de somnifères pour se suicider facilement et sans effort[1]. »

Le 2 juillet, les administrateurs provisoires de l'Ambrosiano nommés par la Banque d'Italie rendent visite aux dirigeants de l'IOR. Ils ont calculé que le Vatican doit 1,275 milliard de dollars à l'Ambrosiano. Les responsables de l'IOR répondent en leur mettant sous le nez la « contre-lettre » de Calvi, avant de mettre dehors leurs visiteurs. Une commission de 15 cardinaux est établie par Jean-Paul II pour étudier les finances du Vatican et prendre des mesures permettant d'éviter de nouveaux scandales. Mais Marcinkus ne dit rien de ces lettres devant la commission. Plusieurs membres seront furieux lorsque cela sera rendu public.

1. Larry Gurwin, *The Calvi Affair. Death of a Banker*, Macmillan, 1983.

Arrangement à l'amiable

Les administrateurs désignés par la Banque d'Italie choisissent de renflouer l'Ambrosiano de Milan et d'honorer les dettes de la maison-mère, mais refusent d'assumer les dettes des filiales étrangères : ils considèrent que c'est au Vatican de le faire. Le 9 août est donc créé le Nuovo Banco Ambrosiano, qui reprend les actifs sains. Les filiales étrangères ont prêté 1,2 milliard de dollars aux sociétés offshore créées par Calvi. Une grande part de cet argent a servi à racheter des actions Ambrosiano pour en soutenir le cours. Mais elle a difficilement pu représenter plus de la moitié du total, soit 600 millions de dollars. Il est probable qu'une partie de l'argent manquant a été utilisé pour des opérations secrètes commanditées par le Vatican (nous y reviendrons).

L'IOR ne détient officiellement que 1,6 % de l'Ambrosiano, et estime par conséquent ne rien devoir. Mais selon le témoignage d'un cadre dirigeant, Giacomo Botta, au procès de la faillite Ambrosiano, elle détenait en réalité 20 à 30 % de la banque via plusieurs sociétés offshore, ce qui en faisait de loin le plus gros actionnaire. Botta remarque la fulgurante carrière au sein de l'Ambrosiano d'Alessandro Mennini, fils du bras droit de Marcinkus, Luigi Mennini : sans expérience, le jeune homme a été bombardé directeur adjoint. Botta raconte également que, quand il a pris la direction de la filiale de Managua, Calvi lui a expliqué que l'IOR contrôlait le groupe et que la plupart des prêts émis par son agence avaient pour bénéficiaires des sociétés appartenant au Vatican.

En octobre, les résultats de l'enquête menée par la CONSOB sont publiés dans la presse : on apprend notamment que l'IOR détient une structure luxembourgeoise, Manic, qui contrôle six des sociétés fantômes qui devaient de l'argent aux filiales sud-américaines de l'Ambrosiano. Les garanties sur ces prêts comprenaient 10 % des actions Ambrosiano. On reconnaît désormais que le Vatican pourrait avoir détenu une part des sociétés fantômes, mais il ne les aurait pas contrôlées et ne serait donc pas comptable des dettes. Finalement, le rapport de la commission d'enquête nommée par Casaroli reconnaîtra le mois suivant que le Vatican contrôle bien plusieurs de ces sociétés. Pour autant, les experts du Vatican soutiennent encore que l'IOR serait devenu propriétaire de ces sociétés sans même s'en rendre compte, suite à une manœuvre de Calvi ! À l'insu de son plein gré, en somme… Cette position est contredite par les archives consultées par les enquêteurs. Par exemple : une lettre de novembre 1981 dans laquelle l'IOR demande à Calvi de gérer les fameuses sociétés. Après la mort de son père, Carlo Calvi poursuit l'inventaire des archives cachées dans un coffre des Bahamas. Il affirme que l'IOR était même le véritable patron de l'Ambrosiano : il en détenait via les sociétés fantômes un bloc de 16 % des actions. Selon lui, Marcinkus subissait une forte pression du pape pour trouver toujours plus d'argent et il s'est mis à pomper de plus en plus de fonds du système. En février et mars 1983, le *Sunday Times* publiera d'autres documents montrant que Marcinkus a donné instruction dans les années 1970 de créer certaines des sociétés fantômes, et qu'il a par la suite menti en affirmant tout ignorer de leur endettement. En privé, le Vatican accepte de négocier avec le gouvernement italien. À Noël 1982 est nommée une nouvelle commission d'enquête, cette fois italo-vaticane. Il n'y a pas vraiment le choix : en cas de poursuite devant les tribunaux luxembourgeois, l'IOR risquerait que ses avoirs soient saisis partout dans la Communauté européenne.

À Noël 1984, le pape et Casaroli acceptent de payer aux alentours de 250 millions de dollars (ce sera finalement 244). Un nouveau concordat est en cours de négociation avec le gouvernement italien et ne pourra aboutir sans que l'on débloque le dossier. Pour payer, le Vatican vend des actions dans diverses sociétés, mais surtout il cède 51 % des actions de la Banco di Roma per la Svizzera pour 100 millions de dollars. L'IOR perd un total de 510 millions de dollars !

Le Vatican refuse de livrer Marcinkus à la justice italienne. Il est désormais confiné dans la cité-État. Cette fois le scandale l'empêche de devenir cardinal. Son secrétaire, le discret De Bonis, se sort mieux d'affaire : il est promu archevêque.

Privé de ses sorties sur les luxueux terrains de golf romains, Marcinkus doit se résoudre à reconvertir un petit bout de jardin papal en green pour ne pas perdre la main. Cependant, les plus hautes cours de justice italienne finiront par estimer qu'elles n'ont pas autorité pour juger des cadres de l'IOR, qui relèvent du seul Vatican. Marcinkus va pouvoir retrouver les terrains de golf romains.

Le liquidateur luxembourgeois de la Banco Ambrosiano Holding, Paul Mousel, témoignera lors du procès italien pour le meurtre de Calvi en 2006 que l'IOR détenait au moins 20 % de celle-ci : « Le mécanisme mis sur pied par l'Ambrosiano avec la complicité de l'IOR évoque un mécanisme de blanchiment d'argent, mais je ne peux pas prouver que c'était le cas[1]. » Il ne lui a pas été possible de qualifier les flux financiers allant de l'IOR à la filiale panaméenne du groupe Ambrosiano : « Dans certains cas l'argent arrivait par virements et était retiré en cash. Je ne peux pas exclure que l'argent ait servi à des opérations du Vatican. Une possibilité est que l'IOR voulait financer des activités sans qu'elles soient publiques et qu'il a utilisé le réseau Calvi pour ce faire. » Selon Mousel toujours, les flux d'argent « intraçables » représentent une moitié du « trou » laissé par la faillite. Et il ne comprend pas la stratégie internationale développée par Calvi : « Il n'y avait aucune raison économique d'ouvrir une banque au Pérou ou au Nicaragua à l'époque. Il n'y avait pas de business là-bas à l'époque. »

D'autres commentateurs se sont montrés plus audacieux. Plusieurs mafieux repentis ont ainsi affirmé que Calvi et Marcinkus étaient impliqués dans un circuit de blanchiment d'argent sale utilisé par Cosa Nostra, après la faillite de Sindona. C'est le cas du boss Antonino Giuffrè, un proche de Bernardo Provenzano tombé en 2002. Lors de ce même procès pour le meurtre de Calvi, il a livré un récit troublant.

« Pippo Calò, trésorier de la Mafia, a été mis en contact avec Roberto Calvi par Michele Sindona, a expliqué Giuffrè à la cour.

1. In Philip Willan, *The Vatican at War. From Blackfriars Bridge to Buenos Aires*, iUniverse, 2013.

Quand les problèmes financiers et judiciaires de Sindona, aux États-Unis et en Italie, ont réduit son influence de blanchisseur d'argent, le bâton a été transmis à Calvi dans la deuxième moitié des années 1970. » « C'est Sindona qui fait promouvoir Calvi dans Cosa Nostra. Une relation triangulaire se développe. D'un côté vous avez Cosa Nostra, d'un autre une sorte de franc-maçonnerie et de l'autre le "cardinal[1]" [*sic*] Marcinkus. Bientôt Calvi se retrouve au milieu d'une énorme rivière d'argent. [...] Il est bien connu au sein de Cosa Nostra et dans d'autres cercles aux États-Unis que Marcinkus a des contacts directs et indirects avec Cosa Nostra », insiste Giuffrè. « Je sais que le cardinal Marcinkus a joué un rôle important, de même que Cosa Nostra et une certaine sorte de franc-maçonnerie. Je pense en particulier à P2. La personne la plus importante dans ce milieu à l'époque était Licio Gelli ». Giuffrè ajoute que le succès de Calvi dans la banque italienne a eu un prix : il a été contraint de financer les chrétiens-démocrates et les socialistes. Plus tard au cours de son témoignage, Giuffrè s'est vu demander si Cosa Nostra avait perdu de l'argent dans la faillite de l'Ambrosiano : « Une partie de ce que Cosa Nostra a investi n'a jamais été récupérée », a-t-il affirmé.

L'histoire se termine par une belle photo. Le journaliste Rupert Cornwell raconte :

> Dans l'après-midi du vendredi 17 février 1984, un groupe d'hommes en costumes sombres quitta l'hôtel des Bergues à Genève. Ils étaient visiblement satisfaits de leurs entretiens. Moins de 24 heures plus tard, et à quelque 900 kilomètres au sud, dans la jolie demeure Renaissance située sur une des collines cernant Rome, Bettino Craxi – le premier socialiste à être Premier ministre de l'Italie moderne – s'assit près du cardinal Agostino Casaroli, secrétaire d'État du Vatican, pour une cérémonie solennelle. Ce jour-là les deux hommes signèrent un nouveau concordat régissant les relations entre les deux

1. En réalité, Marcinkus n'a jamais été nommé cardinal.

États, cinquante-cinq ans après l'accord conclu en 1929 entre Mussolini et le pape Pie XI.
En dépit de leur nature différente, les deux événements étaient étroitement liés. La réunion de Genève était le point culminant d'une recherche entreprise dix-huit mois auparavant pour parvenir à un accord entre le Vatican, les autorités italiennes et cent vingt banques créancières pour un règlement de dettes laissées par la Banco Ambrosiano. Et pendant des mois, on pressentait que, sans un tel accord, le nouveau concordat que l'on négociait depuis près de dix ans ne pourrait pas être ratifié[1].

Mais qui a tué Calvi ?

Reste à comprendre qui a tué Calvi et comment… Acculé et sur le point d'être débarqué, le Milanais a eu besoin d'un endroit tranquille en dehors de l'Italie pour échapper à ses ennemis, chercher des solutions, négocier, et si besoin communiquer ses infos à la presse. Le lundi 7 juin, la dernière réunion avec le conseil d'administration de la banque s'est mal passée : la Banque d'Italie demandait des explications sur ses filiales étrangères. Pour la première fois, les membres se sont rebellés et ont voté contre leur directeur.

Le vendredi, Calvi a disparu. Il a d'abord pris un vol intérieur pour Trieste. Là, il a été pris en charge par un ami de Carboni, qui l'a emmené en *speed boat* jusqu'en Yougoslavie, puis en voiture en Autriche. À Vienne le mardi 14, Calvi a rencontré Leopold Ledl, un protagoniste du scandale « Vatican Connection », l'affaire des faux titres découverte par le FBI[2]. Calvi cherchait des informations compromettantes sur Marcinkus. Ledl avait des archives sur les opérations financières accomplies pour ce dernier mais a refusé de les lui confier. Ledl racontera son échange avec Tisserant, Villot et Benelli dans un livre de Mémoires[3]. Le lundi 14 juin, Calvi et son garde

1. Rupert Cornwell, *Le banquier du Vatican*, Plon, 1984.
2. Voir le chapitre 11.
3. Leopold Ledl, *Per Conto del Vaticano*, Tullio Pironti Editore, Naples, 1997. « Tisserant

du corps Vittor rallient Bregenz, au bord du lac de Constance, non loin de la frontière suisse. Mais Carboni le convainc de renoncer à gagner la Suisse, préférant l'Angleterre. Le mardi 15 juin, Calvi part en vol privé d'Innsbruck à Londres, organisé par l'homme d'affaires Hans Kunz qui a fait fortune dans le négoce du pétrole. C'est Kunz aussi qui réserve l'appartement qu'occupera Calvi à Chelsea Cloisters et un vol à Londres le soir de la mort de Calvi, qui pourrait avoir permis de récupérer certains de ses effets personnels, puis un vol à Édimbourg le 20 juin pour récupérer Carboni. Kunz est une vieille connaissance de Licio Gelli…

Le dernier jour est évidemment crucial pour comprendre ce qui a pu se passer. Calvi a dîné dans un restaurant avec trois ou quatre personnes : outre Carboni, certains enquêteurs pensent que Umberto Ortolani et/ou Licio Gelli auraient été présents à Londres ce soir-là.

Les déplacements de Carboni avant et après la mort de Calvi sont intrigants. En l'espace de six jours, il s'est rendu de Klagenfurt à Zurich, puis à Bregenz, Amsterdam et enfin Londres (où il a dormi à trois endroits différents). Après la mort de Calvi, il disparaît des radars. Les données téléphoniques obtenues auprès des hôtels où Carboni a résidé montrent qu'il a été en contact quotidien avec Mgr Hilary Franco, l'avocat romain Alfredo Vitalone et le standard du Vatican…

Lors du procès sur la mort de Calvi, le parrain repenti Antonino Giuffrè a déclaré : « À partir du moment où la mort de Calvi a été décidée, comme toujours, quelqu'un devait jouer le rôle de l'ami de Calvi. C'est la personne qui récupère Calvi et le remet entre les mains de ceux qui vont le tuer. L'un de ces hommes était

---

expliqua que le Vatican et l'État italien étaient dans une situation financière précaire. Les exigences fiscales du gouvernement italien avaient créé des problèmes si sérieux pour l'État pontifical qu'il pouvait à peine tenir sur ses jambes. À cause des grèves continuelles et de l'inflation, les comptes publics en Italie étaient dans un état désastreux. Tous deux avaient par conséquent un besoin urgent d'aide. » Ledl semble penser que le gouvernement Nixon aurait pu donner son feu vert tacite à cette fraude, en faisant une sorte de financement occulte d'un allié contre le communisme. Tisserant avait prédit à Ledl que même si les choses tournaient mal, personne n'oserait accuser directement le Vatican. On croirait que la bonne foi des prélats avait été abusée.

Carboni. [...] D'abord il gagne la confiance de Calvi et ensuite il le livre à ceux qui vont l'étrangler. Carboni est celui qui a guidé Calvi sur son dernier bout de chemin[1]. » On retrouvera un bout de corde dans le bagage de Carboni, identique à celui utilisé par Calvi pour « se pendre »...

Un ex-banquier, Jürg Heer, a apporté son témoignage dans le *Wall Street Journal*[2]. *Credit manager* pendant vingt ans à la Rothschild Bank AG de Zurich, il explique que la banque pratiquait l'exportation illégale de devises d'Italie pour le compte de ses riches clients italiens. Il aurait ainsi reçu un coup de fil d'un collaborateur de Licio Gelli lui demandant de délivrer une mallette de cash (il estime le montant à 5 millions de dollars) à des hommes que son interlocuteur lui désignera après coup comme « les tueurs de Calvi ». Nombreuses sont les sources qui ont accusé Gelli d'avoir commandité le meurtre de Calvi.

D'autres repentis de la Mafia ont porté des accusations précises. Enrico Madonna a ainsi affirmé que Vincenzo Casillo (lieutenant du boss de la Camorra Raffaele Cutolo alors en prison) lui aurait confessé avoir participé au meurtre de Calvi. Madonna avait cru comprendre que ce meurtre était souhaité par « les services secrets et des gens connectés à l'Ambrosiano comme Pazienza[3] ». Casillo n'est plus là pour confirmer : il a été tué par une bombe sept mois après la mort de Calvi. Sa petite amie a été exécutée peu après...

Un autre repenti, Francesco Marino Mannoia, a désigné deux hommes : Vincenzo Casillo et Francesco Di Carlo, un proche du « parrain des parrains » Toto Riina qu'on avait exilé en Angleterre en 1979 après qu'il eut volé un chargement de drogue appartenant à Cosa Nostra. Di Carlo aurait agi sur ordre de Pippo Calò pour punir Calvi d'avoir perdu l'argent de P2 et Cosa Nostra, a témoigné Mannoia. Sous couvert d'un commerce d'antiquités, Di Carlo avait repris ses activités de trafic de drogue, qui lui vaudront en 1985 une

1. Cf. Philip Willan, *The Vatican at War*, *op. cit.*
2. 11-12 décembre 1992.
3. Cf. Maria Antonietta Calabro, *Le Mani della Mafia*, Edizioni Associate, Rome, 1991.

peine de vingt-cinq ans de prison. Après onze ans de détention, il sera extradé en Italie et collaborera avec la justice italienne. Di Carlo confirmera que Pippo Calò a bien cherché à le joindre peu avant la mort de Calvi pour lui demander un « service », mais que faute de le trouver chez lui, il aurait trouvé quelqu'un d'autre pour faire le travail en question. Cependant, l'enquête de la société d'investigations Kroll pour la famille Calvi a montré que Di Carlo avait reçu sur son compte à la Barclays un virement de 100 000 dollars, seulement quatre jours avant la mort de Calvi, ce qui permet de nourrir quelques doutes...

En Italie, la thèse d'un meurtre de Calvi a été validée par la justice : dans un procès opposant la famille Calvi aux assurances Generali (qui refusaient de payer l'assurance-vie de Roberto, qui ne couvrait pas les cas de suicide), la cour a conclu qu'il s'agissait probablement d'un meurtre. En 2005-2006 a eu lieu le procès de cinq personnes accusées de complicité dans cet assassinat, dont Pippo Calò, Flavio Carboni et Silvano Vittor. Les procureurs ont estimé que le meurtre avait pour objet de punir Calvi d'avoir englouti des fonds de Cosa Nostra et empêcher toute révélation sur son activité de blanchiment avec l'Ambrosiano. Calvi savait trop de choses et aurait pu faire chanter ses anciens associés de la politique, de P2 et du Vatican.

Les cinq accusés ont été acquittés en juin 2007 pour insuffisance de preuves. Mais la cour a établi plusieurs faits. Calvi a bien été assassiné : on l'a sans doute drogué puis transporté en bateau jusqu'au pont de Blackfriars où on l'a pendu à l'échafaudage. La cour a jugé crédible que Calvi et Marcinkus aient opéré une entreprise de blanchiment d'argent pour Cosa Nostra. Les services secrets britanniques, s'ils étaient informés de ce qui se tramait, ont pu laisser faire car Calvi avait commis l'imprudence de financer l'acquisition d'armes par l'Argentine dans la guerre des Malouines. Les services italiens étaient parfaitement informés des agissements de Pazienza et Carboni : ils ont pu ne pas intervenir pour éviter que Calvi éclabousse la classe politique italienne, voire le Vatican.

L'acquittement général a été confirmé par la cour d'appel de Rome en 2010. Lors de ce dernier procès, un autre témoin, Massimo Ciancimino (fils du maire chrétien-démocrate de Palerme Vito Ciancimino, compromis avec la Mafia), a témoigné que son père avait fait blanchir de l'argent via l'IOR et l'Ambrosiano. Il disposait de deux coffres à la banque du Vatican, où il entreposait de l'argent appartenant à Cosa Nostra, a affirmé son fils qui était présent à certains rendez-vous avec Calvi. Il a également indiqué qu'une partie de cet argent sale de Cosa Nostra aurait été investie dans les projets immobiliers de Silvio Berlusconi. Dans leur verdict, les juges ont validé l'hypothèse que « Cosa Nostra... a utilisé la Banco Ambrosiano et l'IOR pour des opérations massives de blanchiment[1] ». La Cour de cassation a définitivement validé ce jugement en novembre 2011.

Au final, qui a donné l'ordre de tuer Calvi ? Un politicien italien membre de la commission d'enquête parlementaire sur P2 livrera cette analyse au journaliste Larry Gurwin : « Une possibilité, c'est la Mafia – certains pensent que le milieu a essayé de capter le pouvoir et l'argent de Calvi, d'autres disent que Calvi a commis ce que l'on appelle en langage mafieux *sgarbo* – une offense à l'Organisation qui doit être punie. Certains pensent que Calvi était prêt à dévoiler des informations sensibles sur les activités politiques de l'Église en Pologne et en Amérique du Sud, et qu'il est entré en opposition avec le Vatican. D'autres pensent que les ennemis de l'Église ont voulu envoyer un signe au Vatican. Cela connecterait l'élimination de Calvi avec la tentative d'assassiner le pape. Certains pensent que Calvi a été tué pour exposer les relations de l'Ambrosiano et son patron avec le Vatican[2]... »

1. Cité par Philip Willan, *The Vatican at War*, *op. cit.*
2. Larry Gurwin, *The Calvi Affair*, *op. cit.*

Des documents très recherchés

Autre question : que sont devenus les documents de Calvi, transportés dans sa mallette qui ne le quittait jamais ? Un rapport des services secrets italiens permet de reconstituer leur parcours[1]. Le jour de la découverte du corps, un messager arrive par jet privé de Genève à l'aéroport de Gatwick, où Carboni lui remet une partie du contenu de la mallette. Il repart aussitôt à Genève et se rend dans une villa isolée au bord du lac, où il remet les documents à Licio Gelli et Umberto Ortolani, les dirigeants de la loge P2. La mallette elle-même avec le reste des documents voyage par un autre jet privé d'Édimbourg à Klagenfurt pour être déposée dans un coffre-fort à la Karmoner Savings Bank[2]. Le lundi suivant, les conspirateurs se retrouvent à Zurich pour comparer leurs alibis. Ils contactent par téléphone l'avocat romain Alfredo Vitalone, déjà cité. C'est le frère du sénateur Vitalone qui est un proche d'Andreotti. Il est prévu que Flavio Carboni entre dans la clandestinité. Il sera arrêté en juillet 1982. Le même jour, des citations à comparaître sont envoyées à Marcinkus, Mennini et Pellegrino de Strobel. Marcinkus se calfeutre dans la Cité du Vatican.

Le mois suivant, Gelli est arrêté alors qu'il tente de retirer 30 millions de dollars à l'UBS de Genève.

On n'entendra plus parler de la mallette de Calvi pendant deux ans, avant qu'elle réapparaisse… dans une émission de télévision ! En détention à la prison de Parme, Flavio Carboni est visité en mai 1984 par le père jésuite polonais Kazimierz Przydatek, à la demande de son avocat bien introduit au Vatican. Carboni lui explique qu'il a d'importants documents à vendre, qui peuvent aider à blanchir la réputation de l'Église dans l'affaire Ambrosiano. Le père Przydatek

1. Message n° 22582/1X/04 di prot. Re : Roberto Calvi au Ministero dell'Interno (UCIGOS) et Commando Generale Arma CC, 2e Rep. S.A. – Uff Operazioni. Cité par Robert Hutchinson, *Their Kingdom Come*, *op. cit.*

2. Cf. l'ordonnance de renvoi de Flavio Carboni par le juge Mario Almerighi : Ordinanza de rinvio a giudizio nel procedimento penale contro Flavio Carboni e altri, Rome, *op. cit.*

rend compte à son supérieur, l'évêque slovaque Pavel Hnilica, le patron du réseau Pro Fratribus – qui introduit en contrebande des bibles et de l'argent de l'autre côté du rideau de fer, vient en aide aux réfugiés catholiques et parle à l'oreille de Jean-Paul II. Un rapport du SISMI du 25 octobre 1989 décrit Hnilica comme « membre du service secret de l'ordre jésuite », chargé d'organiser une église clandestine en Tchécoslovaquie.

Hnilica envoie le père Virginio Rotondi rencontrer Carboni dans sa prison de Parme. Carboni lui réclame des dizaines de millions, sans compter une avance pour ses frais[1]... En novembre 1984, alors que Carboni a été assigné à résidence et a pu regagner son domicile romain, Hnilica lui indique qu'il est autorisé à poursuivre les discussions. Carboni lui remet quelques documents sans grande utilité. Une nouvelle rencontre est prévue en janvier 1985 avec le père Rotondi. Carboni remet trois documents en échange d'un chèque. Il s'associe avec une figure du milieu, un trafiquant de drogue nommé Giulio Lena qui lui paye une forte somme pour entrer dans la combine. En mai 1985, Lena remet à Hnilica une lettre de Calvi qui écrit notamment :

> Depuis que je suis abandonné et trahi par ceux que je considérais comme mes alliés les plus fidèles, je ne peux que me rappeler les opérations que j'ai entreprises pour le compte des représentants de Saint-Pierre... J'ai fourni des financements à travers toute l'Amérique latine pour des navires de guerre et autres équipements militaires devant servir à la lutte contre les activités subversives de forces communistes bien organisées. Grâce à ces opérations, l'Église peut aujourd'hui se targuer d'une autorité nouvelle dans des pays comme l'Argentine, la Colombie, le Pérou et le Nicaragua [...]

1. Cf. ordonnance du juge Almerighi, *op. cit.*

> Je suis fatigué, vraiment fatigué, trop fatigué… Les limites de ma grande patience ont été largement dépassées… J'insiste sur le fait que toutes les transactions concernant l'expansion politique et économique de l'Église doivent m'être remboursées. On doit me payer les millions de dollars que j'ai fournis à la demande expresse du Vatican pour Solidarité. On doit me rembourser les versements pour organiser des centres financiers dans cinq pays d'Amérique, pour un total dépassant les 175 millions de dollars, on doit me rémunérer pour mon travail de consultant financier, pour mon rôle d'intermédiaire dans les pays d'Europe de l'Est et d'Amérique latine. On doit me rendre ma tranquillité d'esprit. Que Casaroli, Silvestrini, Marcinkus et Mennini me laissent tranquille !

En échange de cette lettre, Hnilica remet à Carboni deux chèques tirés sur des comptes de l'IOR pour un total équivalent à 70 000 dollars. Mais, coup de théâtre, les deux chèques sont rejetés ! Apparemment, tout le monde n'est pas d'accord au Vatican pour laisser ce manège continuer… En réponse, Carboni menace de dévoiler les documents qui lui restent dans une émission de TV, ce qui conduirait ensuite à les remettre aux magistrats. La menace est mise à exécution. Lors de l'émission en question, un sénateur néofasciste, auteur d'un livre sur l'affaire Calvi, est présenté comme celui qui a trouvé la valise.

Ce n'est que deux ans plus tard que l'on découvrira les tractations entre Carboni et Hnilica : dans une affaire sans relation, la villa du mafieux Giulio Lena sera perquisitionnée et les enquêteurs découvriront toute l'affaire. Le juge Almerighi fera alors perquisitionner les locaux de Pro Fratribus, où l'on découvrira un dossier du SISMI sur Carboni, des documents de Calvi et un mémo de Hnilica à Casaroli détaillant ces tractations. La réponse de Casaroli à Hnilica, qui figure au dossier, est des plus embarrassantes :

Votre Excellence,

J'ai reçu et lu avec une grande attention votre lettre du 25 août concernant vos efforts avec des proches sur les problèmes de l'IOR.
Appréciant l'importance et la gravité de la situation que vous mettez en avant, j'ai pensé qu'il était nécessaire avant de vous répondre d'en informer le Saint-Père.
En son nom, je peux vous faire part de la grande douleur et préoccupation causée par ce que nous apprend votre lettre. Ni le Saint-Père ni le Saint-Siège n'avaient connaissance des activités que vous portez à notre connaissance.
Il est d'abord nécessaire de préciser, pour éviter tout malentendu, que vos efforts ont été entrepris sans ordre, autorisation ou approbation du Saint-Siège. De plus, on ne peut pas nier que la situation économique notoire dans laquelle le Saint-Siège est tombé – en déficit sérieux – rendrait extrêmement difficile, dans tous les cas, de satisfaire aux demandes formulées par Votre Excellence et de soulager ainsi le Saint-Siège et vous-même du fardeau de dette immense que vous nous avez révélé.
Concernant les causes et modalités de vos efforts pour faire toute la lumière sur cette dette apparente, il est bien sûr nécessaire d'évaluer les conséquences légales que votre intervention, fondée sur les meilleures intentions, pourrait susciter.
Par cette lettre, je profite de la circonstance pour vous confirmer l'estime distinguée dans laquelle nous vous tenons devant Notre Seigneur.

C'est ce qui s'appelle prendre ses distances ! On peut interpréter ainsi : vous faites du hors-piste, à vos risques et périls… De fait, Hnilica se retrouve réduit à solliciter des prêteurs sur gages. En mars 1987, il mandate un nommé Vittore Pascucci pour lui trouver un prêt de 10 millions de dollars sur six mois. Le personnage est décrit par les services de la police financière comme un banquier véreux, véritable propriétaire de la banque Eurotrust Limited d'Anguilla, réputée blanchir l'argent de la Mafia issu du trafic de drogue.

Carboni, Lena et Hnilica seront renvoyés devant la justice par le juge Almerighi. En mars 1993, ils seront jugés coupables, mais le verdict sera ensuite renversé pour vices de procédure. Selon la justice italienne, Hnilica a bien agi avec l'accord de ses chefs, mais l'approvisionnement financier lui a été retiré en cours de route par l'IOR. Il lui a alors fallu s'adresser à des usuriers pour réunir les fonds demandés par Carboni.

21
Croisade polonaise

Après l'attentat de la place Saint-Pierre, Jean-Paul II est de retour au Vatican, plus vite que ses médecins ne l'auraient voulu. Mais comment lui imposer quoi que ce soit ? Le pape va désormais redoubler d'ardeur sur le dossier polonais, où primait jusqu'ici la discrétion, pour mener une action secrète plus agressive que jamais. Il est bien possible que, dans les semaines qui ont suivi son retour, il ait pensé que les services de l'Est avaient voulu le tuer et que cela ait joué dans son ardeur anticommuniste. Nous savons qu'une partie de son entourage y a cru dur comme fer, à l'image du père Hnilica. Cependant, la secrétairerie d'État reçoit dans les mois qui suivent des dizaines de rapports des services secrets américains, turcs, italiens, français, allemands… qui ne dessinent pas, loin de là, un récit clair des événements. Pour qui veut bien les lire sans idée préconçue, il n'est pas du tout évident de savoir d'où vient le coup. Wojtyła affirmera plus tard qu'il ne croit pas à la piste bulgare. D'autres proches, comme le très anticommuniste Giulio Andreotti, diront qu'il faut « regarder ailleurs ». Certes, mais où ?

Si notre hypothèse d'une implication mafieuse dans cet attentat, peut-être en association avec P2, était confirmée, il est certain qu'« on » se serait débrouillé pour faire savoir au pontife les raisons de cette alerte. Dans cette hypothèse, l'enlèvement d'Emanuela Orlandi correspondrait à un second avertissement. Qui ne produit pas plus d'effet que le premier. Même pour Cosa Nostra, il est difficile de faire dévier de sa route un pape qui se sent investi d'une mission divine et protégé par la Vierge Marie… Quant à aller jusqu'à le tuer, c'est plus facile à dire qu'à faire : la sécurité autour du pape s'est considérablement renforcée. Cela reviendrait à une mission suicide. Quant à assumer un tel acte dans la très catholique Italie, même une Mafia toute-puissante devrait y réfléchir à deux fois avant de prendre un tel risque…

Si 1981 marque une inflexion dans l'action secrète du Vatican en Pologne, ce n'est pas (ou pas principalement) une conséquence directe de l'attentat contre le pape. Il faut plutôt y voir une réaction au durcissement du régime polonais, sous la contrainte du grand frère soviétique. Considérée par le nouveau Premier ministre Jaruzelski comme un moindre mal face au risque d'invasion soviétique, la loi martiale imposée en décembre à la société polonaise va agir comme un aiguillon.

Loi martiale

La menace d'une intervention soviétique, rapportée par le colonel Kukliński à la CIA, pèse depuis la fin 1980. Elle reste cependant virtuelle car l'Armée rouge est déjà très occupée en Afghanistan et les retombées internationales en termes d'image pour l'URSS seraient catastrophiques. Le nouveau pouvoir est fortement incité à proclamer la loi martiale. Le KGB rapporte que la présence des services secrets occidentaux en Pologne s'intensifie : les services secrets de l'OTAN seraient en train de noyauter Solidarité ! Aucune archive aujourd'hui disponible ne permet de l'attester, même si plusieurs services occidentaux comme la DGSE française ont noué des contacts avec le syndicat. Dépourvu de poste permanent à Varsovie, le service infiltre des observateurs par divers moyens, à leurs risques et périls : une équipe de trois officiers du service Action qui franchissent à pied la frontière depuis la Tchécoslovaquie est repérée lors de son arrivée dans une petite ville. Les hommes sont sauvés par un curé qui les cache dans sa sacristie. Après quelques voyages, le service dispose de points d'appui dans le pays et tisse des liens avec Solidarité, devenu un mouvement clandestin[1], raconte l'ancien directeur des services

1. Cf. Pierre Marion, *La mission impossible. À la tête des services secrets*, Calmann-Lévy, 1991.

secrets français Pierre Marion. Ce qu'il oublie de mentionner, c'est qu'au moins un agent de la DGSE, en poste à Moscou, a profité de ses voyages entre Paris, Varsovie et Moscou pour porter des valises de billets en Pologne. Mais son circuit a été interrompu lorsqu'il est « tombé » dans une affaire de mœurs à Moscou et qu'il a fallu le rappeler à Paris[1].

En juin, la situation se tend : un groupe de neuf généraux polonais plus fidèles à Moscou qu'à leurs dirigeants propose au KGB un plan pour écarter Jaruzelski au motif qu'il refuserait de décréter la loi martiale. Jaruzelski juge pourtant la situation moins alarmante que ses homologues russes. Le SB estime avoir un bon contrôle de l'Église polonaise qui ne représente pas le danger principal. Le nouveau primat Glemp est moins antisoviétique que son prédécesseur, qui bénéficiait d'un véritable culte de la personnalité. Wałęsa, malgré un discours très dur, est en fait plutôt modéré. Pour le service polonais, le véritable danger vient d'un autre leader du mouvement, Bujak : il est jugé plus intelligent. Le SB a mission de le discréditer.

Les événements de l'automne semblent remettre en question le statu quo. En septembre se tient le premier congrès de Solidarité, à Gdańsk. Les syndicalistes demandent un référendum sur l'autogestion, adressent un message de sympathie aux ouvriers des pays de l'Est qui militent pour des « syndicats libres » et exigent des « élections libres ». Moscou réclame que Varsovie prenne immédiatement des mesures radicales. Le bureau politique polonais ne peut que dénoncer le « programme d'opposition politique » adopté par Solidarité. Le mois suivant, le Premier secrétaire polonais Kania démissionne sous la pression et est remplacé par Jaruzelski. Des brigades spéciales de l'armée quadrillent le pays pour prévenir toute émeute, et s'en prennent en particulier aux syndicalistes. Le 28 octobre a lieu une grève générale d'une heure pour faire cesser la répression contre les militants de Solidarité. Le 7 novembre, le pape annonce qu'il se rendra de nouveau en Pologne en août 1982 pour le sixième centenaire

1. Entretien avec un ancien responsable de la DGSE.

de la fondation du sanctuaire de la Vierge noire de Czestochowa. Le timing de son annonce fait encore monter la pression.

Jaruzelski choisit le 12 décembre pour proclamer la loi martiale, un samedi à minuit. 80 000 hommes sont mobilisés pour arrêter 6 000 militants de Solidarité dans la nuit du samedi 12 décembre. Quand les Polonais se réveillent le dimanche, ils découvrent des chars dans les rues. À 6 heures du matin, Jaruzelski s'adresse aux Polonais à la télévision, en uniforme. Le pays sera désormais gouverné par un Conseil militaire de salut national. Le couvre-feu est décrété jusqu'à nouvel ordre, les lignes téléphoniques coupées pour un mois, le courrier soumis à la censure, de même que l'édition de journaux et de livres, les rassemblements publics sont interdits sauf les offices religieux. Les frontières sont fermées, les journalistes étrangers expulsés, la population est consignée chez elle. L'armée contrôle désormais les infrastructures de communication et la télévision. Jaruzelski estime n'avoir pas eu d'autre choix : faute d'intervention extérieure, son régime se serait peu à peu effondré sous la pression de Solidarité. Les dirigeants du syndicat sont pris au dépourvu : ils n'envisageaient pas une action si radicale.

Glemp donne dans son homélie dominicale la consigne de ne pas résister. Elle est rediffusée sur les ondes *ad nauseam*. Ce discours a sans doute eu un effet démobilisateur sur nombre de catholiques polonais qui s'apprêtaient à mener des actions de résistance. L'épiscopat polonais changera d'ailleurs de discours dans les semaines suivantes. En attendant, Glemp semble apporter sa caution à la loi martiale. Sans doute en aurait-il été autrement s'il avait pu s'entretenir avec le pape. Les responsables de Solidarité ayant échappé aux arrestations et vivant désormais dans la clandestinité en tirent alors la conclusion que c'est auprès du Vatican qu'ils devront désormais prendre conseil.

De son côté, le pape estime que Solidarité doit se maintenir dans la clandestinité, reprendre ses publications et tenter de rallier les esprits avec l'aide de l'Église. Le pontife entreprend alors d'envoyer secrètement de l'argent, beaucoup d'argent provenant de plusieurs sources.

Le 21 décembre 1981, peu avant minuit, le pape accueille dans son appartement privé l'évêque auxiliaire de Varsovie, Mgr Bronislaw Dąbrowski. Ce dernier a pu rencontrer en secret Wałęsa. Il témoigne de sa volonté de résister. De même, l'épiscopat polonais est décidé à refuser le dialogue tant que durera l'état de siège. Le pape prend alors la décision de soutenir ouvertement Solidarité. Le 24 décembre, selon la tradition polonaise, il allume à sa fenêtre un cierge qui va brûler toute la nuit de Noël. Ce cierge devient un symbole de résistance du peuple polonais. Ronald Reagan fait de même à la Maison-Blanche.

Jean-Paul II et Jaruzelski échangent des courriers. Jaruzelski plaide qu'il a choisi le moindre mal. Il sait qu'il aura besoin de la coopération de l'Église pour trouver une sortie de crise.

Le messager principal entre les deux hommes est Bogdan Lewandowski, sous-secrétaire général des Nations unies. Il décide de se rendre à Rome puis à Varsovie. Il arrive à Rome le 15 décembre et dîne avec Jean-Paul II et Dziwisz. Il trouve le pape très préoccupé. À Varsovie, Lewandowski est reçu par Jaruzelski le 17. Ce dernier lui assure qu'il veut éviter un bain de sang. De retour à Rome, Lewandowski remet à Jean-Paul II un enregistrement audio de sa conversation avec Jaruzelski (fait avec son accord). Le 18 décembre, Jean-Paul II rédige un appel à Jaruzelski et en transmet copie à Glemp et Wałęsa.

Jaruzelski répond le 5 janvier, via un émissaire personnel. Il reconnaît que la loi martiale a provoqué un choc et causé des désillusions. À Varsovie, le Vatican dispose d'une mission permanente du Saint-Siège auprès du gouvernement polonais, dirigée par l'archevêque Luigi Poggi. Le pape l'utilisera en priorité pour faire passer des messages à Jaruzelski car il se méfie désormais de Glemp.

Le dialogue est constant entre les deux hommes en 1982. Jaruzelski ne peut faire autrement que d'accepter le principe d'une deuxième visite de Jean-Paul II fixée en juin. Cette perspective provoque une grande nervosité des services polonais qui se raccrochent à de vains espoirs sur la santé du pape : un rapport du SB affirme qu'il souffre d'une leucémie tandis que les collègues du HVA hongrois penchent pour un cancer de la colonne vertébrale !

Le père Jozef Kowalczyk joue le rôle d'agent de liaison clandestin entre le Vatican et Solidarité. Par l'intermédiaire du père Jan Sikorski, aumônier de la prison de Białołęka près de Varsovie, un dialogue est ouvert avec les responsables emprisonnés de Solidarité. D'autres aumôniers jouent le même rôle dans les autres prisons. Cette communication permet au pape de mesurer la détermination sans faille des leaders syndicaux emprisonnés.

Raison de plus pour accélérer le soutien matériel au réseau clandestin de Solidarité. Un des hommes chargés d'acheminer ce soutien sur le terrain est le père Gianni Danzi. Ce prêtre de paroisse suisse, barbu et fumeur invétéré, n'a a priori rien d'un agent secret. Comme étudiant, Danzi a rejoint le mouvement Communion et Libération en 1954. Dans les années 1970, il se lie avec des intellectuels catholiques polonais. Il organise des pèlerinages de jeunes en Pologne, souvent assortis d'une rencontre avec Wojtyła. C'est pourquoi il se proposera auprès de Mgr Dziwisz pour acheminer des camions de ravitaillement en Pologne. Le premier convoi a plus pour objectif de recueillir du renseignement sur place que d'acheminer de la nourriture. Danzi constate que la vraie frontière avec la Pologne est celle de la Tchécoslovaquie : son camion et lui-même y sont fouillés de fond en comble, des heures durant. Arrivé en Pologne, il découvre un pays à l'arrêt, des routes constellées de barrages militaires. Il est accueilli chaleureusement et profite de la distribution pour circuler et prendre discrètement des photos. Il est frappé par les magasins quasi vides, l'état déplorable des hôpitaux, etc., toutes choses que l'on ne voit pas depuis l'Ouest. À son retour, Danzi reporte directement à Dziwisz et met sur pied au sein de Communion et Libération une organisation plus industrielle avec des fonds qui semblent venir de nombreux donateurs en Italie et en Europe.

Un secrétaire du cardinal König de Vienne se lance dans une opération similaire de collecte et de transport routier vers la Pologne.

Bientôt des camions arrivent à Varsovie de tous les pays d'Europe de l'Ouest : nourriture, médicaments, vêtements...

Un jour, un camion arrive de France, de la part du pape. En déchargeant les cartons de nourriture, les bénévoles découvrent des machines à écrire. À partir de ce moment, l'approvisionnement en matériel de reprographie ne va plus cesser. Une équipe clandestine de Solidarité se met en place pour l'utiliser. On loue des appartements pour installer le matériel. Les matériels jugés trop compromettants pour être stockés dans des églises sont cachés dans des bois. Des prêtres et des nonnes sont dans la confidence. Le recteur de l'église Saint-Martin, le père Dembowski, également. Les camions venus de France sont envoyés par le père Eugène Platar, de l'organisation Caritas. Le comité français de soutien à Solidarité remporte un vif succès.

Dans l'église Saint-Martin de Varsovie, un réseau clandestin de prêtres et de religieuses organise l'aide matérielle aux membres de Solidarité clandestin. À Gdańsk, l'église de Sainte-Brigitte sert de plaque tournante à l'organisation. Le père Henryk Jankowski, un ami de Wałęsa, a dit des messes pour les ouvriers dès les grèves d'août 1980. Il accueille dans son église des réunions clandestines et cache du matériel.

Le soutien du pape galvanise les Polonais, leur donne foi en leur combat, comme aucun autre pape n'aurait pu le faire. Tout visiteur de Pologne est immédiatement convoqué par Dziwisz à la table du pape pour répondre à un feu roulant de questions sur la situation, jusque tard dans la nuit. Des prélats qui circulent régulièrement entre la Pologne et Rome en voiture sont mis à contribution : Mgr Fidelius, adjoint au cardinal de Cracovie, racontera que Dziwisz lui demande à chaque fois de passer de l'argent, des matériels, un peu de tout... L'argent liquide arrive souvent en dollars, faciles à convertir sur le marché noir. Quand il reçoit un visiteur de confiance venu de Varsovie, à la fin de l'entretien Dziwisz puise dans un coffre-fort une liasse de billets qu'il met sous enveloppe avant de la remettre au visiteur en indiquant à qui il devra la donner.

Au printemps 1982 est lancée Radio Solidarité, un vrai défi au régime avec des émetteurs dispersés et la preuve que Solidarité est bien actif et n'a pas été écrasé par le régime. Dès le mois de mai, les habitants de Varsovie peuvent y entendre un appel à la grève générale. La radio est diffusée en ondes courtes depuis de nombreux lieux qui changent régulièrement. Certains matériels radio fournis à Solidarité permettent aussi de se connecter aux fréquences de police, pour savoir notamment où elle prévoit d'intervenir.

Carl Bernstein et Marco Politi écrivent que Radio Solidarité est soutenue par la CIA[1], mais les témoignages de ses anciens responsables recueillis par J. Kwitny contredisent cette thèse[2]. Radio Free Europe apporte une autre voix encourageante aux Polonais. Elle diffuse notamment des lectures d'extraits des mémoires du cardinal Wyszyński.

L'axe Rome-Washington

Ronald Reagan fulmine contre l'instauration de la loi martiale en Pologne, dont il rend les Soviétiques responsables. Il décide immédiatement de sanctions économiques contre la Pologne. Il donne instruction au patron de la CIA William Casey et à Vernon Walters de transmettre au pape une masse de renseignements des services américains sur la Pologne, bientôt complétée par des dossiers sur les pays que Jean-Paul II ira visiter. Le pape se trouvera presque aussi bien informé que le président des États-Unis.

À partir du printemps 1981 et jusqu'en 1987, le pape reçoit pas moins de 15 visites du tandem Casey-Walters. Walters est un catholique de la vieille école. Costaud, bavard, il est doué pour les langues et impressionne beaucoup d'interlocuteurs, même si certains le trouvent un peu creux. Il a servi d'interprète à plusieurs présidents,

1. Carl Bernstein et Marco Politi, *Sa Sainteté Jean-Paul II et l'histoire cachée de notre époque*, *op. cit.*
2. Jonathan Kwitny, *Man of the Century. The Life and Times of Pope John Paul II*, Little, Brown & Company, 1997.

de Roosevelt à Eisenhower et au vice-président Nixon, qui le nomma directeur adjoint de la CIA. Reagan en a fait son ambassadeur extraordinaire, l'homme des missions les plus confidentielles.

Nous disposons de plusieurs témoignages sur sa première rencontre avec Jean-Paul II. Mgr Kabongo, un assistant du pape qui était présent aux rencontres, a raconté[1] :

> Il n'y avait pas d'interprète. Le général Walters a demandé dans quelle langue il devait s'exprimer. Le Saint-Père a répondu qu'il préférerait que l'entretien se déroule en italien. Walters a commencé par lui transmettre les sincères salutations du président Reagan. Le pape lui a retourné le compliment. Ensuite ils sont entrés dans le vif du sujet. Walters a sorti des photos satellites de sa serviette, et Sa Sainteté s'est émerveillée de leur netteté. Walters a disserté pendant plus d'une heure sur la vision qu'avait la CIA des intentions soviétiques. Sa Sainteté l'a remercié.

Dans un texte non publié, Walters apporte d'autres précisions : ce jour-là, il est accompagné d'un jeune lieutenant de la Navy qui transporte une mallette de photos satellites des forces armées russes en Ukraine. Celui-ci a l'insigne honneur de se faire pincer la joue par le pape, soupirant : « si jeune, si jeune[2]... » Lors d'un voyage suivant, Walters apprendra au pape que le jeune lieutenant a démissionné de la Navy pour entrer dans l'ordre dominicain : « Voyez ce que vous avez fait, Saint-Père ! » Le pape jubile.

Les clichés américains mettent en évidence le déploiement des forces du pacte de Varsovie vers la frontière polonaise. La Pologne elle-même dispose d'une armée et d'une force de réserve de 800 000 hommes, avec trois divisions blindées et deux aéroportées. La CIA estime qu'elles se battront probablement contre les forces

1. Témoignage recueilli par Gordon Thomas et Max Morgan-Witts, *Les émissaires du Vatican*, Stock, 1985.
2. Vernon Walters, *The Wall Came Tumbling Down*, manuscrit non publié (cité par Nigel West, *op. cit.*).

du pacte de Varsovie en cas d'invasion, explique Walters: « Si les Soviétiques envahissent, il y aura la guerre. Ce sera une petite guerre, une guerre courte. Mais les Polonais se battront. Et nul ne peut en prédire les conséquences… » Le pape ne montre aucune émotion particulière. Sa préoccupation est que l'Église polonaise ne soit pas contrainte à une soumission brutale, semblable à celle qu'elle subit en URSS. On ne reviendra pas en arrière.

« L'administration [Reagan] était consciente qu'il y avait une convergence d'intérêts entre l'Église catholique et les États-Unis pour juguler l'expansion communiste », raconte encore Walters. « Conformément à mes instructions je devais présenter la situation sur la base des meilleurs renseignements disponibles […] Il me recevait toujours seul et quand quelqu'un essayait de nous interrompre, il le faisait sortir de la pièce. Les briefings étaient en général organisés via la nonciature à Washington par l'archevêque (devenu cardinal depuis) Laghi et notre ambassadeur au Vatican, William Wilson. J'essayais de calibrer les réunions pour qu'elles ne durent pas plus de 40 minutes, y compris les questions que le pape voudrait me poser. Ses questions étaient en général pénétrantes et éclairées. »

Les analyses du souverain pontife sur la Pologne, mais aussi l'Amérique centrale, sont écoutées attentivement par ses interlocuteurs. Le pape reçoit des documents secrets parmi les mieux gardés du renseignement américain: images satellites, rapports d'analyse de la CIA sur de nombreux sujets comme la santé déclinante de Brejnev, la Chine, le terrorisme, le Moyen-Orient, etc. En tout, près de 75 dossiers thématiques et géographiques sont transmis au pape. Du jamais-vu. « Une des plus importantes alliances secrètes de tous les temps », dira plus tard Richard Allen. Les Américains survalorisent les informations fournies en retour par Jean-Paul II. Sur les pays de l'Est, ils ont peut-être raison. Mais ces témoignages montrent surtout deux choses: contrairement aux précédents papes, Jean-Paul II ne délègue à personne d'autre le rôle d'agent de liaison avec les services américains. Il utilise même à fond son charisme pour impressionner ses interlocuteurs et en tirer le maximum. De fait, et c'est exceptionnel dans l'histoire des rapports entre le Vatican et la CIA, on a le sentiment d'une relation déséquilibrée… mais en faveur du pape! Ce dernier reçoit bien plus de renseignements qu'il n'en livre à ses visiteurs subjugués. Aucun membre de la curie n'aurait pu installer une telle relation.

La suite logique est une rencontre au sommet entre le pape et Ronald Reagan. Elle a lieu le 7 juin 1982 dans la bibliothèque du Vatican. Les deux chefs d'État sont seul à seul, tandis que dans une autre pièce le cardinal Casaroli et l'archevêque Silvestrini rencontrent le secrétaire d'État Alexander Haig et le conseiller à la Sécurité nationale William Clark. Le sujet du jour est l'invasion du Liban par Israël, qui vient de débuter. Mais Reagan et le pape, eux, concentrent leur discussion sur la Pologne. Les deux hommes qui ont récemment été victimes d'attentats se voient comme des miraculés investis d'une mission sacrée: vaincre le communisme par les idéaux chrétiens. Reagan affirme: «Dieu nous a épargnés dans un but précis. Celui de libérer la Pologne.» Les deux hommes évoquent la possibilité d'un effondrement de l'empire soviétique, qu'ils jugent l'un et l'autre vulnérable. À Londres le lendemain, Reagan tiendra lors d'une allocution à Westminster un discours similaire: il prédit que vont se multiplier dans les pays de l'Est des «explosions répétées contre la coercition».

Carl Bernstein a décrit dans un article du *Time*[1], puis dans sa biographie de Jean-Paul II cette rencontre comme un tournant de l'histoire, le début d'une «sainte alliance» entre le Vatican et la CIA, le moteur d'une guérilla secrète pour accélérer la décomposition de l'empire communiste. Dans les jours suivant la loi martiale aurait débuté une vaste opération clandestine de soutien de la CIA à Solidarité avec l'aide du Vatican. Elle aurait été décidée lors d'une réunion entre Reagan, le vice-président Bush, William Casey, le conseiller à la Sécurité nationale William Clark et quelques autres… L'opération ne devait apparaître nulle part dans des ordres écrits. Cet épisode a

1. 24 février 1992.

été largement repris dans la plupart des livres sur le sujet. Or, comme on l'a vu, Solidarité n'a pas attendu l'été 1982 pour développer des presses clandestines et une radio. Plusieurs témoins cités dans l'article comme le cardinal Krol ou l'archevêque Dąbrowski (devenu adjoint du primat Glemp) démentent formellement le rôle qui leur est prêté. De même, les nombreux responsables de Solidarité qu'a pu interviewer le journaliste Jonathan Kwitny réfutent cette thèse. Ainsi le père Miroslaw Chojecki, une des figures du mouvement polonais clandestin, affirme avoir sollicité cette semaine-là un membre du cabinet Reagan… et s'être fait éconduire ! Et les responsables de journaux clandestins n'ont pas non plus vu la couleur de l'argent de la CIA… La vérité est que le soutien direct à Solidarité dans les premières années est venu non pas de la CIA mais du Vatican directement. Il semble que les anciens de l'administration Reagan ont voulu apparaître aux yeux de l'histoire comme des premiers rôles dans l'histoire de la chute du communisme en Pologne. Le problème est qu'ils évoquent des actions tellement secrètes qu'elles n'ont donné lieu à aucune note écrite, ce qui est bien pratique ! S'il y a un premier rôle en 1982, c'est sans conteste Jean-Paul II, qui en plus de sa fonction s'est transformé en chef de réseau.

Le père Adam Boniecki, rédacteur en chef de l'édition polonaise de *L'Osservatore Romano*, est un des émissaires du pape auprès de l'organisation clandestine de Solidarité. Il les assure du soutien du Saint-Père tout en les incitant à ne pas faire usage de la force. Le mouvement est rassuré sur l'approbation et la compréhension du pape. Les aides conjuguées lui permettent de se réorganiser et de se développer. La résistance privilégie comme moyens d'action les journaux et revues clandestins. En août 1982 on recensera 250 publications clandestines.

Le soutien à Solidarité devient une affaire européenne. Solidarité installe son QG européen à Bruxelles et reçoit une contribution de 1,6 million de dollars d'un groupe de syndicats français. Wanda Gawronska, une Polonaise établie de longue date à Rome et introduite dans la bonne société, persuade des leaders politiques italiens de créer un fonds de secours pour la Pologne. Le ministre des Postes accède même à sa demande d'accorder la gratuité des frais d'envoi sur les paquets de produits de première nécessité. De son côté, Francesco Pazienza a raconté à Gerald Posner avoir échangé à la demande de Marcinkus 3,5 millions de dollars en cash contre de l'or auprès du Crédit Suisse: «C'était alors la seule banque à offrir de l'or pur à 99,99 %. On a mis l'or dans une Lada Niva, caché dans un double fond et dans les portières. Un prêtre de Gdańsk est arrivé et il a conduit la voiture jusqu'en Pologne[1].»

Des expatriés polonais établis en France mettent le père Chojecki en contact avec un sympathisant suédois, exportateur de matériel d'optique. Un capitaine de bateau de Gdańsk a la possibilité de faire passer des marchandises à la douane. Les équipements radio et d'imprimerie acquis à Paris sont envoyés par ce circuit. Solidarité peut s'appuyer sur l'expérience en matière de contrebande de Jerzy Giedroyc. Cet émigré polonais s'est installé en 1947 dans une villa de la région parisienne pour imprimer des publications dissidentes, en particulier la revue *Kultura*. La villa est devenue un point de ralliement pour les émigrés anticommunistes. Giedroyc est devenu une bête noire des services polonais et soviétiques, ce qui a obligé la DST à le tenir à l'œil. Chaque jour des visiteurs lui amenaient des microfilms, des manuscrits, et repartaient avec des imprimés qui allaient être acheminés jusqu'en Pologne. Tout était bon pour les transporter discrètement: sacs de délégations sportives, bagages de prêtres, etc.[2]. *Kultura*, lancée en 1947, est restée la figure de proue des publications de Giedroyc. Cette revue culturelle de très bon niveau (elle accueille des écrits du prix Nobel Czeslaw Miłosz) a été soutenue à l'origine par le gouvernement polonais en exil à Londres, mais le volume d'abonnements ne suffisait pas pour équilibrer ses comptes. C'est pourquoi Giedroyc a accepté de recevoir un subside annuel de la CIA: 10 000 dollars à partir de 1950. Seule exigence: se débrouiller pour élargir la diffusion de la revue de l'autre côté du rideau de

1. Gerald Posner, *God's Bankers*, *op. cit.*
2. Cf. la nécrologie de Giedroyc dans *The Times*, 18 septembre 2000.

fer. Ce « mécénat » n'était pas un acte isolé de la CIA mais s'inscrivait dans une politique d'ensemble de soutien aux intellectuels anticommunistes[1]. Au fil des années la CIA va accroître sa contribution à *Kultura* pour atteindre 100 000 dollars dans les années 1960. Giedroyc s'est chargé d'ouvrir de nouveaux itinéraires clandestins, s'appuyant sur des touristes et des hommes d'affaires pour livrer ses magazines. Il publie également plusieurs centaines de livres qui sont expédiés de l'autre côté du rideau de fer.

Enfin, l'Opus Dei apporte elle aussi son concours. Dès l'arrivée de Wojtyła sur le trône de saint Pierre, l'ordre a commencé à construire un réseau clandestin en Pologne. Le coordinateur des opérations en Europe de l'Est est Laureano López Rodó, ambassadeur d'Espagne à Vienne de 1972 à 1974. L'Autriche restera d'ailleurs la porte d'entrée la plus fréquente pour les « soldats du Christ » de l'Opus Dei. L'œuvre recrute des Polonais en exil qui gravitent autour de l'Institut pour les sciences humaines, créé par deux amis cracoviens de Wojtyła. Il se dit même que le père Stanislaw Dziwisz en est membre, mais il nous a été impossible de le vérifier. Vienne abrite également les activités de Pro Fratribus, l'organisation du père Hnilica, considéré comme un concurrent.

En tout cas, l'Opus participe au financement de Solidarité, dans un premier temps à travers le réseau de l'Ambrosiano, puis via la Suisse et l'Autriche. Elle dispose d'un atout au sein de l'administration Reagan : un chargé de mission à la Maison-Blanche, Carl Anderson, est en effet membre de l'Opus Dei.

L'empire contre-attaque

À compter de l'état d'urgence, les services de l'Est sont pleinement mobilisés contre Solidarité et les réseaux du pape qui l'alimentent. Ils se trompent provisoirement sur le soutien de la CIA, qui mettra du

1. Frances Stonor Saunders, *Who Paid the Piper? The CIA and the Cultural Cold War*, Granta Books, 1999.

temps à se matérialiser. Les paranoïaques finissent souvent par avoir raison : c'est juste une question de timing.

En 1980 déjà, le KGB se félicitait : « Nos amis (du SB polonais) disposent au Vatican de positions opérationnelles sérieuses qui leur donnent un accès direct auprès du pape et de la curie romaine. Outre ces agents expérimentés, envers lesquels Jean-Paul II est personnellement bien disposé et qui peuvent obtenir à tout moment une audience auprès de lui, nos amis ont des agents parmi les dirigeants étudiants catholiques qui sont en contact constant avec les cercles pontificaux et sont introduits à Radio Vatican et au secrétariat du pape[1]. »

En réalité la qualité de ces sources va être mise à l'épreuve de la crise.

Une source du SB révèle début 1981 qu'un membre du ministère polonais de la Défense ayant accès aux plans de loi martiale fournit des informations à la CIA. Cela signifie que l'entourage de Jean-Paul II en a eu connaissance et s'est montré trop confiant. Seule une poignée d'officiers polonais peut être soupçonnée, et Kukliński en fait partie. Il envoie un message d'urgence à la CIA, qui décide de l'exfiltrer en urgence avec sa famille. En tout, Kukliński aura fourni un trésor de documents confidentiels, pour la plupart des documents militaires : cartes des préparatifs, plans de mobilisation, données techniques sur les armes, doctrine d'emploi des forces nucléaires…

Les services secrets polonais recrutent de nombreux agents doubles au sein de Solidarité. Kukliński, à son arrivée aux États-Unis, indique à la CIA que le syndicat est pénétré « depuis le début » et que le régime a une très bonne connaissance de ce qui s'y passe.

L'équipe du KGB en poste à Varsovie conseille à ses collègues du SB de monter un programme de guerre psychologique contre les responsables de Solidarité : certains d'entre eux voient ainsi leur homosexualité (réelle ou supposée) exposée à leur entourage. D'autres ont des problèmes avec leurs épouses : celles-ci reçoivent des témoignages

1. *Le KGB contre l'Ouest*, *op. cit.*

« spontanés » indiquant que leur mari utilise le prétexte de la lutte politique pour multiplier les aventures sexuelles.

Le SB marque clairement des points dans les mois qui suivent la loi martiale. Toutefois le chef de poste du KGB Vadim Pavlov juge ses homologues polonais « trop mous et indécis ». Ces derniers estiment en effet qu'il n'est pas possible de mettre en prison les 40 000 militants du syndicat.

À défaut d'une répression de masse, Wałęsa est ciblé de façon plus vicieuse. Il est notamment filmé à son insu en compagnie de son frère aîné Stanislaw, pour un documentaire à charge qui sera diffusé en *prime time* par la télévision polonaise : un habile montage d'images réelles, d'enregistrements de diverses interventions publiques et de phrases lues par un imitateur. Le film tente de faire accroire que Wałęsa disposerait d'une fortune d'un million de dollars, qu'il envisagerait de placer à la banque du Vatican. Le but est d'empêcher Wałęsa de recevoir le prix Nobel de la paix pour lequel il est alors pressenti. (Il obtiendra quand même le prix.) On voit aussi fleurir dans la presse des enquêtes révélant que Solidarité aurait reçu plus d'un milliard de dollars de la CIA et du Vatican… et que ses membres en exil mèneraient la belle vie à l'Ouest. Le SB disposerait de photos compromettantes de Wałęsa au lit avec l'une de ses maîtresses… La production d'un faux film porno pour le compromettre serait même envisagée. Mais le fiasco du documentaire truqué stoppe le projet : que les images soient vraies ou fausses, les Polonais auront toutes les raisons de soupçonner un montage.

Un autre angle d'attaque est envisagé. Quand Wałęsa était ouvrier électricien au début des années 1970, il a été contacté par le SB. Celui-ci a ouvert un dossier le concernant et lui a attribué le pseudo « Bolek ». Les dossiers du KGB recopiés par Mitrokhine ne précisent pas jusqu'à quel point Wałęsa a coopéré avec le SB dans les années 1970. Ils révèlent en revanche que le SB a essayé d'intimider Wałęsa après son internement de 1981 « en lui rappelant qu'il lui avait versé de l'argent et qu'il avait reçu de lui des informations[1] ». En 2008 est paru en Pologne un livre confirmant que de 1970 à 1976 Wałęsa avait été un informateur stipendié par le SB, provoquant une vive controverse. L'Institut de la mémoire nationale (Instytutu Pamięci Narodowej) a établi une analyse indépendante des archives. Le plus probable est que le jeune Wałęsa, alors sans emploi avec charge de famille, a bien été approché en 1970 et a collaboré de façon limitée. Il n'en reste pas moins que son engagement dans Solidarité a été total et sincère : en 1980 il n'avait plus rien à voir avec le SB depuis plusieurs années.

Le 26 juin 1981, le KGB diffuse aux services frères un rapport[2] du renseignement hongrois s'appuyant sur une taupe au Vatican. Au vu du rapport, on peut raisonnablement faire l'hypothèse que cette taupe avait été détectée par le Vatican : il semble en effet qu'on l'ait soigneusement intoxiquée.

> Le gouvernement américain a établi un plan pour le cas où l'Union soviétique (c'est-à-dire le pacte de Varsovie) déciderait d'intervenir militairement en Pologne. Ce plan inclut un grand nombre de mesures diplomatiques, économiques et d'autres types de sanctions.
> Le gouvernement des États-Unis verrait une intervention militaire comme le geste le plus agressif de l'URSS depuis la fin de la Seconde Guerre mondiale. Un tel geste aurait de sérieuses et imprévisibles conséquences au niveau des relations internationales pour l'URSS et les autres pays socialistes.
> Selon une estimation américaine, une intervention militaire en Pologne déclencherait une résistance massive dans laquelle basculerait une partie de l'armée polonaise. Les États-Unis

1. Mitrokhine et Andrew, *op. cit.*
2. Archive Stasi, doc. 8718/81, département X, 26 juin 1981, BSTU Nr 000018. Citée par Koehler, *op. cit.*

> fourniraient dans ce cas toute l'aide nécessaire aux rebelles polonais, par voie maritime et terrestre. […]
> Si en dépit de tous les appels une intervention militaire a lieu, le pape a l'intention d'utiliser son passeport diplomatique pour se rendre dans son pays natal afin d'appeler le peuple à la résistance civile (et non militaire). La curie est opposée aux activités polonaises excessives du pape mais elle est impuissante.

Un tableau aussi apocalyptique est évidemment de nature à faire réfléchir à deux fois les dirigeants soviétiques quant à une possible intervention militaire.

Un autre rapport des services hongrois est diffusé en décembre 1981 par le KGB : « La promulgation de la loi martiale en Pologne a créé une vive angoisse au sein du Vatican. Ses dirigeants craignent que ce soit le début d'une guerre civile qui cause des pertes humaines considérables. »

Enfin, un rapport de la Stasi[1] de janvier 1982 affirme que les responsables du Vatican voient la Pologne non pas comme un État qui basculerait à court terme vers un régime occidental mais comme un « foyer infectieux » pour le bloc de l'Est qui pourrait par contagion obliger les autres pays de l'Est à accorder des concessions économiques à leurs populations. La source est vraisemblablement dans le secrétariat du pape.

Au printemps 1982, des sondages commandés par le gouvernement montrent que 80 % des Polonais veulent voir Solidarité retrouver son statut d'avant la loi martiale. Au mois d'octobre, le gouvernement interdit Solidarité… une violation des droits élémentaires, fulmine le pape. Andropov s'alarme de la mollesse des réactions de Jaruzelski et Kania. Il craint la contagion en Biélorussie où une partie de la population était polonaise avant-guerre et écoute les radios polonaises. En Géorgie on signale aussi des rassemblements anti-Moscou.

1. Stasi, Nr 001326, janvier 1982, BSTU Nr 000001.

Après la première visite de Jean-Paul II en Pologne, la source « Lichtblick », Eugen Brammertz, offre une estimation détaillée de l'influence des prélats polonais sur la politique vaticane, les contacts du Saint-Siège avec la CIA et le BND à propos de la crise polonaise... « Lichtblick » met en garde sur les collaborations entre l'Opus Dei ou l'ordre de Malte et la CIA. Avec 75 000 membres dans 87 pays, explique-t-il, l'Opus Dei est en train de devenir la principale force anticommuniste au sein de l'Église, avec l'accord tacite du pape. Le rapport du HVA va même jusqu'à accuser l'Opus Dei de se livrer au trafic d'armes et de drogue pour financer la croisade anticommuniste (ces affirmations ne sont pas étayées factuellement).

Au milieu des années 1980, six jeunes agents des services ukrainiens sont envoyés dans un séminaire à Rome. Mais au bout de quelques mois ils sont renvoyés chez eux. Ils ont été démasqués par le père Robert A. Graham, un jésuite de San Francisco, journaliste et historien, spécialisé dans le contre-espionnage. Bien que n'étant pas un agent de la Vigilanza, Graham a depuis Pie XII toute latitude pour mener des enquêtes au sein du Vatican et des différentes Églises. Des mesures sont ensuite prises sur la base de ses rapports, qui restent secrets.

En 1993, une commission d'enquête est formée par la Congrégation pour l'Église orientale, sous la direction du père Graham, sur les tentatives d'infiltration ukrainiennes. Bien que le rapport d'enquête n'ait pas été publié, on sait que la commission a établi qu'au moins trois nouveaux faux séminaristes ont été démasqués et renvoyés peu avant 1989. Et aussi qu'un évêque de rite gréco-catholique a été sérieusement soupçonné d'être un agent du KGB.

Le père Graham est décédé en 1997, emportant ses secrets dans la tombe. Quelques jours après sa mort dans sa retraite de Californie, ses archives privées ont été saisies par des émissaires de la secrétairerie d'État, avec la vague promesse d'être renvoyées à l'Église californienne après examen. Elles ont été convoyées à Rome sous bonne garde et n'en sont jamais revenues.

En juin 1984, le KGB convoque une conférence extraordinaire de tous les dirigeants des services secrets bulgares, hongrois, roumains, tchèques, cubains, est-allemands et polonais. Le but : préparer des mesures conjointes pour combattre les activités subversives du Vatican. La conférence adopte les mesures suivantes : intensifier l'espionnage contre le Vatican pour mieux connaître les positions du pape et de ses proches conseillers sur les affaires internationales, les relations du Vatican avec les pays occidentaux et la Chine, les activités prosélytes du Vatican sur l'ensemble des continents. Il s'agit de renforcer la pénétration et les systèmes d'écoutes. La secrétairerie d'État est une cible prioritaire, ainsi que Radio Vatican, les organisations catholiques internationales et l'université grégorienne. La conférence recommande d'utiliser le chantage contre les membres de la curie et de Radio Vatican.

Plus on avance dans les années 1980, plus les dirigeants des services d'Europe de l'Est déplorent que les rapports de leurs agents se raréfient, en particulier ceux des services polonais, dont les membres sont démasqués les uns après les autres. Au moment du troisième voyage de Jean-Paul II en Pologne, les espions de l'Est auront soit été purgés, soit identifiés et utilisés pour envoyer de fausses informations (à leur insu ou avec leur coopération s'ils ont été retournés).

La CIA entre en scène

À partir de 1983, les archives et témoignages nous permettent d'attester une première participation directe de la CIA dans le vaste effort international de soutien à Solidarité[1]. Elle va progressivement monter en puissance. Le poste parisien de la CIA en devient le centre principal. D'autres postes européens sont mobilisés. Mais rien ne peut être fait depuis Varsovie, où les agents de la CIA sont sous étroite surveillance. Il est décidé de ne pas collaborer avec d'autres

1. Cette section s'appuie essentiellement sur deux entretiens de l'auteur avec un ancien du poste parisien de la CIA et sur Seth G. Jones, *A Covert Action. Reagan, the CIA and the Cold War Struggle in Poland*, Norton, 2018.

services européens, ce qui fait que les Français ne sont pas officiellement tenus au courant. Toutefois la DST n'est pas complètement ignorante de ce que font les Américains. Deux exceptions sont faites au profit du MI6 et du Mossad. Ce dernier a encore de bons réseaux en Europe de l'Est et aide à faire entrer des matériels en Pologne.

La première recrue de l'opération de la CIA est un émigré polonais, Broda, nom de code QRGUIDE. Né en Pologne, il a rejoint les premiers mouvements d'opposition à la fin des années 1960. Il imprime et distribue des éditions clandestines de livres et de revues avec des machines installées chez lui. Il recrute plusieurs artisans imprimeurs. Dans les années 1970, le SB le surveille et perquisitionne à plusieurs reprises son domicile.

La loi martiale est instaurée pendant qu'il se trouve à l'étranger : il décide de ne pas revenir en Pologne et de s'établir à Paris. L'homme est sincèrement désireux de soutenir Solidarité. Il accepte l'argent d'un « mécène », sans connaître son appartenance à la CIA, ce qui lui permet d'acheter du matériel d'impression, des fax, etc. Les fonds sont distribués officiellement à titre privé, pour des raisons idéologiques.

À la mi-83, une vingtaine d'agents sont recrutés via QRGUIDE. L'année suivante, ils seront une trentaine. Les expéditions de matériel et d'argent suivent les routes du marché noir, mais la CIA ne connaît pas le détail des filières. QRGUIDE a un arrangement avec un homme d'affaires turc qui détient une manufacture textile près de Varsovie. Le Turc achète des peaux de brebis en Italie pour fabriquer des manteaux. Quand ses camions arrivent en Allemagne de l'Ouest, ses ouvriers ajoutent aux chargements le matériel pour Solidarité.

Dans les ports de la côte nord de la Pologne, des marins font donc passer du matériel de propagande. De par sa position géographique, et parce qu'elle bénéficie d'un traité commercial avec la Pologne, la Suède est beaucoup utilisée, puisque entre 25 % et 50 % des cargaisons expédiées en Pologne transitent par ses ports. En 1983, Casey décide de prévenir le Premier ministre suédois Olof Palme. Le pays se veut neutre mais Palme accepte que sa police « regarde ailleurs » pendant que l'on charge les cargaisons destinées à Solidarité sur les bateaux.

L'Agence utilise les services d'un contrebandier suédois d'origine polonaise basé à Malmö. Marian Kaleta avait déjà créé une société des amis de *Kultura* pour diffuser la revue au sein de la communauté polonaise et distribuer une partie du tirage en Pologne. Il met son réseau de contrebandiers au service de la Cause. De son côté, QRGUIDE recrute de nombreux voyageurs (touristes, montagnards, universitaires...) pour convoyer de petites sommes d'argent en Pologne. Une grande créativité est déployée pour le transport de divers matériels. L'encre d'impression est ainsi dissimulée dans des bouteilles de sirop. Le bureau de Mayence de Solidarité utilise des péniches transportant du charbon et des métaux.

Début 1983, la police polonaise et des unités du renseignement effectuent des descentes dans tout le pays. Des ateliers d'impression sont saccagés, des opérateurs arrêtés, des stocks de tracts saisis. La télévision diffuse des images de ces saisies et dénonce l'implication des pays de l'Ouest dans la livraison de ces matériels.

Le SB déploie beaucoup d'efforts et parvient à infiltrer un de ses agents au sein d'un réseau maritime qui relie la Suède à la Pologne, et qui est démantelé. Le SB et le KGB sont désormais persuadés de l'implication de la CIA, mais ils ne peuvent pas le prouver. Le KGB décide d'envoyer en renfort un grand contingent d'officiers parlant polonais à l'ambassade soviétique de Varsovie et au sein des consulats de Gdańsk, Cracovie, Poznań et Szczecin. D'autres agents jouent aux touristes et tentent d'entrer en contact avec Solidarité.

Pendant l'année qui suit l'établissement de la loi martiale, le SB identifie plus de 700 groupes clandestins d'opposition, procède à plus de 10 000 arrestations, place des milliers de familles sur écoutes, recrute partout des informateurs. La contrebande de matériels fournis par la CIA devient de plus en plus difficile : la police saisit un camion réfrigérant doté d'un compartiment secret et la prise est exhibée à la télévision.

Le martyre du père Popiełuszko

Un matin d'octobre 1984, le père Jerzy Popiełuszko est attendu pour dire la messe à l'église de Zoliborz près de Varsovie. Il n'arrivera jamais. Âgé de 37 ans, charismatique et populaire, il est le vicaire résident de l'église Saint-Stanislas Kostka, un fief de Solidarité. Il semblerait aussi qu'il ait des contacts directs et étroits avec le pape. Dans les dossiers du SB il est considéré comme violemment anticommuniste et dangereux. Ses sermons, sans doute les plus virulents prononcés dans une église de l'Est, sont retransmis par Radio Free Europe.

Bientôt la nouvelle tombe : le chauffeur du père Popiełuszko, qui a lui aussi disparu, a fait irruption pieds nus et couvert de sang dans une église de Toruń, expliquant que lui et son patron ont été kidnappés, battus, et ligotés. Tandis que le père était enfermé dans le coffre d'une voiture, lui-même était assis à l'intérieur avec quatre policiers. Pendant que la voiture roulait, il a réussi à ouvrir la porte et à sauter en marche.

Les policiers en question sont rapidement identifiés. Le plus jeune d'entre eux craque assez vite et indique aux enquêteurs un réservoir sur la Vistule, dans lequel est retrouvé le corps du prêtre assassiné, attaché à une pierre. Le régime est pris à son propre piège. Les quatre policiers sont jugés et condamnés à des peines de prison, mais il est évident pour tout le monde qu'ils ont agi sur ordre. On s'abstient soigneusement de rechercher les véritables responsables.

Dans tout le pays, des veillées funèbres mobilisent des foules indignées. Popiełuszko devient une figure martyre vénérée. Une messe en plein air à sa mémoire rassemble 250 000 personnes à Varsovie le 3 novembre 1984 : on y voit de nombreuses bannières de Solidarité. L'événement fait la une dans le monde entier. La CIA estime que ce dérapage est le résultat de tensions entre l'équipe du KGB et le SB : à force de tancer le service polonais pour sa mollesse, certains responsables du SB piqués au vif ont décidé de prendre une initiative malheureuse, qui ne fait que creuser le fossé entre les Polonais et leurs dirigeants. De toute urgence l'Agence fait imprimer 40 000 cartes postales à l'effigie du prêtre avec des extraits de ses sermons. Radio Free Europe est chargée de rediffuser ses plus importants sermons. Popiełuszko deviendra le héros d'un film hollywoodien réalisé par Agnieszka Holland, avec le Français Christophe Lambert dans le rôle-titre.

Solidarité a perdu des positions sur le plan logistique, mais marqué des points dans l'opinion. Il faut désormais l'aider à reconstituer ses forces clandestines. Fin 1984, l'opération de la CIA tourne à plein. À l'international, tout est fait pour populariser le combat du syndicat polonais : on produit des pin's, tee-shirts, porte-clés marqués du logo Solidarité. À Paris, l'antenne de la CIA fait poser 40 000 autocollants dans le métro incitant les Français à écrire des lettres de protestation à l'ambassadeur polonais. Des manifestations de soutien à Solidarité sont organisées avec le concours du syndicat Force ouvrière. En mai 1983, un train au départ de Paris et à destination de Varsovie est recouvert d'autocollants provocateurs[1]. En Belgique, la CIA s'arrange pour que des banderoles à la gloire de Solidarité soient déployées dans les tribunes pendant un match de football opposant la Belgique à la Pologne.

Solidarité est partout dans les médias occidentaux.

En Pologne même, l'opposition continue à développer de nouvelles filières pour acheminer des moyens de lutte. À Londres, le Polonia Book Fund produit des revues et livres en polonais. Le marché des magnétoscopes et vidéocassettes se développe à toute vitesse, à l'Ouest comme à l'Est. L'équipe de la CIA produit des vidéos de propagande : en 1985 un documentaire sur l'histoire de Solidarité est diffusé à 2 500 exemplaires en Pologne.

Un des agents du programme a l'idée de racheter une petite usine d'emballage alimentaire : des brochures sous film étanche sont ainsi glissées dans des boîtes de conserve, paquets de biscottes, etc. destinés à l'aide alimentaire. Un système de codes est mis au point pour

1. Cf. Philippe Artières et Pawel Rodak, « Écriture et soulèvement, résistances graphiques pendant l'état de guerre en Pologne », *Genèses*, 2008.

permettre aux destinataires de s'y retrouver avant que les produits soient distribués.

Le système craque...

En 1983 a lieu le deuxième voyage du pape en Pologne. L'ambiance du pays est morose. L'économie est durement atteinte par les sanctions de l'Ouest. L'Église polonaise suit une ligne prudente sous la férule de Glemp. La visite doit être exclusivement religieuse. Le pape sait qu'elle va donner le ton pour les Polonais : relâcher la lutte ou l'intensifier ?

Jaruzelski essaie d'acheter la paix civile en accordant à tour de bras des permis de construire de nouvelles églises. Il attend du pape qu'il neutralise la faction la plus extrémiste de Solidarité. Le pape plaide pour mettre fin à la loi martiale et rétablir les droits définis dans l'accord de Gdańsk. De fait, la loi martiale sera levée un mois plus tard.

Le 27 février 1985, le Vatican reçoit le ministre des Affaires étrangères soviétique Andreï Gromyko. C'est un vétéran : il a fait partie de tous les gouvernements depuis Staline. Il propose une ouverture inattendue : l'URSS aimerait discuter de l'établissement de relations diplomatiques avec le Saint-Siège. Jean-Paul II ne le sait pas encore, mais Tchernenko est en train de mourir et Gorbatchev va bientôt lui succéder.

Peu après sa nomination comme secrétaire général, Gorbatchev se rend à Varsovie et s'entretient pendant cinq heures avec Jaruzelski. Les deux hommes parlent du système soviétique et de sa nécessaire évolution, puis discutent la question de l'Église et de Wojtyła, dont Jaruzelski parle de façon positive, affirmera-t-il plus tard. Le leader polonais se rend compte qu'il y a du changement au sein du bloc soviétique. Jaruzelski informe Glemp de ses échanges avec Gorbatchev et se dit qu'il pourrait servir d'intermédiaire entre le pape et Gorbatchev. Le pape voit en Gorbatchev « un homme de bien », qui échouera probablement à réformer le communisme, tout en priant pour sa réussite. Il confiera au père Mieczyslaw Maliński, son ancien condisciple de séminaire : « La perestroïka est une avalanche que nous avons déclenchée et qui va continuer à dévaler. C'est la continuation de Solidarité. Sans Solidarité, il n'y aurait pas eu de perestroïka[1]. » En Tchécoslovaquie, l'Église catholique commence à manifester un rôle politique et montrer sa puissance au pèlerinage de Vehlerad qui rassemble 150 000 à 200 000 pèlerins.

En Pologne, le 11 septembre 1986, le pouvoir annonce une amnistie générale et la libération des prisonniers politiques. La liberté de réunion est rétablie. Le 13 janvier 1987, pour la première fois depuis leur rencontre de 1983, le pape et Jaruzelski se retrouvent à Rome pour un entretien de 90 minutes que les deux hommes considéreront plus tard comme historique. Jaruzelski se fait l'interprète de la « nouvelle pensée » de Gorbatchev. Le régime polonais continue à se libéraliser petit à petit. La censure est assouplie, la liberté de circulation rétablie.

Solidarité ressurgit dans la société civile : il est devenu un véritable mouvement politique, déchiré par les conflits personnels et idéologiques. Wałęsa doit user de beaucoup de salive pour unifier les différentes tendances dans un « Conseil provisoire de Solidarité ». Avril 1987 est marqué par une visite historique de Gorbatchev au pape : il plaide pour une autonomie des nations qui peuvent décider librement de leur destin et de leur organisation. Toutefois certains leaders sont en désaccord avec cette nouvelle politique : en particulier l'Est-Allemand Erich Honecker ou le Roumain Ceaușescu.

En 1987, le pape effectue sa troisième visite en Pologne. À cette occasion, une amnistie générale est décrétée. Le 12 juin 1987, le pape dit une messe en plein air à Gdańsk devant 75 0000 personnes. Il se montre bien moins prudent politiquement qu'en 1983 et improvise un discours de soutien à Solidarité : « Chaque jour je prie pour mon pays et pour les travailleurs, et je prie pour ce symbole polonais particulier : Solidarité. Je prie pour ceux qui

1. Cité par Carl Bernstein et Marco Politi, *Sa Sainteté Jean-Paul II et l'histoire cachée de notre époque*, *op. cit.*

sont liés à cet héritage, en particulier pour ceux qui ont dû faire des sacrifices pour lui. » Ce passage électrise la foule. Cette visite catalyse la renaissance de Solidarité et ouvre la voie à une version polonaise de la perestroïka. Les Polonais prennent conscience que la fin du pouvoir communiste est proche. Le régime semble dépassé.

Des négociations de désarmement sont engagées entre Gorbatchev et Reagan. Mais cela n'empêche pas la CIA de poursuivre ses actions de déstabilisation. À partir de juin 1987, une nouvelle technologie conçue par les laboratoires de l'Agence permet de détourner des programmes télévisés et d'incruster des messages à l'écran à la gloire de Solidarité ou appelant à écouter telle radio à telle heure, dans un rayon de 1,5 km autour de l'émetteur clandestin. Au bout de quelques minutes, un camion de la police surmonté d'une parabole arrive pour détecter l'origine du piratage. La multiplication de ces actions partout en Pologne est une humiliation pour le régime.

En 1986-1987, la CIA « met le paquet » sur l'infiltration de cassettes vidéo, de disquettes informatiques et de micro-émetteurs. Le pouvoir polonais estime que près de 10 millions de cassettes sont en circulation. Le pays compte désormais plus de 15 000 antennes permettant de recevoir des programmes diffusés par satellite[1]. Le KGB fulmine contre la Pologne, désignée comme le maillon faible des pays de l'Est. Le chef du KGB Victor Chebrikov incite le SB à recruter plus d'informateurs et renforce la présence de ses équipes sur place. On essaie de brouiller les émissions de Radio Free Europe. Les contrôles inopinés se multiplient dans les ports et aux postes-frontières, ce qui permet d'accroître les saisies de matériels clandestins. Il devient évident que la police polonaise dispose de plus en plus souvent d'informations précises sur les arrivées de cargaisons clandestines.

1. Cf. Seth G. Jones, *A Covert Action. Reagan, the CIA and the Cold War Struggle in Poland*, *op. cit.*

Fin de partie

En février 1988, le gouvernement polonais annonce de nouvelles augmentations de prix pour les biens de première nécessité. À partir d'avril, des grèves très suivies paralysent le pays. Beaucoup de jeunes ouvriers, qui n'ont pas connu les premiers combats de Solidarité et n'en sont pas membres, prennent des positions maximalistes. L'URSS est alors en situation évidente de faiblesse : Gorbatchev commence à retirer ses troupes d'Afghanistan. Au mois de juillet, le leader russe se rend en Pologne et fait passer à Jaruzelski ce message : l'URSS a désespérément besoin de la technologie et des crédits de l'Ouest pour améliorer son économie moribonde. Tout affrontement est exclu. Le gouvernement est contraint d'ouvrir le dialogue avec Solidarité. Ces discussions déboucheront sur ce qui paraissait impensable quelques mois plus tôt : une nouvelle Constitution pour la Pologne.

Le 5 avril 1989 est signé un accord qui légalise les syndicats, y compris Solidarité, crée le poste de président, qui se substitue à celui de Premier secrétaire du Parti communiste, et un Sénat : le pouvoir est désormais bicaméral. Pour les élections législatives à venir, 65 % des sièges de l'assemblée seront réservés aux communistes, les 35 % étant ouverts à la compétition, de même que tous les sièges du nouveau Sénat.

La dernière mission de la CIA consiste à aider Solidarité pour préparer les élections : le Syndicat reçoit des photocopieuses, des fax, du matériel de campagne et bien sûr de l'argent liquide. L'Agence commence aussi une campagne de débauchage à destination des officiers des services secrets dans les pays de l'Est. Le vent tourne et il est temps pour les plus opportunistes de monnayer leurs connaissances. L'URSS fait face à une infiltration de grande ampleur dans ce qui était jusqu'alors son pré carré.

La popularité de Wałęsa est mise à profit pour soutenir les candidats de Solidarité, qui posent à ses côtés sur les affiches de campagne. Le 4 juin, la Pologne cesse d'être un pays communiste. Ce même jour, les manifestants de la place Tian'anmen à Pékin se font massacrer.

La victoire de Solidarité dépasse toutes les prévisions. Solidarité remporte 261 sièges sur les 262 auxquels il était autorisé à concourir. La plupart des prêtres ont conseillé à leurs ouailles de voter pour Solidarité. C'est un désastre pour le pouvoir qui n'imaginait pas un tel résultat. Jaruzelski, qui a quitté le poste de Premier ministre et se présente à la présidence, est élu de justesse grâce à l'abstention d'une partie des grands électeurs de Solidarité. Il nomme comme Premier ministre Tadeusz Mazowiecki, un intellectuel catholique proche de Wałęsa. Solidarité est au pouvoir. Le mouvement se paye même le luxe de débaucher certains communistes pour compléter son équipe.

Après la chute du communisme, le Congrès américain coupe dans les budgets d'action clandestine. Le poste parisien de la CIA doit interrompre ses activités en direction de la Pologne. Le directeur Casey n'a pas eu le temps de profiter de la victoire : il est mort en mai 1987. Selon les bilans officiels, la CIA aurait dépensé « seulement » 20 millions de dollars pour aider Solidarité. À cela s'ajoute l'aide non clandestine du National Endowment for Democracy, 9 millions de dollars, et de la centrale syndicale AFL-CIO, 4 millions de dollars. On ne dispose d'aucune estimation de l'aide apportée directement par le Vatican, mais elle se chiffre en centaines de millions de dollars.

Il est un autre moyen d'avancer dans les estimations : les archives du SB permettent d'estimer les saisies réalisées en journaux, cassettes, matériels clandestins, etc[1]. En sept ans, ce sont pas moins de 4 millions de brochures, 2,4 millions de livres et revues, 48 presses offset, 20 000 rames de papier et un millier de machines à reprographier qui ont été saisis.

L'aide de la CIA a été globalement efficace même s'il est impossible d'évaluer le détail de chaque activité. Elle est restée secrète grâce au recrutement de « proxies », des tiers motivés qui sont intervenus

1. Cf. Wolk, « To Limit, to Eradicate or to Control ? The SB and the 'Second Circulation', 1981-89/90 », in Gwido Zlatkes, Pawel Sowiński et Ann M. Frenkel, *Duplicator Underground. The Independent Publishing Industry in Communist Poland, 1976-89*, Slavica Publishers, 2016.

en leur propre nom et ignoraient parfois qui étaient leurs véritables bienfaiteurs.

Cette succession d'événements déclenche une onde de choc dans le camp communiste. En septembre, la Hongrie ouvre sa frontière avec l'Autriche : des dizaines d'Allemands de l'Est affluent pour passer en RFA. En octobre, des centaines de milliers de citoyens de RDA défilent dans les rues pour réclamer le départ de Honecker, qui est forcé de démissionner. Son successeur Egon Krenz ouvre la frontière avec l'Ouest le 9 novembre et c'est la ruée. Le lendemain, les Allemands commencent à fracasser le mur de Berlin. La Roumanie connaît en revanche une révolution sanglante.

Le 1er décembre 1989 a lieu la première visite de Gorbatchev au Vatican. La curie est en effervescence : tous ses membres regardent depuis leur fenêtre ou à la télévision l'arrivée du Premier secrétaire. Une guerre froide de près de soixante-dix ans semble prendre fin ce jour-là. Un nouvel ordre mondial se dessine. En Union soviétique, Gorbatchev reste aux commandes et négocie avec les Américains un accord de réduction des armements, dont il espère qu'il lui permettra de relancer son économie. Au lendemain de sa visite au pape, il s'envole pour Malte où il doit rencontrer le président Bush. Le pape et Gorbatchev s'entendent bien, notamment sur la nécessité de préserver la cohésion de l'Union soviétique.

Le Vatican considère que l'effondrement de l'ordre mondial conçu à Yalta libère de nombreuses forces (nationalismes, conflits raciaux) qui ont conduit à la Seconde Guerre mondiale. Le pape souhaite donc que Bush soutienne Gorbatchev dans son action pour maintenir l'Union soviétique comme une fédération de peuples. Gorbatchev promet au pape, dont il a besoin, une loi à venir sur la liberté de conscience. Partout à l'Est les communistes sont balayés aux élections.

En août 1991 intervient une tentative de coup d'État : Gorbatchev est placé en résidence surveillée. Boris Eltsine, président de la république fédérale de Russie, transforme le Parlement en QG de la résistance. Un émetteur radio appartenant à un religieux, le père van Straaten, est introduit clandestinement dans les cuisines du Parlement dans un camion de légumes. Eltsine peut ainsi garder le contact avec le monde extérieur et recevoir le soutien de l'Occident. Les comploteurs sont renversés, Gorbatchev libéré. Mais son heure est passée : il va quitter le pouvoir en décembre et laisser le pays à Boris Eltsine.

Dans plusieurs interviews, Gorbatchev mais aussi Jaruzelski et Wałęsa ont déclaré que cet incroyable effet domino ne serait pas arrivé sans Jean-Paul II. Le pape a été l'ingénieur en chef d'une révolution non violente à l'Est grâce à une conjonction de talents correspondant très exactement au moment historique. Par ses positions publiques et ses visites en Pologne, il a su galvaniser le peuple polonais. Il a mis en place une structure de renseignement unique dans l'histoire de l'Église, à la fois en provenance de l'Est mais aussi des services secrets occidentaux. Il a été capable de maintenir un dialogue constant avec ses adversaires, en premier lieu avec Jaruzelski, et avec ses alliés en restant parfaitement informé de la situation polonaise. Il a en permanence poussé ses pions au maximum sans jamais franchir la ligne jaune du conflit frontal. Enfin, il a su mobiliser des ressources exceptionnelles pour soutenir matériellement Solidarité. Plus que tout autre pontife contemporain, Wojtyła a démontré une intelligence du renseignement et de l'action secrète supérieure à la plupart des chefs d'État. Le paradoxe est que toute sa vie il avait été préparé et formé à cette action secrète par ceux-là mêmes qu'il allait combattre !

On peut s'étonner avec le recul que la mobilisation exceptionnelle des services de l'Est contre le Vatican, et sa réelle pénétration de l'Église, n'ait pas réellement contrarié son action. La structure très particulière de la curie l'explique en partie : un faible nombre de réels responsables (une partie des congrégations ne sont pas très intéressantes à espionner), une culture du secret et du cloisonnement, enfin la difficulté à identifier les réelles responsabilités des uns et des autres. Il importait finalement assez peu que l'appartement du cardinal Casaroli soit truffé de micros car sous Jean-Paul II le secrétaire d'État n'était pas prépondérant sur les dossiers de l'Est. Si nous connaissons aujourd'hui, au moins en partie, les membres de la petite « mafia polonaise » du pape qui se réunissait à l'écart, il était difficile de les identifier à l'époque, car ils étaient dispersés sur des postes officiels en apparence secondaires. Et chacun d'eux ignorait sans doute une grande partie de ce que faisaient ses camarades.

Le SB a tout de même réussi à placer une source dans ce groupe. Quelques mois après l'élection de Jean-Paul II, la Conférence épiscopale polonaise recherchait un prêtre expérimenté en journalisme et connaissant le Vatican pour rédiger des communiqués de presse. Le cardinal Wyszyński porta son choix sur le père Konrad Stanislaw Hejmo, un dominicain de 43 ans qui avait côtoyé le cardinal Wojtyła à l'université, et qui avait travaillé au Vatican à l'accueil des pèlerins polonais. Il était proche de Dziwisz.

En 2005, il fera partie des rares prêtres ayant librement accès à la chambre du pape, alors mourant. C'est lui qui organisera le pèlerinage du million de Polonais souhaitant venir assister aux funérailles de Jean-Paul II. Mais trois jours après la cérémonie, le père Hejmo retournera précipitamment à Varsovie. Un scandale est alors sur le point d'éclater.

L'Institut de la mémoire nationale, qui dépouille depuis des années les dossiers du SB, a attendu la mort du pape pour lâcher sa bombe et dévoiler le dossier de 700 pages du père Hejmo.

Celui-ci était en fait un agent du SB, nom de code « Dominik ». Les preuves sont accablantes : le dossier comporte même des enregistrements audio de ses réunions avec son officier traitant. Dès ses débuts comme rédacteur en chef du mensuel catholique *W Drodze*, Hejmo rapportait fidèlement au SB les divergences de vues et petits conflits au sein du clergé polonais ; il dénonçait les prêtres ouvertement hostiles au régime. En retour, il obtenait des autorisations pour augmenter ses tirages (le papier pour la presse écrite était alors contingenté). Lorsque Hejmo fut transféré à Rome, le SB transmit cet agent au service de renseignement extérieur. Très vite, Hejmo devint un atout précieux. Il donnait des informations sur les activités de l'administration papale, mais aussi sur la transmission d'informations confidentielles par le pape. Hejmo permit d'identifier plusieurs évêques chargés de transmettre en Pologne des messages secrets de Jean-Paul II. Un des historiens de la commission IPN, Pawel Machcewicz, raconte : « Sa position était idéale pour observer l'entourage du pape. Il transmettait au service des informations sur les pèlerinages du pape, est-ce que oui ou non il rencontrait Wałęsa lors de tel séjour en Pologne, le détail de son emploi du temps. Hejmo informait sur les préparatifs du Vatican pour une visite du général Jaruzelski. C'étaient des éléments utiles non seulement pour le service, mais aussi pour l'État et la direction du parti qui pouvait ainsi affiner sa stratégie et mieux préparer ses discussions avec le Vatican. »

Confronté à la tornade médiatique, Hejmo plaidera la naïveté, rappelant que beaucoup de prêtres polonais à cette époque étaient contactés et suivis par les services, sans pour autant leur lâcher d'informations sensibles. Sa hiérarchie l'éloignera de Rome et l'enverra dans un monastère, mais il ne sera pas défroqué.

L'indulgence est une vertu chrétienne, mais elle témoigne surtout de dégâts limités. Sans doute, seuls le pape lui-même et son secrétaire Dziwisz avaient une vue d'ensemble. Le cours de l'histoire eût peut-être été différent si les services de l'Est étaient parvenus à identifier et exploiter les éventuelles vulnérabilités du fidèle Stanislaw…

22

Les nouveaux défis

Que fait un pape après qu'il a accompli sa « mission historique » ? Si Wojtyła a sans doute savouré sa victoire historique avec sa garde rapprochée, les événements se chargent de lui imposer de nouvelles préoccupations. Sa Pologne natale ne lui fait pas fête très longtemps. En juin 1991 le pape effectue son quatrième voyage en Pologne, accueilli par le président Wałęsa. L'Église est en train de perdre en influence : beaucoup de Polonais pensent qu'elle a trop de pouvoir. Les jeunes restent indifférents aux admonestations du pape sur les questions sexuelles. Les tentatives de supprimer le droit à l'IVG sont mal accueillies. En 1995, un président ex-communiste succède à Wałęsa : la Pologne est devenue une démocratie européenne, avec ce que cela implique d'alternance politique…

Par ailleurs, les soucis de santé du pape se multiplient. En juillet 1992, on lui retire une tumeur précancéreuse du côlon. En novembre 1993, il se déboîte une épaule. En avril 1994, il dérape dans sa baignoire et doit se faire poser une prothèse de hanche. Cela freine à peine son activisme, mais ralentit tout de même le rythme de ses activités.

Le Moyen-Orient et les rapports avec l'islam en ce début des années 1990 prennent une grande place dans les préoccupations des stratèges du Vatican. L'archevêque bordelais Jean-Louis Tauran, le « ministre des Affaires étrangères » qui a été en poste au Liban dans les années 1980, est l'expert de la curie sur ces questions. La crise irakienne est le premier gros dossier de l'après-guerre froide : à cette occasion, la curie va découvrir que l'alliance avec la Maison-Blanche n'est plus d'actualité…

Le pape n'a plus la main

Si certains prélats, après la chute du communisme, pensaient que Jean-Paul II allait exercer une autorité morale incontestée, et en tirer une capacité d'influence accrue, ils sont sans doute pris de court par l'attitude américaine pendant la guerre du Golfe. À la Maison-Blanche, Ronald Reagan a été remplacé par son ancien vice-président George Bush. Et, pour respectueux qu'il soit, ce dernier ne semble pas prêt à dévier de la trajectoire belliciste adoptée après l'invasion du Koweït par l'armée de Saddam Hussein en août 1990. En novembre 1990, le secrétaire d'État Casaroli rencontre George Bush à Washington. Jean-Louis Tauran prend pour sa part le chemin de Bagdad. Les deux envoyés du pape tentent en vain de convaincre leurs interlocuteurs que la guerre serait une impasse.

Au total, le pape fait pas moins de 55 déclarations publiques et communiqués contre la guerre. Alors qu'à la mi-janvier 1991 le monde suit en direct sur CNN le début de l'opération « Tempête du désert », il envoie encore des lettres à George Bush et Saddam Hussein pour leur demander « un geste généreux de dernière minute » pour sauver la paix. L'appel ne sera pas entendu. Pire, une grande partie des clergés américain et européen se déclare en faveur de la guerre[1]. Mais la position pacifiste maintes fois répétée par le pontife a au moins l'intérêt de susciter une certaine gratitude de la part d'acteurs du monde arabo-musulman. Ainsi l'Organisation de la conférence islamique salue les efforts du pape pour consolider le dialogue islamo-chrétien[2].

Le Saint-Siège s'active pour obtenir la libération des otages occidentaux aux mains de Saddam Hussein. Le patriarche chaldéen Raphaël Ier Bidawid, qui a la confiance du pape et l'amitié du ministre irakien des Affaires étrangères Tarek Aziz, joue un rôle dans la coulisse. Surtout, nous retrouvons une vieille connaissance :

1. Cf. Jean Toulat, *Le pape contre la guerre du Golfe*, OEIL, 1991.
2. Cf. Gérald Arboit, *Le Saint-Siège et le nouvel ordre au Moyen-Orient. De la guerre du Golfe à la reconnaissance diplomatique d'Israël*, L'Harmattan, 1996.

l'archevêque Hilarion Capucci, qui a connu entre 1974 et 1977 les geôles israéliennes pour avoir transporté des explosifs pour le compte de l'OLP[1], ressort de l'ombre! Jean-Paul II a décidé de l'utiliser pour des missions secrètes, par exemple en Iran pour des négociations discrètes avec le régime des Mollahs. Auréolé de son statut très particulier de membre de l'OLP, Capucci est reçu longuement par Saddam Hussein, qu'il convainc de négocier avec les Américains. Le 30 décembre, l'équipe de Casaroli semble optimiste : les diplomates vont pouvoir travailler. Avec l'accord de Jean-Paul II, la Communauté européenne se propose comme médiateur. Mais les États-Unis ne veulent entendre parler de rien d'autre que d'un retrait total des Irakiens, sans concession. La discussion tourne court. Au mois de décembre, le cardinal Casaroli présente sa démission. Il est remplacé par Mgr Sodano.

Dans une situation à front renversé, le pape se retrouve soutenu par la Russie et une partie du monde arabe. Et il a en face de lui la plupart des pays catholiques, y compris l'Italie. Israël ne manquera pas de manifester sa rancune en mettant son veto à la participation du Vatican à la future conférence de Madrid pour préparer un dialogue israélo-palestinien… La guerre du Golfe fait donc ressurgir la question d'une reconnaissance d'Israël par le Vatican. Le dossier a beaucoup traîné car le Vatican craignait de mettre en danger les chrétiens d'Orient. Mais la nouvelle image de Jean-Paul II dans le monde arabe permet désormais d'avancer. En juin 1992, une majorité travailliste arrive au pouvoir à Tel-Aviv. Les discussions s'intensifient d'autant que le Premier ministre Yitzhak Rabin affiche la volonté de trouver un accord historique avec l'OLP. C'est chose faite avec les accords d'Oslo, conclus en 1993 sous l'égide du nouveau président américain Clinton. Le 15 juin 1994, le Vatican et Israël établissent formellement des relations diplomatiques.

1. Voir le chapitre 10.

Dix ans plus tard, l'histoire semble bégayer quand Jean-Paul II se retrouve en face du fils de George Bush, George W., qui a succédé à son père et à Bill Clinton à la Maison-Blanche, et qui veut à son tour faire la guerre à l'Irak pour sa complicité supposée avec al-Qaida. Quand le cardinal Pio Laghi, émissaire personnel de Jean-Paul II, se retrouve en face du président américain et que celui-ci affirme que Saddam Hussein héberge des camps d'entraînement d'al-Qaida en Irak, il lui répond: «Vous êtes sûr? Où sont les preuves[1]?» Le Vatican a quelques raisons de douter d'un axe Ben Laden-Hussein et de la présence d'armes de destruction massive – arguments promus par les néoconservateurs de l'administration Bush. Les prétendues preuves réunies par la CIA ne résistent pas à l'examen. C'est notamment la conclusion de la DGSE française qui a fait passer le message à Rome. Cette fois-ci, la France ne suivra pas son allié américain. Plusieurs prêtres français servent de points de contact pour la diplomatie et les services secrets français avec le Vatican. Parmi eux, Jean-Marie Benjamin est sans doute un des profils les plus originaux. Après une première carrière comme compositeur de musique, il a organisé des événements pour l'Unicef dans les années 1980 puis a entamé des études de théologie pour être ordonné prêtre en 1991. De 1991 à 1994, il devient l'assistant de l'ex-secrétaire d'État le cardinal Casaroli qui reste un envoyé spécial du Vatican. À partir de 1998, n'ayant plus de lien officiel avec le Vatican, il se rend plusieurs fois par an en Irak et milite pour la levée des embargos qui pénalisent les Irakiens. Fin 2002, alors que la France doit décider si elle met son veto à une action militaire contre l'Irak dans le cadre des Nations unies, Benjamin est contacté par la DGSE pour transmettre discrètement un message du président Chirac à Tarek Aziz. Il se rend à Bagdad le 24 janvier 2003 et en profite pour pousser l'idée d'une rencontre entre Aziz et le pape. Il racontera ainsi son audience avec le ministre irakien:

1. Cf. Paul Moses: «Vatican Diplomacy and the Irak War», *Commonweal Magazine*, 13 janvier 2020, https://www.commonwealmagazine.org/vatican-diplomacy-iraq-war

J'ai la conviction que cette fois-ci les Américains, non seulement se préparent à bombarder de nouveau votre pays, mais très certainement aussi à l'envahir et à l'occuper. J'ai réfléchi à ce qu'il serait opportun de faire pour essayer d'arrêter ce terrible projet. Le 13 janvier dernier, j'ai adressé une lettre par télécopie à la secrétairerie d'État à l'attention du cardinal Jean-Louis Tauran, le chargé des Affaires étrangères du Vatican, en le sollicitant par ces mots : « si le vice-premier ministre irakien, M. Tarek Aziz, était invité en visite privée à Rome, de bien vouloir solliciter l'éventuelle disponibilité du Saint-Père à le recevoir en audience privée. »

Je vois Tarek Aziz soulever ses deux gros sourcils au-dessus de ses lunettes.

« Deux jours plus tard, je recevais un fax du cardinal depuis la secrétairerie d'État, me confirmant que le Saint-Père était prêt à vous recevoir en audience privée et que je pouvais procéder à l'organisation. »

Prenant la copie du fax du Vatican dans ma sacoche, je la présente au ministre.

Intrigué, Tarek Aziz prend le document en me regardant. Il lit.

« C'est une excellente nouvelle. Mes compliments[1]. »

Quelques jours plus tard, un officier de la DGSE demandera au prêtre de ménager une entrevue avec Tarek Aziz lors de sa visite prochaine à Rome. La France a une proposition à lui faire : elle est prête à lui offrir l'asile politique. Lors d'une visite au tombeau de Saint-François à Assise le 14 février 2003, Aziz se prête à un entretien clandestin, mais refuse la proposition. Ayant refusé de participer à la coalition internationale qui va renverser le dictateur irakien, la France sera exclue des contrats de reconstruction.

Contrariée par la position du pape, l'administration Bush mobilise des idéologues catholiques néoconservateurs tels que l'éditorialiste

1. Jean-Marie Benjamin, *Irak. L'effet boomerang*, Balland, 2015.

Michael Novak, qu'elle envoie à Rome plaider la cause d'une « guerre juste ». Cela ne modifie pas les vues du pape qui rejoint la proposition européenne de faire confiance aux inspections des Nations unies. Une fois de plus, cette position n'a aucun effet sur la politique américaine. On connaît la suite.

Les fantômes des Balkans

Le crédit accumulé par Jean-Paul II dans le monde musulman va être en partie perdu dans le chaudron des Balkans. Sur ce dossier comme sur d'autres, l'Opus Dei semble à la manœuvre. Une partie de la curie constate, impuissante, que l'Opus Dei ne cesse d'accroître son influence sur le pontificat : en 1984, Joaquín Navarro-Valls, un médecin disciple de Balaguer, a été nommé porte-parole, un poste très exposé. En décembre 1994, l'Opus Dei franchit une nouvelle marche quand l'évêque espagnol Juliàn Herranz Casado est nommé archevêque et président du Conseil pontifical pour l'interprétation des textes législatifs. C'est le premier archevêque de l'Opus Dei et le premier à occuper une position de premier plan à la curie. Il deviendra cardinal en 2003.

À la chute du communisme, l'explosion de la Yougoslavie relance les affrontements entre nationalismes. Au printemps 1990, la Slovénie et la Croatie, en majorité catholiques, organisent des élections qui aboutiront à une proclamation d'indépendance un an plus tard. L'armée fédérale yougoslave envahit aussitôt la Croatie. Le Vatican est le premier État à reconnaître l'indépendance de la Croatie, suivi par l'Allemagne qui va exercer une forte pression sur la Communauté européenne pour qu'elle accompagne le mouvement.

Le chancelier Kohl doit tenir compte du demi-million de Croates qui résident en Allemagne. Compte tenu de l'histoire germano-croate pendant la guerre, l'Allemagne trouve préférable que le pape monte au créneau sur ce sujet. Un témoin qui a organisé des rencontres secrètes entre le ministre des Affaires étrangères allemand Hans-Dietrich Genscher et le leader croate Stjepan Mesić, le Dr

Bozo Dimnik, déclarera au journaliste David Yallop: «Genscher voulait se cacher derrière la soutane du pape[1].» C'est pourquoi il a renvoyé Mesić vers le secrétaire d'État Sodano et le Premier ministre Andreotti. Mesić devenu président de la Croatie a confié à Yallop la teneur de ses entretiens avec Sodano le 6 décembre 1991: «Sodano m'a dit que le pape était pleinement informé des revendications croates et qu'il les soutenait. Il m'a aussi dit que le Saint-Père acceptait de défendre l'indépendance croate[2].» Fin 1991, les leaders européens sont réunis pour achever la négociation du traité de Maastricht. Les Allemands insistent pour introduire une résolution de soutien à l'indépendance croate et slovène, alors que la position officielle de l'Europe est de pousser à l'unité yougoslave, selon une formule fédérale à définir. Genscher menace de torpiller le traité si la résolution n'est pas votée. En coulisses, depuis plusieurs mois, la secrétairerie d'État a travaillé les chancelleries réticentes, obtenant le soutien de l'Italie et de l'Autriche. Malgré les oppositions française et britannique, les Allemands ont finalement gain de cause: la communauté met simplement comme conditions que les Croates et Slovènes s'engagent à respecter les droits des minorités, à négocier de bonne foi les disputes frontalières et à garantir des institutions démocratiques. L'Allemagne et le Vatican peuvent se targuer d'avoir retourné la situation.

Placée entre la Serbie et la Croatie, la Bosnie musulmane laisse libre cours à ses propres aspirations nationalistes. Pour des raisons historiques, le Vatican dispose d'un très bon réseau de renseignements dans les Balkans. L'Opus Dei est particulièrement actif sur le dossier yougoslave: il avertit que le massacre des musulmans bosniaques par les Serbes risque de transformer les Balkans en nouvel Afghanistan, un point de ralliement pour les djihadistes du monde entier.

Ses sources suivent notamment de près la stratégie du Bosniaque Alija Izetbegović, qui n'est pas un inconnu. Membre

1. David Yallop, *The Power and the Glory*, Carroll and Graff, 2007.
2. *Idem.*

de l'organisation des «Jeunes Musulmans» qui collaborait avec le régime oustachi pendant la Seconde Guerre mondiale, il a fait trois ans de prison après la guerre pour opposition au régime de Tito. En 1989, il fonde le parti des musulmans de Bosnie, qui s'allie avec les nationalistes croates et serbes de Bosnie. Il est élu en 1990 président de la république de Bosnie-Herzégovine. Il refuse a priori de prendre parti dans le conflit entre la Croatie et l'armée «yougoslave[1] ». Mais il va constituer une armée soutenue par les pays du Golfe et la Turquie. Les agents de l'Opus signalent sa visite en Iran en 1991, suivie par l'envoi de 10 millions de dollars d'«aide humanitaire» par les mollahs à la Bosnie via la Hongrie. 200 gardes révolutionnaires sont dépêchés comme instructeurs militaires. Les stratèges de la villa Tevere (le QG de l'Opus Dei à Rome) pensent que l'offensive serbe doit être repoussée si on veut éviter que la Bosnie devienne un abcès de fixation islamiste. Il faut aider la Bosnie à se défendre, sans pour autant qu'elle soit en mesure de s'en prendre à la Croatie, sinon le pays risque de devenir un satellite de l'Iran.

Les Serbes dénoncent l'influence de l'Opus Dei en Croatie : le Vatican et son envoyé le nouveau nonce à Zagreb[2], l'archevêque Giulio Einaudi, favoriseraient l'acquisition d'armes par la Croatie. Une des belles-filles du président croate Franjo Tudjman serait membre de l'Opus Dei et le vicaire régional de l'Opus à Zagreb, le père Stanislav Crnica, aurait porte ouverte dans le bureau de Tudjman.

Les services de renseignement serbes obtiennent d'une source au ministère des Finances croate un projet de prêt sans intérêt de 2 milliards de dollars qui serait organisé par le Vatican via l'ordre de Malte. Les discussions pour ce prêt auraient débuté avant l'indépendance avec Mgr Roberto Coppola, ambassadeur plénipotentiaire de l'ordre. La presse serbe accuse alors le Vatican de favoriser en

1. Les Serbes promeuvent sous ce nom une nouvelle fédération regroupant la Serbie et le Monténégro.
2. Il est arrivé en février 1992.

sous-main la partition de l'ex-Yougoslavie[1]. Mais il apparaît assez vite que les Croates se sont fait duper : il n'y a pas de Mgr Coppola à l'ordre de Malte ! L'homme qui se présente sous ce nom est un escroc napolitain bien connu pour usurper le titre de monsignore depuis vingt ans. En l'espèce, il comptait toucher du jeune État croate une commission sur le faux prêt.

Le journal serbe *Politika* maintient cependant que des financiers proches du Vatican travaillent à briser l'embargo aérien et naval. Une autre enquête affirme que la Croatie a pu recevoir des armes en 1991, malgré l'embargo des Nations unies, grâce aux réseaux catholiques, dès avant l'indépendance. Force est de constater que des armes, elle en a bien reçu, sans quoi il lui aurait été impossible de « tenir » face aux Serbes. Les Croates ont ainsi pu acquérir en 1993 28 chasseurs MiG 21, arrivés de République tchèque via la Hongrie. C'est du côté de Washington qu'il faut chercher la source : le patron de l'Opus Dei Alvaro del Portillo a passé plusieurs semaines à Pittsburgh à l'été 1993, rendant visite à l'Union fraternelle croate d'Amérique, une association d'assurance-vie[2]. Cette Union fraternelle suscite la création, début 1994, de la Fédération nationale des Croates-Américains, un lobby qui aura pignon sur rue à Washington : ses dirigeants sont reçus à la Maison-Blanche. À l'été 1993, la Croatie crée sa propre industrie en réhabilitant des matériels abandonnés par l'armée yougoslave. Elle acquiert des chars T-55 sur le marché ukrainien, des lance-missiles, des hélicoptères de combat…

Jean-Paul II se rend en Croatie en septembre 1994 à l'occasion du 900e anniversaire de la création du siège de Zagreb. C'est la première visite d'un pape dans les Balkans depuis huit siècles. Jean-Paul II assume publiquement son soutien à la Croatie face à la Serbie. Peu après cette visite, le Département d'État américain donne son feu vert pour que la société militaire privée MPRI signe un contrat de consultant avec le ministère croate de la Défense sous le titre ronflant

1. Radivoje Petrovic, « The Holy See is providing loans to help Croatia and the break-up of Yugoslavia », *Politika*, 2 février 1991.
2. Cf. Robert Hutchinson, *Their Kingdom Come*, *op. cit.*

de « programme d'aide à la transition démocratique ». Selon un rapport des services secrets français, les Croates reçoivent aussi des États-Unis une aide en logiciels et systèmes de guidage de tir qui peut leur procurer une supériorité tactique.

Les Serbes se mettent l'opinion internationale à dos en prenant le contrôle de l'enclave de Srebrenica en juillet 1995. Ils s'attaquent ensuite à l'enclave musulmane de la Krajina dans laquelle une minorité serbe se rebelle à son tour. C'est l'occasion pour l'armée croate de lancer l'opération « Tempête », qui est considérée comme légitime par le cardinal Kuharić de Zagreb : en quelques jours les Serbes sont chassés de la zone. Pendant ce temps, une attaque au mortier contre Sarajevo, attribuée aux Serbes, tue des dizaines de civils et déclenche un déluge de bombardements par les forces de l'ONU. Devant cette conjonction de forces, les Serbes battent en retraite et doivent concéder la défaite.

Les accords de Dayton négociés sous égide internationale prévoient que les 4 000 combattants islamistes étrangers quittent la Bosnie. Certains vont bien partir pour la Tchétchénie, où débute une guerre contre la Russie. Mais d'autres choisissent de rester et ne sont pas du genre à se laisser intimider…

Menaces islamistes

La diversité des situations géopolitiques et des approches au sein de la curie empêche le Vatican de développer une stratégie unifiée sur les rapports avec les pays de religion islamique. Le Vatican s'est par exemple doté d'un petit commando de prêtres itinérants qui se rendent en Arabie saoudite, sous couverture d'hommes d'affaires, banquiers, ingénieurs… pour célébrer des messes en secret et administrer les sacrements aux catholiques, toujours dans des lieux privés. L'Opus Dei a aussi des visiteurs dans la région. L'œuvre est considérée par les services saoudiens comme la police secrète du pape. Son projet de réévangélisation est vu comme l'équivalent du travail de réislamisation des Frères musulmans…

Pour l'Opus, l'Afrique est le premier terrain des batailles spirituelles à venir. L'islam y gagne du terrain rapidement. En février 1993, une visite à haut risque est organisée pour Jean-Paul II à Khartoum, à l'initiative du nonce au Soudan, l'archevêque Erwin Josef Ender. Cette démarche étonne les chancelleries : le Soudan est un pays qui exporte l'islam radical.

Le numéro 2 du régime et leader religieux Hassan al-Tourabi est décrit par les services de renseignement comme un financier de l'extrémisme islamiste qui entretient des liens avec Ben Laden. Selon le Département d'État américain, le pays hébergerait une douzaine de camps d'entraînement terroristes avec l'aide de l'Iran et de l'armement iranien. La visite de Jean-Paul II représente une opportunité de communication exceptionnelle pour al-Tourabi, qui sera même invité au Vatican. Jean-Paul II a un agenda différent : il demande qu'on arrête de tuer des chrétiens. Le régime, lui, veut montrer sa tolérance. Mais deux jours après la visite du pape, un attentat se produit au World Trade Center de New York. La moitié du commando terroriste est soudanaise. Peut-on réellement parler de paix avec al-Tourabi ?

La palme du voyage le plus dangereux revient cependant au déplacement de Jean-Paul II aux Philippines en 1995, à l'occasion des Journées mondiales de la jeunesse. L'épisode, connu des seuls initiés, aurait pu fournir la matière d'un film hollywoodien. Fin 1994, la CIA alerte ses interlocuteurs à la curie de renseignements collectés sur un possible attentat d'al-Qaida contre le pape lors de sa prochaine visite aux Philippines. Comme d'habitude, Jean-Paul II se montre imperméable aux suggestions de modifier son programme. Il ne reste qu'à notifier les autorités philippines et à prier…

Le 6 janvier 1995, quelques jours avant l'arrivée du pape, une inspectrice de police nommée Aida Fariscal se trouve être l'officier de garde dans un commissariat de Manille lorsqu'on lui signale de la fumée s'échappant d'un appartement du quartier de Malate. Les pompiers et les policiers qui se présentent sur place la préviennent qu'il s'agit d'une fausse alerte : aucune trace de fumée sur place.

Mais Aida n'est pas satisfaite : elle fait demander qui réside dans cet appartement. Lorsqu'on l'informe qu'il s'agit de deux Arabes, elle repense au rapport de renseignement qui a circulé fin 1994 sur la possible venue d'un groupe terroriste du Moyen-Orient. Et ordonne une perquisition. Dans l'appartement, on découvre : des photos de Jean-Paul II punaisées sur un tableau, une bible, une soutane de prêtre, un ordinateur portable et tout le nécessaire pour fabriquer une bombe. L'un des occupants de l'appartement n'était autre que Ramzi Youssef, le cerveau des attentats du World Trade Center en 1993. Mais la police philippine ne parvient pas à le retrouver. En revanche, son complice, Adbul Hakim Mourad, est arrêté quelques heures plus tard lorsqu'il retourne à l'appartement. Il avait commis l'imprudence de quitter les lieux en laissant en l'état le mélange liquide préparé pour la bombe, qui s'est mis à émettre de la fumée.

Les Philippins alertent le FBI qui dépêche une équipe. Du côté du Vatican, tout doit continuer comme prévu. Rien ne filtre dans la presse avant l'arrivée du pape. Le groupe philippin de sécurité présidentielle, chargé de la protection rapprochée du pape pendant sa visite, est sur les dents, car rien ne garantit qu'il n'y avait pas d'autres attaques prévues pour l'occasion. Tout se passe pour cette fois sans encombre. Mais c'est une première, le terrorisme islamiste a représenté une menace concrète sur la vie du pape. D'autres complots suivront…

En 1997, un réseau d'espions iraniens place une bombe sous le pont que doit traverser le pape lors d'une visite en Bosnie : 20 mines antitanks sont découvertes par la police avant le passage du convoi. La même année, des membres du Hezbollah prévoient de dissimuler une bombe dans une colonnade de la place Saint-Pierre, près d'un point de passage régulier de la papamobile. Là encore, le complot est découvert par la police italienne. Jean-Paul II est resté indifférent à ces péripéties. Mais personne, à la curie, n'a pensé à envoyer un petit cadeau de remerciement à Aida Fariscal[1]…

1. Carmela Fonbuena, « Plot to kill a pope: "Miracle" saved John Paul II in Manila », 13 janvier 2015, Rappler.com

Tibhirine

C'est sans conteste en Algérie que l'Église catholique a payé dans les années 1990 le plus lourd tribut aux affrontements avec le terrorisme islamiste. L'Église algérienne est dirigée jusqu'à la fin des années 1980 par l'archevêque d'Alger Mgr Duval, qui a reconnu très tôt les aspirations indépendantistes et dénoncé l'usage de la torture par l'armée française. Ce qui lui a permis, après l'indépendance, de conserver de bonnes relations avec le pouvoir (il a même obtenu la nationalité algérienne). Le pays a logiquement connu un exode massif de chrétiens à partir de 1962. Au début des années 1990, il n'en reste que quelques milliers et 150 prêtres. Ceux qui sont restés nourrissent un lien fort avec le pays et sa population. Une des personnalités les plus marquantes est le père Christian de Chergé, moine trappiste. Grand connaisseur de la spiritualité musulmane, il est arrivé en Algérie en 1971, a appris l'arabe et s'est initié à l'islam. Il dirige le monastère de Notre-Dame de l'Atlas, implanté en pleine montagne à 80 kilomètres d'Alger, à Tibhirine. Pendant la guerre d'Algérie, on y soignait sans faire de distinction des blessés des deux bords. Le frère Luc, un médecin, continue à prodiguer ses soins aux populations locales, ce qui vaut aux prêtres une excellente réputation.

En 1989 le pays adopte une nouvelle Constitution qui reconnaît le multipartisme. Ce qui permet la création du FIS (Front islamique du salut), reconnu officiellement comme un parti.

En 1990, il remporte les élections municipales. En 1991, il appelle à la grève. L'état de siège est déclaré. En décembre de cette année, au premier tour des élections législatives, le FIS dépasse les 47 %. Devant la menace d'un Parlement acquis aux islamistes, les généraux qui sont la clé de voûte du régime annulent le second tour prévu en janvier et installent à la tête de l'État Mohamed Boudiaf, une figure historique de la lutte indépendantiste. Mgr Henri Teissier, qui a pris en 1988 la succession de Mgr Duval comme archevêque d'Alger, approuve cette décision. L'évêque d'Oran, Mgr Claverie, se montre plus critique. Boudiaf est assassiné le 29 juin 1992 par un sous-officier. On accusera ce dernier de sympathies islamistes, mais de forts soupçons subsistent contre les généraux, qui n'auraient pas apprécié la volonté présidentielle d'éradiquer la corruption au sein de l'armée.

En septembre apparaît le GIA (Groupe islamique armé), qui va mener des actions violentes pendant six ans : c'est le début de la « sale guerre ». Les militaires algériens voudraient voir pourchassés les dirigeants du FIS qui trouvent refuge en France, mais il est difficile de les arrêter s'ils ne commettent pas d'infraction. Le gouvernement français est divisé entre le ministre de l'Intérieur Charles Pasqua, favorable au DRS (le service de renseignement algérien), et le ministre des Affaires étrangères Alain Juppé, qui craint de compromettre la France dans un soutien trop ostensible au régime. Cette dichotomie se transpose au niveau des services secrets français. Les dirigeants de la DST française et ceux de la Sécurité militaire algérienne (devenue en 1990 DRS) s'entendent parfaitement et ont des liens personnels forts. La DGSE est bien plus méfiante envers le DRS, qu'elle juge pour le moins ambigu. Plusieurs incidents la confortent dans cette analyse.

Le 24 octobre 1993, trois agents consulaires français sont enlevés à Alger. 48 heures plus tard, un communiqué du GIA publié à Londres revendique l'action et exige la libération de l'émir du GIA, Abdelhak Layada. Pourtant, plusieurs dirigeants du FIS condamnent l'opération. Deux des otages parviennent à s'enfuir sans grand effort, leurs gardes ayant quitté les lieux. La troisième otage est libérée peu après, munie d'un communiqué qu'elle doit transmettre à la presse… Mais son contenu est déjà connu des médias ! Les services français restent perplexes sur les commanditaires réels de l'opération. Et l'administration française s'empresse de muter les fonctionnaires aux îles Fidji, où ils ne risquent pas de parler à la presse[1]… On sait aujourd'hui par plusieurs témoignages français et algériens que l'opération était une manipulation montée par le DRS algérien, en accord

1. Cf. Jean-Baptiste Rivoire, *Le crime de Tibhirine*, La Découverte, 2011.

avec les réseaux Pasqua. Lesquels ont pu dans ce contexte déclencher une grande rafle au sein des réseaux du FIS dans l'Hexagone.

Au début des années 1990, le monastère de Tibhirine est très surveillé par l'antenne locale du DRS basée à Blida. Ses agents écoutent les conversations téléphoniques des moines et gèrent des agents infiltrés dans les maquis islamistes. Le 15 décembre 1993, 12 techniciens croates qui construisaient un tunnel en contrebas du monastère sont égorgés. Le préfet demande très fermement à Christian de Chergé que les prêtres déménagent dans un lieu où l'on pourra assurer leur sécurité. Il refuse. Les autorités sont très irritées que les moines acceptent de soigner des islamistes blessés qui se présentent nuitamment. De fait, le chef du maquis islamiste local, Sayah Attia, considère que les moines sont sous sa protection. Il sera tué lors d'un accrochage avec l'armée algérienne en mars 1994.

Le mois précédent, le ministère des Affaires étrangères algérien s'est plaint auprès de la nonciature que le père de Chergé ait refusé toute protection militaire et reçoive clandestinement des visites de maquisards. On se refuse à faire directement pression sur lui. En revanche, la secrétairerie d'État est bien informée du problème et il semble qu'elle ait fait pression sur plusieurs communautés de sœurs pour qu'elles quittent l'Algérie[1].

Au printemps 1994, la guerre de l'armée contre les islamistes devient totale, faisant une centaine de morts par semaine. Les journalistes étrangers sont incités à quitter le pays. La répression se déchaîne contre des groupes de la population civile soupçonnés de sympathies islamistes. De 1994 à 1998, la « sale guerre » fera entre 150 000 et 200 000 morts. Des deux côtés, les massacres aveugles se multiplient dans une escalade sans fin. Le DRS s'efforce de recruter des agents dans les maquis, ou d'y infiltrer des officiers. Selon le témoignage de l'ex-officier algérien Abdelkader Tigha, le patron opérationnel du DRS de Blida, le capitaine Abdelhafid Allouache, a

1. René Guitton, *En quête de vérité. Le martyre des moines de Tibhirine*, Calmann-Lévy, 2011.

recruté Djamel Zitouni, le futur chef du GIA responsable du kidnapping des moines[1]. Un autre ex-officier du DRS affirme que Zitouni a bien été recruté. Son groupe aurait été armé directement par le DRS.

La série noire n'épargne pas les catholiques. En mai 1994 à Alger, une sœur et un frère maristes qui animaient une bibliothèque pour jeunes dans la casbah sont tués d'une belle dans la tête.

En août 1994, des hommes déguisés en militaires pénètrent dans une résidence de fonctionnaires français et mitraillent, faisant cinq morts. Pour la première fois l'attentat est attribué à Djamel Zitouni.

À l'été 1994, le président Liamine Zeroual veut renouer le dialogue avec les islamistes dans le cadre d'un « Conseil national de transition ». Il fait un geste d'apaisement en libérant cinq dirigeants du FIS emprisonnés. De nouvelles élections semblent possibles pourvu que le FIS appelle sans équivoque à l'arrêt des actions violentes.

Selon plusieurs enquêteurs, dont Jean-Baptiste Rivoire, le DRS active alors Zitouni pour discréditer les islamistes. De fait, le GIA rejette toute perspective de dialogue. Un ex-colonel du DRS, Mohamed Samraoui, affirmera plus tard que les communiqués guerriers du GIA émanaient en fait de son service et visaient à faire échouer les négociations[2]. En septembre 1994, l'émir du GIA réunit ses principaux lieutenants près d'Alger. Informé, le DRS les prend en embuscade. Presque tous meurent, sauf Zitouni qui s'en sort miraculeusement. Et il va logiquement prendre la direction du mouvement. Que Zitouni ait été un véritable agent du DRS, ou un véritable islamiste poussé à la tête du mouvement en raison de sa nature ultraviolente et d'un sens stratégique limité, le résultat est le même : ses exactions permettent d'écarter tout scénario de réconciliation. Le président Zeroual est contraint d'abandonner le dialogue.

En 1994, la communauté de Sant'Egidio s'implique de plus en plus sur l'Algérie et est en contact suivi avec les moines de Tibhirine.

---

1. Cf. son témoignage à Jean-Baptiste Rivoire, voir aussi Abdelkader Tigha et Philippe Lobjois, *Contre-espionnage algérien : notre guerre contre les islamistes*, Nouveau Monde éditions, 2008.
2. Mohammed Samraoui, *Chronique des années de sang*, Denoël, 2003.

À la fin des années 1960, Andrea Riccardi a créé cette association pour aider les pauvres de Rome par du soutien scolaire, de la distribution de nourriture, etc. Avec le temps, son mouvement a pris de l'ampleur (12 000 membres en Italie, 50 000 au total) et s'est investi dans des actions de diplomatie secrète en faveur de la paix : en Albanie en 1981, au Liban en 1982, au Mozambique en 1992... Jean-Paul II suit avec faveur ce mouvement plutôt identifié à gauche, qui permet de contrebalancer l'image de l'Opus Dei. Sant'Egidio veut réunir les leaders politiques algériens pour leur faire lancer un appel à la communauté internationale. Un colloque est organisé à Rome en novembre 1994. Les généraux sont furieux.

Fin octobre, deux sœurs infirmières espagnoles sont abattues dans le quartier de Bab el-Oued, à Alger. Le ministère des Affaires étrangères algérien tance l'ambassadeur italien et le nonce pour l'ingérence de Sant'Egidio dans les affaires intérieures de l'Algérie. Mgr Teissier désavoue l'initiative de Sant'Egidio, qui maintient son projet. Sous la pression d'Alger, le Vatican déclare qu'il n'est pas à l'initiative du colloque. Les généraux algériens sont consternés de voir l'ensemble des partis politiques représentés à Rome, donnant ainsi aux médias internationaux l'image d'un dialogue national.

De son côté, Zitouni avance ses pions. Certains de ses projets semblent un défi à la rationalité. Bien des chefs de réseaux islamistes se dissocient des attentats revendiqués par Zitouni. Ce dernier élimine systématiquement les cadres éduqués du mouvement pour les remplacer par des jusqu'au-boutistes dénués de sens politique. Tout se passe comme s'il voulait discréditer le mouvement. C'est l'époque où le GIA commence à frapper en France. L'action la plus connue est le détournement d'un Airbus Alger-Paris en décembre 1994. « On ne s'explique toujours pas comment ils ont pu pénétrer par la porte de service dans l'aéroport d'Alger munis de badges officiels, prendre le temps de boire un café dans l'aérogare et accéder à la passerelle de l'avion sans rencontrer le moindre policier... », grince un ancien de la DGSE. Après une forte pression des Français, l'avion est finalement autorisé à s'envoler pour Marseille. Là, les terroristes sont éliminés lors d'une intervention du GIGN. Selon l'ex-colonel Samraoui, déjà cité, cet épisode avait pour but d'obtenir un plus grand soutien de la France contre les islamistes[1].

En décembre 1994, quatre missionnaires du monastère de Tizi Ouzou, qui se consacraient à l'aide aux populations pauvres, sont abattus par des hommes en uniforme. Il n'y aura pas d'enquête de la justice française. En janvier 1995 débutent les pourparlers de Rome. La veille, un commando s'en prend aux pères de Ghardaïa, qui réussissent à s'échapper.

À la mi-janvier 1995, les participants aux rencontres de Rome s'accordent sur une plateforme commune pour mettre fin à la guerre civile. Le régime la rejette. Le patron de Sant'Egidio visite les capitales européennes pour vendre son plan de paix. Le président français Mitterrand semble le soutenir, suivi par l'administration Clinton. À l'été 1995 débute une série d'attentats à Paris : assassinat dans une mosquée d'un leader islamiste modéré, puis d'un représentant du FIS. Le 25 juillet, une bombe explose dans la station RER de Saint-Michel. Zitouni revendique l'attentat et ordonne au président Chirac de se convertir à l'islam. Deux nouveaux attentats ont lieu dans la capitale et Lyon au mois de septembre. La police réussit à démanteler le réseau du GIA et le terroriste Khaled Kelkal est abattu.

À Alger, les chrétiens continuent à tomber : deux sœurs françaises sont abattues en septembre. En novembre, une autre sœur est tuée et sa collègue blessée. Face au refus des moines de quitter Tibhirine, le ministère des Affaires étrangères algérien demande au Vatican de fermer provisoirement le monastère, sans suite. Le DRS est furieux que le frère Luc continue à soigner les islamistes blessés qui s'y présentent. L'Élysée et le Quai d'Orsay sont eux-mêmes saisis de la situation et tentent une démarche auprès du Vatican.

Zitouni souhaite faire enlever les moines. L'émir de Médéa refuse, en raison de la protection accordée par son prédécesseur et parce que ses hommes ont besoin de se faire soigner. Les deux groupes islamistes

1. Mohammed Samraoui, *Chronique des années de sang*, *op. cit.*

entrent en conflit. Le 26 mars 1996, deux moines de Tibhirine se rendent à Alger tandis que le monastère accueille une dizaine d'invités, dans le cadre d'une rencontre chrétiens/musulmans.

Trois anciens du DRS ont témoigné auprès de Jean-Baptiste Rivoire sur les circonstances de l'enlèvement, mené par un commando mixte GIA/DRS d'une vingtaine d'hommes. Le groupe se présente de nuit et prétend avoir un blessé à faire soigner pour se faire ouvrir. Sous la menace, le gardien va réveiller le prieur qui dort au rez-de-chaussée. Les ravisseurs ont pour consigne d'emmener sept moines (il y a en réalité plus de monde ce soir-là). Deux moines « oubliés » confieront que les islamistes ne sont pas arrivés par le chemin habituel, que le téléphone a été coupé au préalable et que le commando circulait dans des véhicules sans se soucier du couvre-feu. Lorsque l'alerte est donnée au poste militaire le plus proche, le militaire de garde refuse de déranger l'officier. À la gendarmerie de Médéa, personne ne semble surpris par la nouvelle de l'enlèvement. Le commandant répond qu'il est occupé et n'a plus de véhicule à envoyer à Tibhirine[1]. On apprendra plus tard que certains islamistes du groupe local, opposés à l'enlèvement, ont été tués par le DRS pendant la même nuit. Devant une telle accumulation de bizarreries et les témoignages recueillis à son arrivée à Alger, le père Veilleux (procureur général des cisterciens) soupçonne une responsabilité directe du DRS.

Une partie de la presse algérienne reprendra les éléments de langage des militaires, soulignant la compromission des moines avec les islamistes. Tandis que la DGSE conteste la version du DRS, les responsables de la DST maintiennent le dialogue avec leurs homologues algériens. Le général Philippe Rondot, conseiller spécial du service, est envoyé à Alger. Il rencontre le général Smaïn Lamari qui ne veut pas d'autre interlocuteur que la DST avec qui il a de bonnes et anciennes relations.

De son côté, la DGSE active ses sources qui tendent plutôt à incriminer le DRS. Mais le gouvernement français reste étonnamment

1. Cf. Jean-Baptiste Rivoire, *Le crime de Tibhirine*, *op. cit.*

passif. Le journaliste britannique John Sweeney citera dans *The Observer* une source qui ne mâche pas ses mots pour expliquer son attitude: «Le pouvoir algérien tient le gouvernement français par les couilles. Ils ont fait des dons secrets aux partis et hommes politiques français, de sorte qu'ils peuvent les faire chanter. À un certain moment, cinq ministres au gouvernement avaient des maîtresses contrôlées par les Algériens. Et si les Français ne coopèrent pas, ils peuvent mettre des bombes à Paris[1].»

Le général Lamari se rend à Paris du 13 au 20 avril. Il reconnaît pour la première fois devant les responsables de la DST que les moines sont entre les mains de Zitouni, après avoir incriminé d'autres responsables. Il annonce de probables revendications envers la France, qui effectivement arrivent peu après.

Le 22 avril, le représentant du FIS à Paris appelle à la libération des moines. Les membres du gouvernement et en particulier Alain Juppé ont désormais de sérieux doutes sur la sincérité du DRS. La main passe à la DGSE qui dépêche le 25 avril un officier à Alger, avec pour mission d'entrer en contact avec le GIA sans en informer le DRS. C'est une perspective inacceptable pour les services algériens. Selon les témoignages de deux anciens officiers recueillis par Jean-Baptiste Rivoire, le DRS ne pouvait ni détenir les moines, au risque d'être découvert, ni les laisser à Zitouni, au risque de le voir négocier en direct avec la DGSE. L'un d'eux, Karim Moulaï, confirme brutalement l'impasse dans laquelle s'est retrouvé le DRS: «La DGSE, c'était un cauchemar pour le DRS. L'idée au départ, c'était de les attraper et de passer un "deal" [avec la France]. Mais ensuite, il y a eu trop de problèmes: les moines "oubliés" au monastère, Abou Moussab qui voulait s'emparer des otages, le haut gradé de la DGSE venu à Alger… Si les moines restaient vivants et si la DGSE avait pu enquêter à Alger, tout le monde aurait compris que l'opération avait été organisée par le DRS. Cela aurait été un cauchemar pour mes chefs! Donc il fallait se débarrasser des moines[2].»

1. John Sweeney, «Algeria's blowtorch election», *The Observer*, 25 mai 1997.
2. Jean-Baptiste Rivoire, *Le crime de Tibhirine*, *op. cit.*

La décision d'en finir aurait été prise le 25 avril, alors que l'émissaire de la DGSE débutait ses contacts à Alger. Le 30 avril, un homme qui se dit émissaire du GIA se présente à l'ambassade de France à Alger. Il est reçu par le chef de poste de la DGSE, Pierre Le Doaré. Il lui remet une lettre et une « preuve de vie » des moines sous forme de cassette audio enregistrée le 20 avril, et réclame un « reçu officiel ». L'agent accepte d'accuser réception des éléments sur papier à en-tête de l'ambassade et raccompagne son interlocuteur dans Alger, en voiture de l'ambassade. On n'aura plus de nouvelles de l'émissaire. Selon l'ex-officier du DRS Karim Moulaï, cette démarche a été montée par le DRS pour établir qu'en dépit de son discours officiel de ne pas négocier avec les terroristes, la France a bien cherché à négocier avec le GIA dans le dos des autorités algériennes.

Ne comprenant pas le silence du GIA, les services français envoient des émissaires en Tunisie, au Maroc et au Vatican. À la secrétairerie d'État, on se montre comme toujours très prudent. Le substitut Mgr Giovanni Battista Re indique à Armand Veilleux que les Français ne verraient pas d'inconvénient à ce que le Vatican négocie la libération des moines, mais cela ne va pas plus loin. La DGSE contacte aussi Sant'Egidio qui essaie de prendre langue avec les ravisseurs, sans jamais recevoir de réponse. Une cellule de crise est installée à Oran, avec un négociateur envoyé par le Vatican.

De son côté, Smaïn Lamari manifeste sa fureur devant Yves Bonnet, l'ancien patron de la DST devenu député et président du groupe d'amitié parlementaire franco-algérienne, de passage à Alger. Lamari connaît les moindres détails de la réception par l'ambassade française d'un émissaire du GIA et estime que la France a court-circuité son service. Le 23 mai, un communiqué annonce que les moines ont été exécutés. De son côté, la DGSE a appris que quelques jours auparavant les militaires ont découvert lors d'une opération dans les monts de Médéa les têtes des sept moines. Seulement les têtes…

Le 30 mai, le père Veilleux et l'abbé général des cisterciens, Dom Bernardo Olivera, arrivent à Alger. Une réunion se tient avec Mgr Teissier et le curé de Médéa. Veilleux et Olivera exigent de pouvoir identifier eux-mêmes les moines. Ce n'est qu'une fois en route pour l'hôpital que l'ambassadeur de France les informe que ce ne sont pas des corps mais des têtes qu'ils vont devoir identifier. Sur place, il faut beaucoup insister pour qu'on les laisse voir les têtes. Elles semblent étrangement momifiées. Les autorités algériennes mentent visiblement sur la date des morts. Après l'enterrement des moines, le père Veilleux reprend l'avion pour Rome. Mais peu avant le décollage, on déplace la passagère assise à son côté pour installer un homme qui l'interroge pour savoir ce qu'il pense de cette affaire. Le père Veilleux aperçoit une arme sous son veston et note qu'à l'arrivée, son compagnon de voyage remonte dans l'avion pour le vol retour. Il en tire logiquement la conviction que le DRS a voulu sonder ses sentiments sur l'affaire.

Au mois de juillet de la même année, on apprend le décès de Djamel Zitouni, dans un affrontement avec un groupe rival. L'Église n'a pas fini de souffrir en Algérie. Le 1er août 1996, l'évêque d'Oran Mgr Pierre Claverie, un ami de Christian de Chergé, est volatilisé par une forte explosion. Peu avant il avait reçu la visite inquiétante d'un fonctionnaire venu lui mettre sous le nez des rapports de surveillance et transcriptions d'écoutes téléphoniques dont il était la cible. Et son chauffeur lui indiquait que le DRS exigeait d'être informé de ses déplacements. À Paris, on reste sceptique sur la mise en cause des islamistes dans cet attentat. Mgr Claverie avait eu le tort d'énoncer, lors d'une interview au 20 heures de France 2 (le 10 mai 1996), puis dans des entretiens au *Parisien* et à *La Croix*, ses doutes sur la responsabilité du GIA dans l'enlèvement des moines de Tibhirine. Connaissant bien le fonctionnement du pouvoir algérien, Claverie ne pouvait pas ne pas avoir de doutes sur le rôle du DRS… Aucune enquête n'a été ouverte par la justice française sur l'assassinat de l'évêque d'Oran…

En janvier 2003 le père Armand Veilleux publie une tribune dans *Le Monde* affirmant que les services algériens sont vraisemblablement impliqués dans la mort des moines[1]. Cette même année, lui-même et la famille du frère Christophe Lebreton déposent une plainte contre X pour enlèvement, séquestration et assassinat.

En 2009 fuite dans *Le Figaro* le PV d'audition par le juge Trévidic du général Buchwalter, ancien attaché militaire français à Alger. Ce dernier affirme avoir reçu la confidence d'un officier algérien: les moines auraient été mitraillés par erreur par l'armée lors d'une mission en hélicoptère entre Blida et Médéa. Cette version a été contestée aussi bien par des partisans du régime algérien[2] que par des enquêteurs français. Les hélicos, très bruyants, doivent approcher en vol stationnaire à faible distance de leurs cibles (200 à 400 m) pour pouvoir tirer, ce qui les rend vulnérables aux tirs ennemis. En cas d'intervention contre un maquis islamiste, il est peu vraisemblable que les militaires auraient exposé ainsi leurs matériels. Aucune tête n'a été touchée par une balle, ce qui est peu vraisemblable si les moines ont été mitraillés en altitude: des tirs de haut en bas ont de fortes chances de toucher les têtes en premier.

En novembre 2013, les autorités algériennes ont autorisé le juge Trévidic à autopsier les têtes des religieux, avant de se raviser quelques mois plus tard. En octobre 2014, les juges Trévidic et Nathalie Poux sont enfin autorisés à effectuer des prélèvements, mais ceux-ci devront être analysés sur place. L'année suivante, les légistes concluent à une décapitation post mortem. Le plus probable est que les moines ont été égorgés.

La mort dramatique des moines de Tibhirine continue d'empoisonner les relations entre la France et l'Algérie. À Rome, le Vatican a été informé par la DGSE de ses analyses, via les dirigeants de

1. « Hypothèses sur la mort des moines de Tibhirine », *Le Monde*, 24 janvier 2003.
2. Cf. notamment Yves Bonnet, *La deuxième guerre d'Algérie*, VA éditions, 2017. Yves Bonnet se fonde avant tout sur la qualité de ses relations avec les dirigeants du DRS pour proclamer qu'il les croit innocents. Ce qui, dans le monde du renseignement où les amitiés véritables entre services sont fort rares, peut prêter à sourire. Bonnet écarte, sans même les discuter, les témoignages des ex-officiers algériens au motif que ce sont des « traîtres », donc leur parole ne vaudrait rien. Mais il utilise sans problème les témoignages d'anciens maquisards « repentis ».

Sant'Egidio, et a choisi la discrétion pour ne pas nuire à la présence de l'Église en Algérie. Au grand dam du père Veilleux et de quelques autres. Jean-Paul II a plus canonisé que tous les papes réunis avant lui, mais à ce jour aucune démarche n'a été entreprise en faveur des moines de Tibhirine…

23

Marcinkus s'en va… la corruption reste

Le 11 février 1987 eut lieu une cérémonie célébrant l'anniversaire de l'IOR. Paul Marcinkus remit au pape une médaille en or et un chèque de 150 millions de dollars, l'essentiel des profits de la banque pour l'année passée. Apparemment, l'IOR n'avait pas tardé à retrouver sa meilleure forme. De façon inattendue, l'IOR avait reçu en dépôt d'énormes sommes du dictateur philippin corrompu Ferdinand Marcos. Ces sommes provenaient à l'évidence de détournements du Trésor philippin, mais on n'en fit pas tout un plat. Marcos mourut deux ans plus tard en exil à Hawaï. L'IOR n'a jamais communiqué sur ce que devint l'argent philippin placé dans ses coffres. Bien informé par Andreotti, Marcinkus resta tout au long de l'année 1987 confiné au Vatican : ce n'est qu'en 1988 que la Cour suprême de Rome donna raison aux avocats du Vatican, confirmant que la justice italienne n'a pas autorité sur ses citoyens.

Si certains se demandaient encore quelles raisons avait Jean-Paul II de maintenir Marcinkus à la tête de l'IOR, la date de son départ fournit une réponse claire : 1990. C'est en réalité fin 1989 que sa mise à la retraite est décidée. Autant dire qu'après la chute du communisme, les inconvénients de garder l'Américain à son poste l'emportent largement sur les avantages. Il n'y a plus de guerre secrète à financer. Avec Marcinkus, Mennini et de Strobel démissionnent eux aussi. Est-ce à dire que c'en est fini des intrigues et de l'argent occulte ? N'allons pas si vite…

IOR : la machine infernale

Pour remplacer Marcinkus, le secrétaire d'État Casaroli porte son dévolu sur un banquier milanais. Angelo Caloia semble remplir tous les critères : P-DG de Mediocredito Lombardo, il est professeur d'économie dans une université catholique. Caloia n'a pas la même aura que Marcinkus : il lui faut attendre deux ans avant d'être reçu par le pape. Certains vieux employés de l'IOR ne reconnaissent pas son autorité. Mgr Dardozzi, un homme de confiance de Casaroli, qui a fait partie de la commission mixte italo-vaticanaise dans l'affaire Ambrosiano, est chargé de surveiller le fonctionnement de la banque. Il s'irrite de constater que certaines pratiques perdurent, en particulier les comptes de pseudo-institutions caritatives et d'étranges virements à des hommes politiques.

Il s'inquiète en particulier d'un compte ouvert en juin 1987 au nom de la « Fondation cardinal Francis Spellman » (une fondation qui n'existe nulle part). Les deux signataires du compte sont Mgr Donato De Bonis et… Giulio Andreotti. De 1987 à 1993, les fonds qui circulent via ce compte se montent à… 26,4 millions d'euros selon les sources du journaliste Gianluigi Nuzzi[1]. Dans les mémos internes de la banque, De Bonis et Andreotti sont désignés uniquement sous pseudonyme : les employés ont bien conscience de la nature explosive de ces opérations. Certes, une petite partie de ces fonds ont bien eu pour destination des ordres religieux, des monastères ou des couvents. Mais une grande partie des sommes ont atterri sur les comptes d'amis politiques d'Andreotti. Sans parler des retraits de valises de cash par De Bonis, en route pour des destinations inconnues. Le patronage du défunt cardinal Spellman pour ce compte destiné à gérer des fonds occultes est particulièrement révélateur.

C'est la première fois que fuitent dans les médias des dérives récentes de l'IOR. À l'origine des fuites, Mgr Renato Dardozzi

1. Gianluigi Nuzzi, *Vaticano, S.p.A.*, Chiarelettere, 2008.

n'est pas un lanceur d'alerte ordinaire. Ingénieur en électronique, il a mené une première carrière de cadre dans les télécoms avant d'être ordonné prêtre à 52 ans. Employé à l'IOR, il a été témoin des efforts d'Angelo Caloia pour mettre un terme aux méthodes de l'ère Marcinkus. Efforts souvent contrés par le secrétaire général, Mgr Donato De Bonis. Dardozzi se dit déçu par le manque de combativité de Caloia. Pourtant, il se montre aussi peu loquace que son patron devant les juges milanais. Pourquoi alors transmettre des archives de l'IOR à Gianluigi Nuzzi ? Il semble qu'il ait voulu se venger du refus de l'IOR de lui payer une commission qui lui aurait été promise sur la vente d'une propriété immobilière près de Florence : il comptait léguer l'argent à sa fille adoptive dont l'état de santé requérait des soins hospitaliers coûteux. Quelles qu'aient été ses motivations, Dardozzi a permis de comprendre que l'IOR restait une « machine infernale » en état de marche au cœur du Vatican. Et qu'elle était connectée à tous les grands dossiers politico-financiers de l'après-guerre froide.

En 1992 a débuté une enquête de grande ampleur sur la corruption politique en Italie : l'opération *Mani pulite,* un des plus grands scandales de l'histoire européenne après-guerre : 5 000 personnalités sont impliquées, plusieurs centaines inculpées, dont la moitié du Parlement italien. Lorsque commence cette affaire tentaculaire, les dirigeants de l'IOR se concertent sur la question délicate du compte de la Fondation Spellman. Ils édictent une nouvelle règle : aucun membre de la banque, fût-il retraité, ne peut gérer un compte qu'il ne possède pas personnellement. De Bonis ignore superbement. Il semble ne rien craindre de Caloia, qui sur le papier est son chef. De Bonis est tenu en haute estime par de nombreuses personnalités de la noblesse, des arts et de la politique italiennes, à commencer par Andreotti.

Mais le compte Spellman n'est pas le seul qui pose problème. Au fil des investigations, la liste d'associations religieuses inconnues s'allonge. Leurs comptes ont en commun un volume de mouvements financiers très au-dessus de la normale. Un rapport secret du 7 juillet

1992 fait le point sur les ingrédients du scandale potentiel qui pourrait ramener l'IOR à l'époque Marcinkus. À l'évidence, De Bonis est au cœur des activités controversées de la banque. Le rapport est adressé au secrétaire particulier du pape, Mgr Dziwisz. Il n'y aura pas de réponse. On ne sait même pas si le pape en a pris connaissance.

En 1981, au début du règne de Marcinkus, on recensait près de 10 000 comptes détenus par de riches Italiens, contre 2 500 liés à des personnes ou organismes religieux. Sur les quatre années suivant le départ de Marcinkus, Caloia identifie près de 400 millions de dollars de mouvements suspects, en direction de banques suisses et luxembourgeoises. Le problème est que certains mouvements sont effectués à la demande de personnalités qui ont l'oreille du pape. En 1992, les procureurs italiens inculpent ainsi une vieille connaissance, l'évêque slovaque Pavel Hnilica, ainsi que le flamboyant Flavio Carboni. La police a découvert des chèques en blanc signés par Hnilica sur un compte de l'IOR. Carboni aurait reçu l'équivalent de 2,8 millions de dollars en échange de l'attaché-case de Calvi[1]. Que faire d'un client aussi « sensible » que Hnilica ? On essaie de se renseigner discrètement via la secrétairerie d'État, qui a déjà des doutes sur le personnage. Dans les années 1980, Hnilica a fréquenté assidûment la ville de Medjugorje en Bosnie-Herzégovine, un sanctuaire important sur la route des pèlerins depuis l'apparition supposée de la Vierge Marie en 1981. Les prêtres franciscains installés là reçoivent un volume important de donations que Hnilica aurait canalisées au profit de la lutte anticommuniste. Sauf qu'en réalité l'argent est parti vers les États-Unis et on ne sait guère ce qu'il est devenu…

Le problème est qu'il est dangereux de s'attaquer au patron de Pro Fratribus, qui depuis les années 1960 fait tant pour les Églises de l'Est et qui charme le pape par le récit de ses exploits. Début 1984, Hnilica entend ainsi l'appel de Jean-Paul II aux évêques du monde entier de prier avec lui le 25 mars pour la Russie, au nom de la Vierge Marie. Se trouvant alors en Inde, il sollicite un visa auprès

1. Cf. chapitre 20.

de l'ambassade soviétique, l'obtient, et au jour dit se présente à la cathédrale de l'Archange-Saint-Michel de Moscou (qui a été transformée en musée). Là, il récite les prières de consécration, puis se rend dans une église et fait de même avant de dire la messe. De retour à Rome, il raconte ses exploits à Jean-Paul II et lui décrit des fidèles le suppliant de leur envoyer des bibles. Le pape en est ému aux larmes…

En 1992, Hnilica se rend aux États-Unis et obtient la permission de la Conférence des évêques pour lever des fonds en faveur des missions d'évangélisation catholique en Russie. Il devient le « manager » d'une médium mystique, Theresa Lopez, qui affirme communiquer régulièrement avec la Vierge Marie. Il l'emmène à Medjugorje, où elle fait sensation. Mais en 1993, l'archevêque de Denver mène une enquête qui conclut que ses visions n'ont aucune origine surnaturelle. Hnilica continue néanmoins à utiliser Theresa, qu'il emmène dans des retraites spirituelles pour riches catholiques. La même année, il passe en justice devant les tribunaux de Milan aux côtés de Flavio Carboni. En première instance, il est condamné à trois ans de prison. La sentence est annulée en appel pour vice de forme…

Au printemps 1993, Caloia marque enfin un point : De Bonis est muté hors de l'IOR. Il est promu évêque, chapelain de l'ordre de Malte, ce qui lui confère l'immunité diplomatique. La raison de ce départ : un nouveau scandale s'apprête à frapper. En octobre de la même année éclate l'affaire Enimont : pour faciliter une joint-venture entre la compagnie pétrolière ENI et le conglomérat chimique Montedison, près de 100 millions de dollars de pots-de-vin ont été distribués à plusieurs dizaines de politiques.

La famille Ferruzzi, propriétaire du géant de la chimie Montedison, est une des plus grosses fortunes d'Italie, juste après les Agnelli. Son OPA sur Montedison en 1987 a nécessité de fortes sommes en pots-de-vin divers. En 1988, la famille forme le projet d'une fusion avec le géant du pétrole italien ENI. La nouvelle entité doit s'appeler Enimont. À nouveau, d'énormes pots-de-vin sont distribués : environ 300 millions de dollars. Cela crée des pertes importantes, qu'il faut dissimuler dans les comptes. Mais en 1990, les Ferruzzi et les dirigeants d'ENI ne s'entendent plus et conviennent un rachat par ENI des parts de Montedison dans le groupe. Cette nouvelle opération requiert de nouveaux pots-de-vin, pour plus de 100 millions de dollars. On arrose tous les partis politiques, deux anciens Premiers ministres, des hauts fonctionnaires, etc.

Dans ce dossier apparaissent Mgr Donato De Bonis et Luigi Bisignani, un journaliste ancien membre de la loge P2, ami de Marcinkus et d'Andreotti. Ils sont chargés d'apporter à la famille Ferruzzi les services de l'IOR : il s'agit de convertir de l'argent occulte en bons du Trésor italien en ouvrant un compte pour la famille Ferruzzi, sous un prétexte caritatif. Entre 1991 et 1992, le compte est alimenté à hauteur de 100 millions de dollars. L'argent est ensuite envoyé en Suisse et au Luxembourg pour être converti en bons du Trésor. Au passage, l'IOR prend une commission de 7 millions de dollars.

Toute l'affaire est dévoilée dans le cadre de l'opération « Mains propres » conduite par un groupe de magistrats sous la direction d'Antonio Di Pietro. Au total, 127 personnes sont mises en cause, à commencer par De Bonis que la presse italienne a surnommé « Mgr Montedison ». Cette fois le président de l'IOR Caloia accepte de coopérer avec la justice italienne. La position officielle est que la bonne foi du Vatican a été abusée. Ceci étant, il est inquiétant que personne ne se soit posé de questions sur un compte récemment ouvert qui recevait jusqu'à 100 millions de dollars de dépôts !

L'affaire pétrifie la classe politique. En prison, le patron d'ENI préfère se suicider. Caloia apprend que dans cette affaire, 4 millions de dollars ont été versés sur le compte de la Fondation Spellman. Plus préoccupant encore, près de 75 % des pots-de-vin sont passés par un compte détenu par un cadre de Montedison au sein de l'IOR… ce dernier est un proche de De Bonis. Une fois de plus la justice italienne demande des comptes au Vatican.

Le secrétaire d'État Sodano estime que fournir quelque renseignement que ce soit à la justice italienne reviendrait à ouvrir la boîte de Pandore et à déclencher des réactions en chaîne qui pourraient aboutir à la destruction de la banque. Le nom d'Andreotti est tenu secret par le Vatican : il ne sera jamais inquiété dans l'affaire Enimont. Lors d'un procès, le dirigeant d'une grande entreprise témoignera que De Bonis l'a aidé à ouvrir un compte à l'IOR sous le nom d'une fondation religieuse bidon. Par ce compte il a pu envoyer des dizaines de millions en Suisse et au Luxembourg, et les échanger sur place contre des bons au porteur[1].

Pour les connaisseurs, De Bonis n'a fait que perpétuer le système rodé par Marcinkus. Dans ces années 1990, plusieurs mafieux repentis offrent de nouveaux éclairages. En 1994, Francesco Marino Mannoia affirme ainsi aux enquêteurs que Licio Gelli a utilisé l'IOR pour déposer des fonds illégaux appartenant au boss sicilien Salvatore Riina. La même année, le mafieux Vincenzo Calcara affirme avoir eu connaissance d'une opération de blanchiment d'argent sale par Marcinkus via un compte IOR. Calcara affirme avoir amené de Sicile à Rome des valises de billets, en compagnie de deux hommes politiques. À l'arrivée à l'aéroport de Fiumicino à Rome les attendaient Marcinkus et un cardinal. Le groupe se serait alors rendu au nord de la capitale, dans le cabinet d'un avocat. Là, Calcara aurait remis le cash à Marcinkus. Un mois plus tard l'argent était disponible sous forme légale, déduction faite des frais de service de l'IOR. Malgré ces éléments, rien de concret ne sera fait. La justice italienne semble avoir pris son parti de l'inviolabilité de la banque vaticane.

En 1995, l'IOR est encore été utilisée pour blanchir 100 millions de dollars. Tout commence l'année précédente avec la disparition d'un homme d'affaires, Antonio Di Luca, à San Diego. Dans sa chambre, on retrouve des documents sur des transactions immobilières s'élevant à 342 millions de dollars et des dépôts à l'IOR. Di Luca était en affaires avec quatre mafiosi et un homme politique canadien d'origine sicilienne, Alfonso Gagliano. Un ancien de la CIA vivant en Italie, Roger D'Onofrio, est arrêté. Il accuse alors le cardinal de Barcelone, Ricardo Maria Carles Gordó, d'être impliqué

1. Philip Willan, *The Vatican at War*, *op. cit.*

et d'avoir utilisé un compte de l'IOR pour faire transiter 100 millions de dollars ! Carles est un proche de l'Opus Dei et du pape Jean-Paul II. Il refuse de répondre. En 1996, la justice italienne procède à de nombreuses arrestations dans cette affaire. Jean-Paul II appelle à Rome le cardinal et décide de le nommer à la préfecture pour les Affaires économiques. Selon les termes du traité du Latran, Carles est désormais intouchable.

Autre affaire embarrassante : la police italienne enquête sur l'archevêque de Naples, le cardinal Michele Giordano, soupçonné d'extorsion. Au cours d'une perquisition chez son frère, un membre de la Camorra, on découvre des documents montrant que le cardinal a fait circuler via l'IOR de l'argent sale de l'organisation mafieuse. Traduit devant les tribunaux, le cardinal sera finalement acquitté en 2000. Puis à nouveau mis en cause en 2002 pour avoir cédé des terres appartenant à son diocèse. L'inculpation sera à son tour abandonnée.

À la même époque, l'affaire Frankel est encore plus étonnante. Martin Frankel est un ancien courtier en Bourse et gestionnaire d'actifs qui a été interdit de pratique suite à des malversations. Il se lance dans une nouvelle activité : racheter des petites sociétés d'assurances, faiblement valorisées, puis les vider de leurs fonds constitués par les primes d'assurances. De 1993 à 1999, il dépouille ainsi neuf sociétés et amasse une fortune de 200 millions de dollars.

Il décide alors de se rapprocher de la banque du Vatican. Il explique vouloir constituer un fonds de 50 millions de dollars qui servira à acheter d'autres compagnies d'assurances, dont les bénéfices iront à ses œuvres de charité. Mgr Emilio Colagiovanni, juge à la Rota (tribunal du Vatican) et directeur d'une revue de droit canon, présente l'affaire à la secrétairerie d'État et à la préfecture pour les affaires économiques, qui valident le schéma. L'ancien nonce à Washington, le cardinal Pio Laghi qui dirige désormais la Congrégation pour l'éducation catholique, appuie le dossier et reçoit en remerciement une « donation » de 100 000 dollars. L'affaire est remarquablement facile à monter. Frankel a désormais toute latitude pour opérer. Dans deux dossiers distincts, les responsables ou actionnaires des sociétés qu'il souhaite acquérir s'enquièrent directement auprès de la secrétairerie d'État que c'est bien le Vatican lui-même qui est derrière la démarche. La secrétairerie d'État répond de façon rassurante, alors qu'il devient évident que Frankel utilise le nom du Vatican pour mener ses affaires privées. Malheureusement pour lui, il est rattrapé par le scandale de ses détournements passés. Le 30 juin 1999, le porte-parole du Vatican Joaquín Navarro-Valls dément toute association avec Frankel, sans expliquer pourquoi on l'a laissé répandre des mensonges depuis un an… Frankel est arrêté en Allemagne et extradé vers les États-Unis, où il est condamné à seize ans de prison. Les contrôleurs des assurances du Mississippi, du Tennessee, du Missouri, de l'Oklahoma et de l'Arkansas poursuivent en justice le Vatican, réclamant 200 millions de dollars.

En 2000, un rapport de l'université de Melbourne sur le blanchiment d'argent classe le Vatican dans la catégorie des « paradis du blanchiment », avec les îles Caïmans, le Luxembourg, la Suisse et le Liechtenstein. Un rapport des Nations unies fera de même l'année suivante. Certains experts estiment que l'IOR voit passer chaque année l'équivalent de 55 milliards de dollars d'argent sale italien. Au Mexique, où l'Église reçoit de larges donations, la Drug Enforcement Administration américaine est persuadée qu'une partie des dons provient de narcotrafiquants et que les évêques ferment les yeux sur son origine. L'IOR est sous la pression des médias pour accepter des réformes.

Liaisons dangereuses

Il serait toutefois trop facile d'analyser cette porosité de l'IOR vis-vis de l'argent mafieux comme le résultat d'une « simple » dérive affairiste incarnée par Marcinkus, De Bonis et quelques autres. Le problème est plus ancien : il se trouve que l'Église ET la Mafia sont des réalités historiques incontournables en Italie. Et que depuis la fin de la guerre, l'Église a eu d'autres priorités que de combattre le crime organisé. Une anecdote permet de mieux comprendre le problème.

En mai 1993, à Agrigente, en Sicile, Jean-Paul II fait quelque chose d'inédit : pour la première fois, il s'en prend *violemment* à la Mafia[1]. Le pape a choisi de se rendre dans les lieux les plus infestés par la Mafia – un triangle dessiné par les villes d'Agrigente, Caltanissetta et Trapani. À Agrigente, les jeunes ont préparé dans le stade un spectacle en forme de tragédie grecque, au cours duquel ils interprètent les méfaits de la Mafia. Après la représentation, le pape dénonce « la culture de mort de la Mafia », qu'il relie directement au diable. La diatribe fait sensation. Peut-être le pape veut-il faire comprendre qu'il a bien reçu les messages de la place Saint-Pierre avec Ali Agça et de l'affaire Orlandi ? Rien ne permet d'en être certain. Mais la réponse ne se fait pas attendre : en septembre, le père Puglisi, un prêtre antimafia de Palerme, est froidement abattu. L'enquête conclura à une mesure de rétorsion pour avoir brisé le « pacte de non-agression » que la Mafia estimait avoir avec l'Église.

En Sicile, la Mafia, les chrétiens-démocrates et l'Église sont interconnectés. On dit que face à une population déshéritée, la Mafia inspire la peur de la mort, l'Église inspire la peur de Dieu et les chrétiens-démocrates la peur du communisme. Plusieurs membres du clergé ont franchi la ligne qui sépare la coexistence pacifique de la coopération active. En 1962, quatre prêtres franciscains sont jugés et condamnés à treize ans de prison pour extorsion et assassinat. En 1975, le père Agostino Coppola est arrêté et accusé d'être un responsable de haut rang de Cosa Nostra ! Il appartiendrait à un clan néofasciste dirigé par le sanguinaire parrain Luciano Leggio. Le prêtre est accusé d'avoir organisé trois kidnappings et au moins un assassinat. À son procès, on découvre qu'il a également blanchi des fonds mafieux via diverses banques (dont l'IOR) et acheté des votes pour certains politiciens siciliens. En 1978 encore, le moine franciscain Fernando Taddei, prieur de l'église Sant'Angelo de Rome, est arrêté pour blanchiment d'argent mafieux provenant de rançons.

1. Jean-Paul II avait déjà condamné la Mafia auparavant, notamment en 1982, mais en des termes plus mesurés.

Depuis 1947, les chrétiens-démocrates siciliens ont des liens avec la Mafia : la Démocratie chrétienne se sert de la Mafia pour recueillir des voix et la Mafia se sert d'elle pour les intérêts personnels de ses adhérents. En Sicile en particulier, soit on fait affaire avec la Mafia, soit on ne fait pas affaire du tout. Le député Pino Arlacchi, vice-président de la commission parlementaire antimafia, auteur d'un ouvrage *Il processo*[1] (« le procès »), affirme ainsi : « C'est une longue tradition depuis l'unité italienne. Les hommes politiques demandaient un appui électoral et, en échange, ils garantissaient l'impunité des délits, faisaient transférer les enquêteurs trop zélés, restituaient les permis de port d'armes supprimés. J'ai fait le compte : de 1958 à 1992, entre le tiers et la moitié des politiciens siciliens ont été aidés par Cosa Nostra aux élections[2]. »

Avec la complicité des responsables chrétiens-démocrates, trois familles mafieuses ont reçu le droit de collecter des taxes en Sicile. L'ex-sénateur Graziano Verzotto, secrétaire général de la DC sicilienne, préside la société minière EMS, que la Mafia a infiltrée avec son concours. En échange d'une commission occulte, Verzotto et son trésorier mafieux Di Cristina ont confié la trésorerie de la société à la Banca Unione détenue par Sindona. Cette commission est reversée à la Mafia. Puis les fonds sont transférés à l'IOR puis dans une banque suisse.

Salvo Lima, élu maire de Palerme en 1958, a la réputation d'être une « créature de Cosa Nostra ». Sous son règne débute le pillage de la ville via les marchés publics et emplois de complaisance. Il sera par la suite député européen, vice-ministre, se faisant remplacer à la mairie par Vito Ciancimino, son ex-adjoint aux travaux publics. Ce dernier sera en 1984 le premier personnage public de la région à être condamné en justice pour corruption au profit de la Mafia en 1984. Lima et Ciancimino sont des proches de Giulio Andreotti. Un autre affidé d'Andreotti, Antonio Gava, était l'homme fort de Naples.

1. Rizzoli, 1995.
2. Marie-Claude Decamps, « L'arrière-plan politique du procès Andreotti », *Le Monde*, 30 décembre 1995.

Il contrôlait l'économie dans la région. Dans les années 1980, il fut plusieurs fois ministre d'Andreotti. À la fin de la décennie, il fut nommé à la tête des services combattant le crime organisé. En 1995, Gava fut arrêté et jugé pour corruption et appartenance à la Camorra…

Depuis le début de cette enquête, on ne compte plus les occasions de croiser Giulio Andreotti, « Il Divo » pour ses amis[1]. Il est temps de dire ce qu'a été son rôle, au confluent des « trois pouvoirs » centraux de l'Italie d'après-guerre : le Vatican, la Démocratie chrétienne et la Mafia.

Andreotti, le maître des marionnettes

Pendant cinquante ans, Giulio Andreotti a été « l'homme du Vatican » au sein de la Démocratie chrétienne. Sa dévotion ostensible, son dédain pour le luxe, son extrême habileté en ont fait un favori du Saint-Siège. Il était l'ami intime de Spellman, de Marcinkus et de dizaines d'autres, multipliant à leur endroit les petites attentions. Son courant au sein de la Démocratie chrétienne était soutenu par Communion et Libération.

Andreotti est né en janvier 1919 à Segni, dans le Latium. Il perd son père à 3 ans et reçoit de sa mère une éducation très catholique. À 18 ans, il adhère au FUCI, la Fédération des universitaires catholiques, qu'il va bientôt présider. Et il se lie avec Mgr Montini qui en est l'aumônier. En 1943, il collabore avec un bibliothécaire du Vatican, un certain Alcide De Gasperi, qui l'appellera auprès de lui quand il formera son premier gouvernement en 1945.

Selon le chercheur américain Jeffrey Bale, en 1944-1945, le jeune Andreotti devient le secrétaire particulier de… Félix Morlion : le patron du réseau d'espionnage Pro Deo qui travaille au service de

1. Allusion au « divin Jules » César. Autres surnoms qui lui ont été attribués : « Moloch », « Sphinx », « Pape noir », ou encore Zu'Giulio (l'oncle Giulio, dans l'argot de la Mafia). On ne saurait trop recommander le film *Il Divo* de Paolo Sorrentino (2008) avec Toni Servillo dans le rôle d'Andreotti.

l'OSS[1] ! Une telle activité, encore méconnue, est évidemment de nature à colorer notre lecture de sa carrière.

Giulio Andreotti a été qualifié par ses amis politiques comme par ses opposants du titre d'homme politique italien le plus machiavélique de l'après-guerre. Peter Robb le décrit ainsi : « Ce petit homme chenu, vaguement bossu, était un personnage intelligent. Avec ses grosses lunettes aux verres épais, sa chevelure noire fournie et ses oreilles triangulaires qui pointaient comme celles d'une chauve-souris de part et d'autre de son crâne, il incarnait le vrai rat de sacristie qui avait émergé dans l'ombre du fondateur du parti après avoir passé la guerre au Vatican et milité dans des organisations d'étudiants catholiques[2]. »

À partir de 1946, Andreotti devient sous-secrétaire au Conseil des ministres pour le président du Conseil Alcide De Gasperi. Il va enchaîner les postes de ministre. Le poste de ministre de la Défense qu'il occupe fréquemment entre 1959 et 1966 le met en contact avec le *Who's who* de l'Alliance atlantique : il noue ainsi des liens avec Vernon Walters, attaché militaire à Rome de 1960 à 1962 qui sera nommé directeur adjoint de la CIA entre 1972 et 1976, puis émissaire spécial du président Reagan auprès du pape. Andreotti devient aussi un proche de Henry Kissinger, conseiller national à la sécurité du président Nixon, et du général Alexander Haig, ancien officier supérieur de l'OTAN qui deviendra secrétaire d'État sous Reagan. Comment ne pas faire confiance à un ancien de l'OSS ?

Andreotti est de tous les cénacles internationaux. En 1948, il est intronisé dans l'ordre de Malte. En 1952, il fait partie d'un petit groupe de responsables politiques invités à la réunion fondatrice du groupe Bilderberg (du nom de l'hôtel qui accueillera la première réunion formelle dans la ville d'Osterbeek), aux côtés des Français Antoine Pinay et Guy Mollet, du prince Bernhard des Pays-Bas, etc.

1. Jeffrey M. Bale, *The Darkest Sides of Politics. Postwar Fascism, Covert Operations and Terrorism*, Routledge, 2018.
2. Peter Robb, *Minuit en Sicile*, Nevicata, 2013.

Ce groupe, qui est un lieu de concertation entre puissants parmi beaucoup d'autres, nourrira les fantasmes les plus divers aussi bien à l'extrême droite qu'à l'extrême gauche. En 1968, Andreotti intègre le cercle Pinay et l'Académie européenne de sciences politiques. On s'attendrait fort logiquement à trouver son nom parmi les membres de la loge P2, mais il n'en est rien. Or nous savons qu'Andreotti a soutenu Gelli en plusieurs occasions cruciales, à commencer par le fameux contrat de l'OTAN obtenu par une société qu'il dirigeait au début des années 1960… de même qu'il a longtemps été un fervent partisan du financier maçon Sindona.

Malgré ses succès, au sein de la DC Andreotti manque pourtant de poids politique. C'est pourquoi il cherche à se développer une clientèle électorale. C'est de Sicile que lui vient la solution : son affidé Salvo Lima est élu au Parlement en 1968 avec une avance écrasante… Trois ans plus tard, Andreotti devient Premier ministre, et le sera encore six fois entre 1972 et 1992. Andreotti est considéré comme l'homme le plus puissant de Palerme, et l'on se demande bien ce qu'il a pu offrir en échange à l'incontournable Cosa Nostra. Un historien de la Démocratie chrétienne, Bazet Bozzo, établit un parallèle entre l'ascension du chef mafieux Toto Riina au sein de Cosa Nostra et celle d'Andreotti au sein de la DC. Jusqu'au début des années 1990, ce dernier sortira indemne de toutes les affaires et polémiques qui secoueront la vie politique italienne.

Il n'est toutefois pas passé loin de la sortie de route lors de la faillite du groupe Sindona. Nous savons désormais que Michele Sindona a perdu des centaines de millions, sinon des milliards de dollars, appartenant en partie à la Mafia. Encore à l'été 1976, Andreotti reçoit des amis de Sindona liés à la Mafia et à la loge P2, qui sollicitent son aide pour bloquer les demandes italiennes d'extradition faites à la justice américaine. Le FBI, qui surveille constamment Sindona, reclus à l'hôtel Pierre à New York, affirme dans des rapports confidentiels qu'à l'occasion de ses déplacements aux États-Unis Andreotti a rencontré en toute discrétion le financier exilé, une fois en 1976 et une fois en 1977. Même en pleine crise de la prise d'otage d'Aldo Moro par les Brigades rouges, Andreotti trouve le temps de recevoir les avocats de Sindona dans son bureau.

Un an après l'assassinat de Moro est découvert le corps sans vie du journaliste Mino Pecorelli, ancien collaborateur des services secrets italiens, ex-membre repenti de la loge P2. On s'en souvient, le 1er octobre 1978, des carabiniers de la brigade terroriste sous les ordres du général Dalla Chiesa perquisitionnaient un appartement milanais, où neuf membres des Brigades rouges avaient tapé à la machine des notes manuscrites d'Aldo Moro. À la fin du mois, Pecorelli publiait dans son magazine confidentiel l'*Osservatorio Politico* (*OP*) quelques extraits des documents originaux de Moro qui laissaient planer la menace de révélations embarrassantes pour Andreotti. Il semble que le général Dalla Chiesa, bien conscient des capacités d'étouffement de Giulio Andreotti, ait confié une copie du dossier à Pecorelli. Selon le témoignage de Pino Arlacchi, ancien sous-directeur de la commission parlementaire antimafia : « Pecorelli finit par prendre au sérieux son rôle de journaliste qui avait été initialement une couverture. Avant cela, son magazine n'avait été qu'une arme utilisée par une faction des services secrets. Mais après mai 1978, ceux qui le finançaient avaient fini par perdre peu à peu le contrôle de leur porte-voix. Les exposés d'*OP* sur les mauvaises actions du régime et ses attaques contre les personnages puissants se poursuivirent[1]… » Ce n'est qu'en 1990, à l'occasion de travaux dans l'appartement milanais, qu'apparaissent les dossiers originaux complets de Moro : il y révèle pêle-mêle le financement de la DC par la CIA, l'existence d'un réseau paramilitaire clandestin de l'OTAN, et la participation de l'État dans la stratégie de la tension terroriste des années 1970. Moro dénonçait également la concentration des pouvoirs entre les mains d'Andreotti qui avait selon lui la haute main sur les services secrets italiens.

Andreotti, alors ministre des Affaires étrangères, passe à un cheveu de l'exclusion par le Parlement. Seule la curieuse abstention du

1. Cité par Peter Robb, *Minuit en Sicile*, *op. cit.*

groupe communiste lui permet de sauver sa tête. En 1986, Sindona est transféré à la prison de haute sécurité de Voghera. Deux jours après son arrivée, il avale un expresso empoisonné à la strychnine. L'enquête conclut à un suicide. Une caricature publiée par le journal *La Repubblica* montre Sindona derrière les barreaux, une silhouette ressemblant étrangement à Andreotti lui tend une tasse de café en demandant : « Un sucre ou deux ? »

Ce n'est qu'au début des années 1990 que les choses tournent vraiment mal. Ce fameux début des années 1990, libéré de la menace communiste, lors duquel chacun réévalue ses alliances. Selon les témoignages de plusieurs repentis de Cosa Nostra, le parrain Toto Riina pense alors qu'Andreotti cherche à défaire ses liens avec la Mafia, tout en conservant sa base électorale conquise grâce à elle. Or on ne quitte pas ainsi Cosa Nostra. Comme par hasard, tous les « hommes d'honneur » emprisonnés aux États-Unis ou en Italie se mettent lors de leurs dépositions à évoquer spontanément le nom d'Andreotti.

Mars 1992, la campagne présidentielle bat son plein. Andreotti alors Premier ministre brigue le poste qui sera bientôt laissé vacant par le président Cossiga. Mais son vieil ami Lima est abattu d'une balle dans la tête. Lors des funérailles, le président Cossiga dénonce un crime mafieux. Andreotti a l'air effondré et terrorisé. Un ministre présent commente : « Il avait le teint encore plus cireux qu'à l'ordinaire. Il était terrifié, soit parce qu'il ne comprenait pas ou alors parce qu'il comprenait très bien[1]. » Éclaboussé par le scandale, Andreotti ne sera pas élu au Quirinal. En guise de consolation, il devient sénateur à vie. Les élections de 1992 aboutissent au pire score de son histoire pour la Démocratie chrétienne.

Les meilleurs observateurs de Cosa Nostra, les juges Paolo Borsellino, coordinateur de la lutte antimafia en Sicile, et son collègue Giovanni Falcone en tirent les conclusions : alors que le premier maxi-procès antimafia touche à sa fin, la Mafia vient de mettre un

1. *Ibid.*

terme à sa collaboration avec la Démocratie chrétienne. C'est désormais elle qui donne les ordres. Et si les politiciens ne lui obéissent pas, notamment pour stopper la Justice… elle les sanctionne.

Borsellino et Falcone trouvent tous les deux la mort en 1992, sur ordre de Toto Riina. Et c'est ce dernier qui cause indirectement la disgrâce d'« Il Divo ». Balduccio Di Maggio, le chauffeur de Riina, fait une révélation fracassante : le « parrain des parrains » de la Mafia et le parrain de la vie politique italienne se seraient rencontrés en 1987 ! Avec d'autres, ce témoignage déclenche un très médiatique procès de l'homme qui incarne depuis presque un demi-siècle la permanence du pouvoir démocrate-chrétien. Les témoignages rassemblés par les enquêteurs sont accablants. Et le jugement cinglant : « Il a été établi que pour la période débutant au moins en 1978 et se terminant en 1992, les relations entre le sénateur Andreotti et Cosa Nostra ne furent ni accidentelles ni occasionnelles, ce qui permet de confirmer matériellement la charge d'appartenance à une organisation mafieuse. »

En 1995, Andreotti est jugé pour le meurtre de Pecorelli : les procureurs estiment qu'Andreotti a manifesté aux chefs de Cosa Nostra son désir d'être débarrassé du gêneur.

Le mafieux repenti Tommaso Buscetta témoignera également que Cosa Nostra avait envisagé dès 1979 le meurtre du général Dalla Chiesa, visiblement pour le compte d'un tiers car à cette époque il ne menaçait pas encore trop directement ses intérêts. Selon Buscetta : « Le général Dalla Chiesa devait être éliminé car il était en possession de secrets – je ne sais pas s'il s'agissait d'informations, de documents, de pièces à conviction – en rapport avec l'affaire Moro et susceptibles de causer de graves ennuis à Andreotti. C'étaient les mêmes secrets que ceux détenus par Mino Pecorelli, ce journaliste […] L'affectation du général à Palerme fut seulement une manœuvre pour pouvoir l'éliminer d'une manière plus aisée, et surtout plus logique, plus justifiable. Son élimination avait déjà été décidée au préalable, et pour des raisons autres que la lutte antimafia[1]. »

1. *Op. cit.*

En 2003, la Cour suprême italienne a rejeté la condamnation de Giulio Andreotti pour conspiration avec la Mafia pour assassiner le journaliste Mino Pecorelli et annulé sa peine de vingt-quatre ans de prison. En 2004, elle a en revanche confirmé le jugement de la cour d'appel le condamnant pour « association criminelle avec Cosa Nostra ». Curieusement elle ne l'a jugé coupable que de faits antérieurs au printemps 1980... Pourquoi cette coupure arbitraire ? La réponse est simple : le délai de prescription étant de vingt-deux ans, ses crimes antérieurs à 1980 n'étaient plus punissables.

Comme le souligne l'étude du politologue et spécialiste de l'Italie Jean-Louis Briquet : « La sentence, quoique sans conséquence pénale, est accablante. Elle accrédite des accusations qu'Andreotti a toujours niées, établit avec certitude que la Mafia a été utilisée comme auxiliaire par de hauts responsables publics, qui ont profité des votes que contrôlaient les "familles", ont associé celles-ci à leurs opérations affairistes, les ont utilisées dans des "interventions extralégales" dans l'organisation des campagnes électorales ou le règlement officieux de litiges[1]. » En somme, la justice italienne a renoncé à se prononcer sur les responsabilités politiques d'Andreotti (au vu de sa carrière illustre) en laissant aux historiens le soin de le faire... Une partie de la presse a aussitôt proclamé « l'acquittement » d'Andreotti. Le Vatican l'a félicité à son tour pour son « acquittement ». Andreotti a retrouvé son siège au Sénat italien, dont il faillit même devenir président. Il est décédé en mai 2013, à 94 ans, emmenant avec lui bien d'autres secrets.

Pour Pino Arlacchi, Andreotti savait très bien ce qu'il faisait. « Son courant était très faible au sein de la Démocratie chrétienne. En pactisant avec la Mafia, il le faisait passer d'à peine 2 % à 10 %, ce qui lui a permis de se faire entendre et de jouer les arbitres au sein

1. Jean-Louis Briquet, *Mafia, justice et politique en Italie. L'affaire Andreotti dans la crise de la République (1992-2004)*, Karthala, 2007. Voir aussi : « Justice et politique dans la crise de la "première République" italienne. L'affaire Andreotti (1992-2004) », *Les Cahiers de la justice*, 2012. Consultable sur HAL : https://halshs.archives-ouvertes.fr/halshs-00875781/document

de son parti, mais aussi, inévitablement, du pouvoir. On ne comprend ce choix dangereux que si l'on examine les vraies motivations d'Andreotti : l'argent ne l'intéresse pas, l'État pas vraiment davantage, seulement le pouvoir personnel, une soif immatérielle de pouvoir, une soif sans limites. […] Souvenez-vous du cardinal Ruffini[1] qui disait : “Parler de Mafia, c'est calomnier la Sicile[2].” »

---

1. Archevêque de Palerme, proche de Franco et Salazar, mort en 1967.
2. « L'arrière-plan politique du procès Andreotti », *Le Monde*, 30 décembre 1995.

24
Meurtres au Vatican

> «Je jure de servir fidèlement, loyalement et honorablement le souverain pontife Jean-Paul II et ses successeurs légitimes, de sacrifier ma vie pour les protéger si nécessaire…
> Puissent Dieu et nos saints patrons m'y aider!»
>
> Serment d'allégeance des gardes suisses

Le 4 mai 1998, le journal officiel du Vatican annonce la nomination d'Alois Estermann, 43 ans, à la tête des gardes suisses. Il vit avec sa femme Gladys Meza Romero, une ex-mannequin vénézuélienne devenue policière, puis archiviste, à l'ambassade du Venezuela à Rome. Tous les deux sont très pieux et assistent régulièrement à la messe. On les voit aussi régulièrement dans les réceptions diplomatiques romaines.

Ce soir-là, une religieuse hébergée dans l'immeuble où réside le couple Estermann entend du bruit, se présente devant leur appartement et découvre dans l'entrée le corps ensanglanté de l'épouse. Elle donne l'alerte à un garde suisse. Celui-ci découvre le corps du mari criblé de plusieurs balles, ainsi qu'un autre garde suisse, le vice-caporal Cédric Tornay, 23 ans, la tête ensanglantée. Un tel carnage à l'intérieur du Vatican est inédit.

Il y a bien eu, quelques mois plus tôt, le meurtre d'un gentilhomme du pape, chargé du protocole lors des visites officielles. Mais celui-ci est mort chez lui, à l'extérieur du Vatican, semble-t-il battu à mort par un prostitué. Mgr Alois Jehle, le chapelain des gardes suisses, court informer le secrétaire particulier du pape, Mgr Stanislaw Dziwisz.

Des taupes chez les gardes suisses

La presse italienne et les médias se déchaînent : dès le lendemain, on spécule sur un drame de la jalousie et on suggère une liaison entre Cédric Tornay et Gladys Meza Romero. Les journaux dressent un portrait plutôt flatteur du chef des gardes suisses : issu d'une famille de paysans, il est l'aîné d'une fratrie de cinq enfants. Il a grandi dans le village alémanique de Beromünster près de Lucerne. Attiré par l'armée et très pieux, il a choisi de quitter la ferme familiale pour rejoindre les gardes suisses après son service militaire. Il a accompagné le pape lors d'une trentaine de voyages officiels à l'étranger. Signe de confiance, on lui a même confié une enquête pour la Congrégation pour la cause des saints sur un laïc suisse. Peu après son installation à Rome, il a fait la connaissance de sa future épouse. Ils étaient mariés depuis quinze ans, sans enfant.

Le premier communiqué de presse du Vatican, publié seulement trois heures après la découverte des corps, affirme que « l'information réunie pour l'heure suggère un "acte de folie" du caporal Tornay[1] ». Joaquín Navarro-Valls, le puissant patron du service de presse, est un laïc mais on lui prête au Vatican autant de pouvoir qu'un cardinal. Selon lui, Tornay a d'abord abattu Estermann de deux balles, puis a tiré sur Gladys Meza Romero avant de se suicider d'une balle dans la bouche. Lors de sa conférence de presse le lendemain matin, Navarro-Valls annonce que, peu avant sa mort, Tornay avait confié à un camarade une lettre pour ses parents. Il en détient une copie mais refuse de la communiquer : il affirme que cette lettre confirme son diagnostic d'un « acte de folie » et que l'enquête devrait l'attester.

1. John Follain, *City of Secrets. The Startling Truth Behind the Vatican Murders*, Harper Collins, 2004.

Le pape présente ses condoléances à la famille d'Estermann. Le secrétaire d'État Sodano, à sa demande, célèbre une messe funéraire pour les époux[1]. 24 gardes en uniforme forment une haie d'honneur.

Deux jours après, l'image héroïque d'Estermann commence à se fissurer. Un journal berlinois, le *Berliner Kurier*, affirme qu'Estermann a été un agent de la Stasi, nom de code « Werder » ! Même si le Vatican refuse d'envisager pareille hypothèse, l'affaire fait scandale.

La presse publie enfin la fameuse lettre de Tornay à ses parents, qui comporte de nombreuses fautes, reproduites ici telles quelles :

> Maman,
> J'espere que tu me pardonnera car ce que j'ai fait ce sont eux qui m'ont pousser. Cette année je devais reçevoir le bénémerenti et le lieutenant colonel me l'a refuser. Après 3 ans 6 mois et 6 jours passer ici à suporter toute les injustice la seule chose que je voulais il me l'ont refuser. Je dois rendre se service à tous les gardes restant ainsi qu'à l'église catholique. J'ai jurer de donner ma vie pour le pape et c'est ce que je fais. Je m'excuse de vous laisser tout seul mais mon devoir m'appelle. Dis à sarah, Melinda et Papa que je vous aime tous.
> Gros Bisous à la plus Grande Maman du Monde.
> Ton fils qui t'aime[2].

1. Selon Frédéric Martel, pendant la veillée funèbre, les cercueils du couple et celui de Cédric Tornay ont été exposés ensemble. C'est le cardinal Sodano qui aurait « décidé de faire placer les trois cercueils côte à côte lors de la veillée funèbre. À égalité. Dans un même recueillement et hommage. Étrange décision au demeurant, décision incompréhensible même. Imagine-t-on une veillée funèbre où après un attentat, on placerait côte à côte la victime et son meurtrier, le terroriste et ses victimes ? Car si le commandant de la garde suisse a été assassiné par la jeune recrue accusé du meurtre, de folie et de consommation de drogue, pourquoi leur rendre hommage *en même temps* ? Cette décision symbolique est plus qu'un aveu. Indique-t-elle une étincelle d'humanité de Sodano au dernier moment, sinon la peur d'aller au purgatoire pour un mensonge ou un crime ? Un hommage commun aux trois victimes n'était-il pas une option seulement et seulement si le cardinal Sodano et Mgr Re connaissaient la vérité sur l'innocence de Cédric Tornay ? » https://www.franceinter.fr/culture/l-etrange-mort-de-deux-gardes-suisses-a-l-interieur-du-vatican-un-texte-inedit-de-frederic-martel
2. Cf. l'émission de la RTS, « Zone d'ombre », 2 novembre 2011.

À l'évidence, Tornay exprime une rancune plus globale, pas seulement contre Estermann.

Selon le précédent commandant de la garde suisse, le colonel Roland Buchs, qui s'est exprimé lors d'une cérémonie funéraire en Suisse, Tornay était un idéaliste et un très bon professionnel. « Il était très sensible à la façon dont les autres le traitaient et leurs réactions l'affectaient profondément. La tension était quasiment insoutenable pour lui[1]. » Tout reste implicite mais on peut comprendre que, selon son ancien patron, Tornay a été maltraité (par qui ?) et ne l'a pas supporté.

Le Vatican refuse toutes les offres d'assistance technique de la police italienne, qui a pourtant des moyens d'investigation sans commune mesure. Comme on l'a vu dans d'autres affaires, en particulier l'attentat contre le pape, il n'en a pas toujours été ainsi. Les autopsies sont conduites dans le plus grand secret par deux experts légistes, tenus par un accord de confidentialité très strict. L'enquête elle-même est dirigée par un juge qui travaille à temps partiel pour le Vatican à côté d'une activité principale de chef du personnel au Parlement italien ! Ce n'est donc pas lui faire injure que constater son manque d'expérience en matière d'enquêtes criminelles.

Le 8 février 1999, le résultat de l'enquête est conforme aux prédictions de Joaquín Navarro-Valls. Le rapport final est mince et les noms des témoins ont été caviardés, ce qui rend impossible tout travail de contre-enquête de la part des journalistes. On y apprend cependant qu'un ami était au téléphone avec Gladys Meza Romero, puis avec Estermann le jour du crime à 20 h 46. Peu après, la conversation fut interrompue par des bruits étouffés, probablement des coups de feu. Selon le rapport, c'est la femme qui a ouvert la porte à Cédric Tornay pendant que son mari était au téléphone. Tornay se serait précipité sur Estermann avec son arme de service, un pistolet SIG 9 mm, et aurait tiré deux coups sur lui, dans la joue gauche et à l'épaule. Se retournant, il se serait trouvé face à Meza Romero,

1. John Follain, *City of Secrets. The Startling Truth Behind the Vatican Murders*, *op. cit.* Sauf mention contraire, les citations suivantes sont issues de son enquête.

aurait tiré mais l'aurait manquée (la balle allant se nicher par la porte ouverte de l'appartement dans la porte de l'ascenseur sur le palier). Une quatrième balle aurait touché Meza Romero. Tornay se serait alors agenouillé et aurait retourné le canon de l'arme dans sa bouche avant de presser la détente.

Le rapport propose comme cause de ce carnage un « kyste de la taille d'un œuf de pigeon découvert dans son cerveau lors de l'autopsie [de Tornay] ». Il mentionne aussi des traces d'un dérivé du cannabis dans ses urines. Ce qui permet d'avancer l'hypothèse d'une consommation régulière qui aurait conduit à des accès de paranoïa. Cette affirmation est doublement imprudente : en cas de consommation régulière, on aurait trouvé des traces dans le sang de Tornay, ce qui n'est pas le cas. Et tous les toxicologues savent que le cannabis ne rend pas agressif. Enfin, le rapport indique que Tornay souffrait lors de sa mort de bronchite, ce qui l'aurait rendu « vulnérable » et sujet à des crises de rage… Pour le Vatican, c'est une affaire classée.

Le journaliste John Follain, correspondant du *Sunday Times* à Rome lors de l'affaire, est celui qui a enquêté le plus longuement et rigoureusement sur cette affaire. La mère de Cédric Tornay, Muguette Baudat, est persuadée que le Vatican dissimule des éléments. Elle met en doute l'authenticité de la lettre. Selon Me Luc Brossollet, l'avocat de la famille Tornay, il s'agit d'un faux. La lettre n'est pas signée. L'écriture était facile à imiter, mais les majuscules semblent distribuées au hasard (« pape »). Certaines fautes sont inhabituelles (Reçevoir). La lettre est adressée à « Muguette Chamorel » (nom de son second mari, qui figure dans les dossiers du Vatican) et non Baudat comme il le faisait d'habitude. Le décompte du temps passé au Vatican est faux (un mois de trop), ce qui peut venir du dossier. En français on n'ajoute pas d'accent à Benemerenti[1] mais un Italien peut penser qu'il en faut, pour correspondre à la prononciation « é »…

1. Benemerenti : médaille décernée pour trois ans de service dans la garde suisse.

Le chapelain Alois Jehle a essayé de dissuader Muguette Baudat de venir à Rome, sous tous les prétextes possibles, excitant ses soupçons. Mais elle décide de venir quand même et se rend devant la dépouille placée dans un cercueil, dans la chapelle des gardes. « Et alors, raconte-t-elle, il y a eu cette scène étrange. Un jeune homme mince, assis sur un banc, s'est mis à pleurer et à crier. Personne n'allait vers lui alors je me suis sentie obligée d'aller le réconforter. Il m'a dit que son nom était Yvon Bertorello, qu'il était un prêtre, et que tout était de sa faute. Qu'il aurait dû être là pour empêcher Tornay de faire ce qu'il a fait. Il a même dit que mon fils avait été assassiné. [...] Les gens du Vatican m'ont dit que c'était le père spirituel de Tornay et qu'aucun homme d'Église n'était aussi triste que Bertorello. »

Qui donc est ce personnage dont le nom n'évoque rien aux journalistes accrédités auprès du Vatican ? « Tout ce que je sais [de Bertorello], dit-elle, est qu'il avait la double nationalité, française et italienne, et qu'il avait étudié à Écône, un séminaire fondamentaliste dans le Valais. Ensuite il est arrivé au Vatican et ils l'ont envoyé accomplir toutes sortes de missions sensibles en Bosnie, Turquie, partout. Je pense que c'est une sorte d'espion du Vatican. J'ai fait tout mon possible pour le retrouver mais les magistrats qui ont mené l'enquête m'ont dit qu'ils n'avaient aucune idée de qui il était [...] C'est seulement quelques jours après [sa mort] que je me suis souvenue que Tornay m'avait dit qu'il enquêtait sur l'Opus Dei, dont Estermann était proche. » Et d'ajouter : « Il disait qu'il enquêtait avec deux autres gardes. Je n'avais pas idée de ce que c'était à l'époque. Il me disait que c'était secret et dangereux. [...] Plus tard j'ai appris par des amis de Tornay qu'Estermann était proche de l'Opus Dei et qu'ils avaient essayé de recruter des gardes suisses[1]. »

1. In John Follain, *City of Secrets. The Startling Truth Behind the Vatican Murders*, *op. cit.*

Un espion parle (un peu)

Avant d'examiner les diverses pistes ouvertes par ces témoignages, il importe de comprendre qui est Bertorello. Un journaliste de *Paris Match*, Victor Guitard, l'a retrouvé. Il a tiré de ses quelques entretiens avec lui un bref ouvrage, dans lequel il y a beaucoup de flou, de trous et parfois de contradictions (tout comme dans ses échanges avec John Follain), mais où l'on trouve tout de même quelques bribes d'informations intéressantes.

Le Français est décrit comme un petit homme à l'air nerveux, avec des boutons d'acné sur la tempe et une coupe au bol, une pomme d'Adam proéminente, des joues pâles, des lèvres épaisses. Il porte des petites lunettes en or sur un nez aquilin et fait plus âgé que ses 37 ans. Il a fait des études d'ingénierie puis bifurqué vers le droit, puis la théologie. Il se décrit comme un « consultant international » pour la vente d'or et de bijoux à des chefs d'État et des clients VIP. Il est également impliqué dans des ONG et actif en Arménie. Il dit avoir été diacre, ordre inférieur aux prêtres, et avoir demandé à en être libéré.

Bertorello raconte avoir travaillé à partir de 1993 pour un personnage de la secrétairerie d'État : « Don Jorge », un jésuite, originaire de Cracovie, rescapé d'un camp nazi. Il a effectué des études à Rome à la Minerva, et retrouvé Wojtyła avec qui il avait fait du théâtre avant-guerre. « Au Vatican, il s'est constitué un véritable État dans l'État, au-dessus de la secrétairerie. Il est considéré comme l'un des hommes les plus puissants du Saint-Siège. Pour mener à bien son audacieuse politique de déstabilisation des régimes communistes, la création d'un nouvel instrument de renseignements était indispensable au souverain pontife[1]. »

Ce service spécial est donc dirigé par un des membres de sa garde polonaise rapprochée.

1. Victor Guitard, *L'agent secret du Vatican. Histoire d'un complot : les révélations de Giovanni Saluzzo*, Albin Michel, 2004.

> Le réseau dit « ouvert » est composé de cellules réparties à travers le monde. Le réseau dit « fermé » n'existe plus officiellement. La diplomatie lui sert souvent de couverture. En réalité, il s'agit d'un réseau d'agents de renseignement. Certains d'entre eux peuvent avoir recours à l'habit ecclésiastique, mais ne sont pas dans les ordres sacrés pour autant. Le recrutement est très variable. Quelquefois la secrétairerie d'État repère un jeune prêtre, frais émoulu de l'université, plutôt moderne, aux manières affables et doté d'un physique avenant, n'ayant pas étudié à la Minerva, l'école diplomatique du Vatican. Dans certains cas des jeunes gens sont cooptés dès l'université, en cours d'histoire ou de droit. En France, on sélectionne même parmi les jeunes scouts d'Europe, organisation paramilitaire dont l'élite française est liée à l'école militaire de Saint-Cyr[1].

Bertorello, que Guitard présente sous le pseudonyme de Giovanni Saluzzo, a suivi quatre années de formation, notamment à la Minerva, l'école diplomatique. « Les *codes and ciphers* lui sont dispensés par une éminence à l'accent polonais. Il suit aussi des cours de photographies cachées, délivrées par une éminence à l'accent italien. Enfin, il s'entraîne secrètement avec des unités de parachutistes de l'armée italienne[2]. » Voilà un cursus qui ressemble à ce que pouvait être celui du Russicum après-guerre…

Au moment de ses échanges avec Guitard, Bertorello semble avoir quelques problèmes avec le Vatican. Un ecclésiastique proche de la Vigilanza le soupçonne de travailler pour l'Est en raison de ses nombreux déplacements en Ukraine et en Arménie. Ce qui montre au passage que les services contrôlés directement par Jean-Paul II au sein du Vatican ne rendent de comptes à personne, au risque de créer des imbroglios : « On m'a soupçonné d'appartenir au SISMI, le service secret militaire italien. C'est la cause de mes problèmes. On m'a fait un procès. On a parlé de transferts de fonds de plusieurs

1. *Ibid.*
2. *Ibid.*

millions de dollars, de trafic de drogue. Ils ne pouvaient pas comprendre pourquoi je voyageais autant sur ma paie du Vatican de 13 000 francs par mois. Et puis j'ai été acquitté. Maintenant j'ai dit au Vatican que je veux une lettre pour laver mon nom, mais aussi un travail, même un emploi de complaisance au ministère français des Affaires étrangères. J'ai attendu trois ans mais il faut savoir être patient. À la fin, j'aurai ma lettre, j'en suis certain[1]. » Bertorello affirmera plus tard à John Follain avoir obtenu sa lettre, signée par Jean-Louis Tauran, ministre des Affaires étrangères.

Au vu de ce qui précède, il est probable que Bertorello n'est pas un espion de très haut rang. C'est plutôt un messager utilisé dans des affaires secrètes, et dont le destin semble avoir déraillé. On lui a fait porter un chapeau sans doute trop grand pour lui, et il lui a fallu faire mine de parler à des journalistes (sans révéler grand-chose du reste) pour qu'on se décide à le disculper formellement. Peut-être aussi a-t-il été victime collatérale de règlements de comptes internes. En tout cas, Bertorello n'a pas obtenu de poste dans la diplomatie française, mais il est devenu… auteur de livres et scénariste de BD. À thème religieux, évidemment. Et il refuse d'évoquer son passé.

Son témoignage nous permet cependant d'avancer dans la compréhension des meurtres du Vatican. Tornay, confesse Bertorello, était bisexuel, comme lui. Extrêmement séduisant, Cédric avait des liaisons avec des femmes, mais aussi avec des hommes. Et il avait eu une relation avec Estermann : « C'est vrai qu'il a été avec Estermann, ça a duré deux ans. Ils ont rompu en janvier de leur dernière année. Mais je ne crois pas que dire qu'ils étaient un couple pendant cette période soit le mot juste. Il vaut mieux dire qu'ils étaient ensemble occasionnellement à cette époque[2]. »

Comme bien d'autres au Vatican, Bertorello n'a pas été insensible au charme de Cédric Tornay. Au point de l'emmener avec lui pour un voyage professionnel en Corée du Sud, ce qui est contraire aux règles. C'est peu dire qu'ils ont été mal reçus à la nonciature

1. *Ibid.*
2. *Ibid.*

apostolique, où leur tandem a choqué. C'est sans doute ce qui a poussé la Vigilanza à s'acharner sur Bertorello. Si les amours homosexuelles sont un tabou puissant au Vatican, la garde suisse n'échappe pas à la règle.

Les secrets de famille de la garde suisse

Dès qu'a été connue la nouvelle de ce massacre, la secrétairerie d'État est entrée en mode contrôle des dégâts. Une réunion d'urgence est organisée au palais apostolique avec Mgr Sodano, Mgr Giovanni Battista, le secrétaire d'État adjoint, Navarro-Valls, le porte-parole du pape, et le juge Marrone qui va être saisi de l'enquête. Il ne leur faut que 30 minutes pour décider quoi dire, et qui doit le dire. En premier lieu, personne ne veut dévoiler les failles de la sécurité du pape : si Tornay a pu se promener seul avec une arme et assassiner si facilement le couple Estermann, n'aurait-il pu faire de même avec le saint-père ? Le drame met en évidence une surveillance sans doute insuffisante à l'intérieur du Vatican. Ensuite, il faut s'assurer que la famille ne contestera pas la version officielle. Mgr Re et le chapelain des gardes suisses, Mgr Jehle, doivent la dissuader de venir à Rome, et si elle vient quand même, s'assurer qu'elle ne fera pas de vagues. Sur instruction de Sodano, Mgr Jehle a sorti du lit les gardes à 7 heures du matin, les a alignés dans la cour et leur a ordonné de rester calmes. « Il leur a signifié qu'au nom de l'unité ils ne devaient accuser ou blâmer personne au sein de la garde pour ce qui s'était passé. Personne à part Tornay évidemment », précise Bertorello[1]. Une source romaine met l'accent sur le rôle de Navarro-Valls : « Les Estermann étaient tous les deux proches de l'Opus Dei. Navarro-Valls en est membre et il a été remarquablement rapide pour arriver sur la scène du crime quand il a été alerté. Et l'ombre du saint-père, Dziwisz, a la réputation d'être un soutien de l'Opus Dei[2]. » Alberto Vollmer Herrera, ambassadeur du Venezuela et ancien employeur de

1. *Ibid.*
2. Entretien avec l'auteur.

Gladys Meza Romero, a confirmé à John Follain que les Estermann étaient des « amis de l'Opus Dei », sans plus de détails. Estermann représentait pour l'œuvre une recrue de choix : il était en situation de connaître l'état de santé du pape, la liste de ses rencontres, mais aussi les petits et grands secrets de beaucoup de cardinaux. Bertorello a été chargé d'enquêter sur Estermann et il a recruté Tornay pour découvrir quels autres gardes étaient proches de l'Opus. Tornay a coopéré volontiers : il faisait partie de la minorité francophone des gardes suisses, méprisée par les germanophones, et se sentait haï par Estermann depuis leur rupture. Un ex-garde suisse, Steve Kellenberger, témoigne : « Nous savions tous que Estermann était de l'Opus Dei. Il y avait un monsignore espagnol de l'Opus Dei qui venait souvent à la caserne et demandait après Estermann. Un jour ils ont organisé une sortie à la villa Tevere, le QG de l'Opus Dei à Rome. Mais ils n'ont pas dit ce que c'était, juste qu'il y aurait un barbecue. Je suis resté à l'écart parce que pour moi, l'Opus Dei est une sorte de maladie de l'Église mais plein de gardes y sont allés[1]. »

En résumé, dans cette affaire on a fait passer la communication de crise avant la recherche de la vérité. Le pape n'a été que vaguement informé. Un monsignore confirme ainsi à John Follain : « Sa Sainteté a entériné ce que Sodano a concocté. »

Reste à savoir pourquoi Tornay – si c'est bien lui… – aurait pu commettre un tel acte. Il faut d'abord faire un sort à la thèse de l'espion de la Stasi, qui aurait massacré les Estermann parce qu'il aurait été démasqué. John Follain a mené une contre-enquête en Allemagne de l'Est et interrogé d'anciens dirigeants du service. Dans les archives on trouve bien trace d'un agent « Werder », sans pouvoir conclure sur son identité. Estermann n'avait que 20 ans et se trouvait encore dans une école en Suisse lorsque les premiers rapports sont arrivés en provenance du Vatican. Il est plus plausible que « Werder » ait été Eugen Brammertz, traducteur pour l'édition allemande de *L'Osservatore Romano*.

1. John Follain, *City of Secrets. The Startling Truth Behind the Vatican Murders, op. cit.* pour cette citation et les suivantes.

Il existe une piste plus sérieuse, dont le Vatican n'a jamais fait mention. Pour un simple prétexte (avoir fait le mur une nuit précédente), Tornay s'est vu exclure par Estermann des bénéficiaires de la médaille pour trois ans de service (Benemerenti), qu'il devait recevoir quelques jours plus tard, et expulsé de la garde. Une telle sanction aurait ruiné ses chances sur le plan professionnel. Dans le même temps, on apprenait qu'Estermann était nommé chef des gardes suisses. Nicolas Beytrison, un ex-garde, commente: « Faire découvrir à Tornay à la dernière minute qu'il n'aura pas sa médaille est typique du genre de choses que font les Suisses allemands. »

Peu avant le drame, Tornay avait rédigé un brouillon de lettre de démission. Il y faisait état des persécutions des gardes suisses alémaniques. Le jour des crimes, il a confié la lettre pour sa mère au garde Claude Gugelmann, qui a quitté Rome juste après et confie: « Peu après la mort de Tornay, j'ai parlé de la lettre avec Jehle. Je lui ai dit que j'avais donné ma parole. Mais Jehle est allé tout droit voir le juge Marrone, l'enquêteur, et lui a tout raconté. J'étais furieux. Jehle n'aurait rien dû dire à personne. OK, c'est vrai qu'on n'était pas dans un confessionnal, mais pour moi notre conversation avait la même valeur. Jehle a abusé de ma confiance. Jehle et Marrone m'ont convoqué au bureau du commandant et menacé de dévaster ma chambre si je ne leur confiais pas tout de suite la lettre. »

Un autre ancien garde, David Tissières, né dans la même ville que Tornay et qui avait prêté serment le même jour que lui, va dans le même sens: « La médaille signifiait beaucoup pour lui parce qu'il voulait rentrer en Suisse la tête haute. C'était de l'orgueil mais c'était compréhensible car il avait eu une enfance difficile et il voulait que ses années à Rome soient un succès, une réussite. Il voulait prendre un nouveau départ, se prouver quelque chose à lui-même. Mais Estermann était toujours en train de le harceler. » Il précise: « Estermann n'est pas la seule personne contre qui je suis en colère. Il y a aussi Mgr Jehle. J'ai entendu qu'il a refusé de recevoir Tornay après la messe du soir, deux heures avant le drame. Cela ne me surprend pas: Jehle était censé être notre confident, la personne qu'on allait voir quand on avait des problèmes personnels, mais il nous surveillait tout le temps. Il ne transmettait jamais nos réclamations à personne. Tornay a aussi tenté de rencontrer le cardinal Schwery, qui était toujours amical avec nous, mais je ne sais pas ce qui s'est passé. Mon sentiment est que Tornay n'avait personne à qui parler. »

Outre la réputation de l'Opus Dei, il y a deux secrets que la secrétairerie d'État voulait protéger à tout prix. Le premier, c'est l'existence d'homosexuels parmi les gardes suisses.

Un ex-officier gay a témoigné que Mgr Dziwisz lui aurait à quatre reprises répété qu'il devait se marier. « Dziwisz m'a dit que c'était le seul moyen d'avoir un futur décent dans la garde. C'était sa façon de me dire que même si j'étais gay, je devais montrer que je ne l'étais pas. J'étais offensé. Il n'y a rien dans le règlement contre la promotion des officiers non mariés. Imaginez, le célibat est un prérequis pour entrer dans les ordres sacrés, mais dans la garde suisse ils veulent que vous vous mariiez parce qu'ils ont tellement peur des gays [...] Quand Estermann, qui était toujours célibataire a été promu major en 1983, le commandant m'a dit que la secrétairerie d'État avait validé sa promotion seulement à la condition qu'il se marie rapidement. Et en décembre de cette année, il a épousé Meza Romero. »

L'autre secret est peut-être plus terrible encore : à l'époque de cette affaire, les gardes suisses ont une efficacité des plus limitées. Jo Georges, un autre ancien qui a également travaillé dans les services secrets suisses, livre le fond de sa pensée : « On est censés protéger le pape mais en vérité on est là juste pour la galerie. C'est avant tout du folklore, on pourrait aussi bien travailler pour l'office du tourisme. » Selon lui, Tornay était profondément désabusé : « Tornay a reçu un entraînement au tir une seule fois, dans un sous-sol. On n'apprend pas aux gardes comment se mettre dans la tête d'un attaquant, ce qui permettrait d'imaginer les façons de le neutraliser. Les gardes ne sont pas convenablement briefés avant d'être déployés. Et toutes ces obligations sont complètement inutiles. Les gardes sont plantés là sans bouger un muscle jusqu'à cinq heures d'affilée par jour. Nous savons qu'après deux heures de garde, vous êtes trop épuisé pour servir à quoi que ce soit. Vous ne pouvez plus vous concentrer et tout ce que vous faites, c'est mettre en danger celui que vous êtes censé protéger. »

Aujourd'hui encore, on ne peut être totalement certain que Tornay a bien craqué nerveusement et tué les époux Estermann, avant de se suicider. Il est seulement établi que toutes les conditions étaient réunies pour cela. Et que le traitement de l'affaire par la secrétairerie d'État empêche sans doute à jamais de découvrir la vérité. Mais, à tout prendre, le cardinal Sodano préférait de loin la critique au déshonneur. Hélas pour lui, il a récolté les deux.

25

Les errances du crépuscule

Nous le savons désormais : les fins de règne sont difficiles. Celle de Jean-Paul II dure près d'une décennie et donne parfois l'impression d'un navire à la dérive. Au début des années 2000, un monsignore confie ainsi à John Follain : « Le Saint-Père est si malade qu'il est devenu prisonnier de la curie. Il faut réaliser, il a subi cinq opérations depuis l'attentat de 1981. Maintenant il prend ce traitement contre la maladie de Parkinson, appelé Levodopa. Les effets secondaires le font se sentir bien à un moment et dévasté un instant plus tard. Oh, et il y a aussi la confusion, la paranoïa et des hallucinations. Mais il ne l'admettra jamais. Le Saint-Père doit apparaître aux commandes, sans quoi ses émissaires tomberont avec lui. Il y a un dicton au Vatican : les papes ne tombent jamais malades. Ils se contentent de mourir un jour. Alors Dziwisz, son secrétaire, fait tout ce qu'il peut pour que Jean-Paul ait l'air de contrôler la situation, mais la nuit il est réveillé par son patron qui lutte pour se lever et prier quand il souffre[1]. »

Il est frappant de constater combien la machine de guerre secrète mise sur pied dans la première décennie du pontificat de Jean-Paul II s'est démantelée par la suite. La plupart des prêtres mobilisés s'en sont retournés à leurs fonctions officielles, comme si la chute du communisme constituait la « fin de l'histoire » (pour reprendre l'expression du politiste Francis Fukuyama, désormais obsolète). Le savoir-faire acquis en Europe de l'Est n'a pas été capitalisé ni réinvesti sur d'autres dossiers. On a vu au cours des chapitres précédents

1. John Follain, *City of Secrets. The Startling Truth Behind the Vatican Murders*, *op. cit.*

combien la curie avait parfois manqué de renseignements fiables, ou avait tout simplement fait un mauvais usage de ceux qu'elle recevait. Ces défaillances du renseignement du Vatican n'ont été nulle part plus criantes que dans deux dossiers, parmi les plus dévastateurs qui aient marqué les années 1990.

Un Mexicain à Jersey

Il n'est pas question de rouvrir ici tout le dossier de la pédophilie dans l'Église nord-américaine. Rappelons que dès 1984, un prêtre de Louisiane, Gilbert Gauthe, avait été arrêté pour atteintes sexuelles sur enfants. À partir de cette affaire, un journaliste local, Jason Berry, avait mis en évidence un problème structurel qui s'étendait bien au-delà de la Louisiane. Il publia dès 1992 une enquête importante, dix ans avant que le sujet ne fasse les gros titres de la presse nationale[1]. En février 2004, un rapport du John Jay College of Criminal Justice à New York, réalisé avec l'accord de la Conférence des évêques des États-Unis, conclura que 95 % des diocèses américains ont connu au moins un cas d'enfant abusé par un prêtre depuis 1950. Le rapport précise qu'une grande partie des prêtres abuseurs ont eux-mêmes été abusés étant enfants et qu'une partie d'entre eux souffre d'alcoolisme ou de problèmes psychologiques non traités. Alors qu'ils auraient eu besoin d'un suivi médical, on ne leur a offert qu'un « suivi spirituel ». Le point le plus cruel du rapport est que l'Église américaine a alors dépensé plus d'argent en frais d'avocats pour sa défense que pour traiter les problèmes des prêtres défaillants depuis cinquante ans.

En mars 1993, une délégation d'évêques américains est reçue par Jean-Paul II au Vatican. Ils sont venus demander une plus grande autonomie pour limoger des prêtres pédophiles. « Mes chers évêques, répond le pape, j'ai vécu toutes ces années sous le communisme. Je ne vais pas laisser *ça* entrer dans l'Église. » Par cette réponse, Jean-Paul II assimile la procédure accélérée que réclament les évêques au

1. Jason Berry et Gerald Renner, *Vows of Silence. The Abuse of Power in the Papacy of John Paul II*, Free Press, 2010.

mépris des droits des prêtres par les régimes totalitaires. Le vaticaniste Jacek Moskwa, dans un entretien avec Frédéric Martel[1], explique ainsi le blocage psychologique du pape sur ce sujet : « N'oubliez pas le contexte : avant 1989, les rumeurs d'homosexualité et de pédophilie étaient couramment utilisées par les services secrets polonais pour discréditer les opposants au régime. Habitués aux chantages et aux manipulations politiques, Jean-Paul II et son assistant Dziwisz n'ont jamais voulu croire à aucune de ces rumeurs. Leur mentalité était celle de la forteresse assiégée : des ennemis de l'Église tentaient de compromettre les prêtres. Il fallait donc se montrer solidaires, coûte que coûte. » Qui plus est, le pape considère ces actes comme des péchés, plutôt que comme des crimes. Cette approche des actes pédophiles comme des fautes morales a été celle de bien des évêques et peut expliquer en partie le retard pris pour traiter le problème[2]. N'ayant eu aucun contact avec les victimes, Jean-Paul II n'a pas suffisamment pris en compte leur point de vue. Ses défenseurs[3] ont expliqué que tout cela était la faute des évêques américains qui avaient fait trop peu, trop tard, et qui ne l'avaient pas correctement informé. Cette position ne tient pas. Si mauvaise information il y a eu, c'est aux collaborateurs directs du pape qu'il faut reprocher d'avoir filtré les rapports.

Le cas le plus exemplaire, le plus édifiant, est celui des accusations portées contre le père fondateur de la Légion du Christ, Marcial Maciel Degollado. L'importance prise par Maciel dans l'Église catholique a été mise en lumière par le premier voyage de Jean-Paul II au Mexique. En 1979, le président mexicain Portillo a beau être athée et même anticlérical, il ne tarit pas d'éloges pour Maciel. Il faut dire que ses deux sœurs sont collaboratrices du Regnum Christi, l'organisation laïque de la Légion du Christ. L'une d'elles est même la secrétaire personnelle de Maciel. À l'image des légionnaires de l'époque,

1. Frédéric Martel, *Sodoma*, *op. cit.*
2. Jason Berry et Gerald Renner, *Vows of Silence. The Abuse of Power in the Papacy of John Paul II*, *op. cit.*
3. Notamment son biographe George Weigel.

elles vouent un véritable culte au fondateur du mouvement. Maciel est donc devenu un habitué des réceptions présidentielles. Ce lien lui permet de préparer la visite du pape dans les meilleures conditions. Le consortium médiatique Televisa, propriété d'un ami de Maciel, va assurer à la visite une couverture médiatique en forme d'apothéose dans toute l'Amérique du Sud. Avec cette visite triomphale, Maciel a gagné la reconnaissance éternelle de Jean-Paul II. Le pape reviendra quatre fois au Mexique, et Maciel sera son homme de confiance pour tout ce qui concerne la région. Quelques mois après ce premier voyage, Jean-Paul II célébrera une messe dans les jardins du Vatican à l'intention des Légionnaires, un privilège rare et un signal à l'intention de la curie.

Il faut dire que les Légionnaires du Christ sont alors parfaitement organisés et enracinés dans toute l'Amérique du Sud. Maciel fréquente les élites conservatrices du continent, qui voient dans son mouvement un pilier de l'ordre social et une précieuse force anticommuniste. La congrégation se développe à rythme soutenu, ouvre des écoles, des séminaires et universités, alors même que d'autres ordres perdent des effectifs. Cela ne passe pas inaperçu.

Cette réussite est l'œuvre d'une vie, qui recèle pourtant bien des zones d'ombre. Marcial Maciel Degollado est né en mars 1920, dans une famille de fervents catholiques mexicains engagés dans la lutte de l'Église contre un État devenu violemment anticlérical avec la révolution des années 1910. Les persécutions religieuses aboutissent au soulèvement armé d'une partie de la population à partir de 1926. C'est le mouvement des Cristeros. Maciel grandit donc dans un Mexique en guerre civile, au sein d'une famille très engagée, et veut très tôt devenir prêtre. Par deux fois, il est renvoyé de son séminaire. Il invoquera par la suite des explications aussi fantaisistes qu'avantageuses. La vérité, établie par une enquête de Jason Berry et Gerald Renner, est que dès les années 1940 Maciel se rend coupable d'abus sexuels sur des enfants[1]. La protection d'un parent prélat lui per-

1. Jason Berry et Gerald Renner, *Vows of Silence, op. cit.*

met cependant de retrouver un séminaire. Il est même autorisé à créer une congrégation alors qu'il n'est pas ordonné prêtre, ce qui est contraire au droit canonique. C'est à Tlalpan dans le district de Mexico, qu'il fonde les Légionnaires. Très vite, il montre un talent exceptionnel pour lever des fonds et séduire la grande bourgeoisie. Il est prestigieux à l'époque pour les grandes familles d'envoyer un fils au séminaire. Beaucoup de jeunes recrues seront abusées par Maciel, leur père spirituel, et mettront des décennies à porter leurs plaintes devant le pape.

Maciel n'est pas seulement accro aux jeunes garçons. En 1956, un visiteur apostolique du Vatican, le père Ballestrero, mène une longue enquête sur la congrégation. Il est frappé par l'omerta qui règne autour de Maciel : les membres de la congrégation ont interdiction de parler à qui que ce soit, fussent-ils envoyés du Vatican. Lorsque Maciel est hospitalisé dans une clinique romaine, personne ne donne d'explication sur son état. Il faut la visite-surprise d'un cardinal, Valerio Valeri, pour comprendre que Maciel est traité pour… abus de drogues ! Il se procurait des médicaments à base de morphine en envoyant ses séminaristes en acheter à l'étranger sans ordonnance. Le cardinal Valeri décide de suspendre Maciel qui est envoyé en cure de désintoxication. Mais très vite l'enquête du père Ballestrero et la décision du cardinal Valeri sont contestées par les rapports de plusieurs médecins mandatés par les Légionnaires du Christ. De nouveaux visiteurs apostoliques sont mandatés par le Vatican et rendent des conclusions fort indulgentes. Peu après la mort de Pie XII, Maciel est rétabli dans ses fonctions dans l'interrègne entre deux pontificats[1].

Maciel redouble d'efforts pour développer sa congrégation. En plus des vœux communs à tous les ordres, les Légionnaires en observent deux qui leur sont propres : ne jamais parler en mal du fondateur Maciel et des dirigeants de l'ordre, et dénoncer tous ceux qui émettent des critiques, à l'intérieur comme à l'extérieur.

1. Franca Giansoldati, *L'affaire Maciel*, Albin Michel, 2015.

Ce qui revient à faire de l'espionnage une activité fondamentale des Légionnaires. En 1965, Maciel obtient de Paul VI un décret de reconnaissance qui lui permet de ne plus dépendre de la hiérarchie mexicaine et d'être rattaché au Vatican. Il développe à partir de là le mouvement laïc Regnum Christi. Désormais, Maciel vit dans le luxe, multiplie les déplacements et mène plusieurs vies bien cloisonnées. Dans les années 1970, il se marie à deux reprises sous des noms d'emprunt, au Mexique et en Espagne. Pour justifier ses absences familiales, il se prétend… agent secret. Aux responsables des Légionnaires, il explique qu'il mène des missions top-secret dans les pays de l'Est pour le pape, mais qu'il ne faut en parler à personne. Cela ne fait que renforcer son aura.

L'empire Maciel comprend 15 universités, plusieurs centaines de collèges et centres de formation. À leur entrée dans la congrégation, les membres doivent remettre l'essentiel de leurs avoirs à l'institution et s'engagent à léguer leur patrimoine. Nombre de grandes fortunes se font mécènes des Légionnaires, à l'image du magnat des télécoms mexicains Carlos Slim. Une holding, Integer, chapeaute les activités du groupe. Ses actifs sont gérés par une banque luxembourgeoise, pour un montant estimé entre 20 et 35 milliards d'euros. Jean-Paul II voit les Légionnaires comme un ordre quasi militaire, capable de faire pièce à l'ascension des Églises évangéliques sur le continent latino-américain. Les instruments d'une restauration catholique.

L'Opus Dei et la Légion du Christ représentent un catholicisme traditionaliste, anticommuniste. Tous deux ont une forte capacité à lever des fonds importants et savent courtiser les puissants et les riches.

Dans les années 2010, la DGSE française a pu reconstituer un réseau de 200 structures appartenant aux Légionnaires, réparties entre divers paradis fiscaux. À l'origine de cette opération, Maxime Renahy est un jeune Français qui travaille comme administrateur de fonds à Jersey, un centre d'ingénierie financière réputé auprès des organisations soucieuses d'échapper au fisc. Renahy propose ses services d'informateur bénévole aux services secrets français. Parmi ses révélations, on apprend que les Légionnaires du Christ gèrent leurs actifs via Jersey. À la fin des années 1940, ils ont organisé une branche laïque, Regnum Christi, qui a pour but d'établir « le règne du Christ dans la société » et construit des écoles et universités dans une vingtaine de pays. Ces établissements scolaires et universitaires ont un budget opérationnel de 650 millions de dollars annuels. En France, les Légionnaires ont créé un cercle d'influence catholique, Génération Entreprise, présidé par l'entrepreneur Charles Beigbeder.

L'agent de la DGSE découvre un entrelacs de près de 200 sociétés « qui toujours, sur le principe des poupées russes, s'emboîtent les unes dans les autres, à Jersey, au Liechtenstein, en suisse, au Luxembourg, à Panama et aux Bahamas[1] ». Fin 2017, les fuites des « Paradise Papers » ont confirmé la présence des Légionnaires du Christ et de Marcial Degollado dans les paradis fiscaux.

En 1992 se réunit à Saint-Domingue la IVe Conférence générale de l'Épiscopat latino-américain. Elle est un sujet de préoccupation du pape, qui attend de voir dans ses conclusions une confirmation du reflux de la théologie de la libération. Maciel prend les choses en main : chaque prélat sera assisté d'un jeune secrétaire, nommé par la Légion. Ces secrétaires ont pour tâche d'espionner les délégués et d'envoyer chaque soir un rapport sur leurs activités, leurs fréquentations et les opinions exprimées en privé. Maciel dispose ainsi d'un outil d'espionnage en temps réel.

Le tonnerre éclate en 1997, quand huit ex-séminaristes de la Légion, anciennes victimes d'abus sexuels de la part de Maciel, écrivent à Jean-Paul II. Leur lettre est transmise au Vatican par le nonce au Mexique mais n'arrive pas entre les mains du pape. Elle finit par être publiée par un quotidien américain, le *Hartford Courant*[2]. Une nuée d'avocats de la Légion se met alors en action pour dissuader quiconque de colporter ces accusations ou d'enquêter sur elles. Un cabinet de conseil en communication est recruté pour

1. Maxime Renahy, *Là où est l'argent*, les Arènes, 2019.
2. Le 23 février 1997.

discréditer les accusateurs. La hiérarchie catholique mexicaine fait bloc autour de Maciel.

Pourtant, le contexte évolue. Suite à l'avalanche de scandales pédophiles au sein de l'Église américaine, Jean-Paul II signe en mai 2001 un *motu proprio* qui établit la compétence exclusive sur ces affaires de la Congrégation pour la doctrine de la foi, dirigée par Joseph Ratzinger. Ce décret intervient deux mois après une enquête du *National Catholic Reporter* dévoilant les abus de prêtres sur des nonnes africaines qu'ils avaient non seulement pris comme cibles de leurs désirs sexuels, mais aussi incitées à avorter. La curie avait ignoré cinq rapports envoyés au préalable par les supérieurs des religieuses.

Plusieurs témoignages indiquent que Ratzinger, sollicité sur l'affaire Maciel, la juge grave mais « très délicate », le père Maciel étant « un ami du Saint-Père ». « Maciel avait tout bétonné, rapporte la journaliste Franca Giansoldati, il entretenait d'excellentes relations avec le secrétaire du pape, Stanislaw Dziwisz, avec le cardinal polonais Andrzej Deskur, avec le cardinal Eduardo Martínez Somalo, avec Mgr Rylko, avec le cardinal mexicain Barragán, avec le puissant substitut de la secrétairerie d'État l'Argentin Leonardo Sandri, aujourd'hui cardinal. Et surtout, dans le cercle de ses défenseurs, le secrétaire d'État de l'époque, Angelo Sodano, occupait une place toute particulière. Il avait connu Maciel au temps où lui-même était nonce apostolique à Santiago du Chili, sous la terrible dictature de Pinochet. Sodano comptait parmi ceux qui avaient aidé la congrégation à bâtir la grande université pontificale Regina Apostolorum, fleuron des Légionnaires du Christ à Rome. C'est peut-être pourquoi, en 2008, à la mort du père Maciel, la prestigieuse revue des jésuites américains, *America*, tint Angelo Sodano pour l'un des responsables de la chape de silence qui avait recouvert cette affaire[1]. »

En 2000, Jean-Paul II a programmé un jubilé qu'il veut le plus grandiose possible. Les Légionnaires du Christ apportent leur concours à l'organisation : tous les nouveaux évêques d'Amérique

1. Franca Giansoldati, *L'affaire Maciel*, *op. cit.*

latine sont flanqués pendant leur séjour à Rome d'un jeune prêtre chargé de les espionner. En 2004, alors que les affaires de pédophilie dans l'Église remplissent les journaux et que la presse du monde entier a évoqué les accusations portées contre Maciel, ce dernier reçoit la permission de fêter en grande pompe le 60e anniversaire de son ordination… en présence du pape! Ce dernier est alors très marqué par la maladie de Parkinson. Jean-Paul II vit ses derniers mois. Il est opéré deux fois en février 2005. Il subit une trachéotomie pour lui permettre de respirer. À ce moment, Ratzinger décide de faire avancer le dossier: la Congrégation pour la doctrine de la foi désigne son « promoteur de justice », le cardinal Charles Scicluna, pour instruire l'affaire Maciel. Cette fois, les victimes sont auditionnées, ainsi que de nombreux témoins. Scicluna n'est pas un enquêteur lambda: il est le numéro 3 de la congrégation, le procureur à plein temps. Il opère dans le plus grand secret. Son enquête, débutée dans les dernières semaines du règne de Jean-Paul II, s'achève sous un nouveau pape. Benoît XVI lui octroie des moyens supplémentaires en autorisant l'accès aux archives vaticanes, une mesure tout à fait exceptionnelle. Et qui aboutira à un dossier accablant.

Pourtant, à la stupéfaction générale, c'est une décision bien clémente qui est rendue en 2006: il est décidé de tenir compte de l'âge avancé et de la santé fragile de Maciel pour renoncer à un procès canonique en bonne et due forme. Il est simplement invité à mener une vie réservée de prière et de pénitence, en renonçant à tout ministère public. Cela n'empêche en rien Maciel de poursuivre ses voyages et sa vie entre plusieurs foyers. Il décède en 2008. À cette occasion, sa femme espagnole et sa fille se présentent aux obsèques et revendiquent leur part d'héritage. Un accord financier est trouvé avec la Légion et elles repartent en Espagne. Il n'en va pas de même avec la famille mexicaine de Maciel. L'un de ses fils déclare lors d'une conférence de presse que lui et son petit frère ont subi des abus sexuels de la part de leur père. Et plusieurs dizaines de prêtres de la congrégation sont accusés à leur tour d'abus. Les procès contre la Légion s'accumulent, ternissant un peu plus son image et semant la division en son sein. Certains mécènes, effrayés, cessent leurs contributions. En 2010, Benoît XVI instaurera pour les affaires d'abus sexuels une procédure express permettant pour les cas les plus graves de réduire sans attendre le procès un prêtre à l'état laïc.

En 2010, les dirigeants de la Légion se résolvent à désavouer leur fondateur : pour la première fois, ils émettent un communiqué reconnaissant que des actes pédophiles ont bien eu lieu et présentent leurs excuses aux victimes. Le moment n'est pas dû au hasard : le pape reçoit alors un rapport de conclusions suite à une « visitation apostolique » (pour ne pas dire une inspection). Un démantèlement de l'ordre est sérieusement envisagé, mais le pape décide finalement de mettre les Légionnaires sous tutelle. La question est d'autant plus épineuse qu'une dissolution de l'ordre reviendrait à accuser frontalement Jean-Paul II[1]. Sans compter que plusieurs membres de la curie semblent avoir bénéficié des largesses financières de Maciel…

Selon le journaliste américain Jason Berry[2], de jeunes légionnaires rendaient régulièrement visite à certains chefs de départements de la curie pour leur remettre en mains propres de grosses enveloppes. Lors de conférences épiscopales sud-américaines, les participants recevaient également des « donations ». Aussi bien Ratzinger que Jorge Mario Bergoglio, le futur pape François, ont confié à leur entourage avoir refusé les enveloppes de Maciel. En 2020, la chaîne polonaise TVN24 a présenté un documentaire à charge contre le cardinal Dziwisz, alors âgé de 81 ans : « Don Stanislaw : la face cachée du cardinal Dziwisz » affirme, documents à l'appui, que Dziwisz a été impliqué dans l'étouffement de scandales sexuels et pourrait même avoir reçu des pots-de-vin[3]. « Jamais, je répète : jamais je n'ai accepté d'argent pour dissimuler des faits qui nécessitaient l'attention du Saint-Père. Jamais je n'ai soutenu de personnes méprisables

1. John Thavis, *Les dessous du Vatican*, JC Gawsewitch, 2013.
2. Jason Berry, *Render Unto Rome. The Secret Life of Money in the Catholic Church*, Crown, 2011.
3. « Polish cardinal denies accusations of covering up sex crimes and bribery », 12 novembre 2020, PolandIn.com

en échange de donations », a déclaré Dziwisz à l'agence de presse italienne Ansa. TVN24 questionnait les rapports de Dziwisz avec Maciel et aussi le cardinal américain McCarrick (voir le chapitre 26). Il affirmait que Dziwisz avait constamment ignoré les rapports d'abus pédophiles au sein de l'Église polonaise.

Les accusations les plus graves dans le documentaire sont portées par Jason Berry. Elles n'ont rien de nouveau, puisqu'elles étaient développées dès 2011 dans son livre publié aux États-Unis : *Render Unto Rome*[1]. Jusqu'en 2020, Dziwisz n'avait pas jugé bon de réagir à ces accusations, encore moins de poursuivre Berry en diffamation. Voici les éléments-clés, présentés par Berry lui-même dans un article de 2013[2] :

> Les légionnaires avaient l'habitude d'acheminer de l'argent à Dziwisz pour qu'il organise des invités aux messes papales. La Légion a organisé une réception somptueuse à Rome lorsque Dziwisz est devenu cardinal en mars 2006. Deux mois plus tard, le pape Benoît a ordonné à Maciel de mener « une vie de prière et de pénitence ». En 2010, alors que j'étais en mission pour le *National Catholic Reporter*, deux prêtres qui avaient quitté la Légion m'ont offert un témoignage approfondi sur les relations de l'ordre avec Dziwisz. L'un des prêtres a raconté qu'il s'était arrangé pour qu'un bienfaiteur de la Légion mexicaine donne 50 000 dollars à Dziwisz afin que sa famille puisse assister à la messe dans la chapelle du Palais apostolique (en présence du pape). « Nous avons organisé des choses comme ça », a dit le prêtre, en faisant référence à Dziwisz. Le prêtre a déclaré qu'avec le recul, il regrettait le paiement de 50 000 dollars. Un deuxième prêtre avait des doutes similaires. « C'est arrivé tout le temps avec Dziwisz », a-t-il confié. Il a ajouté que des fonctionnaires de la Légion visitaient fréquemment Dziwisz. « Ils

1. Jason Berry, *Render Unto Rome. The Secret Life of Money in the Catholic Church*, *op. cit.*
2. « Confidant cardinal tells new tales about Pope John Paul›s role in scandal », *GlobalPost*, 8 novembre 2013.

étaient les bienvenus. Ils étaient connus au sein de la famille.» Ce prêtre a lancé l'habitude de faire des dons. «L'expression est *opera carita* – a-t-il précisé: "Nous faisons une offrande pour vos œuvres de charité"». «C'est comme ça qu'on fait. En fait, vous ne savez pas où va l'argent.» Il s'est alors arrêté et a dit : «C'est une façon élégante de donner un pot-de-vin.»

Au *National Catholic Reporter*, nous avons pris des mesures prudentes avant la publication de cette histoire; Dziwisz était alors archevêque de Cracovie. Mes rédacteurs en chef se sont arrangés pour qu'un journaliste polonais à New York traduise mes questions, afin qu'il puisse répondre aux déclarations des prêtres et les faxer à l'attaché de presse du cardinal. La réponse est revenue: le cardinal «n'a pas le temps pour une interview». Mais il a eu le temps de lire les questions, et il a compris exactement ce qu'elles signifiaient. Maciel a acheminé de l'argent à d'autres membres de la curie, dont le cardinal Angelo Sodano et le cardinal Eduardo Martínez Somalo, comme je l'ai rapporté dans ma série d'articles pour le NCR et développé dans *Render Unto Rome.*

Le bureau du Vatican le plus susceptible de faire dérailler la carrière de Maciel avant 2001 – l'année où Ratzinger a persuadé Jean-Paul II de lui confier la direction des enquêtes sur les abus – était la Congrégation pour les religieux, qui supervisait des ordres religieux tels que les Dominicains, les Franciscains et les Légionnaires. Selon Berry, Maciel a payé la rénovation de la résidence de Rome du cardinal argentin qui était alors préfet de la congrégation, feu Eduardo Pironio.

«Pironio s'est fait tordre le bras pour signer la constitution de la Légion», a expliqué l'un des prêtres. La constitution comprenait les vœux privés, par lesquels tous les légionnaires juraient de ne jamais critiquer Maciel et de signaler toute critique de ce genre par d'autres aux supérieurs de la Légion. Il ne fallait pas être

> un spécialiste de la constitution pour voir comment Maciel récompensait l'espionnage comme un acte de foi, et il a imposé à ses hommes une obéissance stricte pour détourner l'attention de ses secrets sexuels. Les cardinaux du conseil consultatif de la Congrégation pour les religieux ont refusé d'accorder leur approbation. « C'est pourquoi Maciel est allé voir le pape par l'intermédiaire de Mgr Dziwisz », a déclaré le prêtre. « Deux semaines plus tard, Pironio l'a signé[1]. »

Nous le savons désormais, Mgr Dziwisz a été habitué, au moins jusqu'en 1989, à manipuler de grandes quantités d'argent cash qu'il distribuait sous enveloppes aux émissaires secrets du pape en partance pour la Pologne. Il a également été familier des donations faites directement au pape par des grandes familles catholiques, soit dans un but caritatif, soit pour lutter contre le communisme. Il serait donc bien étonnant que les dons caritatifs se soient interrompus après 1989. Et on ne voit pas bien pourquoi il serait gênant de reconnaître avoir reçu des dons en liquide s'il est possible d'en expliquer les usages caritatifs. Dans son communiqué en réaction au documentaire diffusé en novembre 2020, le cardinal Dziwisz a souhaité qu'une commission d'enquête soit nommée pour faire toute la lumière sur son travail auprès de Jean-Paul II et sur son dévouement extrême.

Le 11 mars 2021, on apprenait que le parquet polonais était saisi d'une plainte contre le cardinal Dziwisz et trois autres évêques pour la dissimulation d'affaires pédocriminelles. La plainte émane de la Commission examinant les cas de pédocriminalité en Pologne. Si, à l'issue d'un procès, les évêques étaient reconnus coupables, ils encourraient une peine de trois ans de prison. On ne voit pas comment, désormais, le Vatican pourrait faire l'économie d'une commission d'enquête.

---

1. Jason Berry, « Confidant cardinal tells new tales about Pope John Paul's role in scandal », *GlobalPost*, 8 novembre 2013.

On ne peut que souhaiter qu'une telle commission, si elle est nommée, puisse travailler librement, sans restriction d'accès aux archives et promptement.

Rwanda, l'honneur saccagé de l'Église

L'implication de l'Église dans le génocide rwandais, encore méconnue d'une majorité de catholiques, a fait bien moins de gros titres dans la presse internationale que les affaires de pédophilie. Elle a pourtant eu en Afrique des effets dévastateurs, ce qui a conduit le pape François à faire un acte de contrition tout à fait exceptionnel en 2017.

Dans le Rwanda précolonial, la distinction entre Hutu et Tutsi n'avait guère de signification. Les premiers missionnaires belges sont arrivés en 1900, lorsque a été déposé le roi Musinga[1]. Depuis la conférence de Berlin, le pays était un protectorat allemand. Dès leur arrivée, les leaders religieux ont analysé les relations de pouvoir au sein du Rwanda en termes ethniques et ont voulu convertir les Tutsi. Une partie d'entre eux s'est convaincue (sans aucune base scientifique) que les Hutu étaient de type « négroïde », inférieur au groupe tutsi, d'origine caucasienne. Pendant les six décennies du règne colonial au Rwanda, les Pères Blancs se sont efforcés de bâtir une alliance entre l'Église et les classes dirigeantes. À la fin de cette période, la distinction entre ethnies avait pris corps dans la société rwandaise. Les missionnaires catholiques ont ensuite évolué d'une croyance dans la supériorité naturelle des Tutsi vers un soutien de plus en plus explicite envers les Hutu, les aidant à accéder au pouvoir. Les Pères Blancs ont adopté une ligne ethniste, initiée par les célèbres *Notes sur l'aspect social du problème racial indigène au Rwanda,* de Grégoire Kayibanda (1957). L'Internationale démocrate-chrétienne (IDC) basée à Bruxelles a accueilli en son sein le parti unique rwan-

1. Ce paragraphe est inspiré par les travaux de Timothy Longman, notamment : *Christianity and Genocide in Rwanda*, Cambridge University Press, 2010. Voir aussi : « Church Politics and the Genocide in Rwanda », in *Journal of Religion in Africa*, XXXI, 2, 2001.

dais MRND et diffusé l'idéologie ethniste, développant l'opposition entre les « aristocrates » tutsi et le « peuple » hutu[1].

L'engagement des Églises dans le jeu politique entre ethnies a défini les relations entre l'Église et l'État dans le Rwanda postcolonial. L'Église catholique a participé à la création d'un nationalisme hutu. Ce qui en retour a suscité une vague de conversions parmi les Hutu. Quand les Hutu ont pris le pouvoir après l'indépendance de 1962, les autorités catholiques avaient leurs entrées dans les hautes sphères.

Plusieurs dirigeants de la Première République comme le président Kayibanda étaient des protégés de l'Église catholique. En 1973 a lieu un coup d'État militaire. Le nouveau président Juvénal Habyarimana se déclare fervent catholique et développe des liens étroits entre son régime et les Églises. Ces dernières le soutiennent. Dans les années 1980, l'influence de la théologie de la libération se fait sentir, avec des aspirations plus démocratiques au sein du clergé et un début de contestation de la hiérarchie. Entre 1990 et 1992, le gouvernement est contraint par des pressions militaires et diplomatiques d'appliquer des réformes. Le régime cherche à développer l'économie et à attirer les investisseurs. Mais en 1992, Habyarimana est sur la défensive. À l'extérieur, le Front patriotique rwandais (FPR) de Paul Kagame se fait chaque jour plus menaçant. L'opposition intérieure se coagule. Les chefs de l'Église craignent de perdre leur influence et soutiennent la politique du bouc émissaire adoptée par les dirigeants pour se maintenir : accuser les Tutsi de tous les maux du pays. Cette fuite en avant va conduire au génocide.

La mise en place d'un gouvernement de coalition en mars 1992 suscite un optimisme de courte durée. Dès 1993, l'opinion publique est désabusée par l'absence de résultats. L'invasion du FPR dans le nord du pays en février 1993 et le déchaînement de violence politique dans le pays effrayent la population, qui devient vulnérable à toutes les manipulations.

---

1. Cf. Léon Saur, *Influences parallèles. L'Internationale démocrate-chrétienne au Rwanda*, Luc Pire, 1998.

Dans la province du Kirinda, des gangs de jeunes chômeurs commettent des massacres, dans lesquels sont impliqués des collaborateurs de l'Église. La mort du président Juvénal Habyarimana dans un crash aérien le 6 avril 1994 sert de prétexte à des responsables militaires et gouvernementaux pour lancer une offensive contre l'opposition au régime. Des leaders de l'opposition, des activistes des droits de l'Homme, des journalistes sont éliminés. Dans les semaines qui suivent, la violence se déchaîne partout dans le pays, en priorité sur la minorité tutsi. Plus d'un dixième de la population est massacrée en seulement trois mois. Le clergé n'est pas épargné : l'archevêque de Kigali, deux évêques, une centaine de prêtres et une soixantaine de nonnes sont massacrés en même temps que 200 000 Rwandais. Le pays plonge dans le chaos et devient le théâtre d'un génocide unique dans l'histoire africaine. La ligne de partage est avant tout raciale et non religieuse. L'historienne Doris Bergen estime que « le christianisme a joué un rôle critique, peut-être pas pour motiver les décisionnaires, mais pour rendre leurs ordres compréhensibles et acceptables ». Bref, l'Église a été une instance de légitimation. Un prêtre tutsi a confié à Timothy Longman : « Les gens venaient tous les jours à la messe pour prier, et puis ils s'en allaient tuer. » Plus de Rwandais ont été massacrés dans des églises qu'aucun autre peuple dans l'histoire. Autorité morale respectée et gros employeur de l'économie rwandaise, l'Église n'aurait sans doute pas été capable de stopper la mécanique infernale, mais elle aurait pu opposer sa condamnation morale aux massacres. Elle ne l'a pas fait.

Dans un message diffusé en 1996, Jean-Paul II a affirmé que « l'Église ne peut être tenue responsable de la culpabilité de ses membres qui ont agi contre la loi de l'Évangile ». Bien sûr, certains membres du clergé ont fait preuve d'un grand courage et risqué leur vie pour sauver des Tutsi. Mais l'Église rwandaise en tant qu'institution a clairement failli. Selon une enquête du magazine catholique *Golias*[1], le père blanc italien Bérôme Carlisquia, qui avait participé

1. Cf. Christian Terras, *Golias magazine*, n° 48-49, été 1996.

aux premiers massacres de 1959, a recommencé à participer aux tueries en 1994.

Mgr Phocas Nikwigize, évêque de Ruhengi de 1968 à 1996, déclarera un an après le génocide dans le journal flamand *De Volkskrant*[1] : « Un Hutu est simple et droit mais un Tutsi est rusé et hypocrite. Il se montre bien, poli et charmant, mais quand le moment est venu, il fonce sur toi. Un Tutsi est foncièrement mauvais, pas par l'éducation mais de par sa nature. »

Le *Bulletin d'information africaine des Pères Blancs*[2] explique ainsi la « mauvaise presse » du génocide : « Les Tutsi ont réussi à inféoder, noyauter toutes les organisations internationales. Même la presse et Radio Vatican [...] où ils ont su placer des abbés rwandais tutsi [...] qui faussent toutes les informations avec une habileté extraordinaire, orfèvres de la supercherie, fourbes et maîtres en intrigues. De jolies filles tutsi rwandaises ont infiltré les organisations humanitaires et conquis le terrain par leurs charmes inégalables. »

Avant même la fin du génocide, nombre de prêtres hutu écrivent à Rome qu'il y a en fait deux génocides : selon eux, les Tutsi massacrent encore plus de Hutu que l'inverse. Pourtant la justice belge a tranché plusieurs cas difficilement contestables. Deux sœurs bénédictines de Sovu, la supérieure Gertrude et la sœur Maria Kizito ont ainsi été condamnées par la justice belge pour avoir livré aux assassins 7 000 réfugiés qui avaient trouvé asile dans leur monastère. Le chef des opérations de nettoyage ethnique à Sovu a témoigné que sœur Kisito avait elle-même arrosé d'essence et mis le feu à un bâtiment où s'étaient réfugiées des familles tutsi. Le porte-parole du Vatican Joaquín Navarro-Valls a cru devoir déplorer que les sœurs soient jugées « si loin du Rwanda »... D'autres religieuses ont simplement abandonné leurs sœurs tutsi aux violeurs et aux meurtriers. Athanase Seromba, curé de la paroisse de Nyangwe, a fait ensevelir 2 000 rescapés tutsi réfugiés dans son église en la faisant démolir par des bulldozers. Il aurait lui-même achevé des blessés dans les décombres.

1. 26 juin 1995.
2. N° 257, 1er mai 1994.

Entre 1997 et 2002, il a repris des activités pastorales près de Florence en Italie, avant d'être inculpé par le Tribunal pénal international. Probablement sous la pression du Vatican, l'Italie a refusé son arrestation demandée par le TIPR en 2001. Seromba a accepté de se rendre l'année suivante. Il a été condamné à quinze ans de prison en 2006, sentence alourdie en appel à la prison à vie. D'autres pères complices du génocide ont trouvé refuge en Italie, en France et en Belgique où ils ont continué d'exercer ou entamé une retraite paisible. L'association African Rights a présenté à Jean-Paul II plusieurs rapports commis sur les prêtres criminels du Rwanda, sans qu'il y soit jamais répondu.

L'ancien diplomate rwandais Jean Damascène Bizimana porte des accusations graves contre d'autres hommes d'Église[1] : « À Butare l'abbé Étienne Kabera a activement participé aux massacres des élèves et professeurs tutsi du groupe scolaire. [...] À Kibeho comme à la paroisse de Karama, l'abbé Thaddée Rusingizandekwe était l'un des principaux meneurs de massacres. L'abbé Joseph Sagahutu, vicaire à Muganza, a livré son curé, Jean-Marie Vianney Rwanyabuto. À Kaduha, l'abbé Nyandwi Athanase Robert a violé les filles et tué les Tutsi réfugiés à la paroisse. » *Golias* accuse aussi l'abbé Emmanuel Rukundo et son bras droit l'abbé Daniel Nahimana de complicité dans l'assassinat de l'abbé tutsi Martin Kabalira. On pourrait poursuivre la liste de ces atrocités *ad nauseam*[2].

Dans les années suivant le génocide, les Pères Blancs ont essayé par tous les moyens d'innocenter les prêtres et religieuses mêlés au génocide. Le père belge André Comblin s'est rendu à deux reprises au monastère de Sovu pour tenter d'amener les sœurs rwandaises à renier leur témoignage contre la supérieure Gertrude et la sœur Maria Kizito. Cet épisode n'est pas isolé. En 2001, Carla Del Ponte, la procureure du Tribunal pénal international, enquête sur quatre Rwandais accusés de complicité de génocide, dont deux prêtres.

1. *L'Église et le génocide au Rwanda. Les Pères Blancs et le négationnisme*, L'Harmattan, 2001.
2. L'ensemble des accusations de *Golias* sont rassemblées dans le livre : Christian Terras (dir.), *Rwanda, l'honneur perdu de l'Église*, Golias, 1999.

L'un d'entre eux vit en Italie sous un faux nom. Dans ses Mémoires[1], la procureure suisse évoque un incident qui l'a rendue « pour le dire poliment, furieuse » : quand elle demande au Vatican de l'aider à convaincre le prêtre génocidaire rwandais de se livrer aux autorités, les responsables l'envoient se cacher ailleurs…

La même scène se rejoue quelques années plus tard. Lors de sa rencontre avec l'archevêque Giovanni Lajolo, le secrétaire des relations avec les États, la procureure lui expose qu'un criminel de guerre croate, un général, se cache selon ses informations dans un monastère franciscain, et qu'elle a besoin de son aide pour surmonter la prévention de la Conférence des évêques de Croatie, qui semble prendre le parti du général. Lajolo lui répond qu'il n'a pas autorité sur les évêques. L'affaire tourne au cauchemar médiatique : « Le Vatican accusé d'abriter des criminels de guerre », titre le *Daily Telegraph* du 20 septembre 2005. Le porte-parole du Vatican réplique que Mme Del Ponte n'a pas fourni d'éléments assez précis, et que du reste elle s'est adressée au mauvais service ! La controverse ne s'achève qu'en décembre de la même année, quand le général est interpellé en Espagne. Il semble que l'information sur sa présence dans un monastère croate était fausse, ce qui rend encore plus incompréhensible l'attitude de la curie.

Jusqu'à ce que la guerre éclate, le Rwanda était considéré comme un des pays les plus christianisés d'Afrique, avec seulement 10 % de musulmans. Les Hutu formaient 80 % de la population, mais la moitié du clergé catholique était tutsi. Le génocide a provoqué une crise de confiance envers l'Église rwandaise. On estime qu'elle a perdu environ un tiers de ses fidèles, au profit notamment des protestants.

De nombreux responsables religieux ont tenté depuis lors de promouvoir une « théologie de la réconciliation ». De son côté le président Kagame a décrété une « politique nationale de réconciliation ». Il a fallu attendre 2016 pour que la Conférence des évêques

1. Carla Del Ponte, *La traque, les criminels de guerre et moi*, Héloïse d'Ormesson, 2009.

demande pardon pour le rôle de certains de ses membres. Cette lettre n'a pas satisfait le président rwandais qui estimait que c'était au Vatican de demander pardon. En mars 2017, le pape François accueille le président rwandais Paul Kagame au Vatican. Il implore « le pardon de Dieu » pour « les péchés et les manquements de l'Église et ses membres » durant le génocide de 1994 au Rwanda. On peut y voir une subtilité toute jésuite, qui évite de mettre en cause trop directement le rôle du Vatican et de la curie, tout en redonnant à l'Église catholique sa place centrale dans la société rwandaise. En novembre 2020, le pape François a envoyé un nouveau signal en nommant cardinal Mgr Antoine Kambanda, l'archevêque de Kigali très impliqué dans la « théologie de la réconciliation ».

Il ne sera peut-être jamais possible d'attribuer précisément les responsabilités dans le fiasco rwandais du Vatican. L'état du pape en 1994 n'était pas tel qu'on puisse l'exonérer de toute responsabilité ; sa connaissance de l'Afrique n'était pas telle non plus qu'on puisse en faire l'unique responsable. Mais une chose est sûre : ce fiasco est aussi, et peut-être avant tout, une faillite du renseignement. La secrétairerie d'État s'est visiblement laissé intoxiquer par le lobbying des Pères Blancs et les rapports biaisés de la hiérarchie rwandaise, sans disposer de sources indépendantes (à moins qu'on les ait ignorées). À cela s'est ajouté le vieux réflexe de « contrôle des dégâts » et de fuite devant les responsabilités. Certes, le génocide aurait eu lieu même en cas de condamnation du Vatican ; certes encore, on est loin de pouvoir tirer un bilan scientifiquement solide et définitif des responsabilités de toutes les puissances impliquées. Si le pape François a su trouver le chemin de l'apaisement, cela ne doit pas pour autant dispenser les papes actuel et futurs d'une réflexion sur les moyens et méthodes d'un renseignement fiable sur les points chauds du globe.

V
RATZINGER ET BERGOGLIO

26
L'héritage impossible

« On ne comprend pas la curie. Personne ne comprend la curie. »
Cardinal Jozef Tomko
(cité par Frédéric Martel dans *Sodoma*)

Qui, pour succéder à Wojtyła ? La question est dans toutes les têtes au Vatican, depuis des mois, sinon des années. Un câble envoyé par l'ambassade américaine au Vatican au Département d'État américain (et qui sera ensuite dévoilé par Wikileaks) en date du 18 avril 2005 affirme[1] :

> À la veille de l'élection papale, aucun candidat ne s'est révélé être un leader incontestable. Malgré une semaine de spéculation médiatique suggérant que le cardinal allemand et proche de Jean-Paul II Joseph Ratzinger se rapprochait d'une majorité de votes, il semble qu'il manque de soutiens pour atteindre l'objectif des deux tiers, étant donné la forte opposition des factions qui considèrent Ratzinger comme trop rigide et jaloux des prérogatives de Rome.
> Certaines de ces forces semblent s'unir autour de l'archevêque de Milan, le cardinal Carlo Maria Martini, bien qu'on ne s'attende pas à ce qu'il puisse être un candidat viable. Sur la base des premières indications, les candidats qui reflètent le point de vue

1. Archives Wikileaks : https://wikileaks.org/plusd/cables/05VATICAN466_a.html

> de Ratzinger ou de Martini, mais qui offrent de meilleurs espoirs d'obtenir le soutien d'autres groupes sont les cardinaux italiens Ruini ou Scola et le cardinal argentin Bergoglio, qui conviendraient au camp de Ratzinger, tandis que l'archevêque de Milan, le cardinal Tettamanzi, ou le cardinal brésilien Hummes pourraient recevoir le soutien des groupes anti-Ratzinger.

Il est difficile de se tromper plus franchement. Un message daté du lendemain affirmera que les diplomates en poste à Rome sont « sans voix » devant l'élection de Ratzinger.

Un autre câble[1] fait le portrait de Ratzinger, présenté comme un doctrinal conservateur en matière religieuse, dépourvu de sens politique et trop vieux pour en acquérir un… Par conséquent, l'auteur estime que Benoît aura du mal à maîtriser la curie… ce qui avec le recul n'est pas si mal vu ! Un message ultérieur précise que Benoît XVI évite les décisions difficiles mais refuse de déléguer.

Pour qui roule Benoît ?

D'autres services secrets européens font une analyse plus surprenante : « Josef Ratzinger est l'homme du BND[2] ! » Selon eux, le service secret allemand a quelques raisons d'être ravi de cette élection. Les observateurs font remarquer que le nouveau pape fut évêque de Munich où était situé le quartier général du BND. Et son arrivée au Vatican, en 1981, a coïncidé avec le rôle croissant joué par le service fédéral de renseignement dans la politique étrangère du Vatican. « En 1981, la tentative d'assassinat de Jean-Paul II a propulsé le BND comme l'un des principaux services constamment sollicités, suite aux informations qu'il a fournies à propos des Loups gris turcs et la nébuleuse bulgare à l'origine de l'attentat. Camillo Cibin, chef de la sécurité papale, n'a pas été le seul chargé de liaison

1. Wikileaks, 09VATICAN28_a, www.wikileaks.org/plusd/cables/09VATICAN28_a.html
2. Cf. *Intelligence online*, n° 499, 29 avril 2005.

avec le service ouest-allemand. Le père Bruno Fink, alors secrétaire et homme à tout faire de Mgr Ratzinger, assurait l'interface avec ses compatriotes allemands», fait remarquer la lettre confidentielle *Intelligence online*. «En 1982, lorsque Ronald Reagan et Jean-Paul II ont monté des opérations de soutien au syndicat *Solidarnosc* en Pologne, le BND a joué un rôle d'appui grâce à ses réseaux de renseignement sous couverture humanitaire. Peu après, Günter Haendly, le secrétaire personnel du chef du BND Klaus Kinkel, a été envoyé à Rome, après une période à Paris où il effectuait la liaison directement avec l'amiral Pierre Lacoste à la DGSE. Alors que Günter Haendly était résident – jusqu'en 1986 –, le BND a établi une antenne à l'intérieur même de la Cité du Vatican pour faciliter la gestion quotidienne de la coopération en Europe orientale. Spécialiste du renseignement politique, Günter Haendly sera à nouveau résident à Rome en 1994, époque à laquelle, grâce à l'équipe Ratzinger, le BND a poursuivi des opérations communes de renseignement dans les Balkans. Cette nouvelle Ostpolitik avait été amorcée dès 1991 par le résident précédent, Arnd Garpengeter, en direction de la Croatie puis de la Bosnie et du Kosovo.» On a effectivement pu constater sur ce dernier dossier la convergence de vues entre le Vatican et les services allemands.

Pour autant, il ne faudrait pas voir cette alliance pour ce qu'elle n'est pas: c'est un fonctionnement assez classique au Vatican que de déléguer le lien avec tel ou tel service secret occidental à un prélat issu du pays en question. Cela permet d'instaurer une subtile complicité, une atmosphère d'amitié et de confidences réciproques. Mais cela ne signifie pas, ou très rarement, que le prélat en question devient un agent du service en question, ni qu'il oriente à lui seul la politique vaticane. Tout au plus observe-t-on un certain favoritisme dans la remontée des informations fournies par ce service. Enfin, il ne faut pas oublier le poids important de l'Allemagne réunifiée dans la géopolitique et l'économie vaticane. De façon directe et indirecte, les fidèles allemands sont d'importants contributeurs du budget du Vatican et de divers organismes catholiques internationaux.

Des cadavres dans les placards

Héritier putatif de Jean-Paul II et familier des arcanes du Vatican, Benoît semble pouvoir être rapidement opérationnel et éviter les chausse-trappes. Il s'entoure de collaborateurs bien connus. Son secrétaire particulier, Mgr Georg Gänswein, garde jalousement l'accès aux appartements du pape. Il est une sorte de fils pour Ratzinger. Jeune et séduisant, il s'attire bien des jalousies en faisant la couverture du *Vanity Fair* italien, comme une star de cinéma.

Le secrétaire d'État Angelo Sodano est âgé de 75 ans lorsque Ratzinger devient pape. De 2000 à 2005, il était devenu une sorte de vice-pape, dirigeant tout-puissant de l'appareil politique. Benoît le maintient en fonctions pendant un an avant de le remplacer, à la surprise générale, par Tarcisio Bertone, le cardinal de Gênes. Dépourvu d'expérience diplomatique, ne parlant aucune langue étrangère et ignorant tout du fonctionnement de la curie, Bertone a pour principale qualité la confiance que lui porte le pape : il a été pendant sept ans l'adjoint de Ratzinger à la Congrégation pour la doctrine de la foi. Avant de quitter son poste, Sodano a le temps de nommer son secrétaire, Mgr Piero Pioppo, comme superviseur ecclésiastique de l'IOR. Le mandat de Caloia à la tête de la banque sera renouvelé pour cinq ans.

Bertone a beaucoup de mal à prendre les manettes. Pendant un temps, Sodano refuse de lâcher son bureau. Le personnel de la secrétairerie fait bloc derrière lui. C'est à ce moment que Bertone commence à faire appel à la gendarmerie pontificale. Il lui fait vérifier que ses bureaux ne sont pas écoutés. Le résultat est accablant : des micros sont placés un peu partout dans la tour Saint-Jean ! Les téléphones sont sur écoutes. Il faut tout passer au peigne fin. Bertone doit également renvoyer les chauffeurs mis à sa disposition : ils rapportent tous ses faits et gestes au cardinal Sodano. On se croirait revenu dans les années 1980, quand les services secrets du monde entier cherchaient à écouter Jean-Paul II… sauf que cette fois les espions sont à l'intérieur de l'Église. Bertone va développer de cette expérience une véritable paranoïa, qui le fera comparer par ses ennemis à « une succursale du KGB », « un véritable système totalitaire oppresseur qui contrôlait les âmes et les chambres à coucher », raconte Frédéric Martel. On le surnomme le Hoover du Vatican, référence au patron du FBI qui a passé sa vie à accumuler des dossiers compromettants sur la vie privée des puissants américains. Secrétaire d'État, il va appliquer les méthodes développées à la Congrégation pour la doctrine de la foi. « Selon plusieurs sources, à l'arrivée de Bertone aurait été mis en place un système de contrôle interne fait de signalements, de fiches, de "monitoring", toute une chaîne de commandement qui remonte jusqu'à lui pour protéger les secrets du Vatican[1]. »

Pour cela, Bertone s'appuie sur le nouveau patron de la gendarmerie : Domenico Giani est un ancien officier de la garde des finances italiennes et des services secrets italiens. Il met en œuvre une profonde réforme de la gendarmerie et la dote de nombreux équipements et technologies modernes. Il développe aussi un Gruppo Intervento Rapido (GIR), ou « groupe d'intervention rapide », sur le modèle de groupes d'intervention européens. Selon plusieurs observateurs, il en fait une véritable « police parallèle » avec le soutien du secrétaire. Nicolas Diat rapporte que « les cardinaux qui ont eu le sentiment d'être surveillés et mis sur écoutes par les redoutables inspecteurs de Domenico Giani sont nombreux. À partir du 7 octobre 2008, alors que l'État de la Cité du Vatican adhère à Interpol, les conditions de sécurité à l'intérieur du micro-territoire prennent des allures de forteresse assiégée. Des centaines de caméras de surveillance sont installées dans tous les recoins du Vatican. Les plus informés des hauts prélats considèrent qu'il n'est plus possible de faire un pas sans que les salles de contrôle de la gendarmerie soient au courant des faits et gestes de chacun. Il n'est pas rare qu'un cardinal ou un évêque résidant au Vatican préfère recevoir un ami dans un restaurant du centre de Rome, par crainte de la surveillance des hommes

1. Frédéric Martel, *Sodoma*, *op. cit.*

de Domenico Giani. Chaque semaine, ce dernier remet un rapport au cardinal Bertone[1] ».

Selon l'ex-prêtre Francesco Lepore, interviewé par Frédéric Martel : « Les moyens de communication, les téléphones et les ordinateurs sont étroitement filtrés et contrôlés par le Vatican. Ainsi, ils connaissent tout ce qui se passe au Saint-Siège et, le cas échéant, ils ont des preuves contre ceux qui peuvent causer des problèmes. Les ordinateurs sont soumis à un véritable "contrôle parental" qui bloque l'accès aux sites jugés indésirables et déclenche un message d'alerte. Les historiques de navigation sont conservés et peuvent ressortir si besoin est. Du coup beaucoup de prélats prennent un téléphone privé et utilisent des systèmes de communication cryptés comme Signal ou Telegram. »

Les services de Giani sont également amenés à effectuer des investigations à l'extérieur du Vatican, ce qui n'a rien d'une nouveauté. Ce qui est nouveau, c'est que Giani semble pour la première fois concentrer entre ses mains la plupart des fonctions liées au renseignement, alors qu'une certaine dispersion était de mise sous les papes précédents. Il devient ainsi le principal interlocuteur des services secrets européens, alors que ce travail de liaison était traditionnellement réparti entre plusieurs cardinaux de la curie. Beaucoup pensent aussi que Giani s'intéresse de près à la vie privée des prélats, cherchant à déterminer lesquels mènent une vie homosexuelle à l'extérieur du Vatican.

Pour autant, ce réinvestissement du Vatican en matière de renseignement n'évite pas au pape des situations embarrassantes. Lorsque décède le primat polonais, le cardinal Glemp, en 2006, Benoît XVI choisit pour le remplacer l'archevêque Wielgus. Mais quelques jours plus tard, la *Gazeta Polska* affirme que ce dernier est un ancien informateur du SB polonais. Wielgus se défend en niant avoir donné la moindre information d'importance et en précisant avoir tout raconté à Benoît XVI. Le Vatican publie un communiqué pour lui

1. Nicolas Diat, *L'homme qui ne voulait pas être pape*, Albin Michel, 2014.

réaffirmer sa confiance. Tous les dossiers du SB touchant aux prêtres sont censés avoir été détruits ; mais c'est compter sans les copies microfilms que s'est procurées l'Institut de la mémoire nationale. On se retrouve dans une situation comparable à celle des archives de la Stasi. Le dossier complet de Wielgus (nom de code « Gris ») s'avère très embarrassant. In extremis, Benoît XVI n'a d'autre choix que d'annuler la nomination et Wielgus présente sa démission. Il s'ensuit une cascade de révélations.

Le père Janus Bielański, doyen de la cathédrale du Wawel à Cracovie, démissionne après que son passé d'informateur a été exposé. C'était un proche de Stanislaw Dziwisz. Un autre prêtre de l'archidiocèse de Cracovie, dirigé par Dziwisz, va devoir démissionner : Mieczyslaw Łukaszczyk. Il reconnaît avoir été contacté par le SB, mais nie avoir coopéré. Encore un proche de Dziwisz, le père Miroslaw Drozdek, gardien du sanctuaire de Notre-Dame de Fatima à Zakopane, s'avère être un ex-collaborateur des services secrets. Un dernier cas concerne un prêtre proche de Jean-Paul II depuis… 1940 ! Le père Mieczyslaw Maliński a été recruté par la SB en 1980, nom de code « Delta ». Avec Wojtyła, il a fait partie d'un séminaire clandestin pendant la guerre. Maliński est devenu journaliste catholique, auteur de la première biographie polonaise de Jean-Paul II. En février 2007 est paru un livre du père Tadeusz Isakowicz-Zaleski : *Les prêtres face aux services de sécurité*, qui dévoile 39 prêtres dont 4 évêques qui ont été des espions du SB.

Le temps des guerres intestines

En juillet 2009, la publication d'une encyclique papale sur les excès du capitalisme entre en collision avec la parution du livre de Gianluigi Nuzzi, *Vaticano S.p.A.*, qui dévoile les affaires embarrassantes de l'IOR. Ce livre aurait été impossible sans la principale source du journaliste, Mgr Renato Dardozzi, décédé en 2003[1]. De sauveur

1. Cf. le chapitre 23.

de l'IOR, Caloia devient en quelques jours un personnage douteux. Le 23 septembre, la secrétairerie d'État annonce sa démission. Le nouveau directeur de la banque sera un économiste italien membre de l'Opus Dei, patron des opérations italiennes pour la banque espagnole Santander : Ettore Gotti Tedeschi. Il mènera de front les deux activités. Gotti Tedeschi prend son poste dans un contexte troublé : en décembre 2000, le Vatican a finalement signé une convention avec l'Union européenne donnant le droit d'émettre ses propres pièces en euros. Mais Bruxelles tient à ce que le Vatican se mette aux normes financières européennes en matière de lutte contre le blanchiment, le terrorisme, la fraude et la contrefaçon. Plusieurs vétérans de l'IOR pensent pouvoir s'en dispenser mais Gotti Tedeschi met tout son poids dans la balance : il n'est pas possible de sortir de l'euro. Une nouvelle convention, plus contraignante, est donc signée trois mois après son entrée en fonctions.

Encore faut-il que celle-ci soit respectée : à l'été 2010, Bruxelles envoie un rappel à l'ordre à la Banque centrale d'Italie pour qu'elle renforce ses contrôles sur l'IOR. Celle-ci envoie à toutes les banques italiennes une circulaire précisant les règles à faire respecter dans leurs échanges avec la banque du Vatican. La note rappelle que le Vatican ne figure pas sur la liste blanche établie par l'OCDE des États coopératifs en matière financière. Au mois de septembre, les procureurs italiens font geler des avoirs de 30 millions de dollars sur un compte de l'IOR au sein de la banque Credito Artigiano de Rome, bloquant ainsi un transfert vers la JP Morgan de Francfort. Suivant la procédure, la banque italienne a demandé à l'IOR qui était titulaire du compte et quel était le motif du transfert, sans obtenir de réponse. Le Tracfin italien a alors saisi la justice. Quelques mois plus tard, les procureurs demandent des comptes sur des retraits en cash depuis des comptes de l'IOR dans des banques italiennes pour un montant de 1,3 million de dollars.

Dans une enquête sans rapport en Sicile, six personnes sont arrêtées pour blanchiment, dont un prêtre italien qui a aidé son père à blanchir 350 000 dollars via l'IOR (il s'agissait de recycler une subvention européenne pour le développement d'une ferme piscicole… laquelle n'a jamais existé[1]). À Bruxelles, on s'énerve de plus en plus de voir l'IOR servir de paravent financier pour le crime organisé. Tout comme Caloia avant lui, Gotti Tedeschi semble avoir toutes les peines du monde à maîtriser l'institution qu'il est censé diriger. Il décide de se mettre en rapport avec le GAFI, Groupe d'action financière intergouvernemental créé par les pays du G7. Il s'engage à adhérer à ses standards et à se soumettre aux contrôles des experts du groupe européen d'évaluation de la lutte contre le blanchiment et le terrorisme, Moneyval. C'est un engagement très audacieux, qui revient à abandonner une partie de la souveraineté étatique conquise en 1929. Certains prélats essaient de s'y opposer mais le pape arbitre en ce sens et publie le 30 décembre le premier décret antiblanchiment de l'histoire du Vatican. Il crée la première autorité de contrôle financier: l'Autorità di Informazione Finanziaria (AIF), dotée d'un président ecclésiastique et d'un directeur laïc, avec tout pouvoir pour enquêter aussi bien au sein de l'IOR que de l'Administration du patrimoine du siège apostololique (APSA) ou du gouvernorat. Entièrement indépendante, l'AIF n'a de comptes à rendre qu'au pape. L'accord passé entre l'IOR et Moneyval va permettre de débloquer les 30 millions de dollars qui avaient été consignés chez Credito Artigiano.

En mai 2011, Bertone demande à Gotti Tedeschi de faire une offre de 260 millions de dollars pour prendre une participation majoritaire dans l'hôpital San Raffaele de Milan, fondé par un prêtre ami de Silvio Berlusconi. En faisant auditer les livres de comptes, on constate qu'il y a plusieurs millions de dettes échues. Au mois d'octobre, l'administrateur de l'hôpital se suicide dans son bureau avec une arme. Les soupçons de fraude décident Gotti Tedeschi à désobéir à Bertone.

De nombreuses éminences réclament à Benoît l'éviction de Bertone. Le supérieur général des jésuites, dans une lettre au pape,

1. Cf. « Sicily Probe Adds to Vatican Bank Pressure », *Financial Times*, 3 novembre 2010.

dénonce un climat de peur au Vatican. L'archevêque Carlo Maria Viganò, le gouverneur adjoint de la Cité du Vatican, est nommé nonce à Washington par Bertone. Bien qu'il s'agisse d'un poste prestigieux, Viganò s'estime sanctionné pour avoir remis en cause les situations acquises d'entreprises fournissant le Vatican par népotisme ou corruption. Reçu en audience privée par le pape, Viganò lui remet un mémo détaillant « l'état de corruption » qu'il a découvert à son entrée en fonctions et ce qu'il a fait pour y remédier. Il dénonce des travaux systématiquement confiés aux mêmes entreprises, qui facturent le double du prix normal. Il met en garde Benoît contre des investissements de l'État du Vatican réalisés sous le contrôle d'un groupe de banquiers italiens « qui placent leurs intérêts avant les nôtres ».

Un soir de la fin 2011, un groupe de prélats se réunit en secret dans l'appartement romain d'un des conseillers du pape[1]. Ils estiment que le pape est de bonne volonté réformatrice mais qu'il est ligoté par son secrétaire d'État, qui décide quasi seul des nominations et décide des audiences papales. Ils déplorent également la toute-puissance de ce qu'ils nomment un « lobby gay » de prélats qui promeuvent des jeunes prêtres ambitieux leur accordant leurs faveurs. Le groupe décide de faire tomber Bertone en s'appuyant sur le majordome du pape, Paolo Gabriele. Vivant au Vatican, servant le pape dès son réveil sept jours sur sept, le suivant dans ses déplacements à l'étranger, Gabriele est un personnage discret mais omniprésent. Chaque jeudi, dans un appartement vide de Rome, Nuzzi et Gabriele se rencontrent et échangent des documents. Le journaliste les scanne et les stocke sur une clé USB qu'il porte en permanence autour du cou afin d'éviter la catastrophe en cas de perquisition chez lui ou à son bureau.

Nuzzi distille ses trouvailles à partir de la fin janvier 2012 dans le quotidien *Il Fatto quotidiano* et dans un programme télé, *Gli Intoccabili*, avant de sortir en mai son livre *Sa Sainteté*. Les médias

1. Confidences d'un participant recueillies par Gerald Posner, *God's Bankers*, *op. cit.*

parlent bientôt d'un « Vatileaks ». La priorité du Vatican est de trouver l'origine des fuites. Benoît nomme un comité de trois cardinaux pour enquêter, sous la direction du cardinal Herranz, l'ancien secrétaire personnel du fondateur de l'Opus Dei. La gendarmerie du Vatican reçoit l'ordre de mettre sur écoutes les téléphones de nombreux personnages de la curie, à leur insu[1].

Entre-temps, l'IOR a échoué aux premiers contrôles de Moneyval. Le Département d'État américain annonce le 8 mars 2012 qu'il inscrit le Vatican dans une liste d'États « problématiques » sur le plan de la lutte contre le blanchiment. Quelques jours plus tard, la banque JP Morgan Chase annonce qu'elle ferme le compte de l'IOR dans son établissement de Milan car depuis deux ans l'IOR y a fait circuler près de 2,2 milliards de dollars mais n'a répondu à aucune des questions réglementaires. Nouveau coup dur au mois de mai, la justice italienne reproche publiquement à l'IOR de traîner les pieds pour lui rendre compte des mouvements suspects à hauteur de 1,5 million de dollars d'un compte détenu par un prêtre sicilien du diocèse de Trapani. L'enquête s'intéresse aux liens de ce prêtre avec un entrepreneur local en travaux immobiliers. Les policiers se demandent si le prêtre en question et son évêque ne serviraient pas de blanchisseurs pour une organisation mafieuse... Dans un premier temps l'IOR répond que les demandes n'ont pas été faites en bonne et due forme. Mais lorsque le prêtre passe aux aveux, le Vatican décide de le suspendre, ainsi que son évêque, pour avoir vendu des biens du diocèse[2].

De son côté, Gotti Tedeschi a décidé de constituer, à l'insu de tous, son propre dossier à l'intention du pape, sur la façon dont l'IOR est détourné de sa mission par des mafieux, parfois des parents de prêtres en activité. Gotti Tedeschi ne se confie à personne car il craint pour sa vie. Ses investigations lui ont par exemple permis de

1. « The Vatican Gendarmerie for a year has intercepted all the curia », *Panorama*, 28 février 2013. Le porte-parole Lombardi affirmera qu'il « s'agissait d'un petit nombre, peut-être seulement trois ».
2. Cf. *National Catholic Reporter*, 15 juin 2012.

découvrir parmi les clients de la banque le nom de Matteo Messina Denaro (surnommé « Diabolik »), un trafiquant d'armes et de drogue en fuite, accusé d'une douzaine de meurtres[1]. À plusieurs reprises, il sollicite de l'assistant du pape Georg Gänswein une entrevue avec Benoît, sans résultat.

À son insu, Domenico Giani a informé Gänswein que Gotti Tedeschi fait l'objet d'une enquête demandée par Bertone pour… instabilité mentale ! Un psychothérapeute romain a été chargé de l'observer lors d'une fête de Noël 2011 et a ensuite écrit son rapport au président de l'IOR Paolo Cipriani, estimant que Gotti Tedeschi est atteint « d'égocentricité, narcissisme et manifeste une déconnexion partielle avec la réalité qui pourrait être le signe d'un dysfonctionnement psychopathologique ». Le moins que l'on puisse dire est qu'il ne s'agit pas d'un examen clinique en bonne et due forme, mais ce courrier suffit apparemment à discréditer Gotti Tedeschi au sein de la curie. Le conseil de surveillance de la banque vote à l'unanimité une motion de défiance à son égard, invoquant un comportement erratique et la « dissémination de documents confidentiels ». Ce qui donne la clé de l'énigme : il est probable que la gendarmerie vaticane pense avoir identifié en Gotti Tedeschi une des sources de fuites (à tort). Son sort est donc scellé : il devra quitter la direction de l'IOR.

Le lendemain de son départ, l'équipe de Giani arrête Paolo Gabriele dans son appartement du Vatican. Les gendarmes découvrent des cartons de documents confidentiels. En lisant le livre de Nuzzi, Georg Gänswein a compris que très peu de personnes pouvaient avoir accès à une telle multitude de documents passés entre les mains du pape : à part lui-même et Bertone, Gabriele était de ceux-là. Le majordome est placé en cellule dans la prison du Vatican, qui ne sert presque jamais. Il avouera être l'auteur des fuites. Il sera reconnu coupable et condamné à trente mois de prison par un tribunal du Vatican, peine réduite à dix-huit mois tenant compte de circonstances atténuantes : la motivation idéaliste et l'absence

1. Cf. Gerald Posner, *God's Bankers*, *op. cit.*, entretien avec un membre anonyme de l'IOR.

de profit personnel. Paolo Gabriele est décédé en novembre 2020, d'une longue maladie.

Le 5 juin, Gotti Tedeschi voit son appartement perquisitionné par la police dans le cadre d'une enquête sur une affaire de corruption d'agent étranger par la société d'armement Finmeccanica, dont le président est un de ses proches. Les policiers saisissent toutes les archives qu'il a conservées. Paradoxalement, elles permettront d'établir qu'il a bien cherché à lutter contre les activités suspectes au sein de l'IOR. Sur un de ses mémos, Gotti Tedeschi a ajouté cette annotation manuelle: «J'ai vu au Vatican des choses qui m'effraient[1].»

Le 18 juin, Moneyval publie un rapport officiel d'inspection de la banque du Vatican[2]. Les inspecteurs ont dénombré 33 000 comptes et 8,3 milliards de dollars d'actifs. Ils estiment que l'autorité de surveillance, l'AIF, ne remplit pas correctement son rôle. Trop de transactions sont effectuées sans connaissance de l'origine des fonds, en particulier pour les comptes détenus par des personnes en poste dans des pays du Sud. Le rapport recommande que les cadres de la banque soient recrutés selon des critères plus stricts. Il est convenu que l'IOR doit faire des efforts et qu'une nouvelle inspection interviendra un an plus tard…

Peu après, le Vatican annonce le recrutement de René Brülhart à la tête de l'AIF: cet expert suisse en lutte contre le blanchiment vient de passer huit ans à la tête du service de renseignement financier luxembourgeois. Il s'y est notamment illustré pour avoir retrouvé une grande partie des avoirs occultes de Saddam Hussein au Luxembourg, ce qui a permis de les restituer au gouvernement irakien.

Il reste à savoir qui a orchestré tous ces coups de théâtre. Certains attribuent la chute de Gotti Tedeschi à la manœuvre d'une organisation concurrente de l'Opus Dei, les Chevaliers de Colomb, bras armé des catholiques conservateurs américains. L'organisation tire

1. Gérald Posner, *God's Banker*, *op. cit.*
2. Mutual Evaluation Report: Anti-Money Laundering and Combating the Financing of Terrorism – The Holy See (including Vatican City State).

sa puissance d'un portefeuille d'assurances évalué à 85 milliards de dollars. Dans les années 2000, les Chevaliers de Colomb ont contribué à hauteur de 1,5 milliard de dollars au budget du Saint-Siège. Carl Anderson, le « Suprême Cavalier » et patron de l'organisation, fait partie du conseil d'administration de l'IOR, et n'a pas été le moins actif pour obtenir la tête de Gotti Tedeschi, espérant même lui succéder.

Mais cela n'explique pas qui a manipulé Paolo Gabriele. Car tous les observateurs s'accordent à dire qu'il était sous influence. Nicolas Diat, auteur français d'un livre élogieux sur Benoît XVI, ne cache pas avoir bénéficié de confidences de l'entourage direct du pape émérite. Et il nous livre leurs soupçons sur l'affaire Vatileaks :

> Comment un cardinal du nord de l'Italie, élevé à la pourpre en novembre 2010, et nommé préfet d'une importante congrégation, a-t-il pu imaginer un seul instant que ses rencontres secrètes avec Paolo Gabriele pouvaient aider le pape ? Ancien proche du cardinal Siri, ce haut prélat s'était déjà distingué par des conseils peu avisés au cardinal Bertone dont il se disait proche tout en critiquant en coulisse, avec violence, sa gestion de la curie. Il a présenté à Tarcisio Bertone le jeune Marco Simeon, homme d'influence douteux qui deviendra un des conseillers occultes du secrétaire d'État. Avec un sens des affaires sans vergogne, Marco Simeon s'impose, de 2006 aux premiers développements de Vatileaks, comme un intermédiaire obligé entre le cardinal Bertone et des structures catholiques qui souhaitent bénéficier du soutien financier du Saint-Siège. En quoi le cardinal Bertone a-t-il besoin de Marco Simeon, dans la mesure où la relation entre la secrétairerie et des institutions proches de l'Église pouvait facilement être gérée en interne ? D'autant que le jeune conseiller a mis en place un système de commissions des plus douteux…

Simeon, qui réclame une commission de 9 % pour favoriser l'attribution d'aides à divers projets, sera écarté début 2013. Reste à savoir qui est ce mystérieux cardinal qui a recueilli les documents dérobés par Gabriele et introduit Simeon auprès de Bertone… Diat ajoute ceci à son sujet : « Le but de ce cardinal génois était simple : renverser le cardinal Bertone, afficher une fidélité sans borne au pape, devenir le prochain secrétaire d'État puis, tel le cardinal Pacelli, accéder au suprême pontificat… »

Quand on met bout à bout les informations distillées par Diat, le portrait semble plutôt bien correspondre à Mgr Mauro Piacenza : né à Gênes en septembre 1944, ordonné prêtre par le cardinal Siri en 1969, Piacenza a été nommé cardinal en novembre 2010, puis préfet de la Congrégation pour le clergé. Ce serait donc lui le grand manipulateur de Paolo Gabriele, et la véritable source de Gianluigi Nuzzi, selon l'entourage de Benoît XVI. Mais était-il seul ? A-t-il pu par exemple être aidé par le clan du cardinal Sodano ? En 2013, le pape François a décidé de nommer Piacenza au poste de grand pénitencier, ce qui n'est pas une promotion.

Le meurtre d'un ambassadeur

« Cette mort est devenue une véritable affaire d'État… mais elle est passée presque inaperçue », témoigne une source romaine. Notre interlocuteur fait allusion à la mort violente de Mgr Michael Courtney, 58 ans, nonce apostolique au Burundi, le 29 décembre 2003. Elle a trouvé un épilogue judiciaire en 2005, mais il n'est pas certain que toute la vérité ait été faite. Le nonce, un citoyen irlandais, a été blessé par balle à la tête, à l'épaule et à la jambe à proximité de Minago, une ville située au sud de la capitale, Bujumbura. « Ce n'était pas un accident, il a été tué », a déclaré le président burundais Domitien Ndayizeye, ajoutant qu'une enquête avait commencé[1]. L'archevêque se trouvait dans une voiture arborant un drapeau du

1. Jason Horowitz, « Vatican Official Is Killed by Gunmen in Burundi », *New York Times*, 30 décembre 2003.

Vatican lorsque des coups de feu ont été tirés depuis une colline voisine. Les trois autres passagers n'ont subi que de légères blessures. Les pneus ont été visés méthodiquement, ce qui a retardé l'arrivée du véhicule à l'hôpital et empêché de sauver l'archevêque. Ce dernier est mort sur une table d'opération. La région, dans la province de Bururi, était sillonnée par les partisans des Forces nationales de libération, un groupe rebelle. Mais ils n'ont pas revendiqué l'action.

Le Burundi a lui aussi subi les ravages de la guerre ethnique entre Hutu et Tutsi, qui a fait près de 300 000 morts. Le premier président élu du pays, le Hutu Melchior Ndadaye, a été assassiné en 1993. En dépit d'efforts en faveur de la paix, dans lesquels Nelson Mandela s'est impliqué personnellement, la violence restait omniprésente en 2003. En novembre, trois factions rebelles hutu acceptaient de déposer les armes et de se fondre dans l'armée nationale. Mais une quatrième faction, celle des Forces nationales de libération, poursuivait le combat. À première vue, Mgr Courtney aurait donc été une victime collatérale de la guerre civile.

Cependant le dossier est loin d'être aussi simple. La fusillade, qui a épargné le conducteur et deux passagers sur trois, ne ressemble pas à une attaque de guérilla, mais à un tir de sniper professionnel. Et les agents de renseignement occidentaux présents dans le pays estiment que le nonce a été victime d'un contrat. C'est l'hebdomadaire catholique sud-africain *The Southern Cross* qui brise le tabou dans son édition du 9 décembre 2003 : la mort de Mgr Courtney aurait été « planifiée d'en haut ». Contredisant la version officielle, le journal met en cause… l'ancien président burundais Pierre Buyoya[1] !

L'accusation, gravissime, d'un ancien chef d'État ne fait guère les gros titres de la presse internationale. *The Southern Cross* s'appuie sur un dossier rédigé par un journaliste burundais, qui affirme que son enquête a provoqué la mort de plusieurs membres de sa propre famille. Selon lui, l'archevêque Courtney était en possession d'informations sur un autre assassinat, commis en novembre 2001,

1. « L'assassinat du nonce en 2003 "planifié d'en haut" », *La Croix*, 19 décembre 2006.

celui du Dr Kassi Manlan, représentant de l'Organisation mondiale de la santé (OMS) au Burundi[1]. Cet Ivoirien de 55 ans travaillait à Bujumbura depuis trois mois lorsque, le 21 novembre 2001, son corps fut retrouvé, le crâne défoncé, sur les berges du lac Tanganyika, près d'un yacht-club fréquenté par les expatriés belges. L'enquête de police incrimina sa secrétaire et quatre vigiles d'une société de sécurité privée. La secrétaire aurait prémédité le crime avec un collègue du Dr Manlan, pour l'empêcher de révéler un détournement de fonds de l'OMS dédiés à la lutte contre une épidémie de paludisme.

En 2005, la justice du Burundi a prononcé quatre condamnations à mort et neuf peines de prison. Le frère de la prévenue, l'avocat François Nyamoya, a accusé les services de renseignement burundais d'avoir planifié l'assassinat du Dr Manlan. Et l'avocat belge qui défendait cette dernière, Me Maingain, a demandé que l'on élucide si M. Buyoya et sa femme sont les commanditaires de cet assassinat. De fait, sa cliente a fini par être innocentée. Le FBI américain a envoyé deux enquêteurs, dans le cadre des accords bilatéraux entre les États-Unis et le Burundi. Quatre policiers de haut rang ont été inculpés, ainsi que le responsable de l'agence de gardiennage, et des repris de justice. Émile Manisha, commandant de la police de sécurité publique (PSP) de l'époque, est présenté comme le « cerveau » du crime, raconte *Jeune Afrique*[2] :

> Lors du procès, le mobile du crime n'a pas été précisément détaillé, dans la mesure où il n'a pu être établi avec certitude. Toutefois, en août 2002, la rédaction d'abarundi.org, un site Internet très apprécié des Burundais, avait publié la lettre d'un informateur ivoirien, qui raconte que « certains milieux politiques burundais » avaient connaissance du rapport que préparait Kassi Manlan et savaient qu'il contenait des détails sur les commanditaires du détournement de fonds. Un certain monsieur X

1. https://www.cath.ch/newsf/burundi-l-assassinat-du-nonce-apostolique-michael-courtney-planifie-d-en-haut/
2. Valérie Thorin, « Autopsie d'un meurtre », *Jeune Afrique*, 16 mai 2005.

> aurait donné ordre au gouverneur de la Banque centrale du Burundi de faire transiter les sommes en provenance de l'OMS par un compte intermédiaire situé en France, celui de la société d'études et de conseil Kost International, d'où elles seraient reparties non en direction du Burundi, mais vers un compte privé. L'OMS a rapidement remarqué que l'argent n'était pas parvenu à la Banque centrale et demandé des comptes à son représentant à Bujumbura. Vraisemblablement, le Dr Manlan avait remonté la filière jusqu'au donneur d'ordre et son travail avait été surpris grâce aux écoutes téléphoniques, fréquentes dans ce pays.

Selon *The Southern Cross,* Manlan s'apprêtait à mettre en cause le président d'alors, Pierre Buyoya. Sans que l'on sache par quelle voie, Mgr Courtney aurait récupéré tout ou partie de son dossier et prévoyait de se rendre à Bruxelles pour le transmettre aux autorités européennes. Selon nos informations, l'OMS a fait réaliser un rapport interne sur l'assassinat du Dr Manlan, lequel mettait bien en cause l'entourage du président Buyoya. C'est peut-être pourquoi il n'a jamais été publié ni transmis à la justice du Burundi. En revanche, il a été transmis au secrétaire général de l'ONU, Kofi Annan. Et, selon notre source romaine, la secrétairerie d'État en a eu connaissance… mais n'a fait aucun commentaire. Encore une fois, la diplomatie l'a emporté sur la recherche de la vérité. L'ancien président Buyoya est décédé du Covid en France, en décembre 2020.

Un constat d'échec

Le 11 février 2013, une nouvelle incroyable fait les gros titres de la presse mondiale : Benoît XVI démissionne ! La machine médiatique s'emballe. On dit qu'il a été accablé par un rapport des cardinaux chargés d'enquêter sur les Vatileaks mais qui ont surtout exposé en détail le fameux « lobby gay » de hauts prélats qui, selon eux, mèneraient des orgies et exerceraient une influence démesurée sur la curie, tandis que certains seraient victimes de chantage de la part de tiers. Peu avant de quitter son poste, Benoît (ou plutôt Bertone) nomme un nouveau président de l'IOR: Ernst von Freyberg, un aristocrate catholique allemand, trésorier de l'ordre de Malte.

27
La machine infernale

Longtemps les services de sécurité du Vatican ont dû s'assurer que nul n'introduisait d'émetteur radio ni de micro au sein du conclave. Mais, avec l'élection de 2013, on est entré dans une nouvelle dimension. Comme bien d'autres États européens, le Vatican est devenu victime des « grandes oreilles » de la NSA américaine. C'est l'hebdomadaire *Panorama* qui l'affirme[1] : les cardinaux et le pape lui-même ont été ciblés par des écoutes téléphoniques. Selon le site spécialisé Cryptome, 46 millions de conversations téléphoniques auraient été interceptées en Italie au cours d'un seul mois, à cheval sur 2012-2013. Le Vatican fait bien entendu partie du lot. Il est probable que la NSA a capté les conversations téléphoniques des prélats dans les jours précédant le conclave, ce qui aurait permis de se faire une idée sur les tendances préalables au premier vote. « Le soupçon existe que même les conversations du futur souverain pontife puissent avoir été contrôlées. Bergoglio était déjà depuis 2005 l'objet de l'attention des services secrets américains, selon les rapports de Wikileaks », précise *Panorama*. Les États-Unis ont formellement rejeté les accusations sur l'interception de communications en Europe, affirmant que ces données, si elles existent, leur auraient été fournies par des agences de renseignement européennes. Façon de « mouiller » les services secrets italiens ?

À l'ère des réseaux sociaux, c'est peut-être beaucoup de moyens dépensés pour savoir ce qui a pu se passer pendant le conclave, alors que de plus en plus de témoins parlent, de plus en plus rapidement,

1. Le 31 octobre 2013.

sous couvert du « off ». On s'en souvient, le nom de Bergoglio était déjà sorti lors du précédent conclave. Désormais plus âgé, le prélat argentin était loin de partir favori. D'autant qu'on avait décidé d'exhumer de vieux dossiers sur lui...

Un *papabile* plein de surprises

Comme d'habitude, divers groupes se sont concertés en amont du conclave. Les Américains veulent plus de transparence et d'ordre dans la gestion du Vatican, notamment qu'on mette enfin sous contrôle l'IOR. Ils espèrent aussi plus de collégialité dans les décisions. Un groupe de prélats allemands et autrichiens cherche une figure « centriste », mais capable de réformer la curie. De façon sidérante (parce qu'ils ne s'entendent pas), les cardinaux Re, Bertone et Sodano et une bonne partie de la curie ont décidé de s'allier pour barrer la route au cardinal Scola, archevêque de Milan, et de soutenir le cardinal brésilien Scherer. Ces encombrants parrainages « coulent » sa candidature, tant ils incarnent le système de la « vieille » curie dont les non-Italiens ne veulent plus. Aucun des favoris ne paraît en mesure de l'emporter, ce qui redonne sa chance à Bergoglio. Il offrirait une figure souriante et dynamique, malgré son âge (76 ans). Son discours, prononcé pendant les congrégations générales, en faveur d'une Église « qui sort d'elle-même pour aller vers les périphéries » a fait forte impression. Un groupe de prélats européens décide d'en faire son candidat et s'allie avec les Américains et les Allemands. Dès le troisième tour, il passe en tête. La curie et le parti italien volent au secours de la victoire.

Après la désignation du nouveau pape, les accusations commencent à sortir. Bergoglio aurait coopéré avec la junte militaire argentine entre 1976 et 1982. On l'accuse surtout d'avoir trahi deux collègues jésuites qui furent torturés. La source des accusations : le journaliste argentin Horacio Verbitsky[1].

1. Horacio Verbitsky, *El silencio. De Paulo VI a Bergoglio. Las relaciones secretas de la Iglesia con la ESMA*, Sudamericana, 1997.

Né à Buenos Aires en 1936, aîné d'un couple d'émigrés italiens péronistes ayant eu cinq enfants, Bergoglio entame des études de chimie mais décide à 21 ans d'entrer chez les jésuites. Il effectue deux ans de noviciat, trois ans de philosophie et d'humanités, quatre ans de théologie. Pendant ses études, il enseigne la littérature et la psychologie. De 1964 à 1966, il fréquente le Colegio del Salvador, centre jésuite et péroniste : on y promeut la théologie de la culture, qui postule que le catholicisme est antérieur à l'État et à la Nation, et qu'il la fonde. L'Argentine se définit donc avant tout par le catholicisme. Il prononce ses vœux définitifs en 1973. Il est nommé provincial (directeur) des jésuites d'Argentine la même année, ce qui à 36 ans le place à la tête des jésuites du pays (ainsi que de l'Uruguay voisin). Dans ces années 1970, la théologie de la libération se répand à travers l'Amérique du Sud et fascine beaucoup de jeunes jésuites.

Après la disparition de Perón en 1974, l'Argentine souffre du terrorisme d'extrême droite et d'extrême gauche et va subir un coup d'État militaire en 1976. Les chars font leur apparition dans les rues de Buenos Aires. Trente mille Argentins disparaissent en sept ans. La moitié sont fusillés, certains sont jetés à la mer depuis des avions militaires. Et 1,5 million de personnes doivent s'exiler. La junte administre au pays une sévère cure d'ultralibéralisme qui met le système bancaire à genoux en 1980 et provoque une fuite en avant nationaliste. En avril 1982, l'Argentine envahit les îles Malouines dont elle conteste la souveraineté au Royaume-Uni. Après la défaite militaire face aux Britanniques, la junte militaire s'effondrera en 1983.

Bergoglio est le patron des jésuites argentins pendant cette période particulièrement noire, jusqu'en 1979. Ses prêtres sont très divisés entre progressistes et conservateurs. Lui-même n'est pas un fan de la théologie de la libération et reconnaîtra plus tard s'être montré trop autoritaire, par manque d'expérience. Il essaie ainsi de discipliner quatre jésuites, enseignants à l'université, qui mettent à profit leur temps libre pour enseigner dans les bidonvilles. Or deux d'entre eux, les pères Orlando Yorio et Francisco Jalics, qui avaient fondé une communauté dans un bidonville, sont kidnappés en mai 1976 par des escadrons de la mort. Ils seront torturés et emprisonnés pendant cinq mois. Bergoglio fait le siège des responsables de la dictature pour obtenir leur libération. Il les aide ensuite à quitter le pays. S'il est évident que Jalics garde une profonde blessure de ces événements, il a tenu à préciser après l'élection au pontifoncat que Bergoglio ne l'avait pas dénoncé. Mais le témoignage d'Orlando Yorio recueilli par Verbitsky est sévère envers Bergoglio qui, devant le refus des jésuites d'abandonner leurs activités dans le bidonville, les a suspendus avant leur kidnapping. En 2010, la sœur d'Orlando Yorio a porté l'affaire en justice.

Les enquêtes menées après le rétablissement de la démocratie sur les exactions des militaires n'ont pas jugé Bergoglio coupable de quoi que ce soit. Adolfo Pérez Esquivel, prix Nobel de la paix, affirme : « Il y a eu des évêques complices sous la dictature, mais pas Bergoglio. » Alicia Oliveira, première femme argentine à avoir occupé la fonction de juge au pénal, a témoigné que, quand elle était dans la clandestinité, Bergoglio l'a transportée dissimulée dans le coffre de sa voiture. On sait aujourd'hui qu'il a usé de son statut pour sauver des personnes recherchées par la junte militaire. L'ouvrage *La liste de Bergoglio*[1] offre les témoignages de dix personnes sauvées par le jésuite, qui en aurait exfiltré une centaine en tout via le collège San José de San Miguel, université dont il fut le recteur à partir de 1980. Il avait mis sur pied une organisation compartimentée dont chaque membre rendait de petits services logistiques (hébergement, transport). Même s'il a pu commettre des erreurs, cette enquête montre qu'il s'est investi et a pris des risques réels pour sauver des vies

Dans un livre paru en Argentine début 2021, le pape François s'est confié sur cette période où il aidait « des gens dans la clandestinité pour les faire sortir du pays afin de leur sauver la vie ».

1. Nello Scavo, *La liste de Bergoglio : sauvés par le pape François durant la dictature*, Bayard, 2014.

« Pendant six mois, je suis allé consulter (une psychiatre) une fois par semaine », révèle le pape. « Elle m'a aidé à me situer par rapport à la façon de gérer mes peurs à cette époque. Imaginez ce que c'était que de transporter une personne cachée dans une voiture – à peine dissimulée sous une couverture – et de passer trois postes de contrôle militaires dans la zone de Campo de Mayo », la plus grande caserne du pays. « La tension que cela provoquait en moi était énorme », confie le souverain pontife[1]. Inédite pour un pape en activité, cette confidence montre par ailleurs que les activités clandestines ne lui sont pas étrangères.

Professeur des universités depuis 1979, Bergoglio est envoyé en 1986 en Allemagne pour travailler à sa thèse. En 1990, le directeur des jésuites l'envoie en poste à Cordoba, à 700 kilomètres au nord-ouest de Buenos Aires, ce qui ressemble à un exil pour le punir d'avoir entravé le mouvement « progressiste ». En juin 1992, il est nommé évêque auxiliaire de Buenos Aires, un repêchage. Il deviendra évêque en 1998 et sera nommé cardinal en 2001. Il est connu pour ses manières simples et sa vie modeste, ses visites régulières dans les quartiers pauvres. Comme archevêque, il demande à ses prêtres d'aller vivre dans les bidonvilles. Au début des années 2000, à la suite d'une nouvelle cure d'austérité, le pays connaît un sévère krach bancaire en 2001-2002 et fait défaut sur sa dette internationale. Les conséquences de ces politiques libérales pour les plus faibles rendent Bergoglio de plus en plus hostile au libéralisme et il est désormais catalogué « à gauche ».

En 2005, il est élu président de la Conférence des évêques d'Argentine et il devient l'interlocuteur du président Kirchner et de sa femme Cristina qui succédera à son mari à la tête du pays en 2007.

Il n'est pas facile de situer Bergoglio : il est considéré comme un traditionaliste sur le dogme et les questions de société, mais son attention pour le sort des plus pauvres et sa vie très simple le rendent populaire dans toute la société argentine.

1. « Le pape François envisage de finir sa vie à Rome », *Le Monde*, 28 février 2021.

Un nouveau style

Devenu pape, Bergoglio semble reprendre les manières de Jean XXIII : il refuse toute pompe et décide d'habiter au milieu d'autres prêtres à la résidence Sainte-Marthe (où il occupe un deux-pièces de 70 m^2 : une chambre et un petit salon) plutôt que dans les appartements papaux. On peut l'interpréter comme le refus de s'isoler dans l'exercice du pouvoir et de ne pas se laisser emprisonner par la curie. Il veut débarrasser celle-ci de ses réflexes corporatistes, de ses luttes internes, de son goût du luxe et de la soif de pouvoir. Plus facile à dire qu'à faire... Le pape manifeste un grand talent de communicant, par contraste avec son prédécesseur. Il ne remet pas les dogmes en cause, mais il parle franchement et sans donner de leçons : on voit en lui ce qu'on a envie de voir... Charismatique, d'abord facile et à l'aise devant les foules, il inspire confiance et devient immédiatement très populaire.

« Je n'ai pas besoin de gardes du corps, je ne suis pas sans défense », dit-il au début de son pontificat. François se veut accessible à tous, il aime le contact direct avec les fidèles.

« Mais il n'est pas facile à protéger », témoigne une source sécuritaire romaine, « parce qu'il est très accessible, au sein du Vatican comme à l'extérieur ». En 2014, l'entourage du pape a sollicité le ministère de l'Intérieur espagnol pour réaliser un audit de la sécurité au Vatican. Celui-ci a mis en évidence plusieurs vulnérabilités. En premier lieu, la résidence Sainte-Marthe où réside le pape : celle-ci accueille de nombreux visiteurs de passage. Elle ne disposait d'aucune vidéosurveillance au moment de l'audit. La sécurité se limitait à deux gardes postés à la réception. Cerise sur le gâteau : un unique réseau Wi-Fi partagé par tous les résidents ! Selon notre source romaine, de nouvelles dispositions ont été prises à la suite de cet audit, qu'il n'est évidemment pas possible de détailler ici.

Autre préoccupation soulevée par le rapport : le personnel de sécurité était exclusivement masculin : dans le contexte du Vatican, ce n'est pas pour nous étonner, mais dans ce cadre, comment fouiller des personnes de sexe féminin ? L'organisation des audiences publiques et des visites de dignitaires étrangers a aussi été identifiée comme défaillante. Le rapport recommandait enfin que le Vatican adhère au système d'information Schengen et accroisse sa coopération avec les autres agences européennes de sécurité[1].

Les mesures de sécurité ont de nouveau été renforcées après les attentats de Daech commis en janvier et novembre 2015 en France. Place Saint-Pierre, on a vu apparaître des policiers italiens, mitrailleuses en bandoulière. Pour les services italiens, comme pour ceux du Vatican, le plus grand risque est celui des loups solitaires. Juan Carlos Molina, un prêtre argentin courageusement engagé contre les narcotrafiquants, aurait confié à François lors d'une visite à Sainte-Marthe en 2014 : « Tu vis dans un endroit dangereux. Attention, ils peuvent te tuer. » François aurait répondu : « C'est la meilleure chose qui puisse m'arriver, et à toi aussi[2]. »

Dans les jours qui suivent l'élection, François décide de remplacer Bertone par Pietro Parolin, 58 ans, qui a été sous-secrétaire d'État de 2002 à 2009. Il a notamment négocié l'établissement de relations diplomatiques avec le Vietnam. Le Vatican peut désormais nommer des évêques dans ce pays, à condition de présenter trois candidats aux autorités, comme cela se pratiquait pendant la guerre froide dans les pays de l'Est. Parolin est considéré comme un « centriste ».

Le pape décide aussi de créer un groupe de travail diversifié, comprenant huit cardinaux issus des cinq continents, qui l'aidera à réformer la curie, sa grande priorité. Une curie que François n'hésite pas à désigner en privé comme « la lèpre de la papauté ». Ce « conseil des cardinaux » est une innovation sans précédent, une évolution concrète vers la collégialité. François consacre ses premiers mois de pape à rencontrer et consulter tous les organismes de la curie et les responsables des associations catholiques. En ce qui concerne la Congrégation pour la doctrine de la foi, François veut en finir avec les

1. Cf. Gianluigi Nuzzi, *Jugement dernier, le combat du pape François pour sauver le Vatican de la faillite*, Flammarion, 2020.
2. *La Nacion*, 11 décembre 2014.

dénonciations pour manquement à l'orthodoxie et laisser aux conférences épiscopales locales le soin de traiter sur place les éventuelles erreurs doctrinales, quitte à prendre l'avis de Rome si nécessaire.

Ses multiples initiatives rencontrent de vives résistances : on critique les excès de démocratie qui menaceraient l'autorité du pape, la promotion des femmes…

À l'arrivée de François, les questions financières n'étaient pas forcément en tête de ses priorités. Elles ne vont pas tarder à le devenir. Un comptable de l'APSA, Mgr Nunzio Scarano, est arrêté en compagnie d'un ancien agent des services secrets intérieurs italiens[1], et accusé de gérer une entreprise d'évasion fiscale au profit de riches Italiens, en particulier des magnats de la construction navale, amis de Silvio Berlusconi, dont il transportait les valises de billets en Suisse à bord d'un jet privé[2]. Scarano était surnommé « monsignore 500 », à cause de sa manie de proposer à ses amis entrepreneurs d'échanger des liasses de billets de 500 euros contre des chèques de 5 000 ou 10 000 euros. Des écoutes téléphoniques pratiquées sur la ligne de Scarano montrent que le directeur général de l'IOR Cipriani et son adjoint Tulli sont impliqués, ainsi que d'autres responsables du Vatican. Un ami de Mgr Scarano, Massimiliano Marciano, avoue aux enquêteurs que le prélat a utilisé la valise diplomatique du Vatican pour transporter du cash de Suisse en Italie pour le compte de… la famille Agnelli ! Marciano affirme avoir vu des sacs remplis de lingots d'or que l'on chargeait dans un camion frigorifique de transport de nourriture, garé devant l'immeuble de l'IOR…

On découvre que Scarano avait chez lui des tableaux valant au moins 6 millions de dollars, bien au-delà de ses moyens théoriques. Il avait imprudemment attiré l'attention sur son cas en déposant plainte pour un vol dans son luxueux appartement. La police s'était demandé comment il aurait bien pu s'offrir de telles œuvres avec son modeste salaire du Vatican. Scarano évoluait dans divers cercles de

1. Désormais appelés AISI.
2. Nick Schifrin, « Vatican Accountant Accused of Smuggling 26 M$ in Private Jet with Ex-Italian Spy », ABC News, 28 juin 2013.

« chevalerie », comme les « gentilshommes de Sa Sainteté ». Depuis sa prison, Mgr Scarano écrit au pape François qu'il a tenté de dénoncer des malversations financières auprès des cardinaux Bertone, Dziwisz et Sodano. Selon lui ses supérieurs ont pu continuer en toute tranquillité car ils avaient de quoi faire chanter ces personnalités !

Le pape manifeste sa colère et demande le départ des responsables. Devant des journalistes, François aura ce mot devenu célèbre : « Nous avons ce monseigneur en prison [...] ; il n'est pas allé en prison parce qu'il ressemblait à la Bienheureuse Imelda[1] ! » Paolo Cipriani et son adjoint Massimo Tulli sont limogés. Le nettoyage se poursuit avec la mise en cause d'un consultant juridique de l'IOR. Une société de consultants est appelée à la rescousse et passe pendant deux ans en revue les transactions de la banque.

Ayant connu nombre de scandales et faillites bancaires dans son pays, François aborde les problèmes de l'IOR avec méfiance. Il envisage même de fermer cette banque et ordonne finalement une réforme « du sol au plafond ». Le pape met en place une commission chargée de l'informer sur l'IOR et de conseiller les réformes appropriées. Il y nomme son secrétaire particulier et homme de confiance, le Maltais Alfred Xuereb. François nomme par ailleurs Mgr Battista Ricca (directeur de la résidence Sainte-Marthe) comme prélat superviseur de l'IOR. Mais, quelques jours plus tard, le vaticaniste de *L'Espresso* Sandro Magister dévoile l'ancienne vie homosexuelle mouvementée de Ricca, dont le pape n'avait pas eu connaissance. Mgr Ricca est accusé d'avoir été écarté en 2001 de la nonciature en Uruguay pour « conduite scandaleuse » : il y aurait vécu ouvertement avec un officier de l'armée suisse. Une nouvelle fois au sein de la curie, quelqu'un utilise la presse pour déstabiliser le pape dans sa volonté de réforme.

En 2014, à la surprise du monde bancaire italien, une instruction est ouverte contre Angelo Caloia, qui a dirigé l'IOR jusque 2009, et deux avocats. Selon la justice vaticane, 29 propriétés de la banque

1. Conférence de presse du 28 juillet 2013.

auraient été vendues sous l'autorité de Caloia entre 2001 et 2008. Ces biens auraient été cédés 34 millions d'euros en dessous de leur valeur de marché et une partie de la différence aurait été rétrocédée dans les poches des accusés, puis placée sur des comptes suisses. Au total, les personnes mises en cause auraient touché quelque 19 millions d'euros de pots-de-vin. La justice vaticane a confisqué de larges sommes sur les comptes des accusés et fixé provisoirement une compensation de 23 millions d'euros.

Le 21 janvier 2021, Angelo Caloia, est condamné à huit ans de prison. C'est la toute première fois qu'une peine d'incarcération est prononcée dans l'État du Vatican pour un délit financier. Le procureur général Gian Piero Milano estime que ce procès « restera dans l'histoire » du tribunal. Caloia a immédiatement fait appel de ce jugement.

François s'attendait évidemment à devoir traiter le cas de l'IOR pendant son mandat. Mais il ne se doutait probablement pas que le Vatican recelait encore d'autres institutions financières opaques. En particulier, il découvre la section administrative de la secrétairerie d'État : une véritable « boîte noire » qui gère les fonds secrets du pape. Celle-ci a été créée sous Paul VI pour recueillir les contributions des évêques au gouvernement central de l'Église. Elle a été maintenue à la disposition de la secrétairerie pour des paiements discrets et urgents, permettant de contourner l'omniprésent Mgr Marcinkus. Elle aurait contribué au remboursement des actionnaires de la Banco Ambrosiano après l'accord passé avec l'État italien, avec le concours d'hommes d'affaires italiens. Les auditeurs désignés par le pape ont les plus grandes peines à obtenir des informations sur ses comptes.

Et puis il y a l'APSA, l'administration du patrimoine du siège apostolique. Elle comprend une section ordinaire, qui gère l'immense patrimoine immobilier et une section extraordinaire, qui gère des capitaux. Or, et c'est l'autre surprise des auditeurs, cette dernière réserve bien des surprises. Une enquête commandée par Benoît XVI en 2012 a levé un coin du voile : elle faisait partie des documents que le pape émérite a remis à François. Ce document dénonçait en termes feutrés mais précis une sorte de « trou noir » financier, dirigé depuis 2003 par… Paolo Mennini, le fils de celui qui fut le bras droit de Mgr Marcinkus à l'IOR ! Sous son règne, l'APSA a développé une activité de « banque parallèle », ouvrant des comptes à des particuliers et effectuant ici et là des prises de participations. Quand on connaît l'histoire financière des années 1970-1990, on imagine ce qu'a pu être l'accablement du pape prenant connaissance de ces nouveaux dossiers. Les comptes au nom de personnes physiques ne sont pas censés exister à l'APSA, sauf circonstances exceptionnelles. Après examen de la situation, François a confié à une société d'audit, Promontory, l'analyse de tous les comptes clients de l'APSA[1]. Une cinquantaine de clients discutables, représentant 90 comptes actifs, ont été identifiés. Lorsque le secrétariat pour l'économie a demandé des précisions à l'APSA sur ces comptes, il s'est vu répondre que les documents justificatifs avaient été égarés ou détruits ! Paolo Mennini a été rapidement démis de ses fonctions (en 2013), mais il a continué pendant un temps à hanter les couloirs de l'APSA…

Au fil des décennies et des scandales, on retrouve les mêmes ingrédients : un affairisme omniprésent, des échanges de services avec l'élite politique et économique italienne, qui ne peuvent plus être justifiés par la guerre froide. Et la présence de membres des services secrets italiens. Un exemple ? En 2013 est arrêté Francesco La Motta, ancien chef adjoint du renseignement intérieur et haut responsable du ministère de l'Intérieur italien, qui a été fait « gentilhomme de Sa Sainteté » en 2007. La Motta est accusé d'avoir détourné 10 millions d'euros d'un fonds pour la rénovation des églises. Accablé par toutes ces affaires, le pape François déclare que les ordres de chevalerie catholique sont « archaïques, inutiles et préjudiciables » et qu'il ne nommera plus aucun titulaire. Dernier exemple embarrassant : le haut fonctionnaire Angelo Balducci, un autre gentilhomme de Sa Sainteté arrêté en février 2010, passe en jugement pour corruption en 2013. Chargé d'attribuer des contrats de construction publique, il

1. Cf. *Jugement dernier*, *op. cit.*

s'est gavé de pots-de-vin. Disposant d'un compte à l'IOR, il s'offrait les services de prostitués homosexuels dont certains étaient des séminaristes, et il en faisait bénéficier ses amis du clergé et de la politique. En prison il aurait reçu selon un témoin pas moins de 70 visites de députés : « Une vraie procession. S'il parle, il fera tomber la deuxième République et la moitié du Vatican[1]. »

Vatileaks 2

Début 2014, François renouvelle le conseil de surveillance de l'IOR. Seul le Français Jean-Louis Tauran retrouve son poste. Fin janvier, François décide de remplacer le président ecclésiastique de l'AIF. En février, il crée un nouveau secrétariat pour les affaires économiques, avec à sa tête le cardinal australien George Pell.

En mai, on apprend par l'hebdomadaire *Bild* que l'ex-secrétaire d'État Bertone est mis en cause pour avoir poussé le directeur de l'IOR Gotti Tedeschi à accorder un prêt de 20 millions de dollars à un ami, producteur de télévision et membre de l'Opus Dei. Le prêt n'a jamais été remboursé. *Bild* se demande si l'ami en question n'a pas reversé une partie de l'argent à quelqu'un…

En juillet, François remplace le directeur de l'IOR von Freyberg par Jean-Baptiste de Franssu, patron d'une société d'investissement. La nouvelle équipe de direction va même inclure une femme, Mary Ann Glendon, une ancienne ambassadrice des États-Unis au Vatican. En un an, 3 500 comptes sont fermés au sein de l'IOR, mais il reste beaucoup de comptes détenus par de richissimes particuliers italiens… Fin 2014, Pell découvre même que la banque détient un milliard de dollars en cash dont on ignore la provenance et qui ne figure pas dans les comptes ! Peut-être que les précédents chapitres de cette histoire permettraient d'apporter des pistes de réponse… La banque s'attelle à mettre en place un système d'alertes informatiques. Pour chaque catégorie de clients, on estime ainsi le volume

1. Massimo Teodori, *Vaticano rapace*, Marsilio editori, 2013.

« normal » de transactions. Les décisions d'investissement de l'IOR sont désormais assumées par une équipe dédiée. L'IOR ne doit plus spéculer sur les actions mais assurer des services financiers de base et offrir des conseils financiers pour les employés du Vatican, les prêtres et les ordres religieux.

François veut aussi en finir avec la spéculation immobilière sur les propriétés vacantes des ordres religieux, qui sont souvent cédées pour être transformées en hôtels ou résidences de luxe. Trop d'affaires douteuses ont été conclues au cours des précédentes décennies. Le supérieur des Camilliens, Renato Salvatore, a ainsi été arrêté, peu après Scarano, pour malversations sur des marchés publics portant sur la gestion des 200 hôpitaux de l'ordre dans le monde.

Le pape crée la COSEA, Commission pour la réforme économique de l'administration du Vatican. Elle compte huit membres, dont une femme : Francesca Chaouqui, une ancienne d'Ernst and Young, proche de l'Opus Dei. Il semble que sa candidature ait été poussée par le secrétaire de la commission, lui-même membre de l'Opus Dei, Mgr Vallejo Balda. Au bout d'un an de travaux, la commission n'a pas convaincu et cesse d'exister. Mgr Balda et sa protégée, jugés trop opportunistes par l'entourage du pape, ne sont pas recasés. On leur reproche notamment d'avoir organisé pour la canonisation de Jean Paul II et Jean XXIII une grande fête mondaine sur le toit des palais apostoliques.

Mais les travaux de la commission font l'objet d'importantes fuites qui permettent aux journalistes Gianluigi Nuzzi et Emiliano Fittipaldi de publier de nouveaux livres sur la corruption au sein du Vatican[1]. On y apprend qu'il existe toujours une centaine de comptes courants problématiques à l'IOR et de nombreuses dépenses scandaleuses, comme le versement par une fondation caritative de 200 000 euros pour la rénovation du luxueux appartement (300 m^2) du cardinal Bertone, l'ex-secrétaire d'État (il sera contraint de rembourser). Ces livres ne relèvent plus du lancement d'alerte puisqu'ils ne font que

1. Emilio Fittipaldi, *Avarizia*, Feltrinelli, 2015. Gianluigi Nuzzi, *Chemin de croix*, Flammarion, 2015.

suivre un assainissement déjà engagé par le pape. Mais ils donnent l'impression que son pontificat est tout aussi marqué par les scandales que les précédents, alors qu'un effort sans précédent est en cours.

D'où viennent les fuites ? On l'apprend assez vite : en novembre 2015, Francesca Chaouqui et Vallejo Balda sont arrêtés par la gendarmerie pour « soustraction et divulgation d'informations et de documents confidentiels ». Chaouqui collabore, met tout sur le dos de Mgr Balda et est relâchée aussitôt. Fait exceptionnel, Balda est incarcéré. Il comparaît avec son secrétaire particulier et Francesca Chaouqui pour association de malfaiteurs. Balda et Chaouqui se chargeront mutuellement pendant leur procès. Seul condamné à de la prison ferme (dix-huit mois), Balda a été libéré en décembre 2016 sur décision du pape et remis à la disposition de son diocèse d'origine.

En 2014, François nomme l'Australien George Pell comme préfet pour le secrétariat de l'économie. Ses manières autoritaires ne l'aident pas à se faire des amis au sein du secrétairerie d'État. Il commande à PriceWaterhouseCoopers un audit de grande ampleur, lequel est interrompu peu après par la secrétairerie d'État. Pell verra sa mission interrompue par des accusations d'abus sexuel passés qui l'obligent à retourner en Australie en 2017 pour y être jugé[1]. Ce scandale est un revers pour François qui comptait sur Pell pour l'aider à assainir les finances de l'Église.

En visite en Calabre en juin 2014, François prononce l'excommunication de la 'Ndrangheta, une « adoration du Mal », faisant écho aux injonctions de Jean-Paul II, vingt-et-un ans auparavant. François béatifie le père Puglisi de Palerme, que la Mafia avait assassiné en 1993. Dans la pratique, le refus des sacrements aux mafieux peut pourtant être compliqué à exercer pour certains prêtres qui ne se sentent pas une âme de martyrs. Certains font mine de ne pas

1. En 2019, le cardinal Pell a été condamné en première instance, pour agressions sexuelles sur mineurs de moins de 16 ans, à six ans de prison. Son appel a été rejeté. Mais il a effectué une demande de révision devant la Haute Cour, qui a conclu à son acquittement et sa libération immédiate en mars 2020, après un an de prison.

voir… Le procureur adjoint de Calabre met en garde le Vatican : en tentant de faire un grand ménage au Vatican, le pape dérange beaucoup d'intérêts affairistes et mafieux. « Ceux qui jusqu'à présent se sont nourris du pouvoir et de la richesse qui dérivent directement de l'Église sont nerveux, inquiets. Le pape Bergoglio est en train de démanteler des centres de pouvoir économique au Vatican. Si les boss pouvaient lui faire un petit croc-en-jambe, ils n'hésiteraient pas[1]. »

1. Cité par Marco Politi, *François parmi les loups*, Philippe Rey, 2015.

28
Barack et François

«Todos Somos Americanos»
Barack Obama

17 décembre 2014 : Cuba et les États-Unis créent la surprise en annonçant le rétablissement de leurs relations diplomatiques, interrompues après le désastre de l'invasion manquée orchestrée par la CIA dans la baie des Cochons en 1961. C'est un tournant majeur dans la politique américaine. Pour la population cubaine, la levée de l'embargo américain représente un espoir formidable. Barack Obama et Raúl Castro remercient tous deux le pape François, qui a été à la manœuvre pour faciliter les négociations secrètes entre les deux pays, sans en dire beaucoup plus. Que s'est-il passé en coulisses ?

Une stratégie autonome

L'affaire montre le sens du temps long et du «timing» qui est la marque de la diplomatie vaticane. Elle illustre également ce qu'un pape sud-américain peut apporter à cette diplomatie. Elle prouve enfin que le Vatican n'a pas perdu la main en matière de négociations secrètes. Cinquante ans plus tôt, le handicap à remonter était pourtant considérable…

Après la révolution cubaine de 1959, de nombreux prêtres ont été emprisonnés dans des camps de travail ou expulsés. La fermeture des séminaires, la nationalisation des écoles catholiques et l'imposition de l'athéisme ont semblé annoncer la disparition même de l'Église sur l'île. Malgré les nombreux revers, le Vatican n'a cependant jamais suspendu ses relations diplomatiques avec Cuba. Cette politique de compromis faisait écho à l'Ostpolitik menée par Mgr Casaroli sous Paul VI vis-à-vis de la Yougoslavie de Tito ou de la Hongrie. En 1974, Mgr Casaroli se rendit à Cuba pour une visite « strictement ecclésiale », mais put s'entretenir avec Fidel Castro. Le Vatican resta constant dans sa condamnation de l'embargo américain qui pénalisait avant tout la population. Dans les années 1980, Jean-Paul II voulut aller à Cuba : il y avait pour lui urgence à raviver le catholicisme chez les Cubains, alors que les Églises pentecôtistes faisaient des progrès visibles sur l'île. Les États-Unis étaient d'autant plus opposés à ce projet que Washington pensait avoir en Jean-Paul II un allié inconditionnel dans la lutte anticommuniste. Le projet fut repoussé plusieurs fois.

En 1985 le dominicain brésilien Frei Betto publia un ouvrage d'entretiens avec Fidel Castro intitulé *Fidel et la religion*[1]. Le régime cubain voulait montrer son assouplissement envers l'Église. Les évêques commençaient pour leur part à mettre en œuvre les recommandations de la conférence de Puebla de 1979 en faveur d'une option préférentielle pour les pauvres[2]. Fidel Castro proclama en 1992 la fin du caractère athée du régime et se rendit à Rome en 1996. La voie était libre pour un voyage de Jean-Paul II en 1998, au grand dam des Américains qui restaient décidés à isoler Cuba. Le but de Jean-Paul II était d'accroître la liberté religieuse, ce qui l'amena à se montrer conciliant. La politique du profil bas, évitant toute critique publique du régime, fut plutôt bénéfique. Un séminaire put ainsi ouvrir en 2010, en présence de Raúl Castro. L'Église redevenait un acteur-clé de la société cubaine. Après avoir redouté un rapprochement entre le Vatican et Cuba, l'administration de George W. Bush

1. Traduit en français aux Éditions du Cerf, 1986.
2. Cf. Marie Gayte, « La médiation du pape François entre La Havane et Washington : rupture ou continuité dans la diplomatie pontificale ? », *IdeAs, Idées d'Amérique*, n° 10, automne 2017.

commença à voir le pape comme catalyseur d'un possible changement politique sur l'île, dans le droit fil du rôle joué par Jean-Paul II en Pologne dans les années 1980. Le Saint-Siège avait un agenda différent. Le Vatican craignait même que dans une île comme Cuba, où l'Église n'a jamais été très enracinée, une transition rapide vers la démocratie ne lui soit fatale.

Conversations secrètes

L'arrivée de Barack Obama à la Maison-Blanche en janvier 2009 marque un tournant. Obama affirme vouloir prendre un nouveau départ dans ses relations avec Cuba. Raúl Castro se déclare prêt au dialogue. Le dégel ne dure pourtant pas. Benoît XVI se rend sur l'île en mars 2012 et ne manque pas de critiquer l'embargo américain lors de son discours d'adieu. Après sa réélection en 2012, Barack Obama veut améliorer les relations avec Cuba car il craint de n'avoir pas d'autre succès à afficher en politique étrangère. Un nouveau pape, François, arrive en mars 2013, et il est latino-américain... Après la mort de Hugo Chavez, il devient clair que le Venezuela ne va pas continuer indéfiniment à livrer du pétrole quasi gratuit à Cuba et que seul un rapprochement avec les États-Unis permettrait d'éviter une grande crise économique.

Les hommes-clés de la secrétairerie sont bien placés pour traiter ce dossier. Le numéro deux, Giovanni Becciu, a été nonce à La Havane de 2009 à 2011. Le sous-secrétaire pour les relations avec les États, Mgr Antoine Camilleri, a quant à lui été nonce à Cuba en 2005-2006. Enfin, François entretient depuis 1981 des relations étroites avec l'archevêque de La Havane, Jaime Ortega. Par ailleurs une femme de l'ombre a joué un rôle encore méconnu dans ce dossier : l'abbesse Tekla Famiglietti, mère supérieure de la congrégation féminine de Sainte-Brigitte à Rome. Elle est devenue proche de l'entourage immédiat de Jean-Paul II grâce au cardinal Crescenzio Sepe. On lui attribue d'étonnantes fréquentations, par exemple avec le « seigneur des casinos » du Mexique, José Maria Guardia. Malgré ses connexions notoires avec la pègre de Juárez, il a été fait commandeur de l'ordre de Sainte-Brigitte en 2000. Tekla est devenue une agente non officielle du Vatican et a pu rencontrer à plusieurs reprises Fidel Castro, raconte la journaliste Constance Colonna-Cesari[1]. Elle a ainsi obtenu l'autorisation d'implanter un séminaire au cœur de La Havane. Elle aurait contribué au dialogue vaticano-cubain.

Barack Obama et François se rencontrent le 27 mars. Le président révèle au pape que les États-Unis ont « quelque chose en cours avec Cuba » : une première négociation secrète s'est mise en place en juin 2013. Obama indique à François qu'il serait utile qu'il joue un rôle dans ce dialogue[2]. Le pape choisit le cardinal Ortega pour faire la navette entre les deux parties, lequel, en 2010, avait joué un rôle dans la libération de prisonniers politiques. Lors d'une entrevue, en mai 2013, François charge Ortega de remettre des lettres en mains propres à Barack Obama et Raúl Castro. À ce dernier il conseille de libérer l'Américain Alan Gross, un agent de l'USAID (Agence des États-Unis pour le développement international), accusé d'espionnage, pour que les États-Unis fassent un geste similaire à leur tour. L'administration Obama souhaite que l'opération reste secrète et ne voit pas d'un bon œil la venue du cardinal Ortega à la Maison-Blanche. Mais Ortega insiste et finit par rencontrer le président Barack Obama le 17 août 2013. Son nom n'apparaîtra pas sur le registre de visiteurs. Il est chargé par Obama de transmettre à Castro un message d'espoir : que les relations entre leurs pays s'améliorent avant la fin de son mandat. C'est au Vatican que vont se réunir les négociateurs cubains et américains pour finaliser puis signer un accord le 28 octobre 2013. Outre la libération des prisonniers, les deux pays ont décidé du rétablissement de relations diplomatiques. Les représentants du pape assument un rôle de garants de l'accord.

---

1. Constance Colonna-Cesari, *Dans les secrets de la diplomatie vaticane*, Seuil, 2016.
2. Peter Kornbluh et William LeoGrande, *Back Channel to Cuba. The Hidden History of Negotiations between Washington and Havana*, Chapel Hill, The University of North Carolina Press, 2015.

Ce dernier sera rendu public le 17 décembre, date de l'anniversaire de François, discret hommage à son rôle de facilitateur.

Cette négociation secrète permet de replacer le Saint-Siège au premier plan de la scène diplomatique. Côté cubain, l'identité « latino » du pape François et son positionnement ont permis de légitimer le rapprochement avec l'ennemi américain d'hier. Côté américain, l'opération a été rendue possible par la bonne entente entre François et le président Obama sur plusieurs sujets comme la lutte contre le réchauffement climatique. (Cela n'a pas empêché François de condamner à l'été 2013 de possibles frappes américaines sur la Syrie en cas d'utilisation d'armes chimiques contre son peuple et d'exprimer ses réserves sur un possible changement de régime à Damas, le pape craignant que le départ d'Assad envenime encore la situation.) Il était logique que le pape François se rende à Cuba, ce qui se concrétise en septembre 2015. Il s'y efforce de défendre à la fois la liberté de culte et les libertés politiques. Symboliquement, il s'envole ensuite pour Washington, où il est reçu en grande pompe à la Maison-Blanche et prononce un discours devant le Congrès, suivi d'un autre aux Nations unies à New York. Ce succès est avant tout une histoire diplomatique, qui comporte portant des à-côtés restés dans la coulisse.

La face cachée d'une réconciliation

Œuvre de longue haleine, le succès diplomatique doit beaucoup à l'archevêque Jaime Ortega, un proche du cardinal Sodano, qui a tenu une ligne d'accommodement avec le pouvoir castriste. Comme on peut s'y attendre dans une dictature, a fortiori communiste, il a constamment été sous surveillance de la police cubaine, qui connaît parfaitement sa vie privée. Selon un spécialiste du renseignement cubain interrogé par Frédéric Martel, « le cardinal Ortega et son entourage ont été placés sous la surveillance directe d'Alejandro Castro Espín, le fils de l'ancien président Raúl Castro. Le chef officieux de tous les services secrets cubains aurait même constitué au fil des ans, à partir d'une surveillance technologique très sophistiquée, un dossier complet sur les dirigeants de l'Église catholique à Cuba, et sur Jaime Ortega en particulier. En d'autres termes, Ortega est "*atendido*", "protégé", à un très haut niveau. Personnage secret, Alejandro Castro Espín occupe le poste de coordinateur du Conseil de défense et de la sécurité nationale, qui regroupe l'ensemble des services de renseignement et de contre-espionnage cubains : il serait lui-même l'officier de liaison du cardinal Ortega. Il s'occuperait de tous les échanges avec le Vatican et alors qu'on ne connaît presque aucune photo de lui (on sait qu'il a perdu un œil dans des combats en Angola), il est apparu ces dernières années sur un seul et unique cliché, en compagnie de son père Raúl, aux côtés du pape François[1] ».

Le lieutenant-colonel Juan Reinaldo Sánchez, ex-garde du corps de Fidel Castro, évoque les surveillances et chantages sexuels du régime sur diverses personnalités dans ses Mémoires *La vie cachée de Fidel Castro*[2]. Un ancien colonel cubain expatrié aux États-Unis a même affirmé à la télévision, sans susciter de démenti, que le cardinal Ortega aurait eu une liaison avec un agent des services secrets cubains, dont certaines rencontres furent dûment filmées pour garantir le soutien du cardinal au régime. Selon Martel, un nombre important de prêtres en poste à Cuba étaient gay et donc « tenus » par les services secrets. La prostitution masculine est massive à Cuba, légale à partir de 16 ans.

Il est évidemment préoccupant pour le Vatican que ses évêques et archevêques soient encore mis sous contrôle dans certains pays, grâce à l'espionnage de leur vie privée. Ceci étant, en l'espèce, il ne semble pas qu'une hypothétique compromission du cardinal Ortega ait nui au Saint-Siège. Peut-être que les dirigeants cubains avaient besoin de se sentir maîtres de la situation pour oser suivre la médiation vaticane…

1. Frédéric Martel, *Sodoma*, *op. cit.*
2. Michel Lafon, 2014.

29
Chine : l'autre Église du silence

L'évangélisation de la Chine est une affaire très ancienne. Le premier archevêque catholique de Pékin, Jean de Montecorvino, a été nommé en… 1307 ! Les missionnaires ont fondé dans l'empire des œuvres hospitalières, sociales et éducatives, et ont subi des persécutions à peu près permanentes. Au XIXe siècle, l'Église catholique connaît un véritable essor, atteignant 750 000 fidèles au moment du soulèvement des Boxers (1895). Ces derniers accusent les religions étrangères de causer des famines et des inondations. L'incendie de la cathédrale de Pékin en 1900 fait partie des événements qui suscitent l'envoi d'un corps expéditionnaire européen. On estime que 30 000 catholiques ont été tués pendant cette période[1].

Les catholiques, ces espions de l'étranger

En 1912, la République est proclamée et Sun Yat-sen fonde le parti nationaliste Kuomintang. Les catholiques, alors au nombre de 1,4 million, se rallient au nouveau régime. La nouvelle Constitution proclame la liberté religieuse. Mais l'instabilité politique domine. Pendant la guerre, les nationalistes font alliance avec les communistes de Mao Zedong contre l'envahisseur. En 1945, la Chine est dans le camp des vainqueurs. Mais elle replonge dans la guerre civile. En 1946, Pie XII crée le premier cardinal chinois de l'histoire. Il y a alors plus de 3 millions de catholiques dans le pays. Le 1er octobre 1949, Mao Zedong proclame la République populaire de Chine. Le

1. Yves Chiron, *La longue marche des catholiques de Chine*, Artège, 2019.

régime communiste, en phase avec son allié soviétique, va se montrer hostile envers l'Église.

Tous les Européens et Américains présents dans le pays sont considérés comme des espions potentiels. Le service de sécurité intérieure chinois Gonganbu reproduit les schémas de pensée de son homologue soviétique et attaque violemment les moines étrangers, accusés d'être des « agents de subversion ». Il est vrai que certains missionnaires renseignent les services secrets de leur pays d'origine, mais ils se limitent au recueil d'informations. Par exemple, le père Jean-Elie Maillot est une source précieuse pour le SDECE français : il aide des agents français à pénétrer au Yunan et à en repartir. Le père Léon Trivière, qui a été expulsé vers Hongkong, continue pendant trente ans à rassembler et publier des informations très précises sur ce qui se passe en Chine dans le *Bulletin de la Société des missions étrangères.* Une autre lettre d'informations, *China news Analysis,* est mise sur pied par un groupe de jésuites hongrois regroupés coordonnés par Lazlo Ladany. Dans les montagnes des nouveaux territoires, ce groupe bâtit un réseau de stations d'écoutes pour les services de l'Ouest[1].

Les évêques et missionnaires étrangers sont expulsés. Les églises, écoles et hôpitaux religieux ne sont pas fermés mais confisqués et débarrassés de leurs signes religieux. Sur les 3 000 prêtres présents en Chine en 1949, 200 sont exécutés par le Gonganbu, 500 expulsés, 500 emprisonnés. En 1951 est créé un Bureau national des affaires religieuses, chargé de surveiller et réglementer la vie religieuse dans le pays. Le gouvernement veut voir appliquer par l'Église de Chine la « triple autonomie » (gouvernement, financement, évangélisation), une expression lancée en 1927 par diverses confessions protestantes qui se sont unies pour former l'Église du Christ en Chine. Il y a désormais deux Églises catholiques en Chine. Shanghai sera le principal foyer de résistance à la mise en place d'une « église indépendante ».

1. Cf. Roger Faligot et Rémi Kauffer, *The Chinese Secret Service. Kang Sheng and the Shadow Government in Red China,* William Morrow, 1987. Édition française : Robert Laffont, 1987. On trouve de nombreuses informations sur les prêtres français en Chine dans Roger Faligot, *Les tribulations des Bretons en Chine,* Les Portes du Large, 2019.

En 1956 le Bureau national des affaires religieuses convoque une conférence pour la création d'une association des catholiques patriotes, qui verra le jour l'année suivante : l'APCC (Association patriotique catholique chinoise). Dès 1958, l'APCC nomme des évêques pour remplacer ceux qui ont été exilés ou emprisonnés. La Congrégation pour la doctrine de la foi avertit que l'évêque consécrateur et les consacrés encourent l'excommunication. Peu avant sa mort, Pie XII publie l'encyclique *Ad Apostolorum principis* qui condamne l'APCC et exprime sa grande préoccupation pour les catholiques de Chine.

Pour les familiers de l'appareil sécuritaire chinois, l'APCC dépend étroitement du Département de travail de front uni, qui est un important service de renseignement politique dépendant du Comité central du Parti[1]. Ce département n'hésite pas à infiltrer l'Église : il envoie des agents qui se joignent aux fidèles et ont pour mission de recruter des prêtres ou des religieux. Ces derniers sont alors autorisés à se rendre à l'étranger pour recueillir du renseignement au profit des services chinois, tout en racontant à Rome comment ils sont persécutés par le pouvoir chinois. Selon Roger Faligot, Li Chuwen, le patron du renseignement du Xinhua, pourrait avoir débuté sa carrière comme agent infiltré au sein de l'Église. Le missionnaire belge Dries Van Coillie, arrêté en juillet 1951 et enfermé durant 34 mois, a subi un véritable lavage de cerveau qu'il raconte dans un livre de Mémoires[2]. Il sera exilé de Chine à l'occasion de la conférence de Genève en juin 1954. Il cite dans son livre un « ordre secret » du 12 février 1957 qui selon lui met au point la politique religieuse du gouvernement chinois : « En suivant les directives des chefs du Parti, nos camarades doivent trouver les moyens de pénétrer au cœur même de chaque Église, se mettre au service de la nouvelle organisation de la police secrète, déployer une grande activité au sein même de toutes les activités ecclésiastiques, déclencher une attaque de grande envergure, s'engager à fond, même en appeler à l'aide de Dieu, et, pour

1. Cf. Roger Faligot, *Les services secrets chinois. De Mao à nos jours*, rééd. Chronos, 2021.
2. Dries Van Coillie, *J'ai subi le lavage de cerveau*, Desclée de Brouwer, 1964.

réussir à former un front unique, se servir du grand charme et de la force séductrice du sexe féminin. »

En août 1966, Mao engage la Chine dans la « Grande Révolution culturelle prolétarienne », qui frappe notamment les intellectuels et les artistes. La persécution des catholiques atteint des niveaux sans précédent. Le Bureau des Affaires religieuses et l'APCC, jugés trop complaisants, sont supprimés. « À bas la croyance en Jésus », scandent les Gardes rouges. Beaucoup de prêtres se retrouvent en prison, qu'ils soient « patriotiques » ou non. D'autres doivent entrer en clandestinité pour continuer à exercer. Nombre d'églises sont détruites ou transformées en ateliers. Les statues, objets de culte et livres sont brûlés. Sous la torture, les chrétiens doivent abjurer leur foi. Les dernières religieuses présentes en Chine sont expulsées. Dans les années suivantes, le régime pense avoir éradiqué le catholicisme en Chine.

En avril 1969, Paul VI nomme cardinal Mgr Yü Pin, archevêque de Nankin exilé à Taïwan. En 1971, lors d'un déplacement en Asie, le pape fait escale à Hongkong et y célèbre une messe dans un hippodrome. La mort de Mao en 1976 marque la fin de la Révolution culturelle. Deng Xiaoping engage la Chine dans une nouvelle voie. La Chine s'ouvre aux échanges internationaux. Ce n'est que très progressivement que les églises vont pouvoir rouvrir leurs portes, sous la surveillance du Bureau des affaires religieuses, qui renaît de ses cendres.

Les Églises parallèles

La première ouverture officielle d'église a lieu à Pékin en 1979. Quand il accède au trône de saint Pierre, Jean-Paul II connaît assez mal la situation chinoise. L'archevêque de Marseille, le cardinal Etchegaray, va effectuer plusieurs visites en Chine pour le Vatican. Ici ou là, il sera contacté par des prêtres de la clandestinité. Il pourra aussi constater que les évêques qui ont accepté d'entrer dans l'APCC, par faiblesse ou carriérisme, ne sont pas forcément hostiles à Rome.

Il est donc schématique de les opposer à ceux qui œuvrent dans la clandestinité.

Afin de permettre à « l'église du silence » de perdurer, les évêques clandestins commencent à consacrer des prêtres, d'abord de leur propre initiative puis avec l'accord du pape. En 1984, le pape demande à tous les évêques occidentaux qui ont été expulsés de Chine entre 1949 et 1951 de renoncer à leur siège pour permettre de nommer des évêques chinois à leur place. Cette même année 1984, un premier évêque « officiel » sacré sans mandat pontifical demande à retrouver la communion avec le Saint-Siège. Il y aura donc pour son diocèse deux évêques légitimes, le clandestin et l'officiel réconcilié avec Rome ! Peu à peu l'épiscopat officiel chinois développe des relations avec les autres épiscopats et reçoit des visiteurs de l'étranger.

L'année 1989 est marquée par le massacre de la place Tiananmen à Pékin. Cet événement éclipse dans la presse la répression policière des catholiques de Houtong dans le Hebei, qui fait 32 morts. En novembre se réunit la première conférence épiscopale clandestine de la Chine continentale. Le Saint-Siège décide de créer une mission d'étude à Hongkong, qui aura la charge d'entretenir des contacts discrets avec le clergé clandestin. Le premier responsable entre 1989 et 1992 est le Français Mgr Jean-Paul Gobel. Les dirigeants chinois regardent avec méfiance cette ouverture. Ils sont persuadés que Jean-Paul II a une grande responsabilité dans la chute du communisme en Europe de l'Est et n'ont pas l'intention de le laisser affaiblir la dernière grande puissance communiste. Lorsqu'en mai 1991 le pape annonce avoir fait cardinal *in pectore* l'archevêque Gong Pin-mei en 1979, qui vit alors aux États-Unis après avoir passé trente ans en prison, le ministère chinois des Affaires étrangères accuse Jean-Paul II d'ingérence dans les affaires intérieures chinoises. Après Tiananmen, le pouvoir chinois s'émeut de voir affluer des jeunes dans les églises, signe que la religion catholique pourrait devenir un vecteur d'opposition politique.

Début 1996, le Vatican engage un dialogue avec les autorités chinoises : le dossier est suivi par l'ex-vice-ministre des Affaires étrangères Mgr Claudio Celli, qui a suivi les pourparlers avec Israël pour aboutir à l'accord de 1993. Pour ne pas attirer l'attention, Celli est nommé en 1995 secrétaire de l'APSA. Une fois de plus, on vérifie que les titres officiels du Vatican ne livrent pas toujours la réalité des activités de leurs titulaires… On attribue à Celli des missions clandestines en Chine, assorties de distribution de matériel, nourriture et fonds secrets.

À Pékin, Celli rencontre en janvier 1996 des responsables du gouvernement chinois : c'est le début d'une longue série de rencontres. Selon les accords signés entre la Grande-Bretagne et la Chine, la colonie britannique de Hongkong doit être rendue à la Chine en 1997, avec un statut particulier. Pékin s'est engagé à maintenir pendant cinquante ans le système législatif suivant le mot d'ordre : « un pays, deux systèmes ». À l'approche de l'an 2000, de plus en plus d'évêques « officiels » demandent à Rome de régulariser leur situation, ce qui est le plus souvent accepté. En 2004, on constate que près des deux tiers sont régularisés.

En mars 2000, le Vatican annonce la canonisation de 120 martyrs de Chine morts entre 1648 et 1930. Les autorités chinoises, qui considèrent le soulèvement des Boxers comme un mouvement anti-impérialiste préfigurant la révolution communiste, y voient une offense. La presse chinoise se déchaîne. En visite en Chine pour un symposium international, le cardinal Etchegaray subit de la part des officiels chinois de violentes diatribes.

À la recherche d'un accord

En 2005, à la mort de Jean-Paul II, le gouvernement chinois envoie ses condoléances, ce qui est une première, de même que de chaleureuses salutations au nouveau pape Benoît XVI. Pékin rappelle ses conditions pour normaliser les relations avec le Vatican : rompre avec Taïwan, reconnaître en Pékin le seul gouvernement légitime et s'engager à ne commettre aucune ingérence dans les affaires chinoises. Le mouvement de légitimation par Rome d'évêques officiels se poursuit : selon Mgr Zen, nommé évêque de Hongkong en 2002, il semble que les fidèles se détournent des évêques qui ne sont pas reconnus par Rome. Benoît XVI nomme Mgr Zen cardinal en 2006.

Le pape cherche à réactiver les discussions avec Pékin, interrompues en 2000. Mgr Celli emmène une délégation en Chine en juin 2006. Cette rencontre ne fait pas l'unanimité au sein des services chinois, rapporte *Intelligence online*[1] :

> Selon nos informations, l'APCC estime qu'une attitude d'ouverture risque de faire imploser l'Église officielle, et déjà, l'on mentionne l'arrestation par la sécurité publique (Gonganbu) d'une série de prêtres, pourtant nommés par l'association patriotique dans la province du Hebei [...] Le patron de l'APCC Liu Bainian et les services de contre-espionnage chinois s'accordent pour estimer que les réseaux du Vatican, les missions étrangères et leurs divers organismes religieux risquent de constituer une menace aussi grande que la secte bouddhiste Falun Gong. Ils dénoncent en outre la nomination d'une quarantaine d'évêques de l'église clandestine et surtout celle du représentant du Vatican à Hongkong, en février dernier, Mgr Joseph Zen Ze-kiun. Mais à l'inverse, le service de renseignement extérieur, le Guoanbu, semble vouloir profiter de cette « ouverture » pour envoyer des prêtres chinois assermentés qui sont en fait des agents opérationnels, ce dont se sont rendu compte ces derniers mois plusieurs services de contre-espionnage européens qui échangent sur ce sujet.

En 2007, Benoît XVI crée une commission pontificale consacrée à la Chine, comme Pie XII l'avait fait pour la Russie. Elle se réunit deux fois par an pendant son pontificat. La même année, le pape envoie une lettre ouverte aux catholiques chinois dans laquelle il

1. « Les SR chinois redoutent l'ouverture vers le Vatican », *Intelligence online*, 3 juillet 2006.

reconnaît leurs souffrances passées mais leur demande de pardonner et d'œuvrer à la réconciliation.

En 2013, Xi Jinping et le pape François arrivent en même temps au pouvoir, à trois jours près. François marque un grand intérêt pour le dossier et s'inscrit dans les pas de ses prédécesseurs. En nommant secrétaire d'État Pietro Parolin, il marque sa volonté de renouer avec la « grande diplomatie » dans la lignée de l'Ostpolitik incarnée par le cardinal Casaroli. Le choix est fait de renouer un contact direct avec Pékin, avec un nouveau déplacement de Mgr Celli. En 2015, les autorités chinoises font un pas en autorisant pour la première fois depuis trois ans l'ordination d'un évêque, en présence d'évêques des deux Églises, reconnu par le pouvoir et par Rome.

En 2017, la rumeur annonce qu'un accord est en vue, mais ce n'est pas si simple. Certes, la condition d'une rupture des relations diplomatiques avec Taïwan est acceptée, avec l'accord du clergé taïwanais. En revanche la « réconciliation » des deux clergés impliquerait que, dans deux diocèses, des évêques clandestins démissionnent au profit d'évêques officiels non réconciliés avec Rome, ce qui les choque. Le cardinal Zen de Hongkong prend leur parti. Néanmoins, en septembre 2018 est annoncée la signature d'un accord provisoire qui porte uniquement sur la nomination des évêques. Pékin pourra proposer des candidats parmi lesquels Rome aura le dernier mot. Le pape lève l'excommunication sur les évêques officiels non ralliés. Le cardinal Zen se montre très critique sur cet accord, estimant que le pape François « connaît très mal la Chine » et est « naïf[1] » : « C'est un accord qui va détruire l'Église catholique fidèle, qui va détruire l'église clandestine. Jusqu'à aujourd'hui, c'est une église persécutée mais encore puissante. » Sous la férule de Xi Jiping, le Parti communiste a resserré son contrôle de la société chinoise dans tous ses aspects, y compris la vie religieuse. Entre 2014 et 2016, les autorités de la province du Zhejiang ont fait retirer et détruire plus d'un millier de croix qui ornaient des bâtiments religieux. En 2016, Xi

1. Yves Chiron, *La longue marche des catholiques de Chine*, *op. cit.*

a convoqué une conférence sur les affaires religieuses, la première depuis longtemps : c'est le signe d'une préoccupation particulière. Le leader chinois a enjoint les membres du parti de se garder résolument « contre les infiltrations étrangères via des moyens religieux ». Ce qui n'a pas empêché de conclure l'accord de 2018.

Celui-ci devait être rediscuté à partir de septembre 2020. Mais pendant l'été 2020, la secrétairerie d'État apprend qu'elle est victime de cyber-espionnage. Un groupe de hackers chinois s'est infiltré dans les réseaux informatiques du Vatican, selon l'enquête d'un groupe spécialisé indépendant, Recorded Future. Les hackers se sont déjà attaqués aux bouddhistes tibétains, aux Ouïgours et aux membres de Falun Gong. Mais c'est la première fois qu'on les surprend dans les réseaux du Vatican. Ils sont aussi repérés à la mission vaticane de Hongkong.

Le cheval de Troie utilisé est crédible : un fichier de documents authentiques de la secrétairerie d'État, adressé à Mgr Herrera, patron de la mission de Hongkong. Selon le rapport de Recorded Future, l'attaque est menée par un groupe de hackers d'État nommé Red Delta (d'autres analystes évoquent un groupe connu sous le nom de « Mustang Panda »). Ils sont visiblement partis à la pêche aux informations sur l'état d'esprit des négociateurs romains. Mais il semble aussi qu'ils aient cherché à identifier les contacts et activités de la mission de Hongkong avec l'opposition démocratique, qui organisait de grandes manifestations[1]. Le mouvement a été déclenché en mai 2019 par un projet de loi sécuritaire donnant aux services chinois un pouvoir de répression accru. Il semble que les services chinois aient soupçonné l'Église d'aider en sous-main à l'organisation de manifestations.

On pense un moment que cette attaque sans précédent va faire capoter les discussions, mais les négociations se poursuivent. La stratégie vaticane n'a guère varié depuis une vingtaine d'années. On estime qu'il y a actuellement 10 à 12 millions de catholiques

1. David Sanger, Edward Wong et Jason Horowitz, « The Vatican is Said to Be Hacked from China Before Talks with Beijing », *New York Times*, 28 juillet 2020.

en Chine, soit seulement 10 % du total des chrétiens. À Rome, on s'inquiète de la progression spectaculaire du protestantisme ces dernières décennies. De son côté la Chine, qui est sur la défensive depuis qu'elle a violé son engagement de respecter le statut de Hongkong, recherche le prestige que lui donnerait un accord durable avec le Vatican.

Les deux parties voient dans cet accord imparfait un point de départ pour un processus en profondeur. Toutes deux s'inscrivent dans une perspective de temps long…

30
L'histoire sans fin

Le 26 août 2018, l'ex-nonce aux États-Unis Carlo Maria Viganò publie sur le web un « témoignage » de 11 pages concernant Theodore McCarrick, cardinal archevêque de Washington entre 2000 et 2006, accusé d'abus sexuels.

Viganò accuse de nombreux prélats et jusqu'au pape François d'avoir couvert les crimes de McCarrick. Il n'hésite pas à réclamer la démission de François. On se souvient que le secrétaire d'État de Benoît XVI, Bertone, avait éloigné Viganò aux États-Unis en 2011 et que l'année suivante les lettres de ce dernier au pape avaient fuité à l'occasion du premier Vatileaks. En 2015, Viganò, ayant atteint l'âge de 75 ans, est devenu émérite.

Il affirme qu'en 2000, puis en 2006, les diplomates du Vatican aux États-Unis ont alerté le secrétaire d'État Sodano au sujet de McCarrick. Benoît XVI finit en 2009 ou 2010 par imposer au cardinal McCarrick, devenu émérite, de se retirer et de ne plus participer à la vie publique ni de célébrer de messe. Le moins que l'on puisse dire est que cette sanction n'a été que mollement appliquée, puisque McCarrick a continué à voyager, y compris à Rome. Viganò accuse le pape François d'avoir reçu McCarrick et même de l'avoir pris comme conseiller. Ce qui est faux. Le pape François a effectivement échangé quelques mots avec McCarrick au moment de sa prise de fonctions, comme avec bien d'autres cardinaux, et sans connaître à ce moment sa situation précise. Mais il a pris en février 2019 la décision sans précédent de le défroquer.

Qui veut la peau du pape?

Dès la mise en ligne de cette charge contre François, une vingtaine d'évêques américains témoignent leur solidarité à Viganò, dont le cardinal conservateur Raymond Burke et l'archevêque de Philadelphie Charles Joseph Chaput. On ne voit pas de précédent, dans l'histoire contemporaine de l'Église, d'un tel soutien public d'un groupe de prélats à la demande de démission d'un pape. Derrière cette offensive se profile un groupe médiatique américain, EWTN, fondé en 1980 par la religieuse américaine Mary Angelica de l'Annonciation (décédée en 2016), qui touche 250 millions de catholiques dans le monde et publie notamment le journal en ligne *National Catholic Register*. Un des administrateurs d'EWTN, l'avocat millionnaire Timothy Busch, soutient l'offensive de Viganò[1]. Avec le milliardaire républicain Charles Koch, Busch est un des promoteurs de la « théologie du capitalisme », sorte de pendant ultralibéral à la théologie de la libération. Pour Busch, une nouvelle génération d'ONG catholiques créées par de puissants hommes d'affaires, à l'image de Legatus ou du Napa Institute, est en train de réévangéliser le pays… tout en établissant la conformité du capitalisme avec la doctrine de l'Église.

Legatus a été créé par l'homme d'affaires Tom Monaghan, fondateur de la chaîne Domino's Pizza qui finance des actions contre l'avortement et pour le redressement moral de la nation. Le mouvement n'admet comme membres que des hommes d'affaires affichant un chiffre d'affaires supérieur à 7 millions de dollars. En 1998, Monaghan a cédé la majorité de son entreprise à un fonds d'investissement pour doter ses nouveaux bébés, l'Ave Maria Foundation (qui veut développer rien moins qu'une ville entièrement dédiée à la Vierge Marie et dotée de sa propre université) et un fonds d'investissement, l'Ave Maria Mutual Fund. Après la charge de Viganò, Legatus a déclaré suspendre sa contribution au Saint-Siège.

1. Andrea Tornielli et Gianni Valente, *Le jour du jugement*, Michel Lafon, 2019.

Depuis les années 2000, une véritable guerre culturelle déchire l'Église américaine. S'ils se sont fort bien accommodés du pape Benoît XVI, ces théoconservateurs ont très vite manifesté leur hostilité envers François. Et ce dernier a « aggravé » son cas en refusant de nommer certains prélats américains ultraconservateurs qui considéraient que leur poste les rendait automatiquement cardinalices (destinés à devenir cardinaux). Comme le souligne le directeur de la communication du Vatican Andrea Tornielli, dans cette affaire Viganò, « on utilise contre l'évêque de Rome les stratégies employées avec succès par les appareils médiatiques et les services secrets américains pour préparer le terrain des procédures d'*impeachment* des leaders politiques, ou des changements de régime sur l'échiquier mondial : campagnes médiatiques internationales, dossiers à charge, diffamation et destruction de la réputation[1] ».

À l'automne 2018, une autre offensive est lancée par un club de millionnaires catholiques, baptisé « groupe pour une meilleure gouvernance de l'Église ». Leur projet, intitulé « Red Hat Report » (rapport barrette rouge) consiste à faire enquêter une centaine de journalistes, universitaires, détectives privés et anciens du FBI sur les cardinaux susceptibles de concourir lors du prochain conclave. En clair, ces enquêteurs ont pour mission d'accumuler tout matériau compromettant sur les futurs *papabili*. Il est même prévu que les rumeurs éventuelles d'homosexualité soient prises en compte, avec prudence bien évidemment… « Si nous avions eu plus tôt le Red Hat Report, est-il indiqué dans la présentation du projet, peut-être n'aurions-nous pas aujourd'hui le pape François. » Voilà qui a le mérite de la clarté. Lors de la présentation du projet, il a été précisé que le cardinal Parolin, le secrétaire d'État, était un « homme corrompu »… ce sur la seule base des accusations portées par Viganò. Pour la première fois dans l'histoire de l'Église est donc créé, et assumé publiquement par un groupe d'ultrariches catholiques, un service secret privé, dédié à influer sur les orientations futures du

1. *Ibid.*

Vatican. Avec, pour démarrer, un budget annuel supérieur à 1 million de dollars. Que se passera-t-il si le futur pape n'est pas celui souhaité par ce groupe ? Il n'est pas exclu que les commanditaires du Red Hat Report calculent qu'ils auront au moins dans ce cas de quoi le faire chanter…

London Calling

En juin 2015, François crée un nouveau service d'audit financier de 12 personnes et nomme pour le diriger Libero Milone, 67 ans, qui a travaillé pour la société d'audit Deloitte pendant plus de trente ans. Ce service doit superviser l'audit des procédures de contrôle interne de tous les dicastères, y compris le gouvernorat de la Cité du Vatican. Il doit produire un rapport d'audit annuel et effectuer des inspections de certains services à la demande du Conseil pour les affaires économiques. Milone complète ainsi un dispositif chargé de moderniser et contrôler le système économique et financier du Vatican, aux côtés du cardinal australien Pell, secrétaire à l'économie, et du cardinal allemand Reinhard Marx, coordinateur du Conseil pour l'économie. Mais ce travail rencontre des résistances : certaines requêtes de l'équipe pour obtenir copie de tel ou tel contrat restent sans réponse. On s'efforce de limiter l'accès de Milone au pape. Au bout de quelques mois, l'ordinateur portable de Milone est même piraté. Il porte plainte auprès de la gendarmerie.

Milone a des soupçons sur les motivations des hackers : depuis quelques semaines, il demandait des explications sur des centaines de millions de dollars détenus par des structures du Vatican en Suisse, qui n'apparaissaient pas sur les livres de comptes. En 2014, le Vatican a viré la somme de 200 millions de dollars depuis ses comptes en Suisse vers un fonds d'investissement luxembourgeois, Athena Capital, qui a utilisé cet argent pour acheter une part minoritaire d'un immeuble de Chelsea, à Londres, dans lequel se situe le siège social de Harrods. L'immeuble était détenu par le gérant du fonds, Raffaele Mincione, et la participation acquise par le Vatican lui a été vendue à un prix bien plus élevé que la valeur d'acquisition deux ans auparavant.

En 2017, coup de théâtre: Milone est renvoyé! On l'accuse d'espionnage et de détournements. « On », c'est le cardinal Becciu, numéro 2 de la secrétairerie, qui a approuvé l'opération londonienne. Becciu justifie ainsi cette éviction: « Il allait contre toutes les règles, il espionnait la vie privée de ses supérieurs, y compris moi. S'il n'avait pas démissionné, nous l'aurions poursuivi en justice[1]. » Et d'ajouter pour défendre son projet: « C'est une pratique courante pour le Saint-Siège d'investir dans l'immobilier; on l'a toujours fait: à Rome, à Paris, en Suisse et aussi à Londres. » Certes, mais en principe, tous les biens immobiliers du Saint-Siège sont sous la responsabilité de l'APSA. Plus prudent, le secrétaire d'État Parolin évoque un « deal opaque », sur lequel une enquête est en cours. Milone, lui, raconte une autre histoire: « Le chef de la gendarmerie m'a forcé à signer une lettre de démission qu'ils avaient préparée des semaines à l'avance. » À la demande de Becciu. Que croire? Le problème est que les graves accusations portées contre Milone seront totalement abandonnées par la suite.

En 2016, Becciu avait déjà entravé l'audit commandé par le Secrétariat pour l'économie sur tous les comptes des départements du Vatican à la société PriceWaterhouseCooper. Il l'avait annulé et convaincu a posteriori le pape de valider cette décision. Selon des sources au Secrétariat pour l'économie, en 2015 l'archevêque Becciu aurait tenté de déguiser les prêts dans les comptes du Vatican en les annulant par leur contrepartie, à savoir la propriété londonienne. Cette technique comptable « créative » a été rendue illégale par les nouvelles règles instaurées en 2014. C'est cette manœuvre qui a donné l'alerte.

En 2018, Becciu est nommé patron de la Congrégation pour la cause des saints.

1. Nicolas Sénèze, « L'ancien contrôleur financier du Vatican dénonce un complot contre lui », *La Croix*, 25 septembre 2017.

Depuis la fin 2019, les révélations s'enchaînent. Le 1er octobre 2019, la police du Vatican perquisitionne les bureaux de la secrétairerie d'État. Elle saisit des dossiers et ordinateurs liés à cet investissement londonien. Le lendemain fuite dans la presse un mémo confidentiel annonçant la suspension « par précaution » de cinq employés du Vatican, dont deux responsables : Mgr Mauro Carlino, qui dirige la documentation de la secrétairerie, et Tommaso Di Ruzza, directeur de l'Autorité d'information financière.

Le 5 juin 2020, un homme d'affaires italien, Gianluigi Torzi, qui a racheté au Vatican sa participation dans l'immeuble de Chelsea, est arrêté par la justice vaticane. Il est accusé d'extorsion, de détournement de fonds, de fraude aggravée et de blanchiment d'argent. Il encourt douze ans de prison. Une écoute judiciaire, dévoilée par France Inter, à la suite du *Corriere della Sera*, permet de mieux comprendre son rôle :

> Nous sommes le 19 décembre 2018 dans une chambre du luxueux hôtel Bulgari à Milan. Trois hommes discutent et se disputent à propos d'un investissement du Vatican qui fera scandale un an plus tard : les immeubles de luxe en plein Londres. Ils sont enregistrés à leur insu. Le premier, Fabrizio Tirabassi, est un cadre laïc de la secrétairerie d'État du Vatican – le gouvernement central de l'Église – ; le deuxième, Gianluigi Torzi, est courtier – un intermédiaire financier – et le troisième est le gestionnaire historique des finances du Saint-Siège, Enrico Crasso. Le *Corriere Della Sera* a révélé ces enregistrements.
>
> On entend notamment Fabrizio Tirabassi s'adressant à Gianluigi Torzi : « Il est possible que d'ici au début de l'année prochaine tout soit centralisé. Cela signifie que nous perdons le contrôle en tant que secrétairerie d'État, explique l'employé du Vatican. Ce n'est pas bon pour toi, Gianluigi ! » « Comment pourrait-on reconnaître le travail que tu as fait ? » lui demande-t-il.
>
> Gianluigi Torzi semble surpris et répond : « Et je m'en vais ? Complètement ? » Puis, très vite, il vient à réclamer de l'argent :

« Bon, d'accord, fais-moi sortir… Mais Fabrizio, je veux être payé. Je ne pars pas comme ça. Je pensais gérer pendant trois au quatre ans[1]. »

Ces hommes sont à l'origine de l'investissement dans l'ancien siège de Harrods à Chelsea.

En septembre 2020, le Vatican annonce le renvoi pur et simple du cardinal Becciu, qui perd tous les privilèges attachés à son rang, comme le droit de voter aux prochains conclaves. C'est la première fois que l'on « dégrade » un cardinal depuis l'affaire McCarrick en 2018.

Becciu proteste de son innocence et qualifie la situation de « surréaliste » : « ma conscience me dit que je ne suis pas corrompu », proclame-t-il lors d'une conférence de presse[2].

Le 14 octobre 2020, Cecilia Marogna, une proche de Becciu qu'il aurait parfois présentée comme « sa nièce », est arrêtée à Milan. Elle est accusée d'avoir reçu sur un compte en Slovénie 500 000 euros provenant de fonds destinés à financer la « diplomatie parallèle » du Vatican dans les zones de conflit africaines. Cette séduisante Sarde de 39 ans a expliqué avoir notamment été payée comme médiatrice pour faire libérer des prêtres et sœurs enlevés en Afrique ou en Asie. Mais elle manquait cruellement d'expérience en la matière avant de travailler pour le Vatican. Le mandat d'arrêt émis par la justice du Vatican mentionne un détournement de fonds et une malversation aggravée en complicité avec d'autres personnes. Soupçonnée d'avoir dépensé plusieurs centaines de milliers d'euros en sacs, meubles et vêtements de luxe, Marogna n'est finalement pas extradée vers le Vatican et comparaîtra libre à son futur procès[3]. Becciu estimerait aujourd'hui avoir été grugé par la jeune femme.

---

1. France Inter, « Le zoom de la rédaction », 31 décembre 2020. https://www.franceinter.fr/emissions/le-zoom-de-la-redaction/le-zoom-de-la-redaction-31-decembre-2020
2. « Cardinal dismissed Over Corruption Says He's Innocent », *New York Times*, 25 septembre 2020.
3. Loup Besmond de Senneville, « Le tribunal du Vatican sur le point d'ouvrir un procès pour "détournement de fonds" », *La Croix*, 19 janvier 2021.

Certains amis du cardinal analysent sa chute comme une vengeance du cardinal Pell contre qui « on » aurait monté par le passé de fausses accusations en Australie. Témoin, cette confidence distillée par *Afrika Stratégies*: « La magistrature vaticane a découvert d'étranges virements de 700 000 euros vers l'Australie. Pour les enquêteurs, l'argent provient de la secrétairerie d'État et aurait servi à convaincre un jeune Australien de faire un faux témoignage accusant George Pell. Angelo Becciu est déjà un homme à terre. George Pell ne lui accordera pas l'honneur des armes et n'hésitera pas, s'il le peut, à l'achever[1]. » Ces virements n'ont pas été confirmés par la justice vaticane et sont donc à prendre au conditionnel.

Le 18 novembre 2020, Becciu a poursuivi l'hebdomadaire *L'Espresso* devant un tribunal civil et demande que 10 millions d'euros soient versés à des œuvres de charité, en affirmant que cela avait porté atteinte à sa réputation et à ses chances de devenir pape en prétendant qu'il aurait détourné des fonds du Vatican pour enrichir sa famille. Cela concerne le dernier volet des accusations portées contre lui, à savoir l'envoi d'une subvention de 600 000 euros à une coopérative sarde qui accueille des migrants, dirigée par son frère.

Conséquence immédiate de ces affaires: Mgr Nunzio Galantino, président de l'APSA depuis 2018, devient le nouvel homme fort des finances vaticanes puisqu'il aura désormais autorité sur les finances de la secrétairerie d'État. Il ne sera en principe plus possible à une éminence de la curie de déclencher seule des paiements. Il n'y aura plus de comptabilité cachée à la secrétairerie d'État, assure-t-il, puisque tout sera centralisé à l'APSA.

La chute de Giani

Autre conséquence inattendue de cette affaire en cascade: le 14 octobre 2019, le patron de la gendarmerie Domenico Giani a dû

1. Dominique Dunglas, « Cecilia Marogna, la femme qui a déchu le cardinal », http://www.afrikastrategies.fr/amp/2020/10/12/vatican-cecilia-marogna-la-femme-qui-a-dechu-le-cardinal/

démissionner. La raison officielle en est la fuite du mémo sur la suspension provisoire de cinq employés du Vatican, qui aurait attenté à leur réputation. Giani n'est pas directement accusé: « pas de responsabilité personnelle », dit le Vatican. Et il reçoit une visite personnelle du pape, signe que sa loyauté n'est pas contestée. Pourtant, beaucoup trouvent le motif officiel un peu trop léger.

Une partie de la curie manifestait des doutes sur sa loyauté. Un cardinal interviewé par Diat porte de sérieuses accusations :

> Je pense, et je ne suis pas le seul, que Domenico Giani est un des exemples les plus graves d'infiltration du Saint-Siège. Au Vatican, nous avons connu pendant la période soviétique en particulier des faits d'espionnage avéré au service de Moscou. Mais il ne s'agissait en aucun cas de personnes ayant des responsabilités importantes. En raison des moyens humains et logistiques qui sont ceux de la gendarmerie, et de la confiance aveugle que le secrétaire d'État lui a faite, Domenico Giani possède une somme très étendue d'informations confidentielles. Pour servir une autre cause que celle de la papauté et afin de poursuivre une carrière à l'extérieur du Saint-Siège, Domenico Giani a trahi. Il souhaitait notamment partir comme secrétaire général adjoint des Nations unies, en charge de la sécurité. Pour réaliser cette ambition presque insensée, il a déployé un zèle particulièrement impressionnant auprès de responsables extérieurs au Vatican. Mais sa candidature n'a pas été retenue…

Autre attaque, le 5 mars 2013, lors des congrégations générales, le cardinal Ivan Dias accusait *publiquement* Domenico Giani d'appartenir à la franc-maçonnerie. À l'évidence, le poste occupé par Giani et son zèle à traquer les délinquants, fût-ce en bousculant quelques éminences au passage, ne lui a pas fait que des amis…

Giani a joué un rôle important dans le renvoi de Libero Milone, en 2017. Selon ce dernier, ses téléphones étaient sur écoutes et ses ordinateurs piratés. Ce sont sans doute les services de la gendarmerie qui ont mis sur écoutes les bureaux de la secrétairerie à l'économie. En plus du bureau du contrôleur général, deux appareils auraient été trouvés dans les bureaux du cardinal Pell. On conçoit que ce dernier en ait été choqué.

Giani a donc été l'instrument zélé du cardinal Becciu… avant de le cibler à son tour sur demande de la justice vaticane. Beaucoup de prélats se sont persuadés qu'il enquêtait tous azimuts sur « les questions de sexe, de drogue, et surtout d'argent » lors des scandales Vatileaks de 2012 et 2015. Pour certains, Giani était devenu « l'homme le plus puissant du Vatican » au point d'inquiéter le secrétaire d'État Parolin. Ce dernier n'aurait pas été informé en amont de la perquisition d'octobre 2019 dans ses bureaux et en aurait conçu un vif embarras. Ce raid sans précédent aurait marqué la fin d'un tabou : l'inviolabilité et la toute-puissance de la secrétairerie. Dès lors, le moindre faux pas pouvait le faire chuter.

Giani est désormais remplacé à la tête de la gendarmerie par Gianluca Gauzzi Broccoletti, 45 ans, auparavant vice-commandant de la gendarmerie. C'est lui qui a mis en place les dispositifs de cybersécurité et de surveillance électronique du Vatican.

Le récit de cette période, la plus récente, ne peut être que partiel et provisoire. Il y manque forcément des sources, archives et témoignages, qui n'apparaîtront que plus tard. Par définition, certaines actions de renseignement conduites sans anicroche sont destinées à rester secrètes pour longtemps encore. Ces limites appellent à la prudence. Toutefois, il reste possible de tirer quelques enseignements de cette « histoire immédiate » étonnamment riche. Au-delà des différences doctrinales et de caractère, qui sont réelles, au-delà de la volonté des plus conservateurs d'opposer les deux papes, il y a plus d'éléments de continuité qu'on ne pourrait le penser : dans l'action diplomatique, comme en témoigne l'accord avec la Chine ; dans la volonté parfois maladroite de purger les scandales ; et même dans la confrontation brutale avec des manœuvres de déstabilisation médiatiques, qui marquent une nouvelle ère.

S'il a été promu comme un successeur légitime de Jean-Paul II, le pape Benoît a (qu'il le veuille ou non) fait un acte de modernité en renonçant au trône. Il a marqué les esprits au point que son successeur peut évoquer la possibilité de devenir à son tour « émérite » sans que cela suscite de réaction particulière[1]. La différence est que Benoît semble avoir, par cet acte, fait aveu d'impuissance devant le nid d'intrigues, de chantages, de corruption et de coups bas que semble être devenue la curie. Tandis que François, qui était a priori moins familier de la curie, l'a affrontée plus directement. L'un comme l'autre ont eu beaucoup de mal à distinguer qui, autour d'eux, était réellement fiable et honnête. L'un comme l'autre ont voulu faire confiance à des prélats qu'ils connaissaient de longue date, et ne pas condamner trop vite des responsables controversés. L'un comme l'autre ont sous-estimé le poids de l'affairisme et les fragilités liées au passé de certains.

Comme son prédécesseur, François a visiblement tâtonné, s'est trompé à plusieurs reprises, mais a fait preuve d'une plus grande ténacité. Il y a sans doute un risque, à énumérer les « affaires » qui secouent le Vatican, de laisser penser que les scandales sont bien plus nombreux sous ces récents pontificats que lors des précédents. En réalité, cette période a surtout été celle de la fin de l'omerta.

1. « Le pape François envisage de finir sa vie à Rome », *Le Monde*, 28 février 2021.

Conclusion

Dans le monde du renseignement, le Vatican est unique en son genre, en raison de son statut hybride : un micro-État et, en même temps, une autorité spirituelle mondiale. Pour autant, il n'est jamais absent du « Grand Jeu » des puissances géopolitiques et doit souvent se défendre contre l'espionnage de toutes origines.

Son opacité et son goût du secret en font souvent surestimer la puissance par les services de renseignement étrangers. Il est vrai que sa structure quasi intemporelle dissimule une organisation mouvante, peu lisible de l'extérieur (même pour la plupart des catholiques, peu familiers du fonctionnement de la curie). Cela constitue la meilleure des protections contre les regards indiscrets. Mais cette opacité peut aussi se retourner contre l'institution quand elle abrite des regards l'affairisme, des atteintes aux personnes ou des coups tordus, toujours au nom de l'intérêt supérieur de l'Église.

De facto, le Vatican est une monarchie absolue : il n'existe pas de réel contre-pouvoir au pape. En revanche, l'institution est capable de grande inertie, d'esprit de clan, de corporatisme. Elle doit gérer à distance des situations locales si différentes que bien des règles trouvent leurs exceptions.

Une autre histoire de l'Église

Sur cette toile de fond, les personnalités des papes au XXe siècle ont joué un rôle non négligeable pour définir les moyens et la stratégie de l'action secrète. Pie XII offre un profil de pur diplomate, très cérébral, germanophile et anticommuniste. Il va appuyer et amplifier une politique d'actions secrètes dans les pays de l'Est, initiée quand il était secrétaire d'État, afin de maintenir en vie les Églises de l'Est et d'y recueillir du renseignement. Les jésuites en sont le fer de lance dans les années 1930 et 1940. Mais le nazisme s'impose vite comme la menace prioritaire. S'il reste d'une extrême prudence à son égard, Pie XII mène pourtant des discussions secrètes avec des haut gradés anti-hitlériens, et laisse se développer au sein de l'Église des initiatives de sauvetage de réfugiés et de Juifs. L'obsession de rester une force centrale, capable de négocier un hypothétique accord de paix, le conduit à assumer un intenable équilibre officiel entre Alliés et pays de l'Axe, avec les effets que l'on sait sur son image. En parallèle se construit, avec l'aide de Spellman, une alliance structurelle avec la jeune puissance américaine, aussi bien sur le plan financier que sur celui du renseignement. Après la défaite du nazisme, encore plus après la défaite *in extremis* des communistes aux élections de 1948, le Vatican devient un membre à part entière de la grande coalition anticommuniste. Ses activités se rapprochent alors de celles des services secrets de l'Ouest : constitution de fonds secrets, entraînement et parachutage de prêtres-espions à l'Est, soutien logistique aux réseaux Stay Behind et à l'émigration d'anciens nazis, échanges d'informations et de coups de pouce avec les services européens et la CIA... Elles débouchent pourtant sur un constat global d'échec. Les Églises de l'Est sont sous contrôle étroit et le Vatican est clairement pénétré, assez peu au sommet mais beaucoup à la base, en particulier dans les groupes d'opérations spéciales comme le Russicum.

Le pape Jean XXIII présente un autre profil de diplomate, un peu plus pastoral, moins cérébral et dogmatique. Il part lui aussi du constat d'échec de la stratégie d'opposition frontale au communisme et tente de mettre en place une politique plus conciliante. Soit par tempérament, soit par manque de temps, il ne cherche pas à réformer la curie ni les dispositifs d'opérations secrètes. À côté de sa grande entreprise de réforme interne incarnée par Vatican II, il préfère constituer des réseaux extérieurs, à l'insu de sa propre curie. Il marque des points sur le plan diplomatique, apaise les tensions entre Moscou et Washington, obtient quelques gestes sur le traitement des clergés. Cet héritage diplomatique se traduira dans l'Ostpolitik incarnée par le cardinal Casaroli jusqu'au début des années 1980. Le bilan en est tout de même limité. On peut l'analyser comme un rééquilibrage plus que comme un renversement, car pendant ce temps-là les opérations secrètes continuent, de part et d'autre. Les services de l'Est en particulier ne désarment pas.

Paul VI est, lui, un pur produit de la curie qui a, malgré lui, acquis une expérience pastorale comme archevêque de Milan. C'est aussi un fin connaisseur des affaires secrètes, puisque Montini a été en charge de maints dossiers sensibles comme substitut de Pie XII : il connaît tous les secrets de famille et n'a nul besoin qu'on lui explique les enjeux, les menaces ou les moyens à sa disposition. Dans la continuité de Vatican II et de l'Ostpolitik, il approuvera une action clandestine recentrée sur le soutien matériel et moral aux Églises de l'Est, avec la constitution de véritables réseaux de contrebande. Après une période d'éclipse sous Jean XXIII, la CIA retrouve alors ses marques et ses relations de travail avec une partie de la curie. Pendant son pontificat, Paul VI commet plusieurs erreurs de recrutement très lourdes de conséquences, notamment avec Sindona et Marcinkus. Il est également otage d'un contexte italien troublé, entre terrorisme d'extrême gauche et d'extrême droite, affairisme mafieux et manipulations de la politique italienne par divers opérateurs américains.

Jean-Paul II est le pape le plus entraîné à l'action secrète et le plus déterminé que l'Église pouvait se trouver à la fin des années 1970. C'est aussi celui qui connaît le mieux les faiblesses du communisme, et sait comment jouer avec le système sans aller jusqu'à la guerre ouverte. Il met en place un dispositif de choc, essentiellement constitué de prélats de l'Est, et complété par des organisations alliées comme la tentaculaire Opus Dei. Il reçoit un soutien énamouré de l'administration Reagan : alliance de circonstance, mais d'un niveau assez inédit et quasiment à sens unique, comme si les services américains se rangeaient pour une fois derrière la bannière du pape, sans revendiquer le leadership… En retour, ils attendent de lui une répression sans nuance des adeptes de la théologie de la libération dans leur arrière-cour sud-américaine. La création du syndicat Solidarité et l'attentat de la place Saint-Pierre jouent le rôle de catalyseur d'une action secrète de plus en plus assumée. Dans ces années 1980, il ne sert finalement pas à grand-chose que les services de l'Est intensifient leur action de pénétration et de déstabilisation de l'Église, avec de réels succès : le pape est presque le seul à avoir une vue d'ensemble de son dispositif. Il est le seul pontife à s'impliquer à ce point dans la guerre secrète au XXe siècle. Et à gagner. L'histoire le crédite, à raison, d'un rôle crucial dans la chute du communisme, alors même que ce volet d'action clandestine reste méconnu.

Cette immense bascule géopolitique a cependant un coût exorbitant. Jean-Paul II s'est accommodé de la curie telle qu'il l'a trouvée, y apportant des retouches progressives, et a implanté au Vatican ses propres guerriers de l'ombre. Son autorité et son charisme étaient tels que ce petit monde a cohabité sans heurts apparents, malgré des modes de vie bien différents entre Italiens et Polonais. Fragilisé par les scandales, Marcinkus a sauvé sa tête en s'offrant comme financier dévoué et inventif de cette guerre secrète. À la curie de gérer le reste : les contingences matérielles, judiciaires ou financières n'intéressaient pas Jean-Paul II. On ne sait pas quand il a pris conscience de la place de la Mafia dans les affaires financières du Vatican et dans celles de certains prélats (sans parler de l'attentat contre lui). Mais ce n'est qu'après 1989 qu'il a paru vouloir l'affronter ouvertement.

De son côté, en gérant pacifiquement l'agonie du système soviétique, Mikhaïl Gorbatchev a fait quelque chose de terrible : il a privé le Vatican de son principal ennemi ! Si Jean-Paul II est resté en place jusqu'au milieu des années 2000, sa santé déclinante, son dédain pour l'intendance et sa confiance aveugle dans son entourage immédiat ont laissé prospérer un climat de plus en plus lourd : guerres intestines, affairisme, scandales étouffés, assassinats de prêtres dans des pays en crise... Les réelles compétences développées dans la guerre secrète contre le communisme ne semblent pas avoir été réinvesties ailleurs, comme si elles étaient devenues inutiles dans le monde d'après.

L'héritier apparent Benoît XVI a cru pouvoir préserver l'héritage de Jean-Paul II tout en corrigeant les abus les plus criants. Malgré sa réputation de doctrinaire inflexible, il est apparu bousculé par sa propre curie, qui ne semblait plus éprouver la même révérence qu'envers Jean-Paul II, et visiblement désarmé devant la violence des luttes internes et des scandales. Son renoncement au pouvoir suprême, sans précédent, était peut-être le seul geste qui lui permettait de marquer sa singularité par rapport à des prélats, amis ou ennemis, obsédés par le pouvoir.

C'est donc au pape François qu'est revenue la charge de réformer en profondeur la curie, sans la connaître d'aussi près. Il est toujours dangereux de déranger un nid de vipères à coups de bâton... Sur le plan du renseignement, François a dû gérer la contradiction inhérente créée par un outil toujours plus performant sur le plan technique : son expérience de la vie sous une dictature et sa philosophie lui interdisent de l'utiliser pour quoi que ce soit qui pourrait ressembler à une police politique (cf. la Sapinière de sinistre mémoire). D'un autre côté, c'est pour l'Église une question vitale que de remettre de l'ordre dans sa hiérarchie, si elle ne veut pas décevoir encore plus de fidèles. Il n'est donc pas facile de définir au jour le jour la frontière entre le respect des prélats et les investigations légitimes. On peut d'ores et déjà créditer François d'une reprise en main sans doute tâtonnante, sans doute inachevée, mais déterminée. Bergoglio ne restera sans doute pas comme le pape révolutionnaire qu'ont rêvé certains et redouté d'autres, plutôt comme un réformiste prudent, à la fois modeste et charismatique, à l'aise avec les moyens de communication modernes, capable de trouver les gestes et les mots nécessaires.

Un acteur à part du « Grand Jeu »

On espère avoir suffisamment montré combien le Vatican est une puissance originale dans le monde du renseignement. Il dispose d'atouts particuliers qui ont sans doute joué un grand rôle dans les victoires accomplies au XXe siècle. Il est frappant de constater le respect qu'inspirent le pape et son administration, chez les alliés du Vatican comme chez ses ennemis jurés. Ce respect a permis de dissuader Hitler (*in extremis*) d'envahir le Vatican, de convaincre les présidents américains qu'il ne fallait pas embêter le pape pour d'obscures histoires financières ou de filières d'évasion d'anciens nazis, d'amener Kennedy et Khrouchtchev à régler pacifiquement leur différend cubain... Il a conduit l'administration Reagan à mettre à la disposition du pape la production de la NSA et de la CIA sur le bloc de l'Est... Quant au camp d'en face, notre conviction basée sur l'ensemble des sources disponibles à ce jour est que les leaders soviétiques n'ont pas sérieusement planifié d'attentat contre Jean-Paul II. Après la chute du communisme, si l'influence du Vatican a paru décliner, en particulier dans les dernières années du pontificat de Jean-Paul II puis sous le règne de Benoît XVI, et s'il est vrai que le catholicisme a perdu des « parts de marché », notamment au profit des Églises évangéliques, l'Église a tout de même marqué des points. L'inespéré rapprochement entre Cuba et les États-Unis a pu advenir en raison de la confiance mutuelle des protagonistes envers le pape François et envers l'institution. D'autres actions de diplomatie secrète et de soutien aux Églises persécutées dans divers pays sont en cours, qu'il est trop tôt pour raconter.

Ce respect s'applique aussi par extension aux hommes et femmes d'Église. Il est frappant de constater la relative facilité avec laquelle les émissaires de Jean-Paul II ont pu circuler de Rome à la Pologne, les poches et les valises remplies d'argent et de marchandises bien peu cultuelles.

L'absence d'un service de renseignement extérieur clairement identifié, et le manque de lisibilité des structures vaticanes, on l'a dit, ont parfois représenté un atout. En y mettant les moyens, on peut « pénétrer » le Vatican, mais encore faut-il savoir où regarder et qui écouter. Le nombre restreint de « hauts fonctionnaires », le cloisonnement (renforcé par les jalousies et les suspicions), la culture du secret : tout cela a permis à la machine vaticane de fonctionner sous Jean-Paul II, même avec quelques taupes et micros.

Pour autant, il ne faut pas se dissimuler que les faiblesses et les vulnérabilités sont nombreuses : elles ont été la source de nombreux échecs et de quelques tragédies. Si on additionne tous les prêtres et prélats décédés de mort violente depuis le début de cette histoire, on arrive à un nombre important, surtout au regard de la taille du Vatican. Certes, il y a eu bien des morts violentes de manière générale pendant la guerre froide, mais pas tant qu'on le croit souvent. Les services de l'Est ont beaucoup plus assassiné leurs propres dissidents que des agents de l'Ouest. Et la CIA, malgré sa sombre réputation, s'est limitée à un petit nombre de leaders marxistes[1].

La faiblesse la plus frappante est le relatif amateurisme des « espions du Vatican », dont l'activité a bien souvent été improvisée, en particulier dans les premières décennies. Les premiers prêtres envoyés dans les pays de l'Est n'étaient pas sérieusement formés pour cela. Il semble que les choses aient évolué après la Seconde Guerre mondiale, grâce à des formations dispensées avec le concours de la CIA, des services italiens, français et sans doute d'autres encore. Aujourd'hui, le Vatican n'hésite pas à recruter des compétences extérieures pointues : il n'a pas le choix quand il doit par exemple affronter des cyberattaques. Il n'en reste pas moins que bien des prêtres ont accompli en marge de leurs activités officielles des missions secrètes pour lesquelles ils ont dû se débrouiller par eux-mêmes.

Les principales vulnérabilités du Vatican dans la guerre du renseignement ont été celles des prêtres eux-mêmes. Les familiers du renseignement connaissent bien l'acronyme MICE (*Money, Ideology, Compromise, Ego*) qui résume les leviers par lesquels on peut recruter dans le camp d'en face. *Money* (l'argent) n'a guère été utilisé par les services de l'Est car l'écrasante majorité des prêtres n'auraient pas trahi leur foi et leur hiérarchie pour quelques avantages matériels. En revanche, la gestion des « fonds secrets » du Vatican a été une source de « dérapages » répétés. Au départ la banque du Vatican (IOR) est créée pour mettre à l'abri une partie du patrimoine de l'Église devant

1. Cf. Yvonnick Denoël, *Le livre noir de la CIA* et *Histoire secrète du XXe siècle. Mémoires d'espions, 1945 à 1989*, *op. cit.*

le risque d'une occupation par les forces de l'Axe. Elle se développe rapidement en lien avec la finance américaine. Mais elle devient aussi après-guerre un prestataire d'évasion fiscale, source de rentrées faciles. Une étape est franchie par le duo infernal Sindona-Marcinkus, qui amène l'IOR dans les eaux troubles du blanchiment d'argent et de la spéculation internationale. Le rapport coût/bénéfice de ces dérives les fera tolérer jusqu'en 1989. Depuis lors, il semble extraordinairement difficile de refermer cette boîte de Pandore financière. Tout comme il semble difficile à certains membres de la secrétairerie d'État de renoncer aux séductions scintillantes des fonds secrets.

On peut passer rapidement sur *Ideology* (les convictions politiques et religieuses) car la foi sincère était le plus souvent incompatible avec une idéologie totalitaire. Certes, il s'est bien trouvé quelques exceptions, comme l'évêque philonazi Alois Hudal. Mais elles sont restées isolées. Avec le recul, la théologie de la libération n'a pas non plus été une lame de fond, comme l'ont craint à l'époque la CIA et les membres les plus conservateurs de la curie. On peut l'analyser en partie comme une réaction aux répressions aveugles des dictatures sud-américaines, habilement exploitée par les services de l'Est. Si des régimes communistes s'étaient installés dans la durée à l'exemple de Cuba, il y a fort à parier que les prêtres sympathisants auraient tôt ou tard subi des persécutions.

Avec *Compromise* (les compromissions), on touche au cœur du problème : la vie privée des prêtres. On peut mentionner rapidement les cas de connivences familiales avec des parents aux activités illégales, notamment dans des régions comme la Sicile. Mais l'ampleur du phénomène reste limitée. Il en va tout autrement du non-respect des obligations de célibat. Ce n'est pas notre propos que de quantifier les cas d'aventures ou de liaisons durables, hétérosexuelles ou homosexuelles, ni de nous prononcer sur d'éventuelles évolutions de cette règle du célibat. En revanche, il est incontestable que ce phénomène a toujours été significatif, qu'il l'est encore aujourd'hui, et qu'il a constitué la plus forte vulnérabilité exploitée par les services étrangers pour manipuler l'Église. Tous l'ont utilisé : services secrets italiens et nazis, KGB et autres services de l'Est, polices politiques sud-américaines, services de l'Ouest. À cette réalité s'ajoutent les cas très particuliers de pédophilie, dont on sait aujourd'hui combien ils ont été répandus. Il n'y a pas de raison que des groupes d'intérêts privés qui se donnent les moyens d'enquêter, de façon traditionnelle et via des hackeurs, sur des prélats ne tentent pas à l'avenir d'en faire chanter certains.

Enfin, *Ego* (la Vanité) a sans doute été négligée par le passé. Mais les affaires les plus récentes nous montrent combien ce ressort peut être puissant. On peut benoîtement se demander qui manipule aujourd'hui l'ex-nonce aux États-Unis, l'archevêque Viganò, et quels ressorts sont utilisés pour obtenir d'un prélat si expérimenté qu'il ose réclamer la tête du pape François…

Seule une compréhension de la culture propre au Vatican permet d'expliquer certaines attitudes face aux grands dossiers des dernières décennies. On est frappé par l'apparente passivité, voire la tétanie, du Vatican face aux assassinats de prêtres dans des contextes politiques sensibles. Les exemples abondent: Salvador, Algérie, Burundi… Seule l'action des proches des victimes, des responsables de leurs ordres et des ONG permet de faire en partie la lumière sur ces actes. L'institution semble indifférente. Tout se passe comme si l'Église trouvait dans l'ordre des choses d'avoir régulièrement de nouveaux martyrs. Comme si demander des comptes à un gouvernement risquait de menacer la position de l'Église dans le pays concerné. Cette « realpolitik » correspond à une tradition ancienne, mais devient de plus en plus difficile à accepter.

Le rapport au temps reste essentiel pour comprendre la façon d'agir du Vatican: les services secrets modernes raisonnent en mois et en années; le Vatican en décennies, voire en siècles. Il lui paraît normal qu'une mission ou une négociation débutée sous un pape ne s'achève que deux ou trois papes plus tard. La prudence est un impératif catégorique, la précipitation presque un péché. C'est pourquoi, même s'il y a des inflexions stratégiques et doctrinales d'un pape à l'autre, le sentiment de continuité prédomine.

Les défis du futur

Faute de sources complètes, il serait présomptueux d'assener des jugements définitifs sur ce que sont et font les « espions du Vatican » d'aujourd'hui. En revanche, il est possible d'offrir quelques perspectives sur les grandes questions à venir du renseignement, celles auxquelles les futurs papes devront répondre.

Il semble qu'il y aurait plus d'avantages que d'inconvénients pour le Vatican à se doter d'un service de renseignement extérieur en bonne et due forme, plutôt que de continuer à « bricoler » au cas par cas. Accablés de scandales divers ces dernières décennies, les fidèles peuvent comprendre que le Vatican, comme n'importe quel État, a besoin d'une part de se protéger, d'autre part de recouper et approfondir les informations qu'il reçoit de ses nonciatures et des ordres missionnaires. Et parfois même, il lui faut mener des enquêtes discrètes, sans passer sous les fourches Caudines d'autorités locales. L'enjeu est bien sûr d'encadrer l'activité du renseignement pour éviter les dérives. Cela n'empêchera pas les papes de continuer à avoir recours à des proches pour certaines affaires sensibles. Ce qui signifie également qu'une plus grande professionnalisation est nécessaire : il y a des limites aux tâches que l'on peut confier à des prêtres. Ensuite, s'il est nécessaire de s'assurer de l'honnêteté de certains prélats, il serait extrêmement dangereux de laisser l'initiative du renseignement à des acteurs privés aux motivations obscures. Enfin, il est urgent que le Vatican mette en place un dispositif de surveillance financière stable et efficace, car la succession des affaires de corruption sabote le travail des papes et diminue les marges d'action de l'Église tout en ternissant son image. Une autre question primordiale que devront traiter les prochains papes est celle du « deuxième cercle », celui des ordres et organisations catholiques divers qui ne sont pas sous l'autorité directe du Vatican, mais dont les dérives peuvent aussi l'éclabousser. Le paradoxe, finalement, est que le Vatican pratique le renseignement, mais manque d'une culture du renseignement. Il faut savoir regarder son histoire en face plutôt que l'éluder ou l'atténuer.

La cyberguerre et l'espionnage numérique constituent un phénomène déjà massif, en progression constante, comme l'a bien identifié l'ancien directeur des services de sécurité du Vatican Domenico Giani. Ce qui veut dire que le Vatican ne pourra éviter des investissements importants, pour lui-même mais aussi pour les nonciatures, et même pour l'ensemble du clergé. Sans quoi il s'expose à la multiplication d'affaires (petites et grandes) qui entretiendront dans l'opinion publique une défiance croissante. D'autre part, on assiste aujourd'hui à une véritable guerre informationnelle s'appuyant sur les réseaux sociaux, dans laquelle des groupes complotistes comme QAnon n'hésitent pas à diffuser n'importe quelle « fake news » sur le pape, sans encourir le moindre risque de rétorsion. Sur ces sujets, qui agitent les états-majors et les services occidentaux, le Vatican aura besoin de se trouver des alliés et de constituer une doctrine.

Beaucoup a été dit ici sur le rôle de la Mafia dans diverses affaires où l'Église était impliquée au XXe siècle, parfois avec la Démocratie chrétienne et diverses organisations anticommunistes. Notons au passage que la Mafia, qui était très affaiblie à la fin du règne de Mussolini, a dû sa « remise en selle » à l'administration Roosevelt, peu regardante sur ses alliés de circonstance quand il s'agissait de libérer l'Europe du nazisme. Mais l'alliance de circonstance est devenue structurelle quand il s'est agi de monter une grande coalition anticommuniste. Par diverses voies, le Vatican s'est contaminé dans cette alliance contre nature, et l'a payé cher à plusieurs reprises. Pour autant, nos recherches nous ont convaincus qu'il reste beaucoup à apprendre sur ces interactions, et donc sur le poids passé et actuel des différentes branches de la Mafia. Le travail des juges antimafia constitue une source précieuse, mais on sait à quel point il a été entravé par une partie de la classe politique italienne. Ce qui signifie, prosaïquement, que nous sous-estimons encore aujourd'hui son emprise, sans parler des mafias d'autres pays (Russie, Turquie, etc.) avec lesquelles elle coopère. Puisque le Vatican est enchâssé dans l'Italie, ses enjeux sécuritaires ne seront jamais séparés des enjeux italiens, et plus largement européens. Les prochains papes seront de moins en moins italiens, et le plus souvent extra-européens : l'internationalisation du Collège des cardinaux est en marche depuis Paul VI. D'un strict point de vue démographique, les enjeux pastoraux des prochains chefs de l'Église se situeront en majorité sur d'autres continents. Pourtant, ils ne pourront pas oublier qu'ils sont aussi à la tête d'un micro-État européen. Or l'Europe est condamnée à penser sa sécurité dans l'interdépendance entre services et intérêts nationaux forcément divergents[1]. Par conséquent, le Vatican aura intérêt à développer la coopération entre services, ce qui ne signifie ni la sujétion ni l'alignement. On peut parfaitement s'entendre sur certains sujets et s'opposer sur d'autres : c'est le lot commun des services de renseignement aujourd'hui.

Objets de tous les fantasmes, les « espions du Vatican » peuplent la fiction au point de constituer une sorte de genre à part entière… Ceux-ci n'ont pas grand-chose à voir avec les réalités que nous avons croisées. Les personnages de notre histoire, terriblement humains, sont à la fois héritiers d'une très vieille tradition, mais souvent inexpérimentés ; parfois aussi héroïques que vulnérables, animés par le sens du sacrifice mais également par le besoin de reconnaissance… Ils sont à l'image du Vatican : un nid de paradoxes.

1. Cf. Julie Prin-Lombardo, *Le renseignement à l'épreuve de l'Union européenne*, Nouveau Monde éditions, 2019.

Bibliographie

Aarons Mark et Loftus John, *Des nazis au Vatican*, Olivier Orban, 1992.

Agça Ali, *Je devais tuer le pape*, L'Archipel, 2013.

Alvarez David et Graham Robert, *Papauté et espionnage nazi*, Beauchesne, 1999.

Alvarez David, *Les espions du Vatican. De Napoléon à la Shoah*, Nouveau Monde éditions, 2009. rééd. coll. « Chronos », 2021 sous le titre *Espionnage au Vatican*.

Amara Emmanuel, *Nous avons tué Aldo Moro*, Patrick Robin éditions, 2006.

Andrew Christopher et Mitrokhine Vassili, *Le KGB contre l'Ouest, 1917-1991*, Fayard, 2000.

Arboit Gérald, *Des services secrets pour la France. Du Dépôt de la Guerre à la DGSE (1856-2013)*, CNRS éditions, 2014.

Arboit Gérald, *James Angleton, le contre-espion de la CIA*, Nouveau Monde éditions, 2007.

Arboit Gérald, *Le Saint-Siège et le nouvel ordre au Moyen-Orient. De la guerre du Golfe à la reconnaissance diplomatique d'Israël*, L'Harmattan, 1996.

Arlacchi Pino, *Addio Cosa Nostra. La vita di Tommaso Buscetta*, Rizzoli, 1994.

Arlacchi Pino, *Il processo*, Rizzoli, 1995.

Augias Corrado, *Histoire secrète du Vatican*, L'Express poche, 2013.

Bale Jeffrey M., *The Darkest Sides of Politics. Postwar Fascism, Covert Operations and Terrorism*, Routledge, 2018.

Barrault Jean-Michel et Henri Jacques, *Vade-mecum du parfait agent secret*, Arthaud, 1972.

Ben Porat Yeshayahu, Haber Eitan et Schiff Zeev, *Entebbe*, Hachette, 1976.

Benjamin Jean-Marie, *Irak. L'effet boomerang*, Balland, 2015.

Bernstein Carl et Politi Marco, *Sa Sainteté Jean-Paul II et l'histoire cachée de notre époque*, Plon, 1996.

Berry Jason et Renner Gerald, *Vows of Silence. The Abuse of Power in the Papacy of John Paul II*, Free Press, 2010.

Berry Jason, *Render Unto Rome. The Secret Life of Money in the Catholic Church*, Crown, 2011.

Berryman Philip, *Liberation Theology. Essential Facts About the Revolutionary Movement in Latin America and Beyond*, Temple University Press, 1987.

Betto Frei, *Fidel et la religion*, Éditions du Cerf, 1986.

Bizimana Jean Damascène, *L'Église et le génocide au Rwanda. Les Pères Blancs et le négationnisme*, L'Harmattan, 2001.

Blet Pierre, *Pie XII et la Seconde Guerre mondiale d'après les archives du Vatican*, Perrin, 2005.

Blouin Francis, *Vatican Archives. An Inventory and Guide to Historical Documents of the Holy See*, Oxford University Press, 1997.
Bobineau Olivier, *L'empire des papes. Une sociologie du pouvoir dans l'Église*, CNRS éditions, 2013.
Bokun Branco, *Un espion au Vatican, 1941-1945*, Payot, 2014.
Bonnet Yves, *La deuxième guerre d'Algérie*, VA éditions, 2017.
Briquet Jean-Louis, *Mafia, justice et politique en Italie. L'affaire Andreotti dans la crise de la République (1992-2004)*, Karthala, 2007.
Brzezinski Zbigniew, *The Grand Failure. The Birth and Death of Communism in the Twentieth Century*, Scribner, 1989.
Bulajic Milan, *The Role of the Vatican in the Break-up of the Yugoslav State*, Strucna Knjiga, 1994.
Calabro Maria Antonietta, *Le Mani della Mafia*, Edizioni Associate, Rome, 1991.
Calvi Fabrizio et Schmidt Olivier, *Intelligences secrètes*, Hachette, 1988.
Canali Mauro, *Le spie del regime*, Il Mulino, 2004.
Capovilla Cardinal Loris F., *Mes années avec le pape Jean XXIII. Conversations avec Ezio Bolis*, éditions des Béatitudes, 2014.
Chadwick Owen, *The Christian Church in the Cold War*, Allen Lane, 1992.
Charles-Roux François, *Huit ans au Vatican, 1932-1940*, Flammarion, 1948.
Charpier Frédéric, *Les valets de la guerre froide. Comment la République a recyclé les collabos*, François Bourin éditeur, 2013.
Chenaux Philippe, *L'Église catholique et le communisme en Europe (1917-1989)*, Cerf, 2009.
Chenaux Philippe, *Le temps de Vatican II. Une introduction à l'histoire du Concile*, DDB, 2012.
Chiron Yves, *La longue marche des catholiques de Chine*, Artège, 2019.
Christie Stuart, *Stefano Delle Chiaie. Portrait of a Black Terrorist*, Christie Books, 1984.
Ciszek Walter J., *L'espion du Vatican*, Salvator, 1968.
Clarridge Duane, *A Spy for All Seasons. My Life in the CIA*, Scribner, 2002.
Clément Claude, *L'affaire des fuites, objectif Mitterrand*, Olivier Orban, 1980.
Colby William, *30 ans de CIA*, Presses de la Renaissance, 1978.
Collins Paul, *Absolute Power. How the Pope Became the Most Influential Man in the World*, Public Affairs, 2018.
Colonna-Cesari Constance, *Dans les secrets de la diplomatie vaticane*, Seuil, 2016.
Colonna-Cesari Constance, *Urbi et Orbi. Enquête sur la géopolitique vaticane*, La Découverte, 1992.
Conway John, *La persécution nazie des Églises (1933-1945)*, France-Empire, 1968.
Cooney John, *The American Pope. The Life and Times of Francis Cardinal Spellman*, Times Books, 1984.
Cornwell John, *Comme un voleur dans la nuit. Enquête sur la mort de Jean-Paul Ier*, Robert Laffont, 1989.
Cornwell John, *Le Pape et Hitler. L'histoire secrète de Pie XII*, Albin Michel, 1999.
Cornwell Rupert, *Le banquier du Vatican*, Plon, 1984.
Cousins Norman, *The Improbable Triumvirate. John F. Kennedy, Pope John XXIII, Nikita Khrushchev*, Norton, 1972.
Daim Wilfried, *Le Vatican et les pays de l'Est*, Fayard, 1971.

Del Ponte Carla, *La traque, les criminels de guerre et moi*, Héloïse d'Ormesson, 2009.
De Lutiis Giuseppe, *Soria Dei Servizi Segreti in Italia*, Editori Riunite, 1984.
Dedijer Vladimir, *The Yugoslav Auschwitz and the Vatican. The Croatian Massacre of the Serbs During World War II*, Prometheus Books, 1999.
Denoël Yvonnick, *Les dossiers noirs de Donald Trump*, Nouveau Monde éditions, coll. « Chronos », 2019.
Denoël Yvonnick, *Le livre noir de la CIA*, Nouveau Monde éditions, poche, 2017.
Denoël Yvonnick, *Mémoires d'espions en guerre, 1914-1945*, Nouveau Monde éditions, coll. « Chronos », 2019.
Denoël Yvonnick, *Sexus Economicus. Le grand tabou des affaires*, Nouveau Monde éditions, 2010.
Deriabine Pierre, *Policier de Staline*, Nouveau Monde éditions, 2015.
Derry Sam, *The Rome Escape Line*, Norton, 1960.
Des Mazery Bénédicte et Patrice, *L'Opus Dei. Enquête sur une Église au cœur de l'Église*, Flammarion, 2005.
Diat Nicolas, *L'homme qui ne voulait pas être pape*, Albin Michel, 2014.
Dickès Christophe (dir.), *Dictionnaire du Vatican et du Saint-Siège*, Robert Laffont, coll. "Bouquins", 2013.
Di Fonzo Luigi, *St. Peter's Banker: Michele Sindona*, Franklin Watts, 1983.
Di Giovacchino Rita, *Storie di alti prelati e gangster romani*, Fazi Editore, 2008.
Dorril Stephen, *MI6. Inside the Covert World of Her Majesty's Secret Intelligence Service*, Touchstone, 2002.
Durix Claude, *Norbert Calmels*, Trédaniel, 1986.
Faligot Roger et Guisnel Jean (dir.), *Histoire secrète de la Ve République*, La Découverte, 2006.
Faligot Roger et Kauffer Rémi, *Éminences grises*, Fayard, 1992.
Faligot Roger et Kauffer Rémi, *Kang Sheng et les services secrets chinois (1927-1987)*, Robert Laffont, 1987.
Faligot Roger, *Les services secrets chinois. De Mao à nos jours*, Nouveau Monde éditions, rééd. « Chronos », 2021.
Faligot Roger, *Les tribulations des Bretons en Chine*, Les Portes du large, 2019.
Faure Claude, *Aux services secrets de la République, du BCRA à la DGSE*, Fayard, 2004.
Fein John, *The Murder of Aldo Moro*, Doubleday, 1989.
Ferrari Giuliano, *Vaticanisme*, Genève, Perret-Gentil, 1976.
Fiorentino Carlo, *All'ombra di Pietro. La chiesa cattolica e lo spionaggio fascista in Vaticano, 1919-1939*, Florence, 1999.
Fittipaldi Emilio, *Avarizia*, Feltrinelli, 2015.
Flamini Roland, *Pope, Premier, President*, Macmillan, 1980.
Fletcher William, *L'Église clandestine en Union soviétique*, Alain Moreau, 1971.
Follain John, *City of Secrets. The Startling Truth Behind the Vatican Murders*, HarperCollins, 2004.
Forcade Olivier et Laurent Sébastien (dir.), *Dans le secret du pouvoir. L'approche française du renseignement, XVIIe-XXIe siècle*, Nouveau Monde éditions, 2019.
Foro Philippe, *L'affaire Aldo Moro*, Vendémiaire, 2013.
Fouilloux Étienne, *Eugène cardinal Tisserant, 1884-1972, une biographie*, Desclée de Brouwer, 2011.

Frattini Éric, *El Libro Negro del Vaticano. Las oscuras relaciones entre la CIA y la Santa Sede*, Espasa Libros, 2016.
Frattini Éric, *La Sainte Alliance*, Flammarion, 2006.
Friedlander Saül, *Kurt Gerstein. L'ambiguïté du bien*, Nouveau Monde éditions, 2009.
Ganser Daniele, *Les armées secrètes de l'OTAN. Réseaux Stay Behind, opération Gladio et terrorisme en Europe de l'Ouest*, éditions Demi-lune, 2011.
Gates Robert M., *From the Shadows*, Simon and Schuster, 1998.
Giansoldati Franca, *L'affaire Maciel*, Albin Michel, 2015.
Giovagnoli Agostino, *Il Caso Moro. Una tragedia italiana*, Il Mulino, 2005.
Goñi Uki, *The Real Odessa. How Peron brought the Nazi War Criminals to Argentina*, Granta Books, 2002.
Goodman Peter, *Hitler et le Vatican*, Perrin, 2004.
Graham Robert et Alvarez David, *Papauté et espionnage nazi*, Beauchesne, 2000.
Greene Jack et Massignani Alessandro, *The Black Prince and the Sea Devils. The Story of Valerio Borghese and the Elite of the Decima Mas*, Da Capo Press, 2004.
Grilli Giovanni, *La finanza vaticana in Italia*, Editori Riuniti, 1961.
Guitard Victor, *L'agent secret du Vatican. Histoire d'un complot : les révélations de Giovanni Saluzzo*, Albin Michel, 2004.
Guitton René, *En quête de vérité. Le martyre des moines de Tibhirine*, Calmann-Lévy, 2011.
Gurwin Larry, *The Calvi Affair. Death of a Banker*, Macmillan, 1983.
Guzmán Juan Andrés, Villarrubia Gustavo et González Mónica, *Los secretos del imperio Karadima*, Santiago du Chili, Catalonia/UDP, 2011.
Hammer Richard, *Vatican Connection*, Balland, 1982.
Hatch Alden, *Pope Paul VI*, Random House, 1966.
Henze Paul, *The Plot to Kill the Pope*, Londres, Croom Helm, 1984.
Herman Edward et Brodhead Frank, *The Rise and Fall of the Bulgarian Connection*, Sheridan Square Publishing, 1986.
Higham Charles, *Trading With the Enemy. An Exposé of the Nazi-American Money Plot, 1933-1949*, Delacorte Press, 1983.
Hoffmann Paul, *Ô Vatican !*, Payot, 1984.
Hudal Alois, *Römische Tagebücher*, Stocker, Graz, 1976.
Hutchinson Robert, *Their Kingdom Come. Inside the Secret World of Opus Dei*, Doubleday, 1997.
Ickx Johan, *Le Bureau. Les Juifs de Pie XII*, éditions VdH/Michel Lafon, 2020.
Igel Regine, *Andreotti. Politik zwischen Geheimdienst und Mafia*, Herbig, 1997.
Imposimato Ferdinando avec Provvisionato Sandro, *Doveva morire*, Chiarelettere, 2008.
Imposimato Ferdinando, *155 giorni che hanno cambiato l'Italia*, Newton Compton, 2013.
Imposimato Ferdinando, *Un juge en Italie*, éditions de Fallois, 2000.
Jones Seth G., *A Covert Action. Reagan, the CIA and the Cold War Struggle in Poland*, Norton, 2018.
Kaltefleiter Werner et Oschwald Hanspeter, *Spione im Vatikan. Die Päpste im Visier der Geheimdienste*, Pattloch, 2006.
Kertzer David, *Le pape et Mussolini*, Les Arènes, 2016.
Kervella André, *Le réseau Jade*, Nouveau Monde éditions, 2021.

Kirby Diane (ed.), *Religion and the Cold War*, Palgrave Macmillan, 2003.
Koehler John, *Spies in the Vatican. The Soviet Union's Cold War against the Church*, Pegasus Books, 2009.
Kornbluh Peter et Byrne Malcolm, *The Iran-Contra Scandal: The Declassified History*, New Press, 1993.
Kornbluh Peter et LeoGrande William, *Back Channel to Cuba. The Hidden History of Negotiations between Washington and Havana*, Chapel Hill, The University of North Carolina Press, 2015.
Krop Pascal, *Les secrets de l'espionnage français*, Payot, 1995.
Kwitny Jonathan, *Man of the Century. The Life and Times of Pope John Paul II*, Little, Brown & Company, 1997.
Labo Sebastian, *Das Attentat auf den Papst im Lichte Fatimas und im Schatten der Oktober-Revolution 1917*, Coblence, Pro Fratribus, 1982.
Lacroix-Riz Annie, *Le Vatican, l'Europe et le Reich*, rééd. Armand Colin, 2010.
Lai Benny, *Les secrets du Vatican*, Hachette, 1983.
Lazar Marc et Matard-Bonucci Marie-Anne (dir.), *L'Italie des années de plomb. Le terrorisme entre histoire et mémoire*, Autrement, 2010.
Lebec Éric, *Histoire secrète de la diplomatie vaticane*, Albin Michel, 1997.
Lecomte Bernard, *Les derniers secrets du Vatican*, Tempus, 2014.
Lecomte Bernard, *Jean-Paul II*, Gallimard, 2006.
Lecomte Bernard, *Le pape qui a vaincu le communisme*, Tempus, 2019.
Lecomte Bernard, *Les secrets du Vatican*, Tempus, 2009.
Ledl Leopold, *Per Conto del Vaticano*, Tullio Pironti Editore, 1997.
Lehnert Pascalina, *Pie XII. « Mon privilège fut de le servir »*, Tequi, 1985.
Le Moal Frédéric, *Les divisions du pape. Le Vatican face aux dictatures, 1917-1989*, Perrin, 2016.
Lernoux Penny, *Amérique S.A.*, Denoël, 1984.
Lernoux Penny, *Cry of the People. United States Involvement in the Rise of Fascism, Torture and Murder and the Persecution of the Catholic Church in Latin America*, Doubleday, 1980.
Lernoux Penny, *People of God. The Struggle for World Catholicism*, Viking, 1989.
Lesourd Paul, *Entre Rome et Moscou. Le jésuite clandestin. Mgr Michel d Herbigny*, Lethielleux, 1976.
Le Vaillant Yvon, *Sainte Maffia. Le dossier de l'Opus Dei*, Mercure de France, 1971.
Levant Marie, *Pacelli à Berlin. Le Vatican et l'Allemagne, de Weimar à Hitler (1919-1934)*, PUR, 2019.
Linklater Magnus et al., *The Nazi Legacy. Klaus Barbie and the International Fascist Connection*, Rinehart and Winston, 1984.
Lo Bello Nino, *The Vatican's Wealth*, Trident Press, 1968.
Longman Timothy, *Christianity and Genocide in Rwanda*, Cambridge University Press, 2010.
Luxmoore Jonathan et Babiuch Jolanta, *The Vatican and the Red Flag*, Geoffrey Chapman, 1999.
Marchese Ragona Fabio, *Il Caso Marcinkus*, Chiarelettere, 2018.
Marion Pierre, *La mission impossible. À la tête des services secrets*, Calmann-Lévy, 1991.
Martel Frédéric, *Sodoma. Enquête au cœur du Vatican*, Robert Laffont, 2019.

Martin Malachi, *The Keys of this Blood. Pope John Paul II versus Russia and the West for the Control of the New World Order*, Simon and Schuster, 1990.
Melloni Alberto (ed), *Vatican II in Moscow (1959-1965). Acts of the Colloquium on the History of Vatican II, Moscow, March 30-April 2, 1995* (Leyde, Bibliotheek van de Faculteit Godgeleerdheid, 1997).
Mérétyk Gabriel, *La nuit du général. Varsovie, 13 décembre 1981 : enquête sur le coup d'État*, Belfond, 1989.
Milza Pierre, *Pie XII*, Fayard, 2014.
Morley Jefferson, *The Ghost. The Secret Life of CIA Spymaster James Jesus Angleton*, St Martin's Press, 2017.
Müller Josef, *Bis zu letzten Konsequenz*, Süddeutscher, 1975.
Murphy Paul I. et Arlington René, *La Popessa*, Lieu commun, 1987.
Nicotri Pino, *Mistero Vaticano*, Kaos Edizioni, Milan, 2002.
Notariale Raffaella et Minardi Sabrina, *Segreto Criminale*, Newton Compton, 2010.
Notariale Raffaella, *Il boss della banda della Magliana*, Newton Compton, 2012.
Nuzzi Gianluigi, *Chemin de croix*, Flammarion, 2015.
Nuzzi Gianluigi, *Jugement dernier. Le combat du pape François pour sauver le Vatican de la faillite*, Flammarion, 2020.
Nuzzi Gianluigi, *Vaticano, S.p.A.*, Chiarelettere, 2008.
Oberlé Thierry, *L'Opus Dei, Dieu ou César ?*, JC Lattès, 1993.
Opasek Anastáz osb, *Dvanáct zastavení. Vzpomínky opata břevnovského kláštera.* K vydání připravila Marie Jirásková [*Douze stations. Souvenirs de l'Abbé du monastère de Břevnov*, édition préparée par Marie Jirásková], Torst, 2013.
Ougartchinska Roumiana, *La vérité sur l'attentat contre Jean-Paul II*, Presses de la Renaissance, 2007.
Péan Pierre, *V*, Fayard, 1984.
Phayer Michael, *L'Église et les nazis*, Liana Levi, 2001.
Pigozzi Caroline, *Le Vatican indiscret*, Plon, 2012.
Plunkett Patrice (de), *L'Opus Dei*, Presses de la Renaissance, 2006.
Politi Marco, *François parmi les loups*, Philippe Rey, 2015.
Pollard John, *Money and the Rise of the Modern Papacy. Financing the Vatican, 1850-1950*, Cambridge University Press, 2005.
Pollard John, *Vatican and Italian Fascism*, Cambridge University Press, 1985.
Posner Gerald, *God's Bankers. A History of Money and Power at the Vatican*, Simon and Schuster, 2015.
Prin-Lombardo Julie, *Le renseignement à l'épreuve de l'Union européenne*, Nouveau Monde éditions, 2019.
Puga Alvaro, *Diario de Vida de Usted*, Editorial Encina, 1974.
Quigley Martin S., *Peace without Hiroshima. Secret Action at the Vatican in the Spring of 1945*, Madison Books, 1991.
Raw Charles, *The Moneychangers. How the Vatican Bank Enabled Roberto Calvi to Steal $250 Million for the Heads of the P2 Masonic Lodge*, Vintage, 1992.
Reese Mary Ellen, *General Reinhard Gehlen. The CIA Connection*, George Mason University Press, 1990.
Reese Thomas, *Inside the Vatican*, Harvard University Press, 1996.
Renahy Maxime, *Là où est l'argent*, les Arènes, 2019.

Riebling Mark, *Le Vatican des espions. La guerre secrète de Pie XII contre Hitler*, Tallandier, 2016.
Rivoire Jean-Baptiste, *Le crime de Tibhirine*, La Découverte, 2011.
Robb Peter, *Minuit en Sicile*, Nevicata, 2013.
Rositzke Harry, *CIA. 25 ans au sein de l'agence américaine d'espionnage*, Elsevier, 1978.
Roulin Stéphanie, *Un credo anticommuniste*, Antipodes, 2010.
Samraoui Mohammed, *Chronique des années de sang*, Denoël, 2003.
Sánchez Juan Reinaldo, *La vie cachée de Fidel Castro*, Michel Lafon, 2014.
Saur Léon, *Influences parallèles. L'internationale démocrate-chrétienne au Rwanda*, Luc Pire, 1998.
Scavo Nello, *La liste de Bergoglio. Sauvés par le pape François durant la dictature*, Bayard, 2014.
Schmidt-Eenboom Erich, Franceschini Christoph, Wegener Friis Thomas, *Spionage unter Freunden. Partnerdienstbeziehungen und Westaufklärung der Organisation Gehlen und des BND*, Ch. Links Verlag, 2017.
Sciascia Leonardo, *L'affaire Moro*, Grasset, 1978.
Simoni Gianni et Turone Giuliano, *Il Caffè di Sidona. Un finanziere d'avventura tra politica, Vaticano e mafia*, Garzanti, 2011.
Simpson Christopher, *Blowback. America's Recruitment of Nazis and Its Effects on the Cold War*, Grove Pr, 1988.
Stehle Hansjakob, *Eastern Politics of the Vatican, 1917-1979*, Ohio University Press, 1981.
Steinacher Gerald, *Les nazis en fuite*, Perrin, 2011.
Sterling Claire, *The Terror Network*, Holt, Rinehart and Winston, 1981.
Sterling Claire, *The Time of the Assassins*, Holt, Rinehart and Winston, 1983.
Stevenson William et Dan Uri, *90 minutes à Entebbe. Tonnerre israélien sur l'Ouganda*, Stanké, 1976.
Stoerkel Jean-Marie, *Les loups de Saint-Pierre*, Plon, 1996.
Stonor Saunders Frances, *Who Paid the Piper? The CIA and the Cultural Cold War*, Granta Books, 1999.
Szulc Tad, *Pope John Paul II. The Biography*, Scribner, 1995.
Talbot David, *The Devil's Chessboard. Allen Dulles, the CIA and the Rise of America's Secret Government*, HarperCollins, 2015.
Teodori Massimo, *Vaticano rapace*, Marsilio editori, 2013.
Terras Christian (dir.), *Rwanda, l'honneur perdu de l'Église*, Golias, 1999.
Thavis John, *Les dessous du Vatican*, JC Gawsewitch, 2013.
Thomas Gordon et Morgan-Witts Max, *Les émissaires du Vatican*, Stock, 1985.
Thomas Gordon, *Histoire secrète du Mossad*, Nouveau Monde éditions, 2006.
Tigha Abdelkader et Lobjois Philippe, *Contre-espionnage algérien : notre guerre contre les islamistes*, Nouveau Monde éditions, 2008.
Tittman Harold, *Inside the Vatican of Pius XII*, Image, 2004.
Tornielli Andrea et Valente Gianni, *Le jour du jugement*, Michel Lafon, 2019.
Tosches Nick, *Power on Earth, Michele Sindona's Explosive Story*, Arbor House, 1986.
Toulat Jean, *Le pape contre la guerre du Golfe*, OEIL, 1991.
Trasatti Sergio, *Vatican-Kremlin. Les secrets d'un face-à-face*, Payot, 1995.

Valbousquet Nina, *Catholique et antisémite. Le réseau de Mgr Benigni, 1918-1934*, Paris, CNRS éditions, 2020.
Van Coillie, Dries, *J'ai subi le lavage de cerveau*, Mobilisation des consciences, 1964.
Verbitsky Horacio, *El silencio. De Paulo VI a Bergoglio. Las relaciones secretas de la Iglesia con la ESMA*, Sudamericana, 1997.
Villemarest Pierre et Danièle (de), *Le KGB au cœur du Vatican*, éditions de Paris, 2006.
Villemarest Pierre (de), *L'espionnage soviétique en France, 1944-1969*, Nouvelles éditions latines, 1969.
Walesa Lech, *Un chemin d'espoir*, Fayard, 1987.
Walker Stephen, *Hide and Seek. The Irish Priest in the Vatican who Defied the Nazi Command*, HarperCollins, 2011.
Waller Douglas, *Wild Bill Donovan. The Spymaster Who Created the OSS and Modern American Espionage*, Free Press, 2012.
Walsh Michael, *Le monde secret de Opus Dei. Fondation et histoire d'une puissance occulte*, Pygmalion, 1994.
Walters Vernon, *Services discrets*, Plon, 1979.
Walters Vernon, *The Wall Came Tumbling Down*, manuscrit non publié.
Weigel George, *Witness to Hope*, Cliff Street Books, 1999.
Weiner Tim, *Legacy of Ashes. The History of the CIA*, Anchor Books, 2008.
Weiser Benjamin, *A Secret Life. The Polish Officer, His Covert Mission, and the Price He Paid to Save His Country*, Public Affairs, 2004.
Weit Erwin, *Dans l'ombre de Gomulka, l'histoire que nous vivons*, Robert Laffont, 1971.
Wenger Antoine, *Catholiques en Russie d'après les archives du KGB (1920-1960)*, DDB, 1998.
Wenger Antoine, *Rome et Moscou, 1900-1950*, Desclée de Brouwer, 1987.
West Nigel, *The Third Secret. The CIA, Solidarity and the KGB's Plot to Kill the Pope*, HarperCollins, 2001.
Willan Philip, *Puppetmasters. The Political Use of Terrorism in Italy*, iUniverse, 2002.
Willan Philip, *The Vatican at War. From Blackfriars Bridge to Buenos Aires*, iUniverse, 2013.
Williams Paul, *The Vatican Exposed. Money, Murder and the Mafia*, Prometheus Books, 2003.
Yallop David, *Au nom de Dieu*, Christian Bourgois, 1986, réédité sous le titre *Le pape doit mourir*, Nouveau Monde éditions, 2011.
Yallop David, *The Power and the Glory*, Carroll and Graff, 2007.
Ynfante Jesus, *Un crime sous Giscard. L'affaire de Broglie, l'Opus Dei/Matesa*, La Découverte, 1981.
Zerella Pietro, *Arturo Bocchini e il mito della sicurezza (1926-1940)*, Benevento, 2002.
Zlatkes Gwido, Sowiński Pawel et Frenkel Ann M., *Duplicator Underground. The Independent Publishing Industry in Communist Poland, 1976-89*, Slavica Publishers, 2016.

Remerciements

Cette histoire est par définition mondiale. Je n'aurais pu couvrir une matière aussi ample et diverse sans le concours d'autres chercheurs qui m'ont permis d'accéder à des archives, témoignages et publications dans des langues que je ne maîtrise pas. Merci à Richard Whiteley pour les traductions du russe et du bulgare, à Roger Faligot pour son inépuisable documentation sur la Chine, à Pierre Abramovici pour avoir ouvert ses dossiers sur l'Opus Dei et ses entretiens avec divers prélats, à Maxim Simonienko pour les traductions du polonais.

Plusieurs anciens du renseignement de diverses nationalités ayant eu à travailler avec le Vatican m'ont fourni de précieux éclairages, en préférant rester anonymes : qu'ils soient assurés de ma gratitude.

Table des matières

IV – WOJTYŁA

V – RATZINGER ET BERGOGLIO